安徽历代方志丛书

（乾隆）
宣城县志

吴飞九修　杨廷栋　王一槐等纂

中共宣城市宣州区委党史和地方志研究室

童达清　点校

河海大学出版社
·南京·

图书在版编目（CIP）数据

（乾隆）宣城县志 /（清）吴飞九修；（清）杨廷栋，（清）王一槐纂；童达清点校. -- 南京：河海大学出版社，2025.3. -- ISBN 978-7-5630-9357-1

Ⅰ. K295.43

中国国家版本馆 CIP 数据核字第 2024SS8109 号

书　　名	（乾隆）宣城县志
	(QIANLONG) XUANCHENG XIANZHI
书　　号	ISBN 978-7-5630-9357-1
策划编辑	徐　涵
责任编辑	高晓珍
特约校对	曹　丽　张绍云
装帧设计	徐娟娟
出版发行	河海大学出版社
地　　址	南京市西康路 1 号（邮编：210098）
网　　址	http：//www.hhup.com
电　　话	（025）83737852（总编室）　（025）83787104（编辑室）
	（025）83722833（营销部）
经　　销	江苏省新华发行集团有限公司
排　　版	南京布克文化发展有限公司
印　　刷	南京新世纪联盟印务有限公司
开　　本	880 毫米×1230 毫米　1/32
印　　张	20
插　　页	1
字　　数	550 千字
版　　次	2025 年 3 月第 1 版
印　　次	2025 年 3 月第 1 次印刷
定　　价	198.00 元

乾隆《宣城县志》书影

乾隆《宣城县志》整理出版委员会

主　　　任：俞志刚

第一副主任：王宏峥

副　主　任：朱　伟　杜　霖　曹　俊　王　林

委　　　员：汪　俊　陈红林　裴发根　叶李圆
　　　　　　田小青　吴庆武　李继国

总　编　审：叶李圆

执 行 编 审：吴庆武

编　　　审：洪明祥　徐永剑　田小青　李继国

点　　　校：童达清

校　　　对：段　平　章荣梅　陈　鲜　周秀珍
　　　　　　孙凌燕　姚雪芬　钟　源　刘若辉
　　　　　　胡中华　吴雨菲

编　　　务：姚雪芬　刘若辉

《安徽历代方志丛书》出版说明

安徽现存历代方志470余种。以历史唯物主义观点为指导，以科学严谨的治学态度，整理出版一套《安徽历代方志丛书》，继承宝贵文化遗产，弘扬民族优秀传统文化和爱国主义精神，为安徽经济建设和社会发展提供历史信息，为编史修志继承与创新提供历史借鉴，具有深远的历史意义和现实意义。

《安徽历代方志丛书》选编1949年以前安徽境内历代各类志书以及未出版的优秀志书稿百种，统一版式，统一封面，分册出版。《安徽历代方志丛书》点校整理分工采用辖区对应的原则，省志办负责旧省志整理，市志办负责境内旧府、州（直隶州）志整理，县（区）志办负责境内旧州（属州）、县志整理。各志体例版式和点校通则大体如下：

体例版式

1. 标点，校勘，简体，横排，大32开本，精装。
2. 每志扉页后尽可能地印制该点校底本的书影照片。
3. 每志前撰写提要。内容为版本介绍、编纂年代与背景、纂修者概况、志书内容与特点、前人述评等；每志后撰写后记。
4. 标题分四级：一级为专志名，二级为卷名，三级为类目，四级为子目。一级标题居中，二级标题抬头，三级标题居中，四级标题与正文同行，前空两格，后空1格。

5. 字体字号：一级标题为二号宋体，二级标题为四号黑体，三级标题为四号楷体，四级标题为五号黑体；正文用五宋，原书中双行注释、引文等一律用小五号楷体，页下校记文字用小五号宋体。

6. 书眉：双页码排书名，单页码排专志名。

7. 排版顺序：卷首依次排印扉页、书影、安徽省旧志整理出版委员会成员名单（本志略）、《安徽历代方志丛书》编审室（本志略）、本书点校人员名单、本书编审人员名单、《安徽历代方志丛书》前言（本志略）、《安徽历代方志丛书》出版说明、本书提要、目录等；卷中为原书顺序及全部内容；卷末为后记等。

点校通则

1. 标点：执行国家标准《标点符号使用法》。不用省略号、着重号、专名号。引文不是完整的句子，引号前不用冒号，末尾也可不用句号。引文只用引号不用冒号的，引文末尾的标点放在引号之外。引文引号、冒号俱全的，末尾标点放引号之内。引文较长者，采用另起行退四格、转行退二格形式排版，起讫不加引号。

2. 断句：保持句式完整，不断破、断碎或太长，难以断上和断下者独立。

3. 段落：遵照原文格式自然分段，自然段篇幅太长者可根据内容适当分段。

4. 校勘：保持内容原貌，字义、词义一律不注释。明显错字径改，删去的字词加圆括号，改正或增补的字词加方括号。勘误和考证作校记，附页下，文中标引校码（①、②……）位于句末符号前；凡底本文字脱讹衍倒者，通过本校、对校或他校找

《安徽历代方志丛书》出版说明

出依据,进行删乙,并出校记置于页下;若本校、对校或他校仍找不出依据者,不删乙,适当进行理校,出校记存疑。

5. 通假:两通而含义不同者,出异文校记。个别虚字有出入而文义无殊者,不出校记。

6. 引文:对原作者的举证和引文尽可能进行复核,引文有省略改动者不标点引号;凡本书节引它书,文字小异而不失原义者不据它书改动本书;文字大异而有失原义者,应出校记说明。

7. 括注:原书有用圆括号括注者,为区别本通则第4条中"删去的字词加圆括号",改用尖括号"〈〉"括注。

《安徽历代方志丛书》编审室
2004年6月

前　言

宣城市宣州区，古称爰陵、宛陵、宣城，秦初始置县，隋初更定县名为"宣城"，此名遂一直延续，至1987年撤县设"宣州市"，2000年撤市设"宣州区"。宣州素以"望县、名邑"显扬于江南，为历代郡、州、路、府、行署治所，现为中共宣城市委、宣城市人民政府驻地。宣州地域辽阔，物阜民丰，文风昌盛，名人辈出，为"江南鱼米之乡"，享有"上将人文之盛首宣城"的美誉。

地方志是中华优秀传统文化的重要载体，是中国传统文化的瑰宝。历史上的宣城县修县志始于清顺治年间，名《宁国府宣城县志》，康熙、乾隆、嘉庆、光绪年间均有再修，都名《宣城县志》，此5部县志给后人留下了极其珍贵的地方史料。

乾隆《宣城县志》自乾隆三年（1738）七月始修，至乾隆四年（1739）三月告竣，同年刊刻面世。知县吴飞九主修，杨廷栋、王一槐等纂，进士王一槐、举人葛其祥、梅理等协修。

吴飞九，字鲲南，江苏丹徒人。康熙五十三年（1714）举人，雍正十三年（1735）由宁国知县调任宣城县知县。吴飞九甫至宣城，即修建文庙，然后"即从事志书，敦请邑之绅士，相与虚心商确，凡山川、星野、田赋、关梁、官师、乡献、孝子、贞妇之类，或仍乎旧，或更以新，或补未备，或缺所疑，务在详明简当，不溢不支"。杨廷栋，字大宇，号樗园，宣城人。雍正八年（1730）进士，授翰林院编修，历充乾隆元年（1736）顺

（乾隆）宣城县志

天乡试同考官、云南省督学、实录馆纂修官，乾隆十五年（1750）以足疾休致。

乾隆《宣城县志》上自唐虞夏商，迄于当朝，贯通古今，煌煌两千余年汇于一志，基本上涵盖了宣城史志的方方面面。全志凡二十七门三十三卷。卷首列序、修纂姓氏、目录、全图；卷一疆域（形胜附）；卷二建置沿革；卷三星野；卷四山川（关津桥梁附）；卷五城池（防御附）；卷六风俗；卷七田赋（户口附）；卷八学校；卷九公署；卷十祠祀（寺观附）；卷十一官师；卷十二名宦；卷十三选举一（文科甲、武科甲、荐辟）；卷十四选举二（贡生）；卷十五人物一（名臣、宦业、儒林）；卷十六人物二（忠节、孝友、懿行）；卷十七人物三（文苑、武烈、隐逸）；卷十八封赠；卷十九、二十列女；卷二十一流寓；卷二十二方技；卷二十三仙释；卷二十四艺文一（表、疏、记）；卷二十五艺文二（书、序、铭、颂、赋）；卷二十六艺文三（诗）；卷二十七载籍；卷二十八祥异；卷二十九古迹（邱墓附）；卷三十附载；卷三十一附记；卷三十二杂记。全志32万余字，单页9行，行22字，白口，单尾，左右双栏，页边标书名、卷数、门类、页码。

乾隆《宣城县志》有两处特色尤为显目：其一，"星野"一门续陈出新。"星野"涉及天文历法地理等各种高深知识，各地修志者因缺乏相关知识储备，多不列此目，或语焉不详。宣城因有大天文学家梅文鼎，其在修纂康熙《宣城县志》时特立此目，为后来多地方志借鉴或仿效。乾隆《宣城县志》继承了这一特色，且作适当增删，更加夺目不群。其二，"艺文"一门诗文详赡。"宣城自古诗人地"，历来宣城诗人、诗作众多，为避免岁月销蚀，乾隆《宣城县志》"艺文志"一门共有三卷，存文二卷诗一卷，占全书总卷数的十分之一；"艺文志"凡8万余字，占全书总字数的1/4强；又列有"载籍"一门，较好地保存了宣城

前言

一地的诗文著作精华，虽为一斑，亦可窥豹。

乾隆《宣城县志》原刻本今已罕见。国家图书馆藏乾隆四年（1739）刻本（卷二至卷八），南京市图书馆藏胶卷复制本，美国哈佛大学东亚图书馆藏原刻本（有缺页），1970年台湾成文出版社有影印本。

整理和出版旧志，是传承和弘扬中华优秀传统文化，推动中华优秀传统文化创造性转化、创新性发展的重要举措。2008年原宣城市宣州区地方志办公室点校出版了光绪《宣城县志》，深受各界好评。乾隆《宣城县志》刊刻面世比光绪《宣城县志》早150年，含有大量的自然、社会、政治、经济、军事、人文等方面的史料，是研究宣州历史发展的极其重要的文化资源。为深入学习贯彻习近平文化思想，更好担负起新时代新的文化使命，中共宣州区委党史和地方志研究室决定点校出版乾隆《宣城县志》，以满足人民日益增长的历史文化研究需求，夯实"存史、资政、育人"的地方志事业基础，赋能地方志事业高质量发展。

乾隆《宣城县志》整理出版委员会
2025年2月

序

国家之治，莫先教养。养则衣食足而人有为善之资，教则礼义兴而士无乖违之习。宰一邑者，劝农桑，薄税敛，即所谓养也；尊师儒，明礼让，即所谓教也。是二者，文庙与邑志固已兼之。入文庙者，读孔孟程朱之书而讲明夫修己治人之要，井田学校次第以施；阅邑志者，考山川沿革之旧而推究夫人情好尚之殊，风俗土田连类以纪。故文庙不惟教，而养已具乎其先；邑志不唯养，而教悉存乎其内也。

余自雍正十三年承乏宣州，首谒文庙，见诸生习礼其中，彬彬郁服。已而登城遥望，山川秀丽，庐舍参差，橘柚桑麻，令人想"秋色""人烟"之句，取志参观，见闻益备。然而文庙几于倾圮，诸贤祔享木主未详邑志，自康熙丁卯以来失记载者将递甲子。核其原委，即父老传闻亦不能觇缕矣。因是思之：文庙之振新固不可以或缓，而一邑志乘如之何其置之膜外也？余于文庙努力捐俸，并募同志共虔俎豆，事详碑记。

文庙甫毕，即从事志书，敦请邑之绅士，相与虚心商确，凡山川、星野、田赋、关梁、官师、乡献、孝子、贞妇之类，或仍乎旧，或更以新，或补未备，或缺所疑，务在详明简当，不溢不支。所留意者，穷乡冷巷、声光暗淡之辈，力为搜讨，得表艰贞。至于风气习尚之异乎前，将又恐其靡于后，发为余论，三致意焉。

宣之殷富逊于曩昔，而老成典型往往以当年之淳固为后起劝。然则自今以往，绝游惰之萌，食时用礼，以合乎国奢示俭、国俭示礼之旨；而士大夫家率为宽厚长者之行，忠以立体，恕以达用，培养元气，保合太和，道众①庶以先路，转相仿效，乃不负前后人纂辑此书之遗意也欤！

我朝圣圣相承，教养兼隆，即今拯恤灾黎，登之安饱，穷檐编户，均沾赞育，曲阜之宫巍焕肃穆，镌刻诸经史颁行学舍，俾士子通经学古，以窥内圣外王之绪。各省通志精粗巨细，无不该贯，区区下吏，敢不仰体圣心，为所得为，以补风化之万一云尔乎？

志事越八月告竣，为序其原起，兼有望于将来贤□踵事而增美焉也。

时乾隆四年己未春三月之吉，知宣城县事、镇江吴飞九撰。

---

① "道众"后原刻本缺页，据嘉庆、光绪县志配补。

序

我皇上膺①图御宇，勤求教养，备极安全；中外臣工亦罔弗仰体宸衷，保爱黎庶。唯是直省大僚体专督率，迨于邑令实切亲民，使不谙其山川原隰、农功水利以及生齿盛衰、闾阎好尚，虽学道爱人原本经术，而讲求泥古，致用为难，正不得隘黑子弹丸，视措施为反手也。若然，则唯邑志一书纤巨悉载，前人成宪，正宜率由，即或殊代因革，所应变通，而问途已经，弗虞歧路。况宛郡之宣邑，地广而僻，浮朴相间，土壤肥瘠，错出不齐，设临莅伊始而旧章无稽，欲图教养而胜百里任，讵不难哉？

于是邑宰吴君参考志乘②，汇③我民人，因旧刻漫漶，亟图修辑，开局逾年，乃获成书。余读之卒业，喟然叹曰：有是哉，吴君用心之厚也！夫有开于前，莫为之继，则纪载传闻于焉湮没，将何以昭国宪、程后世而嘉惠来兹？今则缺者补，讹者正，删芜续断，一展卷而历朝之损益、昭代之鸿谟、疆域之隘塞、水道之潴泄、户口物产之庶繁、名宦先贤之功烈，以至草茅纤细之美，无不毕尽。嗣是而后宰斯土者，庶几知所考据，而于土俗民风得以因时酌剂，无负我皇上之委任焉，则征诸文献而谷我士女者宁有纪极乎？

余忝守宛郡，坐观厥成，实余之幸，亦窃抱惭，因嘉吴君之

---

① 膺，其后嘉庆、光绪县志均误刻作"应"。
② 志乘：嘉庆、光绪县志皆作"诸乘"，误。
③ 汇：此字原刻模糊，难以辨识，故嘉庆、光绪县志阙如。今释读为"汇"。

(乾隆)宣城县志

用心而乐为之序。至是书之义例详密,采辑折衷,简而该,核而不冗,则樗园杨太史膺总裁之任,而焚膏继晷以佐笔削者,为邑绅士阶亭王君、思斋葛君、生谷梅君、二吉孙君,暨①邑诸生之有文学者以分其劳勚也。是为序。

时乾隆四年②己未清和之吉,知宁国府事、平江程侯本撰。

---

① 暨,嘉庆、光绪县志均空缺此字,今据原刻本补。
② 四年,其后嘉庆、光绪县志均删去此二字。

目 录

卷首
序
乾隆戊午重修姓氏
康熙丁卯纂修姓氏
目录
全图 ……………………………………………………（001）
卷之一　疆域形胜附 ……………………………………（012）
卷之二　建置沿革 ………………………………………（016）
卷之三　星野 ……………………………………………（022）
卷之四　山川关津桥梁附 ………………………………（030）
卷之五　城池防御附 ……………………………………（044）
卷之六　风俗 ……………………………………………（048）
卷之七　田赋 ……………………………………………（052）
卷之八　学校 ……………………………………………（070）
卷之九　公署 ……………………………………………（073）
卷之十　祠祀寺观附 ……………………………………（078）
卷之十一　官师 …………………………………………（100）
卷之十二　名宦 …………………………………………（123）
卷之十三　选举一文科甲　武科甲　荐辟 ……………（128）
卷之十四　选举二岁贡 …………………………………（157）
卷之十五　人物一名臣　宦业　儒林 …………………（188）

卷之十六　人物二忠节　孝友　懿行 ……	(227)
卷之十七　人物三文苑　武烈　隐逸 ……	(258)
卷之十八　封赠 ……	(284)
卷之十九　列女一 ……	(292)
卷之二十　列女二 ……	(320)
卷之二十一　流寓 ……	(378)
卷之二十二　方技 ……	(384)
卷之二十三　仙释 ……	(388)
卷之二十四　艺文一表　疏　记 ……	(393)
卷之二十五　艺文二书　序　铭　颂　赋 ……	(411)
卷之二十六　艺文三诗 ……	(446)
卷之二十七　载籍 ……	(562)
卷之二十八　祥异 ……	(571)
卷之二十九　古迹邱墓附 ……	(579)
卷之三十　附载 ……	(591)
卷之三十一　附纪 ……	(597)
卷之三十二　杂纪 ……	(606)

后　记 …… (616)

宣城县志原序

国家有史官载国事，太史采列国风，是列国各有史也。郡邑志者，即列国之史，视晋之《乘》、楚之《梼杌》、鲁之《春秋》，文有不同，遗意则一也。

宣于江左称名胜，山川秀发，人物飙举，往往散见于史传文集以迄稗官所纪载。岁丙寅，予衔命校士宛郡，所辖邑各循例以其志进，而宣顾阙如，盖自有明以还，六邑志统载郡志中。厥后他邑踵事增华，各志其志，宣以附郭与郡为股肱，其志仍统于郡，递经修辑，相沿如故。

越明年，邑令袁君集邑之贤士君子始谋分纂之，征文咨献，博采旁搜，无混淆，无遗略，务使上下数千百年来户口、关隘、政事、礼乐、人品、典籍，原原委委，了如指掌。夫前事之不忘，后事之师也，循是，宣之人士手一编，望古遥集，景昔人之芳躅，蔚为名贤，降至匹夫匹妇，闻风兴起，油油然勃发其为善之心，志之所系顾不重欤？

先是，试院荒圮，士俯眉坐苦芦下，风霾雨露，寒暑交侵，试者病之。袁君慨然捐俸，易以瓦厂。予按部者再，既便于所有事，而志又适成，因为详其始末，著于简端。太史采风，其必以袁君为贤有司也，宣士民祀袁君于遗爱堂，以识不忘，固袁君之泽维系民心，而宣之风淳俗古，亦于是乎可想见矣。

时康熙丁卯孟春月，提督江南学政、内阁学士兼礼部侍郎、吉水李振裕撰。

(乾隆)宣城县志

宣城县志原序

邑之有志，所以纪一邑之山川人物、典故事实，使人人有所考镜，以感发而兴起也。由邑志推而进之为郡志，为省志，为一统志，而实则一统志取诸省，省志取诸郡，郡志取诸邑，谓惟是詹詹一方言，而苟且载笔，其不贻讥大雅者几何？

近奉明诏，天下郡邑志各加修辑，盖古者陈诗采风意也。宣邑志故附郡志中，顺治癸巳，前令山右王君锐然起而修之，周咨广询，迄用有成。顾其书仍统以郡，无专本。予承乏兹土，有可以助流声教者，职所当为，不敢辞。第事虽沿旧，而析郡而邑，参互考订，务在精详，其役与创始等。因与诸绅士君子议，以宣之人，考宣之事，搜罗稗野，补葺遗亡，文献足征，本末具备，所为夏五郭公、鱼鲁亥豕之疑，庶几其获免乎？

夫志者，志也，志官师则有德者书，志绅宦则懋绩者著，志娇修则匹夫而表民望，志节烈则女子而箴彤史。若夫志学校之废兴、田赋之赢缩、户口之登耗，则物产何以阜、民生何以遂、士气何以振、习俗何以醇，其故可深长思也。志于此即志于彼，志也通乎治矣，仅侈闻见资其说，以此为算博士掌典故之书，夫岂国家命修志之意哉？

呜呼！前望古人，后顾来者，风土民情，一编斯在，即其事感于其心，以各思兴起，是则区区捐俸以九成此书之志也。夫典吏许震督梓人，不数月告竣。为书其大略如此。

康熙二十六年蒲月，知宣城县事、豫章袁朝选题。

乾隆戊午重修姓氏

主修
　　知县事加三级纪录三次　　吴飞九
同修
　　翰林院编修加二级　　　　杨廷栋
　　进士　　　　　　　　　　王一槐
　　举人　　　　　　　　　　葛其祥
　　举人　　　　　　　　　　梅　理
　　县学生举孝廉方正给六品服　孙　喆
经理志务
　　监生　　　　　　　　　　孙　纶
　　　　　　　　　　　　　　骆懋鼎
缮校
　　儒童　　　　　　　　　　施相如
　　　　　　　　　　　　　　孙致觉
　　　　　　　　　　　　　　杨　彩

(乾隆）宣城县志

康熙丁卯纂修姓氏

主修
  知县事   袁朝选
分修
  进 士   詹 宇
  举 人   梅 清
  举 人   梅 庚
  府学生   梅文鼎
  县学生   刘汝凤
  县学生   屠 毂
  县学生   徐肇伊
  县学生   唐 益

宣城圖考

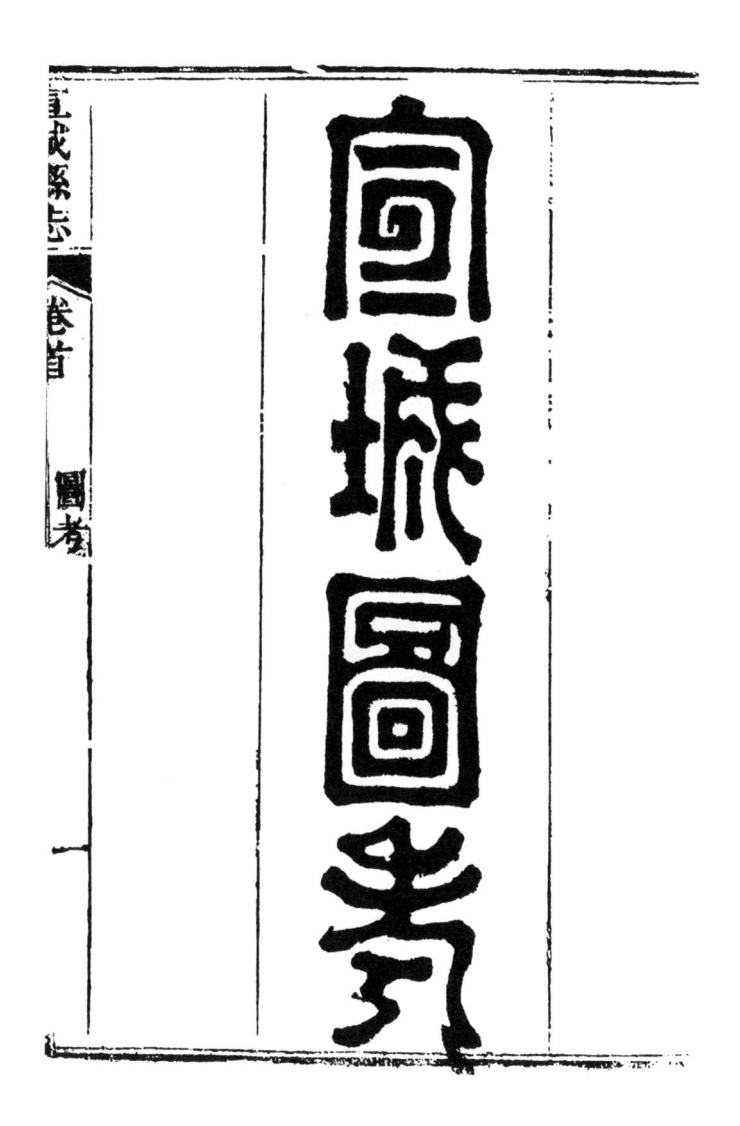

（乾隆）宣城县志

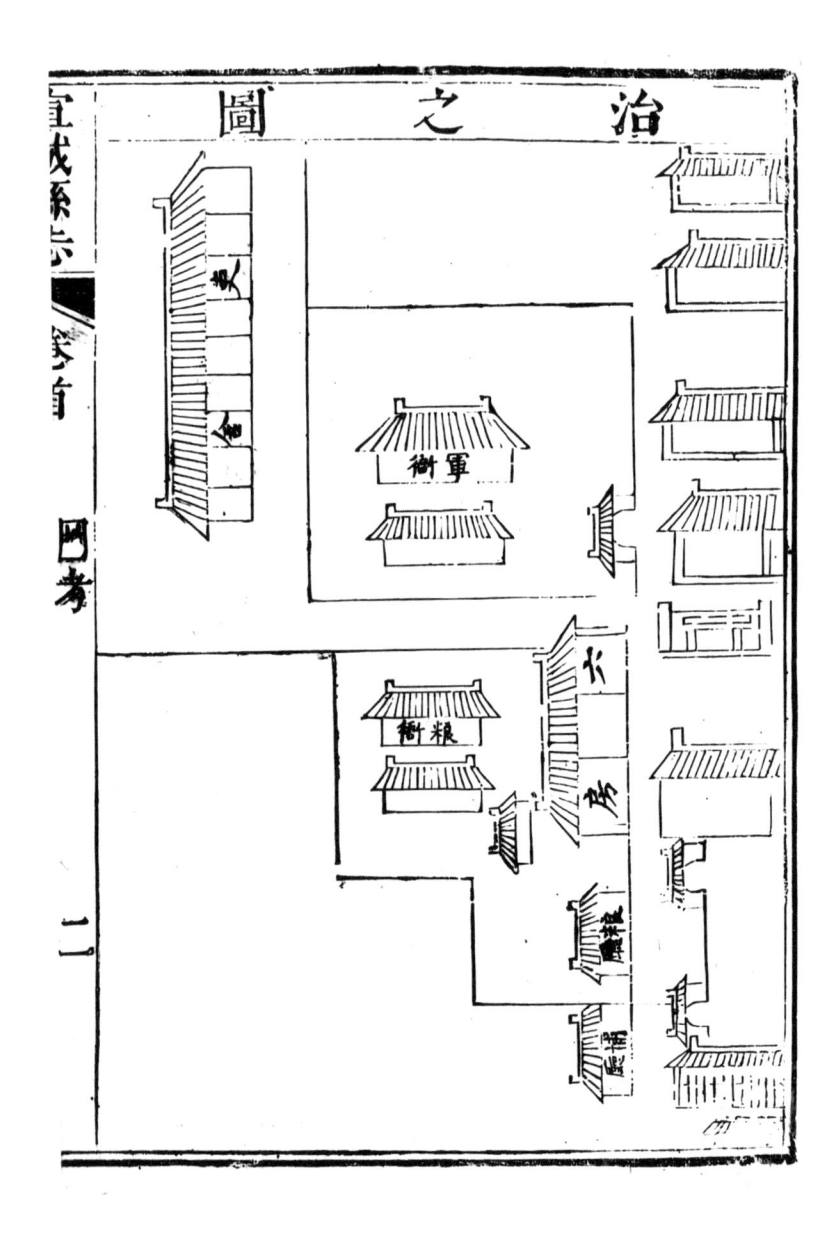

治之圖

軍衙

粮衙

水防

縣庫

縣獄

宣城縣

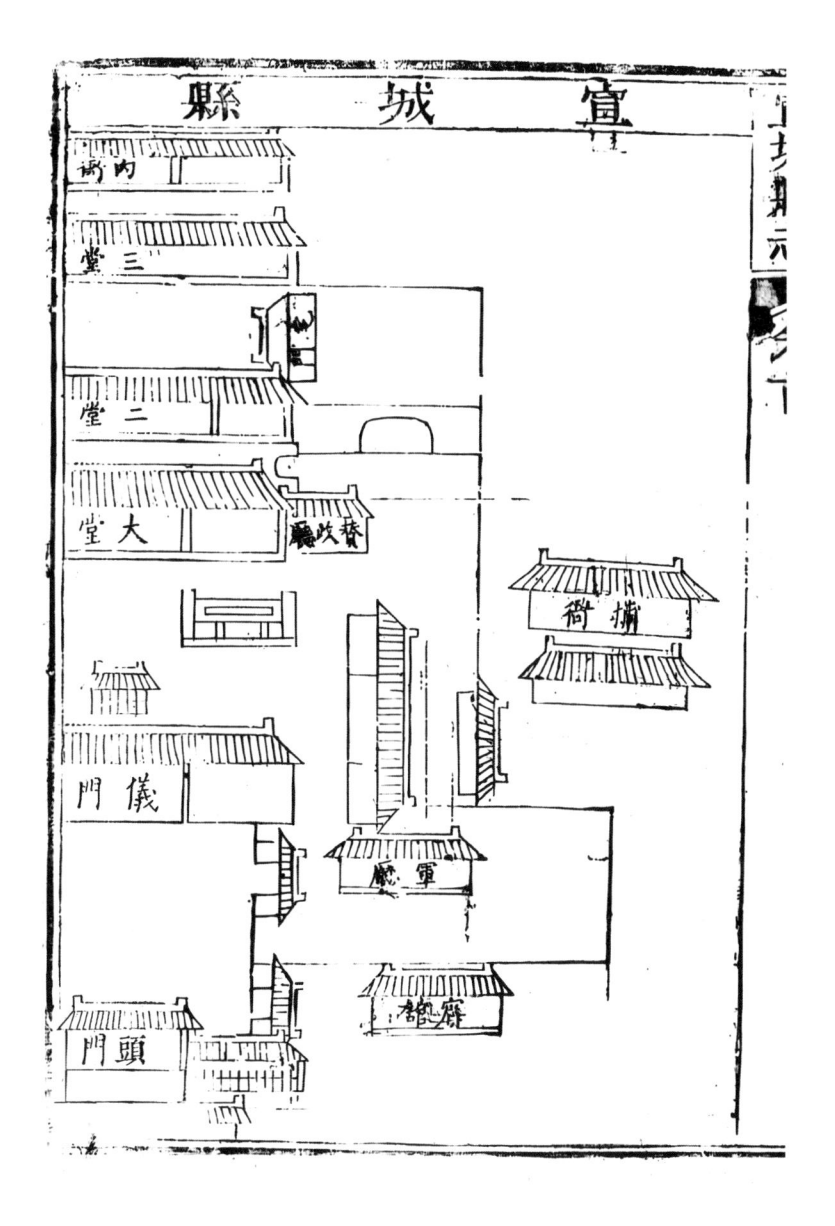

宅内
三堂
二堂
大堂　贊政廳
儀門
軍廳
譙樓
頭門

（乾隆）宣城县志

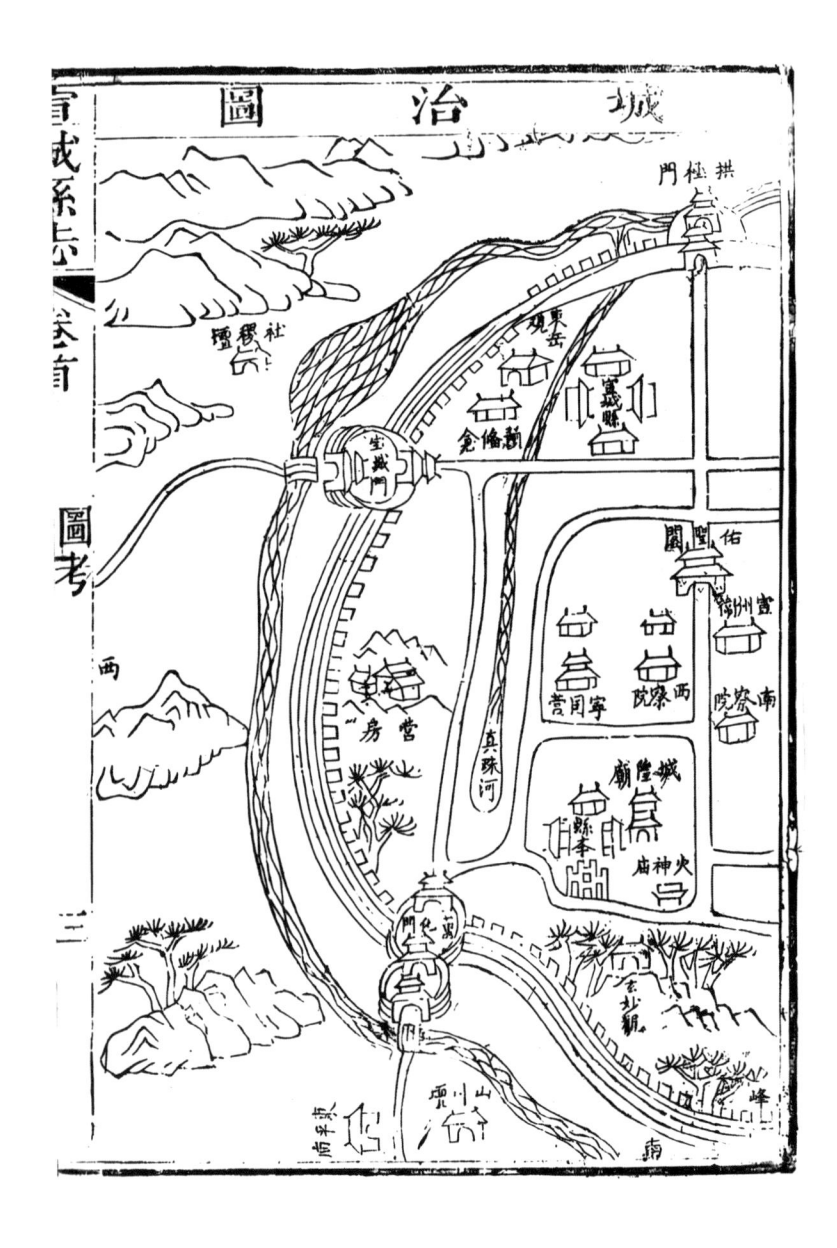

宣城縣

（乾隆）宣城县志

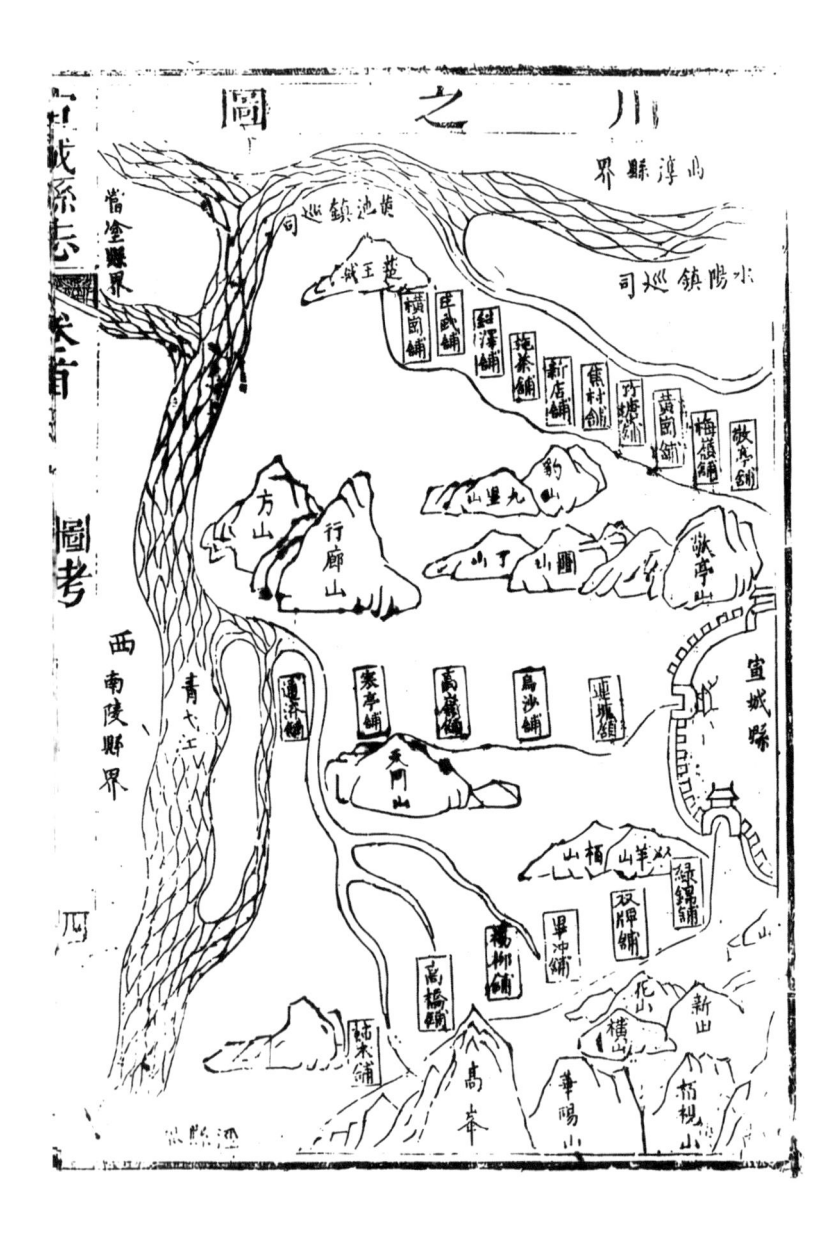

宣城图考

(乾隆）宣城县志

宣城县志卷之一　疆域形胜附

宣城，古宛陵也。自汉立丹阳郡，治宛陵。又别为宣城，在所统十七县中，治青弋江，为宛陵西境。其后并宣城入宛陵，至晋复分宛陵、宣城，并隶宣城郡。东晋成帝于郡北置淮南侨郡，分立逡道县。隋并江南，以郡为宣州，乃省宛陵、逡道入宣城，定今县。唐、宋因之，南宋隶宁国府，元隶路，明仍隶府，其实一也。县名始于汉，定于隋，县之疆域则自南唐始定云。志《疆域》。

宣城县为宁国府附郭首邑，在江南省治之南三百二十里①。由县治东南六十里至宁国县界，西南五十里至泾县界，西六十里至南陵县界，东六十里至广德州之建平县界，北一百五里至太平府之当涂县界，东北七十里至江宁府之高淳县界。由县治北至京师二千七百四十五里，东西广一百二十里，南北袤一百六十五里。

乡十三，统都五十一，里二百一十七。

清流乡，一都至五都，凡一十八里。

凤林乡，六都至十都，凡一十四里。

---

① 三百二十里：嘉庆、光绪县志均作"三百六十里"。

昭亭乡，十一都至十七都，凡四十一里。

昆山乡，十九都至二十三都，凡一十八里。旧有十八都，遭水荡啮，凡七里，今焦村滩是。

射亭乡，二十四都至二十六都，凡二十一里。

嘉禾乡，二十七都至二十九都，凡一十七里。

四望乡，三十都至三十一都，凡一十四里。

兴贤乡，三十二都至三十六都，凡一十九里。

千秋乡，三十七都至三十九都，凡一十一里。

长安乡，四十都至四十三都，凡一十七里。

仁义乡，四十四都至四十七都，凡一十里。

宣义乡，四十八都至四十九都，凡三里。

留爱乡，五十都至五十一都，凡七里。

坊六里之在城者曰坊。

东北隅二坊，西北隅一坊，东南隅二坊，西南隅一坊。

铺舍三十有八[①]。

总铺在府治南正街之东，有门有厅，有室有厢，缭以周垣。由东门达广德者六，曰东溪，曰直溪，曰佳山，曰麻姑，曰洪林，曰花桥。由小东门达宁国者五，曰上渡，曰长安，曰寿松，曰黄渡，曰杨林。由西门达南陵者五，曰莲塘，曰乌沙，曰高岭，曰寒亭，曰通济。由南门达泾县者六，曰绿锦，曰双牌，曰毕冲，曰杨柳，曰高桥，曰柿木。由北门达黄池者十，曰敬亭，曰梅岭，曰黄冈，曰竹塘，曰焦村，曰新店，曰施茶，曰绍泽，曰籸武，曰横埕。由小北路达水阳者五，曰安民，曰养贤，曰澄清，曰永隆，曰龙溪。

---

① 三十有八：嘉庆、光绪县志均作"三十有七"，因未将总铺计算在内。

(乾隆) 宣城县志

形胜

　　古以宣城为郡名，所辖甚广，有广德、溧阳、溧水、当涂、青阳诸县，今池、太二府，广德一州，江宁府南诸县之地，皆属焉。书传所称宣城形胜，多以郡言，兹不繁引。

　　北望昭岑，南瞻瞿硎，后前左右，如抱如拥，粲①然如积金，莹然如叠玉，屹然如长城之环缭，截然如巨防之壁立，皆天造地设，以为此邦之险固。宋·蒋之奇《重建叠嶂楼记》

　　川流漫羡，罗络坤维，峦岫蜿蜒，雄奠方域。明万历丁丑志

　　文脊、敬亭，群峰列巘，合形辅势，而宛、句诸水澄涵流映，相与襟带，其间风气所钟，盖江左奥区也。梅守德《新建龙首亭记》

　　县城以陵阳山作镇，郡治在焉。山之最高颠是为叠嶂，叠嶂之山高出城闉，俯临阛阓，古北楼也。城右据山而左临水，宛、句二溪襟带于震艮，行廊、天门遥应于兑乾。面对文脊，缥缈云中，背倚敬亭，屏扆端拱。两水之外，平田万顷，而卫以麻姑，补其旷缺，华阳高峰，来自西南，枝舒翼展，重复回环，纵横百里。既自南而北至敬亭一峰，复自北而南逆行十里，自熏化门入，连冈逶迤，萦纡磅礴，古曰宛陵，盖象形也。宛水源出新田，句水源出于潜、绩溪。宛者，流宛转也，其长五六十里。句者，形屈曲如"句"字也，其长二百余里。至城北而合流。麻姑之外，南湖实为巨浸，湖北诸山来自东坝，溯流衡②砥，湖水受束成港，折而西行，合宛、句之水，出于新河庄两山之间以为门户。过此则分为二流，一北行经水阳，乃西行，一西行经东门渡，而皆合于黄池。自黄池至敬亭九十余里，皆无大山而多围田，姑熟之青山、采石，金陵之牛首，遥为拱卫。此宣城形胜之

---

① 粲，底本原空缺，据嘉庆、光绪县志及蒋之奇《重建叠嶂楼记》补。
② 衡：嘉庆县志同。衡，抗也。光绪县志改为"冲"。

大略也。国朝康熙丁卯志

邱壑岭嵘，溪流宛折。国朝·卢翙《古北楼记》

按，县境南北倍长于东西，泾、宁邑界计道五六十里，而柏枧山谷与宁邑界者至县可八十里，华阳山深处且将百里，逾岭即旌德矣。南以山脊为限，荒瘠堪矜；北以积水为区，藩篱难固。盖水阳接壤高淳，有石臼诸湖，黄池接壤当涂，有路西诸湖，夏秋水涨，渺然泽国，滨湖港汊，纠错潜通，萑苻出没，莫能究诘①。虽两镇巡司设有弓兵，而地广备单，未足以任禁缉。且三郡犬牙相错，难清盗源、靖逋逃，以安良善，是在留心民瘼者，未雨之绸缪矣。

---

① 莫能究诘：嘉庆、光绪县志无此四字。能，底本原空缺，据文意酌补。

(乾隆)宣城县志

宣城县志卷之二 建置沿革

  旧郡志《沿革》仅有纪事，癸丑重修，始依《江宁府志》例补作表，然后郡邑之屡更，治界之分合，瞭若指掌，可得而稽也。今仍其法，志《建置沿革》。

历代沿革表

虞夏商	扬州
周	吴
春秋后	越
战国	楚
秦	鄣郡
汉初	鄣郡
武帝元封二年	扬州部　丹阳郡　宛陵　宣城
东汉	扬州　丹阳郡①　宛陵
三国	
吴大帝	扬州　丹阳郡　宛陵
晋	

---

① 郡，底本原无此字，据上下体例及嘉庆、光绪县志补。

卷之二　建置沿革

　　武帝太康二年　　扬州　宣城郡　宛陵　宣城
　　元帝　　　　　　扬州　宣城郡　宛陵　宣城
　　成帝咸和初　　　扬州　宣城郡　宛陵　宣城
　　　　　　　　　　　　　淮南郡　逡遒
刘宋
　　孝武大明六年　　扬州　宣城郡　宛陵　逡遒　宣城
　　明帝泰始二年　　扬州　宣城郡　宛陵
　　　　　　　　　　　　　淮南郡　逡遒
　　顺帝昇明初　　　扬州　宣城郡　宛陵　逡遒　宣城
梁
　　武帝末　南豫州　宣城郡　宛陵　逡遒　宣城
陈阙年　　宣州　宣城郡　宛陵　宣城
隋
　　文帝开皇九年　　宣州　宣城
　　炀帝　　宣城郡　宣城
唐
　　高祖武德三年　　宣州总管府　宣州　宣城
　　　　武德七年　　宣州都督　宣州　宣城
　　太宗贞观元年　　宣州　宣城
　　玄宗天宝元年　　江南道　宣城郡　宣城
　　肃宗乾元元年　　宣歙观察使　宣州　宣城
　　昭宗大顺元年　　宁国军　宣州　宣城
南唐
　　吴主昇元元年　　宁国军　宣州　宣城
宋
　　太祖开宝八年　　江南东路　宣州　宣城
　　孝宗乾道二年　　江南路　宁国府　宣城
元

（乾隆）宣城县志

　　世祖至元十二年　　　江东建康道　宁国府　宣城
明
　　太祖洪武初　　　直隶　宁国府　宣城
皇清
　　世祖章皇帝顺治二年　　　江南布政使司　宁国府　宣城

沿革纪事

　　自唐尧咨四岳，举舜敷治，舜举禹①治水，乃作《禹贡》。《禹贡》之纪九州，其五曰淮海，惟扬州，盖言扬州之域北距淮，东北距海也。扬与荆接壤，而荆州北距荆山，南距衡山之阳。由是言之，宣城所属盖扬州也。
　　虞、舜摄位，九州之外，分立幽、并、营三州，然其地皆在青、冀，而余州如故，仍属扬。
　　夏禹禅位，贡金九牧，复为九州，仍属扬。
　　商汤缵禹旧服，式于九围，以有九有之师。九有、九围，即九州也，仍属扬。
　　周定九州，东南曰扬，仍属扬。
　　春秋时为勾吴地，其后越灭吴，尽有吴地，属越。楚复灭越，乃属楚。
　　秦始皇帝分天下为三十六郡，以江左之西境置鄣郡，西北属之九江，东南属之会稽，以浙为界，治故鄣。《栝地志》云在长兴县南八十里。属鄣郡。
　　汉武帝元封二年，改鄣郡为丹阳郡，治宛陵，隶扬州刺史部。统县十七，其一曰宛陵，其十七曰宣城。

---

① 举禹：底本此二字漫漶不清，据文义补。

卷之二　建置沿革

按，宛陵、宣城之名，皆始于此，然汉之宣城治青弋江，为宛陵西境，而汉之宛陵，则今宣城也。《后汉·地理志》序曰："凡郡治在县者先书。"宛陵既为十七县之首，其为丹阳郡治明矣。《资治通鉴》洪适注亦曰丹阳治宛陵。《纲目质实》亦然。《南畿志》、今《江宁府新志》并同。或云治姑孰者，谬也。观张纮对吴主之言移治建业，乃孙吴时事，然亦非姑孰。

后汉丹阳郡，治宛陵如故，省宣城入宛陵，统县十六。

《一统志》："永和间析置宣城郡，桓帝时省。"《南畿志》："永和四年析置宣城郡南陵、泾两县。"志皆从之。今按《汉书》无载，然汉末有宣城长杭徐，而《吴书》亦有孙权平定宣城事。盖范氏《后汉书》原缺地志，系后人所补，分合细故自多遗误。而汉末割据，郡邑草创，或因故名。《三国志》亦作于晋时，未能详也。

三国建安十三年，吴主孙权析宛陵南境置宁国、怀安二县。

按，吴主孙权以建安十七年领丹阳郡，改秣陵曰建业，都焉。丹阳移治，当在此时。

晋武帝平吴，太康二年别置宣城郡，与丹阳郡并隶扬州。丹阳郡治建业，宣城郡治宛陵，统县十一，首宛陵，次宣城。

元帝渡江，封子哀为宣城郡公，治内史理郡。后为琅琊王食邑，内史摄事如故。

成帝时，析丹阳南境置淮南侨郡于于湖，嘉靖府志云：今太平府当涂县地。侨置逡遒县于宣城北境，隶淮南郡。在今宣城县北六十里。旧志云：汉作逡道，晋作逡遒。

南朝宋孝武帝大明六年，停淮南，以宣城兼领，移治于湖，寻还治宛陵，于是郡复合并①。

明帝太始二年，复析宣城置淮南郡，隶扬州。

顺帝昇明初，淮南郡复停，以宣城兼领。

梁末隶南豫州。

陈改南豫州称宣州。《旧唐书》宣城下云：梁置南豫州，隋改为宣

---

① 合并：此二字底本原漫漶，据上文意酌定。

（乾隆）宣城县志

州。炀帝复为宣城郡，皆此治所。

隋文帝开皇九年平陈，以江左侨郡猥繁，并省诸县，改宣城郡为宣州刺史，降行守事。统县六，其一宣城，其宛陵、宁国、怀安①、逯遒皆省，入治宛陵。此并宛陵为宣城之始，自后言宣城，即宛陵也。

炀帝初，复称宣城郡，州停。

唐高祖武德三年，置宣州总管府，析宣城置宁国、怀安二县。

六年，省宁国、怀安，仍并为宣城。《旧唐书》作"七年"，今从《新唐书》。

七年，改置宣州都督，督宣、潜、猷、池四州。

太宗贞观元年，罢都督府。

玄宗天宝元年，改州复称宣城郡，置守，隶江南道。万历郡志云：隶江南西道采访使，今从《新唐书》及嘉靖志。

天宝三载，复析置宁国。

肃宗乾元元年，复称宣州，改采访使为观察处置使。宣歙观察治宣州。

僖宗光启三年，宣州统县八，其一宣城，为望县。时诸县有望、紧等目。

昭宗大顺元年，以宣州号宁国军，授杨行密节度使。

天祐十二年，吴封徐温齐国公，以升、润、宣、常、池、黄六州为齐国。是年即梁贞明元年，又四年杨隆演进位吴王，改元武义，吴军县皆仍唐旧。

南唐先主昇元元年，宁国军统县六，其一宣城。按，六县之制实定于此时。

宋太祖初，召诸镇还京师，分命朝臣出典州郡，号权知州军

---

① 怀安，底本原作"淮安"，据上文及嘉庆、光绪县志改。

卷之二　建置沿革

事。开宝八年，南唐平，改宁国军仍称宣州，隶江南东路。统县六，如南唐，其一宣城，为望县。

孝宗乾道二年八月，升宣州为宁国府。孝宗以绍兴三十年立为皇子，尝授宁国军节度使。

元世祖至元十二年即宋德祐元年，改府称宁国路，置总管府，隶江东建康道肃政廉访司。以建康、宁国、太平、徽州、池州、信州、饶州、广德八路属之，治建康。仍隶江浙行中书省。置录事司。旧立四厢，至元十四年废四厢创立。统县六，同宋，其一宣城，为上县。

成宗大德八年，徙江东建康道廉访司治宁国路，以监察御史钩考建康簿书。

明太祖改宁国府，明太祖以元顺帝至正十七年下宁国路，改称宁安府。二十一年改宣城府，二十六年改宣州府，吴元年四月定今名。直隶京师，省录事司。统县六，如元。

成祖永乐中都燕后，改称南京，诸府直隶如故。

皇清世祖章皇帝顺治二年，江南平定，改隶江南布政使司，其称宁国府、统县六、治本县，皆如故。

按，县于六邑偏处艮维，而常为附郭者，以其居江、太、池、徽、广德之中，而古丹阳之治所也。自汉以后，丹阳分为诸郡，县境亦有所析沿，历唐、宋、州、军、路、府更置不常，而本县之为治所未之或改，故其民特为淳谨，重犯试而多猾胥，其亦有所自来欤？江邦列服以此为上游腹心，维持休息，教养兼施，一变而至于道，其所系非轻。

(乾隆)宣城县志

宣城县志卷之三 星野

古人分野之法伙矣,以黄、赤道胪分宿度,而星纪属吴,不过其中一说耳;且古今距度不同,自非专家,盖罕有知者。前志博考綦详,今仍其旧。志《星野》。

县本古吴越地,亦为楚。其州扬州,其郡丹阳,其星南斗、牵牛、须女,其次星纪,其辰丑。

按斗、牛、女三宿,凡四十余度,而星纪之次止三十度有奇,故斗初入寅,女末入子,皆非星纪。诸家分野之说有主十二次言者,有主二十八舍言者,今并存之待考。

《周礼·保章氏》注:"星纪,吴越也。"魏太史陈卓曰:"于辰在丑,吴越之分野,属扬州。"

《隋书·地理志》:"扬州于《禹贡》为淮海之地,在天官,南[1]斗十二度至须女七度,为星纪,于辰在丑,吴越得其分。"

《唐书·天文志》:"斗、牵牛,星纪也。初,南斗九度。余千四十二秒十二太。中,南斗二十四度。余千七百八半。终,女四度。"又曰:"星纪得云汉下流,百川归焉。故其分野,自南河下流,穷南纪之曲,东南负海,为星纪。"

---

[1] 南:查《隋书》卷三十一《地理志下》,作"自"。然《晋书》《资治通鉴》《通志略》等书均作"南",或当误在《隋书》,故仍其旧。

卷之三　星野

明《天文清类分野之书》曰："斗牛在丑，自斗三度至女一度，属吴越分，扬州。"

<small>以上以星纪之次为吴越分，主十二次言也。</small>

《史记·天官书》曰："二十八舍，主十二州。"又曰："斗，江湖；牵牛，婺；女，扬州。"又曰："越之亡，荧惑守斗。"

《汉书·地理志》："吴地，斗分野也，今之会稽[①]、丹阳、豫章、庐江、广陵、六安、临淮郡，尽吴分也。"

《晋书·天文志》："斗、牵牛、须女，吴越，扬州。九江入斗一度，庐江入斗六度，豫章入斗十度，丹阳入斗十六度，会稽入牛一度，临淮入牛四度，广陵入牛八度，泗水入女一度，六安入女六度。"

《唐书·天文志》："南斗在云汉下流，当淮海间，为吴分。"

《宋史·天文志》："南斗六星，……南星者，魁星也。石申曰：'魁第一，主吴，二会稽，三丹阳，四豫章，五庐江，六九江。'"

明《天文清类分野之书》："宁国属斗分。"

<small>以上以斗、牛、女三宿为吴越分，主二十八舍言也。</small>

诸家历法所测星度不同，今考如后：

星纪距度考

《前汉志》刘歆《三统历》：自斗十二度，至女七度。<small>唐李淳风晋、隋两志，吴太史陈卓并同。</small>

费直《说周易》：自斗十度，至女五度。

蔡邕《月令章句》：自斗六度，至女二度。<small>刘昭《后汉志》、魏杨伟《景初历》并同。</small>

[①] 据《汉书》卷二十八下《地理志第八下》，"会稽"后尚有"九江"二字。

皇甫谧《帝王世纪》：起斗十一度，至女七度。

《北魏志》李业兴《正光历》：起斗一度，至牛五度。

唐一行《大衍历》：初斗九度余千四十二秒十二太，终女四度。

《宋志》皇居卿《元祐观天历》：初斗九度，终女六度。

南宋杨忠辅《绍熙统天历》：初斗四度三十五分秒九十二，终女二度九十五分秒七。

元耶律楚材《西征庚午元历》：起斗四度三十六分六十二秒外，至女二度九十一分九十一秒。金赵《知微历》同。

元许衡、郭守敬《授时历》：起斗二度七十六分八十五秒，至女二度六分三十八秒。明《大统历》同。

明《天文清类分野之书》：起斗三度，至女一度。

本朝《时宪书》丁卯气应：起箕三度半，至牛初度十八分。

以上言星纪之度，不同者凡十二家，依古历起斗十二度，则斗建星全，入燕分，为析木之津。若《正光历》起斗一度，毕牛五度，则牛六度为齐分，而女宿全入齐，其相悬若此。又李淳风《麟德历》，以前不用岁差，故皆以大雪日躔为星纪之初。自《大衍历》分天自为天，岁自为岁，故《授时历》以冬至后数日始躔星纪。而今西历以中气过宫日躔星纪为冬至，是不惟南北至有岁差，即十二次岁岁有差，全异古法矣。

斗牛女宿距度考

诸家所测赤道	南斗	牵牛	婺女一名须女
汉洛下闳所测	二十六度及分	八度	十二度
唐一行所测 宋景祐测验同	二十六度	同汉	同汉
宋皇祐所测 元丰所测同	二十五度	七度	十一度

续表

诸家所测赤道	南斗	牵牛	婺女一名须女
崇宁所测	同皇祐	七度少	十一度少
元至元所测	二十五度二十分	七度二十分	十一度三十五分
本朝《时宪书》癸丑年测	二十四度十四分	六度五十五分	同皇祐

按，《后汉·律历志》："《尚书考》灵曜斗二十二度，无余分。"《唐书·大衍历议》："古历南斗至牵牛上星二十一度，入太初，星距四度，上直西建之初，故古六家之历或以南斗命度，或以建星命度。"一行又曰："古历以南斗魁首为距。"夫以魁首为距，则南斗六星全入箕度矣。自汉测以后用斗魁第四星为距，故与古异，然历代所测又各微差，《元史·历议》则疑其小有动移，西历则谓恒星随黄道转动，岁岁不同，其是耶？又，古历唯用赤道，永元以后乃有黄道之仪，亦论星度者所当知。

诸历黄道	南斗	牵牛	婺女
后汉永①元铜仪	二十四度四分之一	七度	十一度
隋刘焯《皇极历》	二十四度	同汉	十一度半
唐一行《大衍历》	二十三度半	七度半	十一度少

---

① 永，底本作"灰"，当误，据《宋史》及嘉庆、光绪县志改。

续表

诸历黄道	南斗	牵牛	婺女
此据开元十二年日躔所定,上考下求,当据岁差。			
宋《纪元历》元耶律楚材《庚午元历》同	二十三度	同汉	同汉
金赵知微历	二十二度	同汉	同汉
元《授时历》	二十三度四十七分	六度九十分	十一度一十二分
此据至元十七年日躔所定,上考下求,用增减岁余周天之分以求岁差,即得其年黄道本度,明《大统历》不知此法,所以有差,非授时本法之失。			
本朝《时宪书》	二十三度五十一分	七度四十二分	十一度三十八分
此据《灵台仪象志》所定,其数略同汉、唐,然西历以三百六十整度立算,减去五度四分之一,暗加于各度之中,西历一度为古法一度有奇,故不同也。至西历黄道别有南、北两极,各距赤道极二十三度半,其分周天广道度与其辰次皆从黄道极为心,是与赤道竟有斜直之差,与《元史》回回法合,非仅如古历黄、赤道殊阔狭而已。			

史载古占附

汉武帝元鼎中,荧惑守南斗。南斗,越分也,其后越相吕嘉乱越。

顺帝永和四年七月壬午,荧惑入南斗,犯第三星。五年九江丹阳贼周生、马勉等攻没州县。

吴主亮五凤元年十一月,白气出南斗侧,广数丈,长竟天。

卷之三　星野

王肃曰："此蚩①尤旗也，东南其有乱乎？"二年正月，彗星出吴楚分，西北竟天。次年，吴改元太平。九月壬辰，太白犯南斗。太平三年，孙琳废亮。

晋哀帝兴宁元年十月丙戌，月掩太白，在须女。占曰："灾在扬州。"

孝武帝太元十九年十二月癸丑，太白犯岁星，在斗。占曰："为乱饥，斗吴越分。"后二年，王恭等举兵，朝廷戮之。连年水、旱、饥。

梁武帝天监元年八月壬寅，荧惑守南斗，占曰："吴越有忧。"是岁大旱，米斗五千，人多饿死。

唐代宗大历十年正月甲寅，岁星、荧惑合于南斗，占曰："饥旱，吴越分也。"一曰："不可用兵。"

德宗贞元十九年三月，荧惑入南斗，色如血，斗吴越分。色如血者，旱祥也。

宪宗元和十五年八月己卯，月掩牵牛，吴越分也。

昭宗光化三年十月，太白镇星合于南斗，占曰："吴越有兵。"

明万历五年，蚩尤旗入南斗。占曰："吴越水。"本年八月，吴越大水，八年为甚。本府南陵尤剧。见《南陵志》

右自汉以降，史所记七曜凌犯，星气在南斗、牵牛、须女者，繁不胜书，今录数条，以与分野之说相发明也。《左氏》曰："越得岁而吴伐之。"《汉书》亦以吴地为斗分，越地牛、女分，而今详征诸史，有以斗言越，牛言吴越，或斗、牛、女合言吴越、扬州，未尝执一也。一夫悲怒，霜飞虹贯，况百里之邦乎？或欲凿某一度定为本邑之分，而余无所与，非通论矣。

---

① 蚩，底本原误刻作"岂"，据《三国志》卷十三、《晋书》卷十三及嘉庆、光绪县志改。

星纪斗牛外，仍有占吴、越分野之法，具录如后。

《史记·天官书》："吴、楚之疆，候①在荧惑。"

此以五星言分野也。荧惑，火精，故南国以为候焉。

又曰："占为鸟衡。"

此以四七宿言分野也。鸟者，南宫七宿，东井与鬼为鹑首，鬼又为天目，柳为咮，七星为颈，张为嗉，翼为羽翮，轸为鹑尾，合之象朱鸟也。衡者，太微三光之庭，鸟与衡同在南宫，故亦占南国。

《后汉·天文志》："玉衡，斗七星也，第六星主扬州，常以五巳日候之，辛巳日为丹阳。"

《晋书·天文志》："北斗七星，一主秦，二主楚，三主梁，四主吴，五主燕，六主赵，七主齐。"《隋志》述石氏亦同。

《宋史·天文志》："北斗第四②星曰权星，其分为吴汉，志主荆州。第六星曰闓阳，其分为赵汉，志主扬州。"

此以北斗言分野也。《天官书》二十八舍主十二州，斗秉兼之，所从来远矣。《班志》亦云。

《隋书·天文志》："五车，五帝座也，西北大星，主秦；次东北星，主燕、赵；次东星，主鲁、卫；次东南星，主楚；次西南星，主魏。五星有变，皆以其所主占之。"《晋志》同。

此以五车星分配五方，则言楚者，吴越在其中。

《隋书·天文志》："九坎东列星，北一星曰齐，齐北二星曰赵，赵北一星曰郑，郑北一星曰越，越东二星曰周，周东南北列二星曰秦，秦南二星曰代，代西一星曰晋，晋北一星曰韩，韩北一星曰魏，魏西一星曰楚，楚南一星曰燕。其星有变，各以其国占之。"

《宋史·天文志》："十二国十六星，在牛、女南，近九坎，各分土居列国之象，位次略同《隋志》。"又引《陶隐居》云：

---

① 候，底本原误刻作"俟"，据下文及嘉庆、光绪县志改。
② 四，此字底本原被铲削，据《宋史》卷四十九及嘉庆、光绪县志补。

卷之三　星野

"越一星在婺女南。"

　　此并举楚、越而不言吴，则吴、越同占。

《宋史·天文志》："天市垣二十二星象，天王在上。诸侯朝王，王出皋门大朝会，西方诸侯在应门左，东方诸侯在应门右。其东藩第六星曰吴越。"

　　以上三者，皆以中外官星言分野也。五车天市在列宿北，古谓之中官。十二国星在列宿南，古谓之外官。

《史记·天官书》曰："加以日时，用命其国。"又曰："丙丁，江淮、海岱也。"《前汉·天文志》同。

《汉志》又云："丙楚戌吴越。"

　　此又以时日、支干言分野也。按，史书占验有此数端，吴越之灾祥不专于斗、牛明矣。历书之薄蚀也，以各方正见者灾深，颇为近理。观古今历家不推夜食，而救食之法率土攸同，不拘何宿，厥义彰矣。西术以灾变之时立十二宫，皆以本地经纬度求其里差以定之，亦此意也。宣城纬度在赤道北三十一度，北距省城三百二十里，而北极出地差一度有奇，其经度在省城正南稍西，直京师东一度。夫人居地上下，地在天中，一气相通，无有隔碍，天运有推迁而人事应之，人为有转移而天道亦应之，故曰与政事俯仰最深。藐兹百里，人鉴维昭，可不惧哉！

（乾隆）宣城县志

宣城县志卷之四 山川关津桥梁附

宣城为古扬州域，实江左之奥区也。总其流峙，举其大纲，在境内者山之脉有三：南由黄山，东南由天目，西南由九华。由黄山者历太平、旌德、泾之东境，及宁国之文脊、宣城之华阳，抵敬亭而止，为郡城之陵阳山，敬亭而北诸山皆其余脉矣。由天目者二，一历广德西南境及宣之东境为麻姑山，一从溧水南境、建平西境绕南湖之北为昆山。自九华者历泾之西境而北为南陵诸山，与宣连界。此山之大较也。

水之源亦三：东由绩溪丛山及天目北麓，历宁国入宣城东，合华阳绿塘水为句溪，至城北隅与宛溪合；西一水由太平、泾川入宣城为青弋江，为湾沚，达芜湖入江；又东一水由建平汇于南湖，西出新河庄，合宛、句至管家渡东北为大河，径水阳折而西北为仇公渡，为黄池，由姑孰达于江。此水之大较也。夫山川出云，钟灵毓瑞，风气所环，民物以阜，货财以兴，咸兹焉赖，故具列于篇，俾览者获详焉。志《山川》。

城内三峰，其尊者曰陵阳山，陵阜回环，峰峦耸秀，为一郡之镇。北自敬亭陂陀而南，隐起三峰：一峰府治据之，相传晋内史桓彝用郭璞术所建。宋郭祥正诗："陵阳三峰压千里，百尺危楼势相倚。"危楼，即叠嶂也。二峰在府西南，北有麻姑井，前为鳌峰玄妙观在

卷之四　山川关津桥梁附

其西，东南为阳坡府儒学在其南，三峰在府北，巍峙南东，为府治屏护景德寺在焉。

城内之水，西有珍珠河，出西南李家塘即珍珠塘，北流径府后木直街，出铁牛坊水门，达于宛。明正德间改从西北沟沿径东岳观侧出城北，东行入宛，非复故道矣。

城北十里曰敬亭山旧名昭亭，又名查山，由华阳高峰北来百余里，横亘于此，若屏障然。高数百丈，周广百倍之。东临宛、句，南俯城闉，万壑千岩，云蒸霞蔚，近郊胜境也。山南有广教寺、裴公井、金鸡井、石佛殿、虎窥泉、放生池、万松亭，又南五里有蛮王冢、查宣公墓，余详《古迹》。循河而北为盘石山即盘龙山，下临深涧。西第一峰为冯村岭有一峰庵，东北十里为麒麟山、梅子冈，东五里为甑山大、小北路从此分，西北五里为佛子岭，又东五里为峡石山下临深潭，潭上下多怪石。此敬亭山北第一支。麒麟山之西为乐义冈，北十里为高亭冈，又东北十里为城山、稻堆山与寨口山对峙河岸。此敬亭山北第二支。乐义冈之西为九里山，东北十里为黄冈，又北十里为竹塘豹山冈垄起伏，环绕十数里，又北十里为新丰街距城七十里，郭奎有诗，东为符里镇前代居民商贾凑集，贸贩颇盛，置监酒税，今寥落矣，又北三十里为横冈山赤色，又名虹冈，有横埕桥。此敬亭山北第三支。又十里至黄池镇距城百二十里①，北路巨镇，南北孔道，有巡检司，对河为当涂县界。余详"水类"并"桥梁类"，旧有楚王城山黄池镇里许，详《古迹》。

城东三十里麻姑山麻姑尝修炼于此，详《古迹》，高广视敬亭过之，迤逦崷崒，盘踞百余里，作镇东境。驿道傍有巡检寨②故址，循东南麓有崔公祠。北为掉石岭，巨石回阴，俨分向背，在麻姑山北岭下

---

① 百二十里：嘉庆府志，嘉庆、光绪县志均作"百一十里"。
② 寨，底本原无，据嘉庆、光绪县志补。

(乾隆）宣城县志

有天如庵，林宇泉石，最称幽胜。东为灵马山，姑山支垄，山后为姜公塘，塘共七所，久废。万历丙子，知县姜奇方筑复之，灌田四顷余。南为双庙冈、云头山，峰势巑岏，即麻姑山发脉处，有洞箫观、仙姑殿、白云寺。西为碧泉山，山外为石塘冲、计家桥，陈尚书迪葬此，详《古迹》。稍北为牛矢岭，又东为石马山、华盖山、漪塾山，皆北趋南湖而止。湖北曰大昆山、小昆山并在南湖之北，小昆山岩石尤峭异、凤凰山小昆山后，又北曰滚山、曰云山下有石洞，古名金牛洞，详《古迹》，西为大延岭道通水阳，又西为白鱼岭①，又西为塞口山与稻堆山对峙，由岭而北曰长山，慈溪出焉岁陶官瓶于此，西为紫峰山，稍北为西窑冲旧名莫家巷。云山而北为董谷山，东北为金山，由金山而东为九龙山北麓有庙，南属宣城，北属高淳，又别为蒋山，下瞰固城湖，为高淳南境。湖系两邑兼辖，西南隅属宣境，中界大河，东界鲤鱼沟，春夏蓄菱草以抵风浪，秋冬取草粪田，各有业守。

　　城南百里为华阳山，高千余仞，周百余里，联岫回溪，村落相望，连跨宣、泾、宁、旌之境。土名不一，总谓之华阳。其南为高峰踞华阳之南，峰冠云表，山顶有庵，依岩构屋，覆以铁瓦，人多杂猿猱以居，下有塔泉②，并产名茶，为密垄岭旧志作"梅垄"误，为盘岭下有洞可容百余人，洞中有狮象石，颇称幽胜。稍西为金牌岭，二岭之间仅通一线，为泾、旌间道，郡南一阨塞也。华阳支垄为大、小墨山，二山连接为洞山以洞得名，为城山有寺，幞头山在横山之南，郡城龙从此过脉。山多石，趋利者挖掘烧灰，知县邓性捐俸价买，置为官山，严禁掘石烧灰，自为记勒石。北十里为横山陵阳、敬亭山从此发脉，北十余里为壁田山，又北二十里为孔川山、长山、双牌山、石岭头山石岭之东有鼓城山，又二十里为双羊山城南三里，详《古迹》，稍西为柏山梅都官葬此，有祠，又有景梅亭在祠寺后，今废，址尚存。西

---

　　① 白鱼岭：嘉庆县志此处有小注："大延岭西石壁刻有'北崛岭'三字，旧作'白鱼岭'误。"

　　② 塔泉，嘉庆、光绪县志均作"塔泉庵"。

卷之四　山川关津桥梁附

北有团山距城十五里，东为丁山与团山相望，东北为洪村岭，即敬亭之一峰。由双羊迤逦逾城南而东曰响山距城二里，又名小赤壁，危矶突兀，下瞰响潭，上有钓台，详《古迹》。去城东十里曰玉山旧名土山，突起拳曲，古木丛蔚，虬藤如斗大。中有惠照寺。

横山而东为鲁山距城六十里，自华阳、横山分脉，东趋九里山，土人立庙祀鲁王，故名。东为新田山距城五十里，由横山东突起一山，绝顶有平台，俯瞰华阳、柏枧诸峰，高陂水、鲁墨溪、华阳大河叠①绕其前，山产石炭、石灰。又十里为千堆山有赵氏墓，又北十里为峄山山势由新田山至此陡起峻峰，蟠踞十数里。有项王庙，详《祠祀》。北有方塘，在盛湖冲。又十里有百步塘、古塘。峄山之东为城山有朱武村、赵村。由新田山西北为石马山溪中有石，其形似马，傍有净居寺。旧志作"凤回山"，未详。稍东为凤形山、赤土冈，又北为溪头山有高山寺，又北为凤家冲，南为许村山、花庙山，又北为黄泥冈，又北为官塘山，又北为戚家山。由横山北为岩台山距城五十里，由横山趋北，巉岩峭壁，上有平台，下有石洞、乳泉。又北为花田山距城三十五里，山径幽深，为西山。又十里为桐子冈，又北为曹塘山、七里冈山有半山精舍、夏家渡山，下止于宛溪之上，与响山对峙。

金牌岭西北曰密垄山距城六十里，高数百仞。山顶宽平，构庵其上，名金山堂，住僧垦田以居。明嘉靖中免文量，蔡润宗有记勒石，曰龙潭山山麓有潭、象鼻山形势怪峭，与龙潭相接，曰华盖山、石壁山、斗门山三山夹峙如门，曰隆潢山南为柿木铺。东有鹊山、苦竹山、凤凰山、松岩山山多异松。又西北曰曷山按唐史，杨行密攻宣州，其客袁袭劝速趋曷山。又，天福三年行密遣将破田頵于此。详《附纪》。旧志作"蜀山"，误。○南纪山止此。

城西三十里曰天门山回瞩华阳诸峰，东北十里为高岭山、峡山，西北四十里为行廊山两峰对峙，环绕若廊庑然，上有盘石巨人迹，

---

①　叠，底本原刻作"枧"，当误，据嘉庆、光绪县志改。

(乾隆)宣城县志

相传梁杯渡禅师过此,中有白云池、法云寺,下临大明湖诸胜。又西北为牛头山下有寨埠,元末红巾贼乱,里人立寨以守,又西北为方山,接南陵境。

城东南七十里曰柏枧山,是为文脊之阴,溪谷邃深,峰岩回曲,飞流界道,跨岫为梁,极称幽胜。古有僧以柏皮为枧,引水入厨,故名"柏枧"。其最胜者为飞桥,桥内外山皆梅氏祖墓,新安潘之恒有记。山口有文峰书舍,处士梅珍建,进士梅鹗撰记,今废。西为万人坑山脊与宁国分界。北为梅村山柏枧山口。西为歙溪山山半一凸①,名钱家垄。下西北为查树岭由宁国过泾间道由此。又北为石龙山山下有洞,洞中有龙,龙出则雨。又东北为海螺山、坐吉山。歙溪山之东北为狮子山、竹山,为长里冈山势平衍,道路颇长。又东十里为独山。由长里冈东北十五里为夹冈山、栗木冈。又东南为峻山至水西山下有横溪,与水东山分峙。由夹冈山东五里为桃园山,又东二十里为小劳山、大劳山有洞可容数十人。按,《本草经》有劳山韭,未知何指。今此地不种而生,且肥美焉。安山、后潭山并沿河而列,与水东诸山相望。

城东南六十里曰稽亭山《图经》云:宣城东南稽亭山,古仙人尝居此,行客悦其幽旷,至此必稽驻,故名。有筀岳坝,详《田赋·陂坝类》,有仙人岩、三天洞详《古迹》。东南为水东山距城七十里,大河之东有市。一名云雾山,南为午山,又南为高家岭、亭子岭、蔡后山统与宁国接壤,稍北为九曲岭界连广德。水东之东为象鼻山、狮山、石壁山,十五里为塘泥岭南通徽宁,北达苏杭,稍北为双峰山二峰对峙,俗名"丫山",疑即鸦山。上有蛟龙潭。又北为大岭俱连建平界。稽亭而东为袍笏岭亦建平界,迤逦而北为长发岭俗名长旛。西为寨山一作"豸山",又西为马凹山土名马鞍山,形凹曲,故名。下为阮家冲,为象山怪石蹲踞,其下为蔡家旺,蔡氏世居于此,为落星山

---

① 凸,嘉庆、光绪县志作"凹"。

卷之四 山川关津桥梁附

田中突起一峰，相传星陨于此。山之阴有堰塘清流，冬夏不竭。西北为折山山势如折，故名。下临仙溪，有折山寺。东有上门塘，一名玉粒塘，可溉田千余亩。东为十字路山距城七十里，其地有啸泉，详《古迹》，又东为南山，又东为双埂与建平接界，双埂水北流二十里至洪林，又北流十里入南湖。又北五里为四望山，又十里为泉冈山。〇东南山尽此。

城东附城为宛溪，源出新田，经峄山之阳有峄阳桥，当两山间东北流三十里，为九曲河。东由陆家潭一名"绿潭"，分上流为斜陂滩，水亦合此。西五里合板桥水由石马、溪头、凤村桥、板桥，径黄泥冈之东流至此合，又十里合横涧桥水发源横山之麓，径碧台寺、长安桥、永丰桥，又历花田、西山、桐子冈、曹塘、官塘，东北流至此合宋郡守张公果抱册溺死于此。北流为上渡俗名夏家渡，今为新安桥。又北五里受张家湖水原城田，以其沮洳多水，故俗称湖。源有二：一出孔家冲，由鼓城桥至绿锦桥东入湖；一出双牌铺，东由沙河桥、绿锦桥，至张家桥入，为响潭在响山下，潭水泓澄，舟行过此，谷声相应，峭壁芳洲，称为佳境，绕于城东为宛溪李白诗："句溪虽可爱，未若宛溪清。"上下二桥，上曰凤凰桥，下曰济川桥，梅尧臣及孙莘、王璋、张师愚皆有诗。

城西南有溪，源出城西诸山之南，由霍村荡径柏山寺后，过颜家桥、山川坛南，至响潭北入宛。城西北有水曰石子涧，由敬亭南麓东流带郭入于宛施元长林亭在焉，梅尧臣有《下赤山岭过渡至石子涧别施八评事》诗，即此。至城东北里许入句溪合流旧有宛陵驿，今革。李白《题宛溪馆》诗，即此。宛溪东距城十里有泥河，西流径筲箕湾有桥，五里至城东入宛上有政通桥，下有宛津桥，通演武场。

城东三里为句溪，源出宁国南笼丛山及千秋岭诸水，北流西塌入宣境下有中洲渡，又北为水西、水东、塘泥诸岭及蔡后等山，水皆合于此有戴村渡，又北为枫树滩旧有渡，今废，又十里为后潭有渡，又十里至下西渡、阮家渡，又北为孙家埠，为高溪，为乌

035

泥埠并各有渡，乌泥之北有金塘。西径玉山有渡，距城十里，又五里为东溪距城东五里，又三里为句溪水流澄澈，形如"句"字，李白诗"洗心句溪月"，谓其清也。波中见景德寺塔影，汲注谯漏，定刻极准。又北二里有新城渡，至三泌河与宛溪合东岸为新城，西岸有馆驿，今废。又三里，东有竹丝沟旧名筑尸沟，又五里至敬亭潭潭水泓深，岁旱于此请水祈雨，有庙埠渡。过丧临洲，北至油榨沟有渡，又北至陈村湾，西为野猫沟有仙人渡、仙人桥、东门渡、古塔。东为青草湖旧志作青土湖，水皆入焉。十里至石头沟大河，南湖水于此出，合流为新河庄有渡，北径塞口山、稻堆山两山中狭，淋漳则溢为患，东北傍石山，有支河计十里，以泄溪涨。北汇为下塘湖，与大河合流，至沙石湾有渡，又东北为谢家河口有渡，支流东折为牛儿港，由腾蛟渡、方家渡入固城湖达东坝，盖东坝五堰之一也。又北至水阳镇为龙溪西岸有龙溪铺、水兑仓、义仓、文昌阁、孝子坊，东岸有巡检司、水碧桥，桥北为高淳境，支流从桥东达高淳县。又北至下水阳为白沙有渡，土名鳜鱼嘴，北为澄沟口东岸为高淳境，宣城、广德、建平漕艘经此，由芮家嘴至太平府入江。又西北由雁翅、陡门至乌溪有渡，又十里为黄池一名玉溪，郡东南水聚此出大江，南岸属宣城，北岸属当涂。旧设浮桥，两县分造，今废为渡。别有玉溪桥，详《桥梁类》。由塞口山北有管家渡支流西北为焦村滩竹塘、野猫沟、东门渡诸水皆注于此，今称焦村湖、丁家湾有仇公渡、杨丝渡、束家渡、桂家渡，合于黄池，北达于姑溪。

玉山北句溪上流分支五里为双溪有李公桥，西北有许村湖涨则潴水，涸则产苇荻。北十里为掘港有渡，入南湖口。又西十里出油榨沟达于大河按，邑境北乡多圩，地势低旷，其余惟东乡原野平衍，川泽汇流，略如古之畎浍沟洫，源委繁多，皆从东南诸山发源，北经侯村坝、环溪渡、沈村埠渡，至黄家嘴，合掘港水入南湖。

城东南七十里曰华阳溪，出华阳山，东流二十里过鲁山，有鲁显水旧志载：《十道志》云，有庙，祀梅知岩。又旧志云，府南三十里有凉泉，一名寒泉，其源出鲁山，虽九夏其凉如冰。黄渡东有凉泉坝，今易

卷之四　山川关津桥梁附

名"良泉"。又十里至蒲田干溪上自广印山、坐吉山、鹿角山、螺山，下至塌磡、佛村、高泥亭、桑园，一溪环绕，多梅氏世居。又十里至黄渡距城四十里，旧设官渡，水涨则行人多阻。隆庆庚午，耆民梅守简捐万金建大石桥，名曰义济，今为蛟毁，其患如旧。又东北二十里为鲁溪，经陆家潭入河鲁溪之下为乌木沟，为深沟。

　　城西南五十里曰白洋溪，源出金牌岭之北，至凤凰山合界溪自苦竹山过陶公桥，至凤凰山后与白洋溪合，过杨柳铺有渡，至曷山、天门山，西北至寒亭有桥、南庄、陈湾各有渡、行廊山入青弋江。双牌铺水西流者，径祝公桥至天门山与白洋溪合，密垄迤西水流出龙潭，过石壁、华盖，至高桥隆潢山甘露寺后，与柿木溪水合。柿木溪出胡村山下，径柿木铺，亦至甘露寺后与高桥水合，流十五里至缸窑、牛牧入青弋江上流。又寒亭支流入通津渡，大水泛溢，民多溺死，汤宾尹捐资五千金，建石桥一所，名通津，行者赖之。

　　城西六十里曰青弋江，源出石埭、泾、太，及宣之西南诸水皆入焉。舟楫要津，陂堰资利，宣城旧治于此。西岸为南陵境，有渡。北十里为籧湾，北径行廊，受白洋、寒亭水源流见上，有周思渡、盐官渡，至五花潭受萧公桥溪水发源于双牌之西，过长桥，至萧公桥西，水流至此合、方山有杨家渡，至湾沚而北有渡有镇，今为盐埠。出杨青口合黄池下流入芜湖。其东有水出九里山，西流为余含溪有桥。

　　城东北四十里曰南埼湖，其北为北埼湖今总称"南湖"，径四十余里，东受广德、建平诸水，由绥溪入绥溪一名"白沙"，宣之东境诸水并泻入焉，此境内一巨浸焉。李白、叶道卿[①]、贡师泰诸人并有诗。西南出曲河有曲河渡，至油榨沟。西北出湖北河有麻马渡，又一十里有马三埠渡，当白鱼岭之麓，至浑水港，并与大河合。水行至建平者由此。旧云宣州有五湖，今芜湖、丹阳属太平，固城半属高淳，惟南湖、青土属宣城。

――――――――

　　① 叶道卿：此应称名"叶清臣"。字道卿，苏州长洲人。天圣二年进士，景祐三年知宣州。

037

（乾隆）宣城县志

附关津桥梁 并井附

新城渡　在城北馆驿前三汊河，宛、句合流之所。

句溪渡　在城东三里。

下西渡　华阳溪与大河合流处。

阮家渡

黄渡　城南四十里，旧有义济桥，今废为渡。

后潭渡　在后潭，近安山。

戴村渡　水东。

中洲渡　水东。

庙埠渡　城北十里。

油榨沟渡　城北二十五里。

新河庄渡　城北五十里，在塞口山，南湖水出此汇大河。旧无税，止芜关榷使间一遣人讥查竹木等项以防隐漏，并不委官坐抽。前工部尚书杜士全严禁妄征，建立石碑。迨后胥棍交通，滥及粪草小船及姜、芋蓝篓等项，商民坐困极矣。按，竹木杂税，前明知县卢维屏曾经详免，而芜关则例只收工部税额，未闻一概征之也。刊明原委，悬之渡口，俾商民晓然于画一之制，或亦事之可行者与？

环桥渡　城东北四十里。

沈村埠渡　城东北五十里。

掘港渡　南湖口。

麻马渡　在浑水港。

大船渡　在南姥嘴章家巷埠下。

马三埠渡　南湖当白鱼岭之麓。

曲河渡　南湖口。

仙人渡　在野猫沟。

东门渡　由野猫沟通西河。

沙石渡　在沙石湾。

牛港渡　在谢家河口。

卷之四　山川关津桥梁附

龙兴渡　水阳镇东西两岸旧设浮桥，寻废，于中马头设渡。近复增下马头、晒场诸义渡。

鳡鱼嘴渡

乌溪义渡　在新圩角，通当涂。

管家渡　城北五十五里，大河左分流，由小河西达黄池。

仇公渡

李家渡

束家渡

杨丝渡　四渡，由丁家湾达黄池。

玉溪渡　黄池镇。

杨家渡　在方山。

周思渡

盐官渡

南庄渡

陈湾渡　俱寒亭境，由行廊山入青弋江。

青弋江渡　城西六十里，宣城、南陵分界。

云深桥　城内鳌峰山下。

遇仙桥　城内世德坊，相传元道士贺士迪遇天符于此，故名。

凤凰桥　在泰和门外，跨宛溪。明正统中郡守袁旭建，广二丈六尺，长三十丈，祭酒、四明陈敬宗记。

济川桥　府治阳德门外，宛溪有两桥，上曰凤凰，下曰济川，旧为浮桥，开皇中刺史王选建。济川旧名永安，元符郡守刘珵重修。明正统中郡守袁旭易以石，广如凤凰桥之数，长损六之一，学士、太原王英记。国朝康熙八年，郡守孔贞来、庄泰弘，参将韩自隆捐募重修，里人施闰章记。

宛津桥　在泰和门外，通演武场，明万历中梅守德倡建。国朝康熙己酉，郡守孔贞来、邑人梅清倡募重建。

郭门桥　南直街南，一名衍水桥，明洪武中知县萧吉建。国朝康熙

039

（乾隆）宣城县志

己酉，郡守孔贞来、邑人梅清倡募重建。

　　下郭门桥　阳德门东街。

　　政通桥　初名宛水桥，唐垂拱中建。明嘉靖癸巳圮，通判李默重建，改今名。万历中知府陈俊、通判石玉铭修。

　　小凤凰桥　南直大街。水从珍珠塘达宛溪，与大凤凰桥水合流。

　　惠济桥　在东溪，距城八里。明弘治中，知县方溢设为浮桥，屡费修造。隆庆壬申，知府王嘉宾捐俸募建石桥，高四丈五尺，长四十丈，广二丈有五，礼部侍郎董传策记。癸酉，知府陈俊、同知李可久增建石坊二座，砌东堤五丈有奇，邑人梅守德记。国朝康熙癸丑，知府庄泰弘、同知唐赓尧、通判常君恩、知县李文敏、邑人施闰章募众重修。

　　李公桥　即双桥，明正德中主簿李文建，邑人贡汝成为序铭。

　　玉山桥　在城东玉山下，邑人刘禹建，海陵储巏记。

　　蒋家桥　在双溪东北。

　　直溪桥　在直溪铺，里人王昌龄、杨①廷美建。

　　大成桥　旧名破城桥，明知县萧吉建。国朝康熙己酉，知县李文敏重建，改今名。

　　父子桥　在城东三十里寺溪，里人徐鸿起、子肇芳相继各建一桥，土人因名之。

　　计家桥　在双桥东北。

　　狸头桥　在蒋山，里人徐凤建。

　　乌泥埠桥　在云山下，万历中里民韩羽八设渡以便行人，后捐建木桥，寻圮。朱顺余等倡募，易以石。

　　折山桥　在折山寺傍，里人贡荣、王廷宏建。

　　洪林桥　城东六十里，明洪武戊申建，宣德戊申修，隆庆中沈宠重修，万历中汤宾尹重建。

　　花桥　洪林东十里，邑人陈叔贞修。

　　西溪桥　里人汤僖建。

---

①　杨，历修府志同，嘉庆、光绪县志作"梅"。

卷之四　山川关津桥梁附

福田桥　阳德门乾明寺前。
永丰桥　阳德门永丰寺前。
观音桥　城南五里，嘉靖中邑人梅守益修。
赵家桥　在城东南筲箕湾，邑人赵瑞建。
朱武桥　在深沟，邑人吴宗周建。
新安桥　一名阮翁桥，城南十里夏家渡。明弘治中阮辉、阮杰建，郡守刘廷瓒记。国朝顺治癸巳，杰孙、知州士鹏重修，知县王同春记。寻圮，乾隆戊午士鹏子、章邱令赞妻林氏重建，郡守程侯本记。
横涧桥　即横板桥，距城十二里。康熙丙寅梅铜倡募重修。
长安桥　王子荣建。
永丰桥　汤文质建二桥，水自横山径岩台山来。
峄阳桥　在城南峄山下，邑人梅继勋建。
城林桥　在乌木溪，邑人赵孟熵建。
义济桥　在黄渡，今废，行人病之。
凤祯桥　城南二十五里。旧作"凤村"，误。
板桥　板桥铺，于仲清建。①
双庙冈桥　城南三十五里许村山，里人梅守立建。
九里桥　在九里山，里人汤禺建。
飞桥　即引虹桥，在柏枧山，详《古迹》。
颜家桥　在城南一里。
梅山桥　在城南。
绿锦桥　在绿锦铺，康熙癸卯僧性佛募建。
张家桥
沙河桥　城南十五里，邑人徐瑀建，后裔自佳重修。
鼓城桥　城南十五里，水从孔家冲径此入张家湖。
高桥　在高桥铺，距城五十里。

---

① "板桥铺，于仲清建"，此七字原被铲削，据嘉庆、光绪县志补。

041

（乾隆）宣城县志

五里桥　在宝城门外五里。

陶公桥　在苦竹山。

寒亭桥　距城西四十里，有寒亭铺。

通津桥　在通津渡，合寒亭支流入青弋江。汤宾尹建。

祝公桥　双牌铺西。

萧公桥　在五花渡。

镇宁桥

丰乐桥　二桥俱拱极门直街，明永乐中邑人汤文政建，嘉靖中知府尹宇重修，亦名尹公桥。

七里桥　城北十里①，当孔道。

伫云桥　敬亭南麓，里人汪泓庆建。

峡石桥　城北十三里峡石山下。

竹塘桥　城北五十里，近豹山。

仙人桥　在野猫沟仙人渡小河出口。

宋兴桥　郡北七十五里东山左，明益藩舍人张相建。

老燿桥　在湾沚镇。年深倾圮，行人病涉，州同吕世英捐赀重建。

余含桥　在余含溪，里人濮镐建。又别②有凤凰桥，里人濮镛建。

起凤桥　水阳东镇南关外，旧名寺左桥，土名施家桥。

水碧桥　在水阳东岸，北界高淳。

横塍桥　城北百里横塍山，明宣德中知县萧吉建。

玉溪桥　在黄池镇，当驿道，明知府袁旭建。

浮桥　在黄池，旧设渡船，康熙间知县袁朝选申请上官檄会宣、当两邑，设造浮桥，今废，仍为渡。

---

① 十里，嘉庆、光绪县志俱作"七里"。
② 底本衍一"别"字，径删。

卷之四　山川关津桥梁附

开元井

铜井

阴塔井

裴公井　以上并详《古迹》。

东姑井　府治西南数百步。

麻姑井　在陵阳二峰玄妙观侧。

葫芦井　城内杏树巷。

月井　府治左鼓楼下。

茶峡荡义井　泰和门内，四孔[1]，嘉靖中郡守朱大器浚置。

大井　北门内大街，四孔。

八角井　泰和门外凤凰桥东。

仙姑井　在昆山乡匾船山下，详《杂记》。

---

[1] 四孔，嘉庆、光绪县志均作"三孔"。

(乾隆）宣城县志

宣城县志卷之五 城池防御附

邑与郡无分壤，故墉隍津隘靡勿共者，自隋以还，城制递营而加广，屹然巨障矣。《易》曰"王公设险以守其国"，将固围除器，不虞是防，其何重如之。为著其肇建更拓之由，堵御扼塞之所，庶后之绸缪是赖云。志《城池》。

县附郡，据山为固①，南枕鳌峰，东北带宛、句，西北堑陂用潴积水，西南包原跨阜，外连漏泽冈②，地势盘郁③。南门一带蜿蜒起伏，为龙脉所从入。明季知县陈泰来以兵警浚濠过深，殊为不利，康熙间通邑绅士鸠工培补之。

城周延九里一十二步，高二丈五尺，厚三丈。初建于晋内史桓彝，梁太守何远而下稍增筑之。隋开皇中，刺史王选始大展拓，尽西北冈阜。宋乾德中，江南未下，南唐节度使林④仁肇复修筑新城，有韩熙载记。宋建炎三年，郡守吕好问奉诏赐中都钱五万缗缮拓之，有周紫芝《新城赋》。元至正中，廉访使道童重加甃甓，更定五门名额。明知府鞠腾霄、宋献、叶锡相继饬治。

① 固，此字底本原脱，据嘉庆、光绪县志补。
② 冈，嘉庆、光绪县志均作"园"，当是。
③ 郁，底本此字原被铲削，据嘉庆、光绪县志补。
④ 林，此字底本原被铲削，据嘉庆、光绪县志补。

卷之五　城池防御附

国朝康熙庚申，知府王国柱、知县邓性沿城修整，又于鳌峰前城上置月台一所，极登眺之胜。

雉堞，旧一万三千有奇，明知县梁应奇并三为二，共一千九百七十垛。

警铺，旧一十三所，后增设共一百九十二所。国初，同知王家梁于各要害处建敌台一座，共十有四所，今并圮。

门五，重关闉阇，楼堞皆具，东曰阳德门旧在正东，有铁牛门。林仁肇筑新城，改门稍北，即今大东门。旧传丑地空，故置铁牛于门，象大武镇之。牛今存羊直巷木禾殿。按，北地近水，城门多置铁牛，盖取土克水之义，或不关于丑地空也。东偏曰泰和门即今小东门，明嘉靖乙卯知府朱大器增设重门，构保丰台于其上，自为记。国朝康熙乙巳，知府黄叔琪重修。南曰熏化门康熙戊申，城东南隅鳌峰嘴城根倾塌，知府孔贞来叠以巨石，石临河善崩。又旧传城正南有水关，开辄不利，仅存斗门泄水，疑即遇仙桥左斗门云。西曰宝成门西隅隆起名春归台，顺治辛卯五月，淫雨陷三十余丈，知府管起凤、知县王同春修筑。癸巳五月雨复颓，知府秦宗尧移址，向内加筑。北曰拱极门。

夹城，在县学前，明知县詹事讲用修撰沈懋学议规圆之，以屏学宫。

县北门外有新城，黄池有楚王城、逡遒城见《古迹》，东有麻姑山寨、温城详《古迹》、破城有破城县，后改名固城，西有宣城县旧城在青弋江。

防御

县境界在吴越之西，由芜湖入，不逾日涉西北境；由当涂入，不二日涉北境，于是以黄池为重镇；由东坝间道入，不二日涉东北境；由高淳入，不逾日涉北境，于是以水阳为屯塞；由繁昌、青阳、铜陵入，不二日涉西境，于是以青弋、寒亭为襟喉；

(乾隆)宣城县志

由黟、歙、泾、太入，不逾日涉西南境，于是以琴溪、柿木为屏蔽；由绩溪、宁邑入，不逾日涉南境；由昌化、于潜间道入，不二日涉东南境，于是以港口为门户；由杭、湖、广德入，不二日涉东境，于是以洪林、麻姑为锁钥。此守土扼要者所当知也。

南湖潴广德、建平及宣、宁东境水，广袤百余里，溧阳、高淳间道阻焉。明初设河泊所于湖口之马山埠，主征鱼课，后以冗员裁省，既而盗多出没于此，乃知湖口要害兼寓防圉，不专为课计也。顺治甲午，操抚李日芃因宣城河流经湖达江，檄道、府会勘于新河庄、马山埠、仇公渡、雁翅、陡门、海冈角、梅村湾等处，各立木楼，设兵防瞭，又各造梭船一只，往来哨探。康熙六年，巡抚张朝珍檄县，各路每五里设炮台一座。

徽宁道署，在县治东南，明末因旌、绩盗发移驻旌德。国朝康熙丁未缺裁，庚戌以徽属寇警，复移驻徽州府城，寻奉裁。

宣州卫，在县治南，其卫所兵止供屯田、漕运，守备职专屯务，虽有总旗、千百户之名，而不事干戈，不登埤堄，一切防御事宜悉归营兵。

宁国营，额设副总兵官一员，顺治癸巳改设参将一员、中军守备一员、千总二员、把总四员、马步战守官兵八百八员名，分拨千、把总各弁目，驻防六邑及险隘处所。顺治戊戌调去崇明水师营丁一百名，康熙癸卯调去漕标马步兵丁五十名，康熙甲辰调去孟河营千总一员、把总一员，仅存马步兵丁六百二十五名。康熙癸丑，查马兵战守官兵五百九十一员名，于甲寅年内奉旨改设五百四十二员名，惟千总减一员，余如旧。庚申年檄拨把总一员、营兵三十名，助守芜湖窑湾地。

营汛，东路三，曰双桥汛，曰孙家埠汛，曰洪林汛；西路二，曰西河汛，曰梅村湾汛；北路八，曰新河庄汛，曰马三埠汛，曰水阳汛，曰海港角汛，曰黄池汛，曰窑湾汛，曰湾沚汛，曰赵家渡汛。凡一十三处。雍正乙巳，每汛设立烟墩三座、木楼一座。

卷之五　城池防御附

民兵即民壮，明成化初，兵部以天下卫兵耗弱，初籍民为兵，其数视县大小而上下之。宣城设民兵四百名。既以统驭不专，人不习战，嘉靖乙未，巡按御史虞守愚尝为议疏上，兵部匙之，请颁其法行诸郡。后以海寇，吴浙东南多事，应名充籍率倚市儿，缓急无赖，其法终废，后止存兵壮五十人。国朝雍正间，屡经派拨裁汰，现存二十八名。

军器库，凡胄函、弓矢、盾戟、矛刃、弩韬各①数十百。初，宋绍兴间大修戎器，设藏守之；明知县梁应奇复造。国朝顺治乙未，知县王同春添造鸟枪七十管。

县监，在县治头门内左侧，其门外屋三间，系营兵、提监刑书值宿。门首更楼一座，内上号房三间，供奉狱神；东、西号房各三间。周围墙高二丈有余。额设禁卒八名、更夫二名。

演武场，在泰和门外一里许，有将台、正厅及府、县、卫官各厅今卫厅废。

水阳巡检司，在水阳东镇。

黄池巡检司，在黄池镇南。

---

① "各"字下因底本漫漶，尚缺三字。

047

(乾隆)宣城县志

宣城县志卷之六　风俗

　　五方异性，百里殊风，盖俗之渐民久矣。宣为奥壤，德教均被，自隋迄今见于记载者，升降污隆之故可考而知也。修其教不易其俗，齐其政不易其宜，与时消息，其道无他，爰备录之，以俟省方者之周咨云。志《风俗》。

　　川泽沃衍，有海、陆之饶。其人君子尚礼，庸庶敦庞，故风俗澄清而道教隆洽，亦其风气所尚也。《隋·地理志》
　　舟车繁会，风俗和柔。唐·尉迟枢《新安禅院记》
　　其土乐，其民安，其俗阜。唐·卢肇《记》①
　　阻以重山，缘以大江，其俗佻而侈，其人劲而悍。有裴耀卿者为刺史，端本重学，宣人始服化矣。陈简甫《宣州开元以来良吏记》
　　阻山带江，颜谢流风。《玉海》
　　东南自古非用武之地，大率民俗阜安，不乐攻剽，号为淳而易治。宋·周紫芝《移建县治记》
　　地广而僻，民质而文。《元志》
　　古称江南之气劲躁，民性轻扬，而尚鬼好祀。宣亦江南之一区，永嘉之后，衣冠避难多萃江左，艺文、儒术斯之为盛，虽间

---

① 《记》：指《宣州新兴寺碑铭并序》，见万历府志卷十三、《全唐文》卷七六八，县志《艺文》未录。

阎、贱役吟咏不辍，盖亦因颜、谢、徐、庾之风焉。

民习耕稼、尚货利，士习衣冠礼乐，而民质伪相间，嚣讼生焉；士或好逸恶劳，怠于问学，在昔庾、范、江、谢、颜、杜、张、晏诸公政先化导，士习丕变，以故启吴、梅、魏、贡之相业，文章声昭于时。迨后富则轻视儒雅，贫则不崇信义，谢玄晖所云"荒阶少诤辞"，今不复觏矣。并明·刘盘《成化志》

俗务耕织，薄商贩，奢俭相当，颇修礼教，而嗜斗喜讼，亦往往为有司病。李默《嘉靖志》

宣城三面皆山，惟北为水乡，民生其间，质性不齐，大率瘠土之民刚而尚质，沃土之民柔而好夸，市廛之民佻而善诞，其居使然也。至务耕织，薄商贩，严别男女，市无笀黛，士人修弦诵，明道术，雅重气节，民惧宪章，不轻犯有司，是则略同。旧所云"嗜斗喜讼"，至以"荒阶少诤词"为未然者，毋亦未察风草之义欤？《万历丁丑志》

人物富饶，风俗朴雅。徐琼《建县厅记》

金陵上游，山环而风萃，水曲而气结，是以士多四方之志，而民鲜百里之游。拥沃饶以为利，侈露积以为富，挟膏腴以傲刀锥。城肇自晋咸和间，民俗敦朴，尚里居，不杂廛市。阅城宅著姓无几，惟城东越虹桥夹宛、句，滨水而居多巨室大贾，即土人亦侨寓焉，生齿之繁息，泉货之殷盛，物产之滋殖，栋宇之轮奂，甲于一城，独称丰里。朱大器《保丰台记》

产多美材、饮食诸物，所以利用厚生者，不他求而足。故秀民说诗书，好礼义，闾巷田塘之氓，悉有以自资而无慕于外。王文端直①《府治记》

自东廓邹公、南野欧阳公、绪山钱君、龙溪王君，或留都莅

---

① 直：嘉庆、光绪县志误作"置"。王直，谥"文端"，其《重新府治记》，见嘉庆府志卷二十二。

（乾隆）宣城县志

宦，或水西缔会，三十余年人士景附，志学之会彬彬乎跂伊洛之风，绵邹鲁之绪矣。明·李春芳《志学书院记》

山川秀丽，风气清淑，士生其间，瑰奇雄伟，明经修行，习文艺于学校。明·黄宗载《府学题名记》

士俊民秀，哲贤著迹。明·尹台《文昌阁记》

力耕织，薄商贩，敦俭朴，提德教。不侵①然诺，砥砺廉隅，尊慕儒术，雅尚诗书。所可愕者，诡习慧讹，黔首嚣豪，小则睚眦衽怨，大则狠黠桀骜；亲死不葬，委暴蓬蒿，徼冥窃福，讼谍日号。工部尚书雷礼《敬亭山赋》

宣俗和柔为多，民怀土无轻去乡，不习工贾，鲜盖藏，大夫士多文弱。嘉、隆后虽胧仕，橐不盈万，耻持筹，无兼并。子衿无脾睨官吏，君子善吟，市人善谣。东乡旧称善俗，其细已甚，犹有近古之遗焉。国朝《康熙癸丑志》

风淳俗美，惜寸土以艺桑麻；士愿甿贫，际暇日而横经耒。沈泌《谢公亭碑文》

山水奇秀冠于东南，风流文采卓卓可纪者代有其人。佟赋伟《宛陵课艺序》

宣城自古为郡治所，山水清胜，六朝文物萃于首邑，往往有江、谢、徐、庾之余风。故其君子善吟，其市人善谣，虽阛阓之庭率张书画，春华秋实不无难兼，而衣冠之族类安雅好礼。旧志谓"嗜斗喜讼，以'荒阶少净词'为未然"者，乃明成化初志、万历志中已言，惧宪章，不轻犯有司，在今更易治矣。佟赋伟《二楼记略》

按，宣之风俗散在诸论者，醇疵互见，以今观之，大概不异前所云。顾生齿日繁，地力物产不足以周岁用，里无厚积之家，人鲜化居之术，无厚积则缓急无可恃，鲜化居则坐耗而其流易

---

① 侵：他本皆同，惟光绪县志改作"轻"。

050

卷之六 风俗

匮。岁一不登,相率嗷嗷,仳离之怨,有所不免。盖宣视他邑贫窭尤甚,是以读者章句毕即授徒以资衣食,而速化之术不得不营矣。市者资本薄,即脱售以糊朝夕,而欺妄之习不能不甚矣。

国家惠养黎元,薄海内外无不蒙麻食德,吾宣固同在雨露中,沐浴膏泽既深且厚,然而饥寒切于身,交谪盈于室,求所谓仓廪足而敦礼让者,犹不足以孚风草之应,其故何耶?将游手坐食者之多耶?抑食畤用礼之悉其度耶?至乎造作语言,捕风系影,摘人之短,幸人之灾,其天资刻薄,所在多有。所幸者,礼教信义之遗犹未尽亡,父兄师友之渊源犹未尽坠,其咨嗟太息,取勤俭以贻谋,指浇漓以垂戒者不乏其人,则又人心易转之机也。

夫风土本乎天,习尚成于人。陕俗强悍,周以之而兴仁让,秦以之而乐战争。昌黎曰"风俗与化移易",将树风声以淑井疆,非有司与贤士大夫之责欤?孔子删《诗》于十五国之风,有劝有惩,《二南》之篇在乎和平忠厚,以为化行俗美之基,宣之民其益还醇返朴而务去其疵,庶几乎邹鲁之遗,无负于国家化民成俗之至意也。

(乾隆）宣城县志

宣城县志卷之七　田赋

田土，不易者也，而赋法则屡易。然赋法易矣，有不易者存志也者，志其不易亦志其易，志其易变以宜民，志其不易，常而可久。考之食货旧本，证以赋役新书，不泥古，不倍今，举纲析目，具载斯编。志《田赋》。

田赋　自康熙丙午起至雍正壬子止，清丈开垦田地、山场总数。

上则田一千六百九十九顷二十三亩四分六毫九忽，折实田一千五百六十四顷九十九亩四分五厘七毫；中则田一万八百六十七顷六十七亩四分五厘五毫三丝六忽，折实田九千四百九十四顷一亩四厘九毫；下则田七十四顷二十五亩八分六厘五毫，折实田五十九顷四十亩六分九厘二毫。

地二千九百七十一顷九亩六分七厘八毫，每地三亩折实田一亩，共折实田九百九十顷三十六亩五分五厘九毫三丝三忽三微三纤。

山一千六百九十顷二十九亩一分八厘一毫，每山十二亩折实田一亩，共折实田一百四十顷八十五亩七分六厘五毫八忽三微三纤。

康熙丁巳升科溢额田，折实田四十三顷八亩六分九厘三毫二丝，又地滩塌场荡二百八十九顷三十五亩四分七厘四毫八丝，每滩塌场荡二十四亩折实田一亩，共折实田一百三十九顷五十三亩八分

卷之七　田赋

五厘一毫四丝六忽六微七纤。

乙亥新垦升科田地基山滩塌等项，共折实田一十二顷三十五亩六分九厘四毫二丝五忽。

雍正己酉新垦升科田地基山滩塌场等项，共折实田五顷二十四亩四分三厘二毫二丝六忽七微。

又续报各项，共折实田一十五顷五十八亩三分九厘六毫四丝。

庚戌①升科田地滩场等项，共折实田一十九亩七分八厘三毫七丝。

壬子报升滩场等项，共折实田二十四亩五分三厘。

以上总计折实田共一万二千四百二十二顷七十九亩二分一厘五丝三纤。

户口

原领二万八千丁，顺治丁酉审增六百五十丁，康熙丙申增滋生二百有六丁，内除优免绅衿吏员一千一百三丁不征不给，及滋生丁永不加赋外，实在当差二万七千五百四十七丁，每丁额征银二钱一分五厘。雍正戊申摊入田亩并征。详见《编银》。

学田 以下至义冢山，因系公业，故于田亩内摘出分载，以便稽考

原数凡三顷二十二亩三分六厘三毫。按院项下九十二亩五分四厘四毫，每年额征租谷九十八石；本府发追顷下二十四亩，每年租谷二十四石；本府项下六亩，每年租谷六石二斗；本县项下

---

① 庚戌：嘉庆、光绪县志均作"辛亥"。

一百六十六亩七分一厘九毫,每年租谷一百七十六石四斗;本县儒学项下三十三亩一分六厘三毫,每年租谷三十三石。

以上岁得租谷三百三十七石六斗,赈给贫生并支给义学塾师、约正、生员。康熙甲子后半给廪生。雍正癸丑,除完粮并照旧支给外,余谷变价解交皖库,资书院诸生膏火。

囚田

明天启初知县赖良佐置买张景五蔡字号圩田七十二亩五分,计二十二坵,价银三百六十两,田即张景五佃种;一买韦道一国字号山田四十一亩,计三十二坵,价银一百六十四两,田即韦道一佃种;一买聂文锦国字号山田二十一亩,计十三坵,价银八十四两,田即聂文锦佃种;一买绝军吴卯儿军田一十二亩三分,计十二坵,坐落张墅地方,价银二十五两,其田王时明佃种。

以上共田一百四十六亩八分,额租一百四十六石八斗,贮仁惠仓,每年除变卖完粮外,其余尽给囚犯。国朝因之,康熙丙午部议,每年额租除抵办钱粮,给发囚犯口粮、棉袄外,其余贮仓备赈。

马田

原数凡四百一十五亩四分六厘七毫八丝,每年租谷八百三十石九斗三升五合六勺。乾隆丁巳,巡抚赵国麟题请,除丰年照额收租外,若遇歉岁即查照民田收成分数酌量减收;其每年所存之稻易米解省,每石给水脚米三升,即于马稻内开销。

卷之七　田赋

圩百六十二

县北河西有五里圩、敬亭圩、查溪圩，河东有刘福二圩、井家圩、遮浪圩、义兴圩、自家圩、厮罗圩。

油榨沟河西有养贤圩康熙乙巳知县李文敏允里民凌岫云等请，并上定安、下定安、太平、尖刀四圩为一，改名四合、保兴圩、方家圩、保安圩。

陈村湾以下河西有棠梨圩、黄城圩、永德圩、山前圩、上下山城圩、乾兴圩、张光圩、马家坝圩、宝城圩、泰圩、山口圩、新圩、葛家圩、南秋圩、上下兴宝圩、天保圩、保顺圩、山东圩、杨村埠圩、沈天圩、吴村圩、定丰圩、永太圩。

河东有唐溪圩、汪家圩、清义圩、新兴圩、牛山圩、沈兴圩、盐官圩、常兴圩、许村圩、小许村圩、贡家圩、南岸圩、贾家圩、阮家圩、周家圩。

水阳河东有赵家圩、保城圩、南圩、奉国圩，又东北有李村圩、罗家圩、刘家钟家白阳三埠圩、谢家刘实保成共一圩、王家圩、众议圩、保招圩、保安圩、汤家管家聂家三埠圩、新保圩、常胜圩、李家圩、曹公圩、保青圩。

河西有金宝圩、塘兴圩、陈家圩、义和圩、兴德圩、续兴圩、重兴圩、萧家圩、杨心圩、葛村圩、大兴圩、义宁圩、升平圩、新圩、咸亭圩、保胜圩、永兴圩、永定圩、寺埠圩、唐兴圩、保义合圩、兆义圩、兴唐圩、保义圩、新成圩、安保圩、百家埠圩。

丁家湾西焦村圩、芮家圩、茅渡圩。

黄池有城东圩、义成圩、城西圩、张公圩。右诸圩金宝、养贤为大，其中道途、沟洫有古井田遗制。养贤圩中新筑富民埠。

县东有丁桥、宝珍、沈漳、西陵、岁丰五圩，康熙己酉，居民以争水结讼，知县李文敏劝释，并为一，民戴之，改名李公圩。大定圩、新城圩、杜家圩、姚家圩。右黄泥坝灌。

（乾隆）宣城县志

掘港渡下有周家圩、计家圩、宝宁圩、保德圩、天南圩、杨沽圩、天宁圩、日圩、月圩、保首圩、阳城圩、新塘圩、保成圩、石家圩、塔城圩、高家圩、孙桥圩、孙婆圩、牛头滩①圩、王福二圩、李家圩、礼官圩、小新圩、径塘圩、铁埠圩、挖荡圩、小沙圩、侯贡圩、罗白圩、殷家圩、官场圩、桃埠圩、侯村圩、解家圩、马胜圩、富岁圩、唐家圩。自官场圩至唐家圩并废。右圩皆属掘港坝灌。

县西青弋江有兴城圩、新义圩、永安圩、保定圩、招义圩、薛村圩、袁村圩、王家圩、万村圩、定丰圩、陈村圩、罗公圩。右诸圩莫纪创始，惟罗公圩旧本废滩，嘉靖甲子，庠生胡希瑗呈郡守罗汝芳，发帑金倡筑，推官李惟观督成，邑人梅守德记。

陂坝 八十五

县东有长安坝、杨丝坝 里人郭济修浚、筀岳坝 引水入官坪，灌田数十里，一名铜坑坝。《唐书·地理志》："宣城东五十六里有德政陂，观察使陈少游置。"盖即此。宋时里人徐光远修筑，寻湮。洪武初胡仁倡众疏浚之。知府杨观更令光远孙宗文别开新河，多筑小坝以达下流。岁久复淤废，国朝康熙间②马彦国、徐成等重修、朱村坝、新稔坝 洪武间知县王文质命里人刘勉修筑、黄泥坝、姚唐坝、古城坝、大沿坝、郎源坝、石园坝、臧家坝、大南陂坝、方阁碛下坝。

东南有峰阳坝、良泉坝、西湖坝、新陂坝、长埂坝、后顺坝、乌木坝、程子坝 鲁溪杨氏世业、青弋泉坝、西河坝、大堰坝、大布坝、冲干坝、泉水坝、水晶坝、柏枧坝、新店坝、石陂坝、殿前坝、杨树坝、大溪坝、庙前坝、新潭坝、泉塘坝、庙塘坝、

---

① 滩，底本原误刻作"摊"，据嘉庆府志卷十七改。
② 间，底本原误可作"闻"，据嘉庆、宣城县志改。

高陂坝、丁家花陂坝、青山坝、山溪庙藻塘①。

西有莲珠塘、石家塘、大塘、古塘、汪名塘、官塘、上淮大塘、薰耿塘、杨塘、保塘、大塘、牛角塘、道人塘、安树塘、吼塘、墰塘、横塘、师婆塘、永公塘、跳涧塘、油榨塘、童村塘、苏家塘、大塘、梅邱塘、官塘、黄泥塘、新塘、破官塘。

西北有葛塘、泉水塘、管塘、白水塘、大塘、蒲塘、石塘、杨湖塘。

北有张思塘、高林陡②塘、殿塘、张误塘、南塘、张塘、蒋儿塘、油榨塘、家克塘、西塘、长塘、横塘、西天塘、细埭塘、吴家塘、官塘。

义冢山

西路　安乐山二亩，望城冈一亩。

南路　南坛边三亩。

其北路芥子冈一亩五分，雍正癸丑知府黄叔琪捐价置买，又乾隆丁巳，监生骆懋鼎以祖墓葬安乐山，计山七分六厘六毫六丝七忽，愿将自买芥子冈傍空山一号，计四面六厘二毫五丝，呈请换作义冢，并捐银三两贮库备用，以作葬山正价。每年两山额赋仍附西北一图义冢山未立户输纳，经县详司批饬勒石垂据，随于恩诏款内一并咨部。

编银

额税，实田一亩科地亩银五分四厘九毫二丝九忽一微八纤二

---

① 藻塘，嘉庆、光绪县志作"塘坝"。
② 陡，府志同，嘉庆、光绪县志作"徒"。

(乾隆）宣城县志

沙一尘七埃四渺一漠，共该银六万八千二百三十七两三钱八分一厘六丝四忽六微九纤九沙一尘二埃七渺五漠。

漕项，实田一亩科银四厘九毫五丝四忽六微二纤八沙一尘九埃六渺六漠，共该银六千一百五十五两三分一厘六毫四忽三微四纤六沙六尘二埃四渺。

雍正戊申摊征人丁，实田一亩科银四厘七毫六丝七忽五微三纤一沙二尘八埃四渺四漠，共银五千九百二十二两六钱五厘。

己酉摊征匠班，实田一亩科银二毫九忽七微三纤五沙四尘五埃八渺六漠，共银二百六十两五钱五分。

壬子减存米各项详后秋米款内，实田一亩折银五毫四忽八微五纤三沙七尘二埃六渺一漠，共银六百二十七两一钱六分九厘二毫八丝八忽三微一纤七沙三尘七埃六渺七漠。

豆，实田一亩折银二厘八毫三忽二微四纤五沙五尘九埃九渺一漠，共银三千四百八十二两四钱一分三厘七毫二丝九忽七微五纤一沙六尘六埃一渺六漠。

以上每实田一亩科银六分八厘一毫六丝九忽一微七纤六沙四尘三埃八渺九漠，共汇征银八万四千六百八十五两一钱五分六毫八丝七忽一微一纤四沙七尘八埃九渺八漠。

秋米

兑运漕粮，实田一亩科正耗赠米共一升七合九抄一撮七圭一粟三粒二颗一颖五黍九稷，共米二万一千二百三十二石六斗八升。

粮道项下给运米，实田一亩科本色米二合二勺八抄二撮九粟五粒六颗六颖四黍一稷九糠三秕一戾三秕，共米二千八百三十五石。

随漕给军半本行月米，实田一亩科米一合一勺三抄二撮八粟

卷之七 田赋

二粒五颗六颖六黍八稷六糠四秕八䅟四粞，共米一千四百六石三斗六升二合六勺三抄四撮三圭八粟六粒。

布政司项下督操兵米每年动拨、宁国营兵米本地坐支，实田一亩科米一合七勺四抄六撮七粟二粒六颗三颖七黍六稷九糠四䅟二粞，共米二千一百六十九石一斗五升九合七勺三抄七撮八圭二粟六粒二颗三颖五黍。

孤贫口粮，实田一亩科米三勺一抄八撮七圭六粟八粒九颗一颖八黍一稷七糠三秕一粞，共米三百九十六石。自乾隆丁巳始，小建扣除，闰月加给。

以上每实田一亩科米二升二合五勺七抄七圭三粟三粒二黍八稷六糠五秕三粞，共汇征米二万八千三十九石一斗五升二合三勺七抄五撮二圭一粟二粒二颗三颖五黍。

其督粮道衙门省卫月粮米内减存米二百八十四石八斗七升三合二勺九撮二圭二粒七颗一颖，每石遵照折银一两，共银二百八十四两八钱七分三厘二毫九忽二微二沙七尘一埃。

本府军储仓米内减存米一十五石九斗九升一合六勺二抄四撮一圭，每石遵照折银一两，共银一十五两九钱九分一厘六毫二丝四忽一微。

本府军储仓米内奉裁帮官行粮米一石五斗，每石遵照折银一两二钱，共银一两八钱。

运漕官丁月粮米内减存行粮米七十三石七斗五升一合一抄二撮五圭三粒三颗三颖三黍三稷，每石遵照折银一两二钱，共银八十八两五钱一厘二毫一丝五忽四沙。

运漕官丁月粮米内减存月粮米二百三十六石三合二勺四抄一粟六颗六颖六黍七稷，每石遵照折银一两，共银二百三十六两三厘二毫四丝一纤六尘六埃六渺七漠。

以上减存各米共折价银六百二十七两一钱六分九厘二毫八丝八忽三微一纤七沙三尘七埃六渺七漠，俱并入地丁内汇征解给。

（乾隆）宣城县志

岁赋 国家轻徭薄赋，惟正之供不过编银、漕米二者而已，夏税、秋粮统于此矣。前既胪其总数，而本色折色、分折全折、解北解南昔分各部，今并归丁田，变易随时，殊难执一，兹仍照旧志列款各项下，其昔有而今无者概为芟去，以免混淆。

夏税，全折麦一万一百七十六石三斗六升四合六勺，每石征银四钱，共银四千七十两五钱四分五厘八毫四丝，内除庐、扬二府并南各卫、国子监等款麦折正损，共银三千四百九十八两一钱二分一厘八毫四丝，归入起运充饷外，仍该凤阳仓麦折银五百六十一两二钱。原解凤阳仓今归入漕项径解督粮道损银一十一两二钱二分四厘，原解凤阳仓今裁归司库存留军储仓正麦二百四十七石三斗六升四合六勺，每石解银三钱，共银七十四两二钱九厘三毫八丝，军储仓剩麦折银一两九钱四分四毫六丝，并解道库凑给运漕官丁。

秋粮，实征漕南安军储过江存留赠贴并康熙丁巳后节次升科，共征米二万八千六百五十一石二斗七升一合四勺六抄一撮二粟八粒九颗四颖五黍，内除解道项下折色减存六百一十二石一斗一升九合八抄五撮八圭一粟六粒七颗一颖，汇入丁地款内科征，仍该北南本色米二万八千三十九石一斗五升二合三勺七抄五撮二圭一粟二粒二颗三颖五黍，照折实田亩派征，每亩科米二升二合五勺七抄七圭三粟三粒二黍八稷。

兑运漕粮正米一万四千四百四十四石，每石加耗四斗，该耗米五千七百七十七石六斗，共米二万二百二十一石六斗。又赠米一千一十一石八升。

二六轻赉米折银一千八百七十七两七钱二分，照数解督粮道。解北损银三十两四分三厘五毫二丝，今裁解司库。

过江本色米四百三十三石三斗二升，过江折色米银三百四十六两六钱五分六厘，今解道库凑给运漕官丁。

芦席银七十二两二钱二分，原给运官随漕带解赴，比今本色

卷之七　田赋

一分七厘，仍给运官折色八分三厘，解粮道转解。

十分松板并楞木改征松板银三十三两二钱二分一厘二毫，原系三分本色给运、七分折色解道，今全办本色，随漕带解。

宣、建两卫山河搬运脚费银三十八两九钱九分八厘八毫，解道折色行粮银四百九十四两六钱四分，新增行月粮银七百八十三两九钱七分六厘一丝四忽三微四纤六沙六尘二埃四渺，并归漕项起解督粮道凑给运漕官丁。

浅船银三百三十九两八钱，解道。

江南省各卫仓正耗米共四千五百九十二石，水脚银四百二十二两四钱六分四厘，奉裁。

安庆府仓米一百九十二石六斗，脚费银九两六钱三分，奉裁。

本府军储仓本色正耗共米一千八百一石二斗八升八合五勺一抄四撮，内除支给运漕官丁外，仍存支给孤贫口粮米三百九十六石。

丁地损银六百八十三两九钱九分一厘一毫七丝二忽四微四纤一沙三尘三埃七渺五漠，铺垫银七十一两四分一厘八毫四忽一微九纤七沙八尘八渺，解司。

旧裁人役工食银一百七十两，及全裁府县吏书工食银二百八十四两四钱，俱归漕项起解督粮道。

增办本色物料价银三百五十七两一钱六分四厘二毫八丝一忽一微九沙三尘七埃五渺，解司。

黄豆《全书》原载黑豆、芝麻，嗣因本地不产，改征黄豆实征本色三千一百四十七石七斗一升四合九勺，又康熙丁巳升科豆三十五石八斗五升六合四勺七粟一粒四颗三颖八黍八稷，自康熙乙亥至雍正壬子又升科豆共八石六斗四升一合二勺八抄五撮五圭三粟四粒二颗五颖一黍，共实征本色黄豆三千一百九十二石二斗一升二合五勺八抄五撮六圭五粒六颗八颖九黍八稷，照司定折价汇入丁地款内科征。

夫船水脚银一百九十二两三钱六分二厘九毫八丝四忽，裁解司库。

本府扣存草银六十四两九钱六分九厘七毫五丝，今归漕项起解督粮道凑给行月粮。

抚院俸米等项正闰并损银共一百八十两二钱九分七厘二毫九丝九忽五微二纤，裁解司库。

巡道员下俸米银四十七两五钱。

知府员下俸银一百五两。

经历员下俸银四十两。

知县员下俸银四十五两。

县丞员下俸银四十两。

主簿员下俸银三十三两一钱二分五厘。

典史员下俸银三十一两五钱二分。

本府儒学教授员下俸银三十一两五钱二分，康熙丁巳添设训导，两官一俸；乾隆丙辰，教授照正七品食俸银四十五两，训导照正八品食俸银四十两。

廪生四十名，廪粮银一百六十五两三钱三分三厘四毫。

本县儒学教谕员下俸银三十一两五钱二分，康熙丁巳添设训导，两官一俸；乾隆丙辰，教谕、训导俱照正八品食俸银四十两。

廪生二十名，廪粮银八十二两六钱六分六厘六毫。

水阳、黄池巡检二员下每员俸银三十一两五钱二分。

减存米共六百一十二石一斗一升九合八抄五撮八圭一粟六粒七颗一颖，雍正壬子并入地丁款内汇则征收，每折实田一亩科米四勺九抄二撮七圭二粟八粒七颗三颖四黍二稷九糠。详见《编银》

卷之七　田赋

岁贡 旧有野味、税丝、雪梨、木瓜、官瓶、缎匹凡十二款，今存六，除药材、物料外，其鱼课、芽茶、税课、盐课四款，不在丁田征解，详见篇末

礼部项下本色药材，今归解户部：半夏九十三斤八两四钱八分五毫，前胡二十四斤四两，百合九斤十四两九钱八分三厘五毫，白芍药六十二斤八两三钱二分九厘四毫，辛荑一十五斤四两一钱七分二厘七毫，金银花四斤八两四钱八分三厘二毫，白茯苓二百三十一斤一十三两五钱二分八厘七毫，木瓜九斤十三两九钱四分五厘四毫，银柴胡二十三斤八两六钱八分六厘八毫。以上九味，顺治癸巳本折分解，今全折解司。铺垫银三十一两七钱二分。

滁州抵解牛角银三十八两五钱，原解滁州，今裁，归解司。

户部甲、丁二库本色银砣二十八斤十两二钱八分二厘六毫，本色腻硃六十六斤四两九钱八分五厘七毫，本色光粉五十一斤七两五钱九分五厘五毫，本色乌梅七十一斤五两五钱六分二厘七毫，本色桐油六百四十九斤九两七钱三分二厘二毫，锡七十七斤十一两九钱一分六毫，本色黄蜡二十六斤十两九钱二分五厘二毫，供用库本色黄蜡四百三十三斤七两四分四厘六毫，本色芽茶五百四十一斤三两六钱五分四厘八毫。以上每年遵照部定时价，按款解司。

江南省历日银四十八两七钱四分九厘二毫，闰月银七钱九分六厘；损银一两一钱三分二厘。并奉裁解司。

岁役 旧有均徭、孳牧凡五款，今存三：曰民兵，曰夫马，曰驿传

江南省修城夫料银一百七十一两，损银四两二钱七分五厘，裁归司库。

本府知府员下门子二名，每名工食银六两；马快十名，每名工食草料银一十六两八钱；步快十六名、皂隶十六名、轿伞扇夫

(乾隆)宣城县志

七名、库子四名、斗级六名、禁卒十二名,并每名工食银六两,雍正戊申裁。

修仓刑具银二十两,半裁半留。

本府经历员下门子一名、皂隶四名、马夫一名,并每名工食银六两。

本府儒学教授、训导员下斋夫四名,每名工食银六两;门子三名,每名工食银七两二钱。其喂马草料银四两,裁。

本县知县员下门子二名、皂隶十六名,并每名工食银六两;马快八名,每名工食草料银一十六两八钱;民壮五十名,每名工食银六两。乾隆丙辰改设民壮二十八名,每名工食银八两,外添捕役四名,每名工食银八两,仍余工食银两照数解司;看监禁卒八名、轿伞扇夫七名、库子四名、斗级四名,并每名工食银六两。其灯夫四名,每名工食银六两,雍正戊申裁。

本县县丞员下门子一名、皂隶四名、马夫一名,并每名工食银六两。

本县主簿员下门子一名、皂隶四名、马夫一名,并每名工食银六两。

本县典史员下门子一名、皂隶四名、马夫一名,并每名工食银六两。

本县儒学教谕、训导员下斋夫六名,每名工食银六两;门子三名,每名银七两二钱;其喂马草料银六两,裁。

水阳、黄池二司巡检员下皂隶各二名,工食银六两。

匠班银,旧额二百三十九两七钱五分,顺治戊戌增二十两八钱,照数征解司库。雍正己酉摊入田亩内科征。详见《编银》

原设宁国副将营官兵廪饷、马骡干料银,共一万二千七百三十二两七钱三分三厘九毫六丝,该营赴司请领,文武监放。

本县差马,旧额八十五匹,顺治壬辰减留三十五匹,内拨十匹协济十字铺县厂,只二十五匹应差。先有存剩夫马银三千一十

卷之七　田赋

七两,置买养马官田四百一十五亩四分六厘七毫八丝,坐落敬亭、莲塘二团,收租支给差马每日料稻三升,折银四分,并草料银五分。每匹每日共银九分。马夫二十六名,每月工食银六钱、口粮稻八斗。自康熙己酉后节次裁减,今现存差马二匹、马夫一名,每年租稻除给马夫口粮、完纳钱粮米豆、修理庄房外,其余存剩谷石折米运解省仓。详见《马田》。

原额驿站夫马工料等银二千八十六两七钱八分六厘,自顺治壬辰后节次裁减银二千三两八钱二分六厘七毫,乾隆丙辰裁减草料银一十四两四钱、鞍辔槽锄等银三两一钱六分,俱归入地丁款内充饷外,实存银六十五两四钱。计马夫一名,日给工食银二分;差马二匹,每匹日给草料银六分;遇闰拨补,小建扣除,解驿道衙门,仍遵定例。凡遇倒马,每匹计马价银一十两,动支站银买补应差。每年开销修理棚厂并药饵、灯油、槽锄、锅缸等银二两八钱六分。

原设应差楼船二只、站船二十只,后裁,其船变价贮库备赈。续经用讫,凡差临取用,悉照时价雇募民船。

岁费 旧有江海兵防、里甲供应、春牛桃符、决囚公费、器物案衣凡十二款,今存七,曰诸司供用、春秋祭祀、乡饮酒礼、科贡盘缠、运船料价、解摃脚费、孤老衣薪,此七者,其中或裁或留,仍非一定。详见后

本府儒学春秋祭祀文庙银九十五两。

万寿千秋并正旦、长至表笺盘缠,共银八两五钱三分四厘六毫五丝,内裁归丁地四两三分四厘六毫五丝充饷,仍留撰表银四两五钱解司。

应朝官吏盘缠每年带征银五两九钱五分。

本府心红纸张油烛银五十两,并裁。

本府儒学岁贡盘缠银二十二两,乾隆戊午解司派给。

065

本府季考考卷供给行赏银六两。

提学岁考银六两五钱。

本府儒学应试生员盘缠、卷资等银六两。

本府修理城垣银二十两。以上全裁。

本县春秋祭祀文庙银一百二十二两九钱,雍正丁未增。

春秋寿日三祭关圣庙银六十两,春秋祭祀文昌帝君银三十两,本县心红纸张、油烛银二十两,全裁。

修理监仓银二十两,半裁。

乡饮银一十三两,解司。

迎春花鞭银五两,裁。

考贡盘缠银三十七两五钱,内解司库一十二两,仍存二十五两五钱,给本生旗扁之用。乾隆戊午解司派给。

本县季考卷资银二十两,及本县考试科举等银四十两,应试生员盘缠银一十五两,并裁。

新旧举人会试盘缠银一百五十二两,原系三年带征,就县支给。雍正辛亥提解司库,每逢会试年,藩司统计合属名数均派,饬县于库贮杂项内动给取领,申请抵兑。

新中举人花红、旗扁、坊牌等银一百九十八两三钱三分,新中进士花红、旗扁、坊牌等银一百二十四两,新中武举花红、旗扁等银一十三两三钱三分三厘,并解司。

提学考试搭棚银二两五钱,全裁。

本县历日银五两,解司。

养济院孤贫衣布、盐柴银六十六两,乾隆戊午裁归丁地充饷。

水阳、黄池二司弓兵各六名,每名工食银七两二钱。

本县六路铺司兵一百五十一名,每名工食银七两二钱,带征闰月银三十六两二钱四分。

黄池、水阳、管家、仙人四路官渡,渡夫四名,每名工食银

卷之七　田赋

一两五钱。

其布政司朝觐盘缠银三两，全裁。

协济江宁场屋每年带征银八十四两八钱四分五厘，半裁；捐银八钱四分八厘，裁解司库。

太平府武举供亿银三两，半裁半留。三年带征。

本县乡绅、举贡、生员、吏员例免本身一丁，实免人丁一千一百零三丁，每年优免二钱一分五厘，共二百三十七两一钱四分五厘。

附鱼课杂税 不在丁田征解

鱼课额银二百二十一两六钱四分三厘五毫九丝一忽五微，遇闰年加闰月银一十四两六钱三分五厘七毫五丝八微三纤七沙五尘。

内停办本色熟铁一百三十六斤六两二钱八分，每斤价银二分九厘，共银三两九钱五分五厘三毫八丝二忽五微；复停本色熟铁一千八百二十一斤三两七钱二分，每斤价银二分九厘，共银五十二两八钱一分五厘七毫四丝二忽五微。

停办本色鱼线胶三十斤二两四分，每斤价银五钱，共银一十五两六分三厘七毫五丝。

都水司生铜四百八十一斤十二两四钱，每斤价银八分，共银三十八两五钱四分二厘六毫。

翎毛三万二千一百二十四根，每根价银五厘，折银一十六两六分二厘。

熟铁一千九百五十七斤十两，每斤价银二分，折银三十九两一钱五分二厘五毫。

鱼线胶七十斤四两七钱六分，每斤价银八分，折银五两六钱二分三厘八毫。

(乾隆）宣城县志

　　鱼潭河泊所钞银二十二两一分七厘五毫一丝六忽，带征闰月银七钱三分三厘九毫一丝七忽二微。
　　南湖河泊所银二十六两七钱八分三厘五毫，带征闰月银八钱九分二厘八毫八丝三忽三微。
　　按，鱼课一项旧册散失，以致科征逾额，大为民害。知县胥琬因里民纷纷陈控，悉力清查，得前令王同春请府印册一本，云系前朝旧册内开载鱼课，南湖共米二千九百四十七石七升，共银二百二十一两六钱四分二厘六毫，逐一合算，适与起解数目相符，即照数派征。其间虽有逃绝等户，将历年所阙之银派及原有鱼课，各图应纳银数仍刊刻印单，分别载明，每图给散一张，各执遵照，使奸民不得借口推延，刁里不得中饱，蠹吏不得任意增减。详见《仪门碑记》。
　　今数十年来，民困较前愈甚，盖年湮月久，或原有课塘今圈埂成圩，其课未除，贻累子孙者，又有河池冲决今成废地，仍累输粮者，更有逃亡故绝，累及同宗同里者。乾隆丙辰，知县吴飞九据里民董进臣、徐世万等陈诉，申司转详题豁司，因上江册结未齐，仍饬照旧征收，俟转院核题，听候部覆。
　　门摊钞银一百四十一两六钱九分四厘五毫，带征闰月银四两七钱二分三厘一毫五丝。城县号镇铺户、屠户办纳。
　　牧象草场租银一十两五钱九分五厘。水阳下河草场各姓办纳。
　　芽叶二茶银三十八两五钱，损银六钱九分三厘。芽滩业户办纳。
　　城濠租银五两。本县西北城濠一带藕塘佃户办纳。
　　现在典铺一十七座，每座额完税银五两。
　　落地猪羊等税，乾隆丙辰，知县吴飞九遵例将湾沚、水阳、水东、孙家埠、陆家潭、阮家渡等处乡僻村落详请革除，永不重征。
　　其田、房契，每价银一两，征税银三分，耗银三厘，尽征尽解。
　　盐引额销二万五千七百三十道。宁郡明初原食纲盐，万历年间盐

卷之七　田赋

不到岸，空引投销，小民淡食，私贩罹法。崇祯间，邑人朱时望等叩阍，求照高淳、溧水例行食盐，每年额销部引得若干数，语在时望传中。国初以来，皆徽商自行运销，一郡之盐悉驻湾沚、黄池二镇，六邑赖之。

　　茶引额销五千道。

(乾隆）宣城县志

宣城县志卷之八　学校

上下庠之制，昉自有虞，三代而还，递相祖述，圣朝育贤造士之方逾越前古，海内人文蔚起，虽穷边荒徼，弦诵彬彬焉。江以左宣称望县，名儒硕彦代不乏人，教化隆而典文备，其所以鼓舞而陶冶之者，顾可忘所自乎？志《学校》。

宁国府儒学　在府治东南。详府志

县儒学　在府治西南。初在城东南隅旧州学南，明洪武庚戌，知县王文质徙建泰和门内即今军储仓地。丙辰，知县邢知远改建县治西。宣德丁未，知县萧吉重建。正统壬戌，知府袁旭徙今所，巡按御史罗篪命照磨安宁督建。景泰癸酉，知府叶锡拓修之，翰林学士周叙记。嘉靖丁未，巡按御史刘存德命同知张杲、知县萧纶徙而稍前。丙辰，知县姜儆修，尚书张鳌记。癸亥，知府罗汝芳修，参政梅守德记。隆庆己巳，知府王嘉宾修，祭酒万浩记。万历甲戌，知县姜奇方修，吏部郎中徐大任记。丙戌，知县詹事讲、陈公相建学前夹城，以补巽维正面，修撰沈懋学记。嗣后修葺无考。国朝顺治己丑，知县陈正中修，吏科给事中孙襄记。辛卯，知县王同春修。丙申，徽宁道副使孙登第重修，自为记。己亥，教谕胡缝、训导施端教募修，工部侍郎杨义记。康熙壬戌，知县袁朝选、教谕陆志遇、训导钱邦达同捐募修。丙申，知府佟赋伟倡募修，自为记。乾隆丁巳，知县吴飞九同教谕周伟、训导张照龙捐募修，自为记。

大成殿 五楹，左右两庑共十二楹。前为庙门旧名棂星，为石坊。石坊前东、西二坊。乾隆丁巳，知县吴飞九增建泮宫坊，缭以周垣，植桂树于其中。

崇圣祠 在明伦堂后，雍正癸卯奉敕改建。

明伦堂 在大成殿右，其上为尊经阁，宣德中巡抚侍郎周忱命推官尹崇高建，大学士杨士奇记。万历甲戌，知县姜奇方重建，南京吏部郎中殷登瀛记。左右为二斋，初名依仁、游艺，知县姜台改名居仁、由义。后为敬一亭。嘉靖中，教谕邓寿鼎捐俸培阜为基，建亭其上，勒御制《敬一箴》、程颐《四箴》、范浚《心箴》于石。右为教谕、训导宅，凡三；号舍二十楹。教谕宅，康熙癸亥教谕陆志遇重修，增六楹于左。训导二宅，因裁训导缺，并废。康熙丙辰复设训导一人，钱邦达复其旧宅。

礼门 在明伦堂前，又前为大门各三楹，万历甲戌知县姜奇方建。

会膳堂 在明伦堂左，宣德五年知县萧吉建，教谕张岩记，今圮。

教谕一人，训导一人，廪膳增广生员俱二十名，附学不置额。旧入学额数二十名，雍正甲辰照郡学例增五名。

社学 凡六所，万历甲戌知县姜奇方重建，一在更鼓楼东，一在铁牛巷，一在北关外，一在东岳观前，一在南门月城内，一在东门月城内。旧社一所，在染织局西，今并废。

义学 无定所，旧于学田租内取给学师廪饩，雍正丙午停，知县捐俸给。

志学书院 在府治北景德寺后，嘉靖甲子，提学御史耿定向、知

(乾隆）宣城县志

府罗汝芳、推官李惟观建。中[1]为大堂，后为会讲堂，各五楹，左右号舍四十楹，大学士李春芳记。前为门三楹，万历乙亥知县姜奇方建。

宛陵精舍 在志学书院西、僧纲司右。北为致道堂三楹，后为罗公生祠今圮；中为咏归亭；南为观复楼三楹；西号舍八楹。嘉靖甲子知县姜台建，有贡安国《观复楼记》。按，书院旧有田地二百三十六亩有奇，地租原银四十三两五钱有奇：一景德寺周回地租每年该银一十六两六钱有奇，一府城郭内外空闲官地、桥梁租银每年二十六两九钱五分，后止一十四两四钱。嘉靖甲子，知府罗汝芳请于巡抚、督学、巡按三台，移文给发，征租以为诸生会讲供应、文成王阳明祠祀之需，岁以诸生二人司其出纳登籍，备稽覆焉。主会讲事者，参政梅守德、参议沈宠，生员郭忠贞、吴箕、胡希瑗、王点等为会长，司出纳。万历己卯，知府郑继之、知县詹事讲改为理刑公馆，其田贸值二百五十两，请充筑坝公用，其地租一十四两四钱，仍归于府。

正学书院 旧名待学，万历己丑，知府廖恒吉、知县陈公相建；戊戌，知县尹三聘重修，改今名。崇祯乙亥，知府徐大仪、府学训导陈景华、太学生沈全昌倡募重修。国朝康熙壬辰，知府佟赋伟即其地更新之。讲堂中旧祀王文成，从祀者为邹守益、欧阳德、钱德洪、王畿、耿定向、刘起宗、罗汝芳、吴悌、贡安国、戚衮、周怡、沈宠、梅守德、吴奂，凡十有三[2]人。至是始奉祀朱子，位中座，春秋二仲以次丁日致祭。按，书院旧有金宝圩孔应登佃种天柱阁田三十亩，每年额租三十石。知府佟赋伟复置陈谷冲田九十八亩零[3]，逐年收租以供生徒廪饩及季考等用，知府主之。

同仁会馆 在西门内，万历中建。祁门贡士陈履祥倡学宁郡，从者八百余人，宣城施弘猷、章仲辅，南陵陆行素，泾县万国寿，宁国杨怀凤，旌德吕坚，太平汪有源等率众建馆，旁置庐舍，取租以备修葺。祀罗近溪汝芳、耿天台定向，履祥没后从祀，而以及门诸子附焉。

---

[1] 中，底本原误刻作"平"，据嘉庆、光绪县志改。
[2] 十有三：此处当有误，应作"十有五"。
[3] 田九十八亩零：嘉庆、光绪县志作"田一百零七亩，地六亩"。

卷之九　公署

宣城县志卷之九　公署

民社之寄，百里专城，莅堂皇，敷政治，并若神明，亲若父母，亦越寮属列次分置，綮土宇是司，无曰传舍，维君子攸芋攸宁，永贞厥职。志《公署》。

府治　在陵阳山第一峰。详府志

县治　在西门大街，元万户府旧址。初在城东，南宋建炎庚申毁于兵；绍兴初，知县任某迁城南，邑人周紫芝记；乾道辛卯，知县卢杰修，修撰徐琼记。明洪武己酉，知县王文质迁建今所。

大堂，三楹，嘉靖庚申知县杨旦重建，副都御史汪尚宁记。天启甲子，署推官李惟观①修。右为典史厅，东、西列科房各四东，吏、户、礼房、架阁库；西，兵、刑、工房、承发司。中为石箴亭，前为仪门三楹。仪门外东为县丞厅、寅宾馆嘉靖甲子知县姜台建，西为主簿厅、土神祠，又西为典史治所明嘉靖甲子建，国朝康熙辛亥典史袁克志捐修，又西为县狱旧在头门外西，天启甲子迁入。前合为头门，头门外东为旌善亭，西为申明亭并万历间知县姜奇方修。康熙戊戌，知县杜滨重建大堂、头门、仪门、东西各科房舍，自

---

①　李惟观：此记有误，李惟观为嘉靖时人。参见卷十一《官师》。

(乾隆)宣城县志

为记。

后堂，三楹，在大堂后。正统壬戌，知县况子玉改建楼六楹及左右厢房二楹。嘉靖癸亥，知县姜①台建方斋于后堂，自为铭。万历乙亥，知县姜奇方重建，扁曰"喜雨"，南陵知县林鸣盛记。

宅舍，在后堂北。天启癸亥，知县王玑重建北楼一楹、东西楼各四楹。国朝康熙己酉，知县李文敏重修，扁曰"具瞻"。庚寅，知县马云衢建东厅，刻石曰"维石岩岩"。

县丞宅，在后堂西。

主簿宅，在后堂南。顺治丙戌缺裁，寻废。庚子复设，主簿马任远重建。

典史宅，在大堂东南。主簿、典史宅南，并为吏舍。

退思轩在宅东北，康熙己酉知县李文敏建，旧有琴清堂宋嘉熙令黄元直建、式敬轩明正德间知县周廷用建，贡汝成读书其中、敕书楼在县治前、绿阴亭在丞厅西，宋靖康初丞罗靖建。

试士察院，原名西察院，在府治西，县治东南。旧为宛陵书院，祀梅都官尧臣，正统戊午知府袁旭增建，改名西察院，为巡抚都院行台，后相沿为各宪司巡莅及经过行台。国朝康熙丙辰，知县袁朝选捐建瓦厂，为校士公署。雍正甲寅②，宁、广两属公捐修拓之。

南察院，在府治西，久废，基存。国朝顺治甲午，知县王同春重建。

东察院，在府治东，邑人、吏部郎中贡钦记。堂左有射圃亭，嘉靖中，冯恩绘秦桧为射的，自撰《发奸亭记》立石。大门内为鸣凤台。

---

① 姜，底本原误刻作"方"，据嘉庆、光绪县志改。
② 甲寅，嘉庆、光绪县志作"甲辰"。

卷之九　公署

府儒学公署详府志。

县儒学公署见《学校志》。

宁国营参将公署，在府治西街北，即明季宣州卫旧署。详府志

宣州卫守备公署，本织染局，废为公馆。嘉靖初，翰林汪佃谪判宁国居此，建一枝轩，自为记。嘉靖辛卯，复为局，寻改为中察院。国朝顺治中改为宣州卫公署，康熙戊申守备傅禹捐修，雍正甲辰守备邱志栋购空地增造宅舍，乾隆戊午守备李宙复增箭厅于堂东偏。

和丰仓，在县治西南。初在北门外，明天顺中知府沈性建，弘治间知府范吉、知县方溢①移入城内春归台东北高埠上。国朝顺治辛卯，巡抚李□芃改为营，仓废。

军储仓，泰和门内府治东街北，明知府陈灌建。

预备仓，在县治西北，厫三，官厅一。明宣德甲寅建，万历丙子知县姜奇方修，贮赎谷备赈贷。国朝康熙中递增至二十四间，雍正壬子续建厫二所于吏舍，计八间，贮学田、马田及囚田租谷。

水兑仓，在水阳镇河西，明宣德七年，巡抚侍郎周忱奏行知府袁旭建。岁以冬十月敛民粟于此，漕卒操舟就之，谓之兑军。岁久频②圯，万历甲戌知县姜奇方重建，中为堂，后有穿堂、后堂，左右厫各一十有五，邑人梅守德记。国朝康熙己酉，知县李文敏重修之，邑人施闰章记。

社仓，凡四所，一在东乡沈村埠，一在西乡寒亭镇，一在南

---

① 方溢，底本原误刻作"方温"，嘉庆、光绪县志并误，据卷十一《官师》改。

② 频，嘉庆、光绪县志同，疑当作"倾"。

乡宁信寺，一在北乡水兑仓。乾隆元年，布政司仓派发社米二千石，分贮四乡，各设正、副社长董之。农民春贷秋还，每石加息米一斗一升交仓。

常平义仓，一在水阳仓内，一在庙埠敏应庙左，各十厫。明万历丙子，知县姜奇方建，民输义谷其中，备荒岁赈贷，邑人、知州贡安国记。今并废。

税课司，在阳德门内街南，明洪武中知府胡乾祐建。大使一人，司吏一人。凡商侩、屠市之税皆有常数，使以时榷之而输其税于府。民间贸易田宅，必操券契造司求印而藏之。嘉靖辛亥，户部议请榷收税亩，悉县官征解，用备边储。印契法废，甲子知府罗汝芳议省冗员，奉文裁革官吏，其税令牙侩敛纳解府。就其址改为俞忠臣祠。

南湖河泊所，在县北马三埠，距县六十里。基尚存。

鱼潭河泊所，在县东北三汊河口，距县三里。以上二所并知府黄荣祖建，大使各一人，掌记、攒典各一人。凡业渔有恒处，亦有恒课，使以时征之。其输于工部者，为熟铁、鱼线胶、翎毛，初并折银，后改办本色，额征仅一，采买废十，解苦难征。随经部议，铁、胶半折，翎毛全折。嘉靖甲子裁革渔潭所，隆庆戊辰又革南湖所，其课以府幕职司之，今改属县。南湖课额，宣城五之三，建平五之二，各以渔户轮充催首，征解于县。课银数见《田赋》。

宛陵驿，在北门养济院之北，明正统初知府沈性建。驿丞一人，驿吏一人，廪给库子二人，馆夫二人，铺陈库子二人，站船四只，水夫一百人。凡主乘传廪饩之事。嘉靖甲子，知府罗汝芳议请裁革，其事皆县司之，驿址改建宋郡守文丞相祠。

演武场见《防圉志》。

养济院，在旧宛陵驿南，明天顺间知府沈性建，万历乙亥知

卷之九 公署

县姜奇方重修。国朝顺治、康熙中两经火厄，知县薛景瑄谕里民捐建。雍正间同知徐敦蕃增建十八间，知县冯大山捐修五间。

外有清献楼在更鼓楼南，弘治间知府范吉以清献尝刺是郡建、宛陵公署唐观察崔公建、望稔亭在城北，宋淳熙中郡守陈骙令人耕种禾麦，以候农时，因结此亭，有竹篱茅舍。旧志云耕坞、宣诏亭、颂春亭并在东郊、发愿文亭宋端拱中建，有御制文碑、安济坊在城东南，宋崇宁乙酉诏建于纪家巷，令贫而有疾者居之，官给药食。庆元间，守宋之瑞复广营屋宇于此、公馆在西门内，即旧张少保宅、水样驿即旧官巷右宅地、东驿亭济川桥内、贡院在郡治西，宋绍兴中建，久废、合同场即茶场，绍兴中建，今并废。

（乾隆）宣城县志

宣城县志卷之十　祠祀寺观附

《礼》："诸侯得祭封内山川。"又曰："法施于民则祀之，以劳定国则祀之，以死勤事则祀之，能捍大灾御大患则祀之。"宣，侯国也，载在祀典者，前策所述备矣。夫搜废举佚，斟酌而式序之，珪币之事烂焉。至二氏之教，于义无取，历朝创建，遂成古迹，亦不可不记其本末也。志《祠祀》。

社稷坛　在西郊一里许，北向，社右稷左，并用木主，岁以春、秋二仲上戊日陈主而祭。初，坛在北郭，明洪武戊午徙今所。凡祭，各用币一、羊一、豕一、爵三、登一、铏二、簠二、簋二、笾四、豆四，无乐。

风云雷雨山川坛　在南郊半里许，南向，中为风云雷雨，左山川，右城隍，余制并同社稷。岁以春、秋二仲上丁之第三日陈主而祭。初，坛在城南五里，明洪武乙丑徙今所。祭用币七，牲视社稷加二之一，余同。

厉坛　在北郊半里许，垣门、庖湢略备。岁用清明、中元、十月朔三日先期附府以告于城隍，厥明导城隍于坛，榜无祀鬼神列坛下祭之。凡祭，用羊二、豕三、果蔬各四，羹饭各数十，酒亦如之。

先农坛　在东郊外，雍正丙午奉敕建，并置籍田、农具，设

卷之十　祠祀寺观附

农官一人，给八品服。

城隍庙　在县治西南，岁以春、秋二仲附府同祭于山川坛，每厉祭则主之。雍正甲辰，知府黄叔琪修，有记。

八蜡庙　在北关外放生池旁，雍正乙未奉敕建。

关帝庙　在北门内朱氏巷，开元寺水阁旧址也，前明为尚书徐元太宅。国朝雍正丁未奉敕建，诏追封三代公爵，设立木主同日祭于后殿。春①、秋二祝以仲丁日，牲同太牢。一在鳌峰前，康熙乙丑同知郑载飏于庙门构楼三楹，名培风阁；一在北门内，岁用霜降日，宣州卫主之，置有祀田四十六亩；一在南门内。

文昌祠　府儒学东，一名文昌台，上有巍阁。明嘉靖丁巳知府朱大器建，以当学巽位，为一郡人文所系，故祀之，且为课士之所。崇祯间知府徐大仪重修，后圮。国朝康熙丙辰知府庄泰弘、通判常君恩重建，辛酉知府王国柱、通判陈芳猷、知县袁朝选、训导姚士重捐募修，康熙己亥知府佟赋伟重修，榜曰"南楼"。

东岳庙　县治后之西北，祀东岳泰山之神。

佑圣阁　在府西北街，祀真武，为府治右翼。据形家言恐犯火灾，昔曾画《沧洲图》以制之，寻因火废。里人钟允谐、徐云、尤书复画《九龙图》于壁。

英济庙　在薰化门内，相传为梁昭明太子行祠，能弭火灾，今额"火王庙"，顺治初道官叶昭琏重修。

三圣庙　天庆观之左，宋建炎中叛寇戚方围城急，知州事李光于城南见三神人，爪指长逾尺，焚香祝之，贼炮反击，遂遁去。光为立祠，吕广问记。三圣，长曰贺息，次曰游奕，三曰金甲。

陵阳土地庙　陵阳山北麓府治后。相传宋建炎间，知府张果

---

① 春：底本原误刻作"奉"，据嘉庆、光绪县志改。

(乾隆) 宣城县志

夜梦神告曰："我，陵阳山土地也，明日午有大水漂没城郭，公可抵横涧，遇老人宜丐免之。"果如期抱民籍至涧，一老人横笛乘牛来，水亦暴至，恳告不得请，遂抱籍入水死，城得不没。郡人德张公，尤德神，奉祀之不衰。国朝来屡著灵应，香火益盛。顺治初道官高必进复募建三清阁、关帝殿于庙后，刘维仁记。

敏应庙 敬亭山麓，祀广惠王之神，岁用八月朔日。庙始于南宋元嘉中，有魏长史者，自江右载豆来宣城，忽有梓木并舟而行。夜梦神告曰："我，钱塘梓府君也，欲托祠于昭亭。"既而舟至其处，魏度山麓宜为神居，然无以得材。复梦神曰："宣城方病目，舟中豆可疗。"试之辄验，得钱既多，祠遂成。宋政和赐额"敏应观"。明初知府黄荣祖复建，洪武甲寅知府胡乾祐重建，后圮。洎宣德中，徐善渊延江西龙虎山法士颜福渊，捐赀募众大加修拓，正统中知府袁旭请礼部尚书胡濙记。崇祯初，知县陈泰来改庙门东向，建石坊，规制益雄丽焉。国朝康熙壬子，知县李文敏重修。按《齐谐记》，宋元嘉二年钱唐神梓华居东境，友人双霞乃识之神，携往庙中，具酒食宴别。后为县令盛凝之所焚，来托此山，百姓祀焉。唐崔龟从微时，梦游宣州，到一府，有绿衣吏抱案云"生人簿籍"，为崔检："及第，官至此州刺史。"明年果中第，仕中书舍人，出为华州刺史，谓妻曰："昔梦验矣。"俄除户部侍郎。开成四年出为宣州观察使，至日，谒敬亭神庙，道路、门巷及西壁画抱案绿衣吏，皆昔梦中所见。归而怏怏，旬日得疾，置酒食祀之，其夕梦神至曰："大夫寻愈，昔吏以公当为此州，偶然耳。公位极重，不可尽言。寿六十有奇。"崔疾愈。自为碑记，后皆如其言。大中时，郑薰为宣州观察使，押衙李惟贞富且骄横，其子杀人，系狱中，遂与小将康全大谋叛。薰出走，前湖郡押衙汪玕率虞候明政、秀才薛复民、姚元贞、冯康呼舟而济，将取道芜湖，忽闻人语："不如过丹阳湖。"至当涂，比贼果据芜湖，乃知前语者神也。两昼夜达维扬，会温中丞璋讨贼平,薰为文祭于庙。咸通七年,观察杜宣猷复书其碑阴。大中十年,刘重约监军病瘳,祷于神而瘳,修庙,自为记。昇元四载,齐王重修,张延嗣记。景福初,淮南贼孙儒犯宣境,观察杨行密祷于神,风雷阴助,请敕封昭威侯。南唐时进封昭威王。宋天圣二年,守江嗣宗重刻崔龟从文,又自篆碑记。三年夏,夜大雷电,拔庙左右群木起,殿材毕具,嗣宗重修之,章国光记。天圣中,知州清河张某重修,梅询记。景德初,知郡裴章①请改封广惠王。元丰五年,邑人陈熙等重修,袁抗记。宣和乙巳,夏潦,旋大旱,郡守管某②祈于神如祷,侍其铉记。元赠忠烈显正福佑广惠王。明洪武辛亥,封敬亭山之神,列祀南京十王庙。

东平庙　凡四:一在县治东北大街,今曰高庙;一在县治西北、东岳庙左;一在南熏门外庙冈上,今曰南门殿,有祀田十二亩;一在阳德门外东直街。并祀唐忠臣张巡,岁以七月诞辰,邑人赛祭数日。

刘猛将军庙　在北关外放生池前,雍正丙午奉敕建。

昌黎祠　在旧州学内。

二仙祠　在府治后,祀南齐谢朓、唐李白。

六先生祠　在旧州学内,祀周敦颐、程颢、程颐、张载、朱熹、张栻。

义烈祠　在北关外,祀宋赤心队将刘晏。宋建炎中,晏以赴郡守李光援,与叛寇戚方战死,土人哀之,建此。

褒烈祠　在西门内,祀宋资政殿学士、知州事李庄简光,见传。岁用六月朔日,相传为公诞辰。宋乾道中,公以御寇功,诏

---

① 裴章:当作"裴庄"。历修县志均误,嘉庆府志卷二已改正。裴庄,字端己,阆州阆中人。《宋史》卷二七七有传。

② 管某:即管思可,宣和六年四月任宣州知州。参见侍其铉《昭亭祈祷感应记》。

（乾隆）宣城县志

立庙祀，赐额。初在北门外，元末毁，明洪武己酉徙建此。

名宦祠 在明伦堂后，嘉靖中知县方一桂建，祀汉令法雄、唐令柳镇、宋知县李坚，明知县孙琳、萧吉、况子玉、吴悌、周奎、詹事讲、姜奇方，教谕刘延龄，凡十一人。祭以春、秋二仲上丁之第四日，凡祭用羊一、豕一，果蔬各十，酒如其神之数。初，名宦与乡贤合祀，至成化庚子，知府涂观别祀于此。后屡圮屡修。

遗爱祠 在小东门外，祀宋知州张果，明知府袁旭、沈性三人，宦迹并见传。旧有张公果庙，专祀于城北铁冶冲，后圮，徙祀于此。国朝康熙壬寅，推官杨应标洁己爱民，寻艰去，士民德之，置主附祀。康熙丙寅，同知郑载飏吏治有声，进表终于京邸，士民思之，亦附祀于此。癸卯，庠生张凤翼、耆民高登岱募众重修。

七贤祠 在敬亭山，原名五贤祠，祀谢朓、李白、韩愈、晏殊、范仲淹为五贤。后增张慎言、姜埰为七贤。康熙壬辰知府佟赋伟重建，乾隆丁巳①知府程侯本、知县吴飞九重修。

张公标纸庙 在城北五里。宋建炎间，知府②张果梦神语"城将陷没"，果抱籍入水死，民求得其尸，殓而奠之，标纸于此，因名曰标纸庙。后有僧冒据，改为法露庵，祀几废。国朝康熙庚戌，知县李文敏询知颠末，曰："张公功德在民，没其祀不可为。"捐俸建楼于佛庐之上，仍祀张公像，令僧守之。

文公祠 在北门外宛陵驿，祀宋丞相文天祥，祭期同遗爱祠。明万历乙亥，知府陈俊、知县姜奇方建，都御史宋仪望记。国朝顺治中，知县王同春修，后圮。乾隆戊午，守备李宙、知县

---

① 丁巳：府志与嘉庆、光绪县志均作"戊午"（乾隆三年）。丁巳为乾隆二年。
② 知府：当作"知州"。乾道二年，宣州方升为宁国府。

卷之十　祠祀寺观附

吴飞九重建，合祀张公①，并设有祀田。

袁公祠　在济川桥左，专祀明知府袁旭。按，旭建凤凰、济川二桥，坐泾人程御史某蜚语，与督工医官荀存善同逮系，卒于狱。邑人建祠祀之，以存善附。

罗公祠　在泰和门内，祀明知府罗汝芳。旧在景德寺西，乾隆戊午，庠生罗瀛、罗湘倡募改建今所。

卢公祠　在北门罗城内，祀明知县卢维屏。

陈公祠　在县治西，祀明知县陈泰来。

余公祠　在北门外澄江亭侧，祀明知县余飏。

梁公祠　在北门内大街，祀明知县梁应奇。今养贤圩堤上亦有祠。

乡贤祠　在县学中，祀宋太常少卿李含章、翰林学士梅询、御史刘琦、都官梅尧臣、参知政事魏良臣、侍郎章煮、处士王相如、省元詹友端、秘阁修撰吴柔胜、通判林宗放、参知政事吴渊、左丞相吴潜、尚书吴璞、元尚书汪泽民、翰林学士贡奎、尚书贡师泰、明燕藩教授俞逢辰、尚书陈迪、秦逵、赠员外郎吴文常、赠光禄少卿万琛、知府赵瑞、右通政徐说、右都御史张纶、知府吴宗周、给事中王盖、通判陆乾元、知县贡珊、按察副使吴大本、知县戚衮、州判刘珊、郎中魏景星、处士徐访、封郎中徐衢、知县陈大林、参议沈宠、参政梅守德、州判梅继儒、主簿刘希贤、庠生姚汝弼、给事中陈希谅、按察使唐汝迪、教授郭宏、知州贡安国、州同知刘复芳、赠主事梅继善、贡汝瓒、侍郎徐大任、左都御史詹沂、修撰沈懋学、太仆卿徐梦麟、参议叶炜、乡进士梅历祚、太仆卿麻溶、赠主事胡世冕、国子博士陈舜道、布政梅守和、知县徐大望、生员吴仕期、赠参议吴玉相、生员许良

---

①　张公：张德明，字子经，号毅宇，浙江乐清人。万历十四年进士，二十三年知宁国府。

(乾隆）宣城县志

粥、贡士梅鼎祚、侍郎张守道、行人沈有则、按察副使冯汝京、主事唐一澄、生员芮永缙、主簿梅储祚、儒士刘秉常、生员徐大复、国朝教谕孙应旂、给事中孙襄、生员施弘猷、推官李煌、侍读施闰章、赠知县阮世盛等。祠旧附府学，康熙丙申，邑人、武举章振世倡募建今所。

忠义祠　在府学中，雍正乙巳奉敕建。

节孝祠　在陵阳山，雍正乙巳奉敕建。

汪公祠　在南郭颜家桥南，祀元礼部尚书汪文节泽民，岁用春、秋二仲上丁后之三日。尚书王恕记。

陈靖献祠　在府学正东，祀明礼部尚书陈迪，岁用春、秋二仲上丁后之五日。嘉靖癸巳，通判李默建，有记。

俞忠烈祠　在大东门内，祀明燕府教授俞逢辰，祭期与陈靖献祠同。万历甲戌，知府陈俊、知县姜奇方奉敕建。

孝子祠　在正学书院右侧，明崇祯戊辰知府徐大仪建，祀旌邑孝子鲍邦志。国朝康熙壬辰，知府佟赋伟重修，增祀六邑孝子，在宣者二十九人：宋许遂、许俞，明凌余庆、梅应魁、贡珊、吴大经、徐棠、姚汝弼、王朝谆、陈希良、俞珑、朱时俊、孙国训、贡汝悌、费有时、陆可宗、沈寿隆、黄石、吴士琮、潘宁海、戚学传、钱大用、刘茂，国朝刘一干、方达、姜安节、杨茂渐、沈吉生。雍正甲辰，知府黄叔琪又增祀梅琢成、王孟心。

鲁王庙　在城东南钱村，祀隋梅知岩。隋末大乱，知岩有保障功，故庙祀。按，史无鲁王封敕，故嘉靖志曰鲁府君庙，考万历志曰鲁王庙，今从之。

项王庙　在峄山下，祀楚王项羽。相传羽尝驻军于此，为之立祠。今遗址尚在，梅尧臣、鼎祚、庚并有诗。

二烈清风祠　在府治西南鹿巷口，祀元烈女胡氏、纪氏姑嫂二人，明弘治壬戌，巡按刘淮令郡邑建，题额。嘉靖壬寅知府曹迈修，万历丙子知府陈俊、知县姜奇方重修，刘淮、陈俊并自为记。

烈女祠　在东直街迎春巷口，祀明烈女徐氏。寻废为尼舍，督学御史贾某①、巡按御史田惟嘉疏闻，毁尼舍复建，额曰"不泯香名"。

三皇庙　在县学西，今圮。

张侯庙　旧在水阳南二里，祀唐邑人张构。广明初，构筑堤捍御水灾，乡人感而祀之。宋雍熙②乙酉，知州杨缄重修，自为记。今废。

寺观附

景德寺　在陵阳第三峰，僧纲司在焉。晋时名永安，唐初名大云，开元中改额开元。殿宇宏丽，有水阁，杜牧、张乔并有诗。刺史裴休延黄蘖禅师开堂演法。宋景德中更今名。殿后有铁佛一座，右有浮屠多宝塔。梅圣俞有题平云阁及明上人院假山诗。明洪武辛未立为丛林。正统丁巳，知府袁旭、僧寿源、肇琇重建。乙丑，颁《大藏经》贮殿后。万历乙酉，知府廖恒吉又以余地造大雄宝殿，里人徐元太复建观音堂、藏经阁，颇壮丽。国朝顺治辛卯，僧无碍募建千佛殿。康熙辛亥，僧官广识重建僧纲司寮舍。乙丑，僧官仲如建宝珠阁于寺右，知县邓性置香灯田十三亩。

永庆禅寺　在城东北里许，郡邑每岁迎春于此。旧名保寿，唐末刺史台濛舍宅建。宋太平兴国时赐额今名。有松风亭、古

---

① 贾某：贾继春，河南新乡人。万历三十八年进士，天启五年九月任南畿提学御史（《熹宗实录》卷六十三）。《明史》卷三〇六有传。毛奇龄《重建宣城徐烈妇祠碑记》作"贾继善"，误，见《西河集》卷六十七。

② 雍熙：底本原误刻作"雍正"，径改。

(乾隆）宣城县志

柏，梅圣俞诗："庭下已无柏，涧边惟有松。"然今绝无松，而但有古柏二株，大者围寻余，轮囷突兀，真数百年物。旧传此柏为濠手植。寺前有永丰桥，明正统中僧普照建。

乾明教寺　在城东北二里。旧名福田，唐大历中建，咸通间刺史杜宣猷请额，崔龟从撰碑。宋绍兴改报恩光孝，后复旧额。元末毁，明洪武重建。有碧藓亭，梅尧臣有诗。前有福田桥，正统中僧源清募修。

兴国教寺　在城北门外里许。旧名延庆，唐咸通乙酉建，有木浮屠，因号木塔寺。宋太平兴国庚辰重建，继毁于兵，存小石刻云："兴于壬，废于壬，三五甲子相追寻。"元大德间，廉访使卢挚有重修碑记。明洪武辛酉重建，至辛未立为丛林。永乐丙申迄正统丙寅相继修葺。

广教讲寺　在城北敬亭山南，唐大中己巳刺史裴休建。佛殿前有千佛阁、慈氏宝阁。相传其材皆萝松，黄蘗禅师募之安南国，刹宇千间，工竣，余八株，植殿前，敷荣如故。别有柏二株，住持僧有禅行异者，即开花数色。元初设御讲僧曰讲主，座下数百人。法堂曰雨华，方丈曰宝华，室曰笑华、曰圆照，轩曰松月、曰雪屋，亭曰怀李。山门外有桥亭，曰碧莲、梵花，亭左右有池，曰连珠，多长松灌木，有律海迟贤、江东福地诸亭。宋太宗赐御书百二十卷，僧惟真建阁贮藏。里人郝允李建观音殿，并梅尧臣记。明洪武辛未立为丛林。詹应凤①有《广教志略》。今古寺虽墟，两浮屠犹双峙于山门之前，土人亦名曰双塔寺。

柏山教寺　在南门外西二里，旧名广福寺，僧德澄种柏于山，因以改名。梅尧臣建祠寺右，曰会庆堂。明洪武戊午重建，辛未立为丛林，隆庆壬申又重建。国朝康熙癸卯，知府龚鲲令僧性瑜募修。

---

① 詹应凤：府志同，嘉庆、光绪县志作"詹应鹏"。

卷之十 祠祀寺观附

惠照教寺　在城东十里玉山，隋胶禅师道场。宋治平甲辰建，旧名会胜院。有沃州亭，胡文恭宿判郡时有诗。梅尚书询尝读书于此，尧臣诗："当年吾叔读书处，夜夜湿萤来复去。"又李含章亦尝隐此，每风月良夕，辄吹铁笛，吟啸自如。元张浚明有诗："春风跨马银鞍稳，夜月骑牛铁笛闲。"自注云："梅尚书游此，乘银鞍马。"明洪武中重建，宣德、景泰间修，嘉靖甲寅重修。国朝康熙戊申，知府孔贞来、参将韩自隆、邑人施闰章重修，并建读书楼，闰章为之记。

安国禅寺　在城北十里，宋绍兴中建，明洪武中重建，嘉靖中重修。

白云禅寺　在城东五十里麻姑山，南宋绍兴中建，明洪武中重建，嘉靖中重修。

治平教寺　在城东三十里，宋治平中建，明正统间重建，嘉靖乙丑修，天启间僧道骨募修。寺前有父子桥。

上罗汉教寺　在城东三十里，唐贞观中建，明洪武壬戌重修，正统、正德间继修，隆庆癸酉重修。

下罗汉教寺　在城东三十五里，宋乾道中建，明洪武乙丑重建，景泰中重修。

七里教寺　在城东三十五里，唐末建，明正统间重建，隆庆丁卯重修。

法海教寺　在城东五十里，宋绍兴辛未建。

海云教寺　在城东六十里，前明时建。

资圣教寺　在城东四十里，创建未详。明洪武辛未重建，立为丛林，正统及嘉靖中寺僧募众重修。

净相教寺　在城东六十里灵马山之麓①，旧名宝山院。唐末建，明洪武初重建，正德、隆庆中重修。

---

① 麓：底本原被铲削，据嘉庆、光绪县志补。

（乾隆）宣城县志

善果教寺　在城东四十里①。隋开皇中为尼寺，唐上元中敕改，元延祐中重建，明洪武辛未立为丛林，宣德、景泰间修，嘉靖中重修。

永寿教寺　在城东三十里，旧名景星。宋治平中建，明景泰中修，隆庆己巳重修。

西禅教寺　在城东六十里。宋绍兴中建，明洪武甲戌重建，宣德、正统、景泰、嘉靖间相继修。隆庆戊辰，僧洪天募邱桂峰建小石桥山门前，水涨获免。

大梵教寺　在城东三十里，明洪武初建，正统乙丑重修。

宁信教寺　在城南三十里，元中统中建，明洪武、成化中邑人吴永、吴宁相继修，僧感其德，奉主祀之。

高山教寺　在城南四十里，宋治平中建，明宣德②中重建，嘉靖中修。

净居教寺　在城南四十里，宋开宝中建，旧名兴福。明嘉靖间重建。

岩台教寺　在城南六十里，宋嘉熙中华田李沈七建，明正德中都纲圆昇募修，嘉靖戊午重建观音阁。

城山教寺　在城南七十里，旧名嘉福院，宋开宝中僧可勋结庵曰卧云，崇宁甲申改今额。明洪武中立为丛林，景泰庚午重建，嘉靖间修。

柏枧教寺　在城南七十里柏枧山，旧名殿。宋嘉熙丁酉建，明嘉靖中梅守德鸠族人重建。

甘露教寺　在城南七十里，旧名旃檀。宋治平中建，明洪武、永乐、正统间修。

三天教寺　在东南七十里稽亭山，旧名妙显，隋扶风禅师智

---

① 四十里：嘉庆、光绪县志作"四十五里"。
② 宣德：嘉庆县志作"正德"，光绪县志作"正统"。

琰栖处。开皇乙巳诏刺史杨荣建,郑辨志为碑铭。宋治平中赐额"寿昌",绍兴末改今额。明洪武中重建,嘉靖间修。寺左有三天洞,明知府罗汝芳石刻诗,高维岳有《游三天洞记并诗》。

广法教寺 在城南八十里,五代天福元年建,明洪武中重建,景泰、成化间及嘉靖庚戌重修。国朝康熙甲辰里民胡应举重修。

松岩教寺 在城南七十里,宋庆元中废,明正统中重修。

南大云教寺 在城南九十里,宋建中间建,明宣德、景泰间重修。

能仁教寺 在城西四十里,唐时建,旧名天皇院。宋祥符中改承天,政和己亥更今额。咸淳间重建,元大德中修。

法云禅寺 在城西四十里①行廊山,梁杯渡禅师建,旧名兴云,宋治平中改今额。山有杯渡岩,有梁武帝及杯渡像。周紫芝诗:"瀛海从来是一沤,何妨飞锡到中州。解将瓶钵横云海,懒向秦淮障逆流。"元末寺毁,明正德戊辰重建,嘉靖癸亥寺僧募众修。

资福教寺 在城西六十里,旧名善定,宋治平中建,明洪武、正统及嘉靖间重修。

真如教寺 在城西七十里,旧名保仁,为尼寺。梁太清中建,唐上元中改今额。宋治平中重建,明嘉靖丙寅重修。

慈济教寺 在城西七十里,梁天监中建,宋绍兴中重建,明嘉靖乙未、隆庆壬申重修。

宝积教寺 在城北六十里,唐贞观中僧悟真建,明洪武辛未立为丛林,宣德、景泰间屡修。嘉靖末毁,隆庆壬申僧智铨重建。

东宝觉教寺 在城北六十里,隋仁寿中建,宋祥符中赐额。

---

① 四十里:万历府志、嘉庆、光绪县志均作"六十里"。

(乾隆) 宣城县志

西宝觉教寺 在城北六十里，宋时建，明洪武中重建，正统、嘉靖间重修。

空相禅寺 在城北八十里水阳镇，旧名白龙院，唐开成元年建。相传咸通乙酉白龙见于幡竿，故名。宋元祐中改今额。明洪武辛未立为丛林，正统己未僧寿源重建。旧东向，明郡守罗汝芳改寺西向，更名南禅寺。

东大觉教寺 在城北九十里，旧名崇善，南唐保大中建。宋绍兴辛亥，魏良臣请为功德院，改今额，历有奉祀生。明洪武丁巳重建。

西大觉教寺 在城北八十里，宋绍兴中建，中有魏良臣神主，历有奉祀生。明洪武乙丑修，正统中重修，建毗卢阁。

净国教寺 在城北九十里，晋永平中建，宋太平兴国中废，明洪武癸亥重建，景泰中修。

北大云教寺 在城北九十里，旧名庆云，宋治平中建，明嘉靖中重修。

法轮禅寺 在城北六十里砂石湾，明正统中寺僧重修。徐元太《宿法轮禅寺》诗："巢眠鸟似参禅定，庙掩龙疑听讲归。"

胜果教寺 在城北一百里黄池镇，唐咸通中建，明洪武癸丑重建，辛未立为丛林。正统己未，僧肇琇同耆民雷景瞕①等募建玉溪石桥，大理少卿杨复记，高咏有诗。

妙因教寺 在城北一百里，宋嘉泰中建，明洪武正统中重修。

延寿教寺 在城北一百里，宋嘉泰中建，明洪武甲子重建，后废。万历甲戌，里民雷铸等重修，请郡守题额，名兴国寺。

法华教寺 在城北九十里②，宋嘉泰中建，明正统戊辰重

① 瞕：万历府志卷十同，嘉庆、光绪县志作"璋"。
② 九十里：万历府志卷十同，嘉庆、光绪县志作"八十里"。

建。刘赞诗："密柳怀风凉五月，疏棍傍水照千波。"

寿昌教寺　在城北一百里，宋治平中建，明洪武乙卯重建，立为丛林。

云山教寺　在城东北一百里湖北山，唐时建，明嘉靖中都纲圆钊重建。

护国教寺　在西北三十里，明正统初建，嘉靖乙酉副纲①正惠重修。

天宁禅寺　在城西北一里，创建未详，明洪武中废。天启辛酉，知府关骥、邑人汤宾尹捐募建造，时掘得小石狮子二枚、小石碑一面，上有"古天宁寺"四字，知为胜地，因复其名，置田百亩给香火。国初有僧恒证开法于此，其徒呆夫、曹水、克云辈继之。寺后为黄金山，左有桃园桥。后因寺中饭僧，又名长生会。

峡石教寺　在城北十五里，顺治丙戌建。按，古峡石寺久废，宋林逋有游峡石诗："灯惊独鸟回晴坞，钟送遥帆落晚汀。"邑人梅超中、高咏尝游此，有和林逋诗，寻求古迹，因复其额。今按，寺在峡石桥侧，去镇半里，故老相传为古峡石，即此。今土人呼为大乘庵。

太平教寺　在城东南七十里，宋绍兴中建。

对亭庵　在景德寺内佛殿西。

翠云庵　在城北十里敬亭山，唐大中初刺史裴休建广教寺，因卜静室于此。元末毁，明宣德中里人建庵故址，名曰翠云。嘉靖中圮，陈希美改建凭虚阁曰凌云。崇祯戊辰火，知县谢玄珧复建阁曰云齐，吴伯与记。壬申，知县陈泰来又于最高处建额珠楼，四方文士游历题咏者甚多，不可悉记。

---

① 副纲：底本原误刻作"福纲"，据嘉庆、光绪县志改。副纲，僧纲司副。

(乾隆)宣城县志

一峰庵　在城北十里,即敬亭山之一峰。唐大中时为广教茶亭,后毁。明正德丙寅僧宗海重建,嘉靖中知府罗汝芳留题刻碑,寻佛殿圮。国朝顺治初僧本住募修,殿侧有准提①阁,崇祯戊寅僧觉思建。旧有清越禅师石盎精舍,既废,今修复。

永庆庵　在城东二里许,明崇祯中僧融观募众捐建。

宛津庵　在小东门外演武场侧,明崇祯壬申僧明堂募建,顺治壬辰僧融虚募建寺前茶亭及关帝行殿。

松隐庵　在城东六十里,宋咸淳庚午建,明洪武癸亥重建,隆庆中僧善庆重修,贡镛有诗。

万松庵　在城东六十里,宋咸淳中里人陈德纯建,明洪武、宣德、嘉靖间修。

清隐庵　在城东六十里,元至正中建,明正统、景泰间重修,万历时姚毅斋开义学其中,汤宾尹有记。崇祯末里人知府徐鸿起落发于此,其《入庵日》诗云:"偷生八十老闲翁,静坐蒲团古刹中。窗外萧萧知夜雨,数声清磬佛灯红。"

觉照庵　在城东六十里,元至正中建,明洪武乙丑重修。

海云庵　在城东七十里,元至正中建,明嘉靖间重修。

东溪庵　在城东五里东溪桥侧,明万历初郡守王嘉宾建东溪桥,郡人立祠祀之,金陵僧性恒建庵于祠内,故名。栖霞讲师法通《避暑恒公东溪庵》诗有"竹屿薰长夏,萝轩避午阴"之句。即杯渡庵。

般若庵　在府治左冈上,崇祯中僧性莲募修。

明镜庵　在城东北一里,明万历中建,顺治丁亥僧融默重修。

金露庵　在小东门观音桥内。

西乐庵　在城西里许,明万历中吴伯敬为僧性果建,栖霞讲

---

① 提:底本原误刻作"捷",据嘉庆、光绪县志改。

师法通曾讲《楞严》其中。辛丑郡守张德明修，知县尹三聘复凿井于庵前以济行者。国朝顺治庚寅，僧照极建佛殿三楹，置灯田一十六亩①。按，法通有《讲席怀梅禹金》诗云："朝来无都讲，疑义谁能悉？空庭柏子树，无言相对立。"

金粟庵　离城里许，明崇祯初里人詹应鹏建，国朝顺治初僧如临募修。

心佛庵　在城南柏山寺半里许，明天启癸亥建，国朝顺治丙戌僧超晟修，康熙初其徒性权建塔庵左。

南华庵　薰化门外南坛侧，万历中圮，崇祯辛巳郡守钱敬忠复建。

法露庵　在城北七里桥，顺治庚寅建。

秀水庵　万历初万鹏建。

青溪庵　在响山潭上七里，旧有观音桥，故亦名观音桥庵。康熙丙午，僧元德募府镇厅县及绅士捐资买河，上自夏家渡，下至馆驿前止，禁止渔钓，永为放生河。庵僧守之，岁输河税。

半山庵　在七里冈下，康熙间，郡守龚鲲捐俸为半山僧在柯建，梅清有《过半山荒院》诗。

草庵　在城南张家桥，明万历中僧本建募造，大学士申时行题额。

闲云庵　在城南双羊山麓。明万历间僧思修游京师，与修佛事，赐紫归建。汤宾尹请《藏经》全部贮焉。施闰章过庵赠孤山、澄心二上人诗，有"地近双羊好，身随独鸟闲"之句，初，梅②清同里中诸子置香灯会于此，俱有诗。

护衲庵　在城南半里许，近柏山寺。

应住庵　在城南仁村，明庠生梅景尧建。

---

① 一十六亩：嘉庆、光绪县志，嘉庆府志均作"一十三亩"。
② 梅，底本原误刻作"海"，径改。

（乾隆）宣城县志

芥子庵　　在城西十里，明万历中徐笃庆建，陶望龄为记。
半林庵　　在城东三十里，汤宾尹建。
高岭庵　　在城西三十里，旧名峰楼祖殿。有洪钟，宋淳祐九年铸。明嘉靖己酉重修。
西峰大圣庵　　在城南四十里，明洪武乙卯建，正德、嘉靖、万历间屡修。
天如庵　　在城东麻姑山北掉石岭下，万历时文学蔡凤翔与僧海月同建，后海月孙默如募金拓新庵址。
莲池庵　　在城东三十里鸡足山。明万历壬子，汤宾尹、僧恒然募建，太史焦竑书"震旦福"额于佛堂，朱之蕃游莲池赠恒然诗，有"一池荷叶衣无尽，数树松花食有余"之句，又为碑记。崇祯末被毁，顺治初僧敬如募建。
碧霞庵　　在城南杨柳铺，僧省如募建。
广福庵　　在梅溪，初为沈氏别业，顺治初拓参将捐赀置墓庵，名曰广福。僧兴慧住持。
通津庵　　在城西五十里通津桥侧，明汤宾尹建。
茶岭庵　　在城南五十里。
观音庵　　在城东五十里，明时邑人汤一桂建。
寂照庵　　在城南六十里。
仙岩庵　　在城南稽亭山仙人岩侧，有石棋、石几。岩左有大红山茶一株，根从石罅中出，仅一指许，而干大径尺。下有石池，清可鉴物。每春初花放辄千百朵，旋覆池上，数里外望之如悬火珠，高维岳有诗。又有灵泉溉田，庵僧赖之，后田废，里人梅枝凤为复其业。
慈氏庵　　在城南六十里，明正统间重建。
石佛庵　　在城东六十里，宋嘉泰中建，明洪武乙巳重建。寻毁，崇祯癸未沈瀚重修，颇极幽胜，沈寿民有《夜投石佛庵》诗。

卷之十 祠祀寺观附

京堂庵　在城南六十里密垄岭上，崇冈千仞，其上宽衍如堂，故名。其北有龙潭，每云兴辄雨。

西岭庵　在城西十里送麟冲，僧文韵修。

茅亭庵　在城南六十里，明洪武初建，正统间重修。

高峰庵　在华阳山南最高峰，依岩构屋，覆铁瓦以御风。峰下又有塔泉庵，有异僧坐化其中。

五松庵　在城南七十里。

太平庵　在城南七十里，并明正统中建。

崇福庵　在城西南七十里，宋绍兴初建，明洪武中重建，隆庆辛未重修。

伞谷①庵　在城南九十里，明洪武中重建，邑人俞绶有诗。

孝慈庵　在黄池镇东，旧名观音庵，僧三湘募众重修。

西是庵　在水阳西岸。

准提庵　在城北八十里宋兴桥南，顺治初僧玉成募建。

保障庵　在城东北百二十里蒋山砂冈上。

万寿庵　在府学文昌台侧。

因悟庵　在城北三十里，明崇祯戊辰梅殷祚建，施香灯田三十亩。郡守黄梦松止宿庵中，题曰"西来精舍"。

双林庵　土名双庙，在金宝圩，其地为通圩适中处，万历间陷马潭刘廷对建，以憩行人。

清音庵　在城北二里许，梅清、沈泌、钟铭文等里中诸子每岁四月有香灯会，赋诗于此。

普渡庵　在城南五里黄龙之麓，僧雪邛建。

漱石庵　在城南四十里团山之麓，下有钓丝潭，土人祈雨辄应。邑人梅振祚建。

永丰庵　在乌沙铺长桥。

---

① 伞谷，嘉庆府志同，嘉庆、光绪县志作"伞骨"。

（乾隆）宣城县志

愍度庵　在游诗岭。

永泉庵　在南湖墈窑湾。

法云庵　在店门口占环山唐①。

永宁庵　沈村埠。

鹤驭庵　在城东南四十里②柏枧山下长岭冈，十里有鹤驭山，故名。

葛公庵　在黄池陶家沟口，明末葛公化身于此，土人建塔庵祀。

龙泉庵　在华阳山，峭壁环绕，峰峦罗列，碧泉深窗，色如龙喷。庠生施其仁建。

永明庵　宋时古刹，在峄山东麓，康熙中僧寄浮拓址重建。枕山带溪，松涛竹韵，极称幽境。左有品字墩、永善桥诸胜。又永福禅庵当寿松铺孔道，亦僧寄浮捐建。

象峰庵　在城南六十里象山左。

宝峰庵　在华阳崇山，太学生梅凝祚建。

崇德庵　在城东十字路玉溪关帝殿内，明崇祯间建，国朝雍正甲寅僧云宣募修。

玄妙观　在城内西南鳌峰上，唐为紫极宫，宋大中祥符间改名天庆宫。旧在城东南，绍兴中火，徙建今所。宝庆间重建，元大德中更定今名。道士贺汝迪居此，道纪司在焉。明永乐辛丑都纪徐善渊重建，宣德戊申知府武彦建昊天阁、左右回廊，正统己未知府袁旭建山门二座，丁卯颁《道藏经》贮三清阁。国朝康熙中同知鲍积仓、道官戈金振重修。

冲妙观　在城东三十里麻姑山西，相传麻姑修炼之所。唐为

---

① 此处或当有误，嘉庆县志作"城东店门口环山团"。
② 四十里：嘉庆府志同。嘉庆、光绪县志作"五十里"，当是。

卷之十　祠祀寺观附

洞仙观，初女冠居之，有断碑，会昌中立。宋重和戊戌赐额，明洪武中道士麻用中重建。东南有天游亭，元泰定中建，贡奎记。

灵应观　在城北十里敬亭山敏应庙西，宋重和戊戌赐额。明宣德中都纪徐善渊，道录石至灵、颜福渊重建。

真庆观　在城北八十里水阳东镇，元大德壬寅建，明洪武庚午重建，宣德中都纪徐善渊重修。

真符观　在城北四十里①符里镇，世传许旌阳游山南，于窑旁置铁符，断自窑以东可陶。后果验，里人奉旌阳香火惟谨。宋重和戊戌赐额。明洪武庚午道士史南山重建，宣德甲寅都纪徐善渊修。傍有东平神祠及桓简公墓。

洞仙观　在城东四十里。古有玉皇殿，宋庆元初遣官祷雨，有兔盘旋阶坳，已而沾足，里人建观。嘉定间请额。

万寿宫　在北门外迎恩街。

晏公殿　在小西路七里冈，里人孙襄建，自为记。
麻姑殿　在城东三十里麻姑山巅②，宋重和戊戌建，明永乐间道士毕用贤重修。
祠山殿　在城东南三十里，宋进士赵孟燏建，傍有燏墓。
关帝殿　在城北四十里竹塘桥头，州同吕世英捐赀重建，置田十八亩③，永为香火之赀。
孙周殿　在横路。施侍读闰章题曰"晋代名臣"，未详何据。
水神殿　在峡石东，康熙戊戌知县杜滨建。

---

①　四十里：万历、嘉庆府志同，嘉靖府志作"五十里"，嘉庆、光绪县志作"六十里"，当以嘉庆、光绪县志为是。
②　山巅：嘉庆、光绪县志作"山麓"。
③　十八亩：嘉庆、光绪县志作"八十亩"。

(乾隆）宣城县志

附旧存今废诸寺观

妙觉寺　在城东，唐大中刺史裴休以寺久废，取其材修新兴寺。

大善寺　在昆山乡，唐天祐中建，宋治平中赐额，建中靖国中重建，郭祥正记。

石盎寺　在敬亭山傍，僧置传灯阁藏佛书，沈括记。杜牧有诗，梅尧臣有《寻古石盎寺》诗。今敬亭山后亦有石盎寺，恐非其旧。

灵源寺　李白有《赠灵源上人仲濬》诗，创建、所在亡考。

禅定寺　唐严绶有《禅定院通禅师碑》名。绶，贞元初为节度幕。

太平寺

感化寺　在城北一百里，宋乾道中建，明洪武、景泰中重修。

新兴寺　在敬亭南麓，会昌二年毁，大中二年刺史裴休建。初，山西北有伟、昭二禅师庵，后有浩禅师作草堂，道场西北其旁有藻律师居之，至是合三院为寺，卢肇为之记。旧志乃以新兴并入广教，误。

彰教寺　创建、所在亡考。邑人贡尚书师泰有《和陈公辅游彰教寺》诗云：“春风延客为开关，天雨空花紫翠间。欲向云中问鸡犬，苍苍松柏暗丁山。”汪尚书泽民诗云：“春来游戏日相关，带雨看花紫翠间。闲读唐碑访遗迹，石麟残缺卧丁山。”自注：“魏王徐知证墓在焉。”今丁山在郡城西南隅。

崇福院　在新兴寺东北，徐知证建，有五百阿罗汉像，徐善撰碑铭。

新安院　在城东句溪上，本都督府署，唐天祐十三年改建，尉迟枢为赞记。

永安院　在城北四十里，未详创始，毁于贼。天祐末重建，南唐保大中赐额，宋庆历中修，有夏希道记。

卷之十 祠祀寺观附

普慈院　在符里镇西南三里，宋治平中赐额，熙宁中重修，有章国光记。

松林院　在东溪上，梅尧臣题，又有《寄松林长老》诗："大松五丈百岁余，小松五尺前时种。俱有坚完不朽心，莫以今轻古为重。东溪一片寒玉光，夜挂高枝何所用。"今毁不存。

寿宁庵　在城西南隅，元至治中，尚书汪泽民榜其门曰"城市山林"，明洪武、永乐中修。吴文常有诗。

药师庵　在城东南六十里①栗木冈，明宣德中修。

报恩光孝观　在城北里许，宋崇宁中建为神霄宫，绍兴丁巳改"光孝"，辛酉又改"报恩"。旧志云有遗址，今不知所在。

虚明观　在叠嶂楼南隅，有刺史独孤霖、郑熏石刻在壁，绍兴中知州事朱翌题额。

天休观　邑人李宏有诗。

香林观　邑人胡晋有诗。

存真道院　邑人钱震《和程主簿纳凉》诗。已上观院三所，创建、所在并亡考。

凝虚院　在玄妙观西偏，张邋遢曾居此，今废。

真逸院　在城西南隅，元时里人赵必恢建。

长生道院　在城西南杏树巷，祀真武。

文昌宫　在北门外澄江亭侧，旧在天庆观傍，郡人汤应隆与弟震隆改建于此，别为道院，以居守者，又为堂以祀正肃吴公及其子参政庄敏公、丞相许国公。今废，仅存遗址。

---

① 六十里：嘉庆、光绪县志作"四十五里"。

(乾隆）宣城县志

宣城县志卷之十一 官师

汉置令长，职重循良，自令而下有丞、有簿、有尉，视县事之繁简置焉。宣邑繁剧，诸员具备，考绩课政，殿最攸分。若夫尊卑①序列、官次完阙，则无论贤否，悉胪其姓氏、爵号、年岁、乡贯，登诸版策，以备参稽。志《官师》。

汉

置令或长一人，丞一人，主簿一人，尉二人。诸曹掾史、有秩、游徼、啬夫、乡佐、亭长、里魁。

令

法　雄　字文疆，郿人。祀名宦。

李　崇　见《名宦》。

长

杭　徐　见《名宦》。按，丹阳郡东汉已省，宣城乃有长，未详。

三国吴 官制阙

令

吕　范　本汉献帝时任，自吴署置，因属于吴。范从孙策攻庐江还，仍领宛陵。

---

① 卑：底本原误刻作"黑"，据嘉庆、光绪县志改。

卷之十一　官师

贺　惠　邵弟。中书郎奚熙谮于皓，皓收惠付狱，会赦乃得免。
严　隐　字仲弼，吴郡人。举贤良。吴平去职，尝有《答陆云书》。

晋

有令，有簿，有尉省丞，有门下史、记室史、录事史、书佐、循行、干、小史、五官掾、功曹史、功曹书佐、循行小史。

令

王　述　字怀祖，晋阳人。承①之子。初颇受赠遗，修家具，为州将所检，王导使人谓之曰："名家子不患无禄，屈临小县，甚不宜尔。"述答曰："足当自止。"

范　汪　字元平。

何承天　东海剡人，隆安中令。

南北朝有令，有簿，有尉。尉，大县二人。

宋、齐、梁、陈、隋，略同。

宋

令

毛元矫　修之子。

隋

主簿

许　善

唐

置令一人，丞一人，主簿一人，尉二人，司户佐一人，司法佐一人，博士助教一人。

---

① 承：《三国志》卷二十七、《晋书》卷七十五同。嘉庆、光绪县志作"永"，误。

(乾隆）宣城县志

令

张路斯　景隆间任。见《名宦》。
储孝任　李峤有《宣城令储孝任等加阶制》。
长孙勖　开元间任。
柳　镇　宗元父,由太常博士请为宣城令,徙阌乡,考绩咸最,立石颂德。
以下天宝间任：
崔　钦
李仲进　字公度,陇西人。
李敬彝　旧志无。

主簿

刘元察

尉

杜　瑄
崔　愔
韩　肇
敬　璘
郑　成

南唐 制如唐

宋

置知县事一人,丞一人,簿一人,尉二人,镇寨官无定员,有符里窑镇酒税。

知县事

周景贤　治平间任,尝设六条以教民。
胡永弼　州判宿曾孙,宣和年间任。见罗辣《绍堂记》。
吴一能

卷之十一　官师

以下建炎、绍兴年间任：

夏　岷　字世美，九江人。由进士任，卒于官，子孙遂家宣。

郭　僎　见《名宦》。

卢　杰　修县治，乾道年间任。

黄元直　建琴清堂，嘉熙年间任。

李　坚　见《名宦》。

赵昂①发　字汉卿，昌化人。有善政，以论罢。

赵必杉　由进士任。性介特，不肯诡随。

丞

罗　靖

滕　珂

尹　焕　有《吊梅都官》诗。

簿

张献民

尉

崔起之　嘉定中任，又权旌德县簿。

刘质夫

汪　涓　字养源。任垂满，时秦桧之弟梓知宣州，或问："何以不借宠内翰？"涓曰："一为所荐，则终身秦客矣。"

教谕

黄叔英　字彦实②，慈溪人。宋官制不当有教谕，旧志无。

元

达鲁花赤一人，尹一人，丞一人，簿一人，尉、典史各一

---

① 昂：历修府、县志均误，当作"卯"。《宋史》卷四五〇、高斯得《耻堂存稿》卷五《赵卯发集孟四箴赞》、梦真《籁鸣集》卷下均作"卯"，《安徽金石古物考稿》四录有德祐元年六月十四日《赵公墓碑》，亦作"赵卯发"。

② 彦实：底本与嘉庆、光绪县志同，均作"彦贯"，误。据《慈溪县志》《宁波府志》《浙江通志》《宋元学案》，当作"彦实"，因改。

(乾隆）宣城县志

人，教谕一人，书院有山长，巡检、税务使无定员。

尹

胡友谦

杨泽民

王起宗

赵良岩

费　雄　以荫仕。

明

置知县一人，丞二人嘉靖九年省一，主簿一人崇祯十三年省，十五年复设，典史一人，教谕一人，训导二人，巡检司巡检二人分驻水阳、黄池，阴阳学训术，医学训科，僧会司僧会，道会司道会俱因附郭不设。

知县

王文质　甲辰年任。见《名宦》。

邢知远　洪武九年任。

孙　琳　洪武三十一年①任。见《名宦》。

程伯衍

陈伯恭

熊　义　新淦人，永乐六年任。一作"义存"。

王　信　巴县②人。

萧　吉　泰和人，洪熙元年任。见《名宦》。

李希容　玉山人。监生。宣德六年任，以宽平著。

---

① 三十一年：嘉庆府志同，嘉靖、万历府志未系年，嘉庆、光绪县志作"十一年"，当脱一"三"字。

② 巴县：嘉靖府志作"巴陵"，是。见光绪《巴陵县志》卷二十四。

104

卷之十一 官师

况子玉　泸州人。监生。正统四年任。见《名宦》。

丁思广　金华人。监生。正统十三年任。

曹　昭　潞陵人。监生。景泰四年任。

李　良　邓州人。景泰七年任。

彭　烈　监生。天顺中由御史谪任。

卢　杰　南宫人。成化六年任。

姚　恪　山阴人。成化十一年任。

李　端　成化二十年任。见《名宦》。

李延寿　成化二十三年任。见《名宦》。

方　溢　柳城①人。进士。弘治三年任，以清勤擢御史。

田　忠　弘治六年任。

李梦龙　蒙阴人。进士。弘治八年任，明断有为。

王　璠　长垣人。进士。弘治十二年任。

陈　猷　四川人。进士。弘治十六年②任。

乐　護　弘治十八年任。见《名宦》。

苏　范　广东人。进士③。正德五年任。

周廷用　华容人。进士。正德七年任，文学该博，吏治强敏。擢御史。

温　萃　堂邑人。进士。正德十一年任，平易近民，礼贤下士。

董　槐　振武人。举人。正德十三年任，寻调宁国。

王时正　黄县人。举人。正德十四年宁国调任。

施　山　字镇卿，缙云人。进士。嘉靖元年任，临政无苛，赈荒有

---

① 柳城：底本原刻作"聊城"，误，据历修府、县志改。方溢实为广西来宾千户所人，寄籍马平县，见民国《来宾县志》下篇《士林人物》。又，方溢当弘治五年任，见刘春《贺侍御方君文晔考绩受敕命序》(《东川刘文简公集》卷四)。

② 十六年：嘉庆县志误作"十八年"，府志、光绪县志均作十六年。考陈猷为弘治十五年进士，当以十六年任为是。

③ 进士：苏范实为弘治五年举人，嘉庆、光绪县志已改。

105

（乾隆）宣城县志

惠。擢御史。

方一桂　莆田人。进士。嘉靖四年任。

黄凤翔　云南右卫人。进士。嘉靖七年任，吏治明敏，优礼学校。

王　钦　福建人。进士。嘉靖十年由黄岩调任。

汪　俸　贵溪人。举人。嘉靖十一年①任。

吴　悌　嘉靖十三年任。见《名宦》。

王朝用　陕西人。进士。嘉靖十六年御史谪任。

高公武　内江人。举人。嘉靖十七年任。

齐　思　北京人。举人。嘉靖二十一年任。

周　奎　嘉靖二十二年任。见《名宦》。

陆　鉴　兰溪人。进士。嘉靖二十四年任。

萧　纶　澂江人。举人。嘉靖二十六年任。今邑学，纶所迁也，较旧址少前数十步。

刘应箕　巴县人。进士。嘉靖二十八年补任，倜傥有才，不事溪刻。升主事。

黄　谦　莆田人。进士。嘉靖三十年任，岂弟宜人，士民德焉。擢给事中。

姜　儆　南昌人。进士。嘉靖三十三年任。擢御史。

边　毅　峡江人。进士。嘉靖三十六年任，质直清介。升评事。

杨　旦　蕲州人。举人。嘉靖三十八年任。

姜　台　广安人。举人。嘉靖四十一年任，有文学，建宛陵精舍。

黄应麟　闽县人。举人。嘉靖四十三年任，安静不扰。

李东井　莘县人。举人。隆庆二年任，勤政爱民，以清操忤郡守，守因榜掠百姓，使诬蔑，卒无一应者，适艰去。

姜奇方　隆庆五年任。见《名宦》。

詹事讲　万历五年任。见《名宦》。

---

①　嘉靖十一年：嘉庆县志同。嘉庆府志未录此人。光绪县志作"嘉靖十二年"，当误。

卷之十一 官师

陈公相　万历十一年任。见《名宦》。

刘仕瞻　号淡峰，南昌人。进士。万历十七年任，温雅恺恻，苟有犯者，又毫发不肯贷，一时称治焉。

尹三聘　山阴人。进士。万历二十三年任，却矿使，梃税珰，潴泄圩水，分限征赋，民皆尸祝之。

卢维屏　万历二十九年任。见《名宦》。

董　暹　江夏人。进士。万历三十二年任。

刘学周　武昌人。进士。万历三十四年任，寻卒。

鲍国忠[1]　万历三十六年任。见《名宦》。

邓良知　新建人。进士。万历四十二年任，持己接物，不立崖岸，人咸多其和厚焉。两夏旱，跣祷皆应。

赖良佐　万安人。进士。万历四十七年任，有质言，无择行，丰采屹然。擢给事中。

王毓仁　山阴人。进士。天启二年任，未一月卒。

王　玑　长垣人。进士。天启三年由宁国县调任。

岳凌霄　获嘉人。进士。天启六年任，洁己奉公，门无私谒。明年调武进。

谢玄珧　晋江人。进士。天启七年调任，才明敏，庚午校士，首三人，是秋俱捷。擢礼科给事中。

陈泰来　新昌人。进士。崇祯四年任，有吏治才。

余　飏　莆田人。进士。崇祯十年任。见《名宦》。

梁应奇　崇祯十四年任。见《名宦》。

县丞

杜胜民

以下宣德间任：

---

[1] 鲍国忠：嘉庆、光绪县志作"鲍国中"，误。府志不误。参见梅鼎祚《宣城县新置学田记》（《鹿裘石室集》文集卷十六）、周孔教《荐举荒政有司疏》（《周中丞疏稿》江南疏稿卷八）等文献。

(乾隆) 宣城县志

陈　澄
陈　雅　见《名宦》。
以下正统间任：
杨本中
豹　岳
熊　英
毕　贵　景泰间任。
吴　福
以下弘治间任：
李　福　见《名宦》。
杨　铸
蔡　伸
萧　山　见《名宦》。
以下正德间任：
荀　琮
郑　仁　东平人。贡生。守官清白，督储尤有声。
唐　淇
李　鼎
以下嘉靖间任：
徐大魁　登州人。贡士。督储却馈，知政体。迁知县。
吕如山
张　勤
唐　涮　永嘉人。由监生任，以清介名。
崔　潢
高文濩
潘可久
张九思
李　梓

卷之十一 官师

郄余光

以下隆庆间任：

林汝松

郭 勋 陕西人。贡士。时称其有守。

洪尚孚

以下万历间任①：

姜 申

罗 忠

陈元望

游文翰

王建中

彭树勋

任之重

贺逢尧

项德基

陈应奎

谢世章

万 升

江中化

王家轩

赵贤韶

茅有年

方岳荐

赵一濂

以下天启间任：

蔡箴福

---

① 此七字底本原无，据本卷体例由嘉庆、光绪县志增补。

雍熙时
龚应跃
余昌言
以下崇祯间任：
沈邦达
陈叔策
毛之斐
郭显贤
吉正道
杨愈淳

主簿

王用文　宣德间任。
刘　孚
以下正统间任：
喻　简　内江人。由监生任。廉谨有干能。
董继本
李　文　见《名宦》。
周廷瓒
邓　瓒　正德间任。
田　佐
以下嘉靖间任：
毛　榎
王　赐
庞国英
李　庠　湖广人。监生。在官清慎。
劳绍相
汪　霖　开县人。质朴有廉声。
许　用

焦　昻
胡来贡　章邱人。贡生。廉俭不渝，惜以督储诖误去。
卢永寿
俞朝瞻　隆庆间任。
王　宾

以下万历间任：

王正愚
简方绥
萧云鹄　晋江人。由举人博士谪任。
杨　润
祝岳吉
周　牟
石胤绪
徐继芳
龙世禄
罗曰位
李联芳
杨子弘
王命珂
傅宗庆
路从度

以下天启间任：

陈廷价
许　橖

以下崇祯间任：

王命教
唐虞泰
邓维豸

(乾隆) 宣城县志

  吴　俊

  马象乾①

典史

  孙　贵　<small>华阴人。永乐间任，催科无害。</small>

  曾　森

以下正统间任：

  钟　岳

  萧　瑰　<small>成化间任。</small>

  周　雷

以下弘治间任：

  李广昌　<small>灵川人。</small>

  王　玺

  黎　顺　<small>正德间任。</small>

  彭仲春

以下嘉靖间任：

  王万琏

  王　玺　<small>余姚人。</small>②

  麦　穗

  韩　沛

  王正贤③

  张继明

以下隆庆间任：

  高　梯

---

① 马象乾：嘉庆府志同，嘉庆、光绪县志改为"马象贤"，不知何据。马象乾，浙江仁和人。太学生。钱海岳《南明史》卷三十五亦作"马象乾"。

② 嘉庆县志此处有小注："名见弘治年间，或同名，或重出，府、县旧志俱未详。"

③ 王正贤，嘉庆、光绪县志名列"张继明"后，隆庆间任。

卷之十一　官师

陈汝志
以下万历间任：
陈天寅
张　松
张　府
喻朝栋
朱文卿
吴道弘①
陈　英
王世忠
刘梦兰
毛世芳
刘可恩
蔡仲仁
阮君显
鲁好政
邹宗鲁
以下天启间任：
董三奇
张文元
章大纶
以下崇祯间任：
陈应斗
员居安
杜　淳
解应魁

---

① 吴道弘：嘉庆县志同。光绪县志作"喻道宏"，当误。

(乾隆)宣城县志

黄兴丽

王廷翰

儒学教谕

陈　嵦　洪武间任。

方溍源　永乐间任。

张　岩　宣德间任。见《名宦》。

黄　泰

以下正统间任：

柴　璇　余姚人。为士楷模。

钱如坝

杨子荣

俞　谧

以下成化间任：

陈　轮　尝出金易学前民居毁之，学始轩敞。

郑　赐　旧志遗。

程一嘉　文学造士。擢南道御史。

以下正德间任：

罗　瓒

吴　钰　福宁州人。束修无所问，见贫士辄分俸给之。

以下嘉靖间任：

黄　垣

陈思诚　以端雅得士心。

李　宪

解　策

邓寿鼎　全州人。工文砥行，师模赖以未坠焉。

傅继隆

方　沂

蔡云吉

卷之十一 官师

张　会

袁　金

孟　海

刘　焘　见《名宦》。

以下隆庆间任：

张体中

王　誉

以下万历间任：

伍　实

徐应箕　山阴人。日以礼让训诸生。

陈光祖

徐大观

刘延龄　见《名宦》。

陶懋来

杨承栋　富顺人。举人。饬廉隅以倡多士。

王汝服　娄县人。沉静有大雅风。

曾拱璧

万象新

吴弘功　后成进士。

张尧封

盛毓清

彭时荐　天启间任。

王命德

以下崇祯间任：

徐　琦

胡　怀　景陵人。简静雅饬。

武可进

徐必远　贵阳人。举人。不数月弃官去。

(乾隆)宣城县志

训导

王士谦 邑人。见《人物志》。

以下洪武间任：

周彦奇

陆 观 金华人。贡士。能得士心，无负师范。

以下永乐间任：

汤 礼

陆 霖

以下宣德间任：

杨 辉

綦 冕

以下正统间任：

萧 恒

谢 实

余 彬

以下成化间任：

李 鉴 郴州人。

雷 鸿 建安人。勤于训迪。

李春旸 樊城人。以师范著。弘治间任。

俞 经 正德间任。

柴廷相

以下嘉靖间任：

李 瑀 韶州人。醇谨。

王 宠 见《名宦》。

廖 鹗 金溪人。教士识大体。

马 钦

钱 惠

陈 遂 丽水人。雅致清修。

卷之十一　官师

胡永谧

叶大有

罗　襄

邵　守

吴大绅　襄阳人。才器通达。

胡　襄

潘　泗

魏文相

陈　璋

以下隆庆间任：

王君宠

胡云望　仁和人。循谨自爱。

李廷栋

彭　榘①

以下万历间任：

刘　瑶

王文德

袁舜臣

谢干禄

潘师善

赖　光

邱天纵

宋道光

渠澄清

叶　曾

董汝孝　见《名宦》。

---

① 榘：万历府志、《全椒县志》同。嘉庆、光绪县志改为"渠"，误。

(乾隆)宣城县志

　　王来聘　含山人。淡泊自适。
　　江世济
　　许邦直
　　倪天祥
　　韩益植
　　江有龙
以下俱天启间任：
　　罗大宗
　　唐震龙
　　吴时任
　　施王猷
　　汪梦鹤
　　吴应雷
　　林幼良
　　刘应鹏
　　纪一匡
　　徐养性

皇清

　　置知县一人，县丞一人，主簿一人顺治三年省，十七年复设，典史一人，儒学教谕一人，训导一人康熙三年省，十五年复设，巡检司巡检二人分驻水阳、黄池，阴阳学训术一人，医学训科一人，僧会司僧会一人，道会司道会一人旧因附郭省，雍正十三①年复设。

知县

　　俞　璧　号二如，山东人。进士。崇祯末年黟县调任。顺治二年五月，大兵下江南，璧以城归附留任。

---

①　十三：底本此二字原空缺，据嘉庆、光绪县志补。

卷之十一　官师

陈正中　字可法，大兴人。内院办事。顺治四年任。迁北京南城兵马司。

王同春　号石幢，沁水人。进士。顺治七年任。迁升户部主事。见《名宦传》。

李栋朝　邹平人。进士。顺治十五年任。

周光祚　唐县人。贡士。顺治十七年任。

张如芹　信阳州人。贡生。康熙二年任，寻卒于官。

李文敏　号如白，陕西会宁人。贡士。康熙三年任，明敏果决，催科有法。迁太仓州知州。

胥　琬　号麓庵，潍阳人。进士。康熙十四年任。升兵部督捕司主事。见《名宦传》。

邓　性　号天谓，南昌人。进士。康熙十五年任，廉介敢为，不屑浮誉，捐俸买㹇头山，永禁烧灰，以培郡脉。艰去。

袁朝选　号逢源，江西上高人。例监。康熙二十一年任。

翟蒙孔　广东举人。见《名宦传》。

薛景瑄　沧溪人。监生。康熙三十年任。升知州。

莫元贞　广西人。举人。康熙四十四年任。丁艰去。

马云衢　镶蓝旗人。监生。康熙四十六年任。

马　翰　扶风人。举人。康熙五十一年任。

杜　滨　字文澜，平陆人。进士。康熙五十四年任。行取①。

刘兰丛　寿张人。监生。康熙六十年任。

贾　权　汾阳人。生员保举。雍正六年任。

冯大山　字岳维，海宁人。进士。雍正十一年任。

张坦驄　汉阳人。副贡。雍正十三年署任。

吴飞九　字鲲南，丹徒人。举人。雍正十三年由宁国县调现任，礼士惠民，百废具举。

---

① 行取：二字似语意未完。查乔学尹《砥峰杜公墓志铭》，作"行取入京，补宗人府主事。"（《明清山西碑刻资料选》续一）当是，可据补。

(乾隆)宣城县志

县丞

郎崇贤　广宁人。贡士。顺治二年任。迁知县。

李宗孔　邠州人。吏员。顺治六年任。

关　镇　崇信人。贡士。顺治十二年任。

杨瑞荣　鄞县人。吏员。顺治十三年任。

杨另辟　钟祥人。贡士。顺治十七年任。

朱之华　宛平人。官生。康熙二年任。

刘照钟　魏县人。贡士。康熙五年任。

黄　奎　即墨人。贡士。康熙七年任。

何　勋　号①克明，福清人。官监生。康熙十六年任。

刘世英　号尔蕴，福建宁化人。例监。康熙二十一年任。

戴绍祖　承德人。贡士。康熙三十六年任。升知县。

张尔恭　大同府前卫人。廪监。康熙五十一年任。

邢国柱　宁津人。监生。康熙五十七年任。

周图巩　固始人。监生。雍正三年任。

李可植　遵化州人。监生。雍正十三年委署。乾隆二年实授。

多元勋　乾隆二年任。

温　寻　三原人。监生。乾隆二年委署，现任。

主簿

熊　勋　开县人。贡士。顺治二年任。

刘邦政　大兴人。吏员。顺治十七年任。

贺尔福　耀州人。吏员。康熙五年任。

马任远　霸州人。吏员。康熙七年任。迁府经历。

宗　泰　号方平，灵山卫人。贡士。康熙十一年任。好施济，代民完逋；倡育婴会，力禁溺女；买义田于学宫。后迁经历。

李之起　号树声，沧州人。例监。康熙二十一年任。

---

① 号：嘉庆、光绪县志作"字"，当是。又，《福清县志》选举表未载此人。

孙祚新　容城人。监生。康熙三十一年任。
梁允元　真定人。监生。康熙四十一年任。
宋廷光　山阴人。吏员。康熙五十一年任。升①。
金家奎　山阴人。增贡。雍正四年任。
陈义炽　德化人。附贡。雍正十年任,捐俸置西窑冲义冢山。

典史

王一麟　顺天人。顺治二年任。
魏世臣　山阴人。顺治四年任。
张凤翔　华州人。顺治十三年任。
袁克志　号维一,慈溪人。顺治十七年任。迁江西秀岭司巡检。
陈　达　号是祯,山阴人。吏员。康熙十五年任。
俞弘宧　号君相,山阴人。吏员。康熙二十三年任。
贾承智　富平人。吏员。康熙三十六年任。
杨　斌　潼关卫人。吏员。康熙四十五年任。
高锡珪　宛平人。吏员。康熙四十八年任。
曹廷瑜　涞水人。吏员。康熙五十年任。
密承祚　江宁人。供事。雍正十年任。
窦　嵘　承德人。吏员。雍正十三年任。

儒学教谕

魏廷选　辽东广宁人。贡士。顺治二年任。
朱维垣　号台三,全椒举人。顺治四年任,因艰去。
李元麒　字其鹿,石埭人。举人。顺治八年任。迁知县。元麒之先,建平谕陈咨稷摄篆岁余,甚得士心。
胡　绳　绩溪人。贡士。顺治十五年由南陵训导迁任。
孙继森　石埭人。贡士。顺治十七年任。
杨震光　太和人。贡士。顺治十八年任。

---

① 升：原文如此,语意当未完,今无可查补,姑仍其旧。

（乾隆）宣城县志

金象铉　字式玉，休宁人。举人。康熙六年任。迁翰林院待诏。
徐化民　号雨苍，江都人。举人。康熙十年任，博雅好学，诸生经品题者即为佳士，巍科多出其门。后迁知县。
陆志遇　号切斋，通州人。副榜教习。康熙二十一年任。
何　炳　上海人。举人。康熙三十四年任。
宋　裳　华亭县岁贡。康熙三十八年任。
骆民新　和州举人。康熙四十九年任。
宣　芸
张睿思　长洲举人。康熙五十七年任。
黄　简　字应中，武进举人。雍正六年任。
周　伟　字书田，怀宁举人。雍正九年任，宿学名儒，人士推仰。

训导

孔学周　无为州人。贡士。顺治四年任。
施端教　号匪莪，泗州人。贡士。顺治九年任。升范县知县。
史见龙　临淮人。贡士。顺治十六年任。改崇明。
钱邦达　号岂闻，丹徒人。岁贡。康熙十六年任。
章允亨　贵池县岁贡。康熙二十七年任。
沈　端　广德州岁贡。康熙三十五年任。
顾振基　无锡县附贡。康熙五十年任。
王德佑　婺源县岁贡。雍正三年任。
张照龙　字凌沧，当涂县人。举人。现任。①

---

① 以上"当涂"后，底本作"岁年现任正"，明显有误，参酌嘉庆、光绪县志改正。

宣城县志卷之十二 名宦

邑宰与民亲，称之曰父母，谓其好恶密迩民情，易通也，宰得其人，朝布而夕被，非锡福之尤易者欤？丞簿秩虽卑，尽心民事一也，所以佐令也，先儒谓其当以诚心感令者也。若夫崇起教化，絜秉铎是赖，端其范以为士偶，纯其学以为士楷，讵笺笺文艺云尔乎？有司之良，师儒之重，前之贤者，后所观法也。志《名宦》。

汉[①]

李　崇　毗陵人。深达奇博，有君子之鉴。明帝时仕为宛陵令，雅重教化，政务宽仁，虎狼深避，蝗不集境，民用是和。迁汝南太守。

杭　徐　字伯徐，丹阳人。有胆智，初试宣城长，悉移林薮犷民置诸县下，由是境内无盗贼。迁长沙守。

唐

张路斯　颍上人。年十六中明经第，景龙中为宣城令，以才能称。在官垦土田，通水利，至今城北有张路斯田。

---

① 汉：此字底本原无，据本卷体例及嘉庆、光绪县志补。

（乾隆）宣城县志

宋

李　坚　尝知宣城县，邑多山溪，每暑雨暴涨，辄伤禾稼，坚峻为之防，稼以岁登。

郭　僎　字同升，祥符人。建炎时知宣城县，苗傅、刘正彦之变，吕颐浩传檄诸郡，僎说郡守刘珏募勇士倍道赴难，揭榜仍用建炎年号，人皆韪之。后通判全州，权饶州浮梁宰①，骂贼而死，赠承议郎②。

明

王文质　六安州人。明初甲辰知宣城，时兵革初定，文质抚绥招徕，教士劝农，具有方略，民始安集。乃建县治，徙县学于泰和门内。以忧勤卒官，葬宣之西郭外。其后有孙琳，绛州人，廉明刚果，善抚字，去后民思之。

萧　吉　泰和人。洪熙元年由粤令调宣城，识干明敏，优习吏事，尝修学舍，建会膳堂，一时废阙多所兴举。后以事去，为时所惜。

况子玉　泸州人。正统间监生，以荐知宣城，值岁祲，多方赈贷，民赖以全。其性刚果，遇事敏断。九年秩满，邑人欲伏阙请留，而卒于官。成化中有李端者，字表正，枣阳人，由进士任，负吏治才，尤能抑强锄猾。擢监察御史。

李延寿　字宗仁，新城人。成化中以御史谪宣城簿，量移知本县，忠勤布治，简静宜民，境内安之。

乐　護　字鸣音，临川人。弘治中以进士知宣城县，廉明有干局。饥民相聚为盗，肆剽劫，護单骑行村落抚谕之，感泣而

---

①　宰：底本原作"守"，当误，浮梁为饶州之属县，不当曰"守"。据《宋史》卷四五二《郭僎传》及嘉庆、光绪县志改。
②　承议郎：《宋史》卷四五二《郭僎传》同，嘉庆、光绪县志改为"承德郎"，当误。

散。因咨访画策，计口以赈。太平乡民甲乙相善，戏搏击，乙误中甲，甲归语其妻，妻与所私者夜杀甲，诬乙抵死。馥阅牍，见甲两耳后重伤，曰："岂有伤若此，尚能忍死归，无一人见耶？"召其妻穷诘之，具得实，乙获免。入觐遇盗，发箧止银四十两，盗曰："久闻宣城乐青天，乃公耶？"还而去。擢给事中。

吴悌 字思诚，金溪人。嘉靖壬辰进士，知乐安，调宣城。倜傥有材，讲明学术。为政首重伦纪，有夫鬻妻者，必还妻而惩其夫。岁祲，出公帑令强干吏司粜籴，民以无饥。用介忤当事，遂借前令逋赋为悌罪，邑人惧失悌，争完逋，而悌亦怡然勿亟也。征拜御史。

周奎 字象贤，万安人。嘉靖辛丑进士，知宣城，廉俭惠爱。初到官，岁大饥，发廪出帑，推乡士大夫之忠信者行各里散给，民不入市，并沾实赈，全活甚众。寻病卒，橐无余金，士民痛之欲罢市。

姜奇方 字孟颖，湖广监利人。进士，隆庆五年知宣城。周悉民隐，事有利病，悉谋兴革。豫备、常平二仓贮谷待赈，创水阳诸厫敛粟待兑，至今军民便焉。弘奖儒术，延接讨论，宣士始彬彬向古。缘失权相指，仅徙户部主事。

詹事讲 字明甫，江西乐安人。万历丁丑由进士知宣城，尝尽发储粟三万石赈民饥，又劝大姓义输，多者表其门。丈量令下，里甲骚然，事讲履亩核盈缩，奸猾弊息，田溢额而税如故。好奖文学，壬午岁乡举八人，皆旧拔士，时称藻鉴。征拜御史，督南畿学政，增宣邑录科额十名。

陈公相 字子显，漳浦人。以万历癸未进士知宣城，坦易刚直，吏民无所售其奸。岁仍旱潦，拯救多方，改折漕粟二万石，以去就争，当事乃如议。建待学书院，置养士田，文治大兴。去后思者尸祝之。

卢维屏 号建台，山西忻州人。进士，万历间知宣城，清介有风力。时里役之弊私费倍公赋,乃置瓯庭中,细民得自纳,烦费顿省。更徭则一以田丁为差,河壖地岁陁而租故在,悉核蠲之。筑新稔石陂,免新河庄竹木杂税,禁赌博,治奸宄,用法颇严,而礼士爱民,多惠政。迁礼部主事。邑有专祠。

鲍国忠 字尔进,绵竹人。万历中由进士知宣城,年少有介特操,显吏大家避影不敢近。岁潦则赈恤无告,尝割俸市田金宝圩,为邑校恒产计,士庶悦颂。坐他累左迁,时论惜之。

余 飏 字赓之,莆田人。崇祯丁丑进士,擅文名,好容接士类,洁清自矢,亦无以私干之者,一时诸生负君宗之目,如沈寿民、梅朗中①、麻三衡礼遇尤至。振以古学,季有考,月有课,梓其尤者,即单词只句,一经激赏,蔚成名俊。己卯乡试,元魁皆其首拔士。历任三载,以艰去。

梁应奇 字平叔,四川嘉定人。崇祯庚辰进士知宣城,勤干济,修堰浚渠必亲往验视。岁旱,素衣徒步哭祷,即大雨如注。又苦蝗,日走四郊督捕,许以蝗易仓粟,复许代赎锾,蝗竟绝。而疾疫又起,辄给医药疗治之。时方多故,诏所在修练储备,应奇改城增戍②,积谷缮械。擢刑科给事中。其后兵乱城闭,卒赖其储积以养士固守。

陈 雅 晋江人。正统中为宣城丞,尝摄邑事,遇亢旱,忧形于色,即捐俸为祷祀费,引咎责躬,荷校自署:"皇天不下雨,陈雅不开枷。"已,果大澍,岁以登。致仕归,人感其廉,泣送至越境。

李 福 靖州人。弘治八年以监生丞宣城,卓有廉操。尝外出,有私馈其家人豚首者,福归,取诸釜中还之。

萧 山 荆州人。正德初由监生丞宣城。以廉直忤当道,罢去,不能具行李。编修邵锐时为推官,赠以诗,有"去马人争

---

① 朗中:底本原误刻作"郎中",据嘉庆、光绪县志改。
② 戍:底本原误刻作"戌",径改。

挽，归囊月共寒"之句。

　　李　文　字载道，峄县人。弘治中由监生为宣城主簿，操洁奉公。初，邑学文庙以附府辍祀，文始请行春、秋二仲释菜礼。又捐俸创双溪石梁，至鬻其家骡车十余辆以充费，属兄子贤董其役。桥成，以艰去，宣人德之，名李公桥。知县乐護赠以词云："李公桥下水长流，利在千秋，誉在千秋。"

　　张　岩　字廷瞻，上虞人。宣德间举人。为宣城教谕，每对诸生，必言朝廷命官立教之意，开陈圣学，首重孝弟。秩满，杨文敏荣荐之，迁当涂令，擢南京御史。

　　刘　焘　安福人。嘉靖中以举人官宣城教谕，敦尚古道，清俭自励，奖诱俊士不倦。迁推官。

　　刘延龄　号双鹤，绵竹人。万历中以举人教谕宣城，岳岳自树，出以至诚，督课无间。尝还贽割俸，饩士之贫者，训以名节，恒凛凛焉。诸子成进士为显官，言及宣事，辄流连不置。

　　董汝孝　字翼吾，武进人。万历间由贡士任宣城训导，端醇冲穆，月课士于天柱阁，授餐给笔札，相戒率循礼让，不能贽者却其馈。御史杨校士于宣，拔其所课者三十人，谓有造士功。后迁恩县知县。

　　国朝_{知县}

　　胥　琬　号麓庵，潍人。康熙中以进士知宣城，明练有干用，多所兴革。先是，鱼课之贡旧册散失，民苦横敛，琬悉力钩考得旧额，详核之，刊布各里户，积弊以清。迁户部主事。

　　翟蒙孔　东莞人。由举人知宣城，性恺恻，礼士爱民，务以德化，不事鞭扑。有兄弟互讼者，对之自责曰："令不能导民礼让，致伤同气，令之咎也。"旋晓以大义，兄弟皆感泣自悔。宣故有螟患，比发，蒙孔斋宿祷于神，亲诣田间，为文以禳之。是岁螟不为灾，其患亦遂绝。以忧去，士民立生祠西门，岁时致祭。

(乾隆）宣城县志

宣城县志卷之十三 选举一

风厉道广，英材奋兴，选举固重典哉！汉公府岁得荐士，旌廉察孝，尚已！隋始列进士科，唐、宋经明行修，其科匪一。有明约之以三途，士非此蔑由进。宣邑承风教蔚振以来，文、武科目之外，荐辟间及焉，诚欲增辉俊造，不负科名，所赖于培育者匪浅也。志《选举》。

选举一 文科甲　武科甲　荐辟

进士

唐

天宝刘太真　兄太冲中乙科，并见《文苑传》。

贞元罗立言　见《宦业传》。

白居易　京兆人。由宣城擢第。

南唐

邱　旭　见《文苑传》。

宋

太平兴国庚辰苏易榜李含章　见《宦业传》。

卷之十三　选举一

端拱己丑陈尧叟榜杨国华

高惠连　见《文苑传》。

梅　询　见《名臣传》。

景德己巳李迪榜刘　懃

祥符乙卯蔡齐榜许　俞

天禧己未王整榜张　齐

天圣甲子宋郊榜梅鼎臣　询子。

天圣丁卯①王尧臣榜施元长　见《宦业传》。

天圣庚午②王拱辰榜杨　玛　见《宦业传》。

景祐甲戌张唐卿榜喻　琳

庆历壬午杨寘榜王知微　见《宦业传》。

庆历丙戌③贾黯榜刘　琦　湜之子。见《宦业传》。

皇祐己丑冯京榜侍其玮　《苏州志》亦载，未详何谓。

嘉祐丁酉章衡榜王知章

嘉祐己亥刘辉榜颜孝初

嘉祐癸卯许将榜章国光

治平朱　粹

治平万公奭

熙宁庚戌叶祖洽榜朱　素

熙宁癸丑余中榜王　鉴　见《宦业传》。

熙宁丙辰徐铎榜王　荐　见《宦业传》。

周邦嗣

---

① 丁卯：底本原作"丁未"，误，据嘉庆、光绪县志改。丁卯为天圣五年。天圣凡十年，无丁未年。

② 庚午：底本原作"庚辰"。嘉庆、光绪县志又作"甲午"，均误，天圣无"庚辰""甲午"年。查王拱辰为天圣八年进士，因从嘉庆府志改。

③ 丙戌：底本原作"丙申"，误，庆历凡八年，无丙申年。据嘉庆、光绪县志改。

129

（乾隆）宣城县志

元丰壬辰黄裳榜程书言
　　　　　　　董　志
　　　　　　　王　籍
　　　　　　　王彦至
元祐戊辰李常宁榜方　点　成化郡志作宣城，县志作旌德，名点中，互异。
元祐辛未马涓榜张元达
绍圣甲戌毕渐榜章元任　见《宦业传》。
绍圣丁丑何昌言榜傅　恪
崇宁癸未霍端友榜郝　隆
崇宁丙戌蔡嶷榜李　侗
大观己丑贾安宅榜李唐杰
政和壬辰莫俦榜周　祐
　　　　　　　刘　绾
　　　　　　　徐光远
政和乙未何㮚榜李　宏　见《文苑传》
政和戊戌王嘉榜詹友直　字伯阜。《泾县志》亦载。
宣和辛丑何焕榜魏良臣　见《名臣传》。
绍兴乙丑刘章榜侍其图南
绍兴戊辰①王佐榜陈天麟　见《宦业传》。
　　　　　　　戴　振　字文举。累官谏议大夫。
绍兴甲戌张孝祥榜周　硕
　　　　　　　张文昌
绍兴庚辰梁克家榜承　宾②
　　　　　　　章汝楫

① 戊辰：底本原作"戊戌"，查绍兴无戊戌年，据嘉庆、光绪县志改正。
② 承宾：据《宁国奚氏宗谱》，应名为"奚承宾"。

卷之十三　选举一

　　　　　　汪鸿举　仕隆兴府通判。
隆兴癸未木待问榜方廷坚　字弘之。仕湖州总管。
乾道丙戌①萧国梁榜章　纯　元任孙。
乾道壬辰黄定榜章　纲　纯之兄。
淳熙乙未詹骙榜李元升
淳熙戊戌姚颖榜高　谊
淳熙辛丑黄由榜吴柔胜　溧水籍，《通志》属宣城。见《儒林传》。
淳熙丁未王容榜郭　仪
　　　　　　林宗放　见《宦业传》。
绍兴庚戌余复榜孔　武
庆元甲寅邹应龙榜程得一　《宁国县志》亦载。
嘉泰壬戌傅行简榜李　沂
　　　　　　葛士龙　字化公。
　　　　　　张　镕　文昌子。
开禧乙丑毛自知榜戚达先
　　　　　　李次谟　宏之孙。
　　　　　　徐梦云
嘉定甲戌袁甫榜戚应昌
　　　　　　汪泰亨
　　　　　　吴　渊　见《名臣传》。
嘉定丁丑榜吴　潜　是科及第。见《名臣传》。
　　　　　　戚士逊
嘉定庚辰刘渭榜陈应庚
　　　　　　奚若宾
　　　　　　孙诚中　旧志宣城、太平并载，未知孰是。

---

①　丙戌：底本原作"乙酉"，误。查萧国梁为乾道二年进士第一，自是"丙戌"无疑，因据嘉庆、光绪县志改。

131

（乾隆）宣城县志

     陈应甲① 庚之兄。
嘉定癸未蒋重珍榜杨 燧
绍定己丑黄朴榜郭 滂 仕御史。
绍定壬辰徐元杰榜张瑞秀
    冯启元
嘉熙戊戌周坦榜刘先觉
    胡应发
淳祐丁未张渊微榜张端秀
    许桂年
    左云龙
景定壬戌方山京榜汪鼎亨 仕池州大军酒库。
    潘从大
咸淳戊辰陈文龙榜汤应圭 仕国子司业，率太学生劾贾似道，罢归。
阙年赵 祯 见《宦业传》。
  刘 湜 勰之子。
  杨 佐 见《宦业传》。
  汤震隆② 应圭弟。举进士，佚其年。改建文昌宫，载旧志。
  何中立
  何中正
  何中直 按，嘉靖郡志云云。
  按，嘉靖郡志附注：咸淳中，何中立偕兄中正、中直同进士及第，盖本王给谏《闲笔》云："本县有何状元，是辛酉榜首，授节度签判，六年国亡。"考《宋登科记》，状元无何中立，咸淳无"辛酉"，有"癸酉"，非科年。《闲笔》亦云未有考及。考《宋史·列传》有何中立，乃汝南长社人，举进士，历龙图阁学士，知泰州。又有引《翰苑名谈》何中正出知泰州为证者。咸淳时江淮以北久没于元，泰州非宋有矣，皆舛不足据，故不敢傅会

---

① 陈应甲，嘉庆、光绪县志置于下"嘉定癸未蒋重珍榜"。
② 汤震隆，府志同，嘉庆、光绪县志作"汤震阳"。

卷之十三　选举一

云。然三人墓一在水东新塘，一在西岭，一在通灵，且何氏家藏度宗诰敕，凿凿有据，似当从嘉靖志。

元

延祐戊午霍希贤榜汪泽民　　见《忠节传》。

　　　　　　　施　霖　字伯济，留爱乡人。《泾县志》亦载，作丁巳科，任瑞安县丞。今从郡志。

泰定丁卯李黼榜贡师泰　　见《名臣传》。

元制科，延祐以前不常，二年以后凡七举，本邑登第者仅三人，余多无考。

明

洪武乙丑丁显榜秦　逵　见《宦业传》。
永乐甲申曾棨榜许　森　见《宦业传》。
永乐辛丑曾鹤龄榜陆　通　仕评事。
永乐甲辰邢宽榜丁　亨
成化戊戌曾彦榜徐　说　见《宦业传》。
成化甲辰李旻榜贡　钦　见《文苑传》。
　　　　　　　张　纶　顺天中式，后回籍。见《名臣传》。
弘治癸丑毛澄榜孙忠显①　除大理寺评事，升寺副，恤刑浙江，昭雪甚众，升寺左正。
弘治丙辰朱希周榜吴宗周　见《儒林传》。
弘治己未伦文叙榜王　盖　见《宦业传》。
弘治乙丑顾鼎臣榜陈　鼎　登州籍，仕应天府尹。
正德辛未杨慎榜王　遵　附《宦业传》。
　　　　　　　贡　珊　见《宦业传》。

---

① 孙忠显，嘉庆、光绪县志列入"外籍"。

133

(乾隆)宣城县志

正德甲戌唐皋榜陈九川　　抚州所籍，仕礼部郎中。
正德丁丑舒芬榜高　鹏　　蕲州卫籍，仕终长史。
正德辛巳杨维聪榜吴大本　见《宦业传》。
嘉靖癸未姚涞榜魏景星　　见《宦业传》①。
嘉靖己丑罗洪先榜汪尚宁　本歙人，占籍，历仕至副都御史。
嘉靖乙未韩应龙榜徐祚　　字子厚，顺天中式，仕监察御史，升郎中。
嘉靖辛丑沈坤榜梅守德　　见《名臣传》。
嘉靖甲辰秦鸣雷榜戚　慎　见《宦业传》。
　　　　　　　　　陈其学　鼎之子，历官至刑部尚书。
嘉靖庚戌唐汝楫榜麻　瀛　历湖广佥事，旷达有为。
　　　　　　　　　孙　瀚　见《宦业传》。
嘉靖丙辰诸大绶榜唐汝迪　见《宦业传》。
嘉靖壬戌徐时行榜殷登瀛　见《宦业传》。
　　　　　　　　　徐元气　见《宦业传》。
　　　　　　　　　舒应龙　全州卫籍。历官至工部尚书。
嘉靖乙丑范应期榜徐元太　见《名臣传》。
　　　　　　　　　张克家　见《宦业传》。
隆庆戊辰罗万化榜徐大任　见《名臣传》。
隆庆辛未张元忭榜王世能　字子才，任户部主事。
　　　　　　　　　詹　沂　见《名臣传》。
万历甲戌孙继皋榜贡靖国　见《宦业传》。
万历丁丑榜沈懋学　　　　廷试一甲第一人。见《名臣传》。
万历庚辰张懋修榜蔡逢时　丁丑登第。见《宦业传》。
万历癸未朱国祚榜麻　溶　见《宦业传》。
　　　　　　　　　梅鹍祚　见《宦业传》。

---

①　见《宦业传》：《宦业传》实无传，当为编纂者遗漏。嘉庆县志此下有小注："查县志《宦业》《儒林》等传俱未载，府志亦未详。"

134

卷之十三　选举一

万历丙戌唐文献榜梅守峻　廷试二甲，癸未登第。见《宦业传》。

　　　　　　　　颜文选　见《宦业传》。

　　　　　　　　叶　炜　见《宦业传》。

　　　　　　　　徐梦麟　见《宦业传》。

　　　　　　　　舒弘志　字孺立，应龙子。廷试一甲第三人，任翰林院编修。

万历己丑焦竑榜梅守相　见《宦业传》。

万历壬辰翁正春榜高登明　字孟良。由中书舍人历吏部员外郎。

　　　　　　　　胡国鉴　见《宦业传》。

万历乙未朱之蕃榜汤宾尹　见《文苑传》。

万历戊戌①赵秉中榜梅守和　见《宦业传》。

　　　　　　　　徐大望　附《名臣传》。

　　　　　　　　刘仲斗　字梦祖②，仕至湖广副使。

万历辛丑张以诚榜濮阳春　见《宦业传》。

万历甲辰杨守勤榜张守道　见《宦业传》③。

万历庚戌韩敬榜唐公靖　字君平。仕山西太原府推官。

　　　　　　　　冯汝京　见《宦业传》。

　　　　　　　　沈有则　懋学子。见《文苑传》。

　　　　　　　　徐腾芳　见《宦业传》。

万历癸丑周延儒榜殷之辂　见《宦业传》。

　　　　　　　　吴伯与　见《文苑传》。

万历丙辰钱士升榜詹应鹏　见《宦业传》。

　　　　　　　　刘仲旸　字又若。孤贫力学，惜享年不永，未仕而卒。

――――――

① 戊戌：底本原作"戊辰"，嘉庆、光绪县志同。查万历二十六年为戊戌年，非戊辰，因改。

② 梦祖，底本原作"祖梦"，据嘉庆、光绪县志改。

③ 《宦业传》，嘉庆、光绪县志改入《名臣传》。

(乾隆）宣城县志

      汤必选 字士衡。仕新城知县。
天启壬戌文震孟榜陈梦琉 登州籍。南京大理寺丞。
天启乙丑余煌榜唐一澄 见《宦业传》。
      钱弘谟 字圣友。任莱芜知县，调章丘县。
崇祯戊辰刘若宰榜徐汝骅 字云逵。大望之子。仕建安知县。
      孙曰绍 字念先。仕番禺知县。
崇祯辛未陈于泰榜钟震阳 见《文苑传》。
崇祯甲戌刘理顺榜杨昌祚 字幼麟。廷试一甲第三人，由翰林院编修历升左中允。
      刘维仁 见《宦业传》。
      孙　襄 见《宦业传》。
崇祯丁丑刘同升榜李荐佳 籍未详。
崇祯庚辰魏藻德榜徐律时 见《宦业传》。
钦赐裘应宣

国朝

顺治丁亥吕宫榜叶嘉徵 字仲申。仕盩厔知县。
      吴六一 见《宦业传》。
      唐　稷 字田卿。仕终户部主事。
顺治乙丑刘子壮榜施闰章 见《儒林传》。
      侯振世 字韩振。仕兰山知县。
顺治壬辰邹忠倚榜李　焕 字有章。初任抚州府推官，再补湖州府。
顺治乙未史大成榜汪　观 见《宦业传》。
      黄云鹤 字鸣仙。任鄢陵知县，有文誉，分校豫闱，所得皆知名士。
      刘夔生 字廖一。未仕。
顺治己亥徐元文榜张湛逢 见《宦业传》。
康熙甲戌严我斯榜张时英 字萼公。仕兴宁知县。

卷之十三　选举一

康熙丁未缪彤榜梅　铤　见《名臣传》。

康熙庚戌蔡启僔榜丁　宣　字圣音。未仕。

康熙己未归允肃榜孙　卓　廷试一甲第二人。见《文苑传》。

茆荐馨　廷试一甲第三人。见《文苑传》。

康熙壬戌蔡升元榜阮尔询　见《名臣传》。

康熙乙丑陆肯堂榜詹　宇　见《懿行传》。

康熙丁丑李蟠榜施云翔　见《宦业传》。

康熙庚辰汪绎榜钟铭文　见《宦业传》。

康熙癸未王式丹榜张仕骧　见《宦业传》。

康熙乙未徐陶璋榜钦赐梅毂成　字玉如，号循斋。廷试二甲，选翰林院庶吉士，现任顺天府丞。

雍正丁未彭启丰榜刘方蔼　详《宦业传》。

雍正庚戌周澍榜杨廷栋　字大宇，号樗园。廷试二甲，现任翰林院编修。

乾隆丙辰金德瑛榜王一槐　字树滋，号阶亭。

乾隆丁巳于敏中榜骆大俊　字甸方，号绮江。丙辰登第。

乡举

明

洪武乙卯陈　迪　见《忠节传》。

戊午俞逢辰　见《忠节传》。

甲子秦　逵　见乙丑进士。

建文己卯骆　善　府学。仕泰安州学正。旧作"袁州"。

　　　　侯　汝　府学。任御史。

　　　　阮　诚　府学。仕保德州学正。

　　　　胡　瀞　仕陕西按察司佥事。

永乐癸未陈　铨　府学。仕南昌府学教授。

(乾隆)宣城县志

  李　纯　府学。仕星子县学训导。
  张　绅　府学。仕大庚知县。
  许　森　府学。见甲申进士。
  莫　福　仕刑科给事中。
  陶　歆　仕广东知县。
  储　咏
  徐　昶　仕嵊县知县。
乙酉　董　埙　府学。仕华容教谕。
  陈　翰　府学。仕交趾昌江卫经历。
  李　芳　府学。
  沈　穆　府学。
  汪　亮
辛卯　吴　恺　府学。仕王府伴读。
  徐　岩　府学。
  陈　贵　府学。仕全州知州。
  臧　信　府学。仕浙江市舶提举。
  陶　镕　字彦诚。府学。初任行人，奉敕册封，尝却遗赠。仕至保安州州同。
  韦　经　字君常。仕至饶州通判，累擢至参议，未任。
  赵　麟　府学。仕济南府同知。旧作"麒"。
  林　敬　府学。仕国子监典籍。
  张　简　府学。仕束鹿县学教谕。
  张　启　府学。仕抚州府同知。
  陈　祥　府学。仕户部郎中。
  陆　通　府学。见辛丑进士。
  张　昇　仕赵州吏目。
丁酉　丁　亨　见甲辰进士。
庚子　章　禧　一作"俦"。

卷之十三　选举一

癸卯汪　谊　初姓洪。仕南京都察院司务。
宣德丙午汪　琛　府学。字伯玉。仕丽江府同知。旧作"深"。
己酉施　茂　府学。仕顺天府通判。
壬子崔　启　任麻城县知县。
　　　璩　珑
乙卯张　勇　府学。晔之侄，元总管子贤曾孙。仕阼城县丞。
正统戊午夏　政　府学。仕寿光县学训导。
辛酉王昌裔　府学。见《宦业传》。
甲子周　嵩　府学。仕清河知县。
丁卯陶　恺　字良佐①。
景泰庚午贡　瑞　府学。仕南雄府教授。
　　　曹　瓒　仕高安县学训导。
癸酉贡　璧②　府学。见《宦业传》。
　　　沈　和　复姓崔。仕至工部主事。
天顺己卯陶　悦　府学。字良辅。仕利津知县。
　　　丁志昇　亨之子。仕嘉祥县学教谕。
壬午董　育　府学。埙之子。
　　　贡　武　府学。仕蓝山知县。
　　　魏　奇　府学。仕公安知县。
　　　徐　说　府学。榜名瓒。见成化戊戌进士。
成化辛卯崔　广　仕郢县知县。
甲午李　忠　仕至漳州府同知。
丁酉万　琛　府学。见《忠节传》。
　　　赵　瑞　见《宦业传》。
　　　陈　筐　本余姚人，入宣城县学中式，仕至襄阳知府。

---

① 字良佐：嘉庆、光绪县志作"字良仕"。府志无纪。
② 璧：底本原误刻作"辟"，据嘉庆、光绪县志改。

139

（乾隆）宣城县志

  舒　经　广西全州卫籍。

庚子解元贡　钦　府学。见甲辰进士。

  吴宗儒　府学。赠刑部郎中。

  郭　说　府学。字以中。历任大同府同知，以疾归，贫无宦囊①。

  孙世钦　府学。字惟一。仕东昌府通判，改岳州，升河间府同知，未任。

癸卯张　纶　顺天乡试。见甲辰进士。

弘治壬子吴宗周　府学。见丙辰进士。

乙卯王　盖　见己未进士。

辛酉贡　珊　见正德辛未进士。

  刘　贡

  吴　鲸　新添卫籍，中式，后回籍宣城。

甲子施　铎　府学。

  陆　槐　宣州卫人，由宣城县学。仕知县，平盗有声。终太仆寺丞。

  钟　缙　字文夫。

  吴　鹂

正德丁卯刘　赞　见《宦业传》。

庚午王　遵　府学。见辛未进士。

  陆乾元　府学。宣州卫人，槐从弟，字公始。仕兖州府通判，崚嶒自好，历官有守。

  戚　济　字仁夫。仕馆陶知县。

  张　幹　字维桢。纶次子。顺天乡试，仕大理寺司务，谪南靖知县。谦和孝友，工文章。

癸酉贡汝成　府学。见《文苑传》。

---

① 囊：底本原被铲削，据嘉庆、光绪县志补。

卷之十三　选举一

张　纬　府学。字文之。仕终养利知州，有惠政，牧荒服，教民耕织。卒于官。

张　乾　字维清。纭长子。顺天乡试，仕户部员外郎，终王府长史。

丙子吴大本　府学。见辛巳进士。

魏景星　府学。见嘉靖癸未进士。

吴鹏举　字万九。

嘉靖壬午徐　槐　府学。字公甫。仕荥泽知县。

徐　瀚　府学。说之子。

孙忠弼　府学。本歙人，占籍入监，顺天中式。仕终顺天府通判。

吴希贤　字宗孟。仕终涪州知州。温恭恬恬①，与世无竞，有长者风。

乙酉张　梁　府学。字济夫。仕严州府推官。

舒文明　全州卫籍。仕教授。

舒文奎　全州卫籍。仕知县。

戊子万　凤　府学。字应岐。仕修武知县。

甲午罗云汉　府学。字希文。仕林县知县。

麻　瀛　府学。见庚戌进士。

徐　泳　字克济。仕国子监助教。

舒文璧　全州籍。

丁酉沈　宠　府学。见《儒林传》。

戚　慎　府学。见甲辰进士。

金　榜　府学。字汝登，宣州卫人。

梅守德　见辛丑进士。

徐元策　字汝嘉。髫年中式，未及仕而夭，人称惜之。

---

① 恬恬：嘉庆、光绪县志作"恬怡"。

(乾隆)宣城县志

戴国经　儒从子。贵州籍。
庚子 郭忠显　字希周。仕商丘知县，行取擢河南道监察御史。初闻正学，质可远就。年不及耆，乡评惜之。
丙午 唐汝迪　府学。见丙辰进士。
　李　清　府学。字直之，宣州卫人。仕汶上知县。
　余才用　号思渠，顺天籍。仕商州知州。
　万良金　府学。初名钧，字伯秉。历任大理寺，正仕至澂江知府。
　麻　值　府学。字克济。富能行德。
　孙　濬　见庚戌进士。
　罗　濂　字希周。中式第二名。仕南昌府推官，勤学慎行。
　徐元气　见壬戌进士。
　徐　楠　见《宦业传》。
　梅继勋　字幼期，号峄阳。继芳弟。历黄州府通判，尝宰汉阳，多惠政。善草书，有诗文集及《周易管窥》。
壬子 吴尚文　字元道。仕陕西行太仆寺寺丞。
乙卯 殷登瀛　府学。见壬戌进士。
　孙　潮　府学。
　杨德望　府学。字万夫。仕平度知州。
　陈希美　字克嘉。仕至贵州道监察御史。
戊午 梅一科　府学。字子登。仕奉化知县。
　张克家　见乙丑进士。
　吴诏相　见《宦业传》。
辛酉 徐元太　府学。元气弟。见乙丑进士。
　万之翼　府学。凤之弟，原名鸐，字应治。仕终饶州府同知。
　王世能　见隆庆辛未进士。
　高世相　旸子，蕲州籍。
甲子 崔子肖　府学。字克孝。仕建阳知县。
　徐大任　见戊辰进士。

卷之十三　选举一

　　姚嘉谷　字国瑞。仕真定府同知。
　　冯　旸　字时和。仕梁山知县。
隆庆丁卯詹　沂　见辛未进士。
　　　沈懋学　见万历丁丑进士。
庚午陈嘉谟　府学。字尔顺。
　　许国忠　府学。宣州卫人。字宗明。仕至处州府知府。
　　冯　晡　字时雍。旸从弟。仕至两浙江盐运司。
　　梅守相　见己丑进士。
　　舒应璘　文奎孙，全州籍。
万历癸酉贡靖国　府学。见甲戌进士。
　　蔡　鼎　府学。字士重。
　　汤　毂　府学。宣州卫人。字伯御。仕来安县学教谕。
　　高维岳　原名科。见《文苑传》。
丙子施沛如　府学。
　　冯　曜　府学。晡从弟。字时显。仕祁州知州。
　　蔡逢时　府学。见丁丑进士。
　　吴时中　府学。字汝和。
　　叶　炜　见丙辰进士。
　　梅守极　见《宦业传》。
乙卯汤以柏　府学。字思林。仕临清知县。
　　舒应凤　文奎孙。仕贵阳知府。
　　沈有严　见《宦业传》。
壬午刘汝芳　府学。宣州卫人。字抱素。仕南康府同知，进阶尝主白鹿洞教事。年近百岁而卒。
　　梅守峻　见癸未进士。
　　颜文选　见丙辰进士。
　　麻　溶　见癸未进士。
　　梅历祚　字太初。守相子。年十八中式，即从罗近溪讲学，以实

（乾隆）宣城县志

践自励。祀乡贤。

梅鹍祚	见癸未进士。
徐梦麟	见丙戌进士。
徐家庆	字翁仍。元太子。由监生中式，更名臣庆。
乙酉 高登明	府学。见壬辰进士。
王三元	府学。字文渊。历南京户部郎中。
梅守和	见戊戌进士。
唐一相	更名公靖。见庚戌进士。
唐家相	
麻三锡	
梅绵祚	见《宜业传》。
戊子 胡国鉴	见壬辰进士。
辛卯 詹应鹏	见丙辰进士。
濮阳春	见辛丑进士。
张国卿	号二酉。仕光州知州。
郭时鸣	历任建宁府同知。
袁守聘	号凤池。任安东知县，靖猺獞，以干绩著。
麻一凤	字长灵。仕吉州学正。
甲午 汤宾尹	府学。见乙未进士。
徐大望	见戊戌进士。
丁酉 梅士学	府学。见《懿行传》①。
刘仲斗	见戊戌进士。
麻　深	字造之。由廪监。
郭道林	仕合州知州，升秦王长史。
庚子 张守道	见甲辰进士。
殷之辂	见癸丑进士。

① 《懿行传》：嘉庆、光绪县志改入《孝友传》。

卷之十三　选举一

徐云凤　更名鸿起。见《宦业传》。
癸卯吴伯敬　见《文苑传》。
　　沈有则　见庚戌进士。
丙午徐腾芳　见庚戌进士。
己酉贡克圣　号昆南。任刑部郎中。
　　唐一灏　字之淳。汝迪次子。工诗文，为乡邦所推服，名重一时。
　　徐日新　字又新。
　　徐汝正　见《宦业传》。
　　冯汝京　见庚戌进士。
壬子汤必选　府学。以柏子。见丙辰进士。
　　吴伯与　见癸丑进士。
　　吴伯敷　由府学入监。字同文。伯敬弟。
　　徐弘谟　复姓钱。见天启乙丑进士。
乙卯唐一澄　由府学入监。见天启乙丑进士。
　　刘仲旸　见丙辰进士。
　　王一夔　字庚宇。仕巢县教谕。
　　梅敦伦　字五有。
　　徐汝骅　见崇祯戊辰进士。
　　梅士龙　由县学入监。字梦珠。绵祚子。
　　陈人登　其学子。登州籍。仕枣强知县。
　　徐鼎和　京卫籍。
戊午陆履周　字砥如。仕含山县教谕。
　　高启聘　字泰起。
　　吴伯韶　字舜举①。
天启辛酉陈　晞　原名士镐。仕楚雄府推官。

---

① 舜举：嘉庆、光绪县志作"舜舞"，误。查《宣城吴府族谱》卷九《世表》，正作"舜举"。

(乾隆）宣城县志

麻三立　字少康。

孙曰绍　见崇祯戊辰进士。

甲子张国臣　由北监中式。字翼明。仕南昌县学教谕。父病痈，以铁箸自勒其指而泣，人称其孝。

罗钟胤　字毓灵。仕新会知县。

张一鲸　字振麟。仕国子监助教。敦厚为一乡所称。

钱凤文　字九章。弘谟次子。

陈皇极　更名焜，字梦祥。仕静宁知州，廉明有惠政。

王明宪　字瑞国。三元子。

丁卯李天嘉　府学。字申之，宣州卫人。

杨昌祚　见甲戌进士。

钱龙文　字千里。弘谟长子。

沈寿隆　见《荐辟》及《孝友传》。

刘维仁　见甲戌进士。

崇祯庚午梅之晔　府学。字无华。继勋孙。仕至户部主事。本从"火"，今避御讳，从"日"。

徐律时　府学。见庚辰进士。

梅士治　字君平。

钟震阳　见辛未进士。

沈寿岳　字巨山。仕罗田知县，告病。后以荐起登莱佥事，未任。

刘玑　字五玉。选授万县知县，未任。

后必昌　字五符。

詹曦　字晦生。

高尔谔　字千一。仕亳州学正。

癸酉叶嘉徵　府学。见顺治丁亥进士。

孙襄　见甲戌进士。

梅士杰　字凡民。父膺祚著《字汇》，士杰与兄士倩世其学，年逾七十，手不停披。淑慎清刚，足式乡党。

卷之十三　选举一

丙子戚希瑗　府学。字子玉。仕繁昌学教谕。
　梅士京　府学。字公依。博雅善属文,老登贤书,逸兴翩翩如少壮。
　胡尚儆　府学。字尧心。
　汤缵禹　字君谟。
己卯解元汤斯祜　字秩斯。
　　阮士鹏　字上扶。中第六名,仕历许州知州。
　　梅文明　字日旦。
　　王尔扬　字抑之。一夔子。仕至广东水利盐屯道。
　　陈　稳　字山立。
壬午张金度　府学。见《宦业传》。
阙年戴　儒　贵州籍。见《懿行传》。
　陈　璸　顺天籍。仕知县。
　陈　鼎　登州籍。见《进士》。
　陈九川　见《进士》。
　高　鹏　见《进士》。
　陈其学　鼎子。见《进士》。
　舒应龙　见《进士》。
　汪尚宁　见《进士》。
　舒弘志　应龙子。见《进士》。
　李荐佳　见《进士》。

国朝

顺治乙酉刘尧枝　见《宦业传》。
　　唐　稷　见丁亥进士。
丙戌吴六一　府学。见丁亥进士。
　汪　观　府学。见乙未进士。
　施闰章　见己丑进士。
　汪　灿　观之弟。字发若,改名如龙,号健川。仕淄川知县。

（乾隆）宣城县志

　　张　皓　字千寅。
　戊子刘芳蘅　府学。字理辛。仕江阴县学教谕，升扬州府学教授，请致归。
　　李　焕　府学。见壬辰进士。
　　奚　斯　府学。字又鱼。
　　刘夔生　见乙未进士。
　　刘再生　字梦更，改名甦苍。
　　侯振世　见己丑进士。
　辛卯张湛逢　见己亥进士。
　　张大仟　字千之。
　甲午张时英　府学。宣州卫人。见康熙甲辰进士。
　　黄云鹤　见乙未进士。
　　梅　清　见《文苑传》。
　　丁　宣　见康熙庚戌进士。
　　侯灯生　字子传。仕庐州府学教授。
　丁酉詹有望　字幼清。有文誉。
　　沈鹏举　字子调。
　　孙长发
　庚子黄　裳　府学。字文在。仕和州学正。
　　丁绳之　字麟振。宣之兄。
　　沈柱生　字子擎。由廪监中顺天乡试。
　康熙丙午詹　宇　府学。见乙丑进士。
　　　梅　铒　见丁未进士。
　己酉张　惇　府学。宣州卫人。字允仲，改名怿，仕扬州府学教授。
　壬子杨　绿　见《宦业传》。
　　茆荐馨　浙江长兴籍。中顺天乡试。见己未进士。
　　梅子魁　字不次，号雪厂，合肥籍。仕吴江教谕，升吉水知县，未任。

卷之十三 选举一

乙卯汤采尹　字采臣。任泰州学正。
　　张震林　字仲林。
　　阮尔询　由拔贡中顺天乡试。见壬戌进士。
丁巳耿世际　府学。见《宦业传》。
　　胡　溶　见《懿行传》。
　　张　友　字燕及。由附监。
　　孙　卓　由廪监中顺天乡试。见己未进士。
戊午钟铭文　由监生。见庚辰进士。
辛酉梅　庚　由廪监。见《文苑传》。
　　王　襄　字遂赓。
甲子王作舟　字兆鱼。
　　王泽灏　字素龄。
丁卯吴谋公　第二名。见《文苑传》。
　　丁　森　府学。字玉立。任青浦教谕。
庚午万　勋　字子英。
　　陈　璟　字耦林。由廪生。
　　汤　伟　见《文苑传》。
癸酉梅以燕　号笔侯。见《儒林》附传。
　　汤　倬　字汉章。任饶阳知县。
丙子张仕骧　见癸未进士。
　　汤士蛟　见《宦业传》。
　　梅琢成　府学。庚之子。见《孝友传》。
乙酉后天祐①　府学。见《宦业传》。
　　阮体乾　字殿嘉。尔询子。由监生历仕刑部主事。
　　茆振旂　字公迈。荐馨子。由廪生。

---

①　后天祐：嘉庆、光绪县志本卷误作"后天祐"，据省志、府志及县志他卷，当以作"后天祐"为是。

(乾隆）宣城县志

  戊子濮阳慎 见《懿行传》。
    詹 旷 府学。字方沔。由廪生。
  辛卯刘崧年 府学。见《懿行传》。
    梅 玠 府学。字允达，号怀园。由廪生。
  癸巳恩科钦赐梅毂成 以燕子。见乙未进士。
  甲午葛其祥 字鼎玉，号思斋①。
  丁酉张思咏 字益侯。
  雍正癸卯王一槐 由府学拔贡。见丙辰进士。
  癸卯正科孙朝甲 字廷献，号书田。由增生。能诗文，兼工书法。
    刘方蔼 由廪生。见丁未进士。
    梅裕长 字问则。铤之孙。
  丙午杨廷栋 由府学拔贡顺天中式。见庚戌进士。
  己酉蔡 诚 府学。字珥耘。
  壬子耿肇雍 府学。字峙西②。世际子。
    杨廷楷 府学。字书平。
  乙卯汪昌国 府学。字瑞征。由廪生。
    骆大俊 见丙辰进士。
    杨廷柱 字础珍，号荆园。由廪生。
  乾隆丙辰恩科解元梅 理 字元燮，号生谷。由③廪生。
    施天行 府学。字健夫。
    刘 谷 府学。字书田，号水村。由廪生。
  戊午钟颖源 府学。字朝宗，铭文子。由廪生。
    吴璟侯 字叔琦。由廪生。

---

① 思斋：底本原作"思齐"，嘉庆县志同。此据光绪县志改。
② 峙西：府志同。嘉庆、光绪县志均作"畤西"，当误。
③ 由：底本原作"中"，当误，据本卷体例及嘉庆、光绪县志改。

武进士

武会举赐进士，自崇祯辛未科始。

明

崇祯戊辰**沈寿崇** 见《忠节传》。

辛未**屠　龙** 字剑冲。由武生历任松潘副总兵。

方如斗 字元甫。由武生历任湖广都司，以守承天陵功升荆州参将，莅任甫三日，遇贼战死。

丁丑副榜**谢允之** 任平阳守备。

庚辰**颜留真** 文选之孙。

癸未**沈　琦** 字尔韩。由武生历任福建云霄镇守备。

濮阳琪 字东美。由武生历任九江镇左营游击。

刘笃生 字培之。由武生历任镇蕃卫把总、嵩县营守备，致仕归。

芮　豸 字尔冠。由武生。

陈　龙 字起潜。由武生授湖广督标中军，未任。

梅之栋 字隆可，号雪岩。未仕。

国朝

顺治己丑**梅凤翔** 字千仞。士龙子。由武生历任福建广道中军都司佥事。

乙未**郭镇威** 字石霞。由武生。有才行，能属文。任杭州右卫守备三年，闻父讣，哀毁致疾卒。

康熙壬辰①**刘　骧** 字昂青。由侍卫。历任广东罗定州副总兵官。

武乡举

宁郡前朝武闱独盛于南、泾二邑，宣城责间有之；且必以三科定额，入

---

① 康熙壬辰：嘉庆、光绪县志均脱此四字。

（乾隆）宣城县志

选者寥寥。固旧志不载，今仍之。

国朝

顺治丙戌黄元吉　字文中，号太元。历任抚州卫署守备，升浙镇左营守备，康熙壬戌以老致仕。

戊子徐　夔　字渐逵。

　　　王会嘉　字天羽。拣授守备，未任卒。

辛卯解元刘　潜　字乾初。

　　　　贡　英　字野卿。

　　　　　刘弘基　字润伯，号启田。由安庆卫守备以保疆备寇功升福建都司使。为人恺乐和厚，尤敦友谊。

甲午唐际虞　字斯盛。

　　梅国珍　字良士。

　　徐有成　字用我。

　　赵士斌　字郁然。

　　郭镇威　见乙未进士。

　　鲁　干　字舜武。

　　马之驾　字六龙。

丁酉梅兆元　字子贞。

　　项世英　字四维。

　　沈　慎　字伯英。

　　蒋兆锦

　　孙仁武　字伯隆。

　　马守骆

　　张　翼　字雄飞。

康熙癸卯梅万鹏　字程九。

　　　梅一韩　字又琦。

卷之十三 选举一

　　郭　靖　字二乐①。
　　王尔超　字信侯。
丙午束　斌　字尔毅。
己酉刘　翔　字季飞。任四川叙马营中军守备。
壬子徐　鳌　字戴公。
乙卯梅雄飞　字子翼。东海营千总，升淮安守御。
　　居益时
　　濮阳律
　　杨大元
　　施　英
　　濮阳宗
辛酉章　纬
　　孙　瀚　字公浩。
丁卯谭宗高　字又美。考授营守备。
　　梅　燮　任湖州卫千总。
庚午②张学乾
　　吴　铨　任杭州卫③千总。
癸酉施大为
　　汪怀玉
　　钱　淑　字仪一。
丙子施开升　字南吉④。
己卯章振世　字羽飞，号存斋。
壬午刘　镶　见壬辰进士。
乙酉施雅行　字鱼友。

---

① 二乐：底本误刻作"二药"，据嘉庆、光绪县志改。
② 庚午：底本原作"戊午"，据嘉庆府志、光绪县志改。
③ 杭州卫：府志同。嘉庆、光绪县志作"湖州卫"。
④ 南吉：嘉庆、光绪县志作"甫吉"。

(乾隆)宣城县志

甲午施翔龙　字在田。

雍正①癸卯恩科孙　靖　字青立。太仓帮运千总。

癸卯正科刘　泓　字斯义。

孙宪觊　字玉廷。

乾隆丙辰恩科谢君荣　字轶三。

戊午刘　能　字职渠②。

荐辟

宋

杨　居　经明行修科。

徽宗大观周　操

王　万

姚元龙　通《春秋》《易》《礼》，文天祥荐为五经博士。

元

贡　松　仕至彭泽县尹。

陈良弼　少辟为宪吏，有声，任嘉兴路教授。

吴原德　宁国路总管吴铎以才行荐于平章贺惟一，授威州判，历户部侍郎，改浙江制置宣慰使。

明

国初张　椿　由中书掾③知邹平县。

魏资敬　以通经荐。

---

① 雍正：底本原作"康熙"，据上下科年及光绪县志改。
② 职渠：此二字底本原空缺，据嘉庆、光绪县志补。
③ 中书掾：民国《邹平县志》卷十二作"都省掾"。

卷之十三　选举一

二年罗克刚　以尚书吴伯宗荐任吴江训导。
　王士谦　以训导辟。见《宦业传》。
　杨　诚　以贤良方正荐，任湖广麻城知县，升江西九江府同知。
三年吴原颐　以明经辟。见《宦业传》。
八年陈　迪　见乙卯乡举。
　贡时之　任兵部员外郎。
　贡景之　仕海宁知县。
　贡钟之　仕翰林译史。
　贡理之　任漕运司盐运。
　贡相之　仕昌国州学正。
　贡德和　任温州总管府照磨。
　梅　中　仕至广州府知府。
　胡仲宣　举人材，任平乐府同知。
　徐文通　仕至苏州府知府。
　刘大初　仕至镇江府知府。
　吴敬祖　仕至杭州府知府。
　孙义安　为保定府府经历。
　郭　周　任监察御史。
　史　铨　举茂才，为都察院都事。
　范　礼　任保定府同知。
　陈　璞　任应天府通判。
　梅　寅　钦录秀才，为镇江府学教授。
　梅　炳　任陕西布政司理问。
　程　浩　仕萧山县知县。
　袁尚智　有诗才，召署应天府尹。
　郑安道　举御医，为太医院判。
　孙　茂　以善楷书召修《永乐大典》，授会州卫经历。扈驾北征，宣德间擢锦衣卫经历。

（乾隆）宣城县志

　　　王允中　由生员入监，授中书舍人，直文渊阁，预修《永乐大典》。
　　　施　泽　字彦深。任靖江王府典籍，升广西桂林府通判。
　　　章士麟　任刑部主事。
　　天顺葛子华　任盐课司提举。
　　崇祯九年沈寿隆　字方平。翰林杨昌祚应诏特荐，巡按御史刘令誉亦荐。
　　　沈寿民　字眉生。巡抚张国维应诏特荐，以贤良方正举。壬午巡按御史刘熙祚再荐。见《儒林传》。
　　　子启祚　字文伯。郡庠生，行优学富，尤精于历数。举授钦天监博士，国变辞归。

国朝

　　康熙十七年施闰章　举博学宏词科，授翰林院侍讲，充《明史》纂修官。见《儒林传》。
　　　高　咏　由岁贡生举博学宏词科，御试授翰林院检讨，充《明史》纂修官。
　　四十四年梅文鼎　岁贡生，用相国李光地荐，召见行在。详《儒林传》。
　　五十一年梅毂成　由附生特旨召对，赐国学生，南书房校书。见乙未进士。
　　雍正五年梅予搏　字健飞。由府学增生保举贤良方正，授云南易门知县。
　　　詹　彬　字舜辑。由廪生保举贤良方正。
　　七年刘佩珩　字有珑。由贵州布政使鄂弥达保举，任宁海知县。
　　乾隆元年孙　喆　字二吉，号衔恤。由生员三举优行，复保举孝廉方正，授六品职，待诏用。

宣城县志卷之十四 选举二

岁贡恩、选并载

明

洪武十七年秦　遠　府学。见乙丑进士。

十八年夏　溥　府学。仕户部庆恩库大使。

　　　万　惠　府学。字友和。仕冀州州同。

二十年孔继善　府学。仕高唐知州。

二十一年施　礼　府学。

　　　王　霖　府学。任监察御史。

二十二年骆福缘　府学。任监察御史。

　　　戚　逊　府学。见《宦业传》。

二十三年梅　辐　府学。任监察御史。

　　　李彦安　府学。任东昌府学教授。

　　　吴原起　字师振。仕蓟州知州，以严谨廉明称。旧志无。

二十四年董　俊　府学。

二十五年程　纯　府学。

　　　吴　让　府学。附《宦业传》。是年，诏府学岁贡一年二人，县学一年一人。

二十六年胡　文　府学。仕密云主簿。

　　　芮　麟　府学。见《宦业传》。

(乾隆)宣城县志

　　　　　蒋宾兴　历任山西行太仆寺少卿、云南布政司参议。
二十七年李　坦　府学。
　　　　　黄　中　府学。
二十八年潘惟学　府学。任严州知府,以慈惠称。
　　　　　刘存善　府学。任兵部郎中。
二十九年杭　楫　府学。仕兖州护卫经历。
　　　　　沈　济　府学。仕陕西徽州州判。
三十年周　冕　府学。仕平陆县主簿。嘉靖志作"周伦"。
　　　　　张　晔　府学。任湖广参政。
　　　　　魏　鉴　仕上元知县。
三十一年汪　彝　府学。
三十二年李　泰　府学。仕蕲州州同。
三十三年周　原　府学。
　　　　　陈　旺　历任刑部主事、黄州知府。
三十四年梅　霖　府学。仕长兴县丞。
三十五年刘　恺　府学。仕至顺德知府。
永乐元年孙　敏　府学。任嘉兴知县。
　　　　　苏　俊　仕将乐①典史。
二年余　珏　府学。仕旗手卫经历。
三年陶　鼎　府学。仕通政司经历。
　　　　　汪　懋　府学。仕新喻县丞。
　　　　　殷　礼　仕成都府经历。
四年高　焘　府学。仕交趾知县。
　　　　　施有政　府学。任德兴②知县。
　　　　　王　宾　仕梧州府通判。

① 将乐:县名,在福建省。嘉庆、光绪县志均误作"将禄",查无此县。
② 德兴:嘉庆、光绪县志误刻作"德县"。

158

卷之十四　选举二

五年李　盘　府学。仕沅陵知县。
　　余　忠　府学。仕瓯宁知县。
　　张　翼　仕新宁县学教谕。
六年施大有　府学。任武宁知县。
　　鄢　鲁　府学。任交趾知县。
　　李　完　仕上蔡县学教谕。
七年盛　璞　府学。见《宦业①传》。
　　梅　行　府学。仕山东单县丞。
　　钱　简　仕交趾、阳县知县。
八年李文郁　府学。仕四川荣县知县。
　　孟　恂　府学。仕东昌府检校。
　　吴　集　仕滋阳县学训导。
九年梅　愚　府学。任乌撒军民府推官。
　　章　魁　府学。仕沅州州判。一作"童魁"。
　　汪思齐　任琼山知县。
十年叶　顺　府学。任新都知县。
　　俞　毅　府学。
　　王　训　任刑部主事。
十一年倪富得　府学。任铜仁府通判。富，旧作"审"。
　　姚　俨　府学。
　　曹　佺
十二年杨　善　府学。
　　丁　耆　府学。
　　胡　敏　仕象山知县。
十三年陈　祯　府学。
　　汪　献　府学。

① 宦业：此二字原被铲削，据嘉庆、光绪县志补。

(乾隆)宣城县志

徐　杰　府学。
李　畴　府学。
张　阘　仕河南密县丞①。
十五年陈宅志　府学。仕新建县学训导。一作"宅忠"。
徐　谅　府学。历任黄州府通判。
吴　瑜　仕卫经历。
十六年嵇　先　府学。
俞　侃　府学。
十七年胡　祐　府学。仕四川千户所吏目。
董　簠　府学。
刘　恕　见《宦业传》。
十八年曹　声　府学。
童　庆　府学。任郴州知州。
邵　鉴　仕湖广按察司知事。
十九年王　谦　府学。
林虎臣　府学。
二十年陆　晋　府学。
吴　江　任分宜知县。
二十一年萧　宏　府学。任兵部郎中。
二十二年李　宁　府学。任阳江知县。
谢　斌　任抚州府同知。
洪熙元年邹　敬　府学。
宣德元年崔　迪　府学。任兴化府检校。
汪　泽　任南丰知县。
二年于拱辰　府学。
三年顾交吉　府学。旧志作"誉重",误。

① 县丞:嘉庆、光绪作"知县"。查《密县志》,未载。

卷之十四 选举二

　　王　睿　仕湖广县丞。
四年任　礼　府学。
五年黄耆年　府学。任兵部主事。
　　管　贵　任电白知县。
六年汪　琳　府学。一作"霖"。
七年杭宗道　府学。
　　张　英　府学。任户部主事。
　　汪　让　任湘阴知县。
八年芮　仪　府学。麟之子。任涿州①知州。
　　蔡希贤　府学。
　　曹　诠　旧志无。
九年朱　瑾　府学。任登州府通判。
　　周　灏　府学。任河州②州同。
　　刘　尉　仕东阳县丞。
十年周　逵　府学。任大明府通判。
　　周　爵　府学。任代州州同，左迁京卫经历。
正统元年颜　暄　府学。任武强知县。
二年张　彬　府学。任四川都司断事。
三年奚　伦　府学。任兵科给事中。
四年俞　信　府学。
五年孙　通　府学。任临漳知县。
六年吴　绂　府学。任房山知县。是年，诏府学一年贡一人，县学二年贡一人。
七年赵　敏　府学。仕单县丞。

---

① 涿州：嘉庆、光绪县志误作"兖州"。查《涿州志》有载，《兖州府志》未见。
② 河州：底本原作"汀州"，今从嘉庆、光绪县志改。

（乾隆）宣城县志

田　文　府学。
王　璘　仕耒阳主簿。
八年彭　亮　府学。
九年郑守中　府学。
吴宗泽
十年凌友志　府学。
十一年冯志远　府学。
王　诠　任万载知县。
十二年梅　瑛　府学。
十三年刘　鉴　府学。
陶　让　仕靖州吏目。
十四年吴　缙　府学。
景泰元年钱　贵　府学。仕丘山①主簿。
胡　政
二年谢　宽　府学。
朱　诜　府学。仕莒州州判②，有政绩。旧志无。
戴　诚　仕湖广仓大使。
三年冯　琮　府学。
陈　瑛　仕平海卫经历。
四年陶　瑨　府学。仕浮梁县主簿。
赵　逊　仕后府经历。
五年侯　垻　府学。字大成。任安丘知县。
六年王　玘　府学。为饶州府照磨。
杨　琳　任遵化知县。

---

① 查明代无丘山县。钱贵任职，嘉靖、嘉庆府志作"丘山县主簿"，万历府志作"主簿"。今仅见《册府元龟》卷八〇四、《全唐文》卷八〇二有"象州丘山县"字样，然查广西象州县沿革，唐代象州辖下并无丘山县。待考。
② 州判：嘉庆、光绪县志作"州同"，误。查《莒州志》，载为州判，非州同。

卷之十四　选举二

七年杨　纶　府学。任广平府通判。成化、嘉靖志作"汤纶"。
天顺元年林　鉴　府学。仕临漳县丞。
　　　　郭　灿　仕韩王府审理正。
二年张　肃　府学。仕江夏县丞。
　　何　顺　旧志无。
三年刘　诚　府学。仕保定①县丞。
　　许　瓒
四年汪　深　府学。
五年陈　俊　府学。任泌阳知县。
　　章　铎　任滦城知县。旧志：真定府学训导。
六年夏　实　府学。
　　董　昶　旧志无。
七年顾　忠　府学。
　　王　文　仕县丞。
八年张　本　府学。见《宦业②传》。
　　吴宗文　按以下十七人俱奉例充贡。
　　徐　熊　仕武昌县丞。
　　孙　春　仕长沙府经历。
　　徐　谅　仕宜春县丞。
　　陈　英　局大使。
　　徐　慭　仕咸阳县丞。
　　孙　儒　仕训导，升始兴知县。
　　刘　贵
　　刘　能

---

① 保定：底本原刻作"宝定"，误，据嘉庆、光绪县志改。保定县即唐涿州归义县，明洪武十三年复立，属霸州。参见嘉庆《一统志》卷六。
② 宦业：此二字底本原被铲削，据嘉庆、光绪县志补。

163

（乾隆）宣城县志

杜　裕　仕县丞。
周　铭　仕吏目。以上俱府学。
许　缙　仕云南白盐井提举。
戚　棻　仕湖广善化县丞。
吴　镐　仕浙江乐平县丞。
陆　经　仕德清县丞。
高　昂
王　亨　字禹时。仕莱芜教谕。以上俱县学。
成化元年梅　实　府学。任武冈州同。
　　　　杨汝谦　府学。旧志无。一作"梅"。
　　　　潘　肃　府学。旧志无，一岁四贡，疑之。
　　　　唐　瓒　仕浦城县丞。
二年冯　巅　府学。仕县丞。
三年汪　善　府学。仕建德县丞。
　　汪　文　仕四川布政司副理问。
四年阮仁宽　府学。任知县。
五年储　瑷　府学。仕京卫经历。
　　李　忠　见甲午乡举。
六年陈　瑄　府学。仕长垣县学训导。
七年程　洪　府学。仕万载县主簿。
　　崔　玺
八年雷　迪　府学。任孝感知县，著政绩。
　　张文升　府学。任新淦知县。旧志无。
九年陶　磁　府学。仕广信府照磨。
　　张　凯　仕东平州州判。
十年林　钢　府学。仕龙游县丞。
十一年刘　铱　府学。仕饶州府经历。
　　　马　骧　仕秀水县丞。

卷之十四 选举二

十二年丁　储　府学。
十三年徐　荣　府学。仕许州判官。
　　　柯　霖
十四年陈　逸　府学。仕安仁县丞。
十五年葛　琪　字子玉。府学。仕开封府学训导。
　　　沈　洤　仕蒙阴县丞。
十六年杨　绪　府学。任晋宁知州。
　　　张　仁　府学。任宜黄知县。旧志无。
十七年徐　愈　府学。
　　　万　琏　任仙游知县。
十八年阮　淮　府学。仕嵊县丞。
　　　周　禺　爵之子。仕罗山县学训导。是年县学不当贡，未详。
十九年夏　寅　府学。
　　　钱　选　府学。夏寅卒，选补贡。
　　　后　显　字本中。任零陵知县。
二十年孙曰洪　府学。任大姚知县。
二十一年卫　銮　府学。仕大冶县丞。
　　　　王　豪　字仲高。仕郴州判官。
二十二年杨　瑞　府学。
二十三年汪　铉　府学。仕扶沟县学训导。一作"汪铉"。
　　　　仲　海
弘治元年孟　礼　府学。仕江山县主簿。
二年张　玲　府学。字有声。玮①之父。仕通州卫经历，端严质直，有长者风。
　　　汤　显　仕德清教谕。
三年贡　铉　府学。字元鼎。瑞长子。任长沙知县。

---

① 玮：嘉庆、光绪县志作"纬"。

(乾隆)宣城县志

四年王　度　字禹畴。府学。任大同府通判。
　　陈葵心　仕新淦县丞。
五年朱　巚　府学。仕应城知县。
六年胡　愈　府学。仕乌撒府经历。愈，旧志作"俞"，误。
　　霍敏章　仕县丞。
七年陈　锐　府学。为四川盐井提举。
八年林　钟　府学。仕福宁州判。
　　刘　瞻　见《宦业传》。
九年汪巨源　府学。仕福建布政司经历。
十年刘学古　府学。仕金乡卫知事，制行端方，雅有古道。
　　刘　景　府学。仕秀水县丞。
　　潘　正　仕海宁县丞。
十一年丁　穆　府学。仕归安县丞。
　　徐　珊　府学。字文珮。以文学称。
　　奚　志　仕县丞。
十二年梅　淑　府学。字布善。
　　顾　誉　府学。
　　王　爵
十三年贡　镐　府学。字元京。任齐河县丞。
　　汪　昌　见《宦业传》。
十四年曹世儒　府学。瓒之子。仕东阳县学训导。
　　梅　玉　字元素。
十五年张　儒　府学。
　　潘　钦　仕临安县丞。
十七年梅　霖　府学。字时望。仕余干县丞，从讨宸濠有功。见王守仁《报功疏》。性敦朴，富能周乏，姻友德之。

卷之十四　选举二

　　管文举　字时英。见《宦业①传》。

恩贡韩景鸾　字天瑞。

十八年黄　堂　府学。仕利津县学训导。

正德元年曹世奇　府学。世儒弟。仕琼州府学训导。

　　王　彦　字禹弼。仕曹州判官。

二年赵　熙　府学。

三年刘　勖　府学。见《宦业传》。

　　王　植　字立之。

四年方　衮　府学。字补之。昇从弟。任故城知县。

五年杨汝舟　府学。

　　刘　琰　见《宦业传》。

六年贡　钿　府学。字元珮。仕尉氏县学训导。性友悌，尝鬻产代兄偿官锾，没齿贫乏无怨言。

　　顾　荣　府学。仕京卫经历。

　　汪大伦　仕遂昌县学训导。

八年贡　錤　府学。字元时。瑞季子。仕内黄县主簿，苦志甘贫，卒于官。

九年刘　伟　府学。仕德平县学教谕。

　　陈　珑　仕湘阴县学训导。

十年钱　珊②　府学。任山东青州府通判。

十一年周　旭　府学。

　　赵　灿　仕四川都事，升知县，未仕。

十二年杨　鹏　府学。字翼之。选建德训导，未仕卒。一作"杨汝鹏"。

十三年李　时　府学。宣州卫人。字元中。

---

① 宦业：二字底本原被铲削，据嘉庆、光绪县志补。
② 钱珊：嘉庆、光绪县志置于正德十一年，当误。

(乾隆) 宣城县志

　　　　王允谦　府学。字克让。仕胙城县主簿，署知县事。
　　　　贡　镇　字元恒。
十四年汪　璈　府学。仕郾城县学教谕。
十五年吴　棻　府学。字质夫。
　　　　潘　瑛　号静轩。
十六年徐　槐　府学。见壬午乡举。
　　　　汪义刚　昌之子。见《宦业》附传。
嘉靖元年陶　辙　府学。字行之。仕至浙江盐运司副使。
　　　　汪本德　府学。仕徽王府审理。
　　　　赵　勋　瑞之子。
二年刘　珊　府学。字鸣之。勋从子。质行端方，陶范后进。仕霸州判官，雅持苦节，乞休归，乡评重之。
　　　　刘　璞　府学。字琢之。珊之弟。友爱甚笃，析产让兄。文学优赡，未仕而卒，士类多惜焉。
　　　　方　昇　字公晋。学问宏博，性孝友。仕淮安府学教授。
三年徐　翱　府学。仕朔州卫经历。
　　　　胡　澄　仕布政司理问。
四年陈大林　府学。字茂之。为诸生时，力疏养马之累，事得免。庐墓敦伦，人称孝友。知枣强县，有惠政。
五年杨　概　府学。字中夫。任卫辉府经历。
　　　　许　相　字良臣。仕叙州府经历。
六年徐　咨　府学。字以周。说从弟。任偃师知县。
七年陶　镒　府学。字宗时。
　　　　洪　凤　字子祥。
八年贡　钧　府学。字元举。仕曲阜县丞。
九年罗彦荣　府学。字天锡。仕终柳州府通判。
　　　　杨载芳　字克承。任临武知县，坦夷真率，仕无宦囊。
十年张　柯　府学。字用夫。行谊有古风。

168

卷之十四 选举二

十一年戚 衮　府学。见《儒林传》。是年诏通学廪生考选一名，至十五年止。

沈天民　府学。字志伊。仕长兴县丞，吏治通敏。

杭 暲　宣州卫人，字东阳。仕三河主簿，乞休归，有气节。

十二年杨文晔　府学。字子晦。任合浦知县。

麻 值　府学。见丙午①乡举。

刘 铸　字子肖。璞之子。任漳平知县，以生母制乞致仕。

十三年杨 栋　府学。字隆甫。任夔州府推官。

郭忠显　见《乡举》②。

十四年梅继芳　府学。字复春。任余杭知县，有政绩，性直不阿。工诗文，与弟继英、继勋相唱和，曰《埙篪集》。

十五年杨 珊　府学。字汝珍。仕严州府学训导。

吴 奂　字伯融。希贤子。崇尚正学，未仕而卒，士类多惜之。

十六年施乾元　府学。字惟仁。铎之子。仕丽水③教谕。

十七年徐 锐　府学。字元逊。仕浦城县学训导。

杨 鉴　宣州卫人。由县学贡。字克明。仕诸城县学训导。

十八年贡汝晋　府学④。东昌府训导。

张 柏　府学。字节夫。

蒋 爵　字伯修。仕江山县学训导。

十九年徐私淑　府学。任浔州府通判。

---

① 丙午：底本原作"己酉"，嘉庆、光绪县志作"乙酉"，均误。查前《乡举表》，麻值为嘉靖二十五年丙午举人，因改正。
② 底本原无此纪，似被铲削，据嘉庆、光绪县志补。
③ 丽水：水，底本原刻似"木"，故嘉庆、光绪县志不审，均作"丽木"。明无丽木县，查《处州府志》《丽水县志》，均载有施乾元为丽水教谕，故底本乃"丽水"无疑。
④ 府学：其后底本原有一"字"，然其字不详，故嘉庆、光绪县志径删之，今亦从之。

（乾隆）宣城县志

  王　瑢　　府学。字珮玉。仕鄞县学训导。
  贡　馆　　字元载。镇之弟。
二十年张　极　　府学。字建之。
  王之相　　府学。宣州卫人。字克忠。任盐山知县。
  汪　玠　　字廷器。仕商水教谕。
二十一年张　杜　　府学。字立文。
  殷　镗　　字振之。镗，一作"裳①"。
二十二年徐　湘　　府学。字清之。翱长子。仕萍乡县学训导。
二十三年徐　沐　　字新之。仕聊城县学训导。
二十四年郭　宏　　府学。字子充。仕安庄卫学教授，行谊谨饬，雅称师模。
二十五年魏宗圣　　府学。字惟学。仕辰州②卫经历。
  梅　泮　　字希雍。
二十六年郭希仪　　府学。字静夫③。
二十七年戚　怿　　府学。字致和。
  刘　瑞　　字廷祥。仕澧州学训导。
二十八年陈显祥　　府学。字鸣凤。仕教授。
二十九年金　松　　府学。宣州卫人。任石门知县。
  张　朴　　字文甫。柏之弟。任茌平知县。
三十年王秉礼　　府学。字元钦。任金乡知县。
三十一年④徐　滨　　府学。字大之。湘之弟。仕登封教谕。
  郭希泰　　字道夫。希仪弟。仕至九江府通判。
三十二年唐　琯　　府学。宣州卫人。字伯纯。仕铜仁府经历。
三十三年杨　杲　　府学。字时昭。仕终王府教授。归能行宗约，为众

---

① 裳：嘉庆、光绪县志作"棠"。
② 辰州：嘉庆、光绪县志误作"长州"。明末见有长州卫。
③ 静夫：万历府志同。嘉庆、光绪县志误作"青夫"。
④ 三十一年：嘉庆、光绪县志漏此纪年，故错置徐滨、郭希泰于三十年。

卷之十四 选举二

所推服。

    盛伯辅 字朝卿。仕永嘉县丞。

三十四年黄　柬 府学。字廷甲。仕龙溪县学训导。

副榜陶贤卿

三十五年贡安国 见《儒林传》。

三十六年陈宗尧 府学。字守中。仕慈溪县丞。

三十七年孟　钧 府学。字秉之。

    洪　范 字九畴。凤之子。仕南丰学训导，行谊称醇谨。

三十八年刘复芳 府学。字廷秀。仕福宁州同，升四川理问，不赴。制行醇笃，居官清苦①，恬退自安。

三十九年麻　济 府学。字惠之。瀛之弟。以母老不赴铨选。

    刘　琛 字顺之。仕终王府教授。

四十年俞　禄 府学。字元范。仕至周王府教授。

四十一年徐　瑾 府学。仕鄱阳县学训导。改名元台。

    罗　溪 字希吕。濂之弟。仕鳌山卫学教授。

四十二年侯　藩 府学。字正卿。仕万载县丞。

四十三年唐文献 府学。宣州卫人。字国华。仕开州判官。

    方梦龙 字应灵。昇之侄。任河州府②通判，有廉声。

四十四年梅继善 府学。字幼孜。继芳弟。部试第一，仕安庆教授。

四十五年张　纾 府学。字敬之。纬之弟。历仕项城训导、都昌教谕，署县事，有廉声。

    吴　箕 字伯南。希贤子。仕邓州学正。

隆庆元年贺　清 府学。字澄之。仕石城教谕。

二年麻　优 府学。字克学。仕安福县学训导。

    唐继功 字克敏。

---

① 苦：此字底本原被铲削，据嘉庆、光绪县志补。

② 河州府：嘉庆、光绪县志作"湖州府"。《湖州府志》不载。河州府，明洪武五年改河州卫置，属陕西行省，即今甘肃省临夏市。

（乾隆）宣城县志

　　三年冯廷圭　府学。字朝用。
　恩贡郭忠信　府学。忠显弟。见《儒林传》。
　　　俞祖善　府学。字希元。任浦江县知县，淳谨不扰。
　　　梅守相　继善子。见万历己丑进士。
　　四年徐　爱　府学。字惟亲。
　　　徐国相　字元卿。沐次子。
　　五年郭忠贞　府学。字希牙。忠显弟①。仕崇德县学训导，升汶水知县。
　　六年刘光德　府学。字子洪。仕鄱阳县学训导。
　　　郭文魁　字时明。
　万历元年孙世英　府学。字育之。以疾不赴选。
　恩贡陈　敕　府学。字良命。旧志无。
　　　吴　萸　字伯纯。府学。希贤从子。仕孝感县主簿。
　　　刘梦玄　字世宣。为人爽朗恢豁。
　　二年刘　藻　府学。字子采。仕兴山县学训导。
　　　徐国祯　字藩卿。沐季子。仕河东盐运司。
　　三年吴礼卿　府学。见《儒林传》。
　　四年冯　晖　字时熙。
　　五年王　点　府学。仕池州训导。
　　六年濮阳渐　字子升。仕徽州府学训导，逾年致仕。有才略，著有《晚山阁诗集》。
　　七年张天然　府学。
　　八年后　激　仕至衡州府通判。
　　九年苏民望　府学。仕永安知县。
　　十年汤　沭　府学。号印峰。仕临淮训导。
　　　王三俊　字晋亨。仕平湖主簿。

---

①　弟：底本原误刻作"见"，据嘉庆、光绪县志改正。

卷之十四　选举二

十一年孙　堪　　府学。字一轩。仕尉氏县学训导。
十二年徐　棠　　府学。见《孝友传》①。
　　　唐汝亮
十四年章世义　　府学。仕陕州学训导。
　　　万　锜　　仕寿州学训导，有学识，亦饶材辨。
十五年唐尧年　　府学。仕崇明县学训导。
十六年宗　贤　　府学。仕池州府学教授，多方造士，捐俸恤贫。
　　　贡克明　　仕乌程县学训导。
十七年袁　泽　　府学。仕丹阳县学教谕。
十八年施来凤　　府学。仕桐乡县学训导。
　　　梅国祚　　府学。见《宦业传》。
　　　梅鼎祚　　见《文苑传》。
　　　徐大望　　以取中误佚，奏闻，赐贡。见戊戌进士。
十九年贡克承　　府学。为人谨讷老成。
副榜陶廷试
二十年孙茂枝
二十一年王有声　府学。字实斋。点次子。任浦江知县。
　　　　杜天文
副榜恩贡章克允　字惟明。
二十二年罗　鼎　任碍嘉②知县。
二十三年陆可久　府学。字同宇。任福山知县。
二十四年选贡刘尚敬　府学。仕南海县学训导。
　　　　王三仕　字忠亨。
二十五年裘守文　府学。字纯轩。质直不苟。
二十六年孙凤仪　字凤台。仕来安训导。

---

① 《孝友传》：底本原作《懿行传》，查其传实在《孝友传》，因改正。
② 碍嘉：底本"嘉"字原脱，据嘉庆、光绪县志补。碍嘉县，在云南。

(乾隆）宣城县志

二十七年卢汝霑　府学。字和宇。仕徽州府学教授，谦和镇静。
二十八年王有谷　府学。字似斋。仕抚州府学教授。
　　　　陈大功　字三岩。
副榜袁国卿　字君辅。泽之子。
恩贡汤　玗　府学。宣州卫人。字仲玉。仕至南雄府通判，祀名宦。
　　　　刘廷举　梦玄子。字千劢。仕至临江府通判。
　　　　孙国佐　见《懿行①传》。
二十九年方尚贤　府学。字灵台。
三十年罗　萧　府学。鼎之弟。仕湖州府学训导。
　　　　梅守履　字视甫。仕苏州府学训导。
三十一年宗　尧　府学②。浈江训导。
　　　　徐　湛
三十二年吴来相　府学。字必大。仕句容县学训导。
　　　　李重贤　字龙河。仕嘉定县学训导，造士有方，台院交旌之。
三十三年杨应迪　府学。仕潜山县学教谕。
三十四年邵　清　府学。仕武昌县学训导。
　　　　李一本　仕宁远县学教谕。
三十五年戚希孔　府学。仕分水训导。
三十六年宗　汤　府学。
　　　　蔡同春　府学。补贡。仕富阳训导。
　　　　梅守聘　字起莘。仕至曲靖府通判，以守城拒贼有功，升临安府同知，卒于任。
三十八年郭正己　府学。仕青阳训导。
　　　　梅汝谏　仕高淳县学训导。

①　懿行：二字底本原被铲削，据嘉庆、光绪县志补。
②　"府学"二字后原有一"字"，今其字不明，故从嘉庆、光绪县志删之。

卷之十四　选举二

三十九年罗汝傅　府学。仕句容县学训导。
四十年吴之新　字昭初。仕饶州府学训导。
四十一年张时来　府学。仕至国子监学录。
四十二年沈居位　府学。
　　　　贡安世　字位升①。好学廉介自守。
四十三年刘启光　府学。字德明。珊曾孙。仕峄阳县学教谕。
四十四年梅鹤祚　鹓祚弟。字长卿。文章古雅，教学有方，凡经指授，多成令器。
四十五年甘　旨　府学。仕南昌县学教谕。
四十六年孙应旐　府学。见《懿行②传》。
　　　　孙克溥　字禹功。任迁江知县，有文名，治绩亦善。
副榜梅士承　字受之。
四十七年汤　莹　府学。宣州卫人。字伯润。任衢州府通判，捐俸重新百灵桥，士民戴德。事见衢志。
泰昌元年黄一淳　府学。字元白。仕南昌主簿。
　　　　徐汝仕　字达吾。仕抚州府学教授。
选贡刘仲光　字元殁。赞曾孙。见《孝友③传》。
天启元年王家辅　府学。字翼龙，号兔仙。与弟家佐、家卿俱以绩学称。仕安乡知县，祀名宦。
　　　　汤廷对　宣州卫人。由县学。见《隐逸传》。
选贡张　星　府学。宣州卫人。见《宦业传》。
副榜恩贡汤荐尹　府学。
　　　　陈士猷　字尔嘉。仕至嘉定知州。
　　　　梅文朗　字峄高。

---

① 位升：嘉庆、光绪县志均作"元升"。
② 懿行：底本此二字原空缺，据嘉庆、光绪县志补。
③ 孝友：底本此二字原空缺，据嘉庆、光绪县志补。

（乾隆）宣城县志

二年汪千顷　府学。见《隐逸①传》。
四年梅瑞祚　见《懿行传》。
五年蒲祚庆　府学。字伯善。
纂修恩贡冯世昇　仕赣州通判。
六年孙擢祖　府学。字以文②。仕金坛县学教谕。
　　徐汝雷　字士震。
七年徐日高　府学。字仲山。仕至广信府通判。
　　孙扬祖　字以言。性笃孝友，人称长者。未及仕而卒。
副榜朱民恺　字长灵。
崇祯元年许克俭　府学。仕瑞州府学教授。
　　　　潘梦斗　字辰枢。瑛曾孙。仕弋阳县学教谕，署南丰县事，著政绩，民德之，冶像以祀。
选贡胡尚儆　府学。见丙子乡举。
　　梅位中　字星从。
二年冯应祥　府学。字伭水。仕休宁县学训导。
　　蔡凤喈　字和叔。任蒙阴知县。
　　濮阳利　字叔利。按以下十一人俱纂修《天启实录》准贡。
　　濮阳士彦　字彦今。春之子。
　　胡尚洪　字叔开。
　　胡伯攽　字季刘。
　　徐岱庆　字伯宗。元气季子。
　　徐日昌　字有道。
　　徐　造　字更生。
　　徐自昭　字晋明。
　　徐日章　字闻郎。

---

① 隐逸：底本此二字原空缺，据嘉庆、光绪县志补。实附《汤廷对传》后。
② 以文：嘉庆、光绪县志均作"燕贻"。

卷之十四　选举二

　　沈寿昆　字玉山。

　　沈寿翼　字飞伯。任余杭县丞。

副榜恩贡徐嵩庆　字伯岳①。元气次子。

　　　徐肇芳　字熙仲。鸿起次子。仕绩溪县学训导。

　　　张五美　字尊生。守道长子。

　　　张五权　守道次子。见《懿行传》。

三年张五常　府学。字元白。仕终商山县学教谕。

副榜唐兆麟　字开来。

四年梅士享　府学。字伯献。博学多著述，有《左传金鉴》《诠叙管子》《兵解》等书。

　　　蔡万春　字大年。

六年徐日隆　府学。见《宦业②传》。

副榜梅文明　见己卯举人。

七年梅懋修　府学。字伯扬。

　　　王上达　字升伯。仕芜湖县学训导。

八年徐之俊　府学。

　　　汪会海　字大宗。仕常州府学教谕，升通城知县。

拔贡汤廷立　府学。宣州卫人。字君前。

　　　刘　彨　字无角。仲斗弟。能诗文。

九年赵一骥　府学。字武城。

副榜刘尊生　字叔达。

　　　孙支新　字又新。

十年恩贡王道履　府学。字坦之。仕合肥训导，升龙游知县，未任。初，万历乙卯、天启辛酉俱荐元不售，置副榜。

十一年胡　铉　府学。

---

① 岳：底本原误刻作"兵"，据嘉庆、光绪县志改正。
② 宦业：底本此二字原空缺，据嘉庆、光绪县志补。

(乾隆)宣城县志

  高之傅 字仲箕。仕建平县学训导。
十二年副榜恩贡韩 晟 字日成。仕至郑州州同。
十三年何一选 府学。
  裘应宣 字逊肤。廷试钦赐同进士出身,授宁海①知州。
十四年汤有望 府学。字尔瞻。仕淳安县学训导。
十五年汤廷柱 府学。宣州卫人。字擎一。仕金坛县学训导。
  蔡凤翼 字义文。逢时子。仕海宁县学训导。
副榜沈寿旭 隐居不仕。著有《天籁》《搜余》等集,司成汤宾尹序以传。
十六年徐凤阳 字鸣岐。
加贡刘仲曜 府学。字圣图。赞曾孙。博习群书,淹贯经史,所著《读书》获行世。
  麻三言 字无易。
拔贡刘梦龙 字木上。
  朱大勋
  沈麟生 字公绂。
按,癸巳志此下载贡监六人:吴伯男,字嗣宗;杨懋嚣,字飞卿;郭镇邦,字孟极;李日瑚,字禹珍;后震,字起龙;吴肇公,字道开。又甲申当贡刘元吉,以明亡未廷试。

国朝

顺治二年②沈寿广 字广心,号心逸。三任教职,由武康县丞升南城副兵马司,正己率物,卓然楷模。
恩贡贡所养 府学。
副榜朱 云 府学。字裔襄。

---

① 宁海:嘉庆、光绪县志作"海宁",误。宁海直隶州在山东。《登州府志》《牟平县志》皆有其人。
② 二年:府志同。嘉庆、光绪县志作"元年",当误。

卷之十四　选举二

　　方之岳　字岳生。仕石埭教谕。
三年王义问　府学。字车重，号句水。仕东莞知县，升延安府同知，吏治敏达，有能声。
四年冯世英　府学。是年魏良仕应贡不就，隐居入山让。
副榜梅士豹　字文蔚。历任兰阳知县。
五年罗锡胤　府学。仕镇江府教授。
恩贡钟无瑕　府学。是年以丁艰，先贡李煌，后部议并准，系出特恩。见《宦业传》。
　　李　煌　府学。宣州卫人。见《忠节传》。
　　梅　钦　字立生。任崖州知州，时兵燹后井邑萧条，劳来抚循，流民襁负归之。莅任七年卒。
副榜贡监方　乾　府学。字乾乾。任徐沟知县。
　　徐　铨　府学。字介如。
　　罗有望　字渐逵。任宜阳知县。
六年詹履道　府学。字幼素。历任江油知县，为人敦孝友，居官著清白声。
　　贡　彧　字季文。仕至景州知州。善文辞。
七年黄建阳　府学。
八年陆履进　府学。仕太平府学训导。
　　杨景初　字元白。任永明知县。
　　徐盛时　字于斯。任河南知县，开澧河，通水利，有廉声，卒于官。
九年胡　璿　府学。字舜玑。仕望江县学训导。
十一年徐襄时　府学。字日赞。考选知县，未仕。
　　徐日葵　字靖卿。
十二年选贡张凤徵　府学。宣州卫人。见《宦业传》。
　　胡梦龙　见《宦业传》。
十三年孙曰绳　字直公。仕丰县学训导。

(乾隆）宣城县志

十四年王尔选　府学。

十五年副贡王期龄　字安又。义问子。

　　　　徐　钥　府学。

　　　　蔡芝春　字玉立。仕庆阳府经历，升渭源知县。

十六年梅景星　府学。

十七年方　伯　字晋侯。

副榜恩贡沈琬生　字玉叔。

康熙元年唐宾王　府学。仕定远县学训导。

　　　　万士鳌

　　　　沈寿国　府学。字治先。

　　　　吴　振

自四年停止，九年复崔　玙　府学。字洲生。

　　　　　　后麟昌　字梦九。

十年李邦翰　府学。字于蕃。

十一年高　咏　字阮怀。见《荐辟》。

十二年刘高标　府学。字于建。

拔贡阮尔询　见壬戌进士。

岁贡袁　标　府学。字子建。

　　茆士桢　字思皇。

十五年岁贡作恩贡张延世　府学。见《文苑传》。

　　　　　阮士璟　字景宋。

岁贡刘日健　府学。

　　刘尧熙　见《懿行传》。

十六年唐　益　府学。字任虞。见《文苑传》。

十七年陈天衢　府学。字仲亨。

　　　梅曜星　字子翔，号石台。性醇谨，学有根柢，不竞浮艳。选宝应训导，未任卒。

十九年梅绍开　府学。字美公。

卷之十四 选举二

徐鹤吉　字石公。
二十年副榜梅梦绂　字季赤。任荣河知县。
二十一年张　恺　府学。字舒若。
　　　　徐苏注　原名崇伦，字若彝。
二十二年麻喆龄　府学。字吉人。
二十三年徐　岚　字涛若。
二十四年詹　岩　府学。字子畏。由廪生，镶黄旗教习，考授同知。
拔贡黄　锦　府学。字纲尚。
　　詹日怀　字子朗，号□□[1]。仕四川新津知县。绩学工文，名重辇下，赍志未舒，时论惜之。
二十五年何　旭
二十六年王用行　府学。字予偕。
二十七年魏正平
二十九年沉霾生
三十一年袁　祺　字而介[2]。
三十三年钱嘉禧
三十四年梅文鼎　府学。见《儒林传》。
三十五年汤荣尹　府学。
　　　　沈纯祺　字尔遐，号菊逸。
三十六年阮　铉　府学。字器公。
三十七年拔贡汤廷钟　府学。字大宗。
　　　　管松龄　府学。字大徽。适情山水，娴于诗赋，尝手订《左传汇编》。
陈仕云
岁贡张之瑗　府学。字亦蘧。

---

[1] □□：此二字底本原被铲削，嘉庆、光绪县志亦未载。
[2] 字而介：底本原作"字公"，误且有缺，据嘉庆、光绪县志改。

（乾隆）宣城县志

   王 锡
三十九年朱 浩
四十年刘人龙 府学。字次雷①。
四十一年钱 彪
四十三年万士襄 府学。字赞伯。
   许 兰
四十五年刘锡麟 见《文苑传》。
四十六年黄 铨 府学。字予衡。
四十七年恩贡张绳武 府学。字念修。孝亲友昆弟，家素饶，以施与解散无余。
   刘期懋 字时惟。
   彭大申 字介眉。
四十九年沈观生 字子荐。仕苏州府学训导。
五十年王泽溥 府学。字子仁。
五十一年罗廷彦 府学。字襄侯。
   彭 英
五十二年恩贡施彦恪 府学。见《儒林传》。
五十三年梅以祉 字介繁。
副榜胡文烈 字而盛。
五十五年汤 缃 字五绣。现任通州训导。
五十七年王 肱 字若士。
五十八年马 暹 府学。字大采。选天长县学训导，未任卒。
五十九年梅 骥 府学。见《懿行传》。
   蒋 典 字季虎。工书，名擅一时。
六十年唐名世 府学。字时可。
六十一年姚祖舜 字鸣岐。

---

① 次雷：府志同。嘉庆、光绪县志作"次云"，似是。

卷之十四 选举二

雍正元年拔贡杨廷栋　府学。见庚戌进士。
　　　　　　王一槐　府学。见丙辰进士。
　　　　　　刘寿朋　字益三。由教习,现任福建漳州盐大使。
恩贡吴宝国　府学。字巨玕。现任安东训导。
　刘克贞　字久一。孝友能文,从游多俊彦。
副榜阮维玠　字式林。
二年钱　塘　字晋锡。
副榜唐　涵　字士瞿。植躬砥行,士林推服。
四年崔　宣　字自淑。
五年唐昌萼　府学。字东岩。
六年施　琫　府学。见《文苑传》。
　汤铨尹　字公卓。
七年拔贡梅予摅　府学。字展青。任丹徒主簿。
　　　　施念曾　字得仍。现任广东兴宁知县。
八年刘人俊　府学。字彦登。行己谦和,学窥原本,士林称之。
　刘　敬　字五其。
十年汤　灏　府学。字朝宗。
　徐　述　字文士。
十二年孙宏安　府学。字用修。
　　冯　珏　字受符。
十三年拔贡张汝霖　字云澍。
乾隆元年恩贡刘承恪　字备三。
岁贡梅长成　府学。字汝元。
　梅名长　字令远。
二年高　岩　府学。字鲁瞻。
三年周　楷　府学。字又皋。
　曾启元　字派宗。

183

(乾隆)宣城县志

补编

宋

昝万寿 字天庆。系出尚书昝居润后。历仕四川安抚使,元兵至,胁降不从,以忧愤死。

元

徐逵宽 字仲绍。至元间任云南总管官,寻辞归。值岁祲,建望烟楼一所,甑里中不能举火者,辄周恤之。

刘礼之 字世守。元至顺中莅任广州,有清操,陶学士安谓其能以清白贻子孙。

明

阮迁千 字鸿举。建文、永乐间以交趾国使入贡者三,上嘉其忠勤,特授多锦知县,称职,升知上洪州,转青州府通判,佐治有方。正统十年赐敕褒美,赠父筒如其官。寻以真定守致仕,占籍宣城,诏食三品俸,赐南郭葬地及万顷湖养马田。天顺八年晋职一品。子二:长玩,由邑庠生仕宁国府经历,详府志;次珪,荫知州。五世孙谦亨任嘉鱼知县。

管裕 字德裕。邑庠生,为怨家所构除名,以掾起家,授太仆寺主簿,历官户部贵州清吏司郎中。

方万里 湖州通判梦龙孙,由监生历嘉湖兵备道。旧附见梦龙下。

王之禾 字幼实。由廪监任大城主簿。工书法。著有《漫游草诗集》。

侯景贤 字懋功,号菊隐。由例贡历任定州府通判,廉干有惠政。

冯汝宗 由附贡生任枣阳知县。

王大见 字震寰。由监生任南海县丞,升金吾卫经历。

王大雯 字还初。由附监生任大名府丰润卫经历,以守城功升广东琼州府通判,引疾归。

孙应魁 由监生任台州卫[1]经历。

---

[1] 台州卫:嘉庆、光绪县志作"台州府松门卫"。

卷之十四　选举二

梅守贞　字吉甫。由监生任鸿胪寺序班。
徐元期　字汝望。由廪贡任蒙城县教谕。
徐元第　字汝及。由廪贡选授教谕。
徐元恺　字汝美。由廪贡历河南汝州同知。
徐元则　由监生任庆阳府通判。
徐日晋　字宜生。由附贡授锦衣卫千户，补督标协镇①同知。
詹希舜　字克孝。由监生任南平县，历定海县知县。
詹应侯　字尔藩。由附监生历杭州府前卫经历。
詹应榜　字汝选。由监生历兖州府通判。
詹希莱　字克扬。由监生历达州同知，摄州篆，卒于任。
章　扬　由监生任长寿县丞。
倪应聘　字献明。由监生历广西庆远卫经历，归里后出谷助赈，邑令余飚详请褒美之。
杨　会　由监生任内阁鸿胪寺序班。
梅守贵　字行甫。由监生任上林院林衡署丞。
杨　筎　监生，工书，历掌制敕中书舍人、大理寺右寺副。
梅守恭　由监生任南京兵马司副指挥。
杨　蕊　由监生任翰林院待诏。
冯元善　由监生任鸿胪寺序班。
王　爵　由监生任临清主簿。
梅守祧　字宗甫。由监生历仕南京兵马司副指挥。
王图隆　邑廪生。博洽经史，工楷书，应楚藩聘充伴读，荐授推官，未赴选卒。
戚士弘　任工部营缮所副，升任茶陵州判。
刘之鼎　字德庵。由例贡任汝宁府通判。
梅元春　字冠生。由贡生任光禄寺署丞。

---

① 镇：底本原作"政"，当误，据嘉庆、光绪县志改。

（乾隆）宣城县志

仲祖尼　字士达。由监生历任蒲圻县知县。著有《易经衷旨》行世。
王志仁　字心渠。由邑庠入监，选授山东布政司都事。
王汝治　由监生任山西定远县丞。
冯汝辅　由邑庠入监，任辽东海州卫经历。
王大立　字礼庭。由监生任福建崇安县丞。
王大霖　字克润。由监生任陕西静宁州判，署州事，兼庄浪州事，历有政绩。
王家宠　由监生任鸿胪寺序班，升福建光泽县丞。

国朝

沈　陑　字东山。由府学贡生任安溪知县。
孙支玮　字韦玉。任江西都司经历。
孙　省　字身之。应旂次子。由贡生选太康知县，未任。详《懿行传》。
徐　杰　由附贡任长安县丞。
施应昌　字法乾。由监生任德兴知县，卒于官。临殁语子开恒、开震，启笥中积俸，为民偿凤逋。详德兴志。
李　月　字少白。布衣能诗，从征广东，任开建知县。
阮　赞　字扬若。由附贡历章丘知县。
阮正颐　字淑莲。工部侍郎尔询四子。以恩荫历兵部主事。
阮维璋　赞次子。由例监授湖北布政司经历，现署宁明知州。
刘天瑛　字彦周。由附监任永城县丞，署正篆。
刘天闻　字达周。由附贡任宝应县训导，署县事。
冯　迪　字子启。由例贡任台湾县丞，历署正篆及凤山县事。
施梦兰　字其中。由监生历惠州府通判。
施元良　字载扬。由监生历任顺天府经历。

卷之十四　选举二

施元恭　字恕述①。由监生任巨野知县。

徐　恪　字念纯②，号敬庵。由附贡任昆山县训导，事孀母以孝称。安贫讲学，课士有方。

唐文德　字孚远，号厚庵。以父邦杰荫知山西保德州。孝廉徐廉少卒，妻康氏守志，内外两家欲夺之，讼于庭。文德讯其以贫故，为解俸置恒产十五亩赡之，得终节。累擢户部郎中，出知金华府，卒于官。

胡　湛　由附贡任铜陵教谕，署县事。

施五采　由监生任邵武府通判。

---

① 恕述：嘉庆府志卷八作"恕远"，嘉庆、光绪县志作"恕求"。

② 念纯：府志同。嘉庆、光绪县志误作"彦纯"。查《宛槐徐氏宗谱》卷二十二，正作"念纯"。

(乾隆)宣城县志

宣城县志卷之十五 人物一

十室之邑，必有忠信；十步之泽，必有芳草。况地方圆百里，山川蜿蟺而郁结者乎？宣自典午以还迄于今，兹其间以勋名事业、德行文章著者，后先踵武，中林之士、野处之民亦各崇尚名节，敦行不倦，并显在耳目，分而纪之，为类九，为卷三，志《人物》。

人物一 名臣 宦业 儒林

名臣

宋

梅 询 字昌言。五代时，祖远椽宣城，因家焉。登端拱己丑进士，历秘书省著作郎。咸平初与考进士，崇政殿占对详敏，上奇之，召试中书，直集贤院，赐绯衣银鱼。是时契丹数寇河北，李继迁攻灵州急，询上书，议以朔方授潘罗支，使自图取。问谁可使者，询请行，上不欲使蹈兵间，询对曰："苟可活灵州，罢西兵，询一人足惜耶？"上壮其言，因遣使，未至而灵州没。还为三司户部判官，屡陈西北事，请大臣临边督战，募游手击贼。又论曹玮、马知节才可用，傅潜、杨琼败绩当诛，田绍彬、王荣等责令自效以赎过。会朝廷以两镇授赵德明，河西平，天子乃再幸澶渊,盟契丹,而河北兵解,询亦遂见疏不用。坐断田讼失实,判杭州,徙知苏州、两浙转运副使,判三司开折司。坐议天书知濠州,为湖北转运使。诸州秋旱,有《请赈饥民疏》。以擅假驿马左判襄州,知鄂、苏二州,为陕西转运使。坐荐举朱能,贬怀州团练副使,又以善寇准徙池州,知广德军,历楚、寿、陕州,复直集贤院。改直昭文馆,知荆南,擢龙图阁待制,历龙图阁枢密直学士,改翰林侍读学士兼群牧使,累迁给事中。仁宗御迩英阁,读《正说养民篇》,览历代户口登耗,顾谓侍臣:"今天下民籍几何?"询对曰:"先帝所作,盖述前代帝王恭俭有节则户口充羡,赋敛无艺则版图衰减,炳然在目,作鉴后王。五季生齿雕耗,赖祖宗休养,天下户口盖倍于前矣。"因诏三司及编修院检阅以闻。病足,出知许州卒。询好学有才辩,少能慷慨见奇,自以蒙遇主知,雅意经世。初,真宗尝欲命知制诰,惟是灵州之役与宰相李沆异指,沆力言其望轻,不可。论者以灵武藩扞中国,西酋所必争,沆,贤相,不当议弃灵州。询在许昌,继迁孙复以河西叛,朝廷出师边陲,而询已老,不复言兵,西亦亡息肩之日矣。著有集二十卷。子鼎臣,举进士,历翰林学士,上飞白书"墨庄"二字赐之曰:"美卿世居文翰之地也。"宝臣,领乡荐,先卒;得臣,殿中丞;辅臣,卫尉寺丞;清臣,历司门郎中。

魏良臣 字道弼,溧水人,徙居宣城。登宣和辛丑进士,调丹徒尉。徽宗南巡,良臣疏请还阙,不报。移寿昌令,召对,擢吏部员外郎。金人犯淮,高宗以良臣可属大事,命请行成,会边臣骤袭金军,兀术怒曰:"使者以盟羁我。"良臣对曰:"始朝廷议定乃遣,其后恐易相臣,或边将觊功,愿早定计报天子,不则死无恨。"金人遣归如约。出知漳州,未赴。历迁左右司检正,权吏部侍郎。后复使金,兀术颇有意悔盟,良臣请观国书,曰:"分淮画守,初议也。今欲界长江,非所敢知。"执论久之,竟从初议。秦桧稍忌之，出知池、庐二州。桧死，召拜参知政事。首请出衣冠之囚，归蛮瘴之冤，遂特起淹抑，诏追无虚日。时军政寝弛，于是核军实，禁工役，罢贩贾，观听一新。然群邪侧目，竟以资政殿学士出知绍兴，寻诏录宫祠自便。起知宣州，历潭、洪二州，卒赠光禄大夫，谥敏肃。子伯友、仲恭、叔介，皆贵。

吴　渊　字道夫，柔胜仲子。幼端重力学，五岁丧母，哀慕如成人。登嘉定七年进士，调建德簿。丞相史弥远与语，谓渊国器，欲授开化尉。渊雅不肯躁进，辞以亲在，当禀命。弥远闻之改容。寻辟令，江东九郡有讼于使者，辄以属渊。改差浙东制置司干办公事，居外艰，累诏夺情，力辞，且贻书政府。时史嵩之方夺情应诏，或以妨时宰言，渊弗顾，敕许之。服阕，差浙东提举干办公事，历直焕章阁，知平江兼节制许浦水军，提点浙西刑狱。会衢、严盗发，调遣将士招捕之，以功累进右文殿修撰兼右司检正。适政府欲用兵中原，据关守河，渊谓国家力决不能取，即取之不能守。丞相郑清之不悦，出知江州，未几，边事一如渊言，清之致书逊谢。差知镇江，定防江军乱，兼淮东总领。迁太府少卿，历权户部侍郎，以总领兼知镇江。入对陈九事，御史唐璘击之，以前职提举太平兴国宫。久之，加宝章阁待制，起知镇江兼总领，历宝章阁直学士，知太平兼江东转运使。两淮流民入境者四十余万，渊亟抚而济之，便令土著，境内肃然。加华文阁直学士、工部尚书，历沿江制置副使兼提举南康军，节制蕲黄、安庆屯田使。湖南洞寇蔓入江右，袁、洪大震，渊命将讨平。迁兵部尚书，知平江、浙西两淮发运使。渊前知隆兴、镇江及平江，岁并浸困，渊全活者总百八十余万人。历进端平殿学士、沿江制置、江东安抚使，知建康兼行宫留守，节制和州、无为、安庆屯田使，朝廷付渊以光、丰、蕲、黄之事，创司空山等三大寨，嵯峨山等二十二小寨，分立队伍，星联棋布，诏以渊所列二

卷之十五　人物一

十五事究心军民，拜资政殿大学士，封金陵侯，赐"衮绣堂""忠勤楼"字额，进爵为公。历观文殿学士兼总领湖广、江西、京西、湖北军赋，帅兵二万往援川蜀，与汪惟立力战，败之。宝祐五年拜参知政事，越七日卒，赠少师，谥庄敏，赙银绢五百计。渊有材略，尚气节，所至兴学养士，立政严肃，时有"蜈蚣"之谣，盖群小蜇语也。著《易解》及《退庵文集》《奏议》。

吴　潜　字毅夫，柔胜季子。登嘉定十年进士第一，授承直郎、金镇东军节度判官，历迁尚书右郎官。都城火，潜疏言："陛下斋戒修省，恐惧对越，必使国人孚信，毋徒减膳撤乐而已。阉宦女宠，愿勿亲昵。明诏二三大臣，力改弦辙，收召贤喆，屏斥贪邪，庶几天意可回，易乱为治。"又言："重地要区，当豫蓄人材。"贻书丞相史弥远，论格君心、节奉给、恤都民、用老成、选良将、革吏弊六事。历太府少卿、淮西总领，白政府："金人既灭，与北为邻，当以和为形，以守为实，以战为应。今内地荼毒，不宜轻启兵端。"其后淮师败亡，皆如潜言。迁太府卿兼权沿江制置，知建康、江东安抚留守，疏论保蜀襄、防江海、进取有甚难者三事。端平初，诏求直言，潜陈顾天命、植国本、笃人伦、正学术、畜人材、恤民力、边事鉴前辙、楮弊权新制、盗贼当探祸端九事，忤时相，奉祠。改秘阁修撰、太常少卿，奏造斛斗输诸郡租、宽恤人户、培植根本凡十五事。知太平，言和战成败大计，宜急救襄阳。京西既失，当招收京淮精兵以保江西。权工部侍郎、知江州，辞不赴，请养宗子以系国本，镇人心。改权兵部侍郎兼检正，上言"襄汉溃决，兴洒破亡，两淮俶扰，三川陷没，望陛下念大业将倾，士习已坏，警于有位，各励至公，则危者尚可安，而衰症尚可起也。"试工部侍郎兼沿海制置使，知平江，条具材用凋敝本末，以宽郡民，与转运使王野争论。历试户部侍郎、淮东总领，知镇江，言边储防御等十五事。权兵部尚书、浙西制置使，申论防拓江海，团结措置等事。

进吏部尚书，知临安，再乞选近族，俟太子之生，帝嘉纳。兼侍读经筵，历金书枢密院事，封金陵郡侯，以旱乞免召。兼参知政事，入对言："国家今日之病，不但仓扁，庸医亦望而惊矣。愿笃任元老，博采众益。"淳祐十一年，入为参知政事，拜右丞相兼枢密使。明年水灾，罢。又四年，授沿海制置大使，判庆元府，条具军民久远计，积钱百四十七万有奇，代民输帛，前后捐逋税五百四十九万有奇。丐祠，封崇国公，判宁国府。以醴泉观使兼侍读召入，论畏天命、结民心、进贤才、通下情。进左丞相，改封许国公。元兵渡江攻鄂州，别将由大理下交趾，破广西、湖南诸郡，潜奏："今鄂渚被兵，湖南扰动，良由奸憸虚议，迷国误军。臣年七十，躯命不辞，所深痛者，臣交任之日，兵在上流，已逾黄、汉，广右已陷宾、柳，谓臣坏天下事，亦可哀已。"又论："近年公道晦蚀，忠嘉绝响，天怒人怨，而陛下不察，积为宗社之忧。"因劾章鉴、高铸、丁大全、沈炎等属。将立度宗为太子，潜密奏云："臣无弥远之才，忠王无陛下之福。"帝怒潜，卒以炎论落职，命下，中书舍人洪芹缴还词头，不报。责授化州团练使、循州安置。潜预卜死日，语人"夜必雷风大作"，已而果然。四鼓开霁，撰遗表，作诗颂，端坐而逝，循人冤之。德祐初，追复旧官，赠少师。史称潜忠亮刚直，持论近正，建储之对，使或怀顾望，为子孙地，又安有斯言哉？才长于奏对，凡三百余疏，载八世孙宗周所为年谱中。

元

贡师泰 字泰甫，奎季子。生有奇质，受业于吴澄，即见器许。在太学时，一日过钟楼街，遇妇人车，得遗囊道上，皆大珠也，亟追还之。他日知为黑厮侍郎母，侍郎询其人不得，泰终不言。天历二年擢第，为绍兴路推官。山阴白洋港有大船飘近岸，史姓二十人适取卤海滨，以无主取其篙橹。船中有二尸，徐某者称为史等所劫，史佣富民高氏家，史诬服，高并就逮。师泰密询之，则里中沈某载物抵杭归，渔者张网海中，因盗网取鱼，为渔者杀，其冤始白。游徼徐裕巡盐过诸暨，夺商所赍钱，扑杀之，投水，走告县人："犯私盐赴水死。"官检视有伤，乃竟以疑狱释。师泰覆案之，具得裕杀人状。余姚孙国宾获姚某造伪钞，受赇释之，执高、鲁二人，诬同造，高但尝为姚行用，鲁与孙有隙，故并连及。师泰疑诘之，辞屈，即释鲁，加高本罪，姚论死，孙并伏法。其谳狱详明多类此。秩满，入翰林为应奉，预修后妃、功臣列传。历翰林待制、国子司业，拜监察御史。元制，台省斥南人不用，南人居台省，自师泰始。至正十四年，除吏部侍郎。江淮兵起，京师乏食，诏师泰和籴浙右，得粮百万石。迁兵部侍郎，巡察京师至上都驿户，一按其贫富而高下焉，数十郡贫者赖以稍苏。豪贵深嫉之，会仍和籴浙西，遂除师泰都水庸田使。明年，迁福建廉访使，除礼部尚书，未赴。调平江路总管。张士诚兵渡江围城，守将哈散沙战败，师泰不能守，亦弃城去。寓海宁，作《幽怀赋》见志。江浙行省达识帖睦迩以便宜授师泰两浙都转盐运使，剔积蠹，通利源，大课以集。历户部尚书，转漕闽海，以盐引易粮给京师，凡数十万石。召为秘书卿，行次海宁卒。师泰性倜傥，仪状魁梧，以文学知名而优于政事，所至辄著绩。喜推毂后进，士誉翕然归之。著《诗经补注》《友迂集》等书。

明

张 纶 字大经。湖广参政晔之孙。晔父当戍边，自请行，朝廷怜其志，听以弟皞代。累功为富峪卫千户，纶因占籍。领顺天乡荐，成化甲辰举进士。知盐山县，诛锄豪恶，夺贵戚侵田。擢监察御史，巡通州仓，故人有以苞苴来谒者，谢勿见。尝按真定诸郡，平乡令欲增淤田税百余顷，檄报淤决不常，不可遗民患。升光禄少卿，历大理寺卿。兴、襄二府争滩地，连逮七十二家，久不决，纶为调停奏上之，事遂定。改刑部左侍郎，奉诏推治博野、庆成二王狱，称旨，降敕褒谕。累官至右都御史。时政柄荒落，中官用事，正德十六年，纶奏恶党秦用等当诛，不可赦，内连及巨珰，萧敬等从中间之，月余不下，因乞致仕，许之。还宣城，岁余卒，赠太子少保。纶自筮仕，所居必尽职求称，其在言路，持论必存大体，耻掇拾长短以为名。李东阳称其善自树立，非狥世浮沉、无所顾惜者可望也。著有《出巡录》《宪台奏稿》《棘台驳稿》《敬亭文集》诸书。子乾、幹①，并领顺天乡荐。乾仕至南京户部员外郎、辽府长史，幹南京大理司务，韩荫仕即墨知县。

梅守德 字纯甫。少隽朗，与同郡周怡善，吏部尚书李默判郡日，深器之。登嘉靖辛丑进士，授台州推官。台临海，强族多阑出中国货，奸民互市，钩致倭寇。守德请御史下其事按治，势家屏息，郡赖以安。擢户部主事，监徐州仓。时辅臣严嵩威虐朝士，给事周怡、御史杨爵、员外刘魁以忤系诏狱，守德作《三君咏》寄之。改吏科给事中，弹劾益有声。府尹胡奎因嵩戚骤迁工部侍郎，力疏其贪状以闻。方士徐可成与嵩比，以祷祀得幸为太常卿，又疏驳弗许，嵩衔之。转户科给事中，册封辽藩，出知绍兴府。时两浙倭炽，数杀守臣，嵩表守德材略，遂有是命，实挤之危地也。守德怡然就道，缮城搜卒，兴学教士，均田赋，核湖税，民称便。升山东曹濮道兵备副使，改督本省学政。世宗方勤醮祝，令陶真人祈年泰山，陶怙宠有所干请，斥谢弗为礼。迁云南参政，以母老不赴。归建书院讲学，世称宛溪先生。隆庆中屡荐不起。守德敦文学，尚气节，居垣中多所建明，以权奸见忌，故不至大用。著有《宁国府志》《徐州志》《宣风集》《古今家

---

① 据下文，此处当脱一"韩"字。

戒》《无文漫草》等书。

徐元太 字汝贤。嘉靖乙丑进士，知江山县。丁内艰，服阕，补魏县，政绩卓异，擢吏部主事。尝分校万历丁丑闱试，所拔皆名士。时首辅张居正怙势熏灼，其子弟方就试，主司相戒勿遗，元太独持议非之，且摘其纰谬，置弗录。事竣，宰臣以积隙摘元太取同邑沈懋学为嫌，将讽御史论之，会廷对，上亲擢懋学第一，事遂寝。左迁山东参政。居正疾甚，巡抚及诸藩臬祷于岱，元太又独不往，众大惭。改陕西按察使，思中以危法，值居正殁，稍迁至顺天府尹、都察院右副都御史。时蜀中河东杨柳寨酋喇麻、绰儿柘、占柯等族拥众入平裔堡，大肆杀掠，河西偏头小姓诸部皆应之，西南大震。事闻，以元太巡抚四川。元太至，指授方略，谓二寇虽犄角为势，河东尤桀黠首祸，剪此河西可不战而下也。遂檄酉阳、播州[1]、平茶土汉兵二万人急击之，破寨三十五，斩首二千余级，生捕喇麻等。进壁河西，偏头、埋奴果惶怖乞降，遂用唐张仁愿遗策，筑城黄沙坝，以控扼诸羌。两河平，皆如元太所料。明年，建越、马湖、乌撒诸酋复大逞，元太悉讨平之，拓地九百余里。以功进兵部右侍郎，荫一子。历刑部左侍郎，转户部总督仓场，加正二品服俸，权知兵部左侍郎事。升南京刑部尚书，遂乞归，家居十余年[2]卒。元太状貌岳岳，丰棱严正。于书无所不读，尤晓畅军事，镇蜀数载，勋略为人所传颂。著有《史鉴吟》《易编》《喻林》《抚蜀奏议》等书，大学士刘宇亮为作传，平番纪功诸碑，司马汪道昆、参政吴国伦撰文。子臣庆，万历壬午乡荐，工诗，早卒，有《白龙草》；廷庆，荫未任；之庆，刑部郎中。

徐大任 字重夫。隆庆戊辰进士，授工部主事，留心国储，

---

[1] 州：底本原误刻作"川"，据《明史》及嘉庆、光绪县志改。
[2] 十余年：当作"二十余年"。

岁汰水衡冗费数十万缗。奉命榷税真州，羡入例奉，悉却不受；力免宣船回空递役之苦。秩满，篋中惟敝衣数袭。历官中外，皆以廉称。常权知京兆尹事，出俸钱置学田数百亩，赡太学生徒，多所奖植。以工部侍郎致仕归。大任研究理学，清介恭直，虽位列卿贰，所居仅蔽风雨，神宗常称其"清节为天下第一"，时人比之范莱芜云。弟大望，万历戊辰进士，知番禺县，亦以廉名。

詹 沂 字浴之。隆庆辛未进士，授新建知县，有惠政。征拜给事中，值星变，上疏修实政以息天警，纠政府私人十余人。亡何，宰臣张居正夺情议起，南省臣希旨乞留，疏具，沂坚不署名，曰："事系纲常，吾不能媚相君，取讥后世。"及居正给假治丧毕，南中疏趣还朝，沂又止之，谓彼未有终制，意趣之何为。居正颇憾之。迁山东副使，寻议裁革冗员，置沂革籍中，勒归里。起知奉化县，转祠部员外郎，迁光禄丞，历南尚宝、太常、太仆卿，权应天府尹事。应天岁额丝价数万，例存十一佐公费，却不受。擢都察院左副都御史，会勘妖书狱，力止株连。咸宁令满朝荐，以事忤珰被收，沂固请得释。楚藩之变，陈善后事宜，凡亲王违制，抚按皆得以白简从事，乞增入敕内，从之。丙午除夕，上谓左右曰："此时廷臣受外觐官书帕，开宴打闹，惟侍郎杨时乔、李廷机，副都詹沂三人清寂可念。"数召对，赐羊酒镪币，其为上所知如此。累疏乞归，不可，遂解组封印，出国门候命。上优许之，有"洁身忘义"之旨。明大臣未有挂冠行者，挂冠自沂始。归即以"洁身"名其堂，分禄赡族人。年八十三卒，赠左都御史，赐全祭葬。沂质略简易，恂恂退让，而自任风纪之重，屹不可夺。著有《洁身堂稿》。伯子应鹏，详《宦业传》。叔子应凤，有文学，以行谊称于乡。国朝顺治初，巡按御史钟有鸣特疏旌礼。

沈懋学 字君典，侍御史宠之子。性跌宕，风骨奇矫，工草隶，善骑射及诗歌、古文词。少喜侠，数往来塞上，谈时事，人多奇之。万历丁丑进士，廷对第一，授翰林修撰。尝应诏赋宣宗《玄兔图》诗，称旨，御书"谨言行，明礼义"六字以赐，眷遇日优。会辅臣张居正以父丧夺情，台省希旨保留，懋学奋然与同列赵用贤、吴中行辈约，各上疏论列，吴、赵疏先入，被旨廷杖，懋学急持章往救，大略谓："元辅之去留为天常所系，言官之忠佞为国是所关，臣观某等所言，诚不忍居正之陷于不孝，言官之陷于不忠耳。今赫然震怒，摧直臣正士之气，异日虽有良谋至计，谁肯为陛下言者？"语甚剀切。袖入长安门，格不得上，遂移病径归。居正闻之，恚甚，将图中之。偶同邑生吴仕期为拟《上执政书》，中丞胡槚遂以诽谤罗狱中，胁使词连懋学，仕期至死不承，乃已。自是，懋学扁舟野服，放浪西湖、苕霅间，寻登白岳，憩九华，或痛饮歌诗，挟声伎自污。数年，居正颇悔，欲复其官，值病卒。崇祯末追谥文节。著有《郊居集》。司寇王世贞志其墓。子有则，万历庚戌进士，见传[①]。

张守道 字岸先。万历甲辰进士，授户部主事，视南徐仓，有中使采木过徐，役民助挽，甚困，守道为捐仓羡以代徭，徐民德之。以内艰归，服阕，补兵部武选司员外郎，朔望必礼杨忠愍继盛祠，且刻其奏议，盖忠愍尝以武选主事抗节死故也。所理军政，精核异群僚。寻调吏部稽勋司，历验封、考功郎，始终廉谨，多所澄清，时称"水镜"。适魏珰扇虐，不附己者祸辄及，守道毅然乞南还，得南太常寺卿。诸贵人走魏祠如鹜，独守道绝足不入。崇祯初，转工部侍郎，葺奉先殿及内外城，罢芜关小舠税，兼署户部度支，调摄饥军，无遗策，以积劳卒。诏赐祭葬，赠工部尚书，荫一子。守道谦抑孝友，尝急其兄难至破产。母太淑人潘卒，庐墓侧三年，虎绕其墓，三月而去。家居不近姬侍，尝构濯缨亭于澄江桥畔，至今人思其清德云。孙廷纲，由恩荫官

[①] 见传：嘉庆、光绪县志作"见《文苑传》"，据体例当是。

(乾隆)宣城县志

惠州知府。

宦业

唐

罗立言 贞元进士，令阳武，迁河阴，始筑河阴城。当筑处率为富人大贾所据，乃下令画地，使民自筑，民惮其严，数旬而毕。因设锁绝汴流，奸盗屏息。迁庐州刺史，召为司农卿，与郑注、李训善。擢京兆尹，预甘露难卒。从嘉靖志、本《新唐书》

宋

李含章 少隐居玉山，好学工文，尝读书僧舍，风月良夕，辄吹铁笛，吟啸自若，识者异之。登太平兴国庚辰进士，廷试"春雨如膏赋"，太宗称善。迁屯田都官员外郎，历知祥符，召对，赐五品服。充三司度支判官，改判户部，岁计充羡，奏免诸道供输一年。寻谪监郎州盐酒税。祥符末，起知道州，判三司，乞便郡，出知本州。政崇简易，讼狱大省。二年罢，益高放尚羊山水，哦咏自适。仁宗即位，起知江阴军，赐三品服，引年不许，之官数月卒。含章循公洁己，所历号称职。著有《仙都集》五卷。孙孝先，字介叔，以含章任为太庙斋郎，历虞部员外郎，判池、杭州。改朝散郎，赐三品服，勋上轻车都尉卒。孝先少力学，疏财修义，家无余赀。葬从祖以下十余丧。所交如李泰伯、杨次公、郭功父，皆当世名士。诗、篆、琴、棋，并登妙品。著有《柯山集》十卷。曾孙兼，字孟达，少能文，尝赋学士诗，杨万里见而许之。历知台州，有惠政，卒于官，吏民为之巷哭罢市。祠名宦。所著有《云岩集》。

施元长 字景仁。父涣，不仕，居石子涧，有巢林亭，梅尧臣尝为赋诗。元长该博隽朗，登天圣丁卯进士，调饶州推官，历太常博士。迁两浙提点刑狱，行部越州，论鉴湖不可为田利害甚悉。治平中知洪州，建学校，定章程，务以德义镇俗，大著声绩。累阶兵部郎中。子缜，知郓州，筑长堤四十余里，备田八百顷，郓人德之。次子缚，知循州；结，知吉州。缜子岩求、福求，并进士。

赵 稹 字表微。其先单父人，后徙宣城。擢进士第，历官益州路转运使，真宗谕曰："蜀远而数乱，其利害朕所欲闻，卿悉条上之。"稹一日章数上。蒲江县捕盗不得，逮平民楚掠诬服，稹行部得冤状，悉纵之。迁工部郎中，召为侍御史。时慎从吉知开封，子钧、锐受赇，事连钱惟演，稹与王曾白其奸，从吉免，惟演坐罢。改三司盐铁副使，擢右谏议大夫、集贤院学士。知益州，度支市锦六千匹，计岁织不过千余匹，稹止以岁织数充贡。久之，谪知同州，徙凤翔、京兆府，累迁刑部侍郎。天圣八年擢枢密副使，迁吏部侍郎。章献太后崩，罢为尚书左丞，知河中府，迁礼部尚书，拜太子少傅致仕。卒赠太子太保，谥僖质。

杨 玠 字器之。少笃学，第天圣庚辰进士，历太常博士、员外郎，知袁州。衢、信二州民争水利伤人，委玠决之，玠曰："衢故当上流，水所自出，然衢民频泄水外河，溉不及信，争由之起。"其着令先衢而后信，讼遂平。历知舒州，以朝请大夫、守光禄卿致仕，爵原武县男。与刘敞善，敞为书其先世碑。弟佐，字公仪。举进士，为陵州判官，迁江淮发运使。时汴水浅隘，漕运病之，佐度地凿渎以通河流。京城地势南下，夏苦霖潦，佐开永通河，泄沟浍于野外，而水患息。又议治孟阳河，从之。英宗时使契丹，道卒，诏护丧归，给黄金恤其家。

刘 琦 字公玉。博学强览，立志峻洁。以都官员外郎通判歙州。召为侍御史，建言："自城绥州，数致羌寇，宜弃之。"浙江开漕渠，役甚小，使者张大其事，以功迁官，言者论其非。诏琦就劾，官吏人人惴恐，琦但按首谋二人而已。

(乾隆)宣城县志

王知微 字几之。唐中大夫仲舒后。父庆长,初卜居簧舍傍,教之学。知微少英伟不凡,父奇之曰:"是子当起吾家。"登庆历壬午①进士,佥判贺州,采铅、锡资鼓铸,岁增课至百万。迁秘书丞,知当涂县。时筑万春圩,工役甚急,知微请俟农隙,使者不悦,久乃信重之。累迁都官郎中、朝请大夫,赐三品服。知微与王安石同年进士,安石尝问当世法度沿革,知微唯言:"士去就有命,名器非假人物也。"坐是不进用。后倅龙州②,龙去乡僻远,无恨意。寻致仕。知微谨厚长者,当官有守,所得俸均给内外,家无余蓄。著诗集二十卷。弟知章,嘉祐丁酉进士。子良肱、良傅、良儒。良肱子鉴,力学能义,登熙宁癸丑进士,历江宁、南陵令,皆有惠政。迁南京佥判,阶承议郎。

王荐 字继道。好学,工文辞,从蒋之奇游。登熙宁丙辰进士,元丰末知歙县,专务劝学,兴起教化。时行差役法,荐下令:"户以一人受书,则免其役,来受书者许庭坐抗礼。"富者躬役庭下,大以为耻,由是人物竞劝学,徒日众。植松竹环廨左右,目曰"岁寒亭",日哦咏其间,狱讼大减。蒋之奇为作赋以美之。时苏辙宰绩溪,荐并与课最,转奉议郎。徽志有传。

韩元龙 字子云。以高祖维荫补将仕郎,任天台令。时县久不治,赋入无籍,元龙悉力区画,至③忘家事。有疏豪猾姓名来告者,谢不纳,曰:"一入耳即不以善良待之,彼何以自新?"闻者感化。秩满赐对,除司农主簿,论屯田利病及榷场互市责任不一。历仕至司农少卿,进右司农卿,请外,加直龙图阁、浙江提刑,引年奉祠,卒。元龙性纯孝,常不去其母左右,与弟尚书元

---

① 壬午:底本原刻作"壬辰",误,据前卷十三《选举》改。后文言"知微与王安石同年进士",查王安石为庆历二年(壬午)进士,可以为证。

② 龙州:嘉靖府志同。嘉庆府志、县志、光绪县志均作"龙川",误。万历府志但作"龙",自当指龙州。

③ 至:底本原被铲削,据嘉庆、光绪县志补。

吉友爱甚笃，并以文学显。

章元任 字莘民。登绍圣甲戌进士，除蕲州黄梅簿，历溧阳令。岁大水，道殣相望，乃丐籴于上官，谕大姓出粟，芨舍煮糜饲之。御史周武仲以状闻，差充察访司主管文字，累官朝奉大夫、奉祠，卒。元任有干略，历官州县四十余载，不尽其才。子焘，字彦溥，以父荫补庐州户曹，历刑部员外郎、大理少卿，坐事罢。起知复州，旋改蕲州。为政宽平不扰，蕲产笛簟，例充苞苴，焘悉斥去之。提点湖南刑狱，时全州兵将劫守臣为乱，焘谕遣其众，独诛一二始谋者。杨万里以京职荐，乾道初除大理少卿，拜刑部侍郎。每议狱，傅以经术，时论推其平允，孝宗亦嘉叹之。寻以疾奉祠，加集英殿修撰。治圃南山下，逍遥杖履，酒酣赋诗，属其子及宾客和之。年八十二卒，杨万里为撰志铭。子十人，纲、纯并擢进士。

陈天麟 字季陵。幼警悟，日诵数千言。绍兴戊辰擢进士第，调广德簿。岁饥，代郡将书诣部使者，得粟数千斛以赈。召对称旨，除太平州教授，寻以国子正召，迁太学博士，累官集贤殿修撰。由饶州改知襄阳，修治楼堞，募忠义军，浚古智河，察城中奸细诛之，朝旨嘉奖。改知赣州，时茶商寇赣、吉间，预为守备，民恃以安。江西宪臣辛弃疾讨贼，天麟给饷补军，所俘获送赣狱者，余党并从末减。事平，弃疾奏："今成功，实天麟方略也。"治郡不用威刑，讼牍清简。寻复集英殿修撰，卒。天麟豪爽重义，尤厚乡曲，尺牍多亲劄，词旨粲然。晚益苦学，著有《易三传》《西汉南北史》《左氏缀节》《梅许昌公年谱》，诗三千余篇，号《樱宁居士集》。子五人：木、禾、穑、格、植。

林宗放 字问礼。貌古色庄，不妄言笑，里中以孝友称。入太学，登淳熙丁未进士，廷对激切，校官弗敢置上列，宰相周必大奇之。寻授潭州教授，改通州学，有旧刊《三谏集》载章惇奸状，适惇孙为守，欲去其版，宗放不予。调太平州，四方来学

（乾隆）宣城县志

至数百人，宗放升堂，发扬至理，士皆契慰。改知兰溪，时大姓与吏为奸，逋赋数万，宗放摧折豪强，吏曹屏气，邑号大治。部使者章良肱荐于朝，时欲处以馆阁，不果。授广州通判，番禺海舶例有私献，却不受。乞祠致仕。自号拙轩老人，诗文藻赡，所著《笔谏》等赋，后人传诵之。

元
陈良弼 字公辅。少辟宪史有声，为嘉兴路教授，以廉吏称。修学宫费巨万计，一委有司、部使者稽出纳。调上元簿，坐抗直免。后以承事郎、旌德尹致仕。前宁国路录事吴师道称其才足以集事，辩足以服人，知足以自卫，众谓其知言。

明
张　椿 字德茂。洪武元年由中书曹掾知邹平，时齐鲁初定，民物凋敝，椿政务大体，创学校，建公署，崇祀典，旌孝弟，士民德之。祀名宦，见《邹平志》。
魏资敬 字之觐。宋参政良臣后。洪武初，以通经荐授枣强丞，有治声。秩满入觐，擢监察御史，以敢言称。后谪戍夔州，归里卒。资敬负才略，重名检，为特立于流俗云。
芮　麟 字志文。洪武中，由国子生累官知台州府，明习政体，吏民仰之。尝诖误被逮，父老泣送境外。或遗以金，一无所受。移守建宁，政绩大著。同时有潘惟学，知严州府，以慈惠称。
吴原颐 字师程。柔胜六世孙。洪武庚戌，以明经辟司训郡学，迁国子博士致仕。壬午，典江西乡试，预修《永乐大典》，赐归，卒。仲子让，字尚谦，以岁贡授刑科给事，迁湖广副使，罢。宣德初征授鄱阳令，有声。
秦　逵 字文用。洪武乙丑进士，历仕副都御史，奉命清理

卷之十五　人物一

囚狱，宽严得体，太祖嘉其贤能。擢工部侍郎，议定轮班匠法，验其丁力，更番输作，三年为班，议而未行。逵复议量地远近为班次，且置籍付之勘合，至期赍至工部候拨，免其家徭役，着为令，诸工匠便之。又命修阙里启圣祠。升工部尚书，改兵部尚书，未几仍迁工部。二十四年冬，上以学校为国储材，而士子巾服无异胥吏，宜更制。命逵制式以进，上亲视，必求典雅，凡三易其制始定。赐儒巾、襕衫、绦各一，以为天下先，由是士子衣冠绰有古风焉。二十五年致仕。事详《列卿纪》。

戚逊　字彦志。少强学，有达节。洪武庚午贡，授兵部主事。永乐中历山东参政，岁饥，流移载道，请于朝，未报辄发粟赈之，全活者十余万，诏奖赉。迁交趾布政，引年归卒。

盛璞　字玉夫。性刚方负气，能文。永乐初，以国子生同知宁波府，擢南京户部郎。守黄州，廉爱有德政。历官二十余年，所至不携妻孥，惟行橐二肩，马、仆各一而已。

许森　字茂严。登永乐甲申进士，授四川南充县。南充故多豪民，鱼肉百姓，森下车，约之以法，而不与豪仇，久之，豪自戢曰："我侯宽此一方民，吾何以冈上为？"先是，民苦于皇木解，森革其例之不当应命者，一时俗易风移，善政毕举。寻以责尉，故为尉所衔，潜谮森于当道，谪为民，囊橐萧然，无愠色。至谪所，荒僻不堪，乃作《贫富歌》以见志。未几事白，擢山东御史，森乃闭门作《辞官》诗，拂衣归。

贡璧　字廷器。师泰裔。景泰中领乡荐，擢监察御史，凝重沉毅。成化中，抗疏言星变，宪宗特识其名于御屏，命巡视南畿江防。时江寇往往出盐徒中，贵人多冒禁者，璧持法略不少贷，挺身廉节，无异微时。迁浙江佥事，卒。

刘恕　字宗行。琦之后。由国子生知武城，有惠政。当满，士民诣阙留任三年，增六品秩，调公安，自免归，时论服其廉介。其后有刘汝瞻，字民望，端重寡言，以反躬力行为学，与

(乾隆) 宣城县志

郡人贡珊齐名。弘治中授嘉善训导，致仕卒。所著有《履素集》。刘勖，字时勉，正德中由国子生除饶州府推官，以清节著。尝董景德镇陶事，却例馈，减陶户冗费。刘琰[1]，字廷荣，正德末由国子生知和平，会中丞王守仁讨定浰头山贼，请置县控扼之。琰初承草创，抚循余寇，保翼平民，而教其良秀，邑遂称治。迁判衢州府，以惠称，民为立生祠。

贡 珊 字廷甫。家贫力学，里中称勤博者，必曰贡某云。性孝友，母疾尝粪，兄病疽吮之。举正德辛未进士，知唐山县，锄强右弱，核清河官地以还民。以入觐卒于京，无以为殓，同年友怜而赙之，唐山民奔走哭奠，争出车钱，护丧归，立祠祀焉。著《周易发钥》《正蒙皇极解》《史学断义》诸书藏于家。

徐 说 字以中。户部郎岩之孙。岩性刚直，有清操，累督关陕、徐州军储，著声绩。说登成化戊戌进士，授礼部主事，累擢南京右通政。谦抑端谨，虽秩列闲司，而修举故典，随事尽职。尝持节册封靖江王，资贶甚厚，一无所取。致仕归，务以忠信先乡里。年八十余卒。

赵 瑞 字子祥。领成化丁酉乡荐，除抚州府同知，为政宽严有体，吏民畏服。尝行县，遇二人斗，旁一妇人詈曰："尔尝杀吾父，今复戕吾夫耶？"瑞闻之，遣人追迹，果得杀者尸，时已十八年矣。考满绩最，以彰德知府致仕。端悫惇行，为里闬所推。年八十五卒。著有《静庵集》二卷。

王 盖 字舜功。昌裔孙。正统中昌裔领乡荐，知四州郫县，改山东阳谷，裁抑入贡番僧，以廉干称。寻弃官归，琼崖邱濬作序赠之。盖登弘治己未进士，在谏垣多所弹劾，有直声。孝宗称"南方官人"。时禁军横甚，侵掠官物，盖请治如法，上命榜刻东安门，自是少戢。致仕后不入城市者垂三十年。著有《谏

---

[1] 刘琰：府志同。嘉庆、光绪县志作"刘炎"，恐误。

垣奏书》《石溪闲笔》。从弟遵，字训典。正德辛未进士，历官江西左布政，清约特异。孙环，有诗名。

汪　昌　字大祺。性至孝，母丧，庐墓三年。会岁侵，遗骼填路，昌贫，撤楼板为棺以瘗殍者。后以贡为江西进贤簿。故事，堂上三厅油烛日率二十斤，皆库夫赔办，昌除之。居官六年，廉饬如一日。还里后，御史傅炯敦请相见，辞不内。子义刚，亦贡士，随父在进贤，时寇围城，义刚与知县刘源清披甲上马，射却之。按臣以边才荐，谒选州佐，卒于京。

张　本　字有源。由岁荐除开封推官，正直方严，动必循法，居官以廉谨称。既归，家无余赀，乡人重之。正德中有管文举，亦以岁荐除桐乡丞，卓有志操，见①俗丞事上官卑谄非礼，文举耻之，弃官归，乡称长者。

刘　赞　字诚夫。领正德丁卯乡荐，知山东肥城县，著清节，蝗不入境。以艰归，父老泣送。服阕，补浙江黄岩。邑中豪贵收责多不法，赞执正不阿，中蜚语，移判成都。行之日，民悲啼，勒石道傍云："刘侯与赤子泣别处。"详王南渠《名宦录》。

吴大本　字性夫。正德辛巳进士，知进贤县，有仪宾李贵怙势横暴，以私逋杀人，大本论治之。擢河南道御史，三疏摘阁臣张璁不职状，左迁广东佥事。决疑狱，活赵集等二十三人。终兵备副使。子山卿，廉州别驾，慷慨善吟咏。

梅继儒　字汝真。由国子生仕永丰丞，励操举职，八年一日，其督册清核，邑人称便。聂给事静为传，祭酒邹文庄守益序之。建学兴文，见聂尚书豹记。迁解州判官，弃归卒。后巡抚宋仪望为作传，立石其葬处，题曰"廉吏之墓"。祀永丰名宦。

刘希贤　以掾任余姚主簿，性狷介，不徇势俯仰，卒于官。同僚捡其箧，止俸银五钱，帕二方，令为殓其丧归之。见《浙江

---

① 见：底本原刻作"近"，于义不通，据嘉庆、光绪县志改。

(乾隆)宣城县志

通志》。

徐楠 字任之。嘉靖己酉举于乡,知耒阳县,大兴文学,考绩擢抚州同知。州旧有千金陂,为郡所利赖,久废不治,楠躬督畚锸不稍倦,且倾俸佐役,卒底厥成,抚人为建祠陂上。继摄郡事,有御史居家不法,楠按治无徇避,为御史所衔,免归。与仲兄棐合爨四十年,宦成归,即一衣一器不以自私。子鸿起,号岐阳。举万历庚子乡荐,就霍山教谕,课士有方。升国子学正,改授惠王府审理,导王循礼法,谨制度,王师礼之,特疏荐擢刑部主事。部有闽弁被妻谋杀一案,疑滞累年,鸿起谳决如神,学士黄景昉作《镜冤录》传其事。历升郎中,恤刑山西,凡重辟矜疑得释者以百计。升临巩道佥事,左迁衡州知府。适寇氛猖獗,湖南震撼,鸿起多方保障,藉以无虞。先是,父楠令耒阳,祀名宦,不六十年,子鸿起复来守衡,百姓重蒙其泽,乃于祠前建坊曰"父子济美"。未几,休致归。年八十有四卒。著有《西曹奏议》。

孙潘 字宗禹。嘉靖庚戌进士,知江西永丰县,谳狱多平反。入为给事,时倭寇吴越,赵文华抚师海上,潘条奏及之。无何,文华与抚臣曹邦辅相隙,欲中之,潘论其修小怨,奉相臣严嵩意,乞剪权党以答中外。上怒,谪孝感丞。历知平阳府,建学兴士,祀平阳名宦。著《彤庭》《筹边》《税棠》诸集。兄潮,字宗信。领乡荐,知济源,有逐妖寇功,济人祀之。

唐汝迪 字吉甫,号惠庵。嘉靖丙辰进士,司理真定,立收巨猾,一郡震慑。补吏部司勋郎,严世蕃招饮,困以酒,魋然覆觥于地,辄上马去。严讽言官论之,谪判禹州。寻知雷州,雷滨海,倭寇充斥,海酋犄角为应,倭夕[1]突城下,急登陴授兵,收舟楫之在南岸者,城赖以保。海酋许俊美跳梁城下,汝迪谕以朝

---

[1] 夕:据徐元太《行状》、耿定力《墓志铭》,当作"除夕"。参见《雁翅唐氏宗谱》卷十。

卷之十五　人物一

廷威德，即引去。擢河南治河副使，河决崔家口，有议开复旧河者，上书言不便状，议遂寝。以广西按察司卒于官。侄一相，字君平。万历庚戌进士，除太原司理，仁慈耿介。其上书弥妖书之狱，抚赏笃忠款之心，皆有奇谋。详范景文《传》。子①一澄，字金颖，乙丑进士，官泉州司理，有犀断才，豪贵敛手。适崔苻逼发，澄单骑出城，谕贼投诚，泉赖以安。卓异上闻，擢刑部主事，归。

殷登瀛　字子登，号少庄。嘉靖壬戌进士，知海宁县，期月夙逋尽清，案无停牍，刑措讼息。以艰去，补襄城，复调新喻，考绩擢南京户部主事，历吏、礼二部郎，出知金华府，辄乞休。其在户曹，榷淮关税，作浴心亭以自况，所至多惠政。立朝鲠介不阿。归里杜门，自号九一居士，撰《圣学正脉》《微言辨说》《犀烛集》等书。尝罄产代兄偿税八百余金，解推无倦，自处莫支，怡如也。里人多之。子之辂，字稚坚。万历癸丑进士，除福宁州。州滨海，之辂画防倭策，得无警。改建学址，人文蔚兴，分闱得士冠八闽。擢刑部主事，大司寇邹南皋独加推重，疑谳必咨。时孝廉钱千秋以讹误系，力释之。出知泉州府，数月卒。

徐元气　字汝和。嘉靖壬戌进士，官刑部员外，以断阎氏奸狱忤执政江陵指，出守兴化，寻移成都。出柱狱四十八人，筑灌县石堰，民赖之。历迁云南左布政使，会土官岳凤乱，条上剿抚策，躬督刍饷。事平，擢山东左布政，东省巨室优免溢额，民苦赔累，元气悉清核之。仕终通政使，年八十一。所著有《易学正传》。孙日隆，字从道。善属文，工书法。司训青浦，擢知景宁县。地故多盗，无城，力请城之。出羡镪改建学宫，集诸生讲业。将报最，移疾归。及升山东沂州守，而日隆已卒。景宁民思之，勒石祠祀。子造，由庠生入监，预修《天启实录》，准恩

---

① 子：底本原无，据人物关系及嘉庆、光绪县志酌增。

贡。以长厚克其家。

吴诏相 字廷臣。由乡荐知汝州，振刷颓敝，不畏强御，捕逐大盗，州境肃清。以病自免。二子：伯敬，字长舆，伯敷，字季布。皆力学，敦友爱，前后举于乡。伯敬居母丧，三年不入内，色笑不形，宗族难之。伯敷季子垌，字季野，见《文苑传》。

张克家 字有光。嘉靖乙丑进士，官御史。隆庆时，太子出阁讲学，克家疏请复坐讲礼，触忌谪浚县丞。累升云南副使，卒。克家宽和真率，喜吟咏，雅励清节，历官数十年，居无拓壤，子孙贫至不能自给。

贡靖国 字元忠。性孝友，母早卒，父病，侍汤药，夜见其母曰："无过惧，而父愈矣。"质明果瘳，人谓孝感云。万历甲戌登第，授刑部主事。时相臣张居正欲周内其所憾者，令其子以通家刺投谒，且以铨地饵之，靖国还其刺曰："误耳，原无世谊也。"力争之，事得白。有大猾当坐赇御史，匿不为理，靖国力争之。尚书前卒，抵法。秩满，出知福建泉州府，抚循有法，七邑大治。升浙江盐运使，会场官作奸为蓰院所庇，遂投劾归，囊橐萧然，啸咏不辍。

蔡逢时 字应期。万历丁丑进士，知海盐县，履亩均徭，革胥里诸不法事，筑海塘，御湖患，事详《海盐志》。迁祠部郎，代祷祀者，再赐白金文绮。议藩封禄制，着为令。迁温处备兵副使，图画海防，斩倭七十余人。转河南参政，筑沁堤怀、卫间，河由故道。戢禹州界巨盗，制亲藩，出入有度。擢四川左布政使，归讲学七年卒。有海盐人十余辈来哭墓下。

沈有严 字士庄。州丞懋敬子。性方正节俭，砥饬廉隅。领己卯乡荐。判福州，有循政。旋知德庆，迁漳州郡丞，摘奸发伏，猾吏敛迹。时海寇为患，密计擒之，以母老解绶归。

麻溶 字明之。万历癸未进士，由户部主事历吏部郎，时

卷之十五　人物一

私谒干政，选人壅滞，抗疏言："政府侵铨臣之权，台省伺政府之意，煽构成风，铨法日坏。"坐是忤台臣，出为冀南参政，寻按察山东，益厉循谨，于权贵无所假藉。迁河南右布政，卒。赠太仆寺卿。溶性宽平而行孤介，督学陈子贞尝言："六年内十四郡中，绝无干请者，麻先生一人耳。"其见推如此。孙三衡，字孟璿，庠生，丰仪修伟，慷慨有气节。

梅鹍祚　字仲举。登万历癸未第，由庶常改御史。会郑贵妃有宠，封皇贵妃，是时王恭妃生皇太子五年矣，封不与焉，鹍祚请进封王妃以定国本，且杜他衅。疏词慨切，朝论韪之。已，御史大夫海瑞谓："臣工弥缝贪墨，请用国初重刑。"鹍祚力谏止，谓："刑乱国用重典，奈何盛世建此议？且刑不上大夫，古制也。"议终寝。又疏言："锦衣卫多中官私人，相比为奸，致本兵数易。"语稍侵上，上怒曰："鹍祚少不谙事，姑罚俸。"寻出按西粤，卒于道，年仅三十。家贫如布衣时。

梅绵祚　字公衍。万历乙酉乡荐，以甲辰副榜授娄江学正，为太仓王文肃所称。历迁户部主事，密云兵乏饷，力言于主计者，通他储以济军，得无哗。知柳州，增城修学，抚猺獞，多惠绩，柳人肖像祠之。所著有《龙城署草》等稿。伯子士龙，乙卯举人，有俊才，早卒。仲子朝宗，丙寅恩贡，宰罗源，尝戢一贪弁，捕治猾贾，宽民害，罗人德之。

叶　炜　字文光。万历丙戌登第，除上高知县，会大旱，步祷辄雨；具粥药，全活无算。迁余姚，历河间守，为政宽简便民。余姚有汝仇①、牟山诸湖及海壖地，为海滨豪家所侵，炜清复之，并作堤堰，甃以石，民得时其蓄泄，亡旱涝忧。任邱有杀人者，倚叔中贵得缓死，竟论抵罪。累迁浙江布政使司右参政、

---

①　仇：底本原作"汎"，《江南通志》、嘉庆县志同，嘉庆府志、光绪县志又作"汝"。查《余姚县志》有汝仇湖，则历修府县志皆误，因改正。

分守杭严道，致仕归。尝曰："天下惟道德为不毁，世间独真实能长存。"时以为名言。孙嘉征，顺治丁亥进士，宰鳌屋有声。

徐梦麟 字惟仁。万历丙戌进士，清刚绝俗，持论侃侃，人不能夺。除长葛知县，再迁至南武库司郎中，出知河南府，改登州。靖倭警，属吏有忤珰者，惧不免，力为直之。擢青州兵备副使，就迁山东提学，所拔多名士。历督粮参政、按察使，以母老终养归。及卒，庐墓三年。起南太仆少卿，寄家人诗曰："平生宦况犹江水，日对青山夜读书。"寻拂衣归。子淑，字善生，博雅善书法，有《东田诗集》。

颜文选 字巽之。万历丙戌进士，知江夏县，擢户科给事中，遇事敢言，在谏垣十一月，疏十三上，其《请建国储疏》尤激直。会推邹元标府丞久不下，疏力请，上怒其党类市恩，外谪。后赐敕追褒，晋阶光禄少卿。

梅守相 号春寰。教授继善长子。万历己丑进士，初授魏县令，魏故称难治，守相抚循之，充然有余。父卒任所，守相踊擗扶榇归，双足肿裂，哀感行路。服除，补南昌令。南昌于江县最剧，大绅居省之半，守相治之亦如魏，不声色而化。除工部都水司，奉夏镇差。先是，汶、泗泛溢，徐、沛堤溃运梗，廷议岌岌。守相悉陈泇河利运状，疏上方略，迁郎中董其役，身历涂潦，冒艰险者九载，奏成功。自李家巷、刘昌庄开新河三十里，浚旧河四十里，筑堤二十七里，建闸二座，滚水坝一座。上深嘉其功，擢山东布政司参议，备兵东昌。寻升副使，奉敕提督七省漕储。升广西按察司廉使，致仕归。守相自幼廉静寡欲，承父训，以不愧不欺为兢兢，授诸弟经，凛如严师，皆以次登显宦。子历祚，壬午举人，昌明理学，为四方所宗仰，崇祀乡贤。巙，庠生，夙有文名。守相弟守极，号斗枢。万历丙子举于乡，初授安吉州。安吉地接孝丰，旧有水道可通商旅，每为两境豪右所阻，久渐淤塞。守极力请开导，捐俸募工，舟行利济，因名曰

卷之十五 人物一

"梅溪"。秋蝗蔽天，哀声遍野，守极虔祷，蝗不侵界。以艰归，庐墓三年。起除高唐州，厘弊兴利，绩最冠山左。当行取，时弟守峻居铨部，引嫌不欲躐内职，量迁建宁郡丞。寻移通、冀二州，州为畿辅冯翼地，中贵人所丛窟，益厉清操，一时慑服。寻迁南户部郎，榷清淮税，皭然不滓。寻致仕归。守极丰姿伟秀，才明决而一出于惠爱，所至皆建祠肖像。其在安吉，士人以神事之，立庙梅溪，春秋致祀云。孙清，甲午举人，别见《文苑传》。守极弟守峻，号大庾。九岁能文，有神童之称，督学耿定向首拔之，曰："此天下奇才也。"携之历苏、松、安、池诸郡，与诸士较，试辄冠军，诸郡折服。中万历癸未会试，闻母病，不俟殿试，先期告归。丙戌授户部陕西主事，辛卯典试山西，起复职方司，转吏部主事，历稽勋、文选诸司，掌大选者六。时神庙久不御殿，不建储，守峻上《国本时政》一疏，持论侃侃，不避谴责。疏凡三千余言，聆者凛然股栗。神庙以前闽人多不入相，守峻亟荐李廷机、叶向高器任公辅，后两人相继为名相。先是，掌铨衡时抉弊清蠹，神奸悉发，黠吏假印伪官，挟仇反噬，上察其诬，独加优奖。著有《发奸颠末》等书。寻以参政出守潼关，一时握六印兼摄学政，尽革时弊，作新士风。未几，告病归。弟守和，号镜水。性廉静，闭户绝俗，以诗文雄视一世。戊戌举进士，廷对二甲第一人。任礼部主事，奉使益藩。调郎中，督学河南，谢绝竿牍，偶有以家书投者，对使焚其书。甄拔孤寒，品第高下，无毫发爽。丙午乡举八十人，其六十七人皆首拔士，中州风气为之一变。寻分守汝南，转广西按察使。粤西地瘠民疲，轻狡善讼，守和一绳以法。有王府护卫官侵剥民，为民患，立请于王，擒治之。由是奸宄屏迹，俗用大和。以最擢本省右布政使，卒于任。室惟釜钟，箧中图籍之外无一物，民哭之罢市。所部守令经纪其丧，具舟载梓以归，名宦、乡贤并祀之。

胡国鉴 号瞿石。父世冕，践履笃实，多隐德。国鉴幼即苦

（乾隆）宣城县志

志，穷馁自甘。登万历壬辰进士，乙未授行人司，报满，以例不得移赠，草疏陈情，笃挚肫恳，特听貤封，遂着为令。庚子①典试关陕，号称得人。甲辰，升礼部仪制司。三吴告浸，疏请赈济，众赖以安。丁未，转精膳司员外郎，寻转吏部稽勋、文选、验封诸司员外郎。辛亥，调南京礼部郎中。乞归，杜门著述。子尚洪，字叔开。性醇谨，锐于学。入南雍，与辑《熹庙实录》，例应准贡，授郡倅，不就。尚洪子梦龙，号鲁山。由拔贡除知枣强，俗好斗，前令严治之不止。梦龙下车，宽法省刑，狱讼衰息，减差马之累，厘食盐之弊，民赖以苏。值岁旱蝗，梦龙步祷于城隍神，霖雨立沛，蝗亦他去，不为害。盐徒数百人长驱入境，亲督衙官壮役捕平之。正月朔，吏捧示请署书衔处，误"胡"为"故"，笑而改之。其宽厚类如此。先是，尚洪一舆一仆至任所，戒以三事曰"额外不可征、暮夜不可受、非法不可刑"，梦龙能守其教。旋解任归，理家政，置祀田，有文正遗风。子溶，康熙丁巳举人。

濮阳春 字生甫。万历辛丑进士，知上高县，调海盐，均徭役，便贫民。有都谏子贩私鹾，捕之，反以石击杀挥使，春逮治如法。诸司为之解，不从。迁刑部主事，历郎中，遇事详鞫，务得其情。坐蜚语当夺一官，遂告归里居。建桥筑堤，行旅至今称德。

徐汝正 号二寰。万历己酉举人，居乡以端谨称。天启丁卯除西乡知县，时瑞藩封汉中，道西乡，舳舻相望，驱民夫牵挽，不胜驿骚。汝正操小艇，怀笺谒王，为民请命。风作，王舟压艇，溺死。求尸三日，始得之湍水中，犹冠服端坐石上，一门役捧足而跪，邑民无老幼皆环哭失声，立祠祀之，今相传为汉江神。

---

① "庚子"前底本衍一"典"字，据光绪县志删。

卷之十五 人物一

徐腾芳 字云卿。万历庚戌进士，知新津县，著《武阳政略》。知富顺，除课税，罢册租，以循吏征。会忤中珰意，迁同知九江府，时桑落洲崩溃，芦课无出，议请崩则蠲、荒则减，州民德之。迁知真定，平戡妖贼。寻升兵备易州，擒妖党于弘志等，破其众六千人。条议十余事，悉中肯綮。朝廷欲以边才进用，迁陕西参政，卒。

冯汝京 字宋臣。万历庚戌进士，以户部郎视西新仓，却例金。都市米踊贵，请便宜发庾，价遂平。司饷辽东，钱谷清核。寻迁密云兵备，时事棘，思奋袂当一面，炼火器，募死士，制长梃，为大铁链截古北水口防敌骑，有捍御功。性倜傥，好解推，故旧赖以举火者数十家。子昌龄，由应天府学拔贡，任苏州府学训导。昌龄子祖快，上元县学增生，顺治初从征广东，以军功历知博罗、增城、香山三县。

梅国祚 字景灵，号华平。父守鼎，隐居不仕，以至行闻。国祚孝友，博综群书，富诗文，风骨矫峙，不浮沉时俗，郡守郑公继之深器重焉。由岁贡任杞县训导，随授教谕，黜浮嚣，崇祯学，宏奖士气，贫者岁资膏火，识拔侯应瑜、刘理顺于俦人中。以上官交荐，除绵竹令。蜀地滨江州县小民肩贩为业者例征行税，时内珰邱某监税事，勒绵竹如例，商民俱困。国祚具原委，请于上官，汰除之。曩绵竹有甲夫以应徭役，设党正、副统之官，岁取纸价银，谓之"红钱"。其绅士有请免党中甲夫者，实私备驱使，受挞辱，民益苦之。国祚闻而骇曰："何有此不平事？"即革去红钱，禁私派，绅士毋敢役使穷民，民力遂纾。未几，以建振古楼不便于某宦，宦谗之，遂拂衣归。郡邑举乡饮者三，弗应。著《景灵全集》行于世。子四，士领、士顺、士颖、士玹，并诸生。士颖，字茂先，英敏博洽，工文善楷，著《东居草》《课余吟》各数卷。士玹，自有传。

詹应鹏 字翀南。副都御史沂之伯子也。万历丙辰进士，历

(乾隆）宣城县志

户曹三仕①，天启中，边饷告急，应鹏请立新、旧二库，出纳有度，国计赖之。出知嘉兴府，时逆珰煽虐，罗织诸贤，嘉禾魏大中坐系，一时士大夫相顾错愕，莫敢睨视。应鹏独躬饯道左，相持大恸而别。又尝辨明某孝廉枉杀之诬，出之死狱，召讯奸恶，立置上刑，一时有"民不自冤，士雍且娴"之谣。擢兵备嘉湖道，寻迁两浙右参政，总督粮储。前此，蠹胥蚕食小民，应鹏饬法剔弊，害革利兴，士民立祠祀之。辛未告归。著有《巢云阁集》及理学诸书。年八十一卒。弟应凤，廪贡，性孝友，有文誉，巡按钟有鸣特疏旌礼。应鹏子希颢，壬子副车，著有《清寂遗居文集》。

詹应鹤 号九皋。由国子生仕闽省盐运司参军，值岁歉引滞，平其价以通之，一时常股存积，诸弊悉为厘清，有功蓰政，以廉干闻。未三年，以不肯媚上官罢归，闽中士大夫作诗送之，有"商当痌瘝恩常渥，人易奸回法必兢"之语。子希震，少负经术，尊师重友，慷慨好施，有父风，唐中翰允甲为之传。震子宇，乙丑进士，见《懿行传》。

张 星 字台垣。以恩贡知馆陶县，创置廉贮仓，饥岁藉以无患。相国朱有婿夺民居，执其仆笞之。相国怒，寻察其为循吏，转引罪延誉。擢河间同知，调天津。饥民五十人以避寇至津，吏疑而捕之，星悉纵之去，曰："某不惜一官易一命，况五十人乎？"又减卫军丁钱，定为例。会大珰卢惟宁监津、通诸军，贵倨，檄守令以下皆入拜，众皆奉令，星独奋然曰："吾讵能辱身扫除役乎？"遂投劾乞休，督抚、监司察其才，不听，已，督抚定议如司道谒督抚礼。星入谒，珰上坐，左右喝星跪，星立叱曰："岂有屈膝张同知哉？"拂衣出。珰恚，诬劾星，免官归。尝元旦，一贫友丧母，哭告星，慨然镕己带助殓。又尝焚故宦千

---

① 三仕：此二字疑衍。嘉庆府志无。

金之券，不责偿，人皆以为难。子凤征，字威凤，号北楼。由拔贡知琼州陵水县事，陵水故瘠邑，兵歉继之。凤征至，裁里甲常费，集流移，抚伤残，绥辑夷黎，悉听约束，间民安业。又建议请清丈田亩，罢补饷新税，免渔课，令有司监给兵饷，民皆便之。尝即文庙旧址构堂庑，学宫一新。有帅府差使辱诸生王登妻，凤征绳以法不少贷。考绩以卓异荐，未及上，卒于官，士民祠祀之。

刘维仁 字孔安。崇祯甲戌进士，历知钱塘、铅山、魏县，洁己爱民，狷介寡合。遇乱归，绝意仕进。所居不蔽风雨，敝衣徒步，习以为常。或日午不能炊，高卧晏如。郡守孔贞来为捐俸置田四十亩，始继饘粥。年八十五卒。

徐律时 字乾若。崇祯庚辰进士，知胶州，清介自励。时土寇讧发，亲率州人防御，民得安堵。

国朝

孙　襄 字惠可。前甲戌进士，任广州推官，多活疑狱。入为户部主事，督饷宣府，有能名。顺治甲申授刑科给事中，时方用兵，诸司决狱率意为轻重，襄请议定律令，刊布成书。随迁吏科左给事中，请定计典以尊朝廷，励官守，前后诸疏多被嘉纳。寻以父丧还里，会镇将率兵剿昆山乡贼，襄戒以无枉戮，贼平，居人安堵，襄有力焉。又宁郡贡黄连，非方物也，属滇、蜀道阻，值贵几与金埒，襄力言于操江巡抚，疏免三之二，郡人赖之。卒后祀乡贤。子二：长都生，字玉京，由贡生任湖广衡阳县知县，性恺恻，有父风，决狱多所平反，衡民德之。次卓，见《文苑传》。

汪　观 字颛若。顺治乙未进士，知湘乡县，申复废站，苏驿困，兴弦诵，赈流民之饥者。未期月以母艰哀毁卒。其为政，廉静不苛，湘人安之，为请祀名宦。

(乾隆)宣城县志

钟无瑕 字缺如。前山阴令震阳子。顺治戊子恩贡,知氾水县,氾俗椎鲁不知学,无瑕首蠲俸修学宫,勤课士,氾人始寖寖向化。又大户多恃势作奸,里赋不均,小民病之。无瑕请于上官,以熟地六分、荒地四分为一里,并强弱苦乐而均之,赋乃平。治河鸠工,役不告疚。绩称最,以内艰归。服阕,补富川县。县号沃野而多盗,盗之豪者身为盗薮,巡司不敢捕,无瑕诱致之,毙于狱,四境始宁。除赋羡,俾民乐输,并完前任三令积逋。阅七月,邑称治。推知光州,未任卒。弟无竞,博学知名。子铭文,字有锡,号端亭。少孤,孝奉孀母,性醇悫。从吴肃公讲明诚之学。康熙戊午,以恩监生领乡荐,庚辰成进士,谒选授湖广绥宁知县。县僻楚南,苗猺杂处,铭文至,劝耕种,宽徭役,作新诸生,勉以经学。先是,苗与县民屡讼不决,将成大狱,铭文平理恕情,反复开导,两造悉平。后以辛卯外帘诖误,移疾归。待亲旧多所抚惜,于肃公后人尤厚。

吴六一 字圣水。孝廉伯敬孙。九岁能文章,司成汤宾尹器异之。顺治丁亥成进士,授青州司理。时兵燹甫定,士民震恐,六一御以宽和。直指首荐,政满,迁刑部主事,转员外郎。艰归,嗣补郎中,出为福州守。闽俗市居多垣以竹,不戒于火,乃吁天将以身殉,吏民奔救之,烟立息。海氛旁午,尤极鞅掌。任六载解绶归,布袍草履,不异寒素。间徒步入市,处桑梓间欢如也。囊无长物,釜甑生尘,诸子恒半菽不饱,洵一时廉吏云。

刘尧枝 字根生。顺治乙酉举于乡,署建德学谕,勤于课士。时学宫远在城外,尧枝为改建城内,县令上其劳。任未满,升广东清远知县。县故冲要,屡经兵燹,尧枝辟草莱以治。首建圣庙,移学宫,省近地徭役以宽民力。引疾归。康熙癸丑预修郡志,寻卒。

张金度 字旭原。弱冠举于乡,公车数不利,就部试,授邠州知州。邠故周人遗俗,好稼穑,民户殷饶。金度为治务先教

216

化，有循廉声。告养亲归，囊橐萧然，安之若素。屏迹不入公府，其自警联云："富贵功名要须自然而至者，仁义道德贵在勉强而行之。"人佩其格言。

阮士鹏 号岩山。崇祯①己卯举于乡，选海丰令。邑三面负海，逼于寇，会诏濒海者皆内徙，士鹏昼夜劳瘁，迁户口七千五百余，茸宇居之，给牛种。近港蚶町鱼虾之利，俾得采捕，不之禁，民赖以生。碣石卫逆弁苏利有异志，诇得其状，白幕府为备。及大师进讨，刍粟供亿，以整暇应之。逆首既就诛，抚其余众，皆感泣散去。贼故有盐壤若干顷，强藩唉士鹏以利，欲征其籍为己有，谢弗应。四境罹难者编插之，安堵如故。贼平，督抚交荐，格部议，量移许州。许自兵燹后仅七百余户，士鹏日以抚字为亟。时患河役，檄取动以千计，力请准输赀免之。尤加意学校，许州文风一振。致政归，诗酒自娱，交游不苟。著有《野樵吟》《师中篇》。子尔询，字于岳，号澄江。康熙丙戌进士，由庶吉士改御史，有直声，所建议夺见采纳。时湖广以制府兵变，议省总督，询疏言："楚地方数千里，南极湘潭，北控关洛，幅员至为辽廓。且上通滇、黔，苗、蛮杂处，今两巡抚各率其属，分疆划界地广，势悬于形制非便，请仍设总督一官，以一事权，资弹压。"下廷议允行。初，民间输赋，其印票存于民者，官吏辄借稽核名收入留难，需索不即时给民，每以无据重受追比。尔询请嗣后额赋及一切杂税，并用三联串票，一贮官，一存验，一付民自执，以杜宿弊，民甚便之。累官工部左侍郎，卒赐祭葬如例。著有《南纪堂诗集》《问庚楼集》行世。

梅铤 字尔止，号桐崖。康熙丁未进士，筮仕大宁。大宁故凋敝，铤起疮痍，勤政教，俗遂大振。除监察御史，疏论漕艘沿涂积弊，请厘剔以裨漕政；又以乡会定限太速，请展期详阅并

---

① 崇祯：底本原作"顺治"，查前《选举表》，显误。因据嘉庆、光绪县志改。

正文体。俱允行。累迁副都御史、巡抚福建,圣祖亲书"摅诚信"三字赐之。闽西郭外晋时凿湖受水,以资蓄泄,岁久而淤,历元、明来几为平陆。铕按图经返侵地,募民疏浚,田庐不忧浸喝,舟楫通行。抚闽三载,海邦绥靖,民得宁居。性狷①介,杜苞苴,谢请托,雪冤抑,除陋弊,清名上达,内升都察院左都御史,年七十致政归。历官四十余年,不置一媵,亦未尝以家属自随。闽人祀名宦。三子,勖成,字汝为,由岁贡生历任安庆府训导称职,平生慷慨仗义,里人感颂。勖成子裕长,中甲辰乡榜。

施云翔 字介臣,号汉翼。康熙丁丑进士,性刚毅,遇事果决。初任德兴县,值秋旱,祷雨立应。次年大祲,括俸钱百方籴谷以赈。荐卓异,累擢御史,直言骨鲠,不避权贵,庶狱多所平反。河南、陕西、山东三省商人以中官吞陷资本数十万,伏阙号冤,诏三司勘之。三司护中官,从轻议,疏具,云翔不署名。上复命云翔等严鞫,中官阴遣人袖千金以请,云翔叱之,按罪置以法。旗官某杀仇人于厩,事发诬其师。云翔诇知,严讯得其实,冤乃雪。历台谏十余年,剔弊摘奸,清绩最著。以年老乞休。子元良,仕顺天经历,有能名。元恭,巨野知县。

张湛逢 字清源,号浣州。顺治己亥进士,初授江西高安县知县。寻以父艰归,服阕,补山西临晋县。临晋俗嚣漓难治,湛逢兴利剔弊,爱士息民,弭巨憝,遏乱萌,莅任三载,士民悦服。壬子,入闱分校,得人称盛。癸丑致政归,民建生祠,立去思碑郭外。居里屡举乡饮正宾。寿八十六终。

杨绿 字巽居。父沛,前明诸生,有长者行。绿笃厚淳质,举康熙壬子乡试,除宜兴县教谕。善课士,名彦多出其门。考满,迁知江西宁都事。宁都俗顽犷,前任皆以累去,三载之内凡七易令。绿抚以恩信,民有犯者反复开导,且垂涕以教,其不

---

① 狷:底本原误刻作"捐",径改。

逮，不加鞭朴，民感其德，建生祠祀之。通判某以事行属邑，怙兄势虐使民，民相率诉噪，揭屋瓦争掷。绿闻，驰往慰谕，众遥望抚手曰："我公来。"拥马首罗拜而散，以老致仕，囊橐萧然，惟图书数卷而已。老稚数千人拈香泣送，梗塞于道。归三年疾终。

张仕骧 字耦韩，号见沧。康熙癸未进士，初仕灵宝县，锄强扶弱，义概凛凛。有废珰骄横不法，邑人苦之。一日，仕骧方升堂坐，珰由中门入诣堂上，似有所关白，仕骧叱左右麾之去。珰屹立瞋目，口呶呶，左右莫敢动，仕骧怒，手挟之投阶下。珰立殒，民大快。以父艰归，服阕，补泰顺县。县故荒僻，居民寥寥，仕骧多方安辑，户口渐蕃。寻摄永嘉，时温州守徐函、乐清令张广居同时丁艰，以亏项为后官所掣，不得归，仕骧捐俸且转贷以济。又摄乐清，开盘石河数十里，不烦鞭朴，如期报绩。后调知台州太平县，以刚直忤上官，引疾归。

后天祜 字于万，号介亭。乙酉举人，举动矜慎，耻干谒，乡里重之。任温江县令，甫下车，即裁汰旧弊，凡供帐器皿取诸民间者，悉摈不用。初，温江自张献忠之乱，民散田芜，及升平日久，所召垦尽成沃土，售者涎其腴，执旧业争赎，交讦于庭。天祜曰："曩贱鬻以逃赋，今欲坐享成利，不可训。"争者帖然，狱讼衰息。上官奖其能，将请擢用，旋以病卒，士民悼之。

耿世际 字虞赓，号莳岢，晚号俟斋。康熙丁巳领乡荐，历徽州、镇江两府教授，修葺学舍，整饬士行，有能声。擢知①广东东莞县事，东莞滨海多盗，世际抚辑有方，盗尽归农，民获安堵。岁征额赋，故有羡余约六百金，令循例归私橐，世际曰："此皆民膏，吾何忍自肥？"乃尽以抵民间积逋。每拟重刑辄流涕，以不能化导深自刻责，民间相戒："毋犯法，累慈父母。"

---

① 知：底本此字原被铲削，据嘉庆、光绪县志补。

莅任四载，致政归。杜门却轨，不与人事，惟枕藉诗书以自娱悦。至建祠庙，营祖墓，独身任之。族有贫不能婚葬者，力为倡助，惟恐后时。生子十，第六子豫以祖荫今任湖广武昌府左卫所，第八子肇雍，雍正壬子举人，余并诸生。世际自居林下，优游二十余年，年八十四卒，目睹曾、玄五代百十余人，多有声庠序，繁衍昌炽，人以为德征云。

汤士蛟 字腾九，号学圃。康熙丙子科举人，任婺川知县。婺苗蛮杂处，地瘠民贫，值岁歉，饥馑尤甚。士蛟至，即发仓谷，减耗羡，民困得苏。复创书院，振新文教。卒于任，士民请入名宦祠，以志其政。

儒林

宋

孙自修 字敬夫，偕从弟自新、自任从朱子游，时正学久衰，自修兄弟毅然尊向，讲论笃行，深有得于饮食不淫、居处不溽之训，谓儒者之立，立于义理而已，欲胜则义不立，不淫不溽所以立义也。以是自砥，卒能发明朱子之学，朱子尝贻书商确传训。朱子殁，自修追记《池录》一卷，附载《朱子语录》。

胡鼎金 字贵刚。究心《易》学，尝作《三陈九卦说》曰："文王九卦之取，上经取其三，下经取其六。取履于乾，先天之乾，所以父巽离兑于上者，叙伦于履矣；取谦于坤，先天之坤，所以母震坎艮于下者，叙伦于谦矣。履卦乾阳，反动于坤阴之下，复礼为人之本也，而三才之道备矣。六卦之取于下篇，至于巽以行权，而圣人之用《易》微矣。"语见新安朱丹《周易注》。

吴柔胜 字胜之。父丕，尝赘金陵，柔胜因用溧水贯登淳熙辛丑进士。调都昌簿，从朱子游。丞相赵汝愚雅重之，辟嘉兴教授，倡率多士，阐明性理。适浙右大水，常平使者委行荒政，民

卷之十五 人物一

赖以全活者甚众。会党祸起，指斥赵汝愚、朱熹为伪学，御史汤硕劾柔胜擅放田租，为汝愚收拾人心，且学主朱熹，不可为师儒官，坐罢。久之，起注赣州尉。嘉定初，更以朱熹学与诸生讲肄诵习，于生徒中得潘时举、吕乔年，白于长，擢职事，于是士咸知趋向，濂洛之学晦而复明。历司农丞，出知随州。时再议和好，边臣遇塞下民事涉北界者，不问其事曲直与法轻重，辄杀之。州民梁皋①有马为北人所盗，追之，各发矢相拒，郡下七人于狱，柔胜立破械纵之，具始末报北界而已。察土豪孟宗政、扈再兴饶勇略，可备驱使，乃诱致隶帐下，任以心膂，后皆为名将。筑随州及枣阳城，招四方亡命，得千夫，立军曰忠勇②，营栅、器械悉备。除京西提刑，领州如故。改湖北运③判，知鄂州。岁歉，乞籴湖广，行荒政，十五州赡活亡算。改知太平州，历工部郎中，力辞。除秘阁修撰，奉祠卒，谥正肃。柔胜天性孝友，初筮仕，会母疾亟，时有愿致千金易缺者，艴然曰："吾乃以亲病而罔利哉！"亟谢遣之。尝与彭龟年、杨简、袁燮诸人为师友，每以行事至否为学力浅深之验，矢志曰："士以大节为先，大节有亏，他美莫赎。"罹党祸十余年，略不少贬。子渊、潜并为名臣，有传。潜七世孙宗周，字子旦，号石冈。少即有志圣学，以明道辟异端为己任。母卒庐墓，有驯虎、白鹊、伏牛、反火之异，有司具其事以闻，诏赐旌表。弘治壬子举乡荐，中丙辰进士。方观政吏部，言官劾张鹤龄兄弟恃皇后弟怙宠，诏切责，宗周上疏谓："求言而反罪之，是欲入而闭门也。"不报。筮仕大行人使，建策平苗叛。迁南户部郎，奉诏陈言六事：熙圣学、

---

① 梁皋：底本脱一"梁"字，据《宋史》卷四〇〇本传及嘉庆、光绪县志补。
② 忠勇："忠"字底本原被铲削，据《宋史》卷四〇〇本传及嘉庆、光绪县志补。
③ 北运：底本"北"被误刻作"沙"，"运"字被铲削，据《宋史》卷四〇〇本传及嘉庆、光绪县志改补。

（乾隆）宣城县志

教太子、尊老臣、兴礼乐、化异端、择守长，皆中名实。屡迁至临江府。临江故有佛老宫，参文庙而居，坊曰"三教"。宗周下车即日毁之，易之曰"崇儒"。葺二氏居为学舍，令僧畜发，勒尼配之，籍为农。华林贼寇临江，城故圮，宗周部署吏民出御之，擒其渠帅，斩首七十二。讨平甘刘二源及新淦玉笥山贼，又招抚乐安诸剧贼。于是集乡勇，教战阵，严保甲，遂城临江。更集生徒讲学，习五礼图式，郡大治。以介直忤部使者，遂乞休归。家居置义田、义仓、义学，子姓隶者释者俱黜，女而尼与淫同杀，族人恪遵，无敢犯者。

贡安国 字玄略。翰林待诏汝成长子。穷究性命之理，实践躬行，于耳口辞章之习不屑也。与邹守益、欧阳德、王畿善，然独窥伊川、考亭之奥，得其精微，著《启蒙》《规条》二书开示后学，蔚为儒宗。由明经司训湖口，尝主白鹿洞书院，集诸生而进之曰："务求实得，毋事空言。"倡学四十余年，门人私录其训解为一集，安国见而自署曰《学觉窥斑》，盖歉然不自以为至也。升国子监学录[①]，出知东平州，力行所志，民俗丕变。寻请休得归。复主志学书院，督学耿定向、知府罗汝芳请为多士师，学者向之，迄今称受轩先生。万历间与修《南畿志》，当事推宣城贡安国及梅鼎祚，并不愧古良史。

戚衮 字补之。与贡安国同师讲业。以岁贡知项城县，洁己爱民。阐明理学，安国极推之，以为宣城讲学之风自衮始。

沈宠 字思畏[②]，号古林。少师同邑贡安国，砥志力学，贯穿经史。治制举业，精醇简古，领嘉靖丁酉乡荐。从王畿、邹守益诸人游，讲明理学，居恒以圣贤厚自期负。谒选授行唐邑令，民不谙织纴，宠为造机杼教习之，俗遂饶。有御史按部至，

---

① 录：底本此字原被铲削，据嘉庆、光绪县志补。
② 思畏：底本原作"无畏"，误，据他本府、县志改。

卷之十五 人物一

厨传皆极省约，浣帷帐以进，御史奇其清介。调繁获鹿县，兴农桑，修礼教。考最，擢监察御史，巡视京城，屏抑珰戚，为权贵所嫉，以本官奉命清戎福建，转湖广兵备佥事兼饬江防，驻蕲州。会九龙湾剧寇郑鬻以数千人抄掠旁郡，宠设间谍，守阨塞，募良家子习骑射攻之，斩获殆尽，贼平。建崇祯书院，延名儒讲学，三楚士翕然向风。迁广西布政司参议，以母老乞终养归。与郡守罗汝芳、同里给谏①梅守德主志学书院，切劘理道，引掖后进，老而弥笃。宠丰裁峻整，服官廉洁，不尚浮华，不欺暗室。尝逆旅黄池，主人妇出中庭，斥去不乱。生平守身励节大率如此。著有《古林摘稿》。子二：懋敬、懋学，懋学见《名臣传》。孙寿民，字眉生，号耕岩。性严毅，不苟言笑，而气味温醇，人乐就之。博通经史，旁搜远绍，心解力行，一以朱子为宗。崇祯丙子，巡抚张国维以贤良方正荐，征赴阙下，即抗疏劾大司马杨嗣昌夺情误国。疏三上，不报，拂衣归。筑别业姑山之麓，耕读其中，四方名流不远千里，咸称耕岩先生，争来学焉。亡何，党祸作，挈家避地兰溪，贫益甚。兰溪令闻之，致百金馈，贮壁间，期返之，三年尘甑未尝一发视也。大学士、溧阳陈名夏专书招致，寿民不启函，对使焚之。乙未，返故庐，田园半割，或请直诸，曰："身既隐矣，焉用直为？"足迹不履城市者三十余年。卜筑湖之北山，显贵者耳其名，欲纳交，皆谢绝。若韦布后起咨德考业，则娓娓不倦。乙卯五月，属疾，门人刘尧枝、施闰章、吴肃公侍，呼笔使书曰："以此心还天地，以此身还父母，以此学还孔孟。"语毕端坐而瞑，年六十有九，学者私谥贞文。所著有《姑山遗集》及《闲道录》若干卷。子鉴、铤，能守其志。

施弘猷 字允升。甫冠，补弟子员，受业陈光庭。尝与汪惟清诸人建六邑及南都十四郡大会，兴起者众。万历间，太守金励

---

① 给谏：误，应作"参政"。参见前《名臣传》。

(乾隆)宣城县志

折节礼之,结高斋五子社,订布衣交。弘猷父养默有义田,志未就,会叔祖亡嗣,遗产值千金,弘猷弗有也,捐为义田,以赡宗族。光廷殁京师,弘猷率同人迓其丧于广陵,归葬并祠之。著有《同仁语录》《性善》《太极》诸篇,学者称为中明先生。及卒,四方闻讣者重跰哭墓下。康熙初督抚具题,从祀乡贤。子二:誉、誉,誉字曾省,笃孝友,好学工诗,有父风。

郭忠信 字希曾。少从事举子业,即慕周、程、张、朱之学,前辈贡受轩安国、沈古林宠咸嘉与之。隆庆三年,以恩贡例判辰州,时首辅楚人也,宦于楚者莫不奔竞攀援,忠信独守正不阿,曰:"君子居易以俟命,所学何学,而忍自暴弃乎?"及被调,归从郡守罗汝芳游,与兄忠贞兴①学宛陵,太常周怡雅推重焉。

吴礼卿 字立之。学务古博,《纲鉴》《性理》诸书出口成诵。万历间以岁贡选吴桥知县,均徭厘弊,日进诸生谈经析义,士民渐崇礼让。俄婴痰疾归,卒。子学相,高州通判,以廉恕称。

国朝

施闰章 字尚白,号愚山。生九龄而孤,字于叔父誉,尫弱善病,然好学,日孳孳于经史词赋、百家书,博览强记殆遍。受业沈征君寿民,为其高第弟子。顺治丙戌举于乡,己丑成进士,授刑部主事,历员外郎。公余退食,同曹唱和,每一诗脱稿,辄传播都门,时人目为才子。洎奉使督学山左,率诸生论道讲学,邹鲁之风蔚然振起。绩报最,转湖西道参议。适袁临岁凶瘠多盗,前政治以猛击,盗转剧。闰章至,拊循有方,境内帖然。寻以缺奉裁归。筑双溪草堂,与二三朋好晨夕吟咏其中。时讲学于

---

① 兴:底本原作"与",当因形近而误刻,据嘉庆、光绪县志改。

同仁会馆，四方知名士咸来问业，尊之曰愚山先生。康熙己未，以博学宏词征入翰林，官侍讲，纂修《明史》。辛酉主试河南，复命转侍读。癸亥卒于官。闻章性孝友，绍述理学，矜尚礼义，居恒事叔父如父，凡亲故贫乏，解推不倦，赴人难如己创，拯恤备至。尤好扶掖后进，虽寸长片技，不惜齿芬，乐与奖成。卒之日，士大夫闻者莫不泫然垂涕。所著《双溪诗文集》若干卷行于世。子二：彦惇、彦恪。彦恪，字孝虔，号逊岩。恩贡生。家居孝友，性慷慨仗义，时艺书法俱工，诗尤善承家学。著《粤游草》《见闻录》《家风述略续编》藏于家。孙琛，字献可。邑庠生，亦能诗。

吴肃公 字雨若，号晴岩。宗周裔也。从叔氏坰、征君沈寿民学，坰谢去举子业，肃公亦深村键户，力穷圣学，以崇实用，凡异端邪说，堪舆禄命之术举不能惑。是时姚江《传习录》充斥宇内，肃公辞而辟之，以明道为格物，即集义以为仁，著《正王论》，其大旨曰："传注者，圣人之教之所寓以明也，阳明悉牾而异之，自谓得性天之妙，于语言、声臭之表，契虚无之悟，为易简直捷之宗，卒之言天愈渺，而见性益微，比释氏而勿惜也。"洒洒千言，渑淄立判。从游日众，立明诚会约，详《全集》。远近知者率称晴岩先生。当事请见，谢弗纳。褒衣博带，望而知为有道之儒也。治古文直逼左、史，诗不屑三唐以下，所著书甚夥。寿民避迹湖北抱疾，肃公侍汤药两月，易箦时为师栉继治发簪，群称义弟子云。

梅文鼎 字定九，别号勿庵。岁贡生。以孙毂成贵，累赠中议大夫、顺天府府丞。操履纯洁，不欺屋漏，其学一以躬行实践为宗，而推本于诚敬，绝不为理学空谈。人望之如岱松岳石，凛凛不可犯。及与之言，委婉真挚，无不曲中情理，闻者辄人人感悦。见人善欣然如己出，见不善愀然如在其身。其营祠庙、设家塾、敬宗收族、赈贫济乏，人以为难，在文鼎非其至也。生平博

（乾隆）宣城县志

览群书，于天文、地理莫不究切，而历算之学目力尤深，自言废寝食者盖四十年。凡古今人所撰著，残编散帙，必手钞之，一字异同，辄反复深思，必通贯乃已。尝以己意推广古人之法，制为仪器，皆吻合。安溪李文贞雅重之。康熙乙酉，车驾南巡，以荐征诣行在所，赐坐赐食皆弥日，授之官，以老辞，御书"绩学参微"并诗扇宠其归，时敕有司存问。卒年八十有九，上闻，命官经纪其丧。所著有《勿庵文集》若干卷、《诗集》若干卷、《历算丛书》八十八种，并详《载籍》。子以燕，字正谋。康熙癸酉举人，刻苦自厉，能世其家学。母丧，哀毁得羸疾，传导引术而愈。居恒笃气谊，慎取予，众敬信之。年五十二先文鼎卒。亦以瑴成贵，诰赠如其官。

吴士品 字孟修。少从东乡艾南英游，受《朱子全书》，遂悉其奥旨。性至孝，居父丧，服制仪节悉仿家礼，苦块于地，朝夕哭奠，日一诣中庭省母而已。母旋卒，亦如之，六年如一日。时学者方溺于静坐冥悟之说，士品作《阳明辨惑》以辟之，议论一本朱子。其荟萃经传，钩考异同，所撰述皆不下数十卷。州次部居，缕分纶合，每稿数易而后成，并手缮端详，不假副墨，寒冰酷暍，矻矻穷年。尤谨于礼教，凡吊于人，是日必却酒肉，为挽章述劬劳罔极之恩，俾人习之，以革僧忏，情词婉切，声调凄惋，里党化之。及卒，街南吴肃公志其墓，大略如此。其书目详《载籍》中。

卷之十六 人物二

宣城县志卷之十六 人物二

人物二 忠节 孝友 懿行

忠节

晋

俞纵 咸和初为桓彝部将，苏峻之乱，彝遣纵守兰石，与峻将韩晃遇，众寡不敌，左右劝其退守，纵曰："吾受桓侯恩厚，吾之不负桓侯，犹桓侯之不负国也。"力战死。寇平，赠兴古太守。

宋

王相如 字次卿。知微曾孙。孤贫嗜学，年四十不娶，或问之，曰："恐负吾学。"吕左丞好问守宣州，得士四人：詹友端、李宏、周紫芝及相如与焉，每宴集，必与四人俱。建炎初，江右盗起，相如逃匿山中，为贼所得。州有檄招附，贼令草檄以报，相如奋髯叱曰："吾即死，不能为贼作牒。"遂遇害，一门皆死。僧毅达得其遗稿三百七十余篇，号《溪堂集》，周紫芝序称"为仁者之勇"云。

詹友端 字伯尹。少力学自奋，政和丙申领乡贡第一。建炎初上书，谓金仇当复，中原可取。言甚剀激，不报。会溃将戚方围宣州，州守李光分城守御，友端每匹马轻裘，冒锋矢以为众倡。贼平，补迪功郎，调监池州赡军酒库。值盗发邻鄙，郡委友端摄西安尉，与贼力战，中流矢卒，年四十三。诏录其子雷。友端慷慨报国，素所自许，周紫芝作哀辞，极称之。

赵汝嵒 素善射。嘉熙元年判文州，北兵来攻，与知州刘锐率军民七千人昼夜搏战，杀伤甚众。城守逾两月，乏援，会陈昱以失沔编置此州，夜出降，告以虚实，攻益急。锐度事败，集其家人，饮药死，城陷。汝嵒提双刀入阵，中十六矢，被执不屈，贼先断其两臂，后脔杀之。事闻，立庙赐谥。见《宋史·刘锐传》。

吴宝信 字叔诚。柔胜之后，以荫为龙泉令。时元阿剌罕入临安，宝信从张世杰、陈宜中等奉二王如福州，复迁泉州港。会蒲寿庚乱，率淮兵百人力战死之。妻饶氏，以节称，在《列女传》。

元

汪泽民 字叔志。其先婺源人，藻七世孙，家宣城。少警悟，力学通经。延祐甲寅领乡贡，署宁国路儒学。戊午登进士，授岳州路平江州同知。州民李氏以赀雄，弟死，兄利其财，嗾族人诬弟妇奸事。狱成，泽民至，察其枉，直之。迁南安路推官。镇守万户朵儿赤持官府短长，郡吏王甲殴属县长，诉郡，同僚畏朵儿赤，不视事。泽民捕甲系狱，朵儿赤赂御史受甲诉，欲出之。泽民与辨，御史怍，夜去，乃卒罪甲。潮州府判官钱珍以淫杀推官梁楫，事连广东廉访副使刘珍，坐系者二百余人。凡六委官，弗能白，复檄泽民，狱立具。迁信州路推官，丁内艰，服除，授平江路推官。僧净广与他僧有隙，一日邀净广饮，净广弟子素苦其师，潜往他僧所杀之。官以坐他僧，已诬服，待报。泽民取视行凶刀有铁工名，因穷得前状，人惊以为神。调知兖州，建议谓宜崇衍圣公秩，以示尊先圣意，从之。至正初，召修三史，除国子司业。史成，迁集贤直学士。未几，以嘉议大夫、礼部尚书致仕。既归，与门生故旧游，超然若忘世者。十五年，蕲黄贼犯宣州，廉访使道童雅重泽民，为画策守御，得无虞。明年，长枪军锁南班等大至，或劝之去，泽民曰："我虽无官守，受国厚恩，临危不能爱死。"城陷，被执不屈，乃自为诗曰："江城欲破竟何为，独有孤臣强自持。骂贼肯教双膝屈，忠臣不顾一身危。"遂遇害，年七十。事闻，赠资善大夫、浙江行中书省左丞，追封谯国郡公，谥文节，建特祠祀之。子二，长用敬，次用和。用和辟充侍仪司舍人，不赴。兄弟痛愤不食，相继卒。

王 禽 宣城管军百户也。至正乙未八月，长枪贼锁南班等攻郡城，将陷，禽呼弟曰："我受国恩，遇难当死。顾老母在，汝等宜出避。"语讫，即杀妻子，焚其居，自刎死。

张文贵 宣城百户。至正十七年五月，明兵下宁国路，守将出降，文贵仗节死，妻妾亦自杀。

梅 实 字仲实。尧臣九世孙。致和己巳中浙江副榜，以父荫授宜兴张渚务副使，累官集庆路照磨。至正末，明兵围集庆路，将下，乃约友人李端曰："事急矣，当以死徇国。"城陷不屈，遂阖门遇害。

明

陈 迪 字景道。世居麻姑山之西村，少倜傥有志操。领洪武乙卯乡荐，辟为郡学训导，上览迪代郡所草《万寿表》，异之；又以近臣荐，召为翰林编修。迁侍讲，与修大典。迁山东左参政，捕蝗弭盗，著有威惠。擢云南左布政使，时普定、曲靖、乌撒、乌蒙诸裔煽乱，迪率土兵击破之。征拜兵部尚书。建文即位，改官制，定六部一品。迁礼部尚书，知贡举。是年水旱，诏集议，迪言清刑狱、恤流民等事，多见采纳。加太子少师，辞不

(乾隆)宣城县志

受。靖难兵起,疏陈大计,与齐泰极论李景隆奸邪不可任。受命督饷,过家未尝一入。闻变赴京,成祖召迪责问,抗辞不屈,与子凤山、丹山等六人同日就戮,骂不绝口。刲凤山等鼻舌,烹以食迪,迪吐唾,益肆指斥。既刑,人于衣带中得诗曰:"三受天王顾命新,山河带砺此丝纶。千秋公论明于日,照彻区区不贰心。"又有《五噫词》,并悲烈。家人侯来保者,裹遗骸归葬县计家桥,为仇家所发,罪其里人,并遣戍。洪熙初,赦还乡,给田产。成化中,郡守涂观于迪故居立祠,后废。通判陈纪扦其半骸于石塘冲,具衣冠葬之。嘉靖乙未,吏部郎李默谪判宁国,复建祠郡城,入祀典,私谥曰靖献。崇祯末赠太保,谥忠烈。

俞逢辰 字彦章。领洪武戊午乡荐,选充燕府伴读,迁教授。建文初,成祖密谋靖难,逢辰与长史葛诚颇预闻,稍泄之。成祖自京师归,即称病,大暑围炉摇颤,曰寒甚,宫中亦杖而行。逢辰与诚密告藩阃张昺、谢贵曰:"王本无恙,公等勿懈,防恐一旦不可测。"及师起,泣谏伏诛。先是,尝寓书其家,示以必死云。万历改元,宣城令姜奇方奉诏立祠。崇祯末赠苑马寺少卿,谥忠愍。

万 琛 字廷器。貌魁梧,性勇于义。领成化丁酉乡荐,除清江知县,改瑞金。适闽、广流贼夜突入城,杀守卒,吏仓猝莫知所出。或劝其引避,琛叱曰:"琛去,谁与守土?"遂率兵杀贼二十余人。翌日,力屈被执,问库藏所有,琛唾骂不已,遂遇害,时弘治乙丑正月也。贼退,得其尸沟中,身被创者十六,截三指。事闻,赠光禄寺少卿,荫其子一人。侍讲崔桐作传,谓读《孝宗实录》,乙丑江右之寇,以身殉民,独周副使宪及琛二人尔。次子麟,郡诸生,痛父死国事,伏阙上书,誓死以明父节,得赠及荫。有司谓宜录麟,麟推让兄麒。督学御史萧鸣凤重其孝友,廪之示劝焉。后仕光山簿,卒于官。按,《献征录》作"范琛",误。

卷之十六　人物二

吴仕期　字德望。为诸生，倜傥负气。万历己卯，张相国居正父丧不归，仕期愤然拟为《上相国书》，侃侃千余言，稿传于外。南操院胡槚，张相私人也，太平同知龙宗武为槚里人相比，命逻者获仕期，置芜湖狱。宗武讯之曰："必有授尔指者，举其人当尔贷。"盖指沈修撰懋学也。仕期曰："男子生负刚肠，奋直言，安用人指授也？"榜掠无完肤，终无一语连及。宗武命狱卒囊沙扑其面而死，闻者冤之。万历辛卯，其妻贡氏与弟仕朝抱《孤愤录》奔诉南台御史，孙惟诚具疏以闻，槚、宗武皆远戍，敕建仕期夫妇义烈坊，后祀乡贤。贡氏，见《列女传》。

沈寿崇　号旭海。崇祯戊辰武进士，历官兴都正留守，忤巡按御史被劾。癸未，闯贼入承天，督抚强使视事，寿崇竭力图存。越此日元旦，城破，寿崇正衣冠，拜阙，骂贼而死。抚臣上其事，赠都督，赐祭葬，荫一子锦衣卫百户，建祠祀焉。

张有德　号养源。由太学任福藩①工正，崇祯壬午，贼寇洛阳，有德力为捍御，后被执，骂不绝口，遂遇害。河南巡按苏京具题建祠。

方　召　字虎邻。以诸生入越署江山县事，缓征敛，民德之。顺治丙戌，大军拔金华，略地且至，召哭谓父老曰："奈何以我一人故陷尔民？"遂自封印绶、冠带，北向拜，赴井死。民为营葬，立庙祀焉。

国朝

李　煌　字仲宣。总兵遇文孙。由顺治戊子恩贡授莱州推官，寻摄胶州。镇将海时行拥兵叛，煌甫至，不及备，胁之不从，遂见害。事闻，予祭葬，崇祀名宦、乡贤。康熙壬寅赠山东按察司佥事。子如玉，荫入监读书。长孙乔，授四川遵义知县。

---

① 藩：底本原误刻作"籓"，据嘉庆、光绪县志改。

雍正乙巳祠祀京师。初，煌殉难时，妻华氏尚在芳年，欲引决，恐夫绝嗣，抚子守节终其身，事载《一统志》。

刘　让　字仲怡。从征粤西，以功授西林知县。康熙辛酉征贵州，让转饷军前，遇贼于南宁，逼胁不从，被杀。兄谦闻变，恸泣走万里，负骸骨归。

孝友

宋

许　元　字子春。父逖，官司封郎，以孝友闻。逖卒，例得荫一子，兄恂谓元才当显，推与元。元辞不受，相让凡十年。天圣中，所亲咸谓元固让久，将失先荫，乃补郊社斋郎，历泰州推官，迁知丹阳。大旱，便宜决练湖水溉民田，得无饥。州遣吏按狱，元请自坐。范仲淹荐擢江淮发运判官，至则发州县藏粟，所在留三月食，远近以次相补。引千艘转漕而西，京师足食。敛发转运，并有等式。累迁天章阁待制，历知扬、越、泰州，禄赐悉周宗族。当上计，会从子病，与俱行，橐装问医药，人皆义之。逖兄遂，字伯通。早孤，事母尽孝。乡人励其子辄曰："汝独不惭许伯通乎？"补将作监主簿。遂子俞，字尧言。少失恃，父所嗜味，远迩必致。随计侍都下，与其妇茹粗粝而奉馔颇珍，公卿多推俸佐之。登大中乙卯进士，授浈阳从事。父春秋高，与俱归海陵。疾笃，躬任浣濯，居丧以礼闻。尝旅游琅山僧院，忽泣下，问之，曰："念昔先人客此耳。"仕终大冶令。

明

凌余庆　当洪武癸酉，以匠役京师，家有母病剧，余庆闻之，忧甚，夜焚香吁天，刲股求疗。时禁严，不得辄归，白于官以闻，敕所刲股付余庆妻兄杨添一持归。妻和糜进其母，寻愈。诏复役，旌其门。

梅应魁 郡诸生。性至孝，父时惊疾笃，应魁祷于神，愿捐己算益父。比卒，哀毁如礼。既葬，庐墓所，蔬食水饮，终三年始归。

吴大经 宗周长子。继母金氏，从夫宦临江，大经家居忽心动，犯江涛以行。适及金病，侍汤药，得以送死。曾治数椽，匠人丹艧①之。大经曰："吾父不耐华丽，不可违其志。"命撤去。父病，吮疽尝粪，居丧骨立。郡邑屡旌。

徐　棠 字友之，别号丹峰。性笃孝，父病，刲股吁天，果得异人药，服之而愈。居丧庐墓，未尝见齿。历任婺源、尉氏学博，尝为贫生赎妻，损赀赈荒，廪禄悉散宗亲。守令重之，九举乡饮宾。

姚汝弼 郡诸生，同郭忠信讲学修行业。母汤氏以节旌，庭有杏，汤所手植，汝弼伏腊攀号，颜其堂曰"存杏"。耿督学定向从诸生请，祠汝弼于乡贤。子嘉藻，字国华。性至孝，母老而目眚，日夜扶卧起。伯兄病痢，奉溲器者四旬。兄没，抚其子如子。与季弟嘉谷约曰："兄不可忘，父不可贰。"酾庭杏以盟，必无析也。后嘉谷以甲子乡荐知武冈州，有廉誉，化猺洞以礼。升真定同知。归，建义田、义仓以济贫乏。

王朝诤 字国学。性笃孝好义，少失恃，继母仲病剧，朝诤刲股吁天，请减己算，母病寻愈。年三十妻亡，朝诤感其善，事舅姑遂终身，不更娶。

陈希良 字克忠。邑庠生。母疾，衣不解带者经月，及殡，庐于墓，朝夕哭奠，事如生。父没，亦如之。巡抚宋、提学耿并遣人就庐问劳，馈以粟帛。

---

① 艧：底本原作"艧"，嘉庆、光绪县志同，皆因形近而致误，今改正。

俞　珑　字汝霖。幼失怙，其母疾笃，吁天求代，刲股和粥以进，母获苏十余年。居恒手织草屩，雨雪则置衢侧，听人自取。母终，庐墓三年。郡守以闻，诏给冠带旌之。

朱时俊　父梦桂病死数日，时俊痛不忍棺，迫切求神，愿以身代，梦桂果苏。已，患瘫痿，时俊刲股和丸进之，乃起。初，梦桂刊族谱成，倏邻火及屋，梦桂惧板之焚，冒火入。时俊抱父足，以头触地吁天，风遂反，火灭。

孙国训　母刘卒，葬麻姑山，庐墓三年，适有虎张口瞋目踞其前，略不为动。

贡汝悌　性至孝，父疾尝秽，及卒，庐墓三年。郡邑表其门，给孝子地。

刘仲光　字元燹。事二人能色养，课两弟若严师。未几季卒，孤方痘，危甚，乃吁天，请以己子代。孤苏，抚之成立。从弟仲旸，举进士，不禄，家故萧然，抚其子十余年不倦。弟仲辉，同敦孝友，自邑庠入成均，严事仲光，奉母六十余年如一日。

费有时　字子雨。邑诸生。孩年母姚病，辄泣不食。事父汉卿，色不豫即长跪。父好客而病且贫，有时多方召客为父欢。弟性荡，以母命终身不析箸。母卒，庐于墓所。

陆可宗　字省我。弱冠为诸生。父叙病笃，刲股药之，获苏。有饘粥田数亩，析产日悉让其兄，藉修脯为养。郡守金励闻其事，上之提学御史，以孝子旌门。

沈寿隆　字方平。郡丞有严庶子。生而孝友，析箸惟嫡母命，田宅与伯兄便者悉听之。家遭暴客，寿隆卫母受伤仆地，母得无恙。领天启丁卯乡荐，崇祯丙子偕从弟寿民举贤良方正，不仕。明末携友避寇乱遇害。

黄　石　字圮公。邑庠生。家徒壁立，母病数年，亲扶卧起，汤药皆手调，躬为拭秽。其大母亦病数年，石事之如所以事母者。他懿行详侍读施闰章《墓碑》。

卷之十六 人物二

吴士琮 庠生，伯祚子。伯祚死，士琮方幼。欲图像祀之，以命工，不能肖，哭之恸，遂自绘之，数日尽得其状。已，母又病痿，士琮贫未婚，亲执爨。母嗜肉脍，士琮百方求得之以进，昼夜扶掖，衣不解带者三年。

潘宁海 字太乙。家贫。甫六岁，父客外三十二年绝音问，宁海图父像，号泣中野，后获父墓于淮邳，千里裹骨归。母患膈于杭，刳股以救，亦单身扶柩还。族弟定海岁饥卖妻，宁海假贷留之。

戚学傅 父早卒，痛母孤孀，依依膝下，怡颜顺志。母病，祝天愿代，尝秽求医，母死复生。郡守萧从诸生请，白巡按柴疏于朝，诏给冠带，旌其门。

钱大用 家贫至孝，奉孀母姚四十余年，负米承欢如一日。万历时郡守金励①表其门。

杨慧 字良智。淳朴有至性。里人余庆童与慧父云为中书，洪武初，庆童以罪当籍，亡命抵云，云匿之。事觉，当连坐，慧挺身请代父行。父犹豫不忍决，慧号泣固请，乃召亲故置酒与之诀，哭而送之。一夕，中途为逻卒所苦，天忽震，电光闪烁射人目，卒股栗不敢动。比入都系诏狱，怡然无怨色，寻赦归。

刘茂 字时亭，别号玉沙。弱冠补诸生，复入北雍，任闽中都司经历。性笃孝，甫六岁，母李病，祷天愿身代，母病立起。及长，轻财好施，嘉靖甲辰岁侵，倾储以赡族里，全活尤多。曾读书城南，有少妇夜奔，不纳，询知妇以夫逋负系狱，茂即捐赀贷赎之。

孙显道 兄弟各二人②已析箸，以季负粮系官，显道破产赎

---

① 励：底本原刻作"铄"，误，据嘉庆、光绪县志改。
② 兄弟各二人：语义似有不解，故后府、县志皆改作"兄弟四人"。

之，家遂落。既兄弟皆不振，复合食，友爱益笃。历三世，人逾二百，终无敢言析者。邑令黄谦给额奖之。

刘秉常 字克守。郡庠生。先是，高祖从外家徙居宣，为卫官舍余。阅数传，父、祖求隶籍于民，不果，以为憾。秉常承先志，破产力白诸当道。抚孤侄若己子，人多其义。年八十二，预卜期，沐浴而逝。崇祯间祀乡贤。

刘芳显 字孔昭。父大成，以孝友著。芳显幼孤贫甚，挟策游京师，母张曰："才而困，命也，慎勿妄干人。"芳显唯唯。久之，以文见知大学士刘一燝，名藉京师，问奇者如市。罄所赀归葬祖父母，完诸弟婚，且婚从弟以延叔祀。自芳显出游三十年，妻田氏操作当户，克成其志，时称贤淑。

吴日通 力敦友爱，与弟日遇同居六十年，不忍析。日通没又十年，日遇终不忍析，人称为"二难"。

国朝

刘一干 字枝森。二岁失怙，长力田。父鸣镛八十终，庐墓侧，大水浸庐，抱树而栖连昼夜，所亲拉归，不听，众怜之。顺治间御史卫元贞按部，特加旌礼。

方 达 字嘉徵。笃恺砥行，以孝闻。母王卒，绝迹私闱。侍其父云峰寝十年许。有先业曰杨令山，术者绐孙氏买为圹，达心知其非，曰："奈何以窥壤委他人父魄而得金？吾勿为也！"他善行尤多。沈征君寿民雅重之，屡以诗赠。

姜安节 字勉中，原籍莱阳人。父埰，崇祯朝官礼科给事，抗疏劾首辅，廷杖谪戍宣州。未及赴而国变，卒于吴门，遗命归骨戍所，以无忘故君之命。安节哀毁骨立，扶柩葬敬亭，移家庐墓，遂为宣城人。又函父生前遗齿瘗莱阳先陇，复从莱阳移母梓来敬亭，与父同邱别兆葬焉。暮年多病，犹岁时依墓侧，风雨不暂离。常嘱其子曰："死比埋我于二亲之傍。"

卷之十六　人物二

杨茂渐　字于逵。家贫，父楚南授之书，母邹更课以家人产，茂渐入挟册咿唔，出则苦身力作。丧父致哀，奉母养甚孝，母每有所欲，不自言，茂渐必求得之乃已。母卒，庐墓哀号，感动行路。寻以疾终。

沈吉生　家贫力农，父兄早卒，母张患瘫痹，吉生不忍远离，佣于比邻，起居饮食朝夕躬亲，凡三十年如一日。母一饭不食，己辄不食，每号哭，田间人问之，曰："我胡贫窭至此？无以为母养，是以悲耳。"终身未娶而卒。

王孟心　父汝芝，顺治初为贼所劫，孟心亦被创，几死，谓群贼曰："我家督也，愿代父缚。"贼乃罄其家所有，挟孟心与父俱去，中途纵归，约输金为赎而留质其父。孟心至家，尽鬻田宅驰往。时官兵购贼急，贼挈所掠他匿，孟心昼夜号觅，不可得，引佩刀将自杀，一老僧见而止之，劝毋①死，可佯为乞，不令贼疑，当得所在。从之。缒幽薄险，豺虎猿狖之窟靡不至，逾月乃得父处，赎之归。家自是贫，衣粗茹粝，自处甚薄，而奉父母极丰腆，素所嗜必力致之。其父曰："不死贼足矣，何必尔？且尔家岂复如曩耶？"孟心对曰："某所业尚存，幸无虑。"父母安之，其实无有也。及父没，母年八十余，衰甚，孟心时亦老，朝夕起居，必躬亲扶持，恐他人不能如母意也。年七十六卒。

梅琢成　字武修，号默斋。康熙丙子举人。父庚游学四方，琢成善事大母，以慰父心。躬操舂汲，不惮勤劬。庚辰，随父公车，舟泊山东夹马营，盗劫邻舸，兼入庚舟，持刃相向，琢成以身翼父，几受刃，致落水死。盗惊其孝，乃散去。雍正癸卯举入孝子祠。琢成兼工诗画，著有《默轩集》《秋蛰吟》。

施誉　字次仲，弘猷次子也。生而孝友，事长兄推甘让少，友爱甚笃。长兄没，恸绝复苏。居母丧，水浆不入口三日。

---

① 毋：底本原误刻作"母"，径改。

每忌日祭必哭，上食必跪。兄子闻章，九岁失怙，教育成名。誉文思敏赡，用七艺补诸生，尤工五七言诗，有《芳远亭稿》行世。岁饥，减膳以赈族人。助婚丧，置椁瘗殡。修同仁馆，置云山书院田供学者，弘猷理学之传赖以不坠。

李荫 七岁丧父，事母至孝。母病，刲股和药饮之而愈。每遇严寒极暑，勤温清，不退私寝。孝闻一乡。

金守兴 字起甫。性慷慨，有勇力。幼事二人以孝闻。父遘疾，刲股愈之。又遘母疾，医祷不愈，乃引刀佛前，剜股肉入药内，母疾亦愈。邑令王畿闻其事，异而旌之。

蔡容 字载之。方伯逢时曾孙。幼丧母，哀毁成疾。事父起居，饮食必躬亲。随父入山遇虎，容左右翼蔽，以身撄虎，虎摇尾去。父没，泣血三年。既葬，庐墓哀号，闻者动容。

许鸿龄 字延年。力耕奉亲，甘旨必备。父侗伯，衰老善病，支离床蓐，中裙、厕牏悉手为浣涤。征士沈寿民尝以其孝谨方诸万石君云。

刘良侠 字武功。儿时即知承顺父母，不以谿勃失二人欢。稍长，承颜色，伺意旨，日益谨。弟良伟掠于贼，父母忆甚，良侠乃挺身间道，迹至钱塘，及之，呼与语，贼觉，缚良侠置江中，沉浮波涛间竟日，值渔舟救之起，卒以计携弟归。父母没，庐于墓侧，墓近峄阳，山故多虎，良侠晨夕哀号，三年虎屏迹不经其地。先是，良侠尝刲股和药疗母病，及母年九十余，病中梦神语之曰："汝得起沉疴，享长年者，汝子股药力也。"母呼良侠诘之，视其子刀痕宛然。

梅絜 字成叔。前绵竹令国祚孙也。幼好博览，发言成韵。七岁生母亡，未冠父殁，枢并奄，絜日夜孺子泣。奉嫡母杨承颜伺色，不藉形声。妻张宦家女，奁饰饶裕，絜尽鬻以佐甘旨。母意微不怿，辄率妻子长跽，委婉将顺，色霁乃已。及没，哀毁尽礼。事其兄麒极谨肃，不问不敢对。于乡党恂恂自下，或以缓急告，罔勿应，不计有无。年七十五卒，卒之日，族里伤悼之。孙班成，邑庠生，克世其德。

刘汝凤 字景威。邑廪生。少从叔父振学，博搜强记，家贫，每借人书，读辄手抄之。为文敏给而有渊湛之思。与从弟尧熙皆以经学名。天性孝友，先人窀穸经营独任，事孀母甘旨罔阙，每岁馆谷悉委其弟主之。弟死，从子仍依以居，衣食、婚娶皆仰给焉。姊寡而瞽，迎归养之，终其身。族党无后及贫不能葬者，皆竭蹶佐之。与人和易，未尝见其怒色，而持正无阿，义所在不以势夺。屡预修郡邑志，皆矜慎不苟。岁荐及期而殁。所著诗文颇富，藏于家。

杨必遂 幼失怙，事母张甚谨。家贫，藉佣值以奉饔飧，怡然色养，晨昏定省，虽在外，不以风雨稍愆晷刻。所得资或不给，质衣减食，尝自忍饥寒，而菽水之欢无缺。娶妇刘，甫及门，母忽得痰疾，必遂扶卧起、侍汤药，阅五年足未尝入妇室。母以寝疾久，遍体生虮虱，必遂百计驱除，不能尽，口吞之，仰天号呼，三日后遂绝不复生，病亦寻愈，闻者以为孝感。母亡，居丧尽礼，哀动行路，士大夫咸称道之。

冯邦彦 字楚贤。邑庠生。天性纯至，尝羹股肉疗父疾，不效，夜持刀叩天，将剖肝以救，忽闻父呼，亟趋至前，则其父已霍然起矣。母早卒，继母俞严厉，拜彦事之甚谨，俞旋亦感悟。及父殁，庐于墓，寝苫枕块，终三年丧。

刘正思 郡增生。四岁失怙，即知善承母志。稍长，孝谨益至。母患痪久之，骨痛不堪着枕席，正思日夜抚摩，十余年未尝斯须离母侧。康熙戊子里中荒疫，宗族有贫不举火者，有藁葬者，母闻而悲之，正思变易田宅，伺母意所欲轸恤者酌济之。母欢甚，痼病寻起。及母卒，庐墓三年，朝夕泣血，闻者哀之。

刘允翀 幼丧父，奉木主，时时对之号泣。家贫，佣身事母，一胾之味必以供具。母性甚严，其妇偶小失意，允翀自外归，见母色殊不怿，跪膝前，奉杖请笞之，妇亦叩头谢罪，愿受责，母意稍解然后起。母卒，终身无欢容。

周日朋 字友生。母早丧，日朋奉其父朝夕膝下。至长，依依如孺子，寝处不忍暂离。及父殁，居殡侧三年，事之如生。

刘一韬 父母茹素，一韬终身不忍荤酒。疾必尝药，亲涤秽器。比卒，庐墓三年，足不逾百步外，擗踊哀号，墓前浊水方塘一夕澄清，当道并额旌之。又吴光祚者，事父母养志承颜。及卒，三年庐于墓。母嗜饼，即终身不忍食。

杨一柽 好读书，时以不逮事父为深痛。奉寡母数十年，饮食寝息，辄先得其心。母病笃，一柽昼夜忧泣，百计营救，至舐粪验之。竟不起，一柽擗踊呼天，呕血数升，一恸而卒。

刘予鳞 字叔赞。邑庠生。盗以火劫其父①，予鳞跃入火中愿代，盗感其诚，释之。子智锡，字寅仲，亦庠生，留意任恤，尝捐置义田、义仓，族人利赖之。

沈廷璐 字元佩，号惠舫。征君寿民孙也。负至性，谨饬不苟。家贫，尝从桔槔桁上朗诵微吟，吴肃公过而怜之，挈之去，读书城南草堂。廷璐父公厚往来粤东西，授徒官舍，时吴三桂反滇南，孙延龄据粤西，公厚觅归不得，流离奔窜，音问阒寂者八年，或曰死矣，或曰尚存。廷璐白其母曰："不迎父归，儿不归矣。"时甫弱冠，孑身徒步，日爨溪薪，夜栖古庙，出入兵燹，行乞哀号者万余里。逾年乃从贵州得见父，与俱归。肃公作《万里寻亲序》，诸同学诗以赠之。归后入庠，诗文俱有名，当事聘为经师。洁己自爱，毫无请谒。年八十一殁。先是，肃公将卒，举所著书四十卷授廷璐，廷璐藏之不敢亵，以远馆霉蚀残缺，抚其书泣而自讼者再。比已负病，足浮肿不能行，力疾检草稿补订，每临笔即祝鬼："录展两月，庶可见吾师地下。"书成，装

---

① 父：光绪省志同，嘉庆、光绪县志作"母"。

潢完好，付吴后人，遂瞑。

刘佩珩 字有玱。邑庠生。父文友，常客游，佩珩侍母家居，怡怡色养。父没家贫，托业轩岐，以供甘旨①。有女兄弟五，母爱之甚，既嫁，不忍离，佩珩时先后逆至家，罗诸甥于前以为笑乐，岁无虚日，盖惟恐其母之不欢也。雍正初以贤良方正荐，知浙江宁海县，不善事上官，未数月报罢。后客京师卒。

懿行

晋

韦辽 仕为给事中，与纪瞻同时，契分颇疏，辽临终，以后事托瞻，雅无疑贰。瞻为创居宅，纪纲营护如至戚然，果不负辽，时人乃两贤之。

纪世和 咸和中，苏峻党陷泾县，执内史桓彝，不屈遇害，诸子流迸，遗骸委途。世和率义，故葬之。

鲁宗之 晋、宋间人。父显，遭世乱，率乡人部曲戍守郡城南七十里，其地有清水，里人因名为鲁显水。宗之积谷，务济匮乏，礼宾客。后拜官，累至雍州刺史。

宋

俞极 字伯高。好礼，喜宾客。所居冈下古木森蔚，亭馆雅丽，士大夫多过之，有"俞园"之称。聚族千人，家法肃然，同居者累世。乾道中，郡以状闻，诏表门并复其家。

汪政 累世聚居数百口，诏加旌表，蠲其课调。

---

① 甘旨：底本原刻作"旨甘"，从嘉庆、光绪县志改。

明

戴儒 由贵州新添卫学应举，魁乡试，仕荆州府同知。致政归宣城，居黄池别业，家徒壁立，操履严介。岁歉乏食，邻家有桃实垂逾垣舍，家人或欲取之，戒曰："他人物，毋妄取。"没葬其乡楚王城，贤而无后，人益惜之。里中雷生钟尝称述其人，辄为叹赏云。

杨敬 字志顺。性慷慨豪侠。父仁早丧，抚于叔，叔有五子一女，及析产，敬愿受七分之一。永乐初，与礼部尚书陈迪有瓜葛，逻者捕得里中一同姓名人，将执之官，敬闻，挺身出，白其误。携家属就狱，凡七阅月，事释，阖郡义之。

胡世冕 字大周。幼攻举子业，弱冠即谢去。恂恂退让，以厚德闻乡里。尝购材为室，或窃其巨者匿土中，树麻覆之，仆侦出以告世冕，乃罪仆而偿其麻。岁饥，谋发廪积以赈贫，亡赖者纵之火，乘间为劓，邻里救止之。时明知纵火主名，置不问。给救者谷，人各数石，随半价以粜，活全甚众。居恒集诸子于庭，训之曰："毋上人，毋下人，毋以己绳人，毋不以己视人。"年八十六卒。以子国鉴贵，累赠礼部仪制司主事，祀乡贤。

詹浙 字东之。左都御史沂之兄。廪邑校，以行业闻。万历庚寅当岁荐，浙曰："吾有弟在。"遂谢不应。以诗酒自娱，年八十一。生平多长者行，尝有贷其金者，以所居偿，浙曰："吾忍子露处耶?"遂毁其券。长子应周，郡庠生，性笃孝，端悫醇谨，屡举乡饮宾。

徐申庆 元太兄子。以诸生举明经，郡邑给旌楔，申庆独辞不受，亦不赴廷试。岁大歉，里人有自鬻为奴者，久之逸去，家人谋追捕之，申庆不可，曰："吾故知其必逸，① 姑以缓其死耳。"子日新，举于乡。

---

① 此处底本原有一"老"字，当衍，从嘉庆、光绪县志删之。

卷之十六　人物二

蔡　钦　字廷仪。郡庠生。孝友，温克恂恂，口罔臧否。读书喜吟咏。会当饩廪，念其次某贫甚，固让之，学使者及郡大夫高其义。父丧庐墓，哀毁成羸疾①。次子秋获以鬻产家攘取其谷，理于官。钦闻，诣官请释，勿追所攘。郡守郑嘉之，式庐，请首宾筵。子星，邑诸生；鼎，举于乡。

孙国佐　字荩吾。万历辛丑恩选判汀州府，殚力筹划佐军食。摄上杭，饬新学宫课士，务息讼。五年致政，家居三十余载，乐施不倦。族贫无妻者助之，逋负者还其券，宾乡饮者八。年九十一，肃衣冠，诀子孙而逝。冢孙似龙，字起津，学行醇谨，尤善书法。

陈所学　字行可。太学生。性孝友忼爽，刻志砥行，意稍轶，辄痛自责。尝曰："吾五十前修事，五十后修意也。"有汪某者，负城旦赎锾，求以身鬻，所学还其券，慨然代输。又捐橐完人妻。临卒，检宿券尽还逋家。年八十有四。

徐大复　字肖墩。邑诸生。兄卒，继嫂吴抚前妻子汝荐守志，大复命其妻与嫂俱，终身不寝内室。每岁祲谷贵，大复减值出粜，力不能者许其称贷，里颂"徐家阴鸷稻"云。卒祀乡贤。兄子汝荐，字士贤，孝事继母。弟早世，遗子方七岁，延师教之，为娶妻置产，不啻己子。性好施予，贷者数百家，不能偿，则焚其券。孙律时，登进士。

陈大夏　当岁饥，辄以金钱赈流亡者，道遇委骼，市棺瘗之。

汤　铁　字严之。郡廪生。少孤，寄食兄锟，锟妻翟有怨言，遂自爨。锟亡，铁授徒遗稻，仍以奉翟。伯兄馆系狱，铁百计营脱。太守萧闻其行于督学，铁辞曰："孝弟，人之常，敢以是博名耶？"

---

①　疾：底本原被铲削，据嘉庆、光绪县志补。

梅士学 字伯典。万历丁酉举人,警敏好古,少有俊名。事父至孝,奉嫡母得其欢。自登贤书,屏居蒋冲,郡邑大夫罕识其面,有以请谒事言者,正色谢之,人以为真孝廉云。

王志高 字景贤。成化初岁大歉,出谷二千石助赈。事闻,旌为义民,今河东有尚义坊。弘治中,志高子永深、永澄并以输粟助赈,兼诏旌。先是,景泰间有王赞者,亦以输粟八百石助边,授散官,郡守旌以"惇义"。又韩贵,亦以助赈被旌。

胡 相 字廷辅。弟桐,字南阳。任侠好义,岁饥捐赈,有流亡者辄贷留之,阴焚其券,里中存活甚众,旌以尚义。

张五权 字巽仲。贡生。司空守道次子。少习举子业,非其好也,闻汪有源阐盱江之学,辄从之游,敦行不辱,以名教自砥。常贷金为人殡,亲焚券,不责偿。析产惟其兄命,里族义之。晚好静坐,临终顾谓家人:"敛必儒服。"门下士私谥懿靖先生。自著《证学语录》。

王念祖 字台文。性严正,人无少长,见之必敛容。尝偕汪有源、施弘猷问学陈履祥,多所讲明。家贫授徒,学者皆有矩矱。以布衣终。子应鼎,庠生。孙肱,岁贡生。

孙应旂 字云蛟。有世德。父汝栋,邑诸生也,尝受一老匠衣笥之寄,阅岁,启笥暴诸日,得白金二百两,汝栋秘之。三年,其子称父遗命来取笥,汝栋曰:"汝有兄弟乎?"曰:"有。"汝栋曰:"此尔父所遗,尔不得私贻资斧。"令呼其弟至,始出而付之。兄弟惊泣谢。应旂绩学砥行,性谦和,人称长者。由岁贡司训丰县,迁馆陶教谕,造士有方,祀丰县名宦。子襄,见《宦业传》。

倪应文 号瑞云。仁慈慷慨,万历间为新蔡赞政[1],有廉声。及归里,仗义乐施。孤侄甫襁褓,抚如己出,赖以成立。岁

---

[1] 新蔡赞政:据乾隆《新蔡县志》卷五,倪应文实任新蔡县典史。

饥，辄捐赀赈。乙酉，地方寇氛，有一妇被掳，挺身代赎。里中多以贤豪称。长子士鹏，国子生；次子岳，邑庠生，有声；三子岩，以才略授徽宁兵备道标中军守备。里人称为积善之报。

徐一理 字惟通。有器量，侵欺者让不与校，人称贷辄相馈遗。邑令榜其亭名"旌善"云。

阮世盛 字克际，号泰虞。其先有名杰者，贾宣、歙间，捐金为桥于宣南孔道，太守题以"阮翁桥"志其事。四传至世盛，遂籍宣城。性诚孝，重然诺，尤好施予。侍孀母，疾剧，吁天求代，迄不起，号恸几殆。为父母营葬，并葬伯父。二从弟贫弱，抚恤之，为之婚娶。他称贷不能偿者，即折其券。岁饥，输粟赈粥，所济甚众。治家训子，严而有法。三子士鹏，己卯经魁，尝戒曰："当重自抑损，毋片牍干当事，苟徼利即害义，且府怨也。"闻者叹为格言。国朝康熙戊午崇祀乡贤。第五子士骐，字次骍，邑廪生。幼警悟，九岁能文章，肆力古学，邑令余飏极加赏识。负性慷慨，笃交游，缓急为人所恃。遇人忿争，杯酒释之。有逋勒，捐橐为助，甚至典贷百方，不靳也。尝有族子某贫而好客，游于士大夫，以骄蹇获罪，力为营救，破械出之。

梅瑞祚 字玄符。绩学善属文，书法遒逸。天启癸亥应岁贡入京师，与经筵诸公言《易》，多折节礼焉。为西安丞，有民争堰，令不能平，群操梃噪邑庭，几乱，赖瑞祚恩信久孚民望，见即弃梃受约束，邑用以安。性孝友，父殁数十年后犹泫然不自胜。生平恭俭冲素，言笑不苟，恒终日危坐，虽盛暑必衣冠，而接物谦和，人无贤愚，见之皆自生爱敬。年八十六无疾而卒。长子士昌，受《易》学，著有《周易麟解》。

詹应鼎 字玉铉。少颖慧，读书能观大意。为人简默恬退，甫十岁以孝闻。父激疾，夜不解衣侍汤药，勿离榻右。其姊孀守无出，迎养终身，殁为殡葬。有商人某者，僦隙宅而居，凡三贷之金，终失利，竟置不问。其人商业顿废，短褐不完，复解衣与之。其好施类如此。训诸子以义方，每云："吾愿汝辈以德养，不以禄养，遇合有数，听之而已。"子七，希诚、希舒、希恂、岱等著有《一家言合稿》行世。

孙懋藩 字藩生。少尝刲股疗母疾，性慷慨好义，岁歉，出谷赈饥，道馑者瘗以槥，留鬻妻事尤夥，乡人德之。事闻郡邑，巡抚张按部，被旌礼。

梅有振 字复予。性笃孝友，母病痿痹，负而卧起者十余年。兄没，抚遗孤逾己出，卒能成立。尝鬻麻贾人，甫定议而价踊贵，或劝增其值，有振坚持初议。至赎鬻、焚券事尤多。沈征君寿民为之传。

杜存性 字寅和。少孤，业市钱僦居梅氏寓舍，主人豪于赀，醉遗金数十铤去，不省记。存性悉持还之，固让，无所取。梅大钦服，因时其有无，不烦要约。数年后家累千金，每语人："奕负勿悔着，人穷勿失信。"闻者称为格言。

梅士生 字生生。由增广生于崇祯壬午入监，授文华殿中书。为人沉潜冲抑，言笑不苟，循循多雅饬。性慈惠，喜施济。岁遇饥馑，尝出谷赈穷，道有僵卧者，即具棺瘗之。直指使上官钰曾举贤良，谢弗应。键户博古，破产购书。所刻有《忠经》《郁离子》《孙武子注》等书。

丁益高 号襄明。少颖敏能文，补弟子员，寻食饩，贡入太学。性醇谨，然诺不苟，敦伦睦族，宗党咸推重焉。后任余杭县少尹，时武林兵寇交集，邑无正令，益高独携一病壁老胥，昼夜绥辑，民情大定。复冒白刃奔走会城，请兵解饷，往来俱顿，不敢言疲。杭郡属邑惟余杭城郭独存，不遭焚掠之惨，益高之力也。他善政尤多，详编修张天植《去思碑》。①

---

① 丁益高事迹与"懿行"不类，故嘉庆府志改入"宦迹"，嘉庆、光绪县志改入"宦业"，是为得体焉。

卷之十六　人物二

刘　汉　字有清。好义多阴德，今后嗣繁衍，人推积善所报云。

刘　绍　字必承；绶，字必华；缘，字必善。明威将军元之玄孙也。兄弟怡怡，乐善不倦。成化辛丑岁歉，共输粟三千石，全活甚众。郡县以闻，并授征仕郎。

凌　汉　仁厚多义举，尤好济人缓急。万历中，年屡饥，汉辄输粟助赈，乡间食其德，郡县额旌之。

杨　璩　字天六。万历间宣大饥，璩输粟二千三百余石赈救之。巡①按以闻，给七品服。李②镛，字文彬，亦好施。

葛　遵　字道夫，号云峰。慷慨尚义。万历戊子大旱，饥馑洊至，郡守廖恒吉蒿目③民艰，不忍征漕，与同官议以仓谷抵运，弗给，特手书请贷。遵随以二千石助之，漕赖以完，廖高其义。生子五，次子逢春，于万历戊申输粟赈饥，绰有父风。

刘　银　字近溪。性孝友，甘贫嗜学，为宗党所推尚。邑令詹采舆论，表其里曰"贤孝"。后其族有天时者，太学生，好施赈，岁歉，尝设糜粥、给棺椁，人颇德之。

杨　会　字复元。操履端严，假馆逆旅，主人女夜奔之，拒不纳，明日故以他事去。嘉靖中，宣民以马田大哄，逮系纷纷，会白巡按杨鏊止之。事得寝，会终不自言。

刘必秀　家素饶裕，好推解。宣与旧溧水接壤，正德中岁不登，溧水民多逋赋，而军需甚迫，必秀闻榷楚声，解囊拯之。其邑令张天锡并踵门告贷，以足军需。事闻，授征仕郎。

宗　乐　郡庠生。行谊端方，孝奉继母，友于兄弟，内外无间言。事闻，给冠服旌之。

---

① 巡：底本此字原被铲削，据嘉庆、光绪县志补。
② 李：嘉庆、光绪县志作"季"，不知孰是。
③ 目：底本原刻作"日"，误，据嘉庆、光绪县志改。

（乾隆）宣城县志

朱时望 字士威。太学生。事亲以孝闻。性好施与，见人窘乏辄解囊助之。崇祯九年，偕陈士京等叩阍，请改纲盐为食盐，同事者屠羽、凤纪、袁茂、徐詹庆、陈汉年、李晢、王伸共八人，独时望饶于财，至罄家产为用，不稍吝。事经部覆，奉旨遵行，时望力居多，邑人至今赖之。

国朝

孙 省 号奕云。由贡生选授太康县令，方赴任而卒。天性孝友，庐母墓于西乡，雪夜虎宿墓侧，驯伏不惊。里人传为孝思所感。从侄暨外弟孤贫无室，各完其婚，养于家，给以衣食，久而不倦。兄襄卒，二子都生、卓并幼，省抚如己出。子韩何，诸生；瀚，武举。

张嗣达 字翼真。自幼讲学，与施允升、章仲辅同受业于陈九龙之门，轻①视帖括，归本躬行，其掀髯雄辨，四坐莫能难也。遇夫妇以债迫投河者，急救之，且代偿。里人某被盗诬系狱，设计营脱，虽家落不惜。详见侍读施闰章《传》。

梅 升 字羽皇。崇实学，敦孝友。父病，泣祷于神求代，病立愈。析居后昆弟多贫，升授徒累赀置产八十余亩，公之。里胡氏负债急，将鬻其子，升解囊代偿，俾父子完聚。悯贫恤难，无间疏戚，族党咸颂长者。由文学荐任上杭教谕，称职，署县事，多方赈济，杭民德之。

刘 澍 字楚白。邑庠生。明经仲光之次子也。幼英慧，经传子史无所不读，为文奇纵，不拘时格。尹民兴摄宣城令，试而异之。性孝友，复慷慨任侠。父殁，事庶母如其所生，于异母弟相友爱无间。每岁馆谷所入甚丰，皆以赡亲故，垂手散尽，老而愈贫，竟赍志以没。

---

① 轻：此字底本原被铲削，据嘉庆、光绪县志补。

孙懋昌 字昌龄。亢直多干用。明末盗烽起，饥民蚁附，民不安居，懋昌首倡捐粟糜①粥以赈。烽稍息后，镇将王某戍其地，稔懋昌名，懋昌出酒浆、金钱以结其欢。其所得子女钥空舍中，为居奇计，懋昌泣告，次第赎以金，访其家归之。例从贼者当同坐，时多以仇口受冤抑死，懋昌密以告，往往活人刀斧下。里人感之，吴肃公为之传。

梅希圣 字履贤。邑庠生。操行端方，与人居，正襟危坐，终日无惰②容。临财不苟，尝曰："与其过取，何如俭用？"时以为名言。明季寇贼蜂起，宗人设关于柏枧飞桥之麓，为避寇计。寇从华谷岭入据之，及官兵至，众以设关资寇惧见罪，谋毁之，皆莫敢前。希圣偕其弟潜至关所，积薪焚之，寇用是灭，族赖以安。晚主祠事，时明宗禁以示要约，反覆劝谕，终希圣之身，族无争讼。年七十六卒。子玠，康熙辛卯举人，仁厚有父风。

胡应祥 字文吉。家世孝友，乐善好施。康熙壬寅、庚戌，频岁大歉，流离载道，应祥捐赀赈粥，远近赖以全活，每费不下千金。事闻，授秩登仕郎。

刘尧熙 字缉生。岁贡生。为人笃孝友，重信义。丁父艰，丧葬费皆竭力独任，不以一钱一帛累其兄。守制哀毁逾节，终三年未尝一入室。父往称贷于亲知者，悉按数偿之，至有债人自忘其事而却之者，举父命固与之。编修孙卓受业十八载，严惮之如一日。中顺治辛卯副榜，康熙癸丑预修郡乘，所著多古文辞、诗歌。

詹　宇 字在周，号谷轩。康熙乙丑进士。祖应鹤，以太学生为闽蕤参军，不肯媚上官，投劾归。宇弱不好弄，书过目即成诵，应鹤叹为伟器，饮食起居必呼与俱，训之曰："汝其勤读书，

---

① 糜：底本原作"糜"，嘉庆县志同，据嘉庆府志、光绪县志改。
② 惰：底本原作"隋"，误，从嘉庆、光绪县志改。

为我吐气。"宇闻言，益自刻厉，手不释卷。父希震，性豪爽，不拘细节，宇事之甚谨；母梅氏抱病，抚摩尽意，卧床下，闻呻声即起，不稍懈。家贫，好施与，尝竭蹶以赴人急，里有负罪而鬻妻以偿赎锾者，为捐赀完其夫妇，且戒子弟勿言。时论称其长者。子七，天巡、天挺、天诞，俱名诸生。

杨司极 字维周，号东山处士。以孙廷栋贵赠文林郎、翰林院编修。幼孤，事母以孝闻。好读书，不求仕进，从征士梅定九学天文、历数，尽得其传。征士有所撰著，多相商订。性慷慨严毅，尚气节，不苟言笑。康熙癸酉，宣大饥，草树无完肤，至搏土为食，里中富室率闭粜索厚值，野殍横积。司极出谷千余石赈贷之，所全活甚众。见不善即正言切诫，无所假借，人亦欣然受之，无怨色。有衣冠不检者历其门，必整肃而后入，一行之失辄匿迹不敢见。及卒后，里中有不率者，父老每相谓曰："杨君在，何至于是？"其见畏慕如此。子三人，珩、琰、璿，并醇悫有至行。

胡溶 字秋渠。康熙丁巳举人，醇谨修饬。父梦龙令枣强，溶往省，时年十九，从役侦其少，进美妓二人，溶严辞叱之。计偕北上，冢宰某奇其才，有女新寡，欲妻之，介同里编修茆荐馨为言，溶笑而谢焉。时士子竞声气，望门投刺，溶挺特不染，有罗而致之者，坚勿答。居父丧，哀毁骨立，郡守王国柱吊之，深加嗟叹。平生尤多长者行，有吴岱望者被仇诬，令将置之法，溶为白其冤，岱望不知也。又无赖子忽踵门，肆诟厉，溶避之若弗闻。其仁恕如此。年六十四无疾卒。

程应泰 字少南。仁厚长者，平心和气，不与人校短长。时出所有以缓急人，留鬻妻者数辈，并给其家衣食。检负券近数百金，愍其贫，悉焚之。里中童叟并道其贤。年七十瞽，至八十双眸复炯。寿九十余，预克日以无疾终。

高思居 字伯安。幼丧父母，事其祖甚孝，抚孤侄如己子。

卷之十六　人物二

里有华某负重逋，将鬻子以偿，思居经其门，闻哭声甚哀，归质田助之，其子得不鬻。山溪桥圮，雪中有堕水者冻几毙，思居解衣掖之归，随购木为桥，行旅便之。尝适宁邑，憩道傍亭，获金数十镪。时已暮，遂坚坐以待。明日遗金者至，悉取还之。其人愿折半以酬，不受。生平好行其德类如此。

王道日　字南之。隐居教授。性冲和，有弟五，式好无尤，垂老益笃。春秋佳日，策杖寻花，风雨则团圞一室，剧谈今古事以为乐；一味之甘必以共之，怡怡若孩提日。年并登八十余。仲子赞，字助生，敦孝友，田庐器皿悉以让诸伯仲。道日生平欣助婚葬及建社仓以惠里闾，悉赞为之经纪，俾得行其志云。

陈图龙　字上居。郡文学。始祖灌，豫章人，明初为宛郡守，遂居宛，今子将旧里是也。创建陡门以便蓄泄，州郡因之。后有士京者叩阍言盐政，民食其利。图龙负侠性，有干济才。定例，丁粮额设损脚、铺垫，俱编入正项征收，独宣役有里，里有解，解有费，视田多寡而费因之，一里动费六七十金，每遇现年，贫民变产称贷，不堪其累。图龙慨然曰："额外苛征以肥蠹棍，吾辈昂藏负七尺躯，忍坐视其吞蚀乡里耶？"遂痛哭陈词，往来皖江、白下者数年，不为势阻，不为利动，一意孤行，财力俱殚。于是凡所云见面分单及兑粮时十数弊①，永为禁革。事详碑记中。厥后图龙杜门扫迹，不预人事，以寿终。

刘大绣　字含之。孝亲友兄弟，好施乐善，饶于资，不自封殖。宣俗，每春夏之交②往往闭籴以昂米价，而歉年尤甚。大绣半其值以粜，凶年必尽出所有赈恤贫乏，邻里亲族多待以举火。里人以逋赋系缧绁，即为代纳，人尤德之。

葛大燁　字振伯，号直夫。质朴浑厚，克敦子职，事继母如

---

①　弊：底本原误刻作"毙"，据嘉庆、光绪县志改。
②　交：此字底本原被铲削，据嘉庆、光绪县志补。

(乾隆)宣城县志

生母。昆季分财,器物取其粗敝,曰:"吾所惯习也。"康熙间岁连歉,罄所储煮粥以赈饥人,又募族中有力数十家继之。其他济急扶危,不一而足。子增,字五如,少习举子业,试弗售辄谢去。尝游金陵,寓水西门,夜分闻邻妇哭甚哀,询之,以其夫有凤逋,将鬻妇以偿。增立取橐中数十金,召其夫与之。居尝自憾不克锐志诗书,乃尽鬻膏腴产以训诸子镳、鋐、铉、钧等,群嗤其呆,因自号呆石。

孙士劝 字孝先。邑文学。康熙戊子水灾,圩溃,士劝出己资以拯沿堤之编席而居者。寻大疫,士劝故知医,触秽恶诊视疾病,予以汤药,活全无算,众多德之。子朝甲,中申辰乡榜。

刘朝桢 字周臣。绩学力行,好施予。佃人鬻妻,出镪留之。二子①:友肇、允皋。友肇,字庭直,邑庠生,母李患乳痈,常自含吮。允皋早卒,友肇抚其孤方蔼,以伯兼师,得成所业。

苟应龙 孝亲友兄弟,抚孤侄如己子。于乡邻尤矜恤孤寡,届大寒给人以棉,大疫赠汤药。施棺掩骼,助鬻妻者金,得免离散。人多感颂。

苟应庄 纯孝刚方。精举业,寻为政山林,一经授诸子。居恒处善循理,阴全孤寡,经纪丧葬者无算,非任侠者比。

刘文泰 字连茹。郡庠生。先世忠厚尚义,文泰一守家法,每鬻产助贫,于支单者收养完娶,绵其嗣。偷儿匿书舍,辄解囊遣之去,家人适至,随灭其烛,终身不言。其隐德多类此。子谷,中丙辰乡榜;菽,邑庠生。

胡士俊 字尔秀,号谷诒。性孝友,仁慈隐恻。康熙己酉、庚戌,岁屡不登,士俊出谷赈糜于舍傍,宗族赖以无恙。时他族间有赈饥者,罢民远不及赴,争就士俊。邑令李文敏旌其门。

---

① 二子:嘉庆、光绪县志作"六子,三友肇,四允皋"。

卷之十六　人物二

唐达圣　字孔如。邑诸生。力学惇行，好施与。康熙己未岁大祲，族党贫乏者多资其欸助。有姜姓以积逋故将鬻其妻，达圣解囊赠，且时时周恤之，姜子孙迄今尸祝焉。子三，并列黉序，敦孝友，仲子文魁有文名。

刘　熙　字熙伯，号易庵。邑庠生。少孤，事母以孝闻。敦尚行谊，族弟某托妻子于熙，薄游京师，熙分宅居之，赡其衣食二十年无倦色。有贫人十余口丧不能葬，熙为择地窆之。侍读施闰章每闻人称里中善士，辄问曰："孰与刘熙贤？"其见推重如此。

夏英生　字恂如。郡庠生。性孝友，九岁父亡，哀泣如成人。事母恂恂色养，终身不倦者。兄欲析产，英生择其美者悉以让之，自取硗确地数亩而已。以授徒为业，有余粟辄分之。族人有贫不能娶者，捐馆谷以助。生平循礼法，斤斤自守，里中称"笃厚君子"云。

仲彩如　砺品砥行，孝友闻乡里。家庭肃睦，子若孙一禀其训，无敢败检者。郡县以闻，给冠服，视八品。

梅　骥　字巨源。岁贡生。笃孝闻于乡里，母卒，贫不克葬，殡内寝，骥朝夕上食如生时，暇则读礼殡侧，泣血渍卷帙皆赤。居父丧哀毁亦如之。年四十而后娶。先是，其父为聘马氏女，未娶，女得废疾，其家请别婚，骥不可："奈何弃父母之命？"岁寄脯脡以资医药，逾十余年病益剧，骥终不更娶。女感泣曰："以吾故而不娶，吾不可不绝其望。"遂匍匐投水死。骥闵其意，更三年而后娶。其至行过人类如此。学术该综，于书无所不读，制举文尤工，士林传诵之。性狷介，不妄交游，然好奖掖后进，称人长津津不置口，其所成就甚众。卒年五十七。著有《詹言集》《寂寥草》《周易指微》藏于家。

骆估龙　字绍先。性醇实，至行过人。善事父母，居恒惟意，所欲无不立致。母没，事继母徐如其母。弟位龙，徐出也。

（乾隆）宣城县志

先是，佶龙兄弟已析产，及位龙生，复议割田宅均之，佶龙欢然无间言。位龙早死，其子甫弱龄，佶龙教爱之逾于所生，卒赖以成立，不致家落焉。族弟羽先贫而孤，佶龙养于家，为娶妇，及有子，仍依佶龙，无倦色。孙懋鼎，太学生，承祖志，待羽先如初。曾孙大俊，乾隆丙辰进士。

梅　铨　字元衡。邑庠生。谨饬有德望。终父母丧未尝见齿，每读书至言孝事，辄呜咽悲号，不能自禁。其从叔都御史铦器重之，延训两孙，居其家二十年，不妄交一人，惟日掩双扉，坐一室讲贯习复，娓娓不倦。子名长，岁贡生。

钱　彬　邑庠生。敦行不倦，事继母数十年，宗族称孝。抚兄子如子。值岁歉，辄输粟以赈，有称贷不能偿者，积券约数千金，悉取焚之。

詹谦吉　字周六。邑庠生。性孝友，善事父母，养生送死，无毫发憾。弟三人，易衣并食，终身不忍析居。尝授徒于外，岁暮归，次旅舍，见一人抱稚子泣，询之，以客途久困，将鬻子为归计。谦吉悉出所有以赠，亦不自言姓名。其好善类如此。以子彬赠文林郎、永从县知县。仲鹤，字芝田，亦邑庠生，内行修整，生平鲜过举。家贫授徒，自业以终。

王文华　字掌西。年甫冠父卒，弟五人，其二异母弟，一甫数岁，一则其父遗腹子也。文华奉孀母，抚诸幼弱，竭力枝拄，内外一身。及诸弟长，为之婚娶，且延师以教，各成所业。及后或举明经，膺乡荐，余并有声庠序。平生所入①，悉以公之，无毫发私。性诚挚，不侵然诺。都御史梅铦雅重其人，抚闽时延至幕②府，事小大悉倚任之。梅征君文鼎特加敬礼，每语人曰："王掌西，今之古人。"

---

① 所入：此二字底本被铲削，且后衍"之八"二字，据嘉庆、光绪县志删补。
② 幕：底本原刻作"募"，嘉庆、光绪县志同，均误，今改正。

卷之十六　人物二

王名京　字凡九。邑廪生。行规步矩，不逾礼教。知交贫窭，每割脯脡资其膏火。孙予觉，字元任，邑文学，恂恂愿谨。同学李玉擎刻苦励行，赍志以没，予觉经纪丧事，收拾其遗文藏弄之。

濮阳慎行　字闻斯。康熙戊子举人。幼聪慧，八岁能文。父殁，哀毁尽礼。奉母婉容愉色，曲当其欢。叔文玉贫无嗣，饔飧之资、丧葬之具，悉慎行任之。族兄某死不能殓，助之殡，并为置田以供祀。

刘崧年　字申及。康熙辛卯举人。早失父母，及登贤书，贺者至，辄以不逮存呜咽流涕。抚幼弟，及长授室，祖遗屋宇悉与之，自居卑陋勿计也。试内阁中书，不就，友教四方，无片牍干有司。著《宛居诗草》《闽游草》《燕游草》藏于家。

曾启佐　字相儒。质直好义，兴公田百二十亩，以赡其同祖之贫不能自存者，一切凶嘉之用，出入有经，补助有等。顾限于力，不克广之一族，心常以为憾云。

傅魁祚　字星之。仗义好施，时出所有以周匮乏。城北塞口山地当孔道，滨大河，崎岖险仄，行人病之。魁祚鸠工凿石，辟成坦途，同里孙卓为之记，深美其事。

徐一琦　字小韩。事继母号称克子，亦时时能缓急人，贫不能偿，辄焚其券。里中以是德之。

孙　谌　太学生。幼失恃，历事三继母，承欢无间。有陈姓十余家，庐舍毁于火，皆露处，谌给资俾构屋居焉。里中屡有以贫鬻妻者，谌辄不惜多金助之，人皆高其义云。

童士熹　事母有孝行，母没，庐墓三年。生平慷慨好义，有族侄贫不克婚，士熹鬻产以助，里人多之。

吴世宾　字燕又[①]。天性孝友，割肱救亲。有贫苦者，分金

[①] 燕又：嘉庆、光绪县志作"燕文"，不知孰是。

255

给散，乡人德之。

蔡应恢 字纯祖。邑庠生。方伯逢时之孙。仗义乐施，里人德之。性至孝，父凤翼以岁贡任山东宁海州训导，精研《易》理，致仕，访友四方，莫知踪迹。应恢徒步遍寻，至滇南迎归。妻梅氏早卒，应恢抚育诸子，训以义方。长子舟，次子谦，经明行修，名列诸生；三子容，见《孝友传》。

贡廷球 字殿携。邑文学。善事继母，不藉形声。母老瘫床褥，廷球负而卧起十余年，依依①如孺子。见人窘乏，鬻产助之。遇里人，无少长无敢慢。砥行甘贫，为闾党所推尚。

管玉仲 居径塘。天性醇谨，奉父母克全子谊。邻里缓急，有叩即应，而终无德色。遇人忿争，杯酒释之。居恒崇礼让，重然诺，规行矩步，睦族敦伦，多可述者。

潘期能 字伯良，号敬源。慷慨好义，岁歉出粟赈贷，捐金完人妻；贫而负债者，焚券不责偿。里族义之。

贡治明 字子正，号南川。性诚悫，敦尚行谊，治家课子严而有法。三举乡饮宾，不就。端方正直，多长者风。冢嗣勋，字佐廷，邑庠生，嗜学修行，当事者延为义塾师。

苟士惠 天性纯孝，髫年失怙，居丧哀毁骨立，庐墓十三载，始终如一。痛母孀居，妻亡不复再娶，终身色养，爱敬兼至②。乡人贤之。

胡大龙 字超云。慷慨负气节，好以时缓急人。值岁歉，合族乏食，大龙捐仓谷百余石，不足，复鬻产以济。尝筑东坝湖，役者以饥不能赴，大龙出所储给其食，仍散百余金以安其众，众乃踊跃趋事。而水湍急，久不定，大龙悯众之势而功之不克就也，奋身跃湖中，工随竣，至今民尸祀之。

---

① "依依"二字前原有一"长"字，当衍，今从嘉庆、光绪县志删之。
② 至：底本原刻作"玉"，当误，据嘉庆、光绪县志改正。

贡松朴 天性孝友，品行端方。理家政四十余年，设义学，训子孙，又设义仓赈族贫乏。郡县以闻，赐冠带。

高化龙 性至孝，祖小乾因事戍边，化龙间关万里，寻遗骸滴血负归。宜兴陈玉铸为之立传。

汤士鸣 字竹坡。性宽和，好施与，家虽贫，而畸人寒士多衣食之。人有卖妻者，尝贷金留之。年七十，侍母至夜分无倦色。承父宗望志，训诸弟侄读书有成。尊师重傅，里中辄举为法。

附

侯来保者，前尚书陈迪家人也。迪靖难中抗节当极刑，六子同日死，时姻戚四窜，莫敢傍睨。来保衔痛潜拾其遗骨，还葬宣城计家桥，人士多之。

金　俸 医官璞仆也。本姓严。嘉靖中，璞输岁额死金陵，子校甫在襁褓，俸破产走京师，了公逋归。即所赢百金营缮田庐，与妻聂氏同抚藐孤，劳苦万状，卒克其家。俸年七十余，其幼主集客，必躬致食品，如敬事官长。参政守德言于郡守罗，旌异之。或遇俸，必引与为礼焉。

(乾隆) 宣城县志

宣城县志卷之十七 人物三

人物三 文苑　武烈　隐逸

文苑

唐

刘太冲　博洽工诗，与弟太真齐名。天宝十二年进士。颜真卿守平原，辟从事，画策拒安禄山。寻真卿掌吏部，署太冲高等。尝为文送之归宣城，谓"才不偶命，而德无其邻"。所著诗俱亡逸，今惟存《寄业师》一篇，见《宛雅》。

弟太真，字仲适，涉学善属文，少师事萧颖士，颖士送之序谓："门弟子若尹征之学、太真之文者，首选焉。"天宝末举进士，大历中署陈少游淮南书记，广德初李季卿荐授卫兵曹，观察使李栖筠表令常熟，邑人化之。寻征拜起居郎，累历台阁，自中书舍人迁工、刑二部侍郎，转礼部侍郎，掌贡举。贞元五年贬信州刺史卒。太真性诡随，尝以桓文拟少游。知贡举辄先收贵家姻族，为时所薄。然雅负诗名，每一篇出，人皆讽诵。时德宗文思俊拔，每御制，命朝臣毕和。贞元四年九月，赐宴曲江亭，帝为诗序，因诏曰："卿等重阳会宴，朕想欢洽，欣慰良多，情发于中，因制诗序。今赐卿等一本，可中书门下简定文词士三五十人应制,同用'清'字。明日内于延英门进来。"上自第其诗,以太真及李纾等四人为上,鲍防、于邵等四人为次,张濛、殷亮①等二十二②人为下,李晟、马燧、李泌三宰相诗不加考第。太真所著,今存《上杨相公启》《与韦苏州书》和《送顾十二左迁泾邑》《东峰亭古壁苔》二诗,见《宛雅》。两《唐书》并有传。

王　炎　工诗,与李白善,尝游蜀,白为《剑阁赋》赠之。及卒,哭以诗云:"王公希世宝,弃世一何早。"又云:"哭向茅山犹未摧,一生泪尽丹阳道。"

邵　拙　字拙之。好学工诗,外和而中廉介。水部郎赵庆贻之诗云:"迈古文章金鸑鷟,出群行止玉麒麟。"尝上书献所为文,请应制科。诏赴阙,次舒州卒。籍装,得诗文数十篇,手抄史传子集三百卷③。拙初为诗云:"万国未得雨,孤云犹在山。"时谓"穷谶"。著有《庐岳集》,尚书孙迈序之。

南唐

蒯　鳌　孤贫力学。唐末文体纤丽,鳌独能自振,有承平风。或请师之,鳌语其人曰:"夫文贵质而尚简,理直言婉,斯近道矣。若靡嫚流放,岂吾之学哉?可归求之,师非所愿为也。"为人廉直,尝藏歙州龙尾砚,客有欲色而不言,鳌亦心许。及客行,即徒步驰数舍与之。后主末,始登仕而国亡。初与樊若水善,开宝中若水欲荐于朝,鳌耻其投宋,竟谢去,隐庐山数年卒。鳌少饮博亡行,不齿于人士,会入国学,益无赖,晚乃励操

---

① 殷亮:万历、嘉庆府志同。底本原作"殷亭",误,据《旧唐书》卷一三七改。嘉庆、光绪县志亦误。

② 二十二:府县志均同。《旧唐书》卷一三七作"二十三",《月令粹编》卷八作"二十四"。

③ 卷:府志同。嘉庆、光绪县志作"篇",似误。

服义，言出必践而后已。家虽贫，不事干谒，士流益复高之。

宋

邱　旭　少事畜产，已冠，始读书属文。南唐时凡十举，擢进士第一。归宋，吕文穆判铨，闻而重之，荐迁京秩，卒于衡州。旭尝纂古贤俊遗言为《宾朋宴语》，其词赋后人效慕焉。

梅尧臣　字圣俞。侍读学士询从子也。父让，力学不仕，其弟询间讽焉，答曰："徇禄易也，而行志难，吾愧之。"会奏授大理司直，子尧臣郊祀恩赠太子中舍，年九十一卒。尧臣幼习诗，自为童子出语已惊其长老。用询荫调河南主簿，钱惟演留守西京，特嗟赏之，引为忘年友，一府尽倾。比欧阳修为推官，与交善，每自谓不逮。王文康曙览其文，叹曰："二百年无此作矣。"尧臣长益刻励精思，由是著名中外。尝语人曰："凡诗，贵意新语工，得前人所未道，状难写之景如在目前，含不尽之意见于言外，然后为至。"世服其知言。历德兴、建德、襄城令，监湖州税，金书忠武、镇安判官，监永丰仓。大臣以馆阁荐，仁宗问曰："能赋'一见天颜万人喜，却回宫路乐声长'者乎？"召试，赐进士出身，改太常博士。嘉祐元年，翰林学士赵概及欧阳修十余人言于朝，补国子直讲。明年为贡举参详官，得苏轼，置第二人。累迁尚书都官员外郎，预修《唐书》成，未奏而卒。欧阳修为墓志。诏录其子。宝元初、嘉祐中祫于太庙，尧臣献圣德诗，帝答敕优奖。又尝上书言兵，注《孙子》十三篇，撰《载记》二十六卷，《毛诗小传》二十卷，《宛陵集》六十卷，《续金针诗格》一卷。尧臣家贫，喜饮酒，善谈笑，与物无忤，贤士大夫多从之游，时载酒过门，诙嘲讥刺，托于篇什。即穷困下僚，未有恨色，一干请人。苏子瞻于渍井监得西南蛮布弓衣，织文乃尧臣《春雪》诗，其见贵远方如此。史称其诗深远古淡，间出奇巧，宋兴名家为世所传若尧臣者盖少也。时与苏子美齐名,而尧臣实优,欧文忠《水谷夜行》诗末云:"苏豪以气轹,举世徒惊骇。梅穷我独知,古器今难卖。"司马温公每重之,有"我得圣俞诗,胜有千金珠"之咏。诸家评者甚众,方回谓"宋文欧公第一,诗梅公第一,而五言律尤长",颇称确论。

高元矩 工诗,不仕。以子惠连贵,赠光禄卿。诗有警语,其《赠宣城宰》云:"砚注寒泉碧,庭堆败叶红。"《赠徐学士》云:"鸟掠琴弦穿静院,吏收诗草下闲庭。"载王举《雅言系述》,全篇亡考。惠连,博学尚气概,登端拱己丑进士,历工部郎,知吉州。精堪舆术,铨[1]学址,欧、刘相继出,并登上第。天禧初徙知扬州卒。周紫芝,惠连曾孙婿也,尝过其墓下,赋诗吊之。孙器之,知南安军。

周紫芝 字少隐。居陵阳山南。父觉,训子甚笃,每曰:"是子相法当贵,然肩耸而好吟,其终穷乎?"两以乡贡赴礼部,不第。家贫,并日而炊,人嗤之不顾,嗜学益苦。尝从姑溪李之仪及吕本中游,有美誉。年六十一,始以廷对第三同学究出身,调安丰军霍邱税,不赴。监户部曲院,历枢密院编修官、右司员外郎,知兴国军。政崇简静,终日焚香课诗而事不废。秩满,奉祠居庐山。初,秦桧爱其诗云:"秋声归草木,寒色到衣裘。"留京,每一篇出,辄击赏不已,颇厚遇焉。后和御制诗:"已通灌玉亲祠事,更有何人敢告猷。"桧怒其讽己,出之。紫芝惟言:"士遇合有时,吾岂以彼易此?"绍兴乙亥卒。著有《太仓稊米集》《竹坡词》《竹坡老人诗话》《楚词赘说》,并载马端临《文献通考》。今存诗话及诗文三十余篇,亦复藻赡可喜。子槃、琴,皆力学不仕。

李 宏 字彦恢。博学好修,文词赡藻。建炎中,吕好问知宣州,得士四人:詹友端、周紫芝、王相如及宏,每宴集必与俱

---

[1] 铨:衡量,权衡。嘉庆、光绪县志改为"迁"。

焉。宏诗多逸，《题天休观》云："一派银河悬落水，数峰石壁锁飞烟。"后有李蟠，亦能诗。《辰光门》云："夜深灯火明沙路，秋冷笙歌拥画轮。"并见《宛陵群英集》。嘉定中，韩沆，字仲和，仕提举；石岩，字鲁瞻，仕教授。并与宁川吴晦之善。沆尤工书法，尝手书晦之《十绝》，自为跋。临安罗相谓："吴之诗，韩之字，可谓词翰俱美矣。"晦之有《泊句溪怀仲和寄鲁瞻》诗。韩殁，吴又有《寄鲁瞻》诗云："忆昔从游杖屦中，有山亭上醉春风。主人已作骑鲸客，谁识当时两病翁？"见晦之《嚼蜡集》。

元

贡　奎　字仲章。父士濬，赠广陵侯。力学①尚节义，不仕。尝作义塾以待四方学者，乡人甚尊礼之。奎天性颖慧，风仪严整。十岁属文，长益博综经史，以古为师，任齐山书院山长。朝廷方议行郊祀礼，诸大臣以奎识鉴清远、论议详明，遂推授太常奉礼郎兼检讨，奎即讨定上之，朝廷多采其说。迁应奉翰林文字、同知制诰兼国史院编修官，纂修《成宗实录》。授江西儒学提举，敷明理学，诸生皆竦听不懈。累迁集贤直学士。天历二年奉使还，卒。著有《云林小稿》《听雪斋记》《青山漫吟》《倦游集》《豫章稿》《上元新录》《南州纪行》凡百二十卷。子师泰，见《名臣传》。从子师道，字道甫，举茂才，累官翰林待制兼国史院编修，有文名。时奉旨修宋、辽、金三史，丞相脱脱总史事，欲以辽、金为正统，师道奋笔议曰："昔符坚已据中原，不忘东晋，凡以成正统也。本朝得上承中国帝王之统，而与唐、虞、三代、汉、唐齐称以承宋耳，则正统在宋也明矣。"不果从，师道亦坐此忤时，出补嘉兴路治中。部使者交章荐之，寻卒。

---

①　"力学"二字前原有"广陵"二字，当衍，从嘉庆、光绪县志删。

卷之十七　人物三

张师愚　字仲愚。弟师曾，字叔舆。皆①好学工诗，先后领延祐、天历乡荐，撰《梅宛陵年谱》，多所摭引。并从汪文节泽民游，文节礼下之，尝称"平生畏友有二张"云。师愚诗《送陈公辅之采石》"蛾眉上碧落，牛渚送春涛"，《和施炳仲》"桑落山中酒，芙蓉江上秋"，《送赵伯渊》"秦淮倚棹秋听雨，易水驱车晓度霜"；师曾《挽刘待制》"视草催春直，藏舟惜夜移"，《怀师氏山林》"雨林黄耳菌，春涧白头鱼"，颇称工丽。师愚子知言，字公允，亦以诗名。

梅德明　积学工诗，见推于世。《和汪叔志晓望山门》"石漏窗中月，岩通洞底泉"，《送傅经历》"柳枝歌断山杯尽，梅雨晴来江路长"，《送叔章侄》"彩鹢随风飞宛水，黑貂犯雪上燕台"，《柳枝词》"江山春阴半画桥，扁舟西下夕阳潮""离魂何似垂杨柳，飞雪漫空暖不消"，全稿佚。

明

贡　钦　字元礼。少颖异，书过目不忘。妻杨氏，佐夫勤读，每夕共檠女红，约膏残就寝，伺钦出，潜增檠膏。成化庚子，钦领应天乡试第一，同榜公宴，多列声伎，各携扇筵间索解元赠诗，钦挥洒无难色，众服其敏给。甲辰登进士，历官文选郎，掌选事最久。世宗出郊，诸官蒲伏，钦顾长，上疑其立，询之，因呼为"长官儿"。仕顺德知府。钦诗文才情豪荡，震耀一时，长沙李东阳尝有"秋水芙蓉"之目。

贡汝成　字玉甫。镛之子。领正德癸酉乡荐。汝成生而早慧，费产市古今书，搜讨不遗余力，博洽与旌德梅鹗齐称，而汝成尤探极理蕴，文密而藻、赡而法。嘉靖初，上敕大典礼，汝成与修《祀仪成典》及献《郊庙赋》，并赐金帛。已，授翰林待

---

① "皆"后底本原有"学古子"三子，当为错刻，从嘉庆、光绪县志删。

诏，预校录经史，上《复古治策》十五事，凡三万七千余言。章圣太后丧，两疏请复三年制，不报。寻卒于官。著有《三礼纂注》等书，贵溪夏相言尝击节称"贡玉甫真海内博雅学者"云。

梅守箕 字季豹。豪宕善饮，喜结客。为文千百言，援笔立就。每用古文字作经义，困诸生不第，辄取诸生业焚之，益肆力古文辞，它无所嗜。每饮必醉，醉必有作，或不能书，以口授他人书之，当稿脱时，狂呼大啸，旁若无人。司成汤宾尹雅傲岸，独推服之，曰："与季豹游，使吾神王。"又赠诗云："坐上若无梅季豹，也容他辈得猖狂。"其见重如此。名著公卿间，然负气任侠，耻干谒。家贫能缓急人，以故人争异之，殆古之狂士也。时从子蕃祚字子马，嘉祚字锡余，台祚字泰符，咸祚字以虚，皆通脱隽侠，善诗文，昕夕酬唱，所著稿俱蔼然成集。暨国祚、鼎祚辈，有林中七子之称。王元美赠子马云："从夸荆地人人玉，不及梅家树树花。"盖谓诸梅竞秀也。守箕年四十五卒。著有《居诸集》。子玹祚字乙生，其从叔继芳字陵峰，继英字吉山，继勋字峄阳，从兄守默字龙泉，并有诗名。

孙 攀 字士龙。少游乡校，长于记问，博览沉思。尝得《周礼》古本，遍考诸家，折衷为一书，名《周礼评释》。同时梅鼎祚序行之，称其孝友端谅，非礼弗履，所辑著与贡待诏汝成纂注三《礼》先后相望，有周礼在宣之叹。至今里中称博洽，必首贡、孙两先生。

梅鼎祚 字禹金。父守德，官给谏时生鼎祚，癯甚，二兄相继夭，父益怜之，欲其焚笔砚，乃匿书帐中，时时默诵。年十六廪诸生，郡守罗汝芳召致门下，龙溪王畿尝呼为小友。性不喜经生业，以古学自任，饮食寝处不废书，发为文辞，沉博雅赡，士大夫好之，式庐者日至。与王世贞、汪道昆诸巨公游，当时海内无不知有禹金者。奉父里居，左右以色养。属母郭恭人疾，序当岁荐，辄让其次者。辛卯游北雍，年甫强，时内阁申公时行等皆欲以文待诏故事疏荐，辞不赴。归隐书带园，构天逸阁藏书，坐卧其中。著有《鹿裘石室集》。鼎祚既负才不第，又当中原尚文之世，博闻强识，长于编纂，取上世以来诗文各以类纪，下及杂记、传奇，并有辑撰，多至千余卷。详《载籍志》。子士都、士好。士都性刚直，终宁州丞。从子士劝，字勉叔，少负俊才，有《唾余集》，惜早卒。孙朗中，字朗三，少好学，发先世藏书，旁搜极览，声籍吴越间，四方之士道宛陵者，莫不过从极欢。为人温厚谦抑，喜交游，善诗文书画，风韵洒然。所制卷轴笺素，征索如市，口吟手挥，人人得意去。困诸生不第，而当路折节加礼，海内如冯元飙、周镳、陈子龙诸贤，咸亟推之。尝辑唐以前赋为《赋纪》五十卷，编校垂竣而卒，闻者叹曰："玉树摧矣。"年三十六。所著有《书带园集》十六卷。弟超中字季升，从弟磊字杓司，并同时知名，著有诗稿行世。子庚，自有传。

高维岳 字君翰。惠连裔孙。弱冠领万历癸酉乡荐，善诗赋、古文词，与里人梅鼎祚、沈懋学辈为敬亭诗社，尤长书法。仕雷州推官，寻署琼州。会矿徒窃发，钩倭入寇，维岳伏兵清澜海口夹攻，大破之。转巩昌郡丞，督饷临洮，招番人置近甸，边赖以安。以抗直左迁兴国知州。兴国故苦柯、谭二贼，维岳单车驰至郡，立擒盗魁，盗悉平。当事忌其功，遂投劾归。维岳文学优长而娴于政事，家无余财，所居不蔽风雨，翰林焦竑每叹曰："君翰诵诗达政，有元道州之风。"著有《远霁草》《翠云亭集》《保洮八议》等书。

汤宾尹 字嘉宾。万历甲午举于乡，乙未冠南宫，廷对第二，授翰林编修，内外制书诏令多出其手，号称得体，神宗每加奖赏。寻晋中允，署司业、谕德、庶子，迁南京祭酒。雍中考课及分闱者三，所得皆当世名士。好奖借人材，士子质疑问难殆无虚日。词林旧例，每优游文史，需次公卿间，宾尹独慷慨负气，纵谈天下安危大计，好刺讥人，由是与人不合；又以闱中争韩敬举首忤执政，罢归。崇祯初，廷臣乔若雯等疏荐，未及用，卒。

居家孝友，父严峻，少拂意辄长跪终日，色霁乃退。待诸弟友爱倍常，有俸余辄为亲故持去。见负才轗轲者，推毂不容口。初以制举业名天下，至今无不称汤宣城云。所著有《睡庵诗文集》，其条议防边、备倭诸策，详文集中。

吴伯与 字福生。好读书，每夜至向晨，拥衾假寐，觉复读。年五十八，始连登甲乙榜，授户部主事，司饷大同，典试东鲁，历杭严道副使。初，伯与将入闱，病几殆，耳闻语云："奇哉奇哉！异人异人！"后闱牍出，二三场批即此八字，盖主司惊其博奥也。其为诸生高自负，以晚达得肆力典籍，博极群书，工古文词，手抄目涉，家藏甚富。所辑有《宰相守令合宙》《名臣奏疏》《事函》《文函》等书，著《素雯斋集》行世。

沈有则 字士范。修撰懋学伯子。少颖警绝侪辈，淹通经籍，骚赋、楷隶靡不工。著《九边策要》诸篇数十万言，悉经世巨务。率祖父之训，访道讲学不远数千里外，故其所著皆有本之学。万历癸卯举于乡，越庚戌成进士，官行人，即疏请建储，词甚切。至壬子，奉命使楚兼奉其母王南归，进次东平州，值母疾作不起，有则累泣七日夜不绝声，遂继其母王并卒于道，时年五十有三。生平孝友，敦姻睦，好施予。先是，师事同邑孙宏，宏司教滁州，卒于官，子弱不能扶榇，有则闻讣奔滁，解装治丧，载之归。道经九华，遇配者，询知其冤，为白而释之，配者父盲目复明。尝捐橐完越人之婚，卒不告以姓氏。他如焚券、茔棺，多不胜数。侍郎张守道为之状，崇祀乡贤。著有《紫烟阁文集》。子孙贤达数十辈，至今称盛云。

钟震阳 字百里。少孤贫，寄食舅氏郑世德，以师事之。性癖古学，不屑屑经生家言，是以屡困小试。积岁馆谷尽购书籍，寝食其中，不稍倦。年及艾，始举崇祯庚午乡试，辛未联第。是科程策半经其手裁，一时古学声噪京师。知山阴县，山阴濒海，筑海堤以捍民患，民甚便之，祠于海壖，部民碑焉。后以重文学、缓催科，左调兰阳。著有《偶居集》行世。子无瑕,见《宦业传》。

汪念显 字仲恭。邑庠生。文节八世孙也。博通经史、百家言,试辄冠军,郡邑牧长如陈彦吾、姜孟颖暨乡先达殷登瀛、詹沂、徐元太皆雅相器重。念显亦远大自期,阖门稽古,终其身未尝一至吏庭,有古高士遗风焉。著有《语神编》《世道忠言》二刻。

刘　振 字自我。少高尚博学,慷慨善持论。尝纵游齐、梁、燕、赵间,中原多扰,范景文巡抚河南,会兵御寇,振布衣上书,谈时事多中,景文延置帷幄,甚见礼异,由是知名。寻返金陵,键户撰著,辑古今治乱得失作《庙算》,采兵家言作《纬书》,又以明三百年实录藏馆阁者,旁稽野乘,裁以己意,仿《史记》述为本纪、志、表、列传,自洪武迄万历,名曰《识大录》,计百余卷。范景文为南兵部尚书,每有大事,多就咨访。及内召聘修北工部志,书成,会闯贼陷京师,未上,景文殉国,后书寻散逸。乙酉,疽发背死。振平生熟于掌故,所著述甚富,词章其余事云。子易,字望之,古义自好,不波靡时俗,博极经畬,世其家学,文章一规秦汉,征士梅文鼎雅服焉。后徙居河南。著有《章甫集》二十卷,《拟骚》数卷。

俞　绶 字去文,号涧影。壮谢诸生业,笃志古学,博览遐搜,随所目涉辄笔采之,久而成书盈数尺。居宣之西坞,有小园,中为楼,聚先世所藏与己所购典籍充其中,颜曰"父书楼"。为诗古文词不加点,长于叙事,得史汉法度,求者踵接,皆弗辞。或意到,则置几园中花竹下,徐步微吟,茗饮数杯,立书十余纸。泗州施端教令范县,聘修邑乘,逾年而返。年七十六卒。著有《涧影诗文集》六十卷。

陈　祜 字吉裘,一字蓬人。少颖异博学,善为文。楚人尹宣子令泾,读其文异之,属试士,有为先容者,辄潜易其名以试。早弃诸生,隐居教授,釜恒无炊,而一介必严。冬或为制复衣,则析为单以衣舅氏,而自衣其里。所获弟子束修,尝分以赠

(乾隆)宣城县志

贫士。生平孤介，形如野鹤，耻与流俗为伍。著《蘧人诗集》十卷，未刊。

国朝

梅巨儒 字谡闻。孝廉士学子。生八月失怙，五岁就外傅受书，强记不忘。年舞象补诸生，试辄高等，为艺林所推。寻弃制举业，尽出藏书读之，乃上诉羲轩，下迄近代，仿司马文正公《通鉴目录》、邵子《皇极经世》编年体，博搜慎讨，举要订讹，为《史鉴大事录》一书；又著《左传发明》以正定诸家义例。他撰述古文辞、诗歌百余卷。所居环树以梅，吟啸其中，泊如也。当其下帷精思，则累砖磩筑户，仅于牖通饮食。每经时月或岁除，家人陈设毕，乃出。事孀母尤极诚孝，生平无疾言遽色，虽臧获有过，不加谴责。尝捐金为邻人赎罪，免其鬻妻。子锏，见《宦业传》。

唐允甲 字祖命，号耕坞。幼时就塾师，夜归失道，见前有笼灯导之，到门而没。同邑汤宾尹器之，留读园中。年十三，文誉驰江上，周仪部镳、沈征君寿民订交伯仲间。南都初建，廷议欲征江左巨儒充内阁之选，大学士高弘图首荐允甲为中书舍人，一时诰敕多出其手。会权臣披剥善类，允甲遂遁迹溪山，以诗酒自娱。老年书法名海内，笺扇盈几，酒酣落笔，应之不厌，获者不啻拱璧。所著诗文数十余卷。施愚山、沈耕岩皆有序。

时同里有戚懋者，字稚含。性倜傥豪迈，留心经济，薄游都下，适司礼监王某奉命巡边，延为参谋，遍历酒泉、张掖、云中、上党、秦晋诸境，凭吊山川，诗文盈篋。例三载复命，当授通判职，懋慨然曰："因人而致功名，志士不屑也。"弃归，应童子试入泮，寻应幕入浙。会南都不守，浙闽内附，懋以诸生授龙泉教谕，期年告归，隐于水阳之西浒，足迹不入城市，日与唐允甲、袁友韩、李侠辈赋诗饮酒，爽然有终焉之志。

卷之十七 人物三

梅士玹 字象先,号孤山人。太学生。前绵竹令国祚第四子。最淹洽,自汲冢鲁壁、周鼓秦碑以逮虫鱼草木、地舆医卜之籍,靡不穷究;治古文词俱有名,尤豪于诗。有不平不与人较,辄时时寄咏以自寓。伯仲早世,抚藐孤调饥嘘寒,煦煦若慈母。寻以兄子事受冤抑,系圜扉五年,尽罄其产,始脱于难,无几微怨怼。前后邑令岳凌霄、谢玄珧并尊礼之,不仅文士讲布衣欢而已。晚为潜山县丞。著《孤山人》八集行世。子靓,字清老,号昆陵。负异人姿,不屑屑干世用。家徒壁立,颓然自放。性好吟耽游,少尝溯大江,眺九子,泛犀渚,涉齐山,上下江流千余里,操小艇其间,慷慨兴歌,欢忧万状。又尝裹粮蹑屩,适齐楚,之燕赵,遍行塞上,綦履所及,与一时胜流申缟带,即席作赠,遇景书怀,手笺口答,沛然有余,要皆自写其胸臆,不肯一语借人牙慧。所著有《声风集》《客吟》《卧吟》并《余吟》共二十卷。靓子曰斌,字具美,亦能诗。

茆荐馨 字楚畹。少英敏力学,寒暑不辍,为文不属草,顷刻立就。年十七补弟子员,屡困棘闱,纵游齐梁、燕赵间,改就北雍。时大学士宋德宜为国子祭酒,奇其文,累试皆最,以国士目之。壬子举于京兆,己未获隽南宫,廷对第三人。授翰林院编修,读中秘书。时命词臣纂修《五代史》暨《易经讲义》,荐馨分辑不懈。蜀平献诗,上深加奖励,名益重。俄而疾作,竟以病请。易箦前数日,梦之帝所观竞渡,恍闻天语。俄归,见车骑驺从数十人来迎,问何往,曰东岳庙。至则东顾,一座吏白曰:"设此以待公。"惊寤,语其子。越五日,赋绝句曰:"半年消渴望蓬莱,梦里君王赐药来。隐隐龙舟竞渡去,香风天上五更回。"翼日逝。平生孝友廉洁,待人一以诚信,游宦十数载,家无余财,所居帷幕不周,突无炊烟,晏如也。卒赖大学士杜立德、宋德宜相率经理其丧以归里。所著有应制诗赋等,见《载籍》。子振旅,乙酉举人。

(乾隆)宣城县志

孙　卓　字予立，号如斋。给事襄次子。五岁而孤，器宇已如成人。髫年即淹博经史，才藻烂发。弱冠试冠军，食饩，寻应丁巳特诏，以国子生魁北闱。己未登进士，廷对初拟二甲，上亲阅诸卷，拔置一甲第二，授编修。逾岁御试，以文义、书法并当上心，擢第一。癸亥，特简奉使册封安南国，赐正一品服。行至粤西全州，暴病卒，得年三十六。临革惟以使命未终、君恩亲恩未报为憾，言不及私。后诸臣毕使报命，备述卓劳瘁殒命状，上为嗟叹久之。卓内行醇备，奉母恭兄，率具至性。甫第即告假归省，或沮以妨迁转及秋闱主考，卓弗遑顾也。尤敦风谊，崇气类，凡拯溺完婚、折券助葬诸盛德事，尤不胜纪。制义及诗文称当代名家。子锡彤，字歌载，温厚和平，好施予。词翰尤工，著《留云草堂诗集》四卷。

梅枝凤　号东渚。父有振，多隐德，见《懿行传》。枝凤少从沈征君寿民、周仪部镳朝夕论文，名著江左。施侍讲视学邹鲁，约同行，枝凤以父老不忍远离，登舟矣，忽心动而返，不五月父殁。继母葛患疽，秽难近，枝凤率妇侍左右，昼夜无倦色。兄枝南、枝乔，弟枝遇，皆早世，诸孤成立，枝凤之力实多焉。岁己酉，山涨暴发，漂流尸棺以数十计，枝凤疾呼捞救，舁至孔道，有主者归之，无主者瘗而志之，岁时浇之以酒，同人为作《掩流棺》诗纪其事。壬子、戊午间，岁大祲，族不火者八十余家，枝凤多方为之所，老病者给以食，少壮则出谷若干，俾尽力沟洫，群赖以安。晚年自构满听楼，日以训子为事，闲则赋诗自娱。学使者举宾乡饮，不就。生平倡明正学，屏斥浮屠，易箦时犹凛凛垂训。其严毅不苟如此。著有《石轩集》《东游草》《东渚诗文集》《慎墨堂诗品》及补葺《都官集》《孙子注》，搜刻《姑山集》，并行于世。

吴　坰　字季野。宋左丞相潜之后。前明邑庠生。崇祯末，经义靡曼，坰挽以古调，为吴应箕、沈禧、张自烈及同邑沈寿民诸名宿推许。甲申后谢去举子业，一意古文，力追庄列管韩、先秦两汉以上，窈渺瑰裔，变灭神奇，使人不见端倪。而折衷经学，一轨于正。宣之治古文者，以坰与寿民及坰侄肃公为最。著《古今人物论》《原性》《治性》《观时》《敛祸》数十篇，谓之《准言》，卒后肃公刊其集行世。兄铮，字若金。郡庠生。英爽骏发，制义与寿民齐名，时称吴沈。诗尤清拔，有《浮筠轩集》。从子谋公，字聪若，丁卯举人。性简略，淡于名利。语言谈笑似诙谐，而所守实介。雅不喜讲学浮名，从之游者，教以读书、修品而已。尝曰："高谈性命不如卑论人情，广结知交不如近恤里党。"闻者服其言。

孙于王 字羽辰，号萍庵。前明邑庠生。能文善诗歌，书法出入钟、王，远迩重之。绝意进取，襟情空旷，酷嗜奇山水，留连时事，托诗见志。其风号雨溢、海啸山移之致，磊落动人，吴肃公尝推服焉。著有《萍庵集》。族弟朗宣，名诸生。

高咏 字阮怀，号遗山。幼有神童之目，其学无所不窥，书、画与诗世称三绝。康熙己未，以博学鸿词授翰林院检讨，充《明史》纂修官，所撰史稿皆详慎不苟。著有《若岩堂集》。

梅以俊 字子彦，号承露。邑廪生。前绵竹令国祚曾孙也。父麒，字梦征，抱璞不售，频年游学。以俊从母刘受经，生有异禀。外大父聘君刘振爱之甚。稍长，博综经史百子，含英咀华，与人讲论，本末详尽。初攻制举业，试辄空其曹耦。古文词豪宕有奇气，诗尤擅长，古雅清腴，浸淫乎汉氏，征君沈寿民、街南吴肃公并推重焉。尝录遗句，曲用古学，七艺擢冠十八府州，声籍籍吴越。性旷达嗜饮，遗落世事，视青紫犹土芥。居恒一卷一壶，兀坐竟日，虽寒暑风雨，腕脱髯枯，弗顾也。晚数游金陵，与诸名士结吟社，时饮酒家，题诗壁上，好事者辄随所之录之去，传诵都邑。年五十四疾革，连沃数觥，一笑而逝。著有《承露集》《茗语》等行世。叔芬，字淡仲，力学耽吟，为邑名诸生，惜早卒。

张延世 字子尉，别号钝夫。七岁能赋诗，笃嗜诗古文词，长益肆力群籍，所学日富而行谊甚高。幼失恃，孝事其父，父殁，哀毁几不胜丧。与异母弟同居数十年无间言，姊少寡，孤甫四龄，值兵乱，延世挈以远避，获保无恙。试于乡，连不得志于有司，徜徉泉石，啸歌自适，所撰著不下数十种。以明经授宿松司训，时年已老，犹日夕讲论不辍，载酒问奇者趾相错。一日偕同人游黄梅五祖道场，过飞桥，顾瞻道旁古松，步丈室，皆恍如旧游，因吟曰："蝶梦迷难忆，僧房谙再投。"未几投劾归，归一年卒，年八十有四。其族有一鼒者，亦好学，能文章，以诸生终，五经俱有注解，并散轶，今存《春秋留传》十余卷藏于家。

唐　益 字朕虞。博通古籍，食饩后试必冠军，学使李来泰极称许之。中顺治丁酉、庚子、康熙癸卯三科副车，以体羸不耐场屋，终岁贡生。平生尤喜为有韵之言，曾著《自怡集》行世。子大恩，庠生，亦工诗。同时廪生陈武扬，字大介，学问渊博，屡试必第一人，年八十余尚赴棘闱。纂辑《四书》，发明朱注，颇为后学津梁。

梅　清 字渊公，号瞿山。英伟豁达，读书辄竟夜不寐。既长，以博雅负盛名。顺治甲午举于乡，稿出纸贵。诗词雄迈隽逸，遨游燕齐、吴楚间，名公巨卿无不推毂，昆山徐元文、新城王士祯尤倾服焉。远近名流至宣，倒屣相迎，衔杯拈韵，兴会淋漓，主盟骚坛，后学藉以振起。善画理，墨松尤轮囷离奇，苍雄秀拔，为近来未有，海内鉴赏家无不宝贵。有《瞿山诗略》《天延阁前后集》行世。叔子钟龄，郡廪生，嗜古能文，称其家风。从弟喆，字遹先，号霜崖。隐居教授，长于诗，咏物尤工；醉后染翰，品格在云林、大痴之间。

孙　竹 字稚君。制义瑰奇，尤长于诗，雕刻奇创类李长吉。出游公卿间，争为延誉。从弟、给谏襄每称其内行完备，惜无后。有《西湖蘧啸集》行世。从侄支芬，字昆孩，邑文学，博极群书，问字者踵接，诗文援笔立就，隶体尤工。

袁启旭 字士旦，号中江。国学生。诗及书法皆警迈，与同邑施闰章、梅庚负盛名，都下人得片纸藏弆之。有《中江纪年稿》行世。从弟又安，字汉公，诗及书法亦有名。两人皆吴肃公高第弟子。

沈 泌 字方邺。邑诸生。博闻强记，才捷一时。尝名流宴集，阄韵分题，泌或后至辄先成。与人共疏古事，娓娓不倦，检所出不讹一字。性落拓，跌宕文酒，不矜细行。康熙中，当事将以博学宏词荐，不果，士论惜之。同时有梅直、濮阳锦、马文开，皆隐居著述，以博雅称。

梅文鼐 字尔素，号慎庵。邑诸生。征士文鼎弟也。好学博闻，才思赡逸，为文不加点窜。少攻举子业，尝爇香为度，香寸许，可得数艺，时皆服其工敏。诗学韦、孟，冲夷古澹，不为时下人语。尤邃于天文、历数之学，与兄文鼎并为安溪李文贞所推重。著有《星图》《慎庵笔算》等行世。孙瓛成，字惟寅，邑庠生。温文尔雅，唻苦绩学，善书法，兼通历算。

徐纂益 字烈裘。邑廪生。博学善文，于时艺尤精小题，典博渊[1]刻，独成门户。授生徒，于改正外，复各构一首示之。故其文甚夥，不自矜贵，懒收拾。诗、古文俱有名，不戒于火，尽焚毁，惟时文散在生徒间得存。族人肇伊，字程叔，亦名诸生。尝预修《江南通志》及郡邑志，所援据同事服其精确。梅征君文鼎尝论博雅士，必亟称"二徐"云。纂益门人马龙，刻苦为文，藏弆其师遗稿，将梓行，以赍志未遂，稿亦佚。

刘朝瑞 字季鹰。郡廪生。少刻意攻苦。父母没，尽鬻其产以资殡葬。舌耕自给，于学无所不通，尤工举子业，操觚立就。

---

[1] 渊：底本此字漫漶不清，不可辨识，今据文义臆补。

即风水相遭，烟云变灭，非复思虑所及。每试辄冠军，游其门者率一时之隽。受饩二十余年，赍志以没。

梅允开 字中伯，号石坪。邑诸生。家贫，并日而食。甫壮，悼亡不更娶。兀坐小楼，于经史百家之书靡不淹贯，制举业驰荡自喜，尤工诗赋，清丽越俗，人人传诵。衣冠古朴，饮兴甚豪，知者延至其家，进以酒，索诗，允开左执杯、右拈笔，顷刻数千言，人袖之去，亦了不记忆也。晚年负米元章之癖，累怪石数百，抚摩拂拭，把玩不置，其寄意高远类如此。著作甚夥，存者仅若干卷，藏于家。

王　佐 字儆亭。郡庠生。幼颖异，涉目成诵，为文不拘尺幅，落纸如飞。甫弱冠，学使海宁许汝霖试古学，首沈泌，佐次之，名藉甚。复以古学为韩城张公廷枢首拔，张公每按部，辄称佐为江左无双。著《石汀集》凡十卷，未刻。族祖兆昺，字素岑，隐居教授，能诗兼工①书法，佐尝取定焉。

刘锡麟 字天石。岁贡生。博洽工诗文，多识古文奇字。尝构铁舟亭书屋，贮图史其中，讨论不倦。善饮茶，汲泉煮茗，坐花对月以自乐，生产计弗问也。大小楷遒劲温润，艺林宝之。同怀弟祖昆，善古文，惜早卒。族人梦鹤，字鸣九，郡廪生，嗜古博学，诗文自成一家。又方春，邑廪生，家贫苦吟，著《桂花百韵》梓行于世。

梅　庚 字耦长，号雪坪，晚号听山。高祖守德，曾祖鼎祚，父朗中，并有重名前代。庚三岁而孤，兼寡兄弟，家故贫，母刘抚以成立。资禀颖异，好读书，博综该洽，尤深于诗，同里施闰章推许之，名藉藉闻海内。客游京师，一时名公卿无不折节倒屣，至即倾其座人。性狷介，绝不妄投一刺，人益以此重之。领辛酉乡荐，屡困公车，新城王士禛雅重庚，及主礼闱，复被黜，士禛

---

① 工：此字底本原脱，于义不完，据嘉庆、光绪县志补。

为诗自责，有"如何古战场，亦复失李华"之句。旋授泰顺令，以经术佐吏治，有循良声。请罢海舡岁修，民尤称便。尝作《修舡谣》，时人比之元春陵。未几引年归，葺先人书带园，莳花种竹，时与二三老友饮酒赋诗，诗益醇古淡泊。间拂绢素，写山石，幽情逸韵，不食人间烟火，为名流领袖者经数十年。子琢成，见《孝友传》；次瑑成，字文常，邑庠生，笃孝友，诗文有名，尝纂修《云南志》，人服其精核；次场成、璩成，并名诸生。

汤 伟 字骏公，一字鹏乎。幼奇敏，喜读古书，不沾沾帖括。家贫力农，农不赡，仍出授徒。日录坟典盈尺许。每坐溪中石上，随口吟哦，曰："文何必法？诗何必律？吾以达吾意焉耳。"年四十始应试，入县庠。康熙庚午，主司山左王永方振刷南风，得人称盛，伟获隽。及试礼部，不第。遂往来燕、齐，出居庸，历云中，至口外，杂部落骑射为乐。又从广武进雁门，由太原、平阳访藐姑射，登雷首，瞰龙门，览解池产盐处，凡十八载始归。当是时，年已七十，授江宁教谕，笑曰："老教书，是吾本事。"进诸生，多所开发。暇则锄草灌园，蔬自给，寒毡宿习扫除净尽。上官以诸生忤意旨，欲除其籍，伟不听。一富商与诸生讼，官不直诸生，伟亦不听，官怒曰："教官如此强项？"伟曰："惟教官当如此强项耳。"任满，升国子监典籍，以老告归。伟性诚悫，其奇杰跌宕之气，上下古今，胸无凡近，天趣盎然，至老犹如孩稚，见者莫不敬慕。作《性解》《仁说》，注《易准》，已刊；又《离骚经贯》藏于家。卒年九十三。兄廷钟，字大宗，拔贡生，每试冠军，文名藉甚，伟数称之，所作多取定焉。

刘文友 字承哉，号冰涯。郡廪生。方正自持，言笑不苟，公卿争延至为子弟师。刻《冰涯诗文集》行世。子佩珩，见《孝友传》。

沈廷谟 字又皋。邑文学。温厚醇谨。好读书，务求实际，不事浮饰。著有《学统辨》《淑艾集》《愿贤录》藏于家。

汤陟 字郇书，号研山。邑廪生。能文工诗，善书法，尤精篆隶，识者谓其突过郑谷口，邑宿老如姜安节、梅庚、沈泌、袁启旭皆推服无异辞。赍志以殁，人为惋惜。

王可第 字次云。邑廪生。学使杨中讷爱其文，岁试拔第一，称其笔如秋水芙蓉。尤工诗，梅庚谓有关名教，不徒摛风云月露之词。著《桐引楼集》行世。施堞，字质存，岁贡生，闰章孙。愿谨擅文誉，诗能承家学。著有《剩圃集》。张宿，字纬一，邑庠生。有孝行，嗜古，娴于著述，有《句溪诗集》藏于家。

武烈

宋

贡祖文 字仁德。其先大名人，靖康中从武弁巡边，为北军所执，不屈，纵归。高宗义之，授武德大夫、都总军将，扈从南渡，居宣城，遂为宣城人。祖文旧与岳忠武共事，协志恢复，中秦桧忌，坐废。及岳氏受祸，祖文尝潜匿其宗裔于别野。元儒马祖常赞之曰："贡氏来北，肇自武德。尽其忠威，光被南国。"

仇榛 咸淳中为郡吏，勇悍善骑射。文天祥爱之，荐授指挥使，随征战。宋亡，同张毅甫等护天祥枢归葬吉州。

元

刘保一 与弟保九并膂力绝伦，刚果有为。元末盗起，率众捍御乡里，擒贼有功，保一敕封万户，保九信武将军。保九没于阵。

明

刘福 字长卿。初为元把都，自广德归顺后，从右丞胡美克信州、金华，又随总兵李文忠复桐庐、朱亮祖征苏州。洪武初，随太傅徐达服苗军，复随李文忠北征，累功升济南卫副千户。及傅友德征云南，修理乌撒城池，蓝玉、沐英克复大理等处，张龙复征木溪，吴复平普定苗蛮，王弼平雪洞，福皆在军中力战有功，升金吾前卫指挥佥事，诰封明威将军，卒于任。子杰袭。

方彦忠 元末，大军克太平，彦忠诣军门，愿从军。大将何文辉取福建，攻衫关，彦忠战尤力。累功授武德将军，历沈阳卫中所千户。子孙世袭。

汤　贵 初从太平张总管帐下立功，洪武中敕封昭武将军，授燕山右卫指挥同知。子敬世袭。

刘　洽 赞之子。倜傥多大节，善骑射，挽弓三石。中嘉靖乙酉武举，庚戌边警，率众协守皇城三月，以雄武著声。

李遇文 字克显。先世间人，袭宣州卫指挥。处父母兄弟无间言，两院以孝友荐。升崇明把总，转浏河①游击。时小琉球输税大琉球者三十六人，风潮飘至，把总陈嘉谟欲指为倭，斩首报功，遇文止之曰："须召通事审实，不可启衅属国。"讯之果然，修船送归。寻由嘉湖参将历转湖广副总兵，同总兵陈璘征剿播酋杨应龙有功。会皮林苗叛，纠聚八洞，恃潘老寨险。遇文率将士李遇华等奋勇血战，贼众披靡。复聚藕洞等寨，遇文追之，遁奔赤沙，囤其险巘，更甚于潘老。遇文攻以火药，又于龙头、贯洞等山分兵进剿，生擒吴海银、金童四等。又往星洞，恢复永从县城，擒贼金生。诸苗深匿，复以火炮焚其巢窟，生擒首恶王陀于广西境，前后斩贼首三百九十余级，降者甚多。优诏褒美，赐金币，荫二弟一婿世袭本卫百户。以功转左军府都督，镇守贵州。未及任卒。

沈有容 号②瀛海。参议宠之孙。性倜傥不羁，幼与叔懋学雅志边务。由万历己卯武举补昌平千总，以剿猛骨孛罗功，升广

---

① 浏河：底本原作"刘河"，误，据嘉庆、光绪县志及《崇明县志》改。
② 号：底本原作"字"，误，沈有容字士弘，号瀛海。

(乾隆）宣城县志

宁中卫千户。戊戌补浯铜都尉，转浯屿游击，改署石湖。时倭据东番为窟，剽掠①闽浙间，有容夜过彭湖，与倭遇，突出不意，斩十五人，归民之劫于倭者三百七十余人。西番②麻韦郎艘聚千余人，次彭湖求市，当事者议剿，下译者林玉于狱，有容出之曰："若求市，非为寇也。"因乘渔舟直抵麻郎，自述其破东番功，玉又为之开导，麻郎失色，引去。以功晋温处参将。有安南商裴光袍等舟至，众欲指为倭，斩级冒功，有容固止之，得全者三百三十九人。抚巨寇袁进、李忠等二百四十余人。先后在闽十五年，积功擢山东总兵官，驻登州。广宁失守，辽民望登海求渡，登抚虑不测，下令曰："敢渡一人者死。"有容固争之，立命具数十舟往来救济，凡渡辽民几万人。天启甲子，以所议不合乞疾归。年七十二卒。子寿崇上其事于朝，赠都督同知，特进荣禄大夫，赐祭葬。男女十五人：寿岳，崇祯庚午举人，由罗田知县推授登莱佥事；寿崇，戊辰武进士；寿峣，郡庠生。并详《忠节传》。

盛　世　字周伯，号凯臣。由崇祯丙午举人任淮安守备，以防海功升庙湾营游击。

袁　洪　少勇敢，习韬略。洪武初从军，历战有功，特进荣禄大夫、左都督。子二，长宇，次容。容尚燕王郡主，永乐元年赐诰券，制有"辅朕左右，克靖内难"之语。进光禄大夫、柱国、驸马都尉，封广平侯。容卒，赐葬房山县，赠沂国公。长子琐袭，无嗣，瑄袭传琇，琇传辂，辂传葵，降长陵指挥。族孙守聘，万历辛卯举人。

国朝

耿　昱　远祖恭，洪武初从征，累功封宣州卫指挥佥事，子

---
① 掠：此字底本原无，从嘉庆、光绪县志补。
② 番：底本此字原被铲削，据嘉庆、光绪县志补。

孙世袭，遂为宣州卫人。曾祖宗元，历任广东惠潮参将，署都指挥事，以征倭卒于军，赐祭，遣官护归里。国初职废，顺治五年起用旧员，授昱山西天城卫掌印守备，有开垦功。康熙庚戌卒于官。

唐邦杰 字辅宸。顺治间以总兵官镇河州，巨寇郝摇旗等皆就约束。保安堡兵乱，邦杰单骑叩其壁，受降而还。巡积石、枹罕诸关，修边城八百余丈，墩堡具备，火儿藏野番皆袭服①。封荣禄大夫，食从一品俸。子文德，荫知州。

陈　龙 字起潜。崇祯癸未武进士，以偏沅旗鼓都司需次陷贼，适大军入都，龙投诚释归。顺治乙酉，郡盗②多蜂起，总兵官胡茂正等将议搜剿，龙虑戮及无辜，叩军门请自任招抚。身诣四乡宣谕德威，贼党悉降，所全活甚众。

王　昶 字永思。邑增广生。弃文就武，隶江南提标，授千户。适楚省制府兵变，巡抚李之芳督师讨乱，昶以功升福建漳浦营守备。从征台湾，恢复海澄县并厦门、金门，攻破渐山等一十九寨，杀贼四千余。加左都督衔，食俸视一品，授骑都尉，袭二次。寻迁江西九南营副总兵官。子宏绪，亦以台湾功加左都督、候补游击。孙捷，袭考授侍卫，候补都使司佥书。曾孙倍曾，袭署浦口都司。

隐逸

唐

元逸士 有隐操，居北郭。杜牧、许浑并有诗赠之。尝游洛归，朝贤以诗祖行甚众。后累被召不起。皮日休《贻元征君书》

---

① 袭服：嘉庆、光绪县志及嘉庆府志皆作"畏服"。
② 盗：底本脱此字，据嘉庆、光绪县志补。

略云:"足下行奇操峻,退卧陵阳,主上知足下久矣,锡命屡颁,而高风转固,是废乎古人之道者也。足下之道,伸之而伊、夔,屈之而夷、齐,翻然而起,朝廷必处足下于大谏矣。"凡千余言,见皮日休《文薮》。

宋

张　贵　字待举。庆历壬辰进士,坐胪唱失仪论免。黄庭坚赠诗云:"人贤忘巷陋,景胜失途穷。"初与王安石同登第,安石罢相居金陵,贵一日游敬亭,忆安石,即放舟就之。经宿而返,安石强留不可,曰:"吾兴阑矣。"宁川吴晦之《经曲肱亭》诗:"少年曾缀集英班,袖手归来水石间。闻道半山还旧隐,扁舟乘兴过龙湾。"盖实录也。

元

梅致和　字彦远。从舅氏汪泽民受《春秋》,著《类编》十二卷。隐城南,部使者王士熙、吴铎雅重之,屡辟幕不起。卒,宋濂志其墓。有稿十卷,以兵毁。其《咏独马图》诗行于世。子士熙,知浑源州。

贡性之　字友初。师泰从子。由国子生除簿尉,以刚直称。后补闽省理官,元亡,明太祖征录师泰后,有以性之荐者,性之改名悦,避居会稽,耕渔自给。邑人芮麟尝遇之,邀与俱归,辞以诗,有云:"游丝落絮皆成恨,社燕秋鸿各自飞。杜宇叫残孤馆梦,西风吹老故山薇。"每有所感,则泫然泣下,慨慷悲歌。劝之仕,不应。卒年五十,无嗣,门人私谥曰贞晦先生。有《理官集》行于世。

明

贡　铺　字元声。师泰后。少有深沉之思,从会稽刘师邵学，博洽工诗词，雅负质行。夜有盗入镛家，家人执之，镛不欲识其人，命勿烛。盗曰："苦多负耳。"更给布粟遣之。里有患疫者，众莫问，镛求善药往视焉。居尝力耕，足不至城府，手录古隐士有迹无名者以自况。著《西园集》《西园遗训》各二卷。子汝成。

杨　贞　字彦恒，晚自号老痴。少孤笃学，独喜为诗，不于仕进。时衣短衣，与农人饷妇课耕田间，意有所适，辄朗吟清啸。翰林庄昶闻其名，自江浦访之，值一荷锄野老，问老痴何在，不答，微吟自若。昶笑曰："公即是耶？"对曰："然。"遂握手交极欢。尝暮春见一娄士行途中，有馁色，吟以讽之曰："山前山后子规啼，声声叫道不如归。"士应声曰："不是归人归不得，莫听山禽说是非。"贞惊问姓名，曰："左辅，江西进贤人。"因留至家，居岁余去。成进士，以贞尝爱古琴剑，自京师致琴一剑一，而贞已卒。辅后官行人，册封海外，比反，为纤道祭其墓，哭之甚哀。

袁鹤声　别号清溪居士。好古文词、书画，长于诗。为郡诸生，不乐制举业，弃去，以吟咏自适。著有《鹑居集》。

孙　经　字阿麟。邑庠生。与弟纬孪生。少孤力学，事母以孝闻。尝受理学家言于其从兄绚，绚故贡东平高弟也。经年少有文誉，试尝高等，已学既通，辄心厌诸生业，遂请谢学师，不听，于是谒学使者请之。学使者怪之曰："尔年几何？"曰："二十有九。""有疾耶？"曰："否。""有司厄尔耶？"曰："已三应举矣。""然则何罢之早耶？盍思之？"曰："思之久矣。"遂罢。纬字季昭，亦邑庠生，学尤粹。家贫甚，兄弟晏如也。经子于王，别有传。

陈于宾　字宾王。年三十，遂不应有司试，潜心经史。司成汤宾尹题其居曰"竹隐窝"。著有《四书铎》《五经铎》《廿一史拨》《竹隐清言》《文粹》等书。同时有陈廷梓者，号鉴湖，天性恬淡，有古风，人称"隐君子"。

汤廷对　字士初。孝廉毂子。好读书，足不逾户限。善《春秋》，天启辛酉对明经，年方四十即不谒选。性介特，不妄交与。时敝衣冠，徒步田野间。年七十余卒。同时有汪千顷，亦举明经不仕。

国朝

徐　敦　字秩五。尚书元太侄孙也。才敏达，曾以建议授四川幕职，寻弃去，隐于浮屠，更名在柯，号半山，放迹山水间。善画，得云林、石田笔意，气韵天成。没后名益重，桐城方某赠以诗曰："一着架裟绝万缘，只余破砚习难捐。江山本是无情物，写出荒残亦可怜。"

倪　正　字方公，号观湖。父元琅，著《钧谱》一书，甚博奥。父子俱抱隐操，多读古人书。正诗古文高迈，书法极苍劲，尤精天文、历算。两江总督郎三省欲执弟子礼，本郡别驾李镇坤敦请训子，皆谢弗应。梅征君文鼎受交食法于正，尝称"倪师"，不忘所自云。

孙　烈　字承哉，号悔庵。弱冠以五艺补邑庠生，由增广生入南雍，文名藉甚。甲申后绝意进取，息影田间，褒①衣博带，怡情于泉石花鸟，终其身泊如也。与征君沈寿民善，往来酬唱，即事见志。寿九十四卒。

徐　煌　字子盛。天资英敏，年十二，郡县牒其名，学使者比试，冠一军。长弃举子业，好为诗，长吟短咏，日无虚晷。家无担石储，授徒自给。稍失意辄拂衣去，闭门忍饥，有所馈，坚拒不受。

杨　组　字又綦。初为诸生有名，已而谢去，隐于乡塾，以

---

① 褒：底本原作"衷"，当与"裒（褒）"形近而致讹。今改正。

泉石为娱。尝自负锄，诣深山取老树根，雕琢作鸟兽状，摩挲拂拭，终日不去手。诗词并工，书法亦苍劲有古致。

骆上翊 字赞若。幼有至性，父士襄卧病积年，上翊早夜侍床褥不懈。父卒，绝意当世，惟枕籍书史以自娱。尤工写山水，一时名隽多与之游。

(乾隆）宣城县志

宣城县志卷之十八　封赠

饮水者思其源，钻火者取于燧，溯厥自也。故身被爵绂之荣者，必上逮于所生，或追褒三代，或诰锡二亲，视官秩之崇卑，为貤恩之差等。生者予封，殁者予赠。宣称珂里，累膺华衮。沿世次而纪之，要以识其先泽之厚与国恩之隆云尔。志《封赠》。

明

陈永中，永乐中以子旺封承德郎、南京刑部主事。
徐　亨，宣德中以子岩赠奉政大夫、户部郎中。
张原甫，副千户，宣德中以子晔加赠明威将军。
管元善，洪熙初以子裕赠太仆寺主簿。
贡　德，天顺中以子璧封南京监察御史。
阮　简，成化中以子迁干赠承德郎、青州府通判。
贡　日，弘治中以子钦封吏部员外郎。
孙任宽，弘治中以子忠显赠文林郎、大理寺右评事。
吴文常，按察副使让之子，以子宗周赠户部员外郎。端悫慎取予，两以贤良方正荐，力辞。
赵　海，以子瑞赠彰德府同知。
王　良，以子盖赠征仕郎、户科给事中。
张　镇，正德初以子玲赠征仕郎、通州卫经历司。

卷之十八　封赠

徐　德，户部郎中岩子，正德中以子说赠南京通政。

张　晔，由岁贡历任湖广布政司右参政，以孙纶赠都察院右都御史。晔有义行。

张　辅，以子纶赠都察院右都御史。

王　度，由选贡任大同府通判，以子遵赠成都府知府。

郭彦才，以子说赠盛天府通判。以上俱正德中

吴宗儒，文常子，中乡举，未仕卒。嘉靖中以子大本赠南京户部员外郎。

梅继先，字汝孝，以子守德赠承德郎、户部主事，再赠中宪大夫、浙江绍兴府知府。少从学贡先生锁，恢廓任大节，惜早世。详周太常怡《传》及大学士严公讷《墓志》。父楷，笃孝友，抚孤成节，散财赈饥。懿行详唐吏部汝迪《墓碑》。

麻　伟，以子瀛赠户部署郎中事主事。性行醇谨，乡称善人。

徐永昌，京卫百户，以子祚赠武略将军。

沈　璞，有隐德，以子宠赠文林郎、获鹿县知县。

杨　全，浙江台州府黄岩县丞，以子笏累赠儒林郎、大理寺右寺副。

耿　炜，以子宗元赠骠骑将军、惠潮参将。

戚　亨，以子慎封南京刑部署郎中。

唐继宗，廪监生，以子汝迪赠文林郎、真定府推官。父资，好礼敦义，人称长者。以上俱嘉靖中

张　烈，郡庠生，隆庆中以子克家赠户部主事。父柯，敦善尚义，乡人贤之。

徐　访，有懿行，以耆德称于乡。万历中以孙元气赠通奉大夫，以元太赠通议大夫、都察院副都御史。

徐　衢，访之子，由胄监仕浮梁县簿，有清操。隆庆中以子元气封承德郎，加赠通奉大夫。万历中以元太赠通议大夫、都察

院副都御史。

殷　铭，廪监生，以子登瀛累赠南京礼部郎中。孝友正直，有实学，赍志以殁。详余祭酒有丁《传》。父崇德，操行伟杰，为乡所推。

万　鲤，郡庠生，以子良金累封南京大理寺评事。以上俱隆庆中

陈舜道，郡庠生，万历初以子希美赠南京国子监博士。行谊醇谨，雅重乡评。详梅守德《状》、贡安国《墓表》。

徐绍贞，以孙大任赠南京工部右侍郎。

徐　沛，以子大任赠南京工部右侍郎。

詹　璇，性行醇厚，乡推长者。以孙沂累赠通议大夫、都察院左副都御史。父仲贵，乐善好施，多所赈给。详司空张守道《像赞》。

詹文相，璇之子，性刚直，有至行。以子沂累封通议大夫、都察院左副都御史。

梅继恩，仕湖广江陵县丞，以子守恭累封文林郎、南京中城兵马司副指挥。监生历任。

戚梦麟，以子士弘貤封修职郎、工部营缮司副。

王大祥，以子世能封南京户部主事。

汤一桂，字伯芳，邑庠生，家教谨肃。子宾尹官至司成，少拂意，谴责不少假，子姓宗戚皆严惮之。封文林郎、翰林院编修。

张　龙，字云程，以孙守道赠通议大夫、南京工部右侍郎。

张文健，字时明，万历庚戌以子守道累赠通议大夫、南京工部右侍郎。性严谨恺笃，尝抚七龄孤弟使成立，人称友爱。

高　清，以子登明赠承德郎、吏部主事。

郭世禄，以子时鸣赠文林郎。

徐志昆，以孙梦麟赠中议大夫、山东布政使司右参政。

卷之十八 封赠

徐应举，太学生，有世德，仕丰城县簿。以子梦麟累封山东右参政，天启初改赠南京太仆寺少卿。

詹　洛，字则之，号石堂，封右都御史。文相子。崇信敦义，倜傥任大节，与堂弟激、泾捐赀建家庙，置祀田。以子应榜赠征仕郎、左卫经历司经历。

梅守义，孝友，屡宾乡饮。以子绵祚赠登仕郎、都察院司务。

颜　棠，以子文选赠文林郎、江夏县知县。

徐元学，以子腾芳赠中宪大夫、真定府知府。

冯　健，号怀伯，太学生，仕鸿胪寺鸣赞。以子汝京累赠中宪大夫、密云兵备道，河南按察司副使。

梅　枨，号小溪。祖荣，父琛，世济其德。枨有至行，事孀嫂如母。仕淮府典膳。以长子继芳封文林郎、余杭县知县。

梅继前，枨第三子，刚方豁达。以子守魁赠征仕郎、横海卫经历；以子守立加赠儒林郎、江西宁州同知。

梅继善，枨第五子，号城山，由岁贡生授安庆府教授。子四：守相、守极、守峻、守和，并贵。累赠奉政大夫、礼部精膳司郎中。孝友朴茂，有长者风。居恒训子，惟求不欺不诈，虽诸子显贵，处之澹然。祀乡贤。

高宗汉，由郡掾仕乐平簿，有惠政，载《乐平志》。升桐乡丞，筑城有功。平生宽厚，好吟咏。以子维岳赠文林郎、雷州府推官。

胡世冕，以子国鉴累赠承德郎、礼部①主事。

麻　值，举于乡。以子溶赠承德郎、户部主事。

蔡　铨，好仁乐善，多所赈贷，里人德之。以孙逢时累赠通奉大夫、河南右布政使。

蔡　洪，铨之子，训子义方。以子逢时累赠通奉大夫、河南

---

① 礼部：嘉庆、光绪县志作"吏部"。

右布政使。

贡汝赞，以子靖国赠承德郎、刑部主事。

叶　芬，以子炜累赠中宪大夫、浙江按察司副使兼布政使司左参议。

沈　宠，历广西右参议。天启中以孙有容赠朝议大夫。

沈懋敬，宠之子，由邑庠生入监，历蒲州同知，所在有政声。端悫廉洁，守身如不及。以子有严封德庆州知州，天启中以次子有容赠都督佥事。

刘廷诤，廪监生。以子仲斗封文林郎、金华县知县。

王学书，以子三元赠登仕郎、南京户部司务。

刘梦元，恩贡生。以嗣子廷举赠征仕郎、光禄寺典簿。廷举生父梦海，同时貤封如其官。

吴玉相，字廷谏，庠生。以子伯与累赠朝议大夫，祀乡贤。

沈有容，历任登莱总兵官、都督佥事，卒赠都督同知。崇祯中以子寿崇累赠特进荣禄大夫。

梅守选，继前之子，郡庠生。以子鹍祚封文林郎、监察御史。

梅守钦，太学生。以子巨祚貤赠修职佐郎、光禄寺珍馐署监事。

梅守珪，以子昌祚貤赠登仕郎、南京丙字库大使。

徐　楠，抚州府同知。以子鸿起进阶奉政大夫，并有善政，见《宦业传》。

王汝瀛，字守轩，庠生。天启七年以子家辅封文林郎、安乡县知县。

孙之升，邑庠生，入太学。崇祯初以子曰绍赠文林郎、鄱阳县知县。

张淑孔，郡庠生，有懿行。崇祯七年以子星赠文林郎、山东馆陶县知县。

卷之十八　封赠

张五美，字含之。崇祯丁丑以子廷纲封承德郎、工部都水司员外郎。

杨国柱，邑庠生。以子昌祚赠文林郎、翰林院编修。

钱一资，号逢源，太学生。以子弘谟赠文林郎、山东莱芜县知县。

孙应旂，字云蛟，由岁贡仕馆陶教谕。以子襄封文林郎、广州府推官，顺治中再赠征仕郎、吏科左给事中。见《懿行传》。

梅士博，由附监仕磁州判。以子文朝封承直郎、福建布政司经历。

徐笃庆，太学生，仗义好施。以子日隆赠文林郎、景宁县知县。

国朝

吴士赤，字元方，庠生，笃孝友，事庶母如己母。工诗。以子六一累赠中宪大夫、福建福州府知府。

施誉，字曾省，处士。父宏猷，祖尹政，以理学世其家。誉敦行绩学，以孝友著。顺治十一年以子闰章赠承德郎、刑部主事。十四年晋赠奉政大夫、山东提学道按察司佥事。

王中元，礼部儒士。以子义问赠文林郎、东莞县知县。

阮世盛，以子士鹏赠文林郎、广东海丰县知县。详《懿行传》。

贡于廷，以子彧赠文林郎、河南桐柏县知县。

詹希尹，字任伯，邑庠生，万历丙午副榜。幼失怙，事母尽孝。以子履道赠文林郎、江油[①]县知县。

李日泰，郡庠生。以子焕封文林郎、抚州府推官[②]。

---

① 江油：底本原误刻作"江由"，据嘉庆府志改。
② 抚州府推官：底本原无，据嘉庆、光绪县志补。

（乾隆）宣城县志

刘世显，以孙弘基赠骠骑将军、福建都司[1]。

刘大玼，以子弘基赠骠骑将军、福建都司。

张　星，历任河间府同知。以子凤征赠文林郎、广东陵水县知县。并有政绩，详见《宦业传》。

张家胤，康熙九年以子湛逢赠文林郎、山西临晋县知县。

梅士学，前明举人。以孙铒累赠通议大夫、巡抚福建都察院右副都御史。

张其才，袭祖张兴职，任徽宁道左营，因剿抚有功，授守备衔。以子时英赠文林郎、湖广彬州兴宁县知县。

黄润色，号五云，荣祖十三代孙。性醇谨，乡称善人。以子元吉赠明威将军、江西抚州守备。

梅士雅，号醇之，庠生。康熙十四年以子琮赠明威将军、杭州右卫领运千总。

孙　襄，以子卓封文林郎、翰林院编修。详见《宦业传》。

王大德，字阳滨，郓城典史。以曾孙昶赠荣禄大夫、左都督。

王朝选，大德子，邑庠生。以孙昶赠荣禄大夫、左都督。

王长庚，朝选之子，字梦白，贡生。性严正，孝友型家。以子昶累赠荣禄大夫、左都督。

梅　燮，郡增生。以子梦绂赠文林郎、荣河县知县。

梅朗中，郡廪生。以子庚赠文林郎、泰顺县知县。

耿　珑，字东白，郡庠生。孝友朴茂，训子义方。以子世际赠文林郎、东莞县知县。

施文玉，字孔懋。性淳朴，饮人以和，积而能散，纷华之习不汩其志。以子云翔赠儒林郎、巡视北城山东道监察御史。

施良仁，字美生。以子梦兰赠儒林郎、江西宁州同知。

---

[1] 福建都司：底本原无，据嘉庆、光绪县志补。下条同。

卷之十八　封赠

　　汤斯正，以子伟赠文林郎、江宁县儒学教谕。
　　梅文鼎，岁贡生。以孙毂成累赠中议大夫、顺天府府丞。见《儒林传》。
　　梅以燕，字正谋，癸酉举人。以子毂成累赠中议大夫、顺天府府丞。
　　杨司极，字维周，号东山处士。以孙廷栋赠文林郎、翰林院编修。见《懿行传》。
　　杨　琰，字西重，号可庵，邑庠生。孝友性植，老而弥笃。与人交，肫诚恳挚，平生无一妄语，跬步悉循礼法。好古嗜学，泊于世味。以子廷栋封文林郎、翰林院编修。
　　汤　佺，字仙期，号屺斋，郡庠生。文行交修，士林推许。以子绀毗赠通州训导。
　　施彦惇，字又程，岁贡生，候选教谕。以孙念曾毗赠文林郎、兴宁县知县。
　　施　瑮，字质存，岁贡生，拣选训导。以子念曾赠文林郎、兴宁县知县。
　　刘朝桢，字周仁。以孙方蔼毗赠奉议大夫、吏部验封司郎中。
　　刘允皋①，以子方蔼累赠赠奉议大夫、吏部验封司郎中。
　　刘以道，字仲遵，邑增生。少失怙，事孀母孝，笃友于，引翼后辈如春风嘘物。以子寿朋毗赠修职郎、漳浦盐大使。
　　詹谦吉，字周六，邑庠生。以子彬赠文林郎、永从县知县。
　　张善霖，以子仕骧赠文林郎、泰顺县知县。

----

①　允皋：嘉庆府志同。嘉庆县志作"永皋"，光绪县志"永皋""允皋"并用。查《白沙刘氏宗谱》，刘允皋后改名"永皋"，字天型。

(乾隆)宣城县志

宣城县志卷之十九 列女一

国家敦伦饬纪，培植风化，百年于兹，海内翕然，即穷乡女子亦皆明大义、重名节，贞烈之行所在多有。雍正间诏天下上其事，给帑金，表以绰楔，且官为置祠，有司以时致祀。呜呼！何其盛也！宣僻山陬，自吴尚采妻陈以前，并旧志所载，详哉备矣！今采其被旌于朝者得数四十又奇，其未获上闻而见褒当事，及蓬枢委巷力不能达而舆论可凭者，复遍为谘访，一一列其姓氏，间志数语，固以见大化翔洽，风俗淳美，而潜德幽光，久而弗闷，庶闻者益知所兴起，或亦助流声教之一端云。志《列女》。

列女一

汉

丹阳太守孙翊妻徐夫人。翊之任妫览、戴员也，将晏，夫人善卜，翊命之卜。夫人告勿吉，请止之。翊不听，果为边洪所杀。览入军府，见夫人，将逼取之，夫人绐曰："乞须晦日，设祭除服。"览信之。于是夫人阴使人告翊旧将徐元、孙高、傅婴等，与之谋。至晦，先召高、婴等甲而入，匿之户下，而自设位祭哭之，已撤，遂除服，盛饰伴为亡戚者。使人迎览，览入，夫人拜甫下，大呼曰："二君可起。"于是高、婴俱出，杀览及员。

夫人反缳经①，奉二首以祭翊墓，一军皆惊。吴主至，族诛览、员党。按，徐非宣人，然事在宣，为奇节，故特表之。

梁

天监中宣城女史逸名氏，与母共寝，母为猛虎所攫，女啼号搏兽，行数十里，兽毛尽落，乃置其母去。女抱母，气尚微，属经时乃绝。太守萧琮上其事，诏旌其门。

宋

梁氏觉明，本东平人，左丞焘孙女，颍②昌韩昱妻。昱南迁为宣城人。夫亡，年二十八，子元龙、元吉皆幼，父母知其志不可夺，留之七年而后归。时建炎末，方乱，历险归，课其子，后俱以文学显。年七十六终。元龙，详《宦业》。

饶氏，参政虎臣孙女。年二十，适宣城吴宝信。仕龙泉令，嫁七日，元兵入浙，宝信从张世杰等奉二王浮海死。饶略无他志，抚侄铉为夫后。以寿终。

元

葛妙真，民家女，年九岁，闻术者言母年五十当死，涕泣请祷，誓不嫁，茹素祈母寿，母年八十一卒。事闻，诏褒异之。

袁氏，赵十一妻。年二十，生男一岁夫亡，励节抚成其子。年六十二终，诏赐旌表。

唐寿五之女，字八妙。兄贞一，仕元翰林承旨，卒，子安七幼，女怜其孤，遂不嫁，代主家政，抚之成人。安七坐事戍岭南，会赦归，今金宝圩唐氏其后也。女以寿终，唐族私谥曰

---

① 经：底本原误刻作"经"，径改。
② 颍：底本原误刻作"颖"，径改。

(乾隆) 宣城县志

贞姑。

纪氏催弟,吉甫女。年及笄未字,至正乙未,长枪贼陷宣州,为周力儿者所获,女触墙碎首,泣曰:"我宁死此。"遂见杀。其嫂胡氏,年色方盛,贼攻城时,胡预剪发自毁。及陷,徐先锋者劫令同骑出,号泣不从,徐抱益急,胡啮徐指立断,徐怒杀之。弘治中巡按刘淮立姑嫂二烈祠,万历初郡守陈俊重修,并有记。

施氏文婉,尚书汪泽民孙德宣妻。德宣为元大都路万盈库副使,德宣卒,婉年三十,携孤传源依弟大钧,抚成之。

明

宋景铭妻胡氏,年二十四夫亡,生子溥方五月,抚之成立。有司上其事,宣德庚戌旌表。年九十二终。

孙伯善妻袁氏,早寡子幼,洪武初巡按御史蔡微服廉访民隐,悉其苦节状,奏于朝,诏建坊旌之。坊在孙祠八仙巷之右。

吴贤生妻张氏,早寡,茹蘖饮冰,抚孤成立。正统间旌其门。

陈氏,俞彦达妻,年二十六夫亡,子原浩方六岁。时兵兴岁歉,兼苦疾疫,陈掘草根为食,养舅姑,抚其子,以全节终。洪武二十六年旌表。旧志列宁国,而事载《宣城事函》,盖陈故宣人而妻宁者云。

丁氏,杨彦亨妻。彦亨客死京师,丁年二十一,子汲生甫八月,誓无二志。垂四十余年而终。汲长,庐墓以孝闻。又同时陈祖庆妻汪氏,并少寡,称完节焉。

姜氏,顾士民妻。年二十六夫亡,生子文英甫四月,厉志苦守。文英长,颇孝,举为阴阳正术。姜年八十有九。正统间事闻,郡邑不及旌而卒。

李氏道奴,曾金宝妻。年二十一夫亡,抚孤延寿以文学显。

年七十六终。宣德五年旌表。

郭氏，玉粒塘仲文妻。年二十仲文殁，家贫，勤纺绩，奉姑勤孝，姑病尝粪。事闻被旌。

吴氏，杨逢妻。逢尝出为王氏后，早卒，吴既奉王氏姑，复迎夫生母梅氏养之，皆得其欢。有强之嫁者，辄叱曰："汝杀吾二姑耶？"竟以节终。又吴氏，杨绎妻，嫁甫七月而寡，卒守其志。

赵氏，吴彦懋妻。年二十八夫亡，三子崟、崚、岭皆幼，家窭，父母欲夺其志，不从。后崟、崚皆甫婚而殁，崟妇戚氏、崚妇魏氏并操节共守，以寿终。

宋氏，千户杭一清妻。清尝戏与语曰："脱不讳，卿奈何？"宋曰："即有从夫子泉下耳。"亡何，清卒，家人惩往语，密伺之，不得间。越七日，佯示无悲惨状，防少懈，遂扃户自缢死，年二十二。有司及里人士并义而尊之。

刘氏，庠生王琏妻。年二十五琏亡，抚遗腹子子圣，贞操自厉。琏兄璟妻孙氏，弟琇妻陶氏，亦早寡，相观而成，俱以节显。

杨氏，刘孝三妻。年十九早寡，无子，家窘甚。夫刘本戍籍，岁有清勾之扰，杨尽力营办，父母怜其苦，屡讽之，杨益坚初志。年八十余终，里族哀而殓之。

陈氏富弟，郭祥妻。年二十二夫亡，以节终。正德中诏旌其门。同时有梅氏六娘者，胡永泰妻，年二十三而寡，抚孤贺，贺死，复抚孤孙钿成立。

陡门妇，不知何氏女，居陡门中。正德三年，宣大旱，妇从夫行乞金宝圲，至陡门所，夫约曰："若居此，吾得食当还饲汝。"去数日不返，圲人唐甲悦其貌，邀与俱归，不可，遣妻孥招之，坚不从，与之食，终亦不食。无何，饥困，就饮于河，蹶而死。里人贡汝成传其事。

(乾隆) 宣城县志

王氏，金璐妻。年十七夫亡，抚遗腹子天瑞，父母欲夺志，遂终身不入其门。嘉靖、万历中屡受旌表。

张氏，山口梅和妻。年二十八和死。子煜娶郭氏，年二十四煜复殀，遗孤甫三岁，姑、妇同守抚孤。张年八十二，郭年五十四卒。

陶氏，湾沚后鹏妻。年二十二夫亡，无子，止一女，赘婿为子。年七十余终。

茹氏，金宝圩唐宇妾。年二十二宇卒，子继舜生未期，抚继舜长，娶张氏，生汝光。越二年继舜又卒，张年十九，并厉志至老，以双节称。诸生允宸、允宁、启焯，其裔也。

丁氏，直溪王秉忠妻。年二十五夫亡，生子岩，娶阮氏，年二十一岩又亡，无子，姑、妇相依，食贫矢志，并寿终。

赵氏，余含桥濮阳鉴妻。年二十四无子，夫临殁，拔发内夫手，誓无二志。逮老不自给，从子、庠生渐养之。年七十四，郡守罗汝芳表其门，邑人梅鼎祚为之传。

郭氏，赵一钟妻，年二十四夫亡；万氏，梓溪王荣妻，年十九夫亡；陶氏，黄池庠生杨汝昌妻，年二十一夫亡。并无子守节。万立从子为嗣，年八十二卒；陶依夫兄赡养，年八十一卒。并受旌表。

赵氏，举人徐元策妻。年十八策亡守节，抚孤重庆补庠生。赵卒，敕建坊，颜曰"闺阁正气"。又杨氏，贡慎三妻，夫亡年二十，遗腹一子殇，苦志十余年卒。李氏，庠生宗枝妻，嫁旬日夫疾，刲股疗救。及亡，哀毁数年卒。单氏，员外张乾子、京卫百户正妻，年十八夫亡无子。本京师人，随舅姑还宣城，厉节卒。

朱氏，太仆寺丞陆槐妾。无子，别姬吴氏生子应龙，二岁而吴卒，亡何太仆疾革，遂以孤托朱，时年二十七，厉节抚孤，视如己出，卒致成立。年六十终。

卷之十九　列女一

姚氏，市民钱松妻。松亡，舅病痿，姚为人佣纫，得米赡舅，尝自饭糠籺。舅亡，抚孤长，以节终。

贡氏，殷鋆殁妻，年二十鋆殁；马氏，查福妻，年二十四福殁。并无子，以苦节终。马初为姑治棺，即并治己木，姑曰："余老且死，若尚可改适。"乃誓曰："有异志，如此木何？"姑殁，绩纫营葬。卒年七十五，郡县表其闾。

贡氏，庠生张大名妻。幼读《列女传》即识其义，年二十一①夫亡，无后，遂饿而死。大名兄、庠生大功继殁，妻杨氏年二十五，立嗣守节，未几殇，杨闭处深室，穴一牖，才通饮食，历五十年卒。

颜材女，字小姑，生正德间，受马聘方九岁。马子殇，私用麻束发三年，远近贤之，争来聘。复用麻勒目双瞽，誓不他字，独守一楼，年七十一终。

汤氏，姚凤翔妻。夫卒，抚二岁孤汝弼，手种杏庭下，期子有成。既杏茂，汝弼亦长，游郡校，食廪饩，以行谊称。乃名其堂曰"存杏"，里人多咏之。

刘氏，梅继先妻，参政守德母也。继先殁，时守德甫十岁，或劝令守德别治生业，母课之学曰："良人以是儿可教，临诀见属。俾此儿学成，吾可地下见矣。"后登第历官，训以廉惠。封太恭人，年八十一卒。

徐氏，国子生梅继魁妻。夫亡，时子守蒙五岁，厉志督教，游邑校有文名。未几，与其弟守渐俱殀，无嗣，徐挈冢妇②吴氏、渐妇徐氏共厉节以老，年六十二终。

章氏，贡士吴大木继室。年二十四居孀，抚前室所遗子女甚善，娣姒讽之曰："尔勉为慈。"氏曰："吾不能勉为不慈也。"

---

① 二十一：嘉庆、光绪县志并作"二十"。
② 冢妇：底本误刻作"蒙妇"，径改。

(乾隆) 宣城县志

年六十八卒，巡按御史宋缥为文祭之，榜其门曰"贞节"。吴大木，前志作"吴木"，《事函》别作"吴本"，误。

苏氏，吴绍相妻。年二十九夫亡，抚其子伯麟长，训之学，补邑校。严氏，冯清妻，早寡，以守节抚孤闻。

姚氏巽英、离英、兑英，皆庠生姚汝弼女。巽英适仲克让，年二十让卒，无子，其伯氏利仲产，将嫁一豪族。巽英徐应曰："彼欲舆我尸耶？"豪闻而止。已，伯侵其产尽，每竟日不举火，母贻之粟，恐伤母，竟谢曰："儿尚可给也。"三十年乃终。离英，徐世哲妻。生子一而世哲死，时有身，绝粒者久之。越三月，举一子殇，未几长亦殇。舅姑丧葬皆离英独办。兑英，郭守恒妻。守恒为郡吏，趋府济河而殁，兑英遵水哭之十日，尸逆而上如生。二子皆殇，家贫甚，历守四十年而卒。初，汝弼母汤氏以节闻，至是生三英。邑人梅鼎祚为立《世节传》以美之。

沈氏，杨德嘉妻，侍御宠女也。德嘉将娶，病痿，父以绝婚请，侍御将许之，女泣誓曰："业以身许矣，儿杨人也，死无他适①。"归杨，夫病剧，每食，沈手箸以进。未几卒，沈不嫁，年八十终。其妹适建平王氏，亦以节闻。

周氏，施宪妻。年二十九夫亡，孤幼，妾汪氏无子，周语汪曰："予抚予孤，若且去。"汪曰："列女不二夫，妾愿从主母老耳。"年各九十终。同时有汪氏，施之锟妻。归半岁，锟亡，汪年十七，无子，故饶于奁。里人倖之，以请于其翁，汪曰："人利吾赀耳。"悉出其奁以献。年七十余卒。嘉靖丁巳郡守朱大器各表其门。又陈氏，施宅定妻，年二十夫亡，抚孤以寿终。

翟氏，庠生汤锟妻。锟卒，翟年三十，无子，一女瞽。翟誓不嫁，哭其夫，复丧明。锟弟镦、锱、铁共给养之。立姑子三珣为嗣。年七十余卒。提学耿定向、郡守罗汝芳额旌其门。

---

① 适：此字底本原无，据嘉庆、光绪县志补。

卷之十九 列女一

史氏，庠生刘继祖继室。年十九夫亡，抚前子二如已出，二子殀，抚孤孙梦旸成立。年七十卒。郭氏，东邻姚朝三妻。夫亡年十九，子才半周，姑讽之嫁，曰："妇去，姑谁与守？"以死誓姑。妇赁舂，子稍长，为人饭牛，众议请旌之，曰："吾不忍鬻吾子。"遂罢。刘氏，孟宁诉妻，夫病，刲股疗，不治而卒。时年十八，抚遗腹子成立。三氏皆贫，不及旌。

袁氏，贡士潘瑛妾。归瑛八载，瑛殁，年二十五，无子，父母宗族强嫁不从，抚嫡子祝，祝亡，媳陶氏年二十九，同抚嫡孙成立。万历二十一年，司理黄师颜奉诏恩赐贞节扁旌其间。曾孙①梦斗以明经历仕县长。袁年九十七，陶年八十五。

刘氏，山口梅继世妻。早岁夫亡，无子，誓不二心。家畜猫、犬皆不孳尾，里人尤异其事。年八十余卒。

孙氏，庠生戚鸣廷妻。万历中以节旌。子学传以孝受冠带。

张氏，城南周汝爵妻。善事舅姑，夫病，刲股者再。逾两载夫卒，矢志苦节，教子文中弱冠游庠，后裔蕃衍。年十八孀，八十五卒。郡守陈俊、邑令姜奇方并旌之。

贡氏，义士吴仕期妻，贡安国女也。仕期以上书忤江陵相国，操院胡槚承江陵意，授旨江防同知龙宗武杖杀于芜湖狱中。贡氏奔求其尸葬之，即赴南台为夫讼冤。南台人皆心知其冤，畏槚无敢言者。贡诉不已，后御史孙维城直其事，疏闻，槚、宗武皆戍。贡以节寿终，有司上闻，夫妇并赐旌表。

魏氏，后尚德妻。年十岁归后，能孝事祖姑，祖姑悦其慧，授《孝经》《女诫》诸书，契大旨。至十六而婚，尚德入南雍，未几遘疾，氏刲股者三，不效，誓以身殉，不得间，哀毁骨立，勺水不入口者数日。姑张氏泣曰："有我在，有孤儿在，奈何？"于是视生如死，绩纴存活，训子有誉成立，里人贤之。郡县屡旌

---

① 曾孙：嘉庆县志卷十九作"孙"，误。卷十四作"曾孙"，是。

（乾隆）宣城县志

其门。

陈氏，年十九归吴尧五，生子世文。夫亡，恸绝复苏，勤女红事姑。姑殁，或讽改适，断指自誓。历五十五年，艰苦训孤成立，以寿终。

霍氏，金宝圩唐极妻。年二十四夫亡，抚孤尧华[①]长。娶葛氏，年十八华夭，霍织纴自给，年七十四卒。万历中太守萧良誉表其门。葛氏亦以节终，崇祯朝太守周维新旌之。原志载唐极为唐学九，年二十一亡，抚孤克华。似误。

钱氏，李能五妻。夫亡守节，万历戊寅，邑令姜奇方表其门。

嵇氏，郭一持妻。年二十七夫亡，无子，两伯欲夺其志，因自髡其发。未几，两伯皆死。先是，舅姑未葬，嵇以夫祔舅姑葬，亲为负土。抚三女长嫁之。会万历二十六年岁饥，朝夕不糁枵腹，无异志。年八十三卒。

徐氏领姑，施之潘妻。潘父庠生施大德与徐子仁指腹约婚，家贫简礼，或嗾汤一泰强聘之，委饼、豕二肩，子仁不受，亟促之潘完婚。泰强有力，讼之官，摄女出质，金谓将夺妇归汤。徐恚愤，纫衣蔽身，夜投塘死。时暑酷，藁殡数日，香闻殡所，守令、士大夫吊者云集。即就墓所立祠祀之。详《祠祀》。

李氏，夫刘琦早亡，氏抚孤滋长，娶汪氏，滋又夭，姑、妇誓以死守。家窭甚，岁祀仅具羹箸，哀动四邻。

刘氏，魏景贤妻。少寡，抚遗腹子成立，以节寿终。其侄女，宗世昌妻，亦年少夫亡，无子，厉志以终。

苏氏，汪正义妻。年二十二夫亡，抚六月孤逢原[②]成立，孝事舅姑，苦节四十年终。郡县并旌。逢原耆德，为乡里所推。孙

---

① 尧华：嘉庆、光绪县志仍作"克华"。
② 逢原：嘉庆、光绪县志均作"逢源"。下同。

卷之十九　列女一

观，登进士，如龙，领乡荐，铨、炯皆诸生，兄弟友爱，以行谊闻。

刘氏，庠生孙绚妻。年十九夫亡，子女各一，子复殇，矢志不渝，年七十五卒。

李氏，刘光炳妻。炳病癞，侍疾甚谨。既亡，事姑以孝闻。年六十一卒。

许氏，刘舜宾妻。夫亡，年二十七，无子而贫，姑令他适，不从。及姑死，无依，归于许，以寿终。

郭氏，监生梅敦祚妻。年二十五夫亡，无子，妾周氏生子士恂而亡，郭抚恂成立。巡按御史徐鉴旌之。

敖氏，吴自振妻。二十二而孀，享年近百。郡守关骥旌其门。

钟氏，施沛如妻。沛如卒，钟年二十余，子绍志甫一岁，抚孤至七十六终。提学御史周希旦疏闻，诏赐旌表。

杨氏，夏天锡妻。年十九夫亡子幼，守志不渝，年八十卒。

施氏，夏希奇妻。年二十四夫亡，抚孤成立。年七十余终。

焦氏，施嘉范妻。年二十三夫亡，抚孤守志。卒年七十三，郡守罗汝芳扁旌。

吴氏，庠生殷云卿妻。年二十三寡，无子，祀夫像，时对之而泣，废食。姑谕止之，以族子嗣。七十余卒，诏赐建坊。

刘氏，庠生梅元祚妻。年十七夫亡，手图夫像，初不似，乃焚香泣祀，忽形现立对面，遂刺血濡墨，一写毕肖，勃勃如生。以夫弟鼎祚子士好嗣。年八十卒，万历朝诏赐旌表。

刘氏，庠生徐嘉宾妻。十九岁夫亡，七十八卒。又，殷氏，夏时选妻，王氏，夏国裔妻，皆少寡无子，以节寿终。

徐氏，庠生梅相祚妻。夫病，刲股进，不治。时年十九，遗腹生子鞠之长。年七十二卒。相祚为盐运使绵祚兄，徐氏为侍郎大任、茂宰大望妹也，贫未旌。

李氏，陆纪妻。年二十夫亡，子大滨二岁，辄誓死守。子妇

（乾隆）宣城县志

蒋氏又早寡，偕姑苦节抚孤，以孝称，并寿终。

孙氏，归王九叙八年，九叙亡，无子，父母讽他适，不归父母家者十载，历四十年终。李氏，戚希美①妻，二十二岁夫亡，无子，并苦守数十年卒。又，孙氏，贡于陛妻，少寡家贫，抚成二子以终。

高氏，郡廪生梅士领妻。年二十余未育嗣，为夫买妾王氏，王生子韦中二周，士领逝，高率王同领冰②操，抚婴儿克有成立。士领仲弟士顺妻俞氏，甫二十岁夫殁，抚二孤梁中、采中。历五十余年言不出阃，足不履阀，其贞一如高、王同。士领弟士颖、士玹以三孀苦节，上其事郡守黄梦松、邑令谢玄珧。时烈庙戊辰檄下，标举节孝，两公即请部使者岁予粟帛。直指田惟嘉署其间曰"一门二节"。详同里徐钟岳《传》。

冯氏，刘庆八妻。李氏，其子大贤妇也。庆八亡，大贤孕于腹，其娣姒讽之曰："甚哉③嫠妇之艰也！非啮铁者恐不能胜。"冯即投袂起，拔壁铆钜④啮之，割然有痕，复抉其臂肉钉着壁上曰："有异志者，铁与肉俱糜耳。"大贤长娶李氏，又夭，有幸妇更适者，李大言曰："若不见余姑铆钜之腊肉犹在乎？"于是李与姑俱守。姑尝病剧，妇羹股以疗。比有道士乞于门，授以药，妇进之，姑立起。道士留余药去，遂不见。会岁祲疫作，从其家授药者即愈，因易粟以给，得不死。万历癸卯姑殁，取铆钜视焉，肉已韧，齿痕如故也。后八年，妇以无病终。姑初寡年十九，卒年八十三。妇二十三，卒年六十有三。后里人严弘志客白沙，梦两妇从而乞文，以告主人，主人惊而举其事征之，于是弘志为之传。

---

① 戚希美：嘉庆、光绪县志均作"戚希善"。
② 冰：底本原作"未"，当误，据文义改。
③ 哉：此字底本原被铲削，据上下文义补。
④ 钜：此字底本原被铲削，据嘉庆、光绪县志补。

卷之十九 列女一

董氏，吴廷科妻。廷科卒，董年二十四，抚子思仁长，娶詹氏，生子中奇而殁。詹年二十三，奉姑相守。时又有王仲文妻吴氏，亦少寡，抚子家相、家柱、家桢等皆成立，以寿终。三氏并天启四年巡按御史郭增光疏题，诏赐旌表。

马氏，詹应枢妻。年十九归枢，三年枢病，脔股和药，吁天请代。枢亡，子方乳，舅姑六旬，事育艰苦。子希尹长补诸生。年七十三终。天启三年建坊旌表。

张氏，王廷扬妻。廷扬讲学湖口，途病卒，氏年二十有三，觅死不得，乃毁面勤纺绩度日。天启甲子水灾，举族议徙避，氏不从，日夕坐柜中待命。已，水平，他徙者多漂失，氏庐舍独无恙。课子以孝友闻于乡。

朱氏，章守信妻。年二十二而孀，截发自誓，抚孤贞守，卒年七十有二。

唐氏，章国才妻。年二十九夫殁，无子，抚侄以守。章国献妻亦唐氏，年二十二夫殁，抚遗腹子成立①，并著冰操。

陈氏，汤必迪妻。迪亡，陈年二十二，奉姑抚子，年七十二终。郡县表其门。又戚氏，汤以莱妻，少寡，以节闻。

葛氏，儒士杨希侃妻，年二十一夫亡，抚孤茂蕃，勤女工资茂蕃力学为诸生。郡守王公弼、邑令王玑旌其门。卒年七十八。

吴氏，施永清妻。年二十七岁夫亡，抚幼子成立。年逾八十终。后有施尚宁妻，亦吴氏，尚宁亡，吴年十九，抚子所启长，娶张氏，生二子，夫卒，张时年二十二。家贫甚，姑妇厉志终守。知县王玑表其门。

沈氏，李希曾妻。年二十八而寡，七十七岁卒。天启丁卯知县岳凌霄额之。

丁氏，袁守训妻，刘氏，袁凤鸣妻，皆少寡苦节，并受

---

① 立：此字底本原被铲削，据嘉庆、光绪县志补。

(乾隆)宣城县志

邑旌。

许氏,唐有典妻。年二十三而寡,无子,子其侄良夔。娶詹氏,生子金城而夔殁。詹年十八,姑妇相守,抚金城长,籍邑庠。并寿终,郡守黄梦松表其门。

李氏,金仲孝妻。年二十八夫亡,无子,立叔子思诚,矢志不二。年七十有三。郡守黄梦松旌以额。

唐氏,章原道妻。年二十八夫亡,母家强之嫁,断指不从。殁年八十二。又,章廷实妻黄氏、章美中妻李氏,俱抚孤贞守。黄殁年五十六,李殁年六十三。

吴氏伯智女,陈伯孝妻也。年十四归伯孝,生一男,妾程氏生一女。不数年伯孝殁,誓节同守子孙成立。知县谢玄珧旌之,叔伯与为之传。

高氏,维岳女。夫徐昌遂亡,无子。极贫,兄思谦赡终之。

陆氏,汪铭忠妻。忠亡,年十六,举遗腹子抚之,年七十余卒。崇祯三年太守周光夏额旌。

高氏,梅守国妻。十九岁夫亡,抚孤际祚成立。年九十二卒。

刘氏,贡生刘尚敬女。妻高淳孔应昌,少寡,以节寿终。崇祯三年诏表。

赵氏,吴伯伊妻。二十六伊卒,抚二子长。年六十终。李氏,章敬承妻,年二十归章,时敬承已遘笃疾,氏奉汤药三载不倦。夫亡,立侄承祧,守节三十六年。又,章汝显妻许氏,年十八夫亡,章①汝深妻陶氏,年二十三夫亡,章六吉妻孙氏,年十八夫亡,俱以完节终。

陈氏,师良祥妻。年二十三夫亡子幼,守节六十七终。郡守表其闾。

---

① 章:底本省此字,据嘉庆、光绪县志补。下一"章"同。

卷之十九　列女一

朱氏，杨义纪妻。纪卒，朱年三十三①，抚三岁子恩，守节八十七终。孙国柱，邑庠生，曾孙昌祚，崇祯甲戌探花。崇祯壬午②巡按张瑄请建坊旌表。

梅氏，高一镗妻。夫亡守节，年八十一。道、郡、邑并旌。

赵氏，蔡藻春妻。藻客死，赵年二十，孕方五月，生子曰远，矢无他。家贫甚，体无完衣，母子尝并日而食，藻兄蓁春时赡给之，历二十余年卒。

江氏，吴继志妻。年二十六夫亡，子五岁，苦节四十余年。崇祯七年司理范志完旌之。

刘氏，陈可纶妻。年二十四夫亡，二子幼，誓死守。已而所居火，为人佣纴，族人陈可贤与屋并田赡之。年八十九卒。

章氏，郑守纶妻。夫早世，家贫子幼，纺绩为生。尝剚股愈姑疾，见神人云："增尔姑寿二纪③。"后果符。守纶叔郑果亦早世，妻陶氏年十九，偕章氏并以苦节高寿终。

孙氏，汤养贞妻。年二十五夫亡，抱幼孤征尹食贫终老。知县余飏表其门。征尹尝刲股疗母疾，以孝闻。

贡氏，汤一国妻。一国候选县丞，卒于京邸，贡年二十二。抚子旌尹长，甫娶而夭。妻贡氏年二十三，姑妇同守，以双节称。邑令梁应奇表其门。又，汤养贤妻荀氏，汤养道妻崔氏，皆年少夫亡，并称完节。

丁氏，袁守科妻。年十八夫亡，抚嗣子以守。崇祯朝郡邑并表其门。

孙氏，廪生蔡旦妻。髫年归旦，二十六旦卒，抚二孤，有孙

---

① 三十三：嘉庆、光绪县志作"三十"，当脱一"三"字。嘉庆府志作"二十三"，恐误。

② 壬午：嘉庆府志作"甲戌"。

③ 二纪：嘉庆府志、光绪县志同，嘉庆县志作"三纪"，当有误。

(乾隆）宣城县志

补博士弟子员。手绩至老不废。

王氏，举人梅士学妾。性端淑，寡言笑。士学卒四十日，嫡相继卒，氏生子甫八月，矢志死守，四十年不出户，虽至戚罕见。子巨孺，详《文苑传》。以孙铕累赠淑人。

翟氏，鄱阳主簿陈士修妾。初，士修多嬖宠，妻麻氏不见礼于诸妾，翟独谨事之。士修卒，诸妾皆去。翟年二十四，亡子，独留与嫡居。麻亡，栖家庙庑下，并日而炊，以寿终。又，知府万良金妾金氏、姚嘉果妾林氏，并年少无子，完节以终。

唐氏，章廷卿妻。年十九夫亡，抚孤成立。同族需臣妻陈氏、叔建妻袁氏，俱少寡，贞守以终。

曾氏，孙之麟妻。年二十余夫亡，无子，妾项氏年十四，茹素奉佛，并矢志不二。曾以侄曰绪嗣项，侍嫡苦节四十年，曾八十五卒。崇祯辛巳，巡按郑疏闻，一体诏赐旌奖。

戚氏，顾显宗妻。二十三夫亡，子方三岁，织纴奉翁姑。年五十三卒，巡按荆奖之。

张氏，顾其行妻。其行亡，张年二十二，纺绩抚子。后二子事张孝，郡县屡旌。

裘氏，周廷诰妻。廷诰亡时裘年三十一，子维新幼且贫，清苦不渝四十三年终。

唐氏，吴日新妻。娶未期遂夭，抚遗腹子士元，迄年八十。督学御史蔡题旌。

朱氏，国子生叶嗣英妻。年二十一夫亡，抱子养姑。子夭，复抚孙。年八十二终。

邵氏，教谕邵清女，廪生徐汝鹏妻。鹏应闱试，卒金陵，邵年二十八，苦节孝姑陈氏，训遗腹子宛阳有声邑校。年六十终。邑令余飏有《节孝传赞》。

万氏，梅盛祚妻，澂江守万良金女也。年二十五孀，无嗣而贫，胞弟、庠生万国望赡给终身，趾不逾阃。

卷之十九 列女一

吴氏,徐大聘继妻。归数年夫亡,无子,前妻子汝砺方幼,抚课之如己出。汝砺补庠生,有文誉。吴以寿终,后受旌表。砺子襄时贡士,翊时庠生。

张氏,葛执中妻。年二十五执中亡,抚其子乔岳成立。年五十余而终。后乔岳及其子明会皆以文学称于乡。

王氏,阮尚宾妻。年二十二夫亡,奉舅姑,抚孤世盛。享年八十五。世盛后以耆德称于乡,母教也。孙士龙、士鸾、士骐,邑庠生;士鹏,己卯举人,领州牧;曾孙林立、铉、镳、诚、询,皆诸生,尔询成翰林。

郑氏,钟一道妻。二十八岁称未亡人,时子震阳才九龄,舅姑在堂,枯十指以赡朝夕,翁懋洪病,无问晓夜,备药饮,涤净器,极辛勤焉。崇祯丁丑巡按御史张瑄疏题建坊。<small>旌表坊在城北。</small>

施氏,庠生汤任尹妻。年二十八夫亡,抚子斯祜,课之学。崇祯己卯斯祜乡举第一,巡按御史郑疏闻旌表。似徐氏①,贡生汤荐尹妻。荐尹病,刲股疗不治。徐年二十八②,抚子绪昌,并以节寿终。又,赵氏,汤泳妻,年二十夫亡,誓守抚成遗腹子以梅。以梅事母称孝。

张氏,庠生王朝选妻。年二十一夫亡,遗腹生子长庚,抚成之。崇祯中郡守周维新旌表。后以孙昶贵赠一品夫人。

麻氏,梅先开③妻。年二十寡,姑病瘘,侍汤药十余年不懈;抚成幼子景真、景俞。年六十余卒。景真、景俞并成名士。

吴氏,举人梅敦伦妻。敦伦少亡,矢志抚子上开补庠生,有文誉。吴年七十卒。

钟氏,徐日宣妻。年二十七夫亡,或议更遣,钟扃户自经,

---

① 徐氏:嘉庆府志同,嘉庆、光绪县志作"贡氏"。
② 二十八:嘉庆府志同,嘉庆、光绪县志作"十八"。
③ 梅先开:底本原作"梅开先",府志及嘉庆、光绪县志均作"梅先开",因改。

家人奔救而苏。抚其子缜成立。年六十一终。缜补庠生,笃行好学,事母甚孝。

梅氏,中丞詹沂子应鸾妻。鸾病,刲股,卒不起,时年十九,誓坚守。又刲股救舅姑,中丞贤之,有"愿汝妇亦如汝贤"之语。躬训子淇澳为名诸生。年五十余卒。崇祯中巡按御史陈起龙疏闻,诏建坊表节孝。

郭氏,崔应昌妻。年二十七夫亡,抚子无斁、屿并庠生,屿有文誉。

孙氏,戚元龙妻。夫亡年三十,谨事继姑,抚成子懋。

陈氏,同知张星妻。少侍继姑,姑严甚,尝碎其首,陈父让之,陈曰:"儿自失足至此,非姑所致也。"姑悔之,遂待之厚。姑得恶疾,同卧起者三月无懈。生受夫子两封。年九十有三。

王氏,侯廷楠妻。年二十七夫亡,孝事舅姑,抚孤成立。获年一百零四岁,守节七十七年。邑侯陈旌曰"一片冰心"。

许贞女,邑民和八女。性明敏庄肃,识书史,父母极怜爱之。幼字韦守宝,守宝病且笃,逆女归。比至,甫一面而守宝卒,女一恸几绝,随衣衰绖,处柩前朝夕哭奠如礼。母遣婢促女返,不可,旋知不能夺,计朝夕所需资给之。女请于舅姑,立夫从兄守谦子为嗣。乃积母家所遗,畀诚笃老仆岁权子母,随所入周急扶困,施其宗党。以寿终,万历壬辰旌其门。

高氏,葛逢惠妻。年二十一夫亡,遗孤允基未周,氏矢志勤劳,上事舅姑,下抚允基成立。卒年七十九。邑侯邓以"完节"颜其额。

汪氏,廪生吴大聘妻。年二十七夫亡,曾刲股疗姑疾。守节五十八岁终。署府黄旌曰"息奖贞操",万历二十九年按台刘旌其堂曰"完节"。

骆氏,陈斯美妻。合巹甫四十日,戎兵压境,夫妇被执,氏绐之曰:"释我夫,可相从也。"兵信之,行数武,跃入水中溺死。越五日，夫觅其尸，颜色如生。

宗氏，鲁仲祥妻。二十四夫亡守志，遭兵乱被贼执去，就刃而亡，毫无污染。同执者无不流涕，称为烈妇。

丁氏，胡邦奇妻。年二十五夫亡，抚孤家宾，家宾亦早丧，妻张氏年二十二，孤事启甫四龄，姑妇共守志以节终。事启入邑庠，请旌建坊。

陶氏，后彦勋妻。彦勋以里役金解死山西道中，氏年少，事病翁瞽姑，及抚二子，备极辛勤。至六十余岁卒。

杨氏，刘尊妻。二十四岁夫亡，守节九十六岁终。

朱氏小姑，黄三正聘妻，年甫及笄，有豪民者倚某宦家势强委禽焉，且讼于官，赚小姑出质，挈之去。小姑知不免，中夜赴水死。里人哀其烈，立庙祀之。

袁氏，梅守福妻。年二十六而寡，家无半菽，拮据抚五岁孤。孤稍长，督其读父书。讵十载，孤又病以死，立侄沛祚延夫嗣，苦贞三十余年终。

国朝

董氏，徐以赓妻。年二十八夫亡，家贫，抚子①自修长，复早殁，董终无异志。年八十余卒。

王氏，明举人吴伯敬妾。伯敬卒，年二十六，所生子寻殇，其嫡子士赤礼事之，顺治甲午，年七十三卒。女适庠生麻三雍，三雍亡，无嗣，年二十，以苦节终。

吴氏，唐文宣妻。归数月，夫与舅姑俱殁，吴织纴给丧葬。每值忌辰辄恸绝。历三十余年卒。

方氏，葛允鲤妻。年二十四夫亡，孝奉舅姑，抚二周子维莹有成。授室陈氏，生大让而维莹卒，氏与陈抚育孤，共守志以

---

① 子：嘉庆、光绪县志作"侄"。

（乾隆）宣城县志

终。方年六十有四，陈年八十一。

俞氏，庠生汤瑞妻。年二十三夫亡，子廷陛、廷宗幼，俞抚成之，俱补郡庠。廷宗寻殁，妻茅氏年二十七，亦矢志不渝，抚子正域长，补庠生。

赵氏，王辅圣妻。少寡，抚子鼎中，守志终。

孙氏，徐一清妻。年十九夫亡，家贫，抚其嗣子有誉成立。年七十四。顺治七年巡按御史陈表其门。①

冯氏，蔡日曜妻。年少夫亡，抚子栋城长，补邑庠生。以寿终。

张氏，丁景相妻。年二十三夫亡，抚子开芳、俊芳长，皆入邑庠。年八十终。

李氏，葛承诰妻。年二十五而寡，事舅姑以孝闻，抚孤振入太学。享年八十。

汤氏，姚嘉禧妻。少通《孝经》。年二十五夫亡，子生三岁殇，女弥月，以夫兄子宾嗣。未几，宾与女俱殁，氏矢志不二，苦节五十三年卒。陈氏，姚嘉伏妻，年二十三嘉伏卒，抚子德衍长，甫娶生子而殁，妇去，氏又抚孙成立。年六十四卒。汤氏，姚嘉宠妻，亦年少夫亡，事姑孝，抚幼子，以寿终。

汤氏，郭道完妻。完将娶，病癞，致语请辞婚，女曰："命也。"遂归道完。已生子，夫癞益溃，侍疾益谨。夫卒，矢志抚子。年六十六终。

刘氏，宗世教妻。二十一夫亡，生一子，苦守至老卒。

潘氏，孙曰宁妻。年二十七夫亡，抚其侄以终守。

孙氏，李应悫妻。年二十一夫亡，抚孤子，四十年卒。

许氏，唐良处妻。年二十二为乱兵所得，抱幼子跃入水死。又，水阳西镇竹匠女，被兵执，从马上跃入水死。逸其氏。

---

① 嘉庆、光绪县志作"乾隆六年旌"。

卷之十九　列女一

吴氏，徐士荣妻。遇兵掖之马上，中道投涧中，水浅不得溺，兵以槊拟之曰："汝上，吾活汝。"不应，遂刲死。

徐氏，庠生贡祖禹妻，梅氏，祖禹子、庠生登俊妻。乙酉，山寇扰，祖禹挈家避于南湖舟次被执，徐不受辱，遂投于湖。登俊及弟成功、成章挽之，皆死，梅氏亦死，嫁甫数月。

汤氏，郡庠生汤白女，适建平庠生沈珖。兵掠建平，获之，强使骑，不从，刃之数十创，终不听赴水死。

孙氏，庠生际明女，罗恺妻。年十六未笄，以避兵归恺，从恺母匿石塘冲松下，兵执姑将杀，孙出请代，劫孙共载，不从，兵怒刺其足，抱松大呼曰："死耳，终不可辱。"遂见杀。三日犹抱松不仆，人呼为"抱松女"。里人施闰章为之歌。

朱氏，麻三充妻。遇寇兵劫使同骑，朱大骂，被刃流血沾体，即投河死，年二十一。

高桂妻梅氏，从其夫携子避兵黄渡，俱失去。梅被执不从，兵以刃批其颊，血被面，梅溅血而骂，兵断其腕，击其齿，剜其腹，至死犹骂不绝声。

城山赵氏女赛娥、赛英，年皆及笄，未字。乙酉，方国安兵叛，被执，娥自经，英痛哭骂贼，致支解。事闻，道府交旌曰"德门双璧"。

侯氏，梅经祚妻，许氏，梅关保妻。乙酉宣师起，经祚、关保俱殁，许闻之，遂自沉。侯携其子遇寇沈村埠，与其子俱赴水死。同时有程氏，梅正亨妻，王氏，丁甲妻，荀氏①，贡田妻，某②氏，管公九妻，并兵胁不污，投塘死。又，许村湖二妇，不知姓氏，乙酉兵掠于其地，二妇死于道，年皆盛。尸仆，背各有

---

① 荀氏：府志与嘉庆、光绪县志均作"孙氏"。
② 某：此字底本原被铲削，府志与嘉庆、光绪县志无从考，遂皆改为"某"，今从之。

(乾隆)宣城县志

枪痕。土人不识，收葬之。

王氏，程仲玉妻。兵掠新亭冲，氏负子而逃，兵执之，氏绐曰："余藏金某所，请归取以献。"兵纵之，前经新塘，与其子俱投水死。又，陈氏，吴殿明妻，兵掠水东，投塘死。

万氏，牧四女，年十九；又，王氏，万云一妻，陈氏，万坤三妻，俱被掠，不辱见杀。其余不知姓氏，逸其夫名，烈死者甚众，不可胜纪。

徐氏，庠生麻三高妻。二十五高亡，无子，以苦节终。

张氏，万国宝妻。年十八宝卒，抚三月孤，剪发自誓，年八十卒。侯氏，万士敏妻。年二十二敏亡，遗腹一子，守节事姑，七十余岁卒。

嵇氏，谈良逵妻。逵坐事流大通，会赦归，贫鬻妻。妻不从，强之升舆去，至其家，众方饮贺，妇已缢床死。

吴氏，黄池傅光箕妻。逾期而寡，无子，父百计夺之，濒①死得免。岁歉，尝饿数日，邻馈弗受，食腐屑以活。年六十余卒。邑人施闰章为撰墓碑，吴肃公为传。

裘氏，吴宪公妻。年十九宪亡，抚一岁孤终守。被邑旌。

杨氏，彭宪臣妻。年十九夫亡，孤士翔甫周，勤辟纑，课翔学。七十二卒，郡守屡旌。

曹氏，庠生汤望之妻。望卒，年二十八，子廷就、廷祚。厉守八十一岁，巡抚张中丞旌奖，又七年而终。

许氏，刘光焕继室。年二十一夫亡，抚前室子及己子成立。子又亡，妇年十七，亦许氏，并砥节立孙承祧。姑六十五、媳三十七殁。督学李泰来旌之曰"虽三世之多艰，乃百年如一日"。

朱氏，张一真妻。年二十二夫亡，无子，矢志抚孤女，年六十一卒。其女张氏，适庠生唐允岳，允岳早世，无子，亦苦

---

① 濒：底本原作"频"，误，据嘉庆、光绪县志改。

节终。

刘氏，庠生张一骥妻，徐氏，张思凤妻，唐氏，国学生张希清妻，并少寡，抚孤成立，以寿终。又，吴氏，章乐宇妻，夫亡无子，苦守六十七年卒。唐氏，章瑞祯妻，罗氏，章玉芝妻，并家贫励志，茹苦终其身。

沈氏，庠生马梦伋妻。年十九夫亡，立嗣守志，事公姑孝谨。六十余卒，巡按御史何可化旌之。

濮阳氏，刘仲京妻，贡氏，刘仲显妻，孙氏，刘仲贤妻，皆年少抚孤以寿终。孙氏之孙启元幼聘丁氏，长婴疯疾，丁左右扶掖，启元殁，丁誓不嫁，立叔子为子。

马氏，年十八归濮阳严，未期严卒，誓以身殉，舅姑力止之，勉立侄杲，抚训为名诸生。年六十二卒。

吴氏，庠生袁腾凤妻。凤亡，以从子德骥嗣，又夭，妻李氏年十八，同姑抚遗孤毓生。卒成双节。

赵氏，吴士冕妻。十九居孀，酷贫，依其父，以绩为生。子康国在襁褓，抚教入庠。苦节五十年终。

刘氏，孙光豸妻。年二十五豸亡，抚子成家。六十四卒。

汤氏，庠生梅以闻妻。夫亡年二十一，奉姑徐食贫；一子殇，终不改志。年五十七卒。

吴氏，章舜臣妻。二十二早寡，尝剜股愈姑病，遗孤亡，立子承祧。寒机暑绩，不懈者六十年。

郭氏，庠生梅枝乔妻。年三十夫亡，无子，誓死守。泣请夫兄枝南子韵为后，南止一子，怜其义许之。康熙庚戌，参藩范廷元扁曰"节存夫后"。年六十一卒。

钱氏，举人龙文女，沈寿峣妻。年二十五夫死于难，忍死抚二孤泌、瀛。既长授室，屏绝家务，闭阁斋居。年五十卒。

(乾隆)宣城县志

崔氏,汤括规①妻。年二十二夫亡,针纫抚二孤,长以樵养。年五十二卒。其母鲁氏,二十而寡,八十卒。

胡氏,湘溪孙应梵妻。年十九夫亡,矢节织纴,事孀姑,抚子曰贻成立。年七十四卒,学使王同春额奖之。

郑氏,朱国奇妻。年二十二夫亡,鞠二幼子,以节终。

潘氏,胡嘉衍妻。年二十夫亡,孝事舅姑,抚稚孤,七十余卒。

芮氏,王大谅妻。年二十五夫亡,抚孤。年七十余卒。

程氏,黄日新妻。日新馆淮上,以母有痼疾,属程侍汤药,罔效,即虔祷于神,割肝②和药进之,姑疾顿愈。顺治戊戌闻于官,按部、两台使交奖之,邑人施闰章为之传。

施氏,梅士蓁妻。年二十夫亡,无子,叔伯利其赀,迫遣之。施曰:"吾以身报夫耳,产于何有?"弃之依其父。父死,其兄宗社给养之。居一楼不下者五十余年卒。

张氏,吴士康妻。士康卒,张年二十,抚周岁子启公苦守。士康兄弟皆早亡,遗孤亦张育之。年六十卒。

师氏,施能中妻。能中卒,一子尚幼,未几亦殇,姑老而病,氏事之甚孝。会岁饥,采蕨于山,屑而羹之以奉姑,以余查和糠秕自啖,族人怜而给之。

李氏,施士中妻。夫亡无子,伯叔勒之嫁,誓死不去。

金氏,庠生徐启肤妻。肤卒,年十九,子懋懿方数月,窭甚,其母使兄逆之归,将夺其志。金截发授兄,使归报曰:"更志者有如此发。"孀居五十年,苦节贞操,始终一致。抚懋懿长补庠生,有文名。

张氏,都司沈寿峤妻。年二十而寡,抚子瀚补庠生。年七

---

① 汤括规:嘉庆、光绪县志同。嘉庆府志卷三十二作"汤括矩"。
② 肝:府志同。嘉庆、光绪县志作"股",然卷十六仍作"肝"。

十，督学简上旌其间。

张氏，庠生沈兰生妻。年二十四夫亡，守志抚子璠入太学，能文辞。

焦氏，吴士范妻。少寡家贫，生一子夭，矢志不渝，年七十终。

孙氏，唐良观妻。年十八夫亡，无子，舅姑遣之，不从；收其货产以困之，氏断发誓于夫柩。舅姑知其不可夺，乃止。后以叔子应宗嗣。

王氏，师复旭妻。旭以采茶为业，早亡，二子俱幼，姑强之嫁，不从，虐之，终不从。抚其子成立。年七十四。

马氏，王禹一妻。夫亡无子，年二十九苦志以守至七十三。

朱氏，夏守禄妻，颜氏，庠生陈国球妻，鲁氏，张一骧妻，皆年少丧夫，无子，誓不更适，子其侄以终。

刘氏，冯汝亭妻，与妾白氏并以节旌，年七十余。

芮氏，陈廷槐妻。年二十五夫亡，或劝更醮，即断发啮指，怀利刃以待。生遗腹子球，补庠生。谨事翁姑。巡按御史卫表其门。

薛氏，彭宙祥妻。年二十三夫病，刲股进，卒不起。贫甚，剪发誓抚孤。郡守以"行洁秋霜"四字旌之。

徐氏，张思睿妻。年二十五夫亡，子浩甫周，竟抚成之。

钱氏，李杜妻。年十七夫亡，抚遗腹子长，甫娶而卒。妇年二十一，亦有遗腹子，姑妇共厉节焉。

施氏，徐日观妻。夫亡年二十五，叔强嫁，不从，既贫无依，抚其子归老于施。子婚复夭，绝荤食三十年卒。

胡氏，方夏鼎妾。生子应泰，夏鼎亡，时年二十余，矢不嫁。初，夏鼎妻许氏子、庠生应华先夏鼎卒，妻梅氏无子，尝与姑主其家，颇能御侮，抚应泰有恩，并以节终。崇祯时太守周光夏表其门。应泰补庠生，有文誉。

（乾隆）宣城县志

杨氏，金子山唐某妻，何氏，林春芳妻，并以节闻。

鲍氏，梅奭祚妻。性至孝，姑抱危症，刲股进之，得愈。已，复刲股起其夫于濒死。夫患痿痹，卧床八载，氏谨事药饵，扶持眠起，无倦容。夫卒，氏年二十四，子稚，贫无立锥，为人纺织缝纴每至夜分。或劝之改适，辄引针自刺流血。冬不能火，膝上冷至腰，手足皱裂，不稍怠。年七十犹绩，闻者泣下。

陈氏，庠生梅枝遇妻。年二十五夫亡，宵机曙绩，延师课孤。及孤成立生子，孤又亡，氏含泪抚孙，两世茶苦如一日。孙复夭折，茕茕老孀，孤危特①甚。夫兄枝凤敬而怜之，为访宗派立嗣承祧。临诀之时异香满室，卒年六十有九。郡丞唐赓尧匾曰"芳年苦节"。

杨氏，唐凤腾妻。凤腾亡，杨年十九，誓以死殉，昼夜号痛，勺水不入口，以头触柱，脑骨俱碎，死而复苏。因闭户自经，绳绝，已，又自经，绳又绝。仰天大恸曰："皇天不欲我死耶？"乃置夫柩于寝室，坐卧流涕，三年如一日。丙戌患寇②，家人劝之避，氏曰："不可。遍野皆兵，何择焉？贼来，惟有一死以毕吾志。"会贼首有知杨节妇者，相戒无犯。偶步卒误入其门，隐隐闻剑戟声，骇怖而去。子曰功亦以孝友闻。

荀氏，太学生杨一蕃妻。事姑舅以孝闻。一蕃早世，荀誓守志。生一女适梅，乃以田庐产业归诸伯叔，孑然依其女，以纺绩度日，里人贤之。年五十五卒，龚郡守旌其门曰"冰蘖饮心"。

刘氏，盛维扬妻。年二十三夫病，刲股和药，焚香告天，愿以身代。夫亡，遂绝粒觅死。父母哀劝，乃毁面以柏舟自矢，事继姑以孝，举动以礼，教子能隆师友。太守秦宗尧亲制"苦节

---

① 特：底本原作"持"，当误，因揆酌文义改。
② 丙戌患寇：嘉庆、光绪县志作"顺治乙酉兵乱"。

冰①操"旌之。

张氏,中书梅振祚妾。年十四侍振祚,习见华肫,独矢茹素。年三十振祚卒,内难外侮,百折不回。双目皆盲,家道中落,徙居新田草舍,督孤儿清晓夜苦读,艰辛度日。日诵《感应篇》,以积德劝善为事。卒之日,朗诵《心经》三遍而逝,年七十有一。媳钱氏,孝廉梅清妻,十四归梅,能以孝事翁姑。家贫,居荒庄,佐夫读成名。岁甲辰,夫远出,姑病危,氏病笃,吁天割股,姑病顿愈。茹斋三十年卒,年六十一。两庠并合族以张氏、钱氏姑媳节孝合词公举,邑令袁朝选旌其闾曰"坤维正气"。

郑氏,程一佐妻。事姑舅以孝闻。一佐病,刲股以进,卒不救,遂立志抚孤。先是,一佐兄弟六人,家累千金,一佐殁,居始析。郑曰:"孀妇孤儿,挟多赀何为乎?"全委伯氏,内外交蚀,不数载就窘,岁饥,母子馎糠粃,无怨言。会兵警急,谓子媳捧先世遗像以行,他弗顾也。年六十六卒,副使孙应裕闻而旌其闾。

刘氏,廪生梅朗中妻。朗中负才名,赍志早殁,刘年二十九,贫苦自励,抚遗孤庚有声词场,郡丞唐赓尧旌其庐曰"柏舟荻训"。庚举辛酉乡荐,捷闻,母泣曰:"襁褓儿有今日,恨若翁不得一见也。"逾岁卒,年七十有六。

徐氏,邑庠生徐日熙女,儒士沈椿生妻。夫亡,徐年十七,无子,遗一女,复夭。家贫,緶绩糊口,宗党有怜而惠者,却勿受。卒年六十有八。

杨氏,张希崇妻。嫁三载,希崇亡,杨年二十,遗孤未周,父欲夺其志,以死誓,栖止破屋,拾穗采蔬,养子成立。苦节六

---

① 冰:底本原作"永",当因与"冰"字形相近而致讹,今从嘉庆、光绪县志改正。

（乾隆）宣城县志

十余年，八十四卒。

吴氏，贡士蔡蓁春妾也。年二十八蓁春殁，氏欲①身殉，妯娌劝以幼女在抱，不可，乃断荤食茹斋，绝铅华，恒以治绣存活，衣敝不能浣，日午不能炊，皆甘之如是者数十年卒。

詹氏，张士纬妻。士纬卒，詹事舅姑孝谨，足不窥户，里妪罕识其面。病剧，医请诊视，不可，疾革，自起更衣，周身之物戒勿近男子手，与姑诀曰："妇死，累姑一棺外，毋费钱帛以重吾罪。吾夫无子，请以叔氏士纶子嗣之。"语毕而绝，年二十七。

戚氏，项正阳妻。佐夫事继姑，克尽子职，以孝闻。妯娌强悍，侵侮万端，悉怡然顺受。年甫二十八为未亡人，孤七岁，诸伯叔中有睥睨侵蚀者逼之改适，妇誓死靡他，毁容独居，教子世英成武举。卒年八十有七。前后守镇县令高其节，屡旌其门。

孙氏，廪生刘大生妻。助夫苦读，年二十九夫殁，当兵戈饥馑之年，上全垂白两人，下全襁褓二孺子，茹苦四十余载，里人以节孝称之。

徐氏，庠生梅梦杏妻。幼习《孝经》《姆仪》，以纺绩佐夫读。翁文学燊常病笃，徐私祝天，刲股以进，疾愈五载，里人贤之。

张氏，唐启琮妻。启琮父允隆被仇陷，自皖归，江中遇盗，启琮救父死于水。时张年二十二，夫殁痛不欲生，饮食不入口者四日。父劝之曰："遗孤在，妇死可乎？"始勉食。晓夜纺绩，养其翁姑，至垂白无倦。平时教子际盛，束脩缺，辄剪发如陶母事。历年七十。府县并旌其间。

王氏，庠生钟无竞妻。年二十五夫殁，誓死守志，含冰茹蘖，抚二弱孤铭绩、铭嘉迄于成立，为士林所推。五十八岁卒。

有齐姓者，自言齐泰之后，泰族某妻姚氏方有身，监刑者赵

---

① 欲：底本原作"夭"，于义不通，据上下文改。

文振怜而纵之。氏从其弟镇亡匿宣城，生子天全，以属镇曰："齐氏有后，吾当以死报地下。"遂自经而死。国史及郡志皆亡载，今据旧县志补之。万历初齐瀛，建文殉难齐泰之裔也，三岁时堕水，其婢祥梅急入深处手援，加诸顶屹立水中，及它人救儿起，而婢仆死矣。君子谓其死以全幼主。

魏氏女，许字贫家子，某豪艳之，以金五十强纳为媵。既至，坚不从，挞之垂毙，问曰："若从，尚可活也。"卒抗声死杖下。按，二婢一忠一节，并视死如归，特附书之。

王氏，范希颢妻。颢四十无子，王阴蓄一婢江氏，使纳之，逾年得子，不育，王私祷于神，江复生一子名侬儿，鞠之如己出。侬儿十岁，颢与江相继殁，王氏哀恸而绝。颢弟、贡士希曾作《慈母篇》，以己之次子嗣焉。范本南陵人，以居宣，故附纪之。

陈氏，郡廪生吴尚采妻，明广东按察司观吾孙女。勤妇道，篝灯佐夫子读，尚采远馆，米不继，纺绩奉姑，训子读书，至娶媳曰："吾事毕矣。"不数月而卒。时年四十二。

（乾隆）宣城县志

宣城县志卷之二十 列女二

列女二

徐贞女，幼许字唐应由，年二十二，应由贫不能娶。及病危，逆女归，应由奄奄床席，目属哽咽，遂卒。所遗茅屋三间，宅前隙地半亩，宅四面皆唐族，贞女曰："此可居也。"键户寂处，织纴及灌蔬自给。有怜其苦而馈以粟者，辄不受。宅前洼处忽涌清泉，缕缕不绝，偶植桃一株，每结实如饭盂，异常甘美。贞女无寒暑，惟以布幅裹头，邻妪谓其面上毫甚长，称"仙女"云。年五十一卒，卒后桃枯泉竭。过者每访其宅瞻拜之。

陈氏，丁益潮妻，太学生楫之母也。年十七而寡，楫尚幼，氏恩勤教督，以至成立。治家俭而中礼，好施予，赈贫济乏，里族德之。年八十一卒。

王氏，宗元善妻。年十七于归，甫一月姑病危甚，氏昼夜侍汤药不少懈，姑病寻愈。未半载而元善殁，氏抚遗腹子以长以教，今为邑诸生。苦志三十余年，年五十卒。

唐氏，邑民养正女，刘弘道妻也。年十九夫亡，无子，有从侄在褓褓，氏抚以为嗣。邻妇有劝以他适者，叱而拒之，终身不与之见。家贫，事舅姑尤孝谨。年五十四卒。

李氏，荫生詹大璋妻。年二十夫亡无子，侧室马氏、周氏各

卷之二十 列女二

生子一，氏抚之如己出。延师课读，长云岁贡生，次仲辂邑庠入监。孙六，次第游泮。郡守黄额旌之。年五十二[①]卒。

高氏，孝廉张友继室也。幼聪慧，从女傅受《孝经》《小学》，举止皆有礼法。年二十九友亡，一子甫四岁，氏抚而教之。躬勤纺绩，终其身未尝一履庭阃。年六十卒。

唐氏，陶彝则妻。夫亡氏年二十六，家甚贫，事嫡姑奉养无缺。孤甫三岁，氏抚之成人。及娶妇生一子，孤旋亡，氏率妇抚幼孙，辛勤教育，苦节五十九年而卒，卒年八十四。

冯氏，邑民玉生女，年十七归汪上琏，六载而上琏殁，遗一子仅五月，家无儋石，氏昼夜勤女红，上事尊嫜，下抚茕孤。亲族悯其贫窘，有馈以薪米者，拒勿纳。居常独处一室，跬步必谨，律身之严，迄今四十年如一日云。

钱氏，父梦弘，许字同里施跻[②]，未嫁而跻以病卒。氏年十有九，闻讣请命父母往奠焉，比至门，抚棺恸绝，欲以死殉，舅姑劝阻之。于是遂不复归，父母讽之他适，氏泣曰："女子从一而终，儿之不能再嫁，亦犹婿之不能复生矣。"遂告于舅姑，请抚侄嗣夫后。家赤贫，竭十指以供朝夕，虽寒暑不辍，历今三十余年，宗党咸嗟异之。

冯氏，太学生施衡臣妻也。二十九夫殁，舅姑并年老，遗二子俱幼，仰事俯育，氏兼任之。而二子又早卒，复抚孙克就成立，两世一身，备经艰苦，现年六十。

刘氏，邑民明所女，孙治远妻。治远殁，氏年十九，而子士敦甫周，氏裹发于喉，冀从死，垂绝，舅姑流涕谕之，乃止。祀治远主于室，朝夕泣奠终其身。继姑鲍病痪，氏扶持卧起，数十年无倦色。抚子士敦甚慈，比长为娶妇，弥年生一孙，乃明年孙

---

① 五十二：嘉庆、光绪县志作"五十"。
② 施跻：嘉庆府志、嘉庆、光绪县志均作"施济"。

殇，妇及子并相继亡。氏念门祚衰薄，复自立从子乾主夫祀焉。

章氏，邑民一元女，年十七归戚尚通，事孀姑以孝称。阅十年而尚通卒，二子俱幼，氏辛勤纺织，抚以成人。及生孙，氏复为延师教之。康熙间以寿终。

王氏，邑民文彬女，年十七归陶仲赞，十年仲赞病且亟，氏稽首吁天，乞身代，仲赞呼与诀曰："死生命也，可代乎？但上有高堂，下有藐孤①，汝能任之，死瞑目矣。"氏忍泪谨受命。时子有珩年甫周，有琬在身甫六月。仲赞卒后，家益贫，氏奉舅姑益谨，日夜勤织纺以供旨甘。舅姑安之，竟忘其子之殁也。未几，仲赞弟仲谦亦卒，仲谦妻周氏，邑民君典女也，仲谦抱沉疴，委顿床蓐，周侍汤药，衣不解带者四载。比卒，恸绝仆地，欲以身殉。舅姑以仲赞次子有琬子之，命无死，周泣拜起谢，时年二十有五。父母怜其少也，微以言讽之，周引剪刀刺股，流血自誓，遂终身不复返母家。与王纺灯绩火，居处相依，训其子各就成立。年并五十一卒。

胡氏，赠奉议大夫、吏部验封司郎中刘允皋妻也。事舅姑先意承旨，能得其欢心。年十九允皋卒，子方蔼、方华并幼多疾，氏含泪煦育而训之极严。先是，与嬬姒茆同矢志抚孤，茆旋卒，氏代哺其孤方菁不啻己出，寻方菁亦夭，氏痛悼之，居恒郁郁不释，未四十鬓发衰白。今以子方蔼贵诰封安人。

丁氏，刘维二妻。未二十夫死，仅一子，内无功亲，栖身无所，假族人灰屋居之。子复夭，贫苦益甚，蓬首垢面，体无完衣，历四十余年卒死灰屋中，人称为"灰屋节妇"。

范氏，民人尚卿女。尚卿尝病，视起居食饮惟谨。尚卿每语人曰："微女，吾病且殆。"后归李永久，年二十三永久死，一女甫三岁，男始周，氏竭力抚育以至成长，而奉孀姑尤能色养，

---

① 藐孤：底本误作"藐姑"，径改。

卷之二十　列女二

调甘洁膳，不以贫故减欢。一夕邻人不戒于火，姑时卧病，火及门，氏突炎焰，负姑破壁出，发肤俱伤，见者以为诚孝云。

王伯义妻张氏，年二十八伯义死，事孀姑，抚两幼子，茹荼食蘖，历久不渝。卒时年六十。

诸生马德良妻许氏，德良早卒，母老家且贫，子呱呱襁褓中，氏泣曰："吾宁忍死以慰亡者。"遂早夜操作，奉其姑终老不衰。子稍长，纺绩课读，教之成人。卒年七十有九，距德良亡五十八年。

太学生周凤喈妻汪氏，凤喈病，刲股和羹以进，卒不救。氏奉舅姑视子，抚孤子视父，盖自二十九岁称未亡人，历年四十，清节弥著云。

于氏，陶开启妻。开启死，氏意不独生，愿念舅姑老，子三月，俯仰无可依，遂矢志坚守，辛苦一身，历三十余年，年六十卒。

蒋震宙妻黄氏，孝事姑，自震宙亡，奉晨昏十余年不稍懈，抚两幼子底于成。年八十余，宗党无间言。

王氏，韩文明妻也。文明卒时语氏曰："二子幼，汝能留，吾死不恨；若去，亦惟汝。"氏截发誓以死。年七十有四以节终。氏长子禹畴妻唐氏、次子禹及妻徐氏，并早寡，矢志以守，如其姑云。

陈氏，郑士琳妻。事姑尽礼，姑性严，稍失意即怒，氏事之曲当其欢。年二十七夫亡，抚孤显至壮有室，名列成均。旋卒，孙锡、铉并幼，氏复翼而长之，有声庠序。氏年八十五卒。

詹氏，王①朝寀妻。朝寀抱羸疾，不克亲迎，母命舆异之，勉行婚礼。三旬有七日朝寀死，氏剪缕发纳棺中，呼号而矢曰："三年丧毕，即相从地下，此发所以志也。"甫三年，一夕检其

---

① 王：底本原误刻作"三"，据嘉庆、光绪县志改。

衣饰，针以奉母，诘朝寝不起。姑及诸姒排闼入，衣尽纫结，拥被创痛而息微，属曰："死矣，难遽绝若是耶？"视枕侧余沥为盐卤，尝屑豆成腐，故私贮啜之，遂殁。一时士大夫瓣香虔礼作诗歌以纪其事。

吴氏，歙人士琏女也。年十七归孙洪范，篝灯佐读。洪范殁，遗子女各二并幼，家日益贫，饔飧屡空，氏抚诸孤，不事姑息，每日暮儿就外傅归，必命之跪木主前，以塾师日所授书拱立背诵，功有阙，泣而杖之。于是长子喆学成行修，以孝廉方正举，皆氏教也。其从姑李年二十夫亡，无子苦守，氏延至家，共起处者二十年。已而李前卒，氏哭之甚哀，一夕梦李若见招者，俄而疾作，遂卒，卒年五十。邑人梅征君文为之传。

诸生汤震妻陆氏，震弟光夏妻梅氏，震、光夏并早卒无子，门单祚薄，二氏年差相若也，俱少，形影相依，外事属族之尊者，农业付仆之勤而愿者，泪容缟服，栖止孀帏。逾数载，各立其夫从弟子以嗣夫祀，家室完立，而二氏皆年五十余矣。其宗老、典籍汤伟为立《双节传》纪之。

闵氏，诸生方启贵继室也。年十九启贵死，遗一子周岁，氏抚之。及长娶妇，子妇又相继死，遗一孙，氏又抚之，方之祀藉氏而存。

李氏，故候选县丞徐渭妻。渭死，以父母孤子为托，氏誓不负，矢守三十五年，年六十三岁卒。

侯肇勋妻殷氏，曹日朋妻何氏，并夫亡无子，抚其侄，以苦节闻。

管氏，王振元妻。振元遗孤子二，长三岁，继振元殀，次甫十月，氏成立之。初有田四亩许，舅姑殁，氏尽鬻以供丧事，惟宅旁隙地数弓种蔬菜，朝夕取给而已。距母家甚近，自父母亡，遂绝不复往，其守礼如此。

陈氏，张梦元妻。年二十九夫亡，孤遵鹭甫一周，氏设主卧

卷之二十　列女二

所，朝夕哭奠，侍老姑甘旨无缺，及卒，殡葬俱如礼。家贫，纺绩以给衣食，教遵鹭读书，有声胶序。卒年八十有八。

徐氏，范世珍妻。善事舅姑，年二十一夫亡，孤未百日，氏成立之。勤俭操作，苦节三十七年，五十七卒。

樊氏，周配高妻，秦氏，刘玘妻，俱少寡，抚幼子有成，苦节贞操，始终一致。今樊年五十有二，刘六十有五，孙枝林立，并及身亲见之。

傅氏，附监生詹仲骆①妻。年二十五夫卒，氏泣告柩前，曰："妾非不能身殉愿，老姑幼子谁依？"遂饮泣矢志，屏弃华饰，居家严肃，事嫡姑克尽妇道，勖三子勤学，长昞，次如岳，又次晋，并为名诸生。氏年五十卒。

傅魁祚侧室王氏，性闲静，寡言笑，夫亡，封发自誓，抚六月孤长养成就，一惟氏是赖。魁祚正妻故有子，氏视之如己出，人尤以为难。

陈氏，庠生戚奇生妻。年二十一夫亡，抚遗腹子以守。舅姑殁，力营殡葬，家益贫，缝纴自给，年六十四②而终。

潘氏，郑士珵妻。年二十二夫亡，无子，嗣以侄，侄早卒，氏又抚幼孙，苦节四十年，六十一而终。

张氏，庠生方弘基妻。按，县所移册内仅列姓氏，而事实无存，屡索不应，因已痊，故仍之。③

丁氏，庠生渭英女，陶乘时妻。年二十六夫亡，遗二女并幼，舅姑衰老，氏矢死靡他，抚侄为后。苦节四十三年，年六十有八。

----

①　骆：府志同。嘉庆、光绪县志作"辂"。
②　六十四：嘉庆府志、嘉庆、光绪县志皆作"六十一"。
③　嘉庆县志卷十九据府志补如下："年二十四夫亡，孤甫二龄，舅姑衰老，一夕虎衔其豕去，氏号泣曰：'如二老缺养何？'次夜虎衔兽至，如抵偿然，人皆传为孝征云。"

325

(乾隆）宣城县志

汪氏，程大庶妾也。生二子，长六岁，次四岁，而大庶死，氏携两儿哭于灵，毁容劈面，誓死不二。历五十七年，年八十二而卒。

张氏，朱国用妻。事实缺，与前方弘基妻张氏同。 以上并雍正、乾隆间旌。

贞女妙善，凌德忠女也，幼许聘张氏子，未婚而张氏子夭，女年十六，守贞不字，终身茹素奉佛戒，不事膏枏，至年六十七而卒。

孝妇程氏，童玉彩妻。玉彩贾于外数十年，音问阻绝，家不知存亡。氏织纴易甘旨奉姑，姑怜之，讽之去，氏泣曰："姑老，何忍去以负夫托？"姑尝病笃，氏焚香吁神，刲股以进，昼夜侍床蓐，目不交睫者两阅月，终姑之身无几微稍失颜色。先是，玉彩生一子宗喜，甫襁保，至是宗喜长，白于氏，请寻父归。遇于山左，玉彩不识也，相见各询乡里、家世，乃皆合，遂奉以归。氏以姑不及见，恸绝者久之。

王氏，冯仲玱妻。年十九夫亡，一恸几绝。抚两月遗腹子成立，缟衣素服，足不逾阃。现今五十六岁。①

唐氏，韦嘉惠妻。年二十五嘉惠卒，子甫七月，舅姑讽改适，氏跃池水中觅死，舅姑惊愕掖之起。自是键户勤纺织，晨霜夜月，迄无宁晷。及娶妇生两孙，子与妇相继死，氏垢衣敝裙，鬅鬙白发，抚两幼孙，辛苦成就之。明季寇乱，居人多窜避，氏指舍旁积灰，叹曰："此吾毕命所也。"俄而寇至，氏蒙首卧灰深处，寇入，无所见，乃去。闻者异之，遂相呼为"灰堆节妇"云。异日盗过里门，相戒毋得犯"灰堆节妇"。年九十有五，一日早起盥沐，拜佛像，端坐而逝。

孟氏，葛守逊妻。年二十七夫亡，抚幼子逢英、逢启成立，

---

① 嘉庆、光绪县志并作"五十六岁终"。

卷之二十 列女二

守节九十三岁终。

何氏，葛逢时妻。年二十九夫亡，哀痛绝粒，越二十一日卒。

钟氏，阮尔谦妻，知州钟无瑕女也。归阮甫三月夫亡，年十九岁，抚嗣子复元成贡士，守节五十六年①卒。

郭氏，儒士梅以琮妻。温惠纯一，闺训克娴。年二十八岁，以琮疾革，嘱氏曰："吾父年七十，孤方十月，养老字幼，职且重大。昔人云'死易抚孤难'，汝当为其难者。"氏点首。及卒，家无寸产，率三幼女勤女工以易薪米，严冬深夜扫败叶作火，仅取微温而已。奉老舅一饮食必视。孤班成就傅，晚归篝灯督读，刻鸡鸣方就寝。补诸生，益勉以砥行，无隳先绪。今班成有声胶庠，孙理举丙辰乡试第一。

方氏，叶有春妻。年二十八夫亡，抚二子成立，事翁姑孝养兼至。姑病噎，氏刺血和药以进，姑寻愈，延年一纪，人以为孝感所致。年六十七卒。

詹氏，郡廪生梅钟龄妻。年二十六而寡，无子，抚侄大勋为嗣。姑疾，刲股以救。守节四十六年。

夏氏，王资楷妻。年十九，资楷疾革，夏刲股和药进之。资楷殁，生遗腹子孚遐，即屏迹不下卧楼者十余年，孚遐娶媳延拜乃出。年六十有六卒。

杨氏，李扬华妻，贡生希沆母也。年二十九扬华卒，希沆甫八岁，氏矢节抚孤，辛勤立业，孙、曾并游上舍。守节四十八年终。

孙氏，庠生李琳妻。琳早卒，氏饮泣抚诸孤，比长，课读父书，长子淑补郡庠生。守节六十年，年八十有五卒。

朱氏，林国忠妻。年二十四夫亡，亲老孤幼，家极贫，勤纺

---

① 五十六年：嘉庆、光绪县志均作"三十六年"。

(乾隆)宣城县志

绩以供朝夕。六十六岁卒。

李氏,王九州妻。年二十三九州卒,遗孤一逢甫周岁,氏抚孤贞守,食贫无悔,终身不逾闺阈三十二年终。

徐氏,庠生黄勋侧室。年二十八勋卒,氏镇岁居一楼,日勤操作,字其子锟成立入邑庠。卒年六十有六。

毕氏,陶士珍妻。年二十四珍卒,氏抚侄仲仁为嗣,仲仁又卒,复抚孙成立。八十八岁终。

杨氏,庠生袁翀妻,探花昌祚长女。年二十九翀亡,子祺甫二岁,杨勤教养,俾以名诸生领岁荐。翀侧室子恺,娶于陈,早世,陈茹苦事孀姑,抚幼子,靡有异志,历今五十六年①。又,翀侄文成妻孙氏,年二十五姑与夫同日死,氏悲痛气绝,杨救得苏,立志坚贞,历三十七年而殁。

王氏,周一鼎妻。年二十四一鼎卒,遗孤华春,茕茕无倚,日②食皆取办辟纑。华春长,乃谋服贾,供甘旨,出入必告。氏年八十有二卒,华春寝处苦次,不内者三年。

陈正谅妻施氏,陈正俨妻崔氏,并少寡,抚孤茹苦数十年,以完节称。

刘氏,章惟俭妻。年十九归惟俭,甫四月而夫亡,抚侄君圣成立,纳妇李氏,举二子,君圣又亡,李年仅二十有一,姑妇相依,贞守不渝。刘年七十九卒,李年六十七卒。又,章明初妻王氏,十七岁归章,时明初久婴厉疾,肤肉脱落,氏勤湔涤,进食饮,历十二年夫亡,立嗣以守。年六十七终。

胡氏,袁尚德妻。年十九夫亡,幼子甫一周。梅氏,袁尚禹妻,年二十三夫亡,越七日生遗腹子,厉志抚孤,冰操如一。胡年六十二,梅年六十三卒。

---

① 五十六年:嘉庆、光绪县志作"五十二年"。
② 以下底本页码错装,勉为连缀之,或仍恐有误。

卷之二十　列女二

　　陈氏，胡士弘妻。二十六岁夫亡，守节孝，奉舅姑。抚诸孤成立，年届七十岁卒。
　　彭氏，施弘荩妻。年二十九夫亡，抚孤玉符成立。寿终八十，苦节坚贞，从孙闰章为之传。
　　陶氏，郡庠生冯一凉妻。年二十四一凉殁，姑老，子才及周，族凶涎其产，比谋攫孤而戕之，氏与姑潜挈孤避母家垂二十载，俟凶亡且尽始还里。详吴肃公《传》中。
　　郑氏，葛五云妻。二十九岁夫亡，缀衣粝食，不逾阃外者四十三年。疾革，诸子请延医，氏不许，遗命诸妇易衣以殡，不无假守他人云。
　　陈氏，詹有椿妻。年二十九夫亡，矢志抚孤，垂四十年卒。
　　戚氏，邑增生孙景恩妻。景恩卒，戚年二十有八，奉孀姑克孝，抚藐孤士喆授室高氏，未几士喆卒，高年甫十九，无子，戚抚胞侄靖为嗣。靖中武举，高抚族侄文瓒为嗣。戚守节三十二年，高二十六年。
　　陈氏，梅以赍妻。夫亡，氏厉节抚孤，次男早世，氏抚遗腹孙，茹荼五十六年，年八十有一。
　　李氏，陈策妻。年二十四策亡，氏抚弥岁遗孤，历四十八年卒。又，陈景文妻李氏，少寡抚孤，垂四十七年卒。陈景瀚妻谢氏，夫亡无子，姑怜其少，欲遣之，氏泣誓无他适，立侄承夫祀，历四十四年卒。
　　王氏，陈懋斌妻。年十九夫亡，抚遗孤娶妇樊氏，孤寻卒，王偕妇抚其孙，匝四十年妇卒，王尚存，年七十有九。又陈①。
　　汤氏，冯抚弦妻，邑庠生汤悌女。年十九适抚弦，婚未几，抚弦游楚粤者三载，病而归，寻卒。氏立侄以守，家贫，勤女红，垂老不辍。从兄、国子监典籍伟为之传。又，冯国瑜妻吴

---

① 下当有缺。

(乾隆)宣城县志

氏，二十二岁夫亡；冯祉麟妻王氏、冯寿齐妻王氏、冯统妻陶氏，俱二十四夫亡，誓不更适；又，冯均齐侧室张氏，二十岁夫亡，断指纳棺中明志；又，冯坤祖妻孙氏，十九岁夫亡，奉孀姑抚孤成立，俱以完节终。

徐氏，李伯景妻，庠生徐五燕女也。年二十八夫亡，生子亨甫三岁，族有贪其赀者，逼氏他适，氏扃儿一室中，旦夕相依，历十余年，其人死乃免。卒年七十七。

叶氏，夏以诚妻，庠生振干妹也。二十四岁而寡，断肘矢节，先意承志以奉舅姑，抚遗腹子成立，历二十六年卒。

施氏，庠生贡钠妻。年十九夫亡，抚二子成立，苦志坚贞，守节至九十三岁终。

孙氏，李遵之妻。年二十七夫亡，励志饮冰，教孤子卓晔入邑庠食饩，为名诸生。学使张按部，旌以"贞蕤乔叶"。年八十卒。

张氏，庠生丁鲲妻。年二十一鲲殁，抚遗孤顺昌授室陶氏，陶年十九顺昌殁，遗孕生子，妇姑励志以守，张年七十卒，陶现五十八岁。

吴氏，张懋道妻，年二十三夫殁，抚侄以守。吕氏，张懋登妻，年二十九夫殁，抚三子成立。俱以七十二岁终。又，唐氏，张启福妻，年二十一夫殁，抚藐孤，现年五十八。刘氏，史大怡妻，年二十八夫亡，苦志守贞，现年六十。

王氏，袁文晞妻。年二十九夫亡，遗孤思庠甫八龄，王抚之娶妇唐氏，越四载思庠卒，无子，唐立嗣以守，冰心共矢，王年六十卒，唐年六十一卒。

成氏，袁三达妻。夫亡，立侄以延夫祧，逾半载遗孕生男，上奉釐姑，下鞠二子，冰操三十一年①，年五十二卒。

---

① 三十一年：嘉庆、光绪县志作"三十二年"。

卷之二十　列女二

符氏，胡文朝妻，年二十四夫亡，矢志年八十二卒。魏氏，李瑛华妻，生子廷仪，瑛华卒，氏年二十五，贞守五十三年卒。刘氏，李廷佳妻，年二十五夫亡，上奉老姑，下抚二子，现七十二岁。

孙氏，董志鼎妻。年二十二夫亡矢志，现六十七岁。

施氏，唐荪芳妻。年二十七夫卒，家赤贫，舅姑衰老，遗孤椿甫五龄，氏矢志不二，仰事俯育。椿秉母教，补诸生。历二十六年卒。

沈氏，庠生唐启瑛妻。年二十七夫亡，孀姑届八旬，养生送终，妇以代子。遗孤祚融才六月，辛勤鞠育，比长，取遗书，俾从师讲读，今为名诸生。又，刘氏，唐昌申妻，太学生光椿之母也。年二十四昌申卒，舅姑俱垂白，时光椿生才十月，刘鬘以持家，备历艰苦，守节始末与沈略似云。

陈氏，唐言如妻，贡生昌蕚之祖母也。年二十六言如卒，无子，其弟之子宁侯方六月，陈哭请为嗣，抚如己出。宁侯长娶吴氏，生子昌蕚，宁侯卒，吴矢死如姑，照绩一灯，鸡鸣不倦。昌蕚执卷灯前，且勖且怜之。陈年七十卒，吴年五十八卒。

邱氏，蒋临妻。年二十而寡，抚貌孤彪及遗腹子篪，训以读书承先志，彪补邑庠生。守节四十八年卒。

王氏，庠生刘梦鹤妻。事孀姑至孝，朝夕定省，上饮食惟谨，姑病笃，氏抚摩无间，时呼天祷，愿以身代。生子敬九岁而氏卒。继室亦王氏，爱敬如己出，一饭不见辄辍箸不食，里中贤之。湖西舫翁吴云为敬作《二母传》。

张氏，胡尚伦妻，宁国岁贡生张枚女也。年二十五夫亡，氏立志坚贞，上供甘旨，下抚周岁孤成人，五十七岁卒。

袁氏，庠生王鸾旟妻。年二十七夫亡，孝事舅姑，教二子巍、嶷俱入学，巍诗文尤有名。守节五十年终。

吕氏，前庚午副榜唐兆麟妻。年二十九夫亡，无子，立侄为嗣，守节三十六年卒。又，孙氏，唐九勋妻，年二十一夫亡，抚孤守节三十年卒。又，王氏，唐景圣妻，景圣婴疠疾，氏吮疮尝药，及卒，氏抚二子俱读书。守节三十九年，年六十有七卒。又，徐氏，唐良桂妻，年二十七夫亡，抚孤守节四十九年卒。

孙氏，唐良观妻。年二十二夫亡，无子，立侄延夫祀，守节六十四年卒。又，葛氏，唐绪妻，年二十六夫亡，抚二子，守节六十六年，年九十一卒。

吴氏，梅兆郊妻。年二十七夫殁，氏誓死靡他，足不履阃外，奉舅姑得其欢心，抚匝月遗孤成立，辛苦备尝。京兆梅瑴成有传。

杨氏，章尔玉妻。年二十三夫亡，家剧贫，姑老子幼，倚纺绩给朝夕，守节三十余年卒。又，章友夔妻许氏、章邹儒妻徐氏，并以少寡完节终。

施氏，凌道谟妻。年二十二夫亡，抚孤守节，至八十岁卒。张维瓒妻刘氏，年二十八夫亡，立侄为祀，苦节三十一年卒。潘士琮妻朱氏，年二十六夫亡，守节四十三年卒。

杨氏，王所宠妻。年二十四夫亡，抚孤守节五十年终。刘氏，庠生蔡学谦妻，年二十七夫亡，立侄贞守三十六年终。

芮氏，凌起勤妻。年二十三夫亡，抚孤守节，现年六十。徐氏，章同卿妻，年二十三而寡，无子守节三十一年。李氏，许振世妻，年二十九夫亡，抚孤守节四十二年。许氏，章卜卿妻，年二十九夫亡，守节三十八年。徐氏，张联吉妻，年二十九夫亡，立侄为祀，守节三十一年。

范氏，陈开泰妻。年二十二夫亡，立侄为嗣，守节三十五年。叶氏，张成卿妻，年十九夫亡，守节五十七年。陈氏，徐子君妻，年二十八夫亡，守节三十四年。刘氏，章盛洪妻，年二十八夫亡，守节四十三年。

韦氏，王邦麟妻。年二十四夫亡，事舅姑以孝称，抚孤时鸾游上舍。守节三十二年①。

蒋氏，王道亨侧室。年二十七道亨亡，奉嫡如姑，遗孤二，董以耕读。年六十有六。

张氏，阮尔湛妻，寿州学正震林女。年十九归阮，逾年而②殁，氏立侄延夫祧，事孀姑养敬死哀，终始不渝，历四十六年。

叶氏，黄大杰妻，太学生承贡母也。大杰卒，氏奉姑抚孤，历三十一年，年五十有九。

徐氏，李有标妻。年二十三③夫亡，家剧贫，氏日勤针黹，易米上供姑舅，下哺两孤，竟日忍饥不悔也。年六十七。

虞氏，管绍松妻。二十三岁夫亡，矢节二十五年。

张氏，汪森若妻。年十九夫亡，遗孤一，氏抚之长而婚，生一子，孤又死，孤所生子亦死，氏复立④族孙延汪后。苦节五十年。

章氏，陈夔芳妻。二十七岁夫亡，抚孤承祧，历四十六载。

王氏，郡庠生胡尚文继室。年二十三尚文卒，遗一孤，前妻张出也，氏坚志抚育，苦节四十年，学使孙按部旌之。

黄氏，徐一相妻。二十三而寡，抚子成立，年六十二。

沈氏，王喆妻。年二十九夫亡，抚二孤，守节三十年。

周氏，吴国隆妻。年二十九夫亡，抚子成立，守节三十三年终。

刘氏，章尚殷妻。夫亡氏年二十四，誓不更适，孝事舅姑，抚子成立。年七十三卒。

梅氏，陈士珍妻。年二十四夫亡，遗孤二，长铨文，次锦

---

① 三十二年：嘉庆、光绪县志均作"三十四年"。
② 而：底本作"未"，当误，参酌嘉庆、光绪县志改。
③ 二十三：嘉庆、光绪县志均作"二十二"。
④ 立：此字底本原为墨丁，参酌嘉庆、光绪县志补。

（乾隆）宣城县志

文，俱授室，铨文无子，锦文妻郭氏以次子洪章子。郭年二十六，锦文卒，其长子渭章娶刘氏，甫二年亦卒，氏又以淇章长子子之。辛苦悲伤，委曲以延宗祧，郭年七十七。淇章又卒，妻葛氏与郭及刘共凛冰操，称苦节云。

方氏，葛大选妻。年二十九夫亡，纺绩以赡①，抚子寀成立。卒年七十六。

蔡氏，仲士位妻，邑庠大年女也。二十三岁夫亡，冰操自矢，言笑不苟，教子成立，训孙鹤及曾孙相继为名诸生。年七十五以寿终。

吴氏，葛楠支妻。年二十八夫亡，子三，出继一，长能数日矣，少犹未及匝月，氏以一身肩俯仰事。二子甫完娶，寻相继殁，孤苦零丁，抚其孙五十余载，年八十有二。

杨氏，梅兆熺妻。年十九夫亡，无子，氏请舅姑择侄斯倬延其祀。躬操作，孝慈兼至。宣顾两学博，闻其贤，请于督学俞额旌焉。八十二而终。

杨氏，葛泰交妻。年二十六夫亡，氏坚贞自矢，得堂上欢，虽盛寒暑，辟垆调絮不少辍，抚遗孤世德有成。年七十二。

吴氏，国学生葛振妻。年二十九振卒，遗孤三俱幼，氏勤俭自持，抚之成立。获年六十四岁。

陈氏，詹孟道妻。年二十三夫亡，抚遗孤有成，苦节历五十二年。

张氏，詹依中妻。年二十五夫亡，抚二子成人。年五十六终②。

张氏，葛维旨妻。年二十九夫亡，遗孤二，幼出继夫弟，长仅四龄，备历艰苦，克成其志。获年七十有四。

---

① 赡：底本作"瞻"，误，径改。
② 年五十六终：嘉庆、光绪县志作"守节五十六载终"，有异。

卷之二十　列女二

徐氏，孟启甡妻。年二十五生迪禄，甫月余而夫卒，氏屏华饰，竭力以事舅姑，训子宽严兼至。守节三十五年。

吴氏，詹大壮妻。年二十九夫亡，氏以茕茕未亡人撑持门户，内外整肃，抚子成立，苦节三十三年。

胡氏，陈士丽妻。年二十夫亡，无子，以夫弟士昈长子元基为后，抚养完娶，甫生子而元基又亡，复抚孤孙，心力俱瘁。士昈继卒，妻王氏抚子元堂守志，与陈相依，时称"双节妇"云。

王氏，葛大琅妻。年二十四夫亡守节，内言不出，虽至亲罕睹其面，事舅姑尤孝，抚子成立。年六十一。

方氏，詹公桓妻。年二十夫亡，遗孤甫晬，矢志靡他，抚摩备至。年八十四而卒。

高氏，金武中妻。年十八夫亡，氏甘劳瘁，奉舅姑，抚幼子，备极苦楚，年六十有四。

徐氏，梅兆轼妻。年二十二兆轼病笃，嘱氏曰："汝能代吾奉高年，抚幼稚乎？"氏诺之。及卒，恪遵遗命。届今五十三岁。

荀氏，屠庶臣妻。年二十三夫亡，守节三十二年，今五十五岁。

朱氏，梅自超继室。年二十归梅，未逾年自超卒，抚前子作楫不啻所生。自超弟自省寻卒，妻吴氏哀毁骨立，与朱并矢清操，各历三十五年。

万氏，陈允祁妻。年二十二[①]夫亡，氏坚贞自矢，孝奉孀姑，训孤士遇篝灯佐读，寻游邑庠。届今六十四龄。

孟氏，梅兆预妻，太学生作舟女也。年二十有四举子一女一而夫亡，氏泣曰："舅姑且老，此呱呱者将谁依？"饮冰茹蘖，俾立室家。足不履阈外者三十七年。

张氏，韩炯恒妻。年十八于归，越三载夫遘疾，氏侍汤药，

---

① 二十二：嘉庆、光绪县志作"二十三"。

(乾隆）宣城县志

衣不解带者数阅月，卒不起，氏金石自铭，抚孤成立。守节三十一年。

丁氏，葛泰伯妻。年二十五夫殁，氏纺绩自赡，抚孤世昭成立，艰苦万状，年六十二岁。

张氏，程家透妻。年二十三夫亡，氏事翁姑克孝，抚三龄弱孤成立，茹苦甘贫历三十余年。

丁氏，蔡文伦妻。文伦①客死豫章，氏年二十五，闻讣一恸几绝，脱簪典衣，嘱夫亲属收骸骨归葬。勤苦督二藐孤成立，贞志四十余年。

徐氏，刘士清妻。夫亡无子，立侄抚子，寿终六十有四，苦节历四十年。

俞氏，葛新春妻。年二十三夫卒，孤方月余，舅老在堂，氏送死养生，两无遗憾。历五十二载终。

高氏，葛以绅妻。年二十五夫亡，坚志抚孤，年六十有四。

陈氏，李净玉妻。年二十二而寡，无子，茹荼食苦，誓不再适。康熙戊子大水，有孀久而仍易志者，陈语姒娌曰："若等怕饥死耳，能一死即了吾事矣。"次日纫裳衣，赴门外溪中，倚石砌端坐而死。

方氏，吴士遑妻。二十六夫亡，抚孤成立，守节四十九年卒。

褚氏，徐源妻。年二十八夫亡，氏矢靡他，志育藐孤成人，守节五十三年终。

徐氏，胡一鼎妻。夫没时氏年二十三，抚遗腹子允玉，俾承夫祀。家徒壁立，艰苦备尝，守节五十一年，年七十三卒。

张氏，梅文靖妻，孝廉一鲸孙女②。年二十夫亡，抚四龄遗孤以蕃成立，补诸生。孙四人，课以耕读，冢孙长成成贡士。

---

① 伦：底本作"纶"，嘉庆、光绪县志同。据前文改。
② 孙女：嘉庆、光绪县志作"女"，不知孰是。

卷之二十　列女二

章氏，刘大憝妻。笃妇道，舅病，羹股以进。年二十七夫亡，立侄文谦为嗣。文谦举二子，早卒，妻倪氏苦贞如其姑，两世孀居，形影相吊，郡守黄旌之。

潘氏，濮阳修妻。夫死家甚贫，氏年二十，苦贞抚子，以①节寿终。

高氏，梅韦中继室。二十四岁夫亡，遗二孤，家贫不能具衣食，氏苦勤纺绩以赡，俾孤成人。卒年九十二，守贞六十九载。

杨氏，周大元妻。年二十五夫卒，子宗孟甫六龄，氏矢志坚贞，不惮艰苦，事舅姑以孝，训宗孟以礼。年五十九卒。

程氏，范起鹗妻。年二十八夫亡，遗孤日红甫二周，翁姑春秋高，氏曲意承志，及没，竭力营葬。苦节垂五十年。

李氏，丁克俭妻。二十二岁守节，终年六十八。余氏，吴大生妻，二十八岁守节，终年六十五。吴氏，袁安定妻，年二十二岁守节，终年六十。

陈氏，曾圣语妻。年二十二夫亡，孝事舅姑，抚二子有成。守节七十一岁终。

葛氏，杨一义妻。年十九夫亡，抚遗腹子成立。艰苦备尝，守贞四十八岁终。

胡氏，钱嘉禄妻。笄而归，执妇道谨甚。年二十八丧夫，遗男、女各一，氏饮血誓志，孤女以嫁，男成绝家。备历艰苦，以完节终。

徐氏，钱之华妻。年二十二而寡，门祚单弱，氏截发自誓，抚三岁藐孤，皎若冰清。不数载孤又病死，泣请宗老立夫侄嗣之。守贞历二十五年而终。

徐氏，王永禄妻。二十五岁夫亡，一子继夭，守孀不二。现年五十有三。又，许氏，施祚瑾妻，师氏，施祚彦妻，俱矢志抚

---

① 以：底本原无此字，据嘉庆、光绪县志补。

孤。许二十九而寡,现年七十一。师二十而寡,现年七十。

晁氏,刘得一妻。年二十四夫亡,仅生一子,其兄逼更适,氏死争乃止。逾年子复夭,氏哭曰:"已矣!"即于是夜纫衣赴水死,立急湍中不仆①。又,袁氏,刘又超妻,年二十五而寡,抚遗腹子允晢成人完配,旋卒,允晢妻李氏泣誓终养,并称完节。

夏氏,范应泰妻。年十八归范,夫疾,刲股救之起。逾二年殁,氏年二十三,誓养姑抚子,无他志。姑病,复羹股以进。现年六十三岁。

朱氏,王惟垣妻。年十九夫亡,遗孤霖生甫百日,氏奉养舅姑,教诲孤子,备尝辛苦,守志五十二岁终。霖补郡庠生。

居氏,张淮妻,孝廉益时女。年二十二夫亡,氏痛悼,死而复苏者再,祖舅姑婉谕之,得不死。祖姑疾,刲股以救,抚孤成立,以节孝称。

吴氏,庠生后先妻。自幼归后为养妇,笄而合卺。越五年夫卒,子方五月,氏鞠之成立,以节寿终。

刘氏,宪副刘仲斗女,庠生张玙妻也。二十岁夫亡抚孤,已授室,旋夭,妻殷氏年念四,事姑教子,一如姑志。子之敏,补邑庠生。两世俱以完节终。

唐氏,庠生张鸣佩妻。年二十九夫亡,氏养孤成立。孤早亡,复抚孤孙,孀居六十余年卒。

孟氏,王日辂妻。归王五载,抱侄启周为子,及年念四方有娠,日辂病,氏羹股以进,不效。夫殁弥月,生子法周,氏上事舅姑,下抚两子,孝慈兼至。守志五十三年。

杨氏,庠生王无为妻。年念四夫亡,奉姑抚孤,守节四十年终。

---

① 仆:底本误作"朴",据嘉庆、光绪县志改。

卞氏，孙弘秉妻。年二十五夫亡，抚孤成立，守节三十六年①。

刘氏，孙一璋妻。年二十九夫亡，立侄无嗣，守节三十年终。

程氏，袁公舜妻。二十三夫亡，抚孤娶妇，生子后孤与妇俱亡，复抚孤孙，守志二十年终。

沈氏，冯皖妻，征君沈寿民女。年二十三居孀，足不逾阈，教子务本，不染嚣漓。七十余岁卒。

吴氏，汪孚若妻。年二十四夫亡，抚孤成立，不数年子媳双逝，有孙亦夭，氏复为立嗣以延夫祧。现年五十有六。

卢氏，戚效周妻。年二十七夫亡，矢志抚孤，现年六十有七。

芮氏，徐起鼎妻。二十一岁夫亡，事舅姑孝谨，抚幼子成立。现年五十有三。

徐氏，罗佳鳌妻。二十六岁矢志抚孤，坚操自励。现年六十五。

李氏，梅必成妻，游击应科女也。年念五夫亡，屡触阶以死殉，时遗孤三岁，舅姑谕以殉夫不如育子，氏饮泣受命，断发毁容，艰辛济历。

葛氏，刘祖襜妻。年十七归祖襜，未及期而祖襜逝，氏矢志抚遗腹子允关，艰苦万状，卒能成人。守节三十五年。

李氏，刘丹九妻，史氏，刘弘业妻。并廿余岁夫亡，家无立锥，抚孤成人，以苦节称。

梅氏，胡世御妻。年十四归胡，半载夫亡，无子，立侄尚暹为嗣，誓不更适。现年五十有二。

李氏，刘子玉妻。年二十四夫卒，茹苦迪子，以节终。

---

① 三十六年：嘉庆、光绪县志作"三十五年"。

(乾隆）宣城县志

张氏，庠生刘鲁生妾。二十五岁夫亡，氏矢贞操，勤女工自赡，训子祖裔入国学。守节三十一年。

茆氏，国子生刘本恺妻。二十七岁夫亡，事舅姑以孝，抚藐孤林补诸生。现年七十五。

戚氏，沈寅生妻。二十八岁夫亡，饮冰茹蘖，守节七十六终。

朱氏，李我立妻。二十八岁孀居，辛勤抚子。现年八十三岁。

孙氏，沈寿岱妻。三十岁夫亡，誓不再醮。现年八十有四。

胡氏，管日逵妻。年十九夫亡，无子，抚三龄孤侄，教育成人，现年七十。又，管韶妻何氏，夫病，刲股以进，祷神求代。现年六十有九。

谢氏，李昭亨妻。二十二岁夫亡，抚二岁孤成长。尝刲股疗姑疾。守节三十四年。

徐氏，庠生管奏妻。十八岁丧夫，遗孤方三月，氏抚之成立。守志历五十二年。

夏氏，徐焕章妻。二十五岁夫亡，事姑抚孤。现年五十八岁。

谷氏，唐祚祯妻。夫亡氏年二十七，家贫甚，氏拮据奉堂上欢，抚孤昌忠、昌志，课以本业。年八十九卒。

王氏，陈忠允妻，子时逵妻汤氏，俱年少守志，坚苦自甘，以节寿终。

张氏，马天焕妻。二十三夫卒，洁志孀居，现守节三十八年。

梅氏，兆辙女，施士镎聘妻。年十八，未亲迎而士镎卒，氏闻讣请于父母，往视含殓，遂不复归。既终丧，犹设主于内，朝夕哭奠，如是者七载。一日往谒夫墓，过恸成疾卒。署郡事陈以"白雪方洁"旌之。

卷之二十 列女二

孙氏，崔淑云妻。二十五岁夫亡，敬事孀姑，抚二岁龄孤子，以母兼父。现守节四十三年。

孙氏，陶启晨妻。年二十九夫亡，贞志抚孤。现年七十有四。

方氏，夏士吉妻。年二十八夫亡，舅老在堂，躬纺纴以佐甘旨，抚孤成人，授室有子，督诸孙以本务。年七十有五卒。

汪氏，施开祉妻。年十六，夫无子，氏以死自誓，为夫立后。苦节数十年。

张氏，何应孔妻。二十六岁夫故，氏饮泣抚孤，备历辛苦。守节四十一载。

周氏，后绍妻，陈氏，庠生后应吉妻，并年少矢志，抚孤有成，以节寿终。

施氏，庠生尧苏女，徐汝翊妻也。汝翊苦读成疾卒，氏年二十有七，事孀姑孝谨，抚两藐孤勤学。卒年八十有三。

陈氏，骆上恺妻。年十八夫亡，剪发自誓，抚遗孤，早卒，复继孙，孙又夭。苦节历四十三年终。

罗氏，贡廷琳妻。二十二岁夫亡，以贞节著。又，国学生贡骥妻陈氏，二十八岁守志，训孤兆琏补诸生。年七十三卒。

张氏，汤纳尹妻。夫亡氏年十七，家贫无子，苦节五十三载卒。又，崔氏，汤养道妻，亦苦节六十余载。

沈氏，贡大扬妻，刘氏，贡尔恺妻，孙氏，陈至畛妻，俱年少夫亡，苦志贞守，以节寿终。

孙氏，貤赠文林郎汤斯正妻。笄而归汤，有妇道。二十七岁斯正卒，家无儋石，氏敏于女工以资薪水，抚孤伟读书领乡荐，守节廿余年，终以伟贵赠孺人。

朱氏，沈廷旺妻。八岁归沈为养妇，年十四合卺，十六生子，未一月夫亡，仅遗田一亩。舅姑殁，鬻以殡葬，不给，倾衣饰继之。抚孤渐长，日夜纺绩，苦楚备尝。又以父母无依，并迎

(乾隆)宣城县志

养于家以终老。

潘氏,贡玉宾妻。二十一夫亡,坚志抚孤成立,九十九岁终。

徐氏,汤蔚文妻,训导恪之女。年十八而寡,立嗣守节。姑病,刲股以救。现年五十二岁。

徐氏,崔可澄妻,孙氏,崔日岩妻,俱青年守志,以节寿终。

朱氏,陈能章妻。家故贫,能章以苦疾成弱症,经年床褥,氏尽卸衣饰资药物,刲股和糜以进。夫亡年二十一,孤新生甫三月,舅姑在堂,养劳字幼,艰辛万状。现年五十有二,新补诸生。

蔡氏,曹与仁继室。二十二夫亡,守志抚孤。现年五十六。

徐氏,苟士昊妻。二十八岁夫亡,无子,立侄抚之。现年六十。

杜氏,侯日昆妻。二十八夫亡,抚遗腹子成立。现年七十五。

于氏,贡祚贞妻。二十二岁夫亡,守志抚孤。现年五十有七。

孙氏,侯日昉妻。年十八夫亡,无子,立嗣抚之。现年七十二。

万氏,汤顺妻。二十四夫亡,无子,立嗣抚之。守节四十一年。

陈氏,贡世贞妻。年二十八夫亡,抚子有成。守节四十七年。

王氏,汤文若妻。十九岁夫亡,立嗣抚之。守节四十三年。

濮阳氏,后能岫妻。念一岁夫亡,抚子成人。守节三十一年。

徐氏,侍读施闰章侧室。闰章纂修《明史》,积劳成疾,徐

卷之二十　列女二

侍邸舍，奉汤药不懈；前厅奉关公神像，氏泣祷像前，出利刃割左股寸许，糜羹以进，疾乃瘳。后卒，氏随榇南归，以过恸亦卒，年二十有八。

张氏，梅滨长妻。年十九夫亡，坚贞自矢，抚侄昶茂以承夫祧。守节二十三年①卒。

杨氏，骆福庆妻。二十五岁夫亡，矢志坚贞，备尝辛苦，事舅姑孝谨。姑殁，事继姑亦如之。遗孤甫四龄，教之成立。守节三十九年，今六十有三岁。

高氏，给谏孙襄侧室。年二十一②夫亡，仅生一女，嫡室以其年少，命之去，高曰："节之当守，无分嫡庶，又岂论老少耶？"矢以死守。历四十八年终。

陶氏，王兆遇妻。二十二岁夫亡，矢志守节，抚孤成立。至五十五岁卒。

潘氏，吴应升妻。年二十二夫亡，养姑抚嗣子成立，以节终。

章氏，崔嘉懋妻。年二十二夫亡，舅姑俱老，孤子三龄，氏苦节送老抚孤，年八十终。

许氏，詹荣道妻。年二十八，守节四十一年。

陈氏，詹天道妻。天道父希莱任四川达州丞，夫妇及天道并卒于署，氏扶三丧归里，抚孤成立。年八十终。

刘氏，孙一登妻。二十六岁夫亡，苦志抚孤士龄读书入泮，苦节四十六年终。

唐氏，孙国谟妻。二十四岁夫亡，守节三十一年终。

卞氏，孙国琮妻。二十九岁夫亡，守节四十年。

刘氏，孙士际妻。二十四岁夫亡，抚孤成立，守节四十

---

① 二十三年：嘉庆、光绪县志作"三十三年"。
② 二十一：嘉庆、光绪县志作"二十"。

（乾隆）宣城县志

年终。

刘氏，孙士音妻。二十九岁夫亡，守节三十八年，子、妇及孙俱亡，族人哀之，为立嗣。

刘氏，孙朝源妻。二十八岁夫亡，守节四十二年终。

蒋氏，孙朝熙妻。二十五夫亡，守节三十六年终。

谢氏，孙朝芝妻。年二十八夫亡，守节三十一年。

刘氏，孙绳缵妻。二十五岁夫亡，守节五十年①终。

王氏，孙绳昌妻。二十二岁夫亡，抚遗腹子，苦守三十三年。

李氏，唐应象妻。二十七岁守节，五十七岁终。

张氏，胡子灿妻。二十九岁夫亡，事舅姑孝谨，姑畏炎，氏侍床侧，摇扇以解烦热。抚遗孤，孤亦早卒，别继嗣，以哭泣成疾，越二十一年亡。

侯氏，胡永识妻。二十五岁守志三十年，抚二子成业。

潘氏，胡有贤妻。二十八岁夫亡，守志四十六年。

王氏，胡秀林妻。二十八岁夫亡，守节三十八年。

曾氏，张思齐妻。二十一夫亡，继侄为嗣，守节二十九载终。

周氏，杨永柯妻。年十八夫亡，遗腹子娶翟氏，亦亡，姑妇守节，备尝艰苦，郡守黄旌其门。周守节五十六年。

张氏，邑庠陈锏文妻。年念五夫亡，奉继姑孝，抚子成立，守节三十二载。梅氏，陈钿文妻，年念四夫亡，奉继姑孝，抚幼子汉章读书入泮。

施氏，丁奇旦妻。二十二②岁夫亡，矢志柏舟，茹麻纺绩，苦节五十三年终。

---

① 五十年：嘉庆、光绪县志作"三十六年"。
② 二十二：嘉庆、光绪县志作"二十三"。

卷之二十　列女二

陶氏，霍日鸿妻。二十岁夫亡，事孀姑，抚幼子，纺绩供炊，守节四十二年。

姚氏，冯日珍妻。年二十八夫亡，事姑抚孤，守志三十八年。

朱氏，冯尚臣妻。六载未育嗣，即弃奁饰为夫买妾姚氏，生子后尚臣卒，朱年念七，姚年十八，并守冰霜，以节终。

车氏，吴文略妻。年二十三夫亡，事孀姑，抚幼子，备极辛勤。守节三十二年终。

芮氏，王宁五妻，侯氏，王祚臣妻，崔氏，王开臣妻，侯氏，王泮臣妻，李氏，王裔明妻，并年少居孀，以节终。祚臣妻侯、开臣妻崔无子继嗣，尤苦。泮臣妻侯以遗腹子苦守。先是，泮臣兄弟已析爨，泮臣伯兄、文学德威怜氏苦志，复共爨，抚孤长大，里人义之。

孙氏，刘日景妻。年念四夫亡，守志抚孤二十七载。李氏，刘日秦妻，念四岁夫亡，孝事翁姑，抚育孤子，已二十八载。

徐氏，阮镕妻。年二十夫亡，矢志不更，抚两周孤元柱成立，辛勤万状，以节寿终。

许氏，吴棠公妻。年二十四夫亡，立侄为嗣，孝姑抚子，守节七十五岁卒。

丁氏，刘世武妻。二十四岁夫亡，老姑在堂，孤子甫二龄，无寸土得备朝夕，氏纺绩勤苦，送老慈幼，守节五十年终。

沈氏，管淑义妻。年十八归沈，甫三月夫亡，家贫甚，纺绩自赡，清操比雪，继侄为嗣，六十九岁以节终。

胡氏，程瑞妻。十九岁夫亡，生子甫三月，或劝改适，断指明心，抚子成家。守节四十三年。

管氏，沈本忠妻。二十五岁夫亡，守节七十二岁卒。杜氏，沈明璋妻，年二十二夫亡，守节七十一岁终。谢氏，沈魁中妻，年二十夫亡，守节至八十岁终。

345

（乾隆）宣城县志

张氏，周之瑚妻。年十七，矢志抚遗孤成立。六十二①岁终。

吕氏，张尚先妻。二十八岁夫亡，育子成立，守节二十八年②。

范氏，彭士伟妻。二十一岁夫亡，时祖姑及翁姑在堂，氏极尽孝谨，病中侍汤药不怠，抚孤曒读书入泮。守节四十三年终。

侯氏，徐淑③光妻。二十二岁夫亡，敬事舅姑，抚孤成立。守节五十九年终。

吴氏，钱宏嘉妻。年十九夫亡，无子立嗣，苦守五十四年终。钱赐元妻胡氏，年十九夫亡，孝奉老姑，抚育孤子，守节三十九年终。后氏④，庠生钱纶妻，二十六岁夫亡，训子梦鲤、梦鹤俱入泮，守节三十四年终。陈氏，钱文贞妻，二十四岁夫亡，啮指沥血，和酒奠灵誓守，守节三十三年。麻氏，钱文行妻，二十三岁夫亡，刺目矢志，抚子成人，守节三十四年。

施氏，钱恒元妻。二十六岁夫亡，立侄为嗣，守节三十七年。王氏，钱泗元妻，二十六岁夫亡，毁容誓节，孝事孀姑，守节三十九年。

刘氏，胡膺组妻。二十六岁夫亡，立侄为嗣，孝奉老姑。守节三十五年。

何氏，丁祖庆妻。年二十五夫亡，抚孤至七十六岁终。

侯氏，孙淑鹗妻。年二十五而寡，无子，立侄为嗣。苦节卒，年七十有五。

孙氏，刘世奇妻。二十二⑤岁夫亡，奉姑抚孤，守节三十

---

① 六十二：嘉庆、光绪县志作"六十四"。
② 二十八年：嘉庆、光绪县志作"六十二岁终"。
③ 淑：底本原作"叔"，从嘉庆、光绪县志改。
④ 后氏：嘉庆、光绪县志作"侯氏"。
⑤ 二十二：嘉庆、光绪县志作"二十四"。

卷之二十 列女二

年终。

唐氏，李昆玉妻。二十八岁夫亡，抚孤守志三十五年终。

陶氏，唐秦六妻。二十二岁夫亡，孝奉舅姑，和丸课子，守贞五十五年终。

茆氏，丁之朴妻。二十七岁夫亡，无子，誓死立志，继侄伯珊、伯玞为嗣，教孙荣勤学入泮食饩。守节三十九年终。又，氏次子伯玞妻亦茆氏，即氏侄女也，念六岁夫亡，亦未生子，立嗣为后，守志二十一年①终。

戴氏，昝怀奇妻。怀奇抱疾，合卺之夕凭几而卧，氏秉烛终夜，及姑来视，怀奇竟死矣。氏一恸几绝，誓以死守，立侄为嗣，纺绩自赡。守节五十年终。

章氏，葛天吉妻。念七岁夫亡，奉舅姑，抚育孤子，守志三十五年。

丁氏，王邦俨妻。二十八岁夫亡，抚孤立志，守贞三十七年。

袁氏，丁允臣妻。二十七岁夫亡，抚孤守志，计三十四年。

侯氏，孙邱林妻。二十八夫亡，事孀姑，抚二子，守节三十三年。

傅氏，成元奎妻。二十三岁夫亡，遗腹子方五月，氏孝事舅姑，勤于教子，足迹不逾阃外。计守贞二十八年。

李氏，袁德琦妻，二十九岁夫亡。孙氏，袁日锦妻，日锦即德琦子也，日锦卒，孙年二十六。两孀砥节，相依为命，抚字遗孤，克有成立。俱以寿终。

刘氏，唐祚澍妻。二十五岁夫亡，无子，继侄为嗣，苦志砥节，计三十八年。

倪氏，丁鹤龄妻。念七岁夫亡，抚孤逢读书入泮，疾革，属

---

① 二十一年：嘉庆、光绪县志作"二十年"。

(乾隆)宣城县志

逢曰："吾家世德，久擅①陵阳三凤之誉，汝当绳武勿怠也。"年五十卒。

张氏，梅文浩妻。三十岁夫亡，剪发纳棺，矢死靡他，抚二孤成立。守节四十七年终。

汤氏，贡元节妻。二十五岁夫亡，朝夕纺绩，侍孀姑，抚幼子，备极勤苦，守节四十五年。

裴氏，贡金霞妻。二十七岁夫亡，纺绩抚孤，守节三十九年终。

陶氏，贡乃栋妻。年二十三夫亡，抚孤成立，孤亡，又与媳汤氏抚孙，守节三十九年终。

张氏，周一聪妻。二十五岁夫亡，善事舅姑，事两继姑尤谨，抚二孤完娶，生孙二，孤早世，又抚孤孙甚苦，守志四十二年终。许氏，汪振贤妻，念七岁夫亡，守节已六十六载。

钱氏，王守颐妻。年二十夫亡，遗孤甫周岁，氏矢志孝奉孀姑。孤子殇，立侄为嗣，贫苦操节，历三十二年。

詹氏，王文奎妻。年二十八夫亡，氏守贞，上奉舅姑，下抚二子，勤俭纺纫，虽近戚罕见其面，即母家亦终身不返也。熊丸教子，长子体乾入泮食饩。历四十年终。

贡氏，魏启杰妻。十九岁夫亡，守节三十七年终。

陶氏，李逢启妻。二十七岁夫亡，立嗣守志，七十七岁终。

魏氏，李良甫妾。二十七岁夫亡，抚孤守志，六十三岁终。

王氏，庠生李杜妻。二十三岁夫亡，抚孤守志，六十六岁终。

方氏，李治涵妻。二十六岁夫亡，遗孤二，完娶后皆卒，氏抚孤孙，备尝艰苦，七十四岁终。陶氏，李仕妻，二十五岁夫亡，守贞至八十岁终。又，陶氏，李治立妻，二十七岁夫亡，舅

---

① 擅：底本原作"坛"，据嘉庆、光绪县志改。

348

欲夺志，即携孤奔避母家，追逐中途与孤伏藏神庙，得以完节，抚孤有成，七十四岁终。

周氏，丁汉三妻。年十八夫亡，遗孤六月，矢志守贞，抚子成立，计三十六年。

侯氏，贡生王云妻。二十夫亡，守志五十六年终。陶氏，樊俞圣妻，二十四岁夫亡，守节五十八年终。张氏，樊鸣衢妻，十八岁夫亡，守节二十八年终。丁氏，樊时动妻，二十三岁夫亡，守节三十八年终。陈氏，樊鸣瓃妻，二十九岁夫亡，守节三十一年终。吴氏，樊鸣篯妻，十九岁夫亡，守节五十岁终①。

汪氏，葛逢庭妻。十九岁夫亡，孝姑抚孤，守贞四十二年终。

刘氏，雷玉华妻。十八岁夫亡，无子，立侄为嗣，抚育成立。守节三十四年。

张氏，吴我周妻。二十二岁夫亡，舅年七旬，孤三岁，母劝改适，即不归宁，纺绩供养。养生送死，均出氏手。守贞三十六年终。

贡氏，潘次贤妻。年二十四夫亡，辛勤拮据，育子成立。至戚省候，谢勿见。守节四十一年。

管氏，汪乾一妻。二十八岁夫亡，上奉姑嫜，下抚二孤，守节四十二年终。

李氏，胡尚庆妻。二十五岁夫亡，奉老养孤，不出门闾，守节四十载。

葛氏，成其璟妻。二十六岁夫亡，继侄为嗣，抚之成立，守贞已七十七岁。梁氏，汤一祖妻，年二十五夫亡，抚子并侄成立。守节五十一载。

---

① 守节五十岁终：嘉庆、光绪县志作"守节不二，立侄抚成，苦志六十一载，八十岁终"。

(乾隆)宣城县志

孙氏,刘荣曾妻。年二十二①夫亡,夫病,刲股糜②羹以进,不效。祖父母并耄耋,遗孤二,氏勤妇功,赡朝夕。孤方春入泮,有诗名。

沈氏,西林县令刘让妻。让从征粤西,尽节死,沈年二十四,抚孤守节,计三十五载终。

范氏,刘府生侧室。年二十七夫亡,抚孤曰颙③完娶成立。曰颙早卒,妻袁氏年念四,遗孤二,姑妇共矢冰霜,范守节三十六年终,袁三十二年终。

袁氏,刘日寅妻。年二十夫亡,立侄为嗣,守节三十二年终。

李氏,刘日枢妻。年二十六夫亡,抚孤成立,酸楚倍常,守节三十八年。

朱氏,刘萧元④妻。年二十七夫亡,继侄为嗣,守节四十五年。

凌氏,刘羡九妻。年二十四夫亡,生子甫五月,家窘甚,绩不离手,垂六十年,坐榻⑤皆穿。

魏氏,刘鹤皋妻。年二十六夫亡,遗腹子甫娶而夭⑥,继侄为嗣,守节三十五年。

王氏,刘允德妻。年二十一夫亡,氏纺绩自活,抚孤成立,守节五十三年。赵氏,詹云侧室,年十八夫亡,抚子达中成立,守节三十一年。

汪氏,刘诰八妻。年二十夫亡,纺纫自活,抚遗腹子成立,

---

① 二十二:嘉庆、光绪县志作"二十"。
② 糜:底本原误刻作"糜",径改。
③ 日颙:嘉庆县志作"曰容",光绪县志又讹作"曰谷"。
④ 元:嘉庆、光绪县志作"原"。
⑤ 榻:底本误刻作"搨",据嘉庆、光绪县志改。
⑥ 夭:底本原误刻作"矢",据嘉庆、光绪县志改。

卷之二十 列女二

守志三十年。

管氏，刘昆妻。年二十五夫亡，事姑孝，抚孤有成，守志三十年卒。昆侄逢恩妻唐氏，年二十夫亡，继侄为嗣，亦励节三十年卒。

韩氏，刘奇生妻。年二十九夫亡，立夫木主，上膳如生。时闻贼警，绝粒而卒。

钟氏，刘非力妻。年二十六夫亡，教遗孤正思补郡增生。守志四十年。

耿氏，刘忠祁妻。年二十一夫亡，孝事舅姑，抚孤成立，守志四十年。

王氏，刘日来妻。早寡，夫兄迫之改嫁，氏断发自矢。寿七十七终。

周氏，刘日盛①妻。年十八夫亡，继从侄允登为嗣，允登复早夭，妻唐氏抚遗腹子成立。姑妇双节，茹苦如甘，周守志六十年，唐守三十七年。

施氏，刘矗元②妻。年二十三③夫亡，事孤孝谨，抚孤成人，守志三十六年④卒。

王氏，刘绍舒妻。年二十三夫亡，遗孤周岁，氏佣纴易米以供舅姑，自食则糠秕而已。守节二十七年。

孙氏，刘光宇妻。年十七未嫁，夫以疠疾卒，氏告父母服衰往唁，终身不嫁，继侄为嗣，守节七十七年终。

唐氏，刘鞠八妻。年十八夫亡，抚遗孤思佺成立。鞠八弟偕妻亦唐氏，年二十夫亡，遗二孤思份、思俊，亦教训有成。妯娌共凛冰操，鞠八妻守志三十一年，偕妻守志念五年。

---

① 刘日盛：嘉庆、光绪县志均作"刘日昂"。
② 元：嘉庆、光绪县志作"原"。
③ 二十三：嘉庆、光绪县志作"二十七"。
④ 守志三十六年：嘉庆、光绪县志作"守节六十八岁"。

(乾隆）宣城县志

周氏，许禄龄妻。二十四岁夫亡，孝舅姑，抚遗孤成立，守节三十七年。孙氏，许洪瀛妻，二十二岁夫亡，奉衰舅尤谨，恪抚遗腹子有成。守节三十一年。

黄氏，倪志弘妻。十七岁归倪，越三年夫亡，无子。矢志守贞，事舅、邑庠生喆孝谨，喆怜其节，为之立嗣。守节三十四年终。

孙氏，苟应观妻。二十六岁夫亡，守节教二子成立，至七十六岁终。

殷氏，葛邦正妻。年廿二夫亡，抚孤成立，守志已六十三岁。

唐氏，刘来思妻。年二十岁夫亡，孝事翁姑，继侄为嗣，守节三十一年终。

张氏，邑增生高裴彝妻。孝舅姑，篝灯佐夫子读。裴彝好客，座上常满，氏黾勉以勤不逮。裴彝以仇陷罹蜚祸，氏即闭户自经死。

唐氏，国学生高廷献妻。廿七岁夫亡，遗孤三龄，茹苦守志，抚育成人。六十一岁卒。

孙氏，国学生袁匡妻。年二十二夫亡，遗孤亦殇，氏矢志守贞，立侄为嗣，嗣又亡，孤苦殊甚。年四十九卒。

沈氏，庠生章光大妻。年二十三夫亡，光大病，氏吮粪忧甚，羹股以进，弗效，氏恸哭觅死，劝以有子，不可。抚孤日新成立，守节四十九年终。

詹氏，樊毓①圣妻。年十六夫亡，无子，筑室独居，土垣环绕，仅开窗牖以通饮食。苦志三十三载终。

张氏，刘十姬妻。年二十二夫亡，遗孤甫十月，家贫，氏辛勤拮据，抚孤绍式有成。守节四十五年。

---

① 毓：底本原作"育"，从嘉庆、光绪县志改。

卷之二十　列女二

熊氏，候选教授施彦淳继室。年二十五夫亡，抚前室二子琮、瑮，提携噢咻，不啻腹出。二子并入庠，瑮岁贡生。守节三十六年。

丁氏，庠生唐大恩继室。年二十八夫亡，家贫，抚孤复读书入县庠。苦节二十五年。

冯氏，庠生戚嗣荣妻。年二十七夫亡，苦志坚贞，守节五十七载终。

刘氏，戚龙章妻。年二十五夫亡，守节三十八载终。

张氏，吴信侯妻。年二十九夫亡，时舅肃公年七十五，孤世禔甫五龄，肃公病床褥不得起。氏左右曲至，每颒盥，屈而捧盘，授以巾；每饮食，跽而就榻，进以匕。如是者三年。舅终，附身附棺必诚信。抚世禔一再娶妇，皆无出，而世禔亦卒，泣告宗老，立国忠以嗣。舅多著述，妇封识不失一字。守志已三十八年。

李氏，冯之斗妻。年二十四夫亡，啮指剪发，矢志不二，抚孤成立。卒年六十有一。

舒氏，詹蕙妻。年二十六夫亡，遗孤方两月，抚之成立，备历艰辛。卒年八十有四。

田氏，蔡祯若妻。年十七归蔡，甫七月夫亡，立侄荣裔以守，事孀姑克孝。守贞三十三年终。

程氏，嵇守礼妻。年二十七夫亡，抚三子，躬勤纺绩，食贫无悔，守节五十五年卒。茆氏，章萃十妻，年二十五夫亡，蓬首垢面，食贫三十年卒。

胡氏，臧必亨妻。年二十七夫亡，祗事翁姑，抚孤成立。卒年七十有六。

许氏，章述妻。年二十二夫亡，事舅姑以孝。卒年五十有五。

张氏，葛行联妻。年二十夫亡，时藐孤甫三岁，逾月又生一

（乾隆）宣城县志

子，抚而长之，教以礼。现年六十有六。

陈氏，叶嘉亨妻。年二十四夫亡，抚孤振文成立，守节已六十八①岁。张氏，伍伦先妻，年二十四夫亡，守节三十年终。

郭氏，吴启瑛妻。廿七岁而孀，抚遗腹子成立，迪以义方。现年五十有二。

殷氏，郭正都副室。年二十九夫殁，一恸几殒，以有娠七月，勉支残喘。及孤云旭生，厉志抚之，俾成人授室。年七十有二卒。

郭氏，胡日纯妻。年二十五夫亡，无子，敬事舅姑，守节三十五年终。

戚氏，汪应潮妻。年廿二夫亡，苦志抚孤，守节五十六年卒。

李氏，王朝龄妻。年二十八夫亡，抚孤守节，六十七岁终。

刘氏，冯养和妻。年十八归冯，夫疾，刲股以救，廿五岁夫亡，无子，励志守贞，至六十五岁终。

施氏，王绍都妻。廿五岁夫亡，抚二孤成立，守节至九十三岁终。

许氏，范应星妻。年二十六夫亡，抚孤以守。其侄范嘉兆亦早卒，妇傅氏年二十五，相观而成，以节终。许年九十三，傅年五十有八②。

马氏，吴士举妻。年二十三守志，至八十六岁卒。侯氏，阮尔谧妻，年二十四守节，至六十七岁卒。

何氏，杨公茂妻。年二十岁夫亡，守节五十年卒。马氏，侯大来妻，年二十五岁守节，至六十一岁卒。③

---

① 六十八：嘉庆、光绪县志作"六十五"。
② 五十有八：嘉庆、光绪县志作"五十三"。
③ 以下底本原有"张氏，詹依中妻，二十一岁守志，至六十八岁卒"一条，重出，且内容互相抵牾，故从嘉庆、光绪县志删之。

许氏，吴召林妻。二十四载夫亡，守志七十五载终。

万氏，庠生陈希纯妻。年二十八夫亡，守志至七十一岁卒。

任氏，陶翊鼎妻。二十八岁夫亡，孝姑，立侄为嗣，嗣又亡，与孀媳施氏抚孤孙成立，至七十二岁终。

陈氏，吴之庆妻。二十八岁夫亡，守志至七十九岁卒。

万氏，王可潚妻。二十五岁夫亡，欲自裁，以孤份在抱，遂止。抚孤读书入县庠，次年份卒，复立嗣，茹檗三十八年终。

丁氏，钟日舜妻。二十二夫亡，抚孤有成，守节五十一岁终。钟氏，袁之蕴①妻，年二十夫亡，抚二岁孤成立，至八十三岁终。周氏，孙淑标妻，年二十二夫亡抚孤，六十一岁终。

管氏，侯茂先妻。二十六岁夫亡，事老姑，抚幼子，守节至七十三岁终。

宋氏，雷宪章妻。二十二岁夫亡，事舅姑，抚幼子，勤苦备至。教长子元读书入郡庠。至五十一②岁终。

梅氏，王一瑚妻。年十九夫亡，舅姑衰老，遗孤甫③一周，氏养生送死，一如礼经。海氛煽虐，氏变产以安族里，守志终。长孙绍曾入邑庠。

胡氏，冯柱臣妻。年二十六夫亡，抚子将成立，子又亡，复立嗣，守贞七十五载终。

王氏，许绍芳妻。二十七载夫亡，夫病，刲股至再。及不起，事舅姑，抚襁褓遗孤有成，守贞七十三岁终。

梅氏，徐日春妻。二十二岁夫亡，事姑抚子，至七十二岁终。

屠氏，施嗣荃妻。年十九夫亡，子亦夭，守节至五十四

---

① 蕴：底本原作"缊"，从嘉庆、光绪县志改。
② 五十一：嘉庆、光绪县志作"五十"。
③ 甫：底本作"逋"，误，据嘉庆、光绪县志改。

(乾隆)宣城县志

岁终。

杨氏,施嗣琦妻。二十岁夫卒,立嗣守志三十余年。

陈氏,师潜女,汤一桂妻。年二十三夫亡,无子,依父而居,迄三年服除,键门自刎而死。

许氏,刘大任妻。二十五岁夫亡,曾刲股救夫病,不效。事舅姑孝谨,遗孤早亡,继侄为嗣,守贞至九十一岁终。

李氏,刘旦生妻。二十七岁夫亡,奉老抚孤,守志四十年终。

唐氏,许明泰妻。二十二岁夫亡,抚孤守志,至七十九岁终。

刘氏,濮阳宛之妻。年二十夫亡,刲股疗姑,立嗣继世,守志至六十九岁终。

沈氏,濮阳士器妻。二十四岁夫亡,奉舅姑,抚幼子,守节三十年终。

袁氏,徐正已妻。十九岁夫亡,抚遗腹子成立,至八十六岁终。

王氏,刘君辅妻。二十一岁夫亡,抚孤有成,守贞至六十八岁终。

袁氏,沂州守徐日隆侧室。年二十五主亡,一子无成,孤孙亦相继卒,氏哭泣丧明,辛苦百端,守节六十六岁终。

凌氏,太学生荀晟妻。二十四岁夫亡,事舅姑,抚孤子,备极辛苦,守贞四十三年。

李氏,丁克俭妻。二十二岁夫亡,姑抱瘫病,孝事惟谨,遗孤二,督耕课读,各有成就。守贞至六十八岁终。

陈氏,龚子龙妾[1]。年二十二主亡,无嗣,立侄为后,茹冰苦志至三十三载。

---

[1] 妾:府志同。嘉庆、光绪县志作"妻"。

卷之二十　列女二

李氏，邑庠生丁会升妻。二十岁夫亡，无子，氏恸哭几绝，缟衣茹素，不出户庭，立侄为嗣，苦心守志，至六十岁终。

高氏，徐历妻。年十三以夫病来归，侍汤药者两载。夫亡，请立侄恪为嗣，抚孤成立出仕。至七十八岁终。

贡氏，荀魁元妻。十九岁夫亡，生子应龙甫七十日，昼夜纺绩，抚孤有成。至七十九岁终。

仲氏，郡庠生张楚妻。二十八岁夫亡，无子，立侄为嗣，茹冰至四十四岁终。

高氏，吴兆宏妻。二十岁夫亡，抚孤守志，至六十一岁终。

傅氏，郑开明妻。二十五岁夫亡，孤子一周，抚育成人。至七十二岁终。①

唐氏，郑光琪妻。二十三岁夫亡，抚孤成立，至六十二岁终。

钱氏，许克敬妻。十九岁夫亡，遗孤四月抚成，至八十岁终。

魏氏，许士恒妻。二十九岁夫亡，奉姑抚子，至六十二岁终。

钱氏，葛大誉妻。二十五岁夫亡，孤祥伯甫二龄，舅姑逢改适②，氏誓死不二，苦志坚贞至八十岁终。

周氏，陈维新妻。二十九岁夫亡，无子，老姑在堂，以繿纫奉养。守贞至六十九岁终。

葛氏，刘日宣妻。二十四岁夫亡，立侄允炤为嗣，守贞至七十八岁终。允炤亦早卒，妻唐氏二十五岁守贞，至六十四岁终。

何氏，许日淑妻。二十四岁夫亡，孤才一周，抚之成立。至七十岁终。

---

① 以下有"刘萧原妻朱氏"一条，前已见，故不重录。原，前作"元"。
② 适：此字底本原无，当脱，从嘉庆、光绪县志补。

（乾隆）宣城县志

汪氏，张锐生妻。二十七岁夫亡，守贞至五十九岁终。

麻氏，张镀生妻。二十六岁夫亡，守节五十六岁终。①

杨氏，许三衡妻。二十四岁夫亡，守贞至八十六岁终。

方氏，许一逢妻。二十五岁夫亡，守节三十三载终。

许氏，邑庠生张希贤妻。二十八岁夫亡，无子，立侄为嗣，嗣复夭。家贫，缟衣茹素，纺绩度日，苦节五十一载。

韦氏，杨孟美妻。二十八岁夫亡，守贞至七十岁终。

曾氏，张思溢妻。二十二岁夫亡，守节二十九载终。

李氏，汤正吾妻。二十四岁②夫亡，守节五十一载终。罗氏，汤胜尹妻，二十岁夫亡，守志以终。

骆氏，孙士学妻。年二十五而寡，孤苦零丁，守贞三十年卒。

万氏，贡克问妻。二十三岁夫亡，奉姑抚子，皆出十指。守节四十二载。

夏氏，许荫孙聘妻。未婚荫孙死，氏立志守贞，有议聘者即觅死以拒，得终其节。

何氏，陶启宁妻。启宁抱痼疾，氏来归已二十四岁，侍汤药三年夫亡，矢志不再适。卜地葬夫，旁穿一圹，预为身计，事毕即扼吭死，时年二十七岁。

唐氏，陶启质妻。年二十九夫亡，抚孤守志者三十六年。

俞氏，陶梦京妻。二十九岁夫亡，立嗣矢志，至八十二岁终。

何氏，陶梦熊妻。二十三岁夫亡，遗孤三月，矢志守贞。孤三岁又殇，氏苦益甚，至六十岁终。

---

① 以下有"刘鼐原妻施氏"一条，前已见，故不重录。原，前作"元"。

② 二十四岁：嘉庆、光绪县志均作"二十二岁"。

穆氏，张永胜妻。二十八岁夫亡，守节二十二年①终。

张氏，文学后来异妻。二十二岁夫亡，比病，曾刲股糜羹以救，不效。孤大嵩甫一周，氏茹苦抚之。及大嵩生子天祐，氏勉其勤学，中乙酉乡榜。氏至八十五岁终。

后氏，葛文达妻。二十五岁夫亡，遗孤二，家贫无依，舅姑劝其他适，氏啮指誓志，纺绩度日，抚子成立。至七十一岁终。

董氏，潘日胜妻。十九岁于归，廿七岁守节，现年五十六岁。

谈氏，冯日登妻。二十六岁②夫亡，遗孤学一，抚训成人，守志七十二岁终。学一妻张氏，念五岁夫亡，纺绩以供老姑，教遗孤继祚列名胶序。苦志四十八岁终。

周氏，孙维铉妻。二十九岁夫亡，事翁姑，抚幼子，守志至七十二岁终。

冯氏，国学韩大麟妻。二十九岁夫亡，守志至六十岁终。

马氏，葛久美妻。年十九夫亡，立嗣矢志，守节四十四年。

梅氏，朱尚文妻。二十二岁夫亡，无子，继侄为嗣，复夭，又为立后。守贞至六十四岁终。

许氏，孙允文妻。十九岁夫亡，抚遗腹子成立，守志以终。

冯氏，张聚五妻。二十九岁夫亡，养老抚幼，守志七十六岁终。朱氏，李鹏九妻，三十岁夫亡，守节至八十岁终。

詹氏，汤祐昌妻。二十六岁夫亡守志，至八十八岁终。

陆氏，张一泰妻。二十岁夫亡抚孤，至五十四岁终。

朱氏，王日嘉妻。二十八岁夫亡抚孤，至六十一岁终。

章氏，袁夏先妻。二十二岁夫亡抚孤，至七十八岁终。

崔氏，徐三锡妻。二十五岁夫亡抚孤，至五十八岁终。

---

① 二十二年：嘉庆、光绪县志均作"四十二年"。
② 二十六岁：光绪县志同，嘉庆县志作"二十二岁"。

杨氏，张思鹤妻。二十九岁夫亡，矢志抚孤，现年八十有三。

刘氏，何俊如妻。二十二岁夫亡子殂，继侄为嗣，守节三十二年终。

何氏，詹灯妻。二十七岁夫亡抚孤，至六十八岁终。

朱氏，徐予宪妻。二十一岁夫亡抚孤，至五十八岁终。

俞氏，廪生徐兆应继室。十八岁夫亡，守节至五十四岁终。

徐氏，林启灿妻。十九岁夫亡，抚孤林必为成立，必为又故，妻杨氏二十五岁亦守贞。徐七十九岁，杨五十二岁，并以节终。

颜氏，陈国琦妻。十七岁夫亡，守节至五十一岁终。

周氏，钟应鹤妻。二十四岁夫亡，守节四十九载终。

张氏，徐日昌妻。二十九岁夫亡，抚孤麟入县庠。麟早卒，妻高氏二十二岁，与姑同守。张至七十三终，高至四十八终。

吴氏，萧玉千妻。十九岁夫亡，抚孤守志以终。

严氏，王一良妻。年二十二夫亡，子亦夭，立嗣为后，守节至六十四岁终。

许氏，章士倩妻。二十二岁夫亡，抚孤至六十六岁终。

袁氏，钟次元妻。二十二岁夫亡，守节四十八载终。黄氏，庠生钟颖清妻，年二十五夫亡，守贞至五十八岁终。

葛氏，李元之妻。十九岁夫亡，立侄为嗣，守节四十一年终。

袁氏，文学王造之妻。二十五岁夫亡，抚孤至八十岁终。

丁氏，吴光祖妻。二十五岁夫亡，守贞至七十九岁终。

凌氏，陈夏冶妻。二十四岁夫亡，守志至七十五岁终。

潘氏，郑士理妻。年二十二夫亡，立侄为后，早逝，又抚孤孙，至六十一岁终。

孙氏，陈一枢妻。二十六岁夫亡，守节六十七年终。

章氏，王道裕妻。十九岁夫亡，抚孤三十年终。

吴氏，廪生陈履初妻。二十二岁夫亡，立侄为后，后夫妇偕亡，复抚孤孙成立。守贞六十八岁终。

唐氏，李廷梓妻。二十夫亡，守节五十四年，今七十四岁。

江氏，梅文范妻。二十七岁夫亡，抚孤守志，至八十岁终。

汪氏，庠生王嘉元妻。二十七岁夫亡，抚孤大英成贡生，至五十五岁终。

徐氏，赵锡侯妻。二十一岁夫亡，守节五十六载终。邹氏，赵九保妻，二十二岁夫亡，守节五十三载终。袁氏，赵薇九妻，二十四岁夫亡，守节四十九年终。唐氏，赵邦廉妻，二十四岁夫亡，守节七十二岁终。王氏，赵玉卿妻，二十三岁夫亡，守节四十九载终。许氏，赵大陞妻，二十岁夫亡，守节四十载终。

罗氏，殷尔籧妻。年十九夫亡，抚三月遗孤迄于成立，守节六十六岁终。

王氏，文学吴余庆妻。二十八岁夫亡，守节至六十二岁终。

荀氏，郑养民妻。二十五岁夫亡，守节至六十二岁终。

罗氏，周元卿妻。十七岁夫亡，继侄为嗣，守贞六十三岁终。

周氏，史瑜芳妻。二十七岁夫亡，守志三十六年终。

潘氏，李麟生妻。二十九岁夫亡，守节四十九年终。

周氏，史芹芳妻。二十六岁夫亡，抚侄为嗣，至七十岁终。

施氏，庠生裴华妻。二十七岁夫亡，守节四十六载终。

颜氏，监生裴守典妻，二十六岁守志，教子应骐、应骥俱入庠。至四十四载终。

王氏，阮士驹妻。二十九岁夫亡，温醇孝谨，刻苦自励，抚子及孙有成，守节二十二载终。

(乾隆)宣城县志

冯氏，庠生史右生①妻。二十六岁夫亡，立侄为嗣，守节五十四年终。

何氏，阴阳学沉上锟妻。二十七岁夫亡，苦志守贞，至七十七岁终。

王氏，杨可遵妻。二十六岁夫亡，守节至七十三岁终。

孙氏，刘大岻妻。二十九岁夫亡，守贞至六十一岁终。

高氏，史流芳妻。二十二岁夫亡，守节至七十六岁终。

贡氏，姚士俊妻。二十二夫亡，守节至七十七岁终。张氏，姚瑜妻，二十岁夫亡，守节至六十三。高氏，姚圣恒妻，二十三夫亡，守节至六十二岁终。

柴氏，张继明妻。二十二岁②夫亡，守节至六十八岁终。

禹氏，周英祚妻。二十二岁夫亡，抚孤文珂，守节至六十五岁终。文珂早卒，妻丁氏二十六岁守贞，至三十九年终。

袁氏，陈元正妻。二十九岁夫亡，守节三十六载终。

朱氏，王维垣妻。十九岁夫亡，抚孤至五十二岁终。

王氏，龚□□③妻。二十岁夫亡，守节至八十六岁终。

詹氏，徐大仁妻。二十七岁夫亡，守节四十五年终。梅氏，徐可德妻，二十六夫亡，守节三十五年终。

胡氏，张福妻。二十二岁夫亡，守节六十七载终。

冯氏，俞一鸣妻。二十七岁夫亡，守志五十六年终。岑氏，俞勤妻，二十九岁夫亡，守节三十八年终。

文氏，翟尚玗妻。年廿八夫亡，守志六十一岁终。

唐氏，许光凤妻。十六岁夫亡，守志四十年终。

董氏，何天锡妻。二十六岁夫亡，守志至七十岁终。

① 史右生：府志、光绪县志同，嘉庆县志作"史右"，脱一"生"字。
② 二十二岁：嘉庆、光绪县志均作"二十三岁"。
③ 此二缺字为底本原被铲削，嘉庆、光绪县志小注作"原本逸名"。

卷之二十　列女二

王氏，章应鸾妻。二十八岁夫亡，守志五十三载终。

许氏，章维必妻。二十二岁夫亡，矢志不再适，家人逼嫁，即投水死。

梅氏，蔡荣林妻。夫幼患疾，氏安之若命，随时捡视，毫无怨言。生一子，至二十四岁夫亡，蓬首坚操，朝夕惟奉翁姑育子为事。守志五十五岁。

陈氏，袁廷聘妾。二十一夫亡，事嫡孝敬，抚孤成立。守节五十四年终。

周氏，臧时吉妻。二十七岁夫亡，守节八十六岁终。

梅氏，刘光时妻。年二十五夫亡，抚孤长子皓入邑庠，次嵩①生游国学。守节三十八年终。

徐氏，袁德轩妻。二十八岁夫亡守节，现年七十三。

唐氏，袁德日妻。二十七岁夫亡守节，现年五十九。

杨氏，张应照妻。年二十二夫亡，抚遗腹子，苦守至六十八岁终。

茆氏，潘懋亮妻。二十九岁夫亡守志，至八十一岁终。

吴氏，王大有妻。二十七岁夫亡守志，至七十九岁终。

吴氏，周士凤妻。二十七岁夫亡守志，至六十四岁终。

冯氏，潘庆安妻。二十八岁夫亡守志，至七十一岁终。

吴氏，周士钟妻。二十岁夫亡，立侄为嗣，守贞六十一载终。

周氏，阮维岳妻。二十五岁夫亡，守贞至六十岁终。

芮氏，潘士有妻。二十三岁夫亡，守志三十一年终。

毕氏，周旭旦妻。年十九夫亡，守节四十二年。

王氏，吴芷妻。年二十五夫亡，无子，立侄忠为嗣。守节已

---

① 以下十一字底本无，据嘉庆、光绪县志补。似有缺页，然原本页码无缺，不知何故。

(乾隆)宣城县志

三十五年。

范氏,都司佥事梅琮侧室。年二十四夫亡,抚遗孤成立。年七十一岁终。

许氏,方日禄妻。二十五岁夫亡,守节五十五年终。贡氏,方日学妻,念五岁夫亡,守节五十七载。

杨氏,张思玑妻。年念四夫亡,抚甫生四十日之遗孤其远成立,守志六十九岁终。

许氏,王昌言妻。二十七岁夫亡,守节四十六年终。

丁氏,葛明玮妻。二十七岁夫亡,守贞至六十九岁终。唐氏,葛维玮妻,二十四岁夫亡守贞,现年七十九岁。

梅氏,高之翀妻。二十九夫亡,抚遗腹子如阁入邑庠。如阁妻亦梅氏,念七夫亡,亦抚孤成立。姑八十五岁终,妇五十四岁终。

汪氏,梅士莒妻。年十八夫亡,抚遗腹子成立,守志六十一年终。查氏,梅翀妻,二十八岁夫亡,立侄为嗣,嗣子早世,复抚孙成立,守节三十四年。李氏,梅苔妻,二十八岁夫亡,苦节四十五年。陈氏,梅以妻,二十九夫亡守志,现今七十四岁。钱氏,梅以树妻,二十七岁夫亡,抚孤成立,守志八十二岁终。陈、钱皆以寿妇受粟帛之赐。

时氏,韩师四妻。年二十五夫亡,守志至六十一岁终。

姚氏,王士孝妻。二十八岁夫亡,守志五十载终。

鲁氏,汪友臣妻。二十六夫亡,守节四十七载终。

张氏,俞希琮妻。年十九夫亡,抚遗孤几长又夭,立侄为嗣,茹苦三十九年。

梅氏,高元良妻。年念七夫亡,上奉翁姑,下抚孤子,历十六载翁姑殁,孤子亦早世,复立侄为嗣,嗣、妇又亡,抚五月孤孙哺养之。现今五十八岁。

陈氏,梅良妻。二十四夫亡,矢志抚六岁遗孤及丧母之侄,婢有成立,服御饮食悉从淡泊,性慈爱,门内大小皆宜。延师课孙,馥尤敬礼,馥入邑庠有文名。历年六十九终。

吴氏,冯之珽妻。二十七夫亡,遗孤三岁亦夭,立嗣为后,守志七十八岁终。

余氏,贡生管之重妾,年二十三夫亡,抚孤兆勋成立。兆勋亦早卒,妻胡氏二十七岁与姑共守,立嗣为后。余年五十四终,胡年五十三终。

阮氏,杨荣华妻。廿一岁夫亡,勤俭持家,守贞至六十岁终。

周氏,管方仲妻。年二十三夫亡,抚孤守志,至五十二岁终。

丁氏,周全祚妻。十九岁夫亡抚孤,至五十八岁终。徐氏,周允中妻,二十三夫亡,守节至五十岁终。

夏氏,鲁重让妻。二十四岁夫亡守志,至九十岁终。

丁氏,庠生尚质女,许字杨某,未亲迎而夫卒,遂绝食殒命,里中称为贞姑。

杨氏,魏一镇妻。年十九夫亡,守志三十年终。

贡氏,方象贤妻。二十二岁夫亡守志,至六十六岁终。

汪氏,徐之炜妻。二十四岁夫亡,守节至七十五岁终。

梅氏,蔡鏴妻。十九岁夫亡,抚遗腹子成立,至五十二岁终。

汤氏,沈文起妻。二十四岁夫亡,守节三十九年终。

刘氏,后宗昌妻。二十八岁夫亡,守节二十九年终。

陈氏,朱有则妻。年二十九夫亡,抚遗腹子成立,至六十八岁终。

黄氏,茆毓琳妻。十九岁亡夫,抚遗孤至十三岁复殇。奉孀姑,殡殓如礼,三年丧毕,即终。唐氏,茆伯仪妻,十八岁夫亡,抚遗腹子希德成立,娶妇方氏,二十二岁希德又亡,姑妇共

（乾隆）宣城县志

孀,皆以节终。严氏,茆之祚妻,即唐氏孙妇也,二十七岁夫亡,守志二十九年终。沈氏,茆佩妻,二十九岁夫亡,守志以终。

杨氏,潘廷志妻。二十七岁夫亡,守节六十一年终。

徐氏,钱嘉谟妻。二十三岁夫亡守志,七十岁终。

潘氏,李时样妻。十八岁夫亡,守节至八十八岁终。

徐氏,贡贞时妻。二十一岁夫亡,事姑抚孤,守志八十五岁终。

朱氏,盛吁廷妻。二十四岁夫亡守节,六十三岁终。

郭氏,姚圣敬妻。年二十五夫亡抚孤,孤亡,又抚孙,孙复死,立侄为后,艰苦异常。至九十一终。

盛氏,胡伯圣妻。二十五岁夫亡,守节二十八载终。

陶氏,王翼臣妻。二十八岁夫亡,守贞五十八载终。

潘氏,王国瑞妻。年二十四夫亡,守贞三十载终。

李氏,吴希进妻。二十八岁夫亡守志,七十一岁终。

翟氏,吴世法妻。年廿七夫亡守志,六十三岁终。①

仲氏,杨有萼妻。二十一岁夫亡守志,八十岁终②。

孙氏,冯云圃妻。二十三岁夫亡,守节五十四年终。

唐氏,丁尔仪妻。二十九岁夫亡,守志二十七年终。张氏,丁孝公妻,二十九岁夫亡守节,六十一岁终。李氏,丁以贤妻,二十五岁夫亡,守节二十一年终。

谢氏女,字抢姑,幼许陶氏子,以父母相继亡,育于伯祖家,贞静能知文墨。及将嫁,诇知其夫鬻为奴,及肩舆来迎,婉言以谢伯叔曰:"我父母墓久不见祭③,扫而行。"顷之不见,已

---

① 以下有"唐氏贡某缺名妻"一条,前已见,为重出,故删去不录。
② 八十岁终:嘉庆、光绪县志作"八十一岁终"。
③ 前句因底本漫漶,不可辨识,今据文意补足之。嘉庆、光绪县志或亦因此删节之。

自经于村后柳下矣。手持练巾，书七言绝句见志。时年十八岁。

胡氏，汪尚宾妻。年二十五夫亡，抚遗孤，至七十岁终。

詹氏，郡庠生徐聿骏妻。二十六岁夫亡，抚嗣子成立，至七十九岁终。

汤氏，王国球妻。二十三岁夫亡，守节三十五载终。

徐氏，施元生妻。二十九岁夫亡，守节三十八载终。

王氏，唐仲畅妻。三十岁夫亡，守节四十七载终。

潘氏，陈有第妻。十八岁夫亡，抚遗孤，至六十四岁终。

魏氏，章一橙妻。二十九岁夫亡守志。唐氏，章一林妻，二十七岁夫亡守志。魏八十七岁终，唐八十二岁终。

姚氏，仲麟妻。二十八岁夫亡，守节三十八载终。

陈氏，胡必益妻。念九守志，七十六载终。

赵氏，陶日臻妻。二十七岁夫亡，教二子成立，次子入邑庠。守志四十六年终。

唐氏，许周文妻。二十七岁夫亡守志，六十九岁终。

毕氏，罗大贤妻。二十三岁夫亡守节，八十岁终。

孙氏，宗孔义妻。十八岁夫亡，教子成名，守节八十岁终。

吴氏，梅昶成妻。二十六岁夫亡，立侄为嗣，守志三十七年。

梅氏，陈宝鼎妻。二十二岁夫亡，翁姑相继殁，氏殡殓如礼，抚孤成立。守节二十九年。

李氏，曾允恭妻。二十岁夫亡，守节五十年终。李氏，曾棐妻，二十二岁夫亡，守志五十年终。殷氏，曾启碧妻，二十三岁夫亡，守节五十四年。何氏，曾允享妻，十九岁夫亡，守节五十四年终。陈氏，曾启说妻，二十二岁夫亡，守节五十三年终。王氏，曾启陛妻，念五夫亡，守节四十二年终。

奚氏，梅正彩妻。年二十夫亡，守贞八十五岁终。

丁氏，昝承招妻。国初兵燹四起，生民逃窜，丁氏抱一幼子独守家园。兵闻儿啼，劫氏以出，氏曰："宁死不受污辱。"携子赴水死。

于氏，杨有獬妻。年十六归有獬，有獬已五十余岁，扶杖乃行，氏敬事之。越八年有獬卒，氏甫念四，抚二子纺绩以养。二子殁，复抚孙有成，孤苦艰辛，终身茹素以终。

崔氏，徐日皑妻。年念四夫亡，守志四十四年终。丁氏，郡庠生徐士柏妻，即崔氏子妇也，二十八夫亡，守节三十五年终。孙氏，徐瑶妻，十七岁夫亡，守节已三十八年。

徐氏，监生胡缵业妻。二十九岁夫亡，守节四十八年终。莫氏，监生胡惟建妻，二十八夫亡，守志四十四年终。

王氏，刘日勖妻。二十四夫亡，守节现年七十九岁。

章氏，袁夏九妻。二十二夫亡，苦节已三十年。

陶氏，孙淑禄妻。年二十二夫亡，抚侄士文为嗣，士文早死，又抚孙。苦志五十余年，年七十九卒。

沈氏，汤尔翼妻。二十二夫亡，立侄为嗣，守节已四十一年。

王氏，周惟昌妻。二十八岁夫亡，抚孤守节已三十五年。

吴氏，梅永忠妻。二十四夫亡，现今六十岁。赵氏，陈大伦妻，二十五岁夫亡守志，已八十有四。蒋氏，吴方采妻，二十四岁夫亡守志，已五十九岁。丁氏，吴世茂妻，二十八岁夫亡，守志三十二年终。

唐氏，吴文典妻，陶氏，吴文籍妻。俱二十四夫亡守志，立侄为嗣。唐已五十六岁，陶已五十四岁。

陶氏，叶嘉训妻。念七夫亡守志，现今五十八岁。张氏，朱武寿妻，二十四岁夫亡守节，已六十岁。陶氏，杨允贞妻，二十七岁夫亡守节，已六十八岁。张氏，殷天淇妻，二十五岁夫亡守节，已五十八岁。

贡氏，陈允祉妻。二十七岁夫亡，守志已五十三年。贡氏，

卷之二十　列女二

孙士栗妻,二十四夫亡,守志已六十七岁。葛氏,冯荣若妻,十六岁夫亡守志,立侄为嗣,已五十二岁。沈氏,朱士举妻,二十岁夫亡守志,已五十岁①。

吴氏,潘应转妻。二十七岁夫亡守志,已六十一岁。葛氏,吴朝宗妻,二十五夫亡守志,已五十一岁。高氏,丁康颉妻,二十八岁夫亡守志,已五十三岁。陶氏,潘尔玉妻,念四岁夫亡守志,已六十九岁。

裘氏,庠生杨兆麟妻。年二十五夫亡,立嗣为后,守志已二十五年。施氏,潘之立妻,二十八岁夫亡,守志已六十二岁。潘氏,庠生陈大策妻,十九岁夫亡守志,已七十六岁。

沈氏,葛日杰妻。二十六夫亡守志,已六十八岁。孙氏,葛之元妻,二十一岁夫亡,抚遗腹子守志,已五十五岁。胡氏,梅思九妻,二十六岁夫亡守志,已六十三岁。孙氏,许洪瀛妻,二十二岁夫亡守志,已二十七载。周氏,许禄龄妻,二十四岁夫亡守节,已六十载。

柴氏,芮良欢妻。二十四岁夫亡守节,已六十四岁。陈氏,程大宁妻,二十二岁夫亡,抚遗腹子守节,已四十六载。

梅氏,高人峻妻。念七夫亡守志,已七十岁。殷氏,汤廷简妻,二十二夫亡守志,已五十三岁。吴氏,罗有勋妻,十九岁夫亡守志,已七十四岁。孙氏,陶士鸿妻,二十七岁夫亡守志,已七十五岁。陈氏,周召龙妻,年二十九夫亡守节,已三十五载。

凌氏,马天相妻。念七夫亡守志,已三十八载。孙氏,马定生妻,念四夫亡守志,已六十四载。杭氏,吴国蛟妻,念九夫亡守志,已三十三载。潘氏,吴国桢妻,念五夫亡守志,已五十载。张氏,吴于宾妻,念五夫亡守志,已二十八载。

----

① 五十岁:嘉庆、光绪县志作"六十一岁"。

（乾隆）宣城县志

陶氏，雷瑞章妻。二十四夫亡守志，已三十三载①。陶氏，雷日章妻，二十六夫亡，抚孤豫谨入成均，守志已五十八岁。陶氏，雷元裕妻，二十三夫亡，立侄为嗣，守志已三十载。

张氏，章自禅妻。年二十夫亡守志，已五十三岁。刘氏，梅恺成妻，二十四岁夫亡，立侄秉礼为嗣，守志四十五载。郭氏，潘肇祖妻，二十六夫亡守志，已六十五岁。孙氏，王守桢妻，二十三岁夫亡，守志已三十载。汤氏，唐象九妻，二十四夫亡守贞，已七十二岁。查氏，刘大秩妻，年二十九夫亡，守节已五十六载。

潘氏，吴印升妻。二十二岁夫亡守志，已六十岁。唐氏，刘蓬四妻，二十岁夫亡，守节已三十七载。麻氏，潘肇学妻，二十三夫亡守志，已六十五岁。徐氏，梅汝行妻，二十五夫亡，守志二十九载终。胡氏，史大佐妻，二十四夫亡守志，已六十二岁。张氏，徐庆祚妻，二十二夫亡，守志已四十八载。

王氏，贡效孔妻。二十二岁夫亡守志，已七十一岁。谢氏，贡树臣妻，二十二岁夫亡，遗孤又夭，立侄为嗣，守志已四十三载。

刘氏，汤敏元妻。十八岁夫亡守志，已六十二岁。夏氏，许振钰妻，二十五岁夫亡守志，已六十岁。刘氏，徐起璠妻，年二十四夫亡，守志已二十八年。钱氏，方伯达妻，年二十七夫亡，守节四十一年终。

程氏，李蒙亨妻。二十一夫亡，守节已三十五年。朱氏，万启溥妻，年十九夫亡守志，已五十二岁。徐氏，孙士谔妻，二十一岁夫亡，立侄为嗣，守志已四十二载。丁氏，程有功妻，二十五夫亡，守志已四十载。王氏，贡树祚妻，年念七守志，刲股救夫，和丸课子，训孤荣邦成立，以节终。赵氏，吴元素妻，念八

---

① 三十三载：嘉庆、光绪县志作"守节三十载，殁年六十四岁"。

夫亡，抚二孤，其次桂入学。守节已三十二载。

高氏，庠生梅飏继室。二十四夫亡守节，已六十五岁。

贡氏，孙翼祚妻，廿七夫亡，孝事舅姑，抚子成立，常存妇道，无愧六科。守志已四十五载。

骆氏，孙蓟先妻。廿六岁夫亡守志，已五十三岁。唐氏，章日照妻，廿六岁夫亡，守志已三十载。梅氏，师必英妻，念二夫亡守志，已八十六岁。

徐氏，孙伯禧妻。年二十岁夫亡，守节五十九年终。陈氏，王思兆妻，二十三岁夫亡，立侄坚守。秦氏，史必型妻，二十二岁夫亡守节，已六十岁。胡氏，周勋臣妻，二十七岁夫亡守节，已八十六岁。汪氏，王应相妻，二十二夫亡守志，已八十五岁。

许氏，夏邦元妻。二十七夫亡守志，已六十三岁。杨氏，周之经妻，二十岁归之经，一月夫病，刲股以救，及没，立侄为嗣，守志已五十二岁。殷氏，周寿昌妻，二十五岁夫亡守志，历五十一载。崔氏，周日鼎妻，即殷氏子妇也，亦二十二岁夫亡，守志已五十一岁。唐氏，章日谕妻，二十四岁夫亡，守志已七十三岁。

李氏，朱景瞻妻。二十七岁夫亡，教子秀入学，守节已五十九岁。唐氏，章杰妻，二十八岁夫亡，立嗣守节，已六十岁。刘氏，汪天一妻，念七夫亡守志，已六十三岁。

章氏，监生梅薰妻。二十四岁夫亡守志，已五十九岁。王氏，吴显臣妻，二十八夫亡，守志已三十余载。罗氏，仲日照妻，二十九岁夫亡守志，已五十九岁。帖氏，太学汤缙妻，二十二岁夫亡，守节四十二载终。萧氏，潘槐生妻，二十九岁夫亡守节，已六十二载。

袁氏，钟学信妻。三十岁夫亡，守节已七十九岁。鲁氏，孙

(乾隆）宣城县志

长诒妻，十九岁夫亡，守节五十三年①终。

丁氏，庠生徐士柏妻。年二十八夫亡守志，至六十三岁终。胡氏，徐元样妻，十八岁夫亡，抚遗腹子守志，已五十一岁。沈氏，徐永森妻，二十二岁夫亡，立侄为嗣，守志已五十四岁。

汪氏，王文征妻。二十六岁夫亡，守节已六十岁。周氏，徐永耀妻，二十岁夫亡，守贞已五十三载。②

周氏，梅士鸾妻，二十三岁夫亡，守志五十九年终。朱氏，杨有善妻，二十四岁夫亡，守志已四十九年。

陶氏，黄玉柱妾，年二十五主亡，守志已二十六年。束氏，梅伯泰妻，二十六夫亡守志，已八十七岁③。孙氏，仲懋嘉妻，二十九岁夫亡守志，已五十七岁。陈氏，万祚越妻，二十七岁夫亡，守志已六十七载。殷氏，万燕喜妻，年二十七夫亡，守节已五十九岁。

李氏，程时珽妻。十九岁夫亡守节，五十九岁。吴氏，胡思果妻，二十八岁夫亡守节，已六十六岁。

徐氏，贡永若妻。二十一岁夫亡，抚孤源学。早逝，妇孙氏年廿八，遗孩三月，姑妇同矢冰霜。徐八十五终，孙现年五十九岁。

胡氏，陈士旸妻。二十三岁夫亡，守志历三十九年。

潘氏，孙芳来妻。二十四夫亡守志，已五十九岁。丁氏，徐光秀妻，二十五岁夫亡，守节已四十九年。夏氏，陈必振妻，二十一岁夫亡，守志已三十四年。

殷氏，邑庠生胡显妻。二十一夫亡，教子允洁入学，守志已五十一年。潘氏，葛岂凡妻，二十七岁夫亡，守志已三十七年。

---

① 五十三年：嘉庆、光绪县志作"守节五十五载，殁年七十四岁"。

② 以下有"钟日舜妻丁氏"，前已见，为重出，故从嘉庆、光绪县志不再录出。

③ 八十七岁：嘉庆、光绪县志作"八十四岁"。

卷之二十　列女二

潘氏，陶其隆妻，二十一岁夫亡，守志已三十二年。刘氏，陶晋时妻，二十五夫亡子夭，苦志已五十八岁。

汤氏，贡生王正邦妻。二十四夫亡，守志已五十二岁。傅氏，唐振岱妻，十八岁夫亡，守节三十五年。汪氏，吕于寅妻，二十八岁夫亡守志，已六十三岁。郝氏，王尚连①妻，年十六夫亡守志，已六十三岁。

朱氏，章家让妻。二十九岁夫亡守志，已八十三岁。程氏，章国翼妻，二十八岁夫亡守志，已五十八岁。陈氏，章正任妻，二十四岁夫亡守志，已五十三岁。

陶氏，丁康柔妻。二十六岁夫亡守志，已五十六岁。

贡氏，汪志昆妻。二十六岁夫亡守志，已六十九岁。曹氏，田尔尚妻，二十一岁夫亡守志，已六十五岁。芮氏，王日旭妻，二十一岁夫亡守志，已五十二岁。陶氏，陈大贤妻，二十一岁夫亡守志，已六十三岁。

吴氏，陈来妻。二十七岁夫亡，守节已十载，族人迫嫁，闭门自缢死。

于氏，侯锡凤妻。二十岁夫亡守志，已六十岁。②

陈氏，一孙淑选妻，一孙淑达妻，并少寡，冰霜自矢，乐善好施，克成夫志。

孙氏，徐又常妻。早寡，抚幼子，守节已二十余载。

杨氏，梅启林妻。二十二夫亡，遗二子，次子又死，遗一孙，氏抚幼子及孙，姑妇相依，守节三十三年。

梅氏，郭朝霖妻。年十九夫亡守志，夫弟之夫妇并早世，遗孤觐阳，氏抚如己出。叔庠生生霞无子，妻徐氏亦守贞，与梅同苦。

---

① 连：嘉庆、光绪县志作"琏"。
② 以下有"孟启甡妻徐氏"，前已见，乃重出，今从嘉庆、光绪县志不再录。

(乾隆）宣城县志

　　王氏，郭国柱妻。年三十夫亡，守节四十八载终。

　　罗氏，郭伦序聘妻。未婚而夫死，氏请赴郭宅，成服矢志，已六十岁。崔氏，周凤生妻，少寡守志，已八十九岁。

　　万氏，郭玉成妻。二十八岁夫亡，守志已三十八载。倪氏，陈龙新妻，二十八岁夫亡，守志五十载终。

　　巫氏，汪日宗妻，二十二岁夫亡，夫兄日炳及妻亦殁，仅遗一孤甫七月，氏抚育成人。其事衰老舅姑曲尽孝道。氏年已七十岁。

　　贡氏，方公仪妻。二十二岁夫亡，抚孤成立，守志六十九岁终。梅氏，方元士妻，二十四岁夫亡抚孤，至六十八岁终。

　　袁氏，贡金美妻，二十八岁夫亡抚孤，已七十二岁。袁氏，贡日贤妻，十九岁夫亡，守节三十二年终。潘氏，贡时珍妻，二十岁夫亡，事老抚幼，守志七十三岁终。徐氏，贡时玠妻，二十一岁夫亡守志，已五十五岁。

　　汤氏，沈曾一妻。二十二岁夫亡守志，已五十二岁。

　　俞氏，施惟昭妻。二十六夫亡，抚一周孤成立，已五十六岁。

　　朱氏，傅以绫妻。二十三岁夫亡，事舅姑，抚幼孤，守节已三十年。冯氏，傅以纯妻，年十七夫病瘠，氏手摩口吮，并割股以进，卒不起。遗孤亦夭，立嗣为后，守节已三十六年。

　　陈氏，胡士文妻。年二十一夫亡，抚二子成立，守节至六十岁。任氏，程世傅妻，年二十二夫亡，继侄为子，守节至五十八岁。

　　徐氏，举人张大仟①妻。孝事舅姑，佐夫勤学。年二十八夫亡，养老字幼，皆取资十指。守贞八十五岁终。

　　王氏，梅彬成妻。康熙戊子水灾，鬻子女者无算，彬成不得食，无所控告，欲去氏以自活，氏恐不保，纫裳衣，赴门外小塘端坐而死。

---

①　仟：底本原作"阡"，从卷十三《选举》改。

卷之二十　列女二

荀氏，杨志遂妻。二十岁夫亡，守志已五十三载。

汪氏，阮尔泮妻。年二十九夫亡，抚二岁孤惟珍成立，守志历三十年。

詹氏，朱希旦妻。年十九夫亡，孝侍孀姑，抚遗腹子成立，守节至六十一而终。

袁氏，朱士邦妻，年二十二夫亡，抚子道定成立，娶媳丁氏，时年二十四道定又亡，姑媳相倚，甘苦备尝。姑守节至八十而终，媳至七十一而终。

叶氏，吕万春妻。二十七岁夫亡，矢志守贞，抚孤成立。守节四十七年终。

刘氏，梅懋高妻。年二十八夫亡，矢志守贞，抚子有成，历今六十八岁。

王氏，葛大琥妻。年二十五夫亡，誓死不二。现已五十五岁。

张氏，徐式浩妻。年二十一夫亡守志，今已五十三岁。

孙氏，钱永益妻。二十六岁夫亡，守节三十八年。

张氏，庠生陈九畴妻。二十四岁夫亡，守节至六十二岁终。

朱氏，苏凤林妻。年二十九夫亡，守节四十九年，年今七十有八。

蔡氏，高楚珍妻。年二十二夫亡，守节三十九年。

鲁氏，谢廷芝妻。二十二岁夫亡，母家讽其改适，氏截发以誓。年八十五终。

吕氏，陈涵中妻。年二十八岁夫死，抚孤守节四十三年，至七十岁卒。

孙氏，儒童汤启达妻。二十一岁夫亡，生子一周，纺绩度日，守节三十六年，现年五十六岁。

陈氏，吴惟周妻。二十一岁夫死，孤方弥月，茹荼啮蘖，至

375

（乾隆）宣城县志

六十而终，守节四十年。①

李氏，梅体仁妻。二十二夫亡，守节三十八年终。

薛氏，周士寿妻。年二十二夫亡，守节五十八年终。

唐氏，章其彬妻。年十八夫亡，抚孤守节四十七年终。

唐氏，张世梅妻。二十一夫亡，守节三十八年。

丁氏，张苟芳妻。十七岁夫亡，守志靡他，立侄承夫祀，孝事舅姑。至二十七岁，母家屡次逼之嫁，不从②，遂自缢而死。

廖氏，张一纲妻。年二十九夫亡，守节四十三年终。

李氏，张其玉妻。二十四夫亡，守节五十一年终。

谢氏，贡文斯妻。二十二夫亡，守节五十二年终。

孙氏，胡某妻。年十八夫亡抚孤，守节五十四年终。

冯氏，张继春妻。年二十夫亡，守节五十九年终。徐氏，吴贤武妻，二十二夫亡，守节三十九年终。梅氏，吴观荣妻，二十四夫亡，守节五十二年终。张氏，吴迪禧妻，二十七夫亡，守志四十一年终。

李氏，邢祚佑妻。二十夫亡，守节四十二年，现年六十二岁。

裘氏，钟某妻。生子日引，月余夫亡，守节三十七年。

魏氏，儒童陈国林妻。二十七夫亡，无子，立侄承祀，抚之成立。守节已三十二年。

王氏，杨可遵妻。二十一夫亡，守节五十五年，现年七十六岁。

徐氏，仲春元妻。二十二夫亡，守节已三十六年。

盛氏，汤振潊妻。二十二夫亡，守节已三十二年。③

---

① 以下原有"陈斯美妻骆氏"，上卷已见，为重出，今不再录。
② 从：底本原误刻作"徒"，径改。
③ 以下原有"詹云侧室赵氏"，前已见，为重出，今不再录。

卷之二十　列女二

万氏，冯宗荫妻。二十四夫亡，守节已三十四年。

杨氏，儒童高如俭妻。十八夫亡，无子，矢志靡他，抚侄承祧，守节六十一年，现年八十二岁。①

王氏，许绍方妻。年二十七夫亡，守节五十九载终。

贡氏，魏玉书妻。年二十夫亡，抚子成立，守节二十六载。

唐氏，吕恒玉妻。年二十二夫亡，抚子有成，守节三十八年。

梅氏，陈日彩妻。年二十七夫亡，抚子成立，今守节五十九年。

邢氏，刘寅工妻。夫亡子夭，苦节抚孤孙成立，现年六十八。

朱氏，张乾若妻。年二十二夫亡，守节四十六载。

朱氏，胡治先妻。年二十九夫亡，抚子灏成立，贡成均。守节四十五年卒。

吴氏，张以溥妻。二十八岁夫亡，氏以翁姑在堂，子又尚幼，泣诉于父晴岩曰："幼聆父训，颇知大义，愿上事翁姑，下抚子女，即可以报厥夫于泉下矣。"遂苦志守节，毕世不渝，年四十八岁卒，守节二十年。

蔡氏，刘又苍妻。二十一夫亡，苦节坚贞，奉孀姑克尽孝道，抚遗孤教以义方，纺织勤苦，足迹不出户庭，族党咸称道不置。

---

① 以下原有"袁德日妻唐氏"，前已见，今不重出。

(乾隆）宣城县志

宣城县志卷之二十一 流寓

陵阳以谢、李著旧矣，谢以官，李则客也。韩、白而后，轨辙相寻，其流风遗躅犹可仿佛也。志《流寓》。

唐

来济 扬州江都人。贞观中与晋陵高智周、郝处俊、孙处约客宣城石仲览家，仲览衍于财，有器识，待四人甚厚。私相与言志，处俊曰："愿宰天下。"济及智周亦然，处约曰："宰相或不可冀，愿为通事舍人足矣。"后济领吏部，处约以瀛州书佐入调，济遽注曰："如志。"遂以处约为通事舍人，后皆至公辅云。

李白 字太白，陇西人。天宝末，由翰林供奉流夜郎，赦归，往来宣、南、泾、太间，杖履遍川原，雅爱敬亭，游览辄竟日，有诗曰："我来敬亭下，辄继谢公游。"卒于牛渚，葬青山，时姑孰为宣城属境云。

韩愈 字退之，南阳人。年十三，自河阳从其嫂郑氏、侄老成就食宣城，时已能文，凡七稔而学成以去。今敬亭山有昌黎别业祠祀之。

白居易 字乐天，太原人。元和中寓宣城，与侯权秀才俱为宣城守所贡，明年擢进士。兄殁，葬城西五里，今称白府君墓。居易《祭乌江十五兄文》有曰："宣城之西，荒草道傍。"

张南史　赵嘏　俱尝寓宣城，而嘏最久。耿㳨有《逢张二南史全家客宛陵》，嘏有《寓居上沈传师大夫及杜侍御》诗。

五代
刁彦能　字德明，上蔡人。父礼遇乱，徙家宣州。彦能少孤，事母笃孝。初在节度使王茂章帐下，茂章叛吴归吴越，彦能不从而抚定其众。继事徐知训，知训忌烈祖，屡欲加害，彦能尝阴护之。烈祖代吴，入为环卫，后仕至抚州节度使。

宋
王邦宪　建炎中衣冠南渡，遂客宛陵，与乡人相遇，作集句云："杨子江头杨柳春，衣冠南渡多崩奔。柳条弄色不忍见，东西南北更堪论。谁谓他乡各异县，岂知流落复相见。青春作伴好还乡，为问淮南米贵贱。"见周紫芝《竹坡诗话》。

戴表元　字帅初，奉化人。咸淳进士，文学名东南，寓宣城，与贡奎诸文士游，有《酬和三天洞》诸诗。

元
刘善余　字有之，镇江人，号南冈老人。寓宣城，诸词人雅相推许，《送潘以道试吏部》云："杯行到手宁用辞，浩歌起舞纱帽欹。出门不作儿女悲，庭萱昼日春迟迟。"吴镃、梅致和并有酬和诗。

明
石　金　字甫仲，黄梅人。正德辛未进士，任御史，以嘉靖庚寅谏止醮祠谪戍宣州卫，居二载，徜徉山水，优游自适。尝寓柏枧禅舍，邑人陆乾元，梅继儒、守德相与探幽极胜，金有诗云："仰止文峰兴有余，可堪龙卧足移居。绝无尘虑当幽壑，时见浮云过太虚。"后遇赦还，有《陵阳谪寓集》。

陈　鹤　字鸣野，家世绍兴卫武胄。善诗画书法，遨游吴楚。嘉靖间寓宣城，与梅守德倡和诗近百篇，凡岁余①去。

邹守益　字谦之，安福人。为翰林编修，嘉靖初议大礼忤旨，谪判广德州，往来宛陵。时贡安国、戚衮、周怡、沈宠、梅守德从之游，讲学兴礼，风动邻郡，志学之风遂冠江左。

湛若水　字元明，增城人。尝从陈白沙游，所在有讲学书院，寓居宛陵，宣邕风旨，启诱不倦。

王　畿　字汝中，山阴人，学者称龙溪先生。嘉靖间郡守罗汝芳延至，与泰州王璧先后递主讲席，一时士多蒸蒸向学焉。璧字宗顺，号东崖。

陈履祥　字光庭，祁门人。得盱江之传，万历间倡教宛陵，及门八百余人，尝聚讲于同仁会馆。晚爱湖北云山，有终焉之志，号九龙山人。所著有《九经翼》《硕果大成》等集。以明经荐，卒于道，门人藏衣冠于云山，为建祠。

王　寅　字仲房，歙人。能诗善书，生平慕张子房，故字仲房。游宛陵，园亭池馆多其榜额。又自署十岳山人。

屠　隆　字长卿，四明人。与沉懋学同登第，重以婚姻。居宣最久，尝偕梅鼎祚泛舟城东，着绯衣，作《渔阳三挝》。后哭懋学墓，作长歌吊吴仕期，慷慨悲愤，意气甚豪。汤显祖，字义仍，临川人。与懋学、鼎祚交，为孝廉时尝往来宛上云。

黄之璧　字白仲，越人。落拓负奇，以书法称。尝客宣岁余。

潘之恒　字景升，歙人。好饮任侠，喜交名人，寓宛与梅守箕、鼎祚游最善。

陈文烛　字玉叔，沔人。罢淮守家居，时慕敬亭、柏枧之

---

①　岁余：府志均同。嘉庆、光绪县志作"七岁余"，似衍一"七"字。

胜，扁舟策杖，侨寓二载。雅好文辞，著有《二西园集》。

艾南英 字千子，临川人。以制举业名江西，称章陈罗艾。尝从司成汤宾尹游，特赏识。沈寿民刊其《文定》《文待》[①]。

张慎言 字藐山，阳城人。累官尚书，以抗直廉洁著闻。浮家宣城，雅薄尘嚣，杖策入敬亭，布袍疏食，意致泊如。诗文奏疏见称于时。后返阳城卒。

万时华 字茂先，南昌人。崇祯间征贤良方正，不仕。客宣城永庆寺，与蔡蓁春、梅朗中诸名士善。入麻姑访沈寿民，先后流滞数月，时故人陈泰来为邑令，文酒外不通一牍，时论高之。

周　镳 字仲驭，金坛人。官礼部郎，好收奖后进，以李、郭自任。尝访旧宛陵，憩姑山松隐庵，学者云集。

丁圣时 字澹夫，巴陵人。崇祯戊辰进士，尝令溧阳，明季客宣城，乐水东青山之胜，遂挈家居焉。匿姓氏，与农樵牧竖游处，间为村塾师，歌醉自娱，人莫有知者。顺治十五年，老而病，乃归去。

姜　埰 字如农，莱阳人。崇祯辛未进士，官礼科给事中，疏论周延儒，下诏狱，廷杖，谪戍宣州卫，国变未及赴。康熙丁未，遵遗旨来宣，泣曰："阻兵戈，迟君命，臣罪当诛矣。"间游处吴门，犹署客舍曰"敬亭山房"。癸丑卒，命其子安节、实节舁葬敬亭山麓，以志死不违君命之义，门人私谥曰贞毅先生。

沈希韶 字青屿，芜湖人。令新昌，豫章名流延揽殆尽，循声著甚，擢南御史。未遇时来宛，与钱弘谟、殷之辂、唐一灏同研席者数年，四人俱得隽，里人侈谭之。希韶子士柱，与宛中诸子结会敬亭，勤相过从云。

[①]《文定》《文待》：底本原作"文定待中"，不知所云。考艾南英曾编选有《文定》《文待》，且黄宗羲《沈耕岩先生墓铭》亦云："江右丈千子至宛上，……其选时文，耕岩之文多入《文定》，不敢轻置于《文待》。"因改正焉。

（乾隆）宣城县志

曾异撰 字弗人，莆田人。寓梅朗中天逸阁，终日键户饮酒赋诗，致足乐也。文似昌黎，诗峭教奇猛，有斩将搴旗之能。读《纺授堂集》，闽士当以异撰为冠。

李光倬 字仲章，南昌人。乙卯乡荐，闱墨脍炙一时，由国子助教迁北工部。癸未，奉敕治河，纡道宣城访沈寿民、蔡蓁春、梅超中、梅磊定交，山水吟咏，匝月乃别复命。值李贼陷京师，不屈死于刑。当时纪事以光倬甫入都，未补官，遂逸其名。所著有《文㔉》《诗㔉》等集。

傅 僩 字先梦，黄冈人。中己卯副卷，为吴贞启所特赏。乙酉，以明经赴南都谒选，值变，即避难东浙。闽浙定，僩祝发上虞象田寺。先是，僩历事南雍，识邑人蔡蓁春，后来宣，钱凤文、汤缵禹、蔡蓁春、梅磊为谋一庵于北郊之午桥。病卒，卒之日遗言敛以儒服。僩善时艺，能诗，为人真挚醇厚，宣士多与之游，死之日争殡之，高咏为之作传。

国朝

范 骐 字文碧，浙江海宁人。博学多通，落落寡所合。野服黄冠，自命为羲皇上人。与都御史梅铤为布衣交，主其家三十余年。苦足疾，兀坐一室，以撰述为事，遂卒于宣，其丧葬皆铤诸子经纪之。

程元愈 字偕柳，休宁人①。从马文开游，博涉群籍，能诗赋，尤工骈体。孝廉梅庚重其才，以女妻之，因占籍宣城。为邑廪生，尝补《文选注》，未及就而卒。子隆家，仍归新安，成进士。

吴 锟 字玉友，附监生，休宁人，籍南陵而家于宣。性豪迈通率，雄于赀，不自封殖，辄时缓急人，有公举辄为倡始。岁

---

① 休宁人：此有误，嘉庆、光绪县志均改作"歙县人"，是。

歉，屡出米谷赈饥者，人颇德之。以子瑞封通议大夫、延安府知府。孙国球，乾隆丙辰科举人；一凤，戊午科副榜。

江学溥 字公如，徽州歙县人。国初避流寇迁宣城，遂家焉。为人慷慨好义，轻财乐施。子二，长自超，次自高，性孝友，时称"难兄弟"。尝绘《埧箎图》，诸名流多推重赞咏之。历今三世同居，子孙游宣庠者累累。

(乾隆）宣城县志

宣城县志卷之二十二 方技

用志不分，乃凝于神，虽小道必有可观。稗官所载，代著其人，专一其业，以名后世，匪易易也。一艺之微，一物之巧，亦其精神撰结而成，无伤道义，皆得附载以传。志《方技》。

唐

夏　荣　有相术。萧嵩、陆象先为僚婿，萧未仕，陆已任洛阳尉，荣谓象先曰："陆郎十年内位极人臣，然不及萧一门贵而且寿。"人未之信。天宝中，嵩兼中书令，年八十余；子华历中书侍郎、同平章事，乃服其冰鉴云。见《旧唐书》萧嵩本传

纪　叟　善酿酒，名老春。能礼贤士，常饮李白以酒，了无吝色。比卒，李白哭以诗云："纪叟黄泉里，还应酿老春。夜台无李白，沽酒与何人？"

陈　氏失名　能作笔，家传右军与其祖《求笔帖》，子孙世精其法。柳公权求笔于陈，先与二管，语其子曰："柳学士如能书，当留此，不尔退还，即可常笔与之。"柳果以不入用别求，遂与常笔。陈曰："先与者，非右军不能用，柳信与之远矣。"见《墨池琐录》

包　贵　善画虎，名闻四达。其子鼎继之，后嗣袭而学者甚多，各有图轴传于世。李廌德《隅斋画品》云："包鼎所作《乳

虎图》，绢素虽破，精润如新。包氏以画虎世其家而鼎居最。"

宋

诸葛高 世工制笔，称重荐绅间。梅圣俞《次欧阳永叔试诸葛笔》诗："笔工诸葛高，海内称第一。"黄鲁直诗："宣州变样蹲鸡距，诸葛名家捋鼠须。一束喜从公处得，千金求向市中无。"苏子瞻云："诸葛氏笔，譬如内法酒、北苑茶，纵有佳者，尚难得其仿佛。"林和靖云："顷得宛陵葛生笔，如麾百胜之师，横行纸墨，所向如意。"

元

徐文中 字用和。善针术，兼工符咒。为吴掾，镇南王妃苦风患，秃鲁御史以文中闻。文中丐诊候，按手合骨，曲池而针潜入焉，妃殊不省也。移晷，手足并举，次日起坐。王喜，异劳之。大旱，请致雨，王期以雨而雷为验，文中振袂一挥，云冉冉西北方，大雨如注，迅雷震天。从吴迁杭，杭守吴秉彝病，召之立愈。尝语人："吾弟子亟于利，故其术不神"云。

明

方希叔 字元甫。少读书，喜谭方略，困诸生，弃去。善八分书，精绘事，尤长于草虫，淡墨挥洒，飞动如生。得服气养生之术，尝啖松柏叶，年至九十余。

国朝

王猷 字肇宗，王文质之后。少业儒，博览广记。曾于河南道中遇操舟者季海，曰："异人也。"授以导引术，自此隐居卖卜，人罕知之。康熙甲寅，江西督师董聘参幕府，平诸寇，多资其卜以诀所向，往往奇中。丙辰，郡修文昌台，猷选建起日

(乾隆）宣城县志

期，豫课数科内当元魁联步，已未果两鼎甲、两博学弘辞，并壬戌共六翰林。猷尝以日者言多谬蓥，著《九十四家年月考》及《算数》《三式》《切韵》诸书。卒年八十七。

芮 伊 字与权。性多巧思，能手制自鸣钟诸测量器。尝得西洋历书百余卷，精思数年，皆通其法。

蔡 瑶 字玉及。息意进取，以画名，山光林影，森秀可爱。刻《晓原诗留》，即景生情，诗中有画。

王 冏 字仲山，号伴月山人。书法入平原阃①奥，国初，太平守拟书"丹阳古郡"四大字，刻石城闉，集诸名士，罕得当者。或荐冏，冏至，青鞋布袜，颇易之。既拂纸疾书，守乃惊异，厚礼以归。间用淡墨写枯荻，缀以秋虫，嫣然有致。子琛，亦能书。

尤 书 字二酉。工写山水花鸟，笔墨萧散，有隽致。时孝廉梅瞿山青画最有名，书从之游，深得师法。

倪志渊 字渟可。画山水有云林笔意，泊老，右手折，乃更以左手，亦工。

吕 慧 字定生。工画人物花卉，汤逸，字希白，隐于诗画，行颇高洁，俱有名。

梅 翀 字培翼，孝廉瞿山清侄孙。画松石多奇怪，偶代瞿山作，称神似。汪儒，字汉一，画人物秋卉疏淡有致。从西江吴云游，云作《画理悟道篇》赠之。

王之冕 字宪如，世居水阳西。精岐黄，尝为人疗目疾，有启瞽功，远近神其术，造请者踵趾相错。纂《青囊精选》，凡二卷。子寅，字希文，绍其业，郡守张勤望赠"金篦妙手"。

郭之晋 幼木强若不慧，其祖尝呼之曰"痴头"，后遂取以自号云。长于渲染，写斗鸡尤工，昂冠张距，勃勃有生气。

---

① 阃：底本误刻作"间"，据嘉庆、光绪县志改。

刘南英 字宇千。工诗，尤精琴理，著有《琴学集成》十卷，梅征君文鼎为之序。

刘期侃 字亦陶。尝客都门，从侍郎高其佩学指头画法，兴至，以手蘸墨汁，皴纹细理用指甲，大则以掌，纵横变化，校搦管濡毫，更为便捷，及成，亦不复辨。高自言得之梦中，不由师授，期侃能尽其传。

（乾隆）宣城县志

宣城县志卷之二十三　仙释

二氏争鸣，由来旧矣，其为道也，与吾徒异。顾栖真葆素，修炼有方，精气神之说，儒者取焉，列史亦多载其事。兹自窦子明而下得二十三人，所称游于方之外者耶？抑缁衣黄冠有托而逃耶？若夫侈铅汞①、矜果证，趣益岐矣，辞而辟之，以期不诡于正云尔。志《仙释》。

晋②

陵阳子明　名伯玉，铚乡人。钓于潜溪，得白龙，惧，解钓拜而纵之。后得白鱼，腹中有书，教以服食之法，遂入黄山采五石脂，沸水而服之。三年，龙来迎去，止陵阳山上百余年。山去地千余丈，大呼下人，令上山半，告言："溪中子安当来，问子明钓车在否。"后二十余年子安死，人取葬石山下，有黄鹤来栖其冢边树上，鸣呼子安云。唐人诗："白龙已谢陵阳去，黄鹤还来唤子安。"子安盖其弟也。旧志，窦子明为陵阳令，号陵阳子明，避刘聪乱，学道栖真山，邂逅一隐者，引与为友。或曰即滕公发，后皆仙去。

---

①　汞：底本原刻作"永"，当误，因据文义改。
②　晋：嘉庆、光绪县志作"汉"。且注云：按子明见《列仙传》，自是汉人无疑。省志及旧县志俱标晋代，误，惟《明一统志》注云汉丹阳人，府志已改入汉，今特从之。

此本旌德志，与前文不同。今泾、旌境内多称子明修炼遗迹。

梁
杯　渡　尝浮杯而渡，故名。居行廊山，建寺曰"兴云"。

隋
智　琰　扶风人。稽亭妙显寺僧，祝发京师，陈宣帝征入。会开皇十年，由宣州召对，居仁寿院，帝及妃、王并执弟子礼。乞还，敕赐钱五千贯、绢二千匹、落脂米二百斛、《一切大藏经》、玉石象十五、鹊尾炉四十九；遣大将军杨荣护行，监立伽蓝，度其徒七人，斋田二顷。仍岁赉香药存问。及讣奏，辍朝三日，以国师仪葬寺侧也。世称扶风禅师。

唐
仲　濬　灵源寺僧。有文名，李白赠诗："敬亭白云气，秀色连苍梧。下映双溪水，人如落镜湖。此中积龙象，独许濬公殊。风韵逸江左，文章动海隅。观心同水月，解领得明珠。今日逢支遁，高谈出有无。"其后有开元寺僧元孚，许浑赠诗称其"诗继休遗咏①，书传永逸踪"云云。

益　公　延庆寺僧。咸通中入讲幄，承恩礼。杨夔题其院有"讲经旧说中朝听，登院曾闻降辇迎"之句。

清　越　敬亭僧。工文，交当世士。所著《新兴寺石阶记》，词致陷诡，卒难句读。张乔赠诗："海上独随缘，归来二十年。久闲时得句，渐老不离禅。砌木欹临水，窗峰直倚天。犹期白云里，别扫石头眠。"

通　公　吴人。结庐敬亭山北，移新兴寺中院，苦修敏悟，

---
① 咏：《丁卯集》及他本皆作"韵"。

丛林所推。严绶署宣州幕,师事之。卒,绶为碑铭。

南宗禅师巨伟　北宗禅师昭　大历初,论大慧纲明实际于北山道场。

断际禅师希运　初住高安黄檗山,曹溪六祖嫡孙。大中二年,裴休知宣州,迎居开元寺受法,为创广教寺于敬亭南麓,有与裴赠答诗。休赠:"自从大士传心印,额有圆珠七尺身。挂锡十年栖蜀水,浮杯今日渡郸滨。一千龙象随高步,万里香花结胜因。拟欲事师为弟子,不知将法付何人。"师答云:"心如大海无边际,口吐红莲养病身。虽有一双无事手,不曾祇揖等闲人。"著《宛陵语录》一卷。终黄檗山。

正　元　姓秦氏,本宣人,卓锡于福州之龟山,尝述偈云:"沧溟几度变桑田,惟有空虚独湛然。已到岸人休恋筏,未曾渡者要须船。"

宋

可　勋　有禅行,作庵城山寺侧,曰卧云。太平兴国召对,问曰:"卧云深处不朝天,因何至此?"勋曰:"天晓不干钟鼓事,月明岂为夜行人。"因赐还山。

慈照禅师聪　景德中开堂广教寺,偈颂传于时。其徒文鉴工诗,梅圣俞引与酬唱,赠以诗。读书夜坐①冷无火,掩卷遂成摇膝吟。始忆高僧将偈去,安知古寺托云深。寒堂正睡远钟发,野鸟乱鸣残月沉。明日呼儿整篮舆,欲烦重过小溪阴。门人景模集其遗诗,李常序之,张商英及滕元发复为之跋。

大慧杲禅师　奚氏子。母梦神人送岳北禅师来,遂有身,生时白光透室。后开堂临安府径山,称普觉禅师,为佛教正宗。与张子韶论格物致知之义甚精。

---

① 坐:《宛陵集》及府志、嘉庆、光绪县志均作"寂"。

卷之二十三　仙释

元

广教寺僧坚　能诗，为名流所许。王章尝次韵赠之。矮窗宜晓取朝阳，高槛凭虚接莽苍。咒水钵中浑①是幻，坐禅床上竹偏长。不须沽酒供彭泽，耐可吟诗伴石霜。想见六时天乐下，散花吹满衲衣裳。

贺士迪　邑人，玄妙观道士。善祈禳御灾，成宗召入京，赐号"真人"，并宝剑、玉鼎、玉环、玉圭各一，楮币万缗，给车服鞍马，从幸两都，乘传还山卒。其徒嵇天仁，从真人侍阙下，大德初驾祠万寿宫，天仁赞礼，帝问："彼非嵇法师耶？"自是呼姓而不名。历玄妙观提点，领本路诸宫观事，赐金襕紫衣。延祐间卒，葬城西五里，贡奎铭其墓。

汪天骥　泾人，玄妙观道士。能诗，其《偶成》云："青山招客隐，黄叶送秋归。"《冲妙观》云："春深自种云间玉，雨后来看洞里花。"《暮春》云："为爱云根绿锦苔，柴门花落昼慵开。竹窗读罢南华卷，蝶梦蘧蘧枕上来。"皆惊②句。

姚友文　字子纯③，邑人，麻姑冲妙观道士。能诗，雅受知于贡学士奎，尝建天游亭，奎为记。施琪、何儒行有赠答。

明

张邈遢　相传曾寓玄妙观凝虚院，人莫识，乃留姓名于壁间，院中至今不生蚊蚋。

金碧峰　有道行，习天文家言，栖敬亭石岩。太祖至宣州，幸其地，跌坐④不起。露刃临之曰："汝知有杀人将军乎？"应曰："汝知有不惧死和尚乎？"异而谢之，问以所向，决胜如其言。后召入京。

---

① 浑：嘉庆、光绪县志均作"莲"，当是。
② 惊：原文如此，疑当作"警"。
③ 纯：此字底本原被铲削，据嘉庆、光绪县志补。
④ 跌坐：底本原作"趺坐"，误，径改。

海　公　字古拙，延寿寺僧，精戒律。永乐初召对称旨，赐宫制百衲以归。

法　通　字从石。两开堂于广教寺，习老庄，注《逍遥游》，兼精于诗，如"断霞迷远郭，残月冷空山。树影千年月，江声九派潮"，为人所诵。著有《谭品余签》。

大　慧[①]　宁信寺僧。掩关七年，使寺众以针刺体，液出皆成乳。未几，辞往峨嵋，至黄池镇胜果寺，谓其徒曰："予从此逝矣。"趺坐说偈而寂，口中火出，燔其体至尽，独脑不毁。贾人为建塔。

如　圭　号觉一，景德寺僧。历游名山，通大小乘戒法。崇祯丙子[②]，止静黄蘖茆庵，阅《石屋语录》，遂示寂。著《苦海浮囊》《在家尸罗》等书。

国朝

粤西僧济　号石涛。住敬亭广教寺，能诗，尤工画，云烟变灭，夭矫离奇，见者惊犹神鬼。尝自题曰"孤峰奥处补奇松"，又曰"峰来无理始能奇"。吴肃公、梅清、梅庚与之游，每数称之。

[①] 大慧：嘉庆县志作"大惠"，并有注云：旧志本作"大慧"，考塔铭名"大惠"，今改正。

[②] 丙子：嘉庆、光绪县志均作"丙寅"，误，崇祯无丙寅年。

卷之二十四 艺文一

宣城县志卷之二十四 艺文一

传曰："言之不文，行而不远。"不朽之业，古人盖綦慎之矩一方之利病，与夫事之本末废兴，征信者将于是乎在，顾不重欤？唐杜甫因时遇物，形诸篇什，论者谓为诗史，然则歌咏所存，苟可备参考而稽故实，广而传之，亦志助也。其他摛华挦藻，无关一邑者，概不录。志《艺文》。

艺文一 表 疏 记

表

请行礼乐化导表 唐裴耀卿刺史[1]

略曰：州牧县宰所守者，宣扬礼乐，典书经籍所教者，返古还朴，上奉君亲，下安乡族，若皆和气浃洽，自然化理清平。由此言之，不在刑法。圣朝制礼作乐，虽行之自久，而外州远郡俗习未知，徒闻礼乐之名，不知礼乐之实。

窃见乡饮酒礼颁于天下，比来惟有贡举之日略用其仪，间[2]里之间未通其指。臣在州日，率所管县与百姓劝导行礼奏

---

[1] 底本原无作者，据嘉庆、光绪县志补。
[2] 间：底本原误刻作"问"，据万历府志卷十四、《唐会要》卷二十六改。

(乾隆)宣城县志

乐,歌《白华》《华黍》《由庚》等章,言孝子养亲及群物遂性之义,或有泣者,则知人心有感,不可尽诬。

但臣州久绝雅声,不识古乐,伏计太常具有乐器,大乐久备和声,伏望令①天下三五十大州,简有性识,于太常调习雅声,仍请笙竽琴瑟之类各三两事,令比②州转次造习。每年各备礼仪,准令式行礼,稍加劝奖,以示风俗。

又以州县之学,本以劝人,禄在其中,闻③于学也。今计天下州县所置学生不过五六万人,及诸色并国子每年荐举擢第过百人已上,虽有司明试务在择才,而学校衰微居然可验。州县补学生之日,皆不愿为远郡,送乡贡之时,多有不愿来集,恐成颓弊,不可因循。伏望详择其宜,微加劝革。

宣州监务谢表　宋沈　括

自速深辜,敢卜投躯之地;上繄宽典,过叨守土之优。藐孤进之一身,荷再生之至造。循惟忝冒④,深自震惶。臣某中谢。

伏念臣江海孤踪,生遭盛世,弓冶未习,素无异能。始缘辇毂之误闻,上辱朝廷之荣选。五更使指,八践词林。非常之恩,或兼辰而赐对;躐次之举,不逾岁而屡迁。校前世获遇⑤之多,要古人报国之义。纵未得其死所,敢有爱于生前?志未见于事功,身已罹于罪议。上辜任使之意,下负生平之心。泥首追愆,汗颜待毙。

荷至神之隐恤,不责备于蠢冥。俯烛危诚,曲传轻议。可玷列城之寄,不失善国之安。负戴之心,顾太山而可挟;保全之

---

① 令:底本原作"今",误,据上改。
② 比:底本原作"此",据上改。
③ 闻:底本原作"间",据上及嘉庆、光绪县志改。
④ 冒:底本原误刻作"目",据府志及嘉庆、光绪县志改。
⑤ 遇:底本原误刻作"过",据上改。

志，抑朽骨之重生。此盖伏遇皇帝陛下至德下临，大明委照。尚念孤微之绪，素无左右之容。特宽吏议，而使之省循；过假州符，以观其补报。天地之恩有限，圣神之赐难名。苟效死之有阶，非没身而不已。循践此语，灰粉为期。

疏

奏免雪梨疏　明王　完巡按御史

略曰：按属宣城县每岁贡梨四十斤进太庙荐新，又用四千五百斤解赴礼部转进内府，分赐各衙门食用。此以下奉上，非泰也。第尝考之《会典》，止开南京供荐，未有进北京之文。臣闻前梨其色味固与诸梨同也，士民矫揉其色，名之曰"雪梨"，实欲贾虚誉以罔市利①。圣祖定鼎金陵，每岁仅拟梨四十斤，宣城近在畿服，任负可至，虽多取将不为虐②，则寡取之，我圣祖爱民之仁，盖欲节其力而不尽也。于时如直隶、河间并山东等处亦有"脆白"等梨，香美甲于天下，而不以纪贡者，地远民劳，无益而有损故也。

厥后迁都冀北，于河间等处最近，亦犹宣城之于金陵，又何舍③近图远，尚尔取办于宣城之雪梨乎？况此梨皆每二十斤计可一篓，一篓之费虽百钱未了也，顾船七只，支银一百二十六两，官一员，部支给盘缠三十两，园户四名，盘缠百倍于官，较其梨价才十分之一耳，果何益哉？幸而抵京，则经该内官生事需索，少不如意，动辄指摘解领之失，往往逮系瘐死于狱，无所抵告。吁！以一梨之微，偶因获荐庭实，而其流祸至于如此，君门万里，其谁赴诉之哉？

---

① 利：底本刻作"刘"，显误，据嘉庆、光绪县志改。
② 虐：底本误刻作"虚"，据嘉庆、光绪县志改。
③ 舍：底本误刻作"会"，据上改。

(乾隆) 宣城县志

臣思此梨专为荐新而设，宁神之道莫大于得四表之欢心。今以一贡而宣民疲于奔命，劳民伤财，铸为怨府。伏望皇上远祖三代慎德之道，近守祖宗仁义之法，毅然赐罢，永为蠲除，以培我国家仁寿之脉于亿万斯①年，岂非一盛德事哉！

正德辛巳年奉圣旨："南京太庙照旧办解，其进贡到京既过时朽败，以后不必进。礼部知道。钦此。②"

奏止宣泾养马疏　　杨　鳌巡按御史

为乞复旧制，以安人心、弥祸变事。

据太平推官朱孔扬、安庆推官李钦昊呈称：遵依取宁府属并高淳派马始末文卷，及拘宣城应审民人刘贤六等逐一查勘明白，并督同知县宣城方一桂、高淳刘启东各从公会处。随据各结称，洪武年间，因宣城民刘汉价买溧水县分拨高淳民卞立等③相国圩田二千一百九十余亩，又鰔鱼、毛二觜马荡田地二千六百二十三亩八分，买后自用工力于前马场内开垦成熟田地一千五十三亩六分；又唐巽三等各原买该县象场一千三百七十五亩，认佃象场九百七十三亩。遇造黄册，照例寄庄该县纳粮当差。以致该县民甘蕙萱等妒买结仇，于正德十三年设端呈告该府县申奏，要将高淳领养蒙城等额定马匹改派宣城分养。土民吴孟学、金琏节情具奏，蒙行巡抚吴委官于嘉靖三年七月内亲诣彼处查勘。宣城系坐万山，额无草场，开国以来即无养马，及验太仆寺主簿厅先年倪给④事中等官会议定派马政手本，并无来历，相应分豁及踏勘得

---

① 斯：底本原误刻作"期"，据上改。
② 后四字底本原无，似语意未完，今据嘉靖府志卷六、顾炎武《天下郡国利病书》第九册补足之。又，礼部，万历府志作"二部"。
③ 卞立等：底本原作"下亦等"，显误，此从嘉庆、光绪县志改。嘉靖府志卷六作"卞立等家"。
④ 给：底本误刻作"结"，据嘉庆、光绪县志改。

卷之二十四　艺文一

刘贤六等前项开垦田地草场已经尽数退还该县管业。因该县人民意欲推马，故不收籍。

延至嘉靖四年，又行申禀本院，照彼情词，将伊额领蒙城等县马三百十九匹，称说本府先年虎狼为患，寄养蒙城等因，奏派宣城五县领养。因民不服，将情奏行抚按衙门，会委推官朱孔阳、李钦昊同应天府通判夏元、推官赵仪、宁国府推官周宪逐一查勘得：宣城等五县委坐万山，额无草场；又查本寺手本，洪武至今并无养马并寄养蒙城等县情由。蒙将前项议派马匹，仍令该县照旧牧养，但称该县民疲，差解浩繁，议将该县递年原出办驿站银共一千四百五十两三钱改派宣城等五县出办，每年本府俱解赴应天府交割，各遵承领应付，以后再无致累。该县其刘贤六等原买相国圩田地、鰔鱼等猪马场，唐巽三等原买并佃象场，俱照数退还，高淳县径自召民承佃，应纳粮差。唐正六等原佃当涂县无干象场，仍听各户照旧承佃，办纳钱粮。不许各县指此告攀领马。如违，各甘重罪。

等因据此，随该各职会同夏元、赵仪、周宪会勘得，退出田地肥瘦不同，合令该县搭配均匀，径招无业人领种，先尽先年养马人户，次及近便居民，不许奸豪攘夺。又刘贤六等产业所去既多，情在可悯，合行宣城县查将各户杂派差徭量免十年，以示优恤，以后不许指此为由，再与高淳人民结构。如此，则宁国虽不养马，却分养马之差，众轻又复易举；高淳虽仍养马，却无养马之累，差科似已尽除，实为彼此两便。

等因据此，会同巡抚陈参照得，为政以安民为先，圣意以便民为训。今观各官勘处情节，于事体颇亦周详，及据各府呈报缘由，于民情又已承服，彼此既便，似在可行。乞敕该部查议上请，俯赐施行。

(乾隆) 宣城县志

奉①圣旨："该部知道。钦此。"该兵部勘得，巡抚应天陈、巡按御史杨俱题称，先任巡抚吴议将高淳县官马分派宣城等五县均养，虽是少苏高淳一县之困苦，而未足以服宣城五县之人心，以致聚众扰攘，奏行再勘。已经会委各府官查勘明白，又经再行各县人民承服无词，是亦通融均处，民不偏累，合无依其所拟，仍戒饬各该府县官毋得徇私，再起衅端；及晓谕所属百姓，今后务要安分守法，毋干刑宪。等因。嘉靖五年三月二十七日，本部尚书李越等具题，二十九日奉圣旨："是。"

题改食盐疏 明户部题稿②

户部题为民隐堪怜，有额无盐，仰吁圣明垂仁，敕议增课复制、裕国便民事。

据山东清吏司案呈，崇祯九年十二月廿八日，奉本部送户科抄出直隶宁国府民陈士京等奏前事内称：宁郡六邑，洪武初计口授盐，派有引额。嘉靖时额引盐五百七十斤，部册明载。至万历间，竟无粒盐到埠，止有空引投销，即官府时加征督，而商亦不至。以宁间万山之中，离江五百余里，夏月水溢，仅有宣城北路一线通舟，其余五县皆山溪迢远，肩摩步担。至秋冬干涸，即此一线亦不能达。夫路既阻远，计其斤数不足为搬运之费，讵可望商人至耶？则宁郡所派之额，适以资其别卖，而额引之课，亦非商之为宁输矣。盐既不至，小民不得不于浙省近地③私贩济用，而捕缉株连良民，又皆为圣明之罪人，是宁课只入私贩，而宁民徒陷法网。伏思高淳、溧水去江少远，皆蒙特恩准行食盐，宁国犹在高、溧之南，去江逾远，独不蒙④皇上一轸念乎？伏乞垂怜无盐之苦，究商人不至之故，念小民私贩之因，敕下户部详议，

---

① 奉：底本原误刻作"志"，据嘉庆、光绪县志改。
② 底本原无此五字，据康熙府志及嘉庆县志补。
③ 省近地：此三字底本原误刻作"当匹地"，据康熙府志及嘉庆县志改。
④ 独不蒙：此三字底本原空，据康熙府志、嘉庆县志补。

卷之二十四　艺文一

照高、溧事例准行食盐。即不然，查复祖制，俾得裨补路费。四季江挈河①，由采石不致冬底干枯。酌增引数，别立宁盐，令徽、西、土三商兼运到埠，则六邑无万②生灵万万世感戴皇仁，而宁郡盐法永永无弊矣。且增引则增课，官盐通则私盐绝③，而向之食私者，今皆无不课之盐，岁可得数万金，稍佐军需，是上有以裕国家之用，下可以济百姓之苦也。等因。崇祯九年十二月二十四日奉圣旨："该部看议具奏。钦此。"

到部送司，奉此相应具覆。案呈到部，该臣等看得：宁郡六邑环绕皆山，原行两淮纲盐，据奏自万历年间并无粒盐到埠，纲商止以空引投销，而盐则卖于沿江一带。府县虽加督责，亦不能行，总由艰于转运，商本亏折，驱之不前者，势也。宁民无奈，不得不贩食浙之私盐，至罹法网，无所控诉，非一日矣。今为疏通之术，应照邻邑溧水、高淳以行食盐二万引，而斤重挈运一如其例。路由采石转运，俾无涸阻之虞，则商必乐趋，地方不至于茹淡。岁可增余课、辽饷、割没等银一万七千余两，以抵两淮无着食盐缺额之数。至于引价，每引四钱五分，督令徽、西、土三商每年听部酌量，上纳本折以充军饷，填单关引，行盐毋许迟缺，则此引价九十两，实可充增募之用，一举而上下交利，是诚事之可行者。然浙盐每侵淮地，合敕两淮内臣并巡盐御史严禁浙盐，毋令挽越，致壅纲食，庶可行之永久耳。既经该司查呈前来，相应覆请，恭候命下，钦遵施行。崇祯十年正月二十四日具题。

本月二十七日奉旨："这宁国盐食引目、斤重、挈运，照溧水、高淳例及改由采石、芜湖到埠，并每岁增课银两，抵补两淮缺额；引价照数每岁听部酌量，上纳本折，填单关引，以充军饷事宜，俱依议。其严禁挽越，免壅纲食，着该监及巡盐御史着实施行。"

---

① 各本皆如此，此前后似有脱误，以致语涩难通。
② 无万：底本原作"无高"，误，据康熙府志及嘉庆、光绪县志改。
③ 盐绝：底本原误刻作"金把"，康熙府志及嘉庆、光绪县志改。

399

(乾隆）宣城县志

题请黄连全折疏　国朝钟有鸣巡按御史

为宁连年久不产，远方购觅维艰，仰祈睿鉴，改折以充国用事。

伏惟我皇上法古绳今，信孚四海，钱粮项款悉照万历年间征派，诚唐虞再见，万姓欢腾。臣巡历宁国府，据该府六县绅衿耆民刘维仁、秦凤仪等连名呈称：宁郡古称宣州，方书所谓"宣连"，唐、宋入贡，元朝罢之。洪武定制，太平县岁进正贡四十斤。至万历年间裁减其半，止折色二十斤，征银六两。其宣、南五县岁派黄连一千七百斤，每斤折银八分。后酌照芜湖常价，每斤加足三钱，派于六县征银解部。此万历间《全书》并顺治五年以前会计可按也。向蒙操抚具疏入告，部覆尚征三分本色之一。但五县原非所产，即太平一县旧岁土连根已挖绝，值今楚蜀道梗，采买维艰，徒累血比。恳念穷黎，为民请命改折，庶输将无误，民困获苏。等情到臣。

随行徽宁道查议，今据该道孙登第呈称：照蒙前因，备行宁国府酌查。续据该府知府秦宗尧申：该本府看得，府属黄连不惟艰买，抑且难解。太平县土产既绝，宣、南等五县采办尤艰。所有应解一分本色黄连，情愿照布政司十三年定价，每土连一斤价银三两二钱，全征折色①，解赴藩司汇解，民乐输将。等情到道，看得宁郡六邑额该黄连一千七百余斤外，太平县岁进土连二十斤，历来俱解折色，《全书》可考也。迨我朝因川途阻滞，亟需土连，故尽改折为本，是以积欠未完。蒙前操抚李特疏具题，部覆八年以前照旧全折，九年以后改折三分之二，余一分本色五百六十九斤一两，并太平县贡连二十斤，历年积逋终不能完。本道节行提比，敲扑徒施，号泣求免。本道触目伤心，如同瘝痛。今士民公呈，该府确议，应照藩司定价每斤三两二钱，诚属至

---

① 色：底本原刻作"包"，当误，据康熙府志改。

当。但折银解部转发别买，难免水脚之费，合无每斤除三两二钱之外，宜加脚费银八钱，共合四两，一通作正征解，以苏民困。

等情到臣，该臣看得，黄连一项关系上供，宣、南等五县额解黄连素不土产，惟太平一县旧有贡连二十斤，亦年久根株尽绝。明季俱征折色，至我朝改征本色，批差里民四方构觅。但黄连产自滇蜀，今值路途梗阻，货物缺集，是以数年积欠未完。故前操抚臣李日芃具疏题请，部覆以编价既少，黄连又非土产，今所用不多，改折三分之二，仍用本色三分之一并解，此亦部臣轸恤民隐之深意也。查九年至今，二分折色俱已全完，其一分本色所编之价今昔悬殊，即日事追呼，万难措办。臣愚谓黄连即太医院备用，必须蜀省为佳，宁连既绝土产，部覆所用无几，若以皮骨仅存之民，而必欲竭办难得之物，诚非所以计邦本也。臣至宁郡，士民遮道哀号，每斤愿输四两之数，此亦汤火望苏不得已之诉也。伏乞皇上洞察残黎，俯将一分本色黄连准改折色，征银解部，庶百姓省采办追呼之苦，而国家稍充军需之用矣。此系地方疾苦，不得不冒昧上闻，统祈敕部议覆施行。顺治十三年四月二十九日题。

记

响山亭新营记 唐权德舆

元和二年冬十月，宣城长帅[1]、中执法、襄阳郡王路公作新亭新营，凡周月而厥功成，书时，且便于人故也。先是，郡城之南厄陬硗确，山木不剪，樵门不开。公因暇日观视原野，直南一里所，得响山焉，两崖耸峙，苍翠对起；其南得响潭焉，清泚可

---

[1] 帅：底本原刻作"师"，于义不通，因据《全唐文》卷四九四改正。

(乾隆）宣城县志

鉴，萦回澄淡①；又其南则博敞平坦，澶漫逶迤。从古之隙地，是邦之休利，目与心会，阒然自得，述以条陈，实蒙可报。

乃量日力、计徒庸，辟于斚中，成是坦道。揭东、西二亭于双峰之上，相距百步。华轩峻宇，皆据胜势；广厦疏寮，可栖灏气。碧山亘目，清流在下，跨以虹梁，抵兹近郊，因其爽垲，乃列营署，度野以步，度堂以筵，上栋下宇，各有区处。规地之广袤，分左、右营部焉，牙门亲军而下，左至八，右至七。既而左次莽平，采石之师与宴设堂又在焉。广场闲馆，窈窕萦带，可以阅军实，可以容宴豆。度羡材则不费，因悦使则不劳，巽之申命，师之畜众，楚庄之鲍居，卫文之楚丘，得其时制而不烦官业，尽在于是。

爰初，舆师②所处在郡之北偏，地泐垫下，水泉沮洳，积弊不迁，介夫病焉。至是则修武备，建长利，兴寝得安其室处，坐起以观其习变。而公又飨士于斯，娱宾于斯。公之心泰则神王，神王则中和旁达；士体宁则气全，气全则余勇可贾③。夫然则不出梡阶俎豆之间，而威仪交修，上下浃洽，在此物也。以公之平粹淑均，天资吏师，昔尝四剖④符、一司武，皆有利泽施于州壤，及是则贵为元侯，疏以大封，推心术而行于理⑤所，繇属城而流于支郡，程功底绩，观发知智，亭与营之制宜乎哉！前贤之以循政闻者有矣，而遗于是，岂徯公之为而裕斯人也？

---

①　澄淡：底本原作"淡幑"，似误，据《权载之文集》卷三十二及府志改。又，《全唐文》作"澹淡"，嘉庆、光绪县志作"沉淡"，今皆不从。
②　舆师：底本原仅作"师"，府志、《权载之文集》《全唐文》均作"舆师"，因补改之。
③　贾：底本原作"鼓"，他本皆作"贾"，因改。
④　剖：底本作"部"，据《权载之文集》《全唐文》改。
⑤　于理：底本原刻作"千里"，据《权载之文集》《全唐文》及《宣城右集》卷四改。

凡由此途出者，东南抵于歙，西南抵于泾，肩摩毂击，往返自便，绝东溪有浮桥，过西亭得莲池，触类滋长，皆为绝境。公以鄙夫《春秋》之徒也，绘而传焉，使实录于石。时三年夏五月记。

昭亭山梓华君神祠记　唐崔龟从

会昌元年十一月，宣州刺史崔龟从记曰：余长庆三年从事河中府，一夕，梦与人入官署，及其庭，望见室内有人当阳，仪卫甚伟，又一人侧坐，容饰略同，而皆隆准睢目，搦管视几，状若决事者。因疾趋及阶拜，唯而退。行及西厢，视庑下牖间文簿堆积于大格，如今之吏舍。有吏抱案而出，因迎问曰："此当是阴府，某等愿知禄寿几何。"吏曰："二人后且偕为此州刺史，无劳阅簿籍也。"余时试评事，官不期达，因自念曰："得为郡，足矣。"及出门，又见同时从事席地而樗蒲。既寤，大异之，仿佛在目，惟所与同行者梦中故知其姓名，是常所交游。及觉，遂忘其人。明日入公府，话于同舍，皆故为吉解，曰："君梦得郡而又见樗蒲，君后当如王公节临蒲州乎？"尔后每入祠庙，辄省所梦。当时屡谒河渎，及为华州，拜西岳，屋宇神像皆非梦中所见。

前年四月自部侍郎出为宣州，去前梦二十年矣。五月至郡，吏告曰："昭亭神，实州人所严奉，每岁无贵贱必一祠焉，其他祈祷报谢无虚日。以故廉使至，辄备礼祠谒。"余因祗谒庙下，既易公服，盥手执笏而进。及门，恍然屏上有画人抱案而鞠躬，梦中之吏也，入庙所经历，无非昔梦，惟无同行者。及归，私以告妻子。

明年七月得疾，苦下泄，尤不喜食，暮夜辄大剧，因自诊前梦，以为吏所告者，吾其终于此乎？因心祷之。既寐，又梦。晨

403

(乾隆)宣城县志

起视事如常,时①将就便室,及侧门,有家吏姚贵者附耳言曰:"左府君使人传语。"闻之心悸而毛竖,意其非常人。就室,未及坐,有一人戎服捉刀,奔趋而入,视其状魁岸,面黝而加赤,不类人色,紫衣黬剥,乃昭亭庙中阶下土偶人也。未及语,余厉声问之曰:"我年得几许?"遽应曰:"得六十几。"梦中记其言,及觉,遂忘其奇数,意者神不欲人逆知其终欤?

迟明,自为文以祝神,具道所以,命儿、侄持酒牢以祷。先自疾作,医言疾由寒而发,服热剂辄剧,遂求医于浙西廉使卢大夫为仁,命医沈中象乘驿而至。既切脉,且言曰:"公之病热过而气壅,当以汤治之,药剂以甘草、犀角为主。"如其言,涉②旬而稍间,经月而良已,自以为必神之助。又自为文以祝神,因出私奉修庙之坏堕,加置土偶人马,垣墉之绘画者一皆新之,大设乐以享神,自举襟袖以舞。始长庆感梦之时绝不为五木之戏,及至江南,方与从事盛为呼卢以赌胜,至是又验云。

嗟乎!鬼神之事,间见于传记,烂漫于传闻,其为昭昭,断可知矣。然而圣人不语者,惧庸人之舍人事而媚于神也。吴越之俗,尚③鬼,民之有病者,不谒医而祷神,余惧邑人闻余感梦之事,而为巫觋之所张大,遂悉纪其事与祝神之文刊之于石,因欲以权道化黎氓,使其知神虽福人,终假医然后能愈其疾耳。

叠嶂楼记　唐独孤霖刺史

郡地四出皆卑,即阜以垣,故于楼为易,而赋名必著。其当正据扉,亦雄旴竞侈,由是缭步逾千,方目相瞪,则壮邦丽廨之勋,慊在第一。繁丝机罗,错卉障锦,春以融;独峰揉云,双波

---

① 时:底本误刻作"将",他本皆作"时",因改。
② 涉:此字底本原缺,据《全唐文》卷七二九及府志、嘉庆县志补。
③ 尚:此字底本原脱,据《全唐文》补。

404

屹风，暑以澄；晓黛嚬①入，夕蟾娟来，秋以扬；云并半空，冰偏一岸，冬以明。此概举尔，觌缕不尽也。

然而月话方狎，烛醉始酣，则防城健卒筹三而环警绪至，越筵走榻，汇呼族噪，虽黄度展和，不能不忧而歔。向之历举四美，悉估而倍之，不足赎矣。

予春至，逮秋偶步池北，得小亭之直上，居然最胜。因命植橑斗梁，出城屋之脊。周方数间，小亭如初，而中与诸楼相差者，自为一地。其上则朗出高际，平与空等，向所谓越噪者不复游虑，则其四美不俟说而闻，不假到而见。非闻非见，其然也；始闻始见，其向之未必然也；且闻且见，而今之所以然也。向既举概，今不可默。夫北望、条风、清暑之流，皆偏擅攸戬，莫全厥美。或能伸左臂，或睇右目，或独全正面，总而有诸，则我无许，斯又不闻不见，而以其然为然矣。

郡以溪山著名而溪小负，则叠嶂之命为宜。至于阑干蹋道、沙子门户等，咸有曲旨，成于新致，举之则缕，将烦于概，故抑之，而中地亦晦而不彰。

咸通十二年十二月辛亥书。

宣州筑新城碑记② 南唐韩熙载

我唐中兴三叶，圣历再周。义声腾于九有，灵光施于八埏。用将下武，克奸勍敌；重营坚壁，以制不虞。乃诏宁国军节度使、检校太尉、同中书门下平章事、都督宣州诸军事、宣州刺史济南公筑此新城。

宁国重藩，宣城奥壤，星分牛斗，地控荆吴。扼天下之咽

---

① 嚬：底本作"颒"，《全唐文》卷八〇二作"颦"，今从《方舆胜览》卷十五及府志、嘉庆县志改。
② 本文为节选，全文见万历府志卷十三、《全唐文》卷八七七。

（乾隆）宣城县志

喉，作关东之襟带。雄加侯甸，必须良将之筹谋；势压江山，实假崇垣之壮丽。于是特飞凤诏，命展金埔。公乃选五稼丰登，二农闲隙，遂敷心计，因著土功。是以将校呈规，工徒献艺，士皆乐往，民以悦来。荷长锸以成云，陈丰畚而翳日。因高就远，以日继时。万堞才成，坚同石堡；四门始毕，俨若玉关。爰自壬戌岁二月兴役，至癸亥年三月毕工。

所筑新城，自金光门西北转至旧城崇德门东北角，长五里三百三步；从崇德门以南转至金光门东，长四里三百三十步。新旧城共长一十里一百九十三步。新筑濠堑，亦从金光门绕新城转透出大溪，长八百九十四丈，深三丈有余。造成大楼八所，其诸敌楼、桥道不可殚书。由是千①雉丰余，重门超忽。飞阁神行而耸汉，璇题月照以罗空。层檐翼舒，雕槛虬跃。高陴矗而山屹，方橹磬以洞开。排画栱以星攒，下临无地；走长廊而云布，横射遥天。别一带之寒江，自为天堑；环千寻之深洫，宛是汤池。固可藩屏皇居，折冲万里者也。美哉，城之为役也！暂劳永逸，既不骞而不崩；有备无虞，信可大而可久。铭功勒石，以播无穷。铭见次卷

修观风叠嶂楼记　宋边　肃知州②

夫鼎新者故之宗，革故者新之裔。今宣之崇闉，艮有观风，癸有叠嶂。昔之见也辟于宗，今之葺也履于裔，盖取诸大《易》之义乎？则知建葺之理，屈而不伸，使憧憧之民、济济之士，唯顾谓雉堞有栋宇焉，弗知栋宇有器用矣。

粤若郁蒸斯盛，垫隘攸暨，守登是高，纳薰灼于前，穆清风于内，即知民之炎曚沸勃，思缓图禁，决滞讼，去阿浊，彻蔽涸，可以导淳和之气，绝氛祲之虞，与民共之。其或涸冱凝睇，

---

① 千：底本原误刻作"十"，据《全唐文》及府志改。
② 知州：此二字底本原无，据本卷体例补。嘉庆县志作"知府"，小有差误。

严洌敛容，守登是观，盼委巷，瞩穷氓，即知民有声思煦姁，貌思鞠育，可以弭矫时之利，竦济本之方，与民共之。其有阴霾翳鉴，噪托动警，闲侦未臻，良慝未露，驰介睥睨，喧默立伺，可以卫翼郡防，御袭戎备，助佑牧守，抚驭酋豪。

复乃租计传至，按察命行，延陟晤言，远睐俗瘵，瞰稼丰约，眦人淑厉。外奉燕赏，内省瘠腴，可以审险易之区，辨淳浇之玩。一览于目，四顾在怀，有兹宛而彰，积而茂，挹而益濡，揭而益耀，信乎唐独孤使君尽四美在古，迄于今名实不昧欤！

载念年祀寖远，基构攸斁，栋宇虹蚀，瓦驳鸳痟。扶倾之木风煤，仆踬之墉冰泮。登跳猬缩，举趾蠖伸，咸起于不吊之叹哉！乃达四聪，旋整二宇。郢匠运斤，不移于质；楚材是干，不增于华。甍戢载飞，栱贞匪绣。象物熙熙，夺春台之观；燕羽扬扬，集贺厦之荣。始知其污也晦于用，今知其隆也裨于时。芳躅曷坠，清规绰嘉，讵尚乎韬霞摘星之异尔。

肃忝充枢职，出牧陵阳，金龟一交，玉蟾再望，旋膺诏命，入觐冕旒。偶葺二楼之圮，幸颐二楼之用，虑斋沦于栋宇之列，乃旌振于刊勒之规。

时景德三年正月①丁未日，枢密学士边肃述。

昭亭庙记　宋梅　询

崇山浚壑，虽吐云而泄雨；珠庭福地，必因文而咸秩。川岳朝于四暨，则水旱是咨；神灵奠于一方，则岁时蒙享。况乎青苍万仞，奔走川上，天设灵府，祐于黎民，而犹墙堵颓埋②，萝茑交拱，如在之荐虽虔，请祷之人安仰？不有兴也，神将畴依？

知州清河张君，受瑞皇轩，树风江左。下车而人皆知劝，莅

---

① 正月：底本原无此二字，据万历府志卷十三补。
② 埋：底本原刻作"槚"，他本皆作"埋"，因改。

（乾隆）宣城县志

政而吏不敢欺。以谓不惠于民，举竹刑以绳罪；有功于物，郁兰蒸而张礼。暇日谓郡吏曰："昭亭祠既敝，宜新之乎？"德风斯扬，庶草皆偃。庀徒揆日，远酌于《葩经》；上栋下宇，壮逾于《羲易》。扶崩危之败址，成博敞之新规。骑置成谋，鼎支厥坏。观夫峨峨连连，排空捧烟。椒涂烂于复道，绛雪披于缭垣。初疑乎谒丹霞而入紫府，驱威神而会灵仙。凭凭绎绎，连甍亘壁。霁云收于轩庑，天光射于金碧。又疑乎册金天而拜瑶宫，吁怪状而骇人魄。

已而厥功告成，力役于终，乃咨二车①，率总戎幕吏祝嘏，宿斋雍容，笾豆有楚，肴戴斯丰。桂觞湛于流霞，箾②鼓沸于清风。罗拜阼阶，以落成功。阴灵肸蚃兮昭格，景贶氤氲兮莫穷。且夫万物有定位，惟神行乎无方；三才运乎中，惟人贞乎得一。理实相济，神无自彰。故斯庙之神，乃因而具。虽诛淫赏善，昧杳冥而何究；而扶教导俗，体昭报而斯在。夫如是有莘之降，其兴也不诬；非馨之荐，其来也有所。询登名桂籍，解带棠阴，授简成文，不遑辞避。佩仲尼之教，奚愧事人；美召伯之贤，诚惭前雅。有铭见次卷

池轩记　王安国

宣之城中有陵阳三峰，而州治在一峰之上。嘉祐三年予过之，通判杜君懿尝邂逅淮南，而士大夫称其贤者也，宴予于叠嶂楼。观夫邑屋之众，丹漆之丽，环数万家于山水之旁，而州人之闲暇，饮酒而管弦。自三峰之断裂，而桑麻之墟，舟楫之津，决属于阛阓。耕者之俯偻，行者之去来。朝阳夕阴，气象明晦，出

---
① 二车：底本原作"三车"，他本皆作"二车"，因改。
② 箾：底本原刻作"节"，误。箾，同"箫"。府志及嘉庆县志等俱作"箾"，因改。

百里之外而得夫一席之中，皆昔之骚人能士多写于文章之工者也。吾于是而乐焉，盖五代兵火时，宣不穷于剽攻燔炽之祸，宋有天命，武废不兴，元元白首，衣食于里闾畎亩，而观游之乐能侈于今日者，四圣之泽浸灌百年深也。

君懿既得其欲于闲旷之乡，遂图可以为宴闲适者，因府东为便厅，厅后作轩池，上以彻乎绮霞。酒半，与予憩其间，修竹嘉树植于檐楹之后，前而鱼游鸟舞，杂乎冠履之下上，吾所以乐于耳目之玩者，岂独快须臾行役哉？盖俯仰间有见万物之理而乐也。

君懿曰："吾劳于仕已久而得于此，吏事之来也有间，四方之人或旷时而不至，思夫败日月于簿书期会之不訾，而敝舆马于宾客造请之无已，宜其久此而不厌也。然吾去也有期，而后来者莫知为谁也，其林树日以蕃，鱼鸟日以乐，而有能同吾欲于是者乎？为我记之。"予曰："夫熟虑于治，而使吾民衎衎于下，然后得宴休于上，而无愧孟子所谓贤者而后乐者欤？则君懿不有志是哉！"

嘉祐三年十月十一日。

览翠亭记　梅尧臣

郡城非要冲，无迎送还往；官局非冗委，无文书迫切。山商征材，巨木腐积，区区规规，袭不为宴处久矣。始是太守邵公于后园池傍作亭，春日使州民游遨，予命之曰"共乐"。其后别乘黄君于灵济崖上作亭会饮，予命之曰"重梅"。今节度推官李君亦于廨舍南[①]城头作亭，以观山川，以集嘉宾，予命之曰"览翠"。

夫临高远视，心意之快也；晴澄雨昏，峰岭之巅也。心意快

---

① 南：底本原作"商"，据《宛陵集》与府志、嘉庆县志改。

(乾隆）宣城县志

而啸歌发，峰岭明而气象归。其近则草树之烟绵，溪水之澄鲜，衔鳞翩来，的的有光；扫黛侍侧，妩妩发秀。有趣若此，乐亦由人。何则？景虽常存，人不常暇。暇不计其事简，计其善决；乐不计其得时，计其善适。能处是而览者，岂不暇不适者哉？吾不信也。

宣城县志卷之二十五 艺文二

艺文二 书 序 铭 颂 赋①

书

与严宛陵书 晋陆 云

少长之序，礼之大司。晚节陵替，旧章残弃。瞻言令典，既慕钦承；仰凭高风，实副邦民。谨奏下敬，以藉虔款。思复未远，庶免悔吝。

答陆云书 晋严 续

奉咏美旨，流风绰远，复礼兴仁，命世之作。获尚齿之贶，无尊贤之报。抱此永怀，愧叹何有！

与崔大夫群书略 唐韩 愈

自足下离东都，凡两度枉问，寻承已达宣州，主人仁贤，同列皆君子，虽抱羁旅之念，亦且可以度日，无入而不自得，乐天知命者，固前修之所以御外物者也，况足下度越此等百千辈，岂以出处近远累其灵台耶？

---

① 底本原无此标题，据上卷体例补。

（乾隆）宣城县志

宣州虽称清凉高爽，然皆大江之南，风土不并于北。将息之道，当先理其心，心闲无事，然后外患不入，风气所宜，可以审备，小小者亦当自不至矣。足下之贤，虽在穷约，犹能不改其乐，况地至近，官荣禄厚，亲爱尽在左右者耶？所以如此云云者，以为足下贤者，宜在上位，托于幕府，则不为得其所，是以及之，乃相亲重之道耳，非所以待足下者也。

上宣州崔大夫书　　唐杜　牧

牧再拜。阁下以德行文章有位于明时，如望江汉，见其去之沓天，洸汪澶漫，不知其所为终始也。复自开幕府以来，辟取当时之名士，礼接待遇，各尽其意，后进絜絜以节义自持者，无不愿受阁下回首一顾，舒气快意，自以满足。

今藩镇之贵，土地兵甲，生杀予夺，在一出口。终日矜高，与门下后进之士商确得失去就于分寸铢黍间，多是其人也。独阁下不自矜高，不设堑垒，曲垂情意，以尽待士之礼，然后知后进絜絜以节义自持者，无不愿受阁下回首一顾，舒气快意，自以满足。此固然也，非敢苟侫其辞以取媚也。不知阁下俯仰延誉之去①就，币帛筐筐之多少，饮食献酬之和乐，各用何道？闲夜永日，三五相聚，危言峻论，知与不知，莫不愿尽心于阁下。牧虽不肖，则亦千百间其一人数也。

《鹿鸣》宴群臣诗曰："既饮食之，复实币帛筐筐，以将其厚意，然后忠臣嘉宾得尽其心矣。"《吉日》诗曰："宣王能慎微接下，无不尽心以奉其上焉。"自古虽尊为天子，未有不用此而能得多士尽心也，未有不得多士之尽心而得树功立业流于歌诗也，况于诸侯哉！夫子曰："君子疾没世而名不称。"司马迁曰：

---

① 去：底本原作"士"，查宋刻本《樊川文集》卷十三、府志均作"去"，因改正之。

"自古富贵，其名磨灭，不可胜纪。"静言思之，令人感动激发，当寐而寤，在饥而饱。伏希阁下浚之益深，筑之益高，缄镝之益固，使天下之人异日捧阁下之德不替，今日则为宰相长育人才，兴起教化，国朝房、杜、姚、宋不是过也。

牧于流辈无所知识，承风望光，徒有输心效节之忠。今谨录杂诗一卷献上，非敢用此求知，盖欲专其志，无以为先也。往年应进士举，曾投献笔语，亦蒙亟称于时，今十五年矣，于顽懵中为之不已，久于其事，能不稍工？不敢再录新述，恐烦尊重，无任惶惧。牧再拜。

移元征君书　唐皮日休

征君足下行奇操峻，舍圣天子、贤宰相退隐于陵阳，踞见青山，傲视白云，得丧不可摇其心，荣辱不能动其志，桎莘冠冕，泥滓禄位，甚善甚善！苟与足下同道者，必汲汲自退，名惟恐闻，行惟恐显，老死为山谷人矣。或名欲遗千载，利欲及当今者，闻足下之道，可以不进说耶？

日休闻古之圣贤，无不欲有意于民也。苟或退者，是时弊不可正，主憃不可晓，进则祸，退则安，斯或隐矣。有是者，世不可知其名，俗不能得其教，尚惧来世圣人责乎无意于民也，此谓之道隐。其次者，行不端于己，名不闻于人，欲乎仕则惧祸，欲乎退则思进，必为怪行以动俗，诡言以矫物，上则邀天子再三之命，下则取列侯殷勤之礼，甚有百世之风，次有当时之誉，此之谓名隐。其次者，行有过僻，志有深傲，饰身不由乎礼乐，行己不在乎是非，入其室者惟清风，升其牖者惟明月，木石然，麋鹿然，期夫道家之用以全彼生，此之谓性隐。然而道隐者贤人也，名隐者小人也，性隐者野人也。有夫尧舜救世、汤禹拯乱之心者，视道隐之人，由夫樵苏之民耳，况名与性哉！

今天下虽无事，河湟有黠寇之患，岭徼有逋蛮之虞，主上焦

(乾隆)宣城县志

心灼思,晏询夜谋,宰相战栗于岩廊,百执事奔走于朝右,然尚未复贞观、开元之大治,有致君于唐虞、跻民于仁义者,其人则鲜,其求则勤。元缥之聘屡降于山林,少微之星但明于霄汉。此真足下之所高视也。呜呼!斯时也,山林之间,宜倒衣以接礼,重迹以应命,赴圣天子千年之运,成大丈夫万世之业,勋铭于钟鼎,德著于竹素,可不盛哉!

夫主上知足下之道久矣,加以郡守荐之,宰相誉之,虽锡命屡颁,而高风转固,接物日简,入山益深。且足下将为道隐乎?则道隐者世不可知其名,俗不能得其教,足下之名尚已丹青于世矣,岂谓道隐哉?将为名隐乎?则名隐者以怪行动俗,以诙言矫物,足下之道伸之而伊夔,屈之而夷齐,岂谓名隐哉?将为性隐乎?则性隐者饰身不由乎礼乐,行己不在乎是非,足下领荐名于有司,客位于侯伯,岂谓性隐乎?然三隐者,足下皆出其表,复何为而高卧哉?如终卧陵阳而不起,是废乎古人之道者也。

仲尼曰:"素隐行怪,后世有述焉,吾弗之为也。君子遵道而行,半途而废,吾弗能已矣。君子依乎中庸,遁世不见知而不悔。"夫前三者,圣人之所不为,足下之学杨墨乎?申韩乎?何其悖于道也?足下其亦有意乎?如纳仆之言,翻然而起,醒然而用,朝廷必处足下于大谏,次用足下于宰辅。其在大谏也,以真气吹日月之翳,以正道立天地之根,先黜陟于朝廷,次按察于侯国。其在宰辅也,外以道宁四裔,内以法提百揆,俾天地反妖为瑞,使阴阳易沴为穰,然后以玄菟、乐浪为持节之州,昆仑、崦嵫作驻跸之地,又不知房、杜、姚、宋何人也。果行是道,磬南山之竹不足以书足下之功,穷百谷之波不足以注足下之善。

以足下之风可以知仆之志,以仆之道可以发足下之文,故不远千里,授书于御者,用以吐仆臆中之奇贮也。仆之取舍自有方寸,异时无望于足下。发函之后,但起无疑。不宣。

与梅圣俞书　宋欧阳修

修顿首再拜圣俞足下：仆来京师已及岁矣，未与足下别时，每相见惟道无憀赖，忆①洛中时②以为感，况尔南北一异，虽郁郁，谁复道耶？年来但不病耳。往在临清，恨无旧欢，今思临清，又不可得。事事渐不如初，人生祇尔，大可叹也。

足下素喜南方，今居之，乐否？比比得书甚乐③，不能究所怀，讶久不作诗，亦疑清兴顿损也。京师侍亲，窘衣食，欲饮酒，钱不可得，闷甚。时与师鲁一高论尔。子渐在此，每相见欲酤酒饮，亦不可得。

校勘者非好官，但士子得之，假以荣进尔。余既与世疏阔，人所能为者皆不能，正赖闲旷以自适，若尔，奚所适哉？

卖伞者回家索书，聊写区区，舍足下欲语谁耶？临纸徘徊，不免切切。

上梅直讲书　宋苏　轼

轼每读《诗》至《鸱鸮》，读《书》至《君奭》，常窃悲周公之不遇。及观史，见孔子厄于陈蔡之间而弦歌之声不绝，颜渊、仲由之徒相与问答，夫子曰："'匪兕匪虎，率彼旷野。'吾道非耶，吾何为至于此？"颜渊曰："夫子之道至大，故天下莫能容。虽然，不容何病？不容然后见君子。"夫子油然而笑曰："回，使尔多财，吾为尔宰。"夫天下虽不能容，而其徒自足以相乐如此，乃今知周公之富贵，有不如夫子之贫贱；夫以召公之贤，以管、蔡之亲，而不知其心，则周公谁与乐其富贵？而夫子之所与共贫贱者，皆天下之贤才，则亦足以乐乎此矣。

---

① 忆：底本原作"意"，据《欧阳文忠全集》卷一四九改。
② 时：《欧阳文忠全集》作"诗"。
③ 乐：《欧阳文忠全集》作"略"。

(乾隆)宣城县志

轼七八岁时始知读书，闻今天下有欧阳公者，其为人如古孟轲、韩愈之徒，而又有梅公者从之游，而与之上下其议论。其后益壮，始能读其文词，想见其为人，意其飘然脱去世俗之乐而自乐其乐也。方学为对偶声律之文，求升斗之禄，自度无以进见于诸公之间。来京师逾年，未尝窥其门。

今年春，天下之士群至于礼部，执事与欧阳公实亲试之，诚不自意，获在第二。既而闻之人，执事爱其文，以为有孟轲之风，而欧阳公亦以其能不为世俗之文也而取焉，是以在此。非左右为之先容，非亲旧为之请属，而向之十余年间闻其名而不得见者一朝为知己。退而思之，人不可以苟富贵，亦不可以徒贫贱。有大贤焉而为其徒，则亦足恃矣。苟其侥一时之幸，从车骑数十人，使里巷小民聚观而赞叹之，亦何以易此乐也？《传》曰："不怨天，不尤人。"盖优哉游哉，可以卒岁。执事名满天下而位不过五品，其容色温然而不怒，其文章宽厚敦朴而无怨言，此必有所乐乎斯道也，轼愿与闻焉。

上太仆刘公论马政书　明贡汝成

先王以国马所以讲武，讲武所以卫民，不可以其卫民者而害民也。故牧之有地，掌之有官，或主马于汧、渭，或领坊监于岐、豳、泾、宁，盖以其游牝得所，腾驹有资，水草可以牧养，旷野可以驰逐，农事弗扰，而马生且宜。欧阳公所以拳拳以置牧于威胜、平定为言，固有见于此也。

我宣庙初，周文襄公来抚南畿，跋履山川，躬视薮泽、物土之宜而布之马，谓："宣城为壤，高则岩坂溪谷，陡阻倾仄，而豺狼虎豹之所居；下则疆畷绮分，围堰牙错，而国税民食之所出，无平原胧野、水甘草软而可为群聚牧养者。"故东佽于建平，西佽于南陵，北佽于溧水，而此独不及焉，岂有私于宣城？亦惟其稿地之不可夺、财用之不可匮也。不然，则三邑者固犷俗也，

卷之二十五 艺文二

且连壤焉，当时焉得默然而无少争乎？法制一定，彼此各守百年于兹，莫之或易。

忽去岁有高淳甘蕙萱者独起而讧之，盖彼尝以其余旷草场鬻于宣民刘贤六佣垦而菑畬之，彼复忌其所获，故以分牧恐刘，刘即捐价与主，举其田而还之。彼遂以宣人易与也，嚣然而兴不知足之觊，鼓其不逞之徒，缔谋设谖，危辞危状，祈哀于当道。彼其深计厚貌，而为上者复坚主先入之见，遂眩乱于形似而有纷更之意。

夫论事当据其实，彼之为说，不过以为地瘠而民贫，差繁而赋重，愚请核其实言之。其泽则有丹阳等湖，而利侔云梦者什九，如莲藕、菱芡、苇菰、菱蒲、鸠凫、鸳鹅、鼋蛤、鱼蟹之属，一出而四方之商盐贾布、丹帛素缣，方舟辐辏，潆㴽一摘，罡麗一投，不必枯池涤薮而利兼数邑；田则有湖阳等乡，壤高场沃，率以粪易盐，诚所谓江南之上腴。而泽薮者又皆民收为利，不入贡典，田多私垦，不登国籍。故其俗不知昏于作劳，其民奢乎许史，击钟鼎食，连骑相过，匹姻贵戚，抗体公侯者不可胜计。宿宗大猾累习犷悍，结党连群实繁有徒，乡曲豪举游侠之雄凌轹州县，虽京尹之力莫之能禁。夫处沃而逸，居硗而劳，据雍而强，即豫而弱，此其地不瘠而民不贫之明验矣。

若宣城则有大不然者，地有山乡、圩乡之差，山乡则石硬而善旱，故岁丰而不足；圩乡则潢雨而沮洳，故十年而九空。幸而林麓场圃仅有草木蔬果之出，又皆毛搜发栉编之九贡，而民不得以自利，一遇风雨霜露之不时，园圃败落而复捐产鬻子，倍市以填其额。就使雨旸时若，上下皆稔，十室九空，里甲销耗。阅其籍有千亩之富家，捡其积无百金之中产。是非宣民之欲富不如彼也，其地势使然也。

昔《周官》以九职任万民，"二曰园圃，毓草木，……四曰薮牧，蕃鸟兽""以九赋敛财贿……八曰山泽之赋"。以是观之，

417

(乾隆)宣城县志

则古人固随民所任之地,以所出代赋,初未尝举其无而兼出之。彼高淳地多薮泽,养蕃鸟兽,固其所也;而我多山林园场,其毓树果蓏亦何可辞?若犹以为不足,欲兼乎薮泽之赋,亦何以异于驱彼兼出吾之园场之征?此皆吾祖宗侔天宪古之制,又安得以其意便之私而辄为纷更哉?

且永民之死于捕蛇者,或劝之,则曰:"与其死赋敛,不如死捕蛇。"夫蛇已毒而犹以愈于赋,高淳之马未必毒于蛇,而宣城之赋不啻重于永,即在我者为当避,而在彼者所宜庆幸也。既免类永之赋,又欲去非蛇之马,坐擅薮泽之利,雄于邻邑而抗乎官府,此正所谓奸民不可容者,况可听其诈而纵之?若曰彼困于马,其势不得不借纾于我,我亦以困于赋,其势不得不借纾于邻,自宣、自歙、自池更相扳挽,不至胥溺而无已也。

文襄以一代名臣定江南赋役之法,盖将期知于来哲,而明公以硕德雄才,海内望为今文襄者,所为必期准于先正,岂其不率周公之功,而狥小人以变旧法,其若先正何?公若惠顾画一,不纵其回。矜哀柔困而赐之旧,则某等之愿也。公若不惜我大患,其无乃不堪任命而蘜为仇雠,蜂虿有毒,某等不佞,其不能以宣民生矣!敢尽布之执事,惟执事命之。

奉孙抚台请蠲赈书　明唐汝迪

顷者,圣天子轸念东南民力殚瘁,简命毕公保厘江左,凡我桑梓之邦,举沐姘𡾋之泽,迪不佞窃庆踊跃,诚百恒情。乃越在西藩,无因敬询台候,兹祇役赍捧,便过里中,顾目击敝乡水患异常,昏垫之灾百十年来所未尝有,小民皇皇无与控诉,不得不哀鸣于左右以丐拯援,惟台端垂察而俯闵焉。

敝乡去岁已遭霪涝,四荒民徙者强半。然高阜之地尚有薄收,郡邑长吏多方蠲赈,仅存孑遗。尚拟今秋必能大获以苏残喘,其乘除之数宜尔也。讵意四五月间大雨弥旬,山蛟遍发,水势汹涌，五六十万圩田堤防尽决。虽百有一二力救未溃，中亦汇为巨浸，茫无疆界。数日前自于湖挽舟而上，二百里间颓垣败壁，空屋断烟，栖木浮槎，哭声震野，昭昭耳目，谁不伤心？至于山田，则闻水冲土裂，虫损苗萎，亦百年未有之变。

郡邑长吏深知民不堪命，言即堕泪，然以国税为重，明例甚严，而且逡巡于申白，从事于催科，是大病垂绝之人不加将息，而又椎斫以促其亡，其能延晷刻之生者鲜矣。伏惟台慈矜怜凋瘵遗黎奄奄待尽，仰赐回天之力，宏施破格之恩，蠲免赈贷，曲从优处，庶民生有赖，邦本胥宁，岂特一人一家世世感颂而已哉！

上操抚部院请改折黄连书　　国朝孙　襄

宁郡黄连一解，历代相沿止征折色。前朝隆、万时每斤折银八分，计价派田，仅课丝忽。后加至每斤三钱，载入条编，亦每亩仅一毫有零。即祯季①仅曹札付所称征纳本色，究仍于三钱之外稍稍议加，从未有采买百斤、五十斤驰驱解部者。《赋役全书》部院批回，昭然可据。

本朝廓清江南，西戍税租粗办，丁亥院道定制，解北药材二十二味均从宽假。戊子、己丑，小民安于四分六厘之编折，输将黾勉。庚寅，台檄下颁，陈邑令未查旧册，臆详估价，遂有加派之请。然加派数悬天壤，陈令续知时势艰难，万万不能收纳，在任三载，毫末未征。

今春县示忽张，通邑如骇。即就宣城言之，如半夏、干葛、前胡、茯苓、桑白皮等项二十一味，照依原颁经制册定价，总计新增止一千二百余两，特黄连一项以旧额一百七十两之折，而经制加至百倍有奇。且现应本年惟正之供，而并征五六七，递加之派，纵有司棰楚日敝，米珠草秃之日，其能空拳应乎？户部移咨

---

① 祯季：嘉庆、光绪县志作"正季"，嘉庆府志作"明季"，皆因避讳而改，今不从。

谓"积年黄连未经解至,正项钱粮归之何处",盖不过守故册、稽编税于郡邑耳,未尝较价川连,为宁民自有生命以来创此厚科也。

幸遇老祖台轸恤民瘼,阳春遍达,庄阅颁定由式,不使郡邑丝忽病于民间,千载一时,何能缄默?痛念民生孔蹙,地产告穷,宁郡距闽二千里,距蜀四千里,安能以不毛之贡,摇摇而盼逾江涉海之商航?况际恩赦惟新,若苏杭织造、山陕绒橘诸解,俱蠲本色。倘通悉宁属六县此解旧额五百一十两,今新增合计六属共五万五千有奇,并迭五六七与本年算之,于是一年之中勒限完纳新增二十二万有奇,庙堂闻之,必为色动。

伏恳广朝廷浩荡之仁,全亿兆膏髓之吸,或矜从旧制,或量加酌议。缮疏特请,移咨部曹,为民力拯,不致呼苍吁昊之氓,有颠连莫控之苦,所戴高厚,治襄与合邑童叟薰祝万年矣。

寄家桐崖、刘蓬庵禁私帮夫马书　　梅　庚

国初军兴役烦,民不任劳,雇贴夫头、马户应役。讵胥棍朋奸,每亩苛派银六厘,名为私帮,通计每年费地方银七千余两,咆哮勒索,大为民累。

自操江李裁减马匹,置买马田养马,马户私帮稍息。康熙二十一年,郡守王条陈六款于于总督,内有禁革马夫一条,已经行县勒石。此后上司送迎,府县公出,俱自行雇夫,民困稍苏。

今春机乘学院临府,兵胥夫头不惜重金贿通不肖绅监某某,钻营图复,幸两庠合词控府。恶等见府批严切,复诳县申文,名为夫头苦累告退,实欲以里民充夫,巧于求复。事将中变,地方亲友多咎庚等坐视不为地方请命,不得已公吁。郡守是日词色甚和,批词亦甚好,且拱手谦让云"某待罪十年,无一善政,惟此一节稍遮报颜,借重诸年翁帮衬"等语。因其美意可感,集议城隍庙,捐金勒石永禁,以伸绅士戴德之情,兼绝恶等觊觎之念。

卷之二十五　艺文二

碑石刻成，择吉五月望日竖立。早持公帖知会，忽勃然大怒云："乡绅恐其游移，立碑挟制。"传出此语，众犹不信。盖此项始终系其详革，并非绅士所能强行，即累次具呈，俱批有"勒石永禁"字样。且我辈捐金买石，舁至府前月余，镌刻亦经旬日，皆伊朝夕目睹，并无嗔怪之意；先数日将碑式呈览，亦欣然无词。何得突变至此？及相见，全不为礼，大声吆喝，以印匣掷地。众俱错愕不解何故，因其盛怒之下难于置辨，惟有自认疏忽，长跽引罪。怒仍不息，拂衣入内，掷印匣宅门外地下，声言辞官云云。赖李三公、许副戎劝释，良久方解。

无论此事原系伊详革，即使绅衿为地方求革私帮积弊，亦非说情把持之比，何得凭威逞臆，恣肆如此？总由吾党同事内有不肖假公济私，既受夫头贿嘱，转恨众正言公，此碑一立势不能复，百计献谗于当事，不云我辈挟制，则云我辈攘美，独不思碑文现刻遵奉府主王云云，有何挟制攘美之处？自反无愧可告，无罪于地方，所惜者本为地方除弊言公，而令宵小得以逞构，彼夜郎居然自大，目中不特无庚等数人，深可痛耳。事关绅袍大体，不辞絮缕，惟赐详览留意。

恳太守许公查究私坏夫马禁碑书　梅　庚

宣邑原非冲途，夫马间岁一用，向因军兴役烦，夫头马户包揽承应，辄起私帮陋规，骚扰乡里。顺治九年，蒙抚宪李洞悉民困，劝令宣民置田养马雇夫，其一切私帮名目，概行禁止。

现有马田碑据，无何，官马被裁，田非民有，奸徒仍前索诈。幸前任王公祖于康熙十八年通详禁革，已经十载，屡饬县勒碑，因循未果。康熙二十七年，机乘宣令翟初任，捏词诳禀，致绅士合词控府，续蒙王公祖严批示禁，催县单款勒石，合郡焚顶镌金，镌立禁碑于府门之右，永远遵行，迄今二十余年无异。

忽于今月日夜，禁碑无故仆地，碎为两段。庚等既恐前美就

(乾隆)宣城县志

湮，复虑后患将萌，拟将断碑重行修竖，事关利弊，理合禀明。但府门何地，启闭有人，煌煌丰碑无故扑倒，讵无见闻？显有朋谋，希图灭迹。乞加根究，自得主名。

与汪师退书　佟赋伟

春仲数行并诸碑文奉寄，知久入览矣。兹窃有商者，弟之易文昌台为南楼者，非欲媲美玄晖与北楼相颉颃也，非敢踵事增华为宾僚燕游地也，亦非好务独断以为名高也，盖实有见于正学书院为多士诵习之地，所遵者先王之道，所讲者圣人之学，日从事于人伦日用之常，以渐究夫身心性命之旨，而断不可听荒唐祸福之说有以惑之。

使于此而必奉一文昌之像，晨夕稽首，不异梵宇琳宫，曰："此非二氏之鬼神，而吾儒之鬼神也，祀事孔虔，则将锡我以科名，畀我以禄位。"嗟乎！科名禄位，果文昌司之耶？就使文昌司之，而得与不得，果系于求不求耶？此无他，皆祸福之说中之也。祸福之说不破，则膏肓之惑不解。今弟之所以为此者，直欲破其说、解其惑焉耳，而即可以默寓转移人心风俗之机，顾人之疑之，诚有如前之三说者。噫！是乌足以知余之心哉？

乃又有为之说者，曰："文昌之祀于兹楼也久矣，一旦徙而之他，焉得无怨？恫实甚。"余曰："否，否。使文昌而非明神也则可，文昌而果明神也，则其神固无所不之，而岂必恋恋于是楼之为快哉？况所谓文昌不见于史传，不载在祀典。吴街南氏谓世以张恶子为文昌为诬，而前明弘治朝倪公岳、张公九功于岿然黉序中独请毁焉，即尹公台为《文昌阁记》近千余言，亦谓文昌之说荒惑不足据，儒者所不道。然则弟之不祀文昌于此楼者，岂不为义之当、事之正哉？然而仅可为知者道也。"

伏惟年翁不惜如椽，聚精殚思构一文，就鄙意之所及而大放厥词，庶可以间执群言而垂久远，此似必不可以已者。幸即操

422

瓻，谨砻石以待。真切真切，余不宣。

与郡邑两学广文言书院会课书　佟赋伟

　　书院为前贤讲学旧地，中祀王文成公暨诸先辈，仆下车之始，即力为修葺，钦遵圣天子崇祀朱子至意，因增奉朱子合祀焉。业已敦请张进士耦韩为经师，廪诸俊彦肄业其中。

　　顾六邑诸生远近不一，致作辍无时，甚非所以造就人材、兼收并蓄意也。兹特酌行之可以久远，莫如逐月会课为便。月初二日为期，会各学诸生于明诚堂，课制艺二首、诗一首，累贤司铎主其事，课卷汇书院点勘，送仆加评，仍发学转给诸生自为详阅；卷有佳者随付选刻。昔伊川先生谓学校礼义相先之地，而月使之争，殊非教养之道，请改试为课，有所未至，学官召而教之，更不考定高下。兹窃仿行焉。

　　届期仆自亲至，即有公务，或出远方，饬役照常供给，而会期断不可以或辍也。凡与斯会者，修辞砥行，相劝相规，毋欲速，毋厌故，循循不已，匪仅以掇取科名，而道德文章、事功节义之士亦将于是乎出，又谁谓鹅湖、鹿洞之盛不可复见于鳌峰、两水间哉？是在诸君认真力行之耳。

　　昔晏元献知应天，延范文正公掌府学，公尝宿学中，训督学者，具有法度，勤劳恭谨，以身先之。由是四方学者辐辏，其后以学行知名当世者，皆范所教士也。是时，范已历仕至大理寺丞，徙监楚州粮料院家居，况现秉铎于斯者乎？仆不敢望元献，而以文正期诸君，谅所乐为从事者也。冗次信笔，不尽觙缕。

移署府文　佟赋伟

　　案照，府学左首旧有龙首塔、文昌台，乃关本学文峰。傍有正学书院一宅，因年久倾颓，本府同前马令于五十一年倡募六县官绅士民捐赀，公请举人后天祐、生员宗裴、监生孙谞督理修茸，并置买田地山场收租，以为延师训迪子弟、四季会课、逐年修葺之费。告竣之后，即将捐钱并买备物料工匠一切使用，以及田价、置买家伙等项开列，捐输姓名、出入银数，镌石立于台后。

兹本府已经卸事，所有原买田地山契三纸，并置买家伙等物，相应开单移明。为此合关贵府，请烦查照。来文事理，希会同僚属酌议可否，转行宣邑并府、县两学，将陈谷冲田地山场或可交与督修举人后天祐、生员宗裴、监生孙谦管理，每年在于府、县两学轮议斋社长各一名，公同收租，除完纳钱粮米豆并修理费用支销外，余谷存俟乡试之年易价，不论多寡，按名分封。凡有亲到府堂领钱者，在于月宫台致送，以作卷价。此举原为永远成例，即士子亦得微惠。仍取具举人后天祐等并两学斋社长经管，领状存案。

再有金宝圩孔应登原佃天柱阁田三十亩，每年额交租谷三十石，自康熙五十一年仍归正学书院收租公用。至五十二、三等年置买陈谷冲田九十八亩零，逐年所收租谷，俱经延师训迪子弟，逢季会课，修理各处输粮支销，颗粒无存，合并移明，仍祈希覆施行。

序
送刘太冲序　唐颜真卿

太冲，彭城之华望也，自开府垂明于宋室，泽州考绩于国朝，道素相承，世传儒雅，尚矣！夫其果行修洁，斯文彪蔚，鄂不照乎栘华，龙骥骧乎云路，则公山正礼，策高足于前；冲与太真，嗣家声于后，有日矣。

昔予作郡平原，拒胡羯[①]而请与从事；掌铨吏部，第甲乙而

---

① 胡羯：底本原作"铁骑"，当为避讳改，今依《颜鲁公集》卷五改正。

超升等伦。尔来蹉跎，犹屑卑位，虽才不偶命，而德其无邻。故冲之西游，斯有望矣。江月弦魄，秦淮顶潮，君行句溪，正及春水，勖哉之子，道在何①居。鲁郡公②颜真卿序。

送刘太真叙　唐萧颖士

《记》有之："尊道成德，严师其难哉！"故在三之礼，极乎君、亲，而师也参焉，无犯与隐，义斯贯矣。孔圣称颜子，有"视予犹父"，叹其至欤？今吾于太真也然乎尔。且后进而予师者，自贾邕、卢冀之后，比岁举进士登科，名与实偕，相望腾达，凡十数子，其他自京畿太学逾于淮泗，行束修以上而未及门者亦云倍之。予弗敏，曷云当乎？而莫之让，盖有来学，微往教，蒙匪予求，若之何其拒哉？

猗尔之所以求，我之所以诲，学乎？文乎？学也者，非云征辨说，摭文字，以扇夫谈端，揉厥词意，其于识也，必鄙而近矣，所务乎宪章典法、膏腴德义而已。文也者，非云尚形似，牵比类，以局于声偶，放于奇靡，其于言也，必浅而乖矣，所务乎激扬雅训、章宣事实而已。众之言文学者或不然。于戏！彼以我为僻，尔以我为正，同声相求，尔后我先，安得而不问哉？问而教，教而从，从而达，欲辞师也得乎？

孔门四科，吾是以窃其一矣。然夫德行政事，非学不言，言而无文，行之不远，岂相异哉？四者，一夫正而已矣。故曰"诗三百，一言以蔽之，曰思无邪"者，正之谓也。吾尝谓，门弟子有尹征之学，刘太真之文，首其选焉。今兹春连茹甲乙，淑问休闻，为时之冠。浃旬有诏，俾征典校秘书，且驰传陇首，领元戎

---

① 何：底本原误刻作"河"，据《颜鲁公集》改。又，前"在"字，《颜鲁公集》作"存"。

② 鲁郡公：底本原径作"鲁郡"，当误，今据《颜鲁公集》补一"公"字。

书记之事，四牡骍骍，薄言旋归，声动日下，浃于寰外。

而太真元昆前已甲科，未始间岁，翩其联举，谓予不信，岂其然乎？夏五月，回棹京洛，告归江表，岵兮屺兮，欢既萃矣，兄矣弟矣，荣斯继矣。缙绅之徒闻诗习礼者佥曰："刘氏二子，可谓立乎身，光乎亲，蹈极致于人伦者矣。"上京饯别，庭闱望归，从古以来，未之闻也。

余羁宦此都，色斯云举，彼吴之丘，曾是昔游，心乎往矣，有怀伊阻，行矣风帆，载飞载扬，尔思弗及，黯然以泣。先师有孝弟谨信、泛爱亲仁、余力学文之训，尔其志之！

南条北固，朱方旧里，昔与太真初会于斯。予之门人有柳并者，前是一岁亦尝觏兹地。其请业也，必始乎此焉。并也，有尹之敏、刘之工，其少且疾，故莫之逮。太真亦尝曰："真何敢望并？"并与真，难乎其相夺矣。缅彼江阴，京皋是临，言念二子，从予于此，尔云过之，其可忘诸？同是饯者，赋《江有归舟》，以宠夫嘉庆焉尔。诗曰：

江有归舟，亦乱其流。之子言旋，嘉名孔修。扬于王廷，允焯其休。舟既归止，人亦荣止。兄矣弟矣，孝斯践矣。称觥燕喜，于岵于屺。彼逝惟帆，匪风不扬。有彬伊文，匪学不彰。予其怀而，勉尔无忘。

送杨屯田知宣州诗序① 　宋　杨　亿

屯田郎杨君，稽古博达士也。始以偃商之文学决科公朝，终以龚黄之治行陈力官次，凡再历二千石，皆以课最扬于王廷。今年解安岳郡章，以博士莅曲台，方讲求典礼，讨论故实，裨补阙漏，修起废坠，而有司举考绩之典在尤异之目，天子延见，宣室劳问数四，以尚书郎职司起草，羽仪中台，而户口垦田，汉官惟

---

① 《武夷新集》卷七题作"送人知宣州诗序"。

旧，故以君领屯田曹。宣城郡号为奥区，襟带江左，而双旌六纛，唐制甚雄，故又以君行太守事。

拜命之日，缙绅先生咸以君诗家者流，而宣城乃谢朓赋咏之地，刻于金石，被于筦弦，锵然遗音，尤在人耳。君艺均于六义之际，神交于千载之下，吴中士人复闻正始之音，楚客离骚且有江山之助，亦由冥数，良为美谈。于是蓬丘柏署，谏垣史阁，金闺之诸彦，鸿都之硕儒，莫不健羡景慕，形于诗什。或嘉其地雄万井，慰壶浆来慕之心；或叹其道出故乡，有弩矢前驱之盛；或称清白之节，与关西而齐等；或序离索之情，剧河梁之凄怆。

至于述江南之佳丽，谈谢客之风流，地胜人贤，殊时共贯，其归一揆，蔑有异词。矧若人云亡，为日滋久，华辀继轨，名氏实繁，焦桐绝弦，赓载殊寡。而君擅当时之誉，为诸公所称，续似音徽，耸动吴会，亦犹京兆善政，前有赵、张，姑苏能诗，后推刘、白，岂偶然哉？君以治剧之能，奉求瘼之寄，所宜宣布王泽，激扬颂声。采谣俗于下民，辅明良于治世。常俾中和乐职之什登荐郊丘，岂但亭皋陇首之篇留连景物而已。

集贤古史彭城君实，君之执友，且缄诸君之作，咨予为序。如窥武库，骇神锋之照人；幸过屠门，聊大嚼以快意。辄兹冠首，徒用厚颜耳。

朝贤送叶宣城诗序 宋刘 蘷

汉宣帝尝称："与我共天下者，惟良二千石乎？"《诗纬》曰："诗，天地之心，群德之祖，百福之宗，万物之户。"是知上圣之命牧，群公之赠言，岂徒然哉？

己巳岁六月，南阳叶公参，字次公，由文昌前列之资，领黄门剧[①]郡之胜。公器识淹劲，墙宇凝旷，吏干修举，才章秀赡。

---

① 剧：底本原误刻作"戏"，据万历府志卷十三及《全宋文》卷三六〇改。

（乾隆）宣城县志

故人辞陛砌，天子赐其紫绶；坐延霞舟，朝贤颂其行色。自相国钱公而下，总得诗四十六首，匏革具①奏，蓝朱成采，彰天地之表，发蛟龙之气。虽楚汉之制，殆非一骨；在钟嵘之评，尤多上品。固亦宣畅皇范，敷赞循政，岂直雕章缛句而已。彼《南浦》《城东》之篇，《离神》《销魂》之赋，郁悒感慨，何足拟伦。

加以令子有文，交隶仙馆，以公守此巨屏，乞倅姑孰。圣心顺其恳请，朝议嘉其庆侍。故褒扬戏彩或见乎辞，靡盬公堂②不远于养，忠孝于是见矣。今公莅政多暇，发箧视诗，惧泯雅言，并刊木石，置于便厅之东堂。后来之人想见风采，则予知王子渊《中和》《宣布》之音，不独传于古也。

宣城留题诗自序　宋叶清臣

宛陵，故郡也。溪山甚佳，土风甚乐。次署高明，皆楼居；岩泉深远，多仙游。丘塍界棋，竹树如绘。司马氏渡江以还，于帝王之都为近辅，得符戟之守为名臣，代有良牧，倬称右地。

天禧末，门中监州，膝下躬膳，唯是尝托，颇熟游览。后此八年，家君出自计曹，复分台契，予束简书，殿伏奏宸闻，得官邻圻，侍行所理，人郭皆是，风物依然。独恨平时羁牵私务，未能尽著于声咏，因感古人卫风韩土之义，悉索图志，得三十首。心游目想，格卑韵俗，聊记所得，仅同实录。缅谢公之遗响，敢承先诵；庶江南之闻境，或载风谣云尔。

天圣己巳秋九月丙子高斋序。

绮霞阁诗碑亭序　宋苏　为

谢公在南齐间出守宣城郡，风骚之妙，擅价于当时，政事之

---

① 具：底本原作"且"，据《全宋文》改。万历府志作"互"。
② 堂：《宣城右集》同。万历府志作"室"。

称，流芳于千古。故大中十一年，郑薰自河南尹观风兹地，得谢公集中诗三十余首，揭碑于郡楼西北隅。迄淳化二祀凡一百三十五载，星律屡迁，风雨不蔽，垣颓碑仆，仅致沦坠。

会左史姚公铉同理郡日，景慕徽烈，爱重嘉句，遂迁置于绮霞阁。然岁久摹印，字多讹阙，今东平驾部再营是阁，翬飞炳乎轮奂；别求翠琬，鸾踪灿其回翔。俾藩翰之荣观，助山川之真趣。乃以谢诗分勒二石，对峙楼壁之下。则东平好古之誉，卓尔自彰；谢公变雅之风，蔼然不泯。

时天圣四年仲冬月一日，中散大夫、尚书职方郎中、知宣州事、上柱国苏为序。

募移建标纸庙合文山文公庙序　国朝李　亩

标纸庙在北郊五里许，里民追思张公功烈，奉祀建立；文山公祠旧构城北宛陵驿，今为废地。荐绅诸公方议修复，二公皆保厘兹土，遗泽在民，不忘者也。

按，张公，四川成都人，宋建炎间知宣州，夜梦陵阳山土神告："大水将湮城郭，宜抵横涧求救老人。"次日，公抱民籍候，洵如梦言。老人曰："吾奉上帝命，不敢违。"公遂投波，捐躯代民，水顿消，城得不没。文公则以一身收三百年养士之功，立懦廉顽，师表奕祀，于咸淳庚午知宣州事，振新废务，表式先贤，逾月还朝，劝农诗章击壤讴思，至今泽洽于民者深，禋祀均宜并享。

乃标纸名存道左数椽，饩羊一线，无方丈住持，遇水旱则民舁像诣坛祈祷，而栋宇垣墉寝以倾圮。文公祠隙地数弓，亦仅存郊北。余承乏来宣，每因公过敬亭古道，目击张公荒庙情形，恺恻徒挚，欲重新庙宇，式廓堂基，愧绵力难成，幸文公祠众议修复。

窃思张、文二公同为宋臣，同留遗爱，祠庙相距咫尺，崇祀

(乾隆)宣城县志

合一,落成自易。矧余生籍洪都,与文公吉安故里为邻郡,随亲宦蜀,甲午忝乙科,复为张公梓里。今仕得与二公同方,或瞻拜遗像,或窃闻遗址,触景兴怀,低徊神往。且先王父、季父两代殉难,皆荷国恩,崇祀昭忠祠,有如二公,一为民慷慨沉渊,一为国从容就义,死同一辙,乃宁远侯爵谥,虽褒扬自昔,流惠在民,世已递更,未获与山川神祇暨临难死节者比。而文公之祠仅存荒址,抚念今昔,更不能不感慨系之。今若合妥二公神灵,赞勷郅治,福国佑民,且昭答遗泽,诚当务之急,一举两得,人益乐于趋功。第有庙需僧,有僧需田①,望其垂久,谋画未可不周也。

敬告同人,共勷厥役。

铭

宣州筑新城铭 南唐韩熙载

于赫有命,洪惟我唐。王猷允塞,灵贶②孔章。贤士在位,猛士守方。王公设险,以守其国。重门击柝③,以待暴客。况此宣城,国之阃域。不有金汤,胡为控扼?烈烈虎臣,爰兹镇牧。廉问方期,仁风载沐。寅承庙算,允因玉烛。遂度土工,乃陈畚锸。经之营之,垒堞疏流。万寻渊引,千雉云浮。石堡玉关,铁瓮金瓯。雄加九服,丽绝方州。飞檐凤举,画栱龙游。叠碧鸳兮雾合,亘长云兮翼舒。何巨防之可比,视方城其蔑如。勒勋绩于贞石,作藩屏于皇居。

昭亭庙铭 宋梅询

峨峨亭山,千嶂万峰。喷蓝染霭,秀入窗中。中有明神,启

---

① 前二句,嘉庆、光绪县志作"复为召僧置田"。
② 贶:诸本金同,惟嘉庆、光绪县志作"贻"。
③ 柝:底本原误刻作"析",据《全唐文》卷八七七改。

而为宫。苔锦怀日，松萝咽风。享惟馨兮千万祀，嗟负构兮半颓圮。夫君来兮久延睇，新嘉谋兮大宏制。众材展兮物力群，挥斤负畚阗溪滨。朱扉昭耀夺红旭，皎壁深沉掩白云。严祠毕兮庙灵新，考钟伐①鼓落神明。刻丰碑兮传亿载，永穰穰兮福斯民。

惠泉铭　宋周紫芝

宣为郡在大江之南，虽古名邦，而其民率附山为居，地势既高，井泉稀少。异时巨盗临城，众无所得饮，固尝患之而未有为之计也。太守李公既因旧垒而新之，凡攻守之备咄嗟立办。乃即城东南凿地为池，将道②溪流以潴③之，使民汲而饮焉。畚锸方兴，未及寻尺而泉涌于地，清澈可掬，议者咸谓公精诚感格，非人力能为者。昔贰师刺山，飞泉自涌，伯宗整衣，井为之溢，皆足济一时之急。公之所感何以异此？

知录事沈侯肇榜以"惠泉"，且作记叙其本末。而公复欲余铭广其意，虽辞旨芜陋，不足传远，庶几托异事以播之众，使知公所惠此一方者，其利无穷也。铭曰：

大江之南，画疆千里。有美斯邦，因山为垒。宅高以居，万室巍巍。有井在民，不石而止。戎马东侵，巨盗四起。既坚我壁，既发④我矢。震鼓雷动，蚁附山峙。续绠以汲，笮粪而滓。燥吻呼号，士气披靡。嗷嗷群苍，缩手相视。公之来思，乃经其始。百雉一新，巨堑咸理。念我茕黎，实艰于水。相城之隅，欲穴其址。畚锸方兴，鼓鼙未启。出此槛泉，如斧之沸。湛然澄清，既冽且美。云涌雪翻，激石齿齿。酌言尝之，有来且喜。咸曰斯流，天藏地秘。渊源可格，不约而至。分拥熊轓，与民乐

---

① 伐：底本原误刻作"代"，据嘉庆、光绪县志改。
② 道：《太仓稊米集》卷四十二作"导"。道、导通。
③ 潴：诸本同，惟嘉庆、光绪县志作"满"，似误。
④ 发：底本原作"废"，误，据《太仓稊米集》及嘉庆县志改。

只。民曰咸休，万世之利。我作铭诗，以纪其异。

谯楼晷漏铭并序 宋汪 绎

皇帝即位十九年，岁在壬寅九月庚辰朔，宁国重修晷漏成。先是，唐大中五年，宣帅沈传师命团练判官杜牧以梅为秤，制作精密，应验不差。中更变故，首尾断缺，惟存六纛神，乌帽褐服，从以虞吏，民为吹角，犹唐旧物。秤垂之北壁下，别作刻漏，不合于古。至是命长乐林可大新作晷漏，以杜牧秤丸重置壶箭，吸水减水悉如故智。丽谯中鼓角十二，青阳朱明，白藏元英，旗以时张之。设土圭，春视其面，秋视其背，以二分为断，盖一行遗法。因为铭壶下曰：

昔在放勋，历象日星。至唐杜牧，察验惟精。权与水钧，而衡始生。水落筹浮，铜乃发声。二十四筹，昼夜践更。以此无息，制彼错行。椎轮大巾，既坏于成。淳祐之二，爰始经营。土圭测景，以觉昏明。我为此铭，永有法程。

鼓楼刻漏铭：

体妙璇玑，赜探化工。爰遵敬授，政合适中。精金百炼，良冶是从。式存古则，以传无穷。

日晷铭：

霜刀割云根，分明一面镜。不独倾太阳，亦以定斜正。

方斋铭 明姜 台

睠尔宣封，厥壤惟良。有晋玄晖，麾守斯邦。修谊大雅，贞风穰穰。高斋休暇，委蛇徜徉。藐余塞劣，亦令是疆。千载寥廓，标表相望。爰度兹斋，建号曰方。踵兹前躅，二字惟襄。方之为德，厥用惟一。友规朋矩，以同而异。和光伊雠，屹立伊志。众醒独醒，彼流我峙。余资孱孱，易为俗迁。表兹方铭，日用内观。庶几克之，与方同垣。显显方斋，共勗斯言。

新建县儒学前城铭　沈懋学

惟王建国，正位辨方。戴墨履式，厥有城隍。居因业盛，文以化光。法象错陈，华芳用臧。震络南遵，巽维西倚。星壁若违，景圭是纪。大人造物，百雉云始。图效一圆，形潜阳轨。高埤廓矣，翼翼巍巍。旁兼叠阜，悬应翠微。示瞻有众，洪化方基。云兴渐渥，日出初辉。大作克襄，一劳永逸。襟带宫墙，表里原隰。仰协三灵，冥符四极。休德嘉昭，鸿明载缉。告灵既飨，孰建之常。祉福信辏，希事备章。五典敷著，多士思皇。尚哉华观，永久勿忘。

李公桥铭　贡汝成

洋洋双溪，东溪所厮。契我孔道，津斯乱斯。襟喉苏宛，总统杭粤。填候溢庐，骈摩侥绝。亦有官舟，两碴酉绁。争挤跆趹，载浮载沉。秋霖夏潦，高涛湍滓。猛猛胃磍，漂沦靡算。相蹀习久，孰视我棘。

乃有仁人，忧由己溺。费民如伤，费官掣肘。业已委质，家亦何有？我有先积，为民散之。我有陆具，为民贷之。将浮梁扨①，厥坚易腐。莫坚匪石，功弗再举。碌碌移廓，杰迹突崷。官氓微涉，孰寤谁营。长栈虬潜，重跰山峙。伏兽侨躩，呀窦穹启。楞平堪斗，袌铁甃灰。崖褥端碱，牙抱骹裁。广容三轨，长亘十载。势将空斗，力与岸敌。潎瀎怀襄，衽席瀰瀇。盲甓恣征，公私期遂。

凡此桥功，惟忠乃成。匪忘家恤，方沮曷胜？彼狞者狼，腹餍罔足。其孰破家？与民为福。卑官薄禄，克己为义。位副埒大，又将焉至？匪且无且，古循莫京。怵思成利，相顾涕零。国

---

① 扨：底本作"扨"，万历府志作"扨"，嘉庆、光绪县志作"扔"。此从嘉庆府志改。

（乾隆）宣城县志

侨上卿，仅以舆济。表方二桥，通邑倨剧。圣简假名，高碑擅功。以侯例之，翅入景钟。厚于为人，廉于取名。纪缺口诵，惧远畴征。神功明德，惠我亡疆。凡我后人，如何可忘。汾河桥成，绛民志德。勒铭崖石，敢告宣邑。

颂

西候亭颂　唐李　白

惟十有四载，皇帝以岁之骄阳，秋五不稔，乃慎择明牧，苏凋枯。伊四月孟夏，自淮阴迁我天水赵公作藩于宛陵，祇明命也。惟公代秉天宪，作程南台，洪柯大本，聿生懿德，宜乎哉！横风霜之秀气，郁王伯之奇略。初以铁冠白笔，佐我燕京，[1]而后鸣琴二邦，天下取则，起草三省，朝端有声，天子识面，宰衡动听。殷南山之雷，剖赤县之剧。强[2]项不屈，三州所居大化，咸刻碑颂。

至于是邦也，酌古以训俗，宣风以布和。平心理人，兵镇惟静，画一千里，时无莠言。退公之暇，清眺原隰，以此郡东堑巨海，西襟长江，咽三吴，扼五岭，辀轩错出，无旬时而息焉。出自西郭，苍然古野，道寡列树，行无清阴。至有疾雷破山，狂飙震壑，炎景烁野，秋霜濯途。马逼侧于谷口，人周章于山顶。亭候靡设，逢迎阙如。

自唐有天下，作牧百数，因循龌龊，冈恢永图。及公来思，以革前弊，实相此土，陟降观之，壮其回冈龙盘，沓岭波起，胜势交至，可以有作。方农之隙，廓如是营。遂铲崖堙卑，驱石剪荆，削污壤，阶高隅，以门以墉，乃栋乃宇。俭则不陋，丽而不

---

[1]《李太白文集》卷二十八此处尚有"威雄振肃，虏不敢视"二句。
[2]　强：底本原误刻作"疆"，据《李太白文集》改。

434

奢，森沉开闳，燥湿有庇。若凫之涌①，如鹏斯骞。萦流镜转，涵映池底。纳远海之余清，泻莲峰之积翠。信一方雄胜之郊、五马踟蹰之地也。

长史齐公光乂②，人伦之师表；司马武公幼成，衣冠之髦彦。录事参军吴镇、宣城令崔钦，令德之后，良材间生。纵风教之乐地，出人伦之高格。卓绝映古，清明在躬。金谋佥功，不日而就。总是役也，伊二公之力欤！

过客沉吟以称叹，邦人聚舞以相贺，佥曰："我赵公之亭也。"群僚献议，请因谣颂以名之，则必与谢公北亭同不朽矣。白以为谢公德不及后世，亭不留要冲，无勿拜之言，鲜登高之赋，方之今日，我则过矣。敢询③耆老而作颂曰：

眈眈④高亭，赵公所营。如鳌背突兀于太清，如鹏翼开张而欲行。赵公之宇，千载有睹。必恭必敬，爰游爰处。瞻言思之，罔敢大语。赵公来翔，有礼有章。煌煌将将，如文公之堂；清风洋洋，永世不忘。

赋

叠嶂楼赋　　宋田　锡

宛陵之丘，玄晖旧游。城连延兮百雉，世绵历兮千秋。流水白云，慨依然而在览；遗风往事，信赫若兮长留。余以丹墀策名，皇华奉使，适莅于此，乘春以至。

驿梅江柳，动游宦之芳怀；风观露台，起高明之逸意。叠嶂居先，登之悦焉。凭落絮之危槛，向飞花之晚天。复岭连冈，峙

---

① 涌：底本原作"勇"，据《李太白文集》改。嘉庆、光绪县志亦改。
② 乂：底本原作"义"，据《李太白文集》改。
③ 询：底本原作"狗"，据《李太白文集》改。
④ 眈眈：嘉庆县志同。《李太白文集》《宣城右集》、嘉庆府志、光绪县志均作"耽耽"。二者同意。

(乾隆)宣城县志

昭亭兮作镇；平芜远树，引句水兮为川。因而揽古兴怀，临高凝睇。

自春秋战国之后，洎吴魏鼎分之际，干戈僭王，乘舆拟帝。斯为形胜之地，恃以控临之势。襟带三江，咽喉五湖。归勾践兮称越，隶夫差兮曰吴。比奕棋之靡定，惟霸略兮能图。方今禹迹重新，尧封复古。衔王命于北阙，咏皇风于南浦。升高而赋，怜宋玉之才多；览景自怡，非仲宣之思苦。江渺渺兮涵春，草萋萋兮感人。指吴越之远道，介池歙兮为邻。两桨何归，引回眸于天际；微云似画，带斜阳于水滨。

既而阅谢守之诗，苍苔满石；揽独孤之文，芳尘在壁。杏花含露，念昔我之来时；菊蕊迎霜，乃今余之暇日。岁云丰稔，民之悦逸。思命俦兮啸侣，聊登楼兮自适。

新城赋　宋周紫芝

①建炎三年②，尚书右丞吕公移病，得请为宣城守，上以宣江左要郡，赐中都钱五万缗，俾缮筑城垒。公至三月，因旧址鸠工，不岁告成。紫芝实与此邦之士均被惠泽，保厥攸居。为之赋曰：

皇受命之无疆兮，抚列圣之重熙。植本支以为城兮，守中国于四裔。成威疆于道德兮，柔远人而怀来。虽外户其弗闭兮，讵正昼而穴坏。陵诡垣其寖弛兮，怅孤墉之日隳。慨谋臣之凿空兮，结奇祸于边陲。盗蜂起于中夏兮，焜樵苏之沸縻。纂嗣圣之

---

① 此处底本原有"旧序略云"四字，实属多余，从嘉庆、光绪县志删。
② 三年：此处有误，当作"元年"。考吕好问任宣州之时间，《三朝北盟会编》卷一〇八作"（六月）二十五日癸未"，李纲《建炎时政记》卷中作"六月某日"，《宋史》卷二一三《宰辅表四》、《续资治通鉴》卷九十九作"七月癸卯"。《建炎以来系年要录》卷七作七月二十五日，当是。

丕图兮，倐①虎啸而龙飞。登故老于海滨兮，勤恳恻于畴咨。眷大江之横骛兮，纪南国而东维。瞻霓旌而望幸兮，阻石头之险峨。倚兹土以为辅兮，实警跸之是毘。

爰属公以往城兮，即旧址以增治。奉天语之丁宁兮，旋缩版以墍茨。惊万杵之雷动兮，屹百雉其厜㕒。初浮累以陾陾兮，趣伐蕃而既疲。耸丹楼之如霞兮，丽朝日于罘罳。縈二水其如带兮，湛江湾而渺弥。具藺石而布渠兮，亦虎落之旁施。役不再藉兮，耕不解犁。民不告病兮，负锸以遨嬉。忽寇贼之凌暴兮，蔽横江之旌旗。剽旁邑而不入兮，无匹马之敢驰。岂精神之下格兮，匪木石其奚疑。追回天之谠议兮，信大厦之复支。敛余波以小溢兮，在此一方之群黎。

公时与宾客而周览兮，泪雨下而交颐。念北狩之既远兮，渺泛驾其何之。客起舞而寿公兮，愿效节于守陴。公亦友松乔而不得兮，反云斾乎霄涯。屏四方其安堵兮，岂陋壤之足为。俨余冠以从公兮，聊望远而徘徊。

敬亭山翠云庵赋② 　明刘应箕

惟敬亭之灵巘，迤兹山之蜻崒。绝旱麓而直上，干云霄之崛屼。北横牛岭，东接麻姑。俯万山而合沓，邈一径之崎岖。于是巉云蒸霞，幽谷涌霓。蜿蜒蜥蜴，含石结阴。山靁靁而钟异，泽霭霭以毓精。

乃有紫气栖岩，岚光冒树。绛雾浮嶝，螭文映户。时不见山，惟见烟雾。窅兮若蛟腾而虹兴，寞兮若螮蛊而腦布。蔽冈轴，衍回峦，缃绝峤，覆玄岩。暖靆恍惚，霡霂弥漫。固乾施而坤造，纷万叠以千盘。

---

① 倐：底本原误刻作"条"，据《太仓稊米集》卷四十一改。
② 据万历府志卷十二《艺文上》，本文多有删节，且多有异文，不一一出校。

（乾隆）宣城县志

若乃皎虚赤霄，碧空晴昊。氤氲敛迹，彤云炫藻。开平野之光霁，悗众峰而同照。至若夕阴起幽，昼晦向息。曜灵潜影，皓魄甫出。时则榱桷浮晖，楼台得月。平野星垂，银河波落。寂万籁以同声，合婵娟而共榻。四郊云敛，万树风疏。恍恍漾漾，惟月惟予。飘若控鹤以冲天，宛如跨虹以骋虚。骇青萍之泠逼，恍阆风之我居。

乃有殿阁，迥然中起，在山之阿，于宛之浜。杰构高骧，棼橑丽绮。因岩壑而启扉，傍崟岈而作舵。飞檐连霄以上出，虹梁迥映于旁崎。基坏齐梁，功垂唐宋。恢蕞尔之重阶，栖神明以画栋。旁有昌黎，启祠于中。山斗凌云，遗像倚崧。仰仙灵之渺忽，缅硕人之高风。苔文剥落，碣石摩空。嗟时运之奄没，慨瞻依而无从。羡斯文之丕振，与兹山而无穷。

尔乃万松潜翳，千樟蒙茏。王刍含荣，蔆杖敷红。藤萝樛缪，楩栩错综。貐貗昼凭于木杪，鹅鸠宵号于山棕。何郭外之近郊，闻人寰之寥阔。湛涓流之謦沸，沃瑶草之萋碧。脱浮生之尘缨，暂敷游以憩息。怀十洲之芳屿，想昆仑之琼室。岂丹灶之梯炉，实灵囿之窟宅。

夫其怪石悬磴，乔木参天，幻晕出没，沃野浮烟，此则城市所未常见也；元猿啼阴，祥鸠呼雨，反舌习禽，金衣求友，千态万状，载鸣载止，此则城市所未常闻也；瑞霭低霁，祥光远笼，兀蠡如奔骥之赴陆，联络如羽旗之扬空。呼兮倡兮，若雨若风，此则平衍之隈、比壤之区所未常有也。

于是薜荔绊车，橘刺搴帷。偃蹇栖息，寄傲徘徊。或抱膝而朗吟，或凭栏以长啸。谷口腾欢，郊关含笑。祛尘想于须臾，恋幽岨于晚眺。辍脂牵之遄征，冀霞举之高貌。相羊乎萝月之阴，盘旋乎松风之隩。聊信宿以强颜，念明发以鼓棹。

卷之二十五　艺文二

宛溪赋　明杨　珂

咨灵溪之钟萃，于峄阳之山阴。引飞流以界脉，出清泉而就深。始发源于峻极，聿经亘乎渊沉。凌千岩以激湍，历万壑而游浔。拟江河而绕带，匪丝革其成音。表重山于峻岭，映修竹之茂林。注委蛇于后土，润膏泽于甘霖。

若夫缘物涵象，因风涣文。檐端飞水，敬亭落云。照明霞而散彩，浮暝日而含曛。会百川以学海，夹双石而趣奔。于是就其浅矣，挹彼注兹。载沉载浮，泳之游之。可以濯缨，可以乐饥。或修禊而流觞，或临清而赋诗。旋潾盘涡以岸转，惊波吸谷而山移。尔其习坎洊至，盈科后行。向春泮水，沍寒凝冰。淆之不浊，澄之不清。彰五色其无体，利万物而不争。秉至柔以为用，类上善之得名。

尔乃夹山成涧，交草为湄。渊坻名堵，涯曲为隈。涌波兴沦，明锦作漪。合涧水而注川，信涯流之所归。圃抱瓮而为灌，农荷锸而成渠。艺五谷之良种，润自然之嘉蔬。

乃若濒涌冲溢，浩淼襄腾。旸谷显曜，天汉通灵。乘高迅逝，知险徂征。夹中洲以左转，合大江而南萦。旋渊九回以肠绕，溢流百折而雷轰。

乃若群峰倒影，叠嶂回光。纪同江汉，歌逐沧浪。蒸霞吐雾，流翠浮苍。据东吴之上游，宛南国之中央。鼓若耶之樵风，泛河广之苇航。坎德积小以成大，地道流谦而用藏。

至若温风始至，秋气平分。江城如画，香阁停云。或探梅以比雪，或纳凉而来薰。随四时之变化，知子乐之无垠。

若夫土控吴越，州连歙池。崇冈枕其腹，大江缘其隈。双阁仰攀乎叠嶂，北楼延赏于幽溪。响山阴映乎阳林，敬潭涌溜于阴渠。瞿硎披裘于石室，琴高乘鲤于仙都。尧臣著集于宛陵，蒯鳌就隐于匡庐。谢朓申鉴于沈约，路应镜石于德舆。于是山川坐移于枕席，鸥凫泛集于庭除。烦想涤除乎心目，高怀超畅于开舒。

439

(乾隆）宣城县志

将挹汪洋于千顷，永期寥廓于太虚。

南楼赋以"众鸟高飞尽，孤云独去闲"为韵　　国朝[1]吴宁谥

　　南楼赋者，颂宛陵太守、三韩佟公之文教也。楼在郡城东南，居黉宫之巽隅，表文昌于东壁，盖前万历间遗址也。继而檐牙啮缺，门径蒿莱，虽旧迹巍然，而过者莫问。适值我公来守是邦，不惜冰俸，重整旧观，延师设教，多士景从，遂为弦诵胜地。

　　谥以试事至宛陵，得从公游，徘徊瞻眺，见其杰出陵阳之上，与谢公北楼双标并峙，因拟之曰南楼，撰为斯篇，志地灵与？志人杰与？实以志文教也，其辞曰：

　　名以地传，迹因人重。昼锦则韩魏之阶陛，绿野则裴晋之梁栋。滕王则创始于李唐，岳阳则重修于赵宋。平津开自丞相，竟说公孙《文选》。迹在维扬，世夸萧统。此皆立德而立功，因之可传而可诵。

　　若其极意冥搜，耽情远眺。雕文刻镂，嗤梓泽之非华；曲水崇山，陋兰亭之未巧。牖尽饰以松筠，棁偏镌夫花鸟。参差岭岫，姜迷红绶之桃；缭绕岩阿，羃䍥青袍之草。斯徒快游览之豪华，曾何关士民之昏晓？

　　乃有丰标岳立，德望崧高。麟衫鹤盖而来，是南阳之召信；碧鸡金马作序，亦西蜀之王褒。抚琳琅而专追琢，司镕铸而善钧陶。顾兹黉宫，足称要辖；惟彼书院，实号神皋。岳岳堪持文笔，葱葱亦隐书巢。吉士充庭，欲俾其拔茅连茹；荆榛在目，先厌夫橘刺藤梢。

　　于是驱魌蝛，逐伊威，剪野葛，芟泽葵。祖干孙篁，存渭川之千亩；淡黄浅绿，留桓树之十围。铲平石路，补缀山扉。敞四

---

[1] "国朝"二字底本原无，依本卷体例补。

卷之二十五 艺文二

照之绮窗，草拖而花妥；标三重之画阁，鸟革而翚飞。复道重檐，冬无栗冽；疏帘清簟，夏无炎晖。夫且缓步难穷，远观莫尽。叠嶂比肩，鳌峰接趾。暮雨则仙渡沉珠，朝霞则麻姑濯锦。垂天匹练，两水夹境而西流；驾地彩虹，双桥盘空而东引。招梅垄之风，飘摇驭沓；嘘华岭之云，离奇轮囷。

至若地邻阛阓，境实奥区。大似山林，非枭卢雉犊之可到；依然城市，乃烟云竹树之与俱。映水则碧荷红芰，一池如画；栽花则春兰秋菊，三径仍纡。藏睡鸭，浴飞凫，巢灵雀，宿栖乌。人羡蓬莱之壶峤，我谓辋川之画图。然徒见芸窗之霄插，未睹兰室之星分。粉壁长廊，何妨络绎？文轩曲槛，不碍榆枌。输般督墨，匠石运斤。登高则晴檐拂雨，藏坞则燠馆凝云。或依岩岫，或傍水濆。或迎朝爽，或送斜曛。莫不星罗绮密，棋布鸿分。

尔乃近宫墙，开党塾，集英流，选士族。珊瑚玳瑁，将收王国之奇珍；杞梓梗楠，先植皇家之大木。名士不尽于华宗，才人每生于蔀屋。家无万卷，常怀饼而来抄；室鲜孤灯，亦囊萤而映读。此虽时命之不齐，实皆英才之可育。乃聘鸿儒，延名宿。大开马氏之讲筵，日倾边君之便腹。辉辉乙夜，文光早射于斗间；薮薮三冬，书声日振夫林谷。褒衣博带，居然六馆之生徒；履齿巾箱，不让三吴之彬郁。羡使君既儒雅风流，待先生更殷勤肃穆。解兹囊橐，每分俸而分金；命彼廪庖，恒继粟而继肉。堆床则锦押金题，插架则牙签玉轴。六州之子弟，皆雾集而云屯；三秋之雕鹗，争冲霄而渐陆。

嗟乎！文章政事，人少兼科；循吏儒林，史难并具。古称良牧，无非薙拔而棠留；志载名贤，亦曰鱼悬而虎渡。纵多治行，先急疮痍之未平；即欲鸣弦，可奈恩膏之未澍。曾未有煽十万户之炉冶，金锡全镕；竭二千石之仓箱，秀顽腾饫，如我公今日者也。

宁谧分光邻照，闻柝贤关；仰嵩瞻岱，接唾承颜。拾级而登,窃谓星辰之可摘;乘风以御,恍疑月殿之相攀。济济金相之质,林林玉笋之班。洛水从游,谓是安期之独步;谢庭作客,何须长瑜之载还。计他日位之庙堂之上,且于今识之杵臼之间。枚马联镳,固众星之聚井;龚黄剖玉,实大力之漂山。作春陵之行,岂咏诗而学佞口?睹渔阳之政,聊作歌而示美谈。

歌曰:

宣之疆域兮,界古扬州。在天分野兮,须女牵牛。溯厥起讫兮,斗柄上游。离明当照兮,直射南楼。公应列星兮,精诚上浮。经营缔造兮,斗灿星稠。

又曰:

宣之形势兮,高据陵阳。敬亭北蔽,为之屏障。东有掉石,西则行廊。匪此杰阁兮,孰应文昌。回顾北楼兮,将翱将翔。公之风流兮,谢公颉颃。

乱曰:

宣水委折兮,宛溪句溪。江曰青弋兮,自城之西。南埼北埼兮,蛟龙蟠泥。公来澄汰兮,桃李成蹊。镇以高楼兮,青云与齐。惠彼多士兮,着以月梯。

南楼赋[①]　程元愈

薰化门崇,培风阁岿。抗龙守之躞跹,蠹鳌峰之嵲屼。溪回宛句之滨,野分牛斗之地。鼓钟壤接,据胶庠之巽维;韦杜天连,占阳坡之离位。杰构突其奂轮,奥区增其灵异。益信为高之必因,顿有从前之所未矣。

昔者台号文昌,创于朱侯大器。貌肖斗魁,匪侈神祀之观;陷补东南,实为黉宫而置。院弘正学,堂严辨志。建号舍以乐群,辟射圃以游艺。溯胜国而历今兹,凡数贤而踵厥事。然而前

---

① 本文为节选,全文见《二楼小志》南楼卷下。

卷之二十五 艺文二

后相沿,规抚弗备。依归者尚疑其湫隘,凭眺者犹憾其亏蔽。及夫平者忽陂,隆者或替。渐有颓垣,将暨茨之莫遮;俨似荒途,多茂草之交翳。譬下学之无基,纵上达之奚自。况欲标竖苍穹,衣振千仞之尊;梯入青冥,目穷千里之视也哉!

快遗迹之重开,幸我公之来莅。讼简刑清,迩安远至。务摩义而渐仁,期兴废而举坠。顾瞻斯宇,感慨攸系。工肇不日,物斟靡费。芟圣域之榛芜,扩先民之矩制。广厦仡就夫万间,群仰杜陵之庇;大床直升夫百尺,共挹元龙之气。倘弦歌于其上,阿阁之三重恰类;抑吹笙于其中,贞白之三层不愧。九关呼吸,惟公意之感乎;八窗洞达,像公心之光霁。尔其梁互双虹,晴生蛛蝃;堵环百雉,日通睥睨。庐井星稠,疆场绮丽。乱壑飞银,诸峰渲翠。渔唱江乡,鲸铿山寺。朝岚暮霭,呈变态于须臾;春雨秋风,杂遥声于鼓吹。此听睹之所不给,赏而形容之难尽致也。

若夫铭别东西,则左右翼如;斋设苏湖,则高下鳞次。槿篱芳径,悉名卉之周遭;竹槛松轩,率良材之荟萃。林深上苑之花,枝许莺迁;池纷茂叔之莲①,叶凭鱼戏。苔绿茵铺,石斑锦砌。郁李秾桃,畹兰亩蕙。泷耀荣萱,墙森薜荔。坐失城市之嚣,动触烟霞之思。公则屏呵殿,却驺骑,肃宾僚,召属吏。藉肴榼以怡情,寓琴书之雅意。频睇双羊而悠然,几忘五马之为贵,单门白屋之流,亦忝下陈;隐囊乌几之傍,常赓既醉。句携小谢,唤起谪仙之魂;响答空谈,惊破骊龙之睡。泂云逸兴之遄飞,谁识雅怀之独寄?

盖谓与民休息,在以安静养其太和;播政优游,故以文章饰其吏治。于焉诗书礼乐,四术毕臻;藏修息游,七教兼肄。适尔馆而授尔餐,日有省而月有试。时饮觯而尚贤,更阄题而角义。钟镛冰玉之在悬,钧韶虎凤之锵蔚。爇燃太乙,信蒸天禄之奇

---

① 莲:《二楼小志》、嘉庆、光绪县志均作"道",当以作"莲"为是。

芒；象应台三，永现薇垣之嘉瑞。固知我公之高风，合并兹楼于奕世。

北楼赋有序　施彦恪

北楼在宛陵第一峰，踞合城之高阜，实府治之奥区。登斯楼也，城郭落掌中；跂予望之，溪山在眉睫。其高斋叠嶂，皆人易其名，不殊其地也。郡守佟公命恪赋之，其辞曰：

山回叠巘，地号陵阳。泉浮宛水，溪俯澄江。行通阛阓，坐镇中央。在昔桓君内史，设险岩疆，抚兹形胜，楼于崇冈。如印斯钮，如网斯纲。蕴经济而凭极望，亦警斥堠而备非常。此北楼之未称，而规抚其始创也。

迨谢公继守高斋，倘佯休沐，啸咏风雅，军张更增华，而易其年世。乃北楼名著于李唐，是以骚人墨士赓"余霞成绮"之句，锦袍才子赋"临风怀谢"之章也。

尔其基非黄鹤，规仿滕王。香楠作柱，文杏为梁。直矗兮雕甍，曲屈兮琐窗。朱楣焕烂于躔度，华栱玲珑于上方。超而究升兮，身居庶物之表；罿然高望兮，人在白云之乡。若其敬亭屏于坎兮，美郁葱而迢递；麻姑峙于震兮，弄朝彩于扶桑。柏枧罗其离，崱屴兮翠削芙蓉之色；行廊距于兑，飘缈兮青来珠贝之光。远既望而不厌，近亦纪而难详。万树霭霭，两水汤汤。百雉如带兮，长桥亘双；千门朝启兮，曲室回廊。忽炊烟兮四起，则断续不齐，类云车之冉冉；及暮光兮微动，则阴晴乍变，讶邱壑之茫茫。然而寄兴登临，不过挟瑟吹笙之馆；时移物换，祗属风云月露之场。人何俾于民事，德何恃以久长也哉？

尔其四姓名卿，三韩妙裔。惟我佟公，熊轩泣止。爰于政余，登楼容与。时维春兮阳景新，春人兮徧野，春山兮若醉。公则观柔黄被陇兮，青为芃芃之黍苗；细雨催耕兮，绿遍村村之榆杞。时维夏兮朱明至，秀映兮碧荷，阴森兮江树。公则观一湾新晦兮，喜刺水之秧针；千垛黄云兮，庆老农之麦穗。时维秋兮凉飙起，画鼓兮酒旗，丛祠兮社会。公则观秋原之肬肬兮，问俗为欢；计禾稼之登场兮，欣然以慰。时维冬兮寒欲冱，朔吹兮既严，雪霰兮足虑。公则爱六花之盈尺，兆我屡丰；寻埋径之穷檐，周其疾苦。矧夫旱涝兮叵测，天非择地而降之殃；公则饥渴兮为怀，每同仁而一其视。兴密云于西郊，候蟪蛛之东指。或想南熏之徐来，或恐北溟之乍徙。乘时令兮散遥瞩，莫不先庶民而忧喜。

至若嵯峨双柏，慈乌反哺之巢；高下山阿，孝笋骈生之处。缘公奉母而来，禄养斯备。御板舆而登降兮，江城之画作莱衣；扶鸠杖以周旋兮，五十之年犹孺慕。在前人徒选胜之区，而公则为承欢之地。

更逢庶务之小间，周视楼前之余址。千霄之木森森，书带之草靡靡。遂种绯桃兮，千树金梭掷而还来；偶移湘竹兮，数竿彩凤留而不去。梅因补石而添栽，柳以三眠而成趣。于是命邹生，召枚氏，速五君，连七子。或清横膝上之琴，或覆射盘中之字。或玎琮兮响闻石几之棋，或铿尔兮韵落铜壶之矢。或时光骀宕兮，群联句以延春；或长日炎熇兮，共赋诗而催雨。或风前倚槛兮，大野之和气凝祥；或月下行歌兮，天上之清辉欲坠。或亢暵兮祷甘霖，或淫澍兮祈乍霁。匪贪神工以为功，辄代农人而纪其瑞。因游观兮达民情，用文章兮饰吏治。岂徒清兴之庾公，真成岘山之开府也。乃为之乱曰：

北楼高高兮，陵阳之巅。俯临黔首兮，眷我大贤。以邦人为心兮计安全，邦人仰戴兮楼并传，公之名兮永亿年。

(乾隆)宣城县志

宣城县志卷之二十六 艺文三

艺文三诗

之宣城郡出新林浦何板桥　齐谢　朓

江路西南永,归流东北骛。天际识归舟,云中辨江树。旅思倦摇摇,孤游昔已屡。既欢怀禄情,复协沧洲趣。嚣尘自兹隔,赏心于此遇。虽无玄豹姿,终隐南山雾。

至宣城郡

下帷阙章句,高谈愧名理。疏散谢公卿,萧条依掾史。簪发逢嘉惠,教义承君子。心迹若未并,忧欢将十祀。幸沾云雨庆,方窃参多士。振鹭徒追飞,群龙难隶齿。烹鲜止贪竞,共治属廉耻。伊余昧损益,何用祖千里。解剑北宫朝,息驾南川涘。宁希广平咏,聊慕华阴市。弃置宛洛游,多谢金门里。招招漾轻楫,行行趋岩趾。江海虽未从,山林于此始。

郡内登望

借问下车日,匪直望舒圆。寒城一以眺,平楚正苍然。山积陵阳阻,溪流春谷泉。威纡距遥甸,巉岩带远天。切切阴风暮,桑柘起寒烟。怅望心已极,惝恍魂屡迁。结发倦为旅,平生早事边。谁规鼎食盛，宁要狐白鲜。方弃汝南诺，言税辽东田。

新治北窗和何从事
　　国小暇日多，民淳纷务屏。辟牖期清旷，开帘候风景。泱泱日照溪，团团云去岭。岧峣兰橑峻，骈阗石路整。池北树如浮，竹外山犹影。自来弥弦望，及君临箕颖。清文蔚且咏，微言超已领。不见城壕侧，思君朝夕顷。回舟方在辰，何以慰延颈。

高斋视事
　　余雪映青山，寒雾开白日。暧暧江村见，离离海树出。披衣就清盥，凭轩方秉笔。列俎归单味，连驾止容膝。空为大国忧，纷诡谅非一。安得扫蓬径，销吾愁与疾。

高斋闲望答吕法曹
　　结构何迢递，旷望极高深。窗中列远岫，庭际俯乔林。日出众鸟散，山暝孤猿吟。已有池上酌，复此风中琴。非君美无度，孰为劳寸心。惠而能好我，问以瑶华音。若移金门步，见就玉山岑。

后斋回望
　　高轩瞰四野，临牖眺襟带。望山白云里，望水平原外。夏木转成帷，秋荷渐如盖。巩洛常眷然，摇心似悬旆。

和何议曹郊游
　　春心澹容与，挟弋步中林。朝光映红萼，微风吹好音。江垂①得清赏，山际果幽寻。未赏远离别，知此惬归心。流溯终靡

---

① 垂：一作"陲"，二字通。

447

已，嗟行力至今。

忝役湘州与宣城吏民别

弱龄倦簪履，薄晚忝华奥。间沃尽地区，山泉谐所好。幸遇昌化穆，惇俗罕惊暴。四时从偃息，三省无侵冒。下车遽喧席，纡服始黔灶。荣辱未遑敷，德礼何由导。汨徂奉南岳，兼秩典邦号。疲马方云驱，铅刀安可操。遗惠良寂寞，恩灵亦匪报。桂水日悠悠，结言幸相劳。吐纳贻尔和，穷通勖所蹈。

游敬亭山

兹山亘百里，合沓与云齐。隐沦既已托，灵异居然栖。上干蔽白日，下属带回溪。交藤荒且蔓，樛枝耸复低。独鹤方朝唳，饥鼯此夜啼。渫云已漫漫，多雨亦凄凄。我行虽纡组，兼得寻幽蹊。缘源殊未极，归径窅如迷。要欲追奇趣，即此凌丹梯。皇恩竟已矣，兹理庶无暌。

寻句溪

既从陵阳钓，挂鳞骖赤螭。方寻桂水原，谒帝苍山陲。辰哉且未会，乘景弄清漪。瑟汨泻长淀，潺湲赴两岐。轻苹上靡靡，杂石下离离。寒草分花映，戏鲔乘空移。兴以暮秋月，清霜落素枝。鱼鸟余方玩，缨绥君自縻。及兹畅怀抱，山川长若斯。

赛敬亭山庙喜雨

夕怅怀椒糈，蠲景洁菁芧。登秋虽未献，望岁伫年祥。潭渊深可厉，狭邪车未方。蒙茏度绝限，出没见林堂。秉玉朝群帝，樽桂迎东皇。排云接虬盖，蔽日下霓裳。会舞纷瑶席，安歌绕凤梁。百味芬绮帐，四座沾羽觞。福被延民泽，乐极思故乡。登山骋归望，原雨晦茫茫。胡宁昧千里，解佩拂山庄。

祀敬亭山庙

剪削兼太华,峥嵘夸玄圃。贝阙眠阿宫,薜帷阴网户。参差时①咮来,徘徊望沣浦。椒糈苾馨香,无绝传终古。

答谢宣城　　沈　约

王乔飞凫舄,东方金马门。从宦非宦侣,游世不避喧。摸余发皇览,短翮屡飞翻。晨趋朝建礼,晚沐卧郊园。宾至下尘榻,忧来命绿樽。昔贤侔时雨,今守馥兰荪。神交疲梦寐,路远隔思存。牵拙谬东氾,浮惰反西昆。顾循良菲薄,何以俪玙璠。将随渤澥去,刷羽泛清源。

敬亭山独坐　　唐李　白

众鸟高飞尽,孤云独去闲。相看两不厌,只有敬亭山。
合沓牵数峰,奔来镇平楚。中间最高顶,仿佛接天语。②

登敬亭南望怀古赠窦主簿

敬亭一回首,目尽天南端。仙者五六人,尝闻此游盘。溪流琴高水,石耸麻姑坛。白龙降陵阳,黄鹤呼子安。羽化骑日月,云行翼鹓鸾。下视宇宙间,四溟皆波澜。决绝目下事,从之复何难。百岁落半途,前期路漫漫。强食不成味,清晨起长叹。愿随子明去,炼火烧金丹。

九日登响山

渊明归去来,不与世相逐。为无杯中物,遂偶本州牧。因招

---

① 时:一作"持",嘉庆、光绪县志亦作"持"。
② 此首实属从《题宣州昭亭庙》截出,见《宣城右集》卷二十一,非是"独坐敬亭山"有二首。

(乾隆) 宣城县志

白衣人，笑酌黄花菊。我来不得意，虚过重阳时。题舆何骏发，遂结城南期。筑土接响山，俯临宛水湄。羌儿叫玉笛，越女弹霜丝。自作英王胄，斯乐不可窥。赤鲤拥琴高，白龟道冯夷。灵仙如仿佛，奠酬遥相知。古来登高人，今复几人在。沧洲违宿诺，明日犹可待。连山似惊波，合沓出溟海。扬袂挥四座，酩酊安所知。齐歌送清扬，起舞乱参差。宾随落叶散，帽逐秋风吹。别后登此台，愿言长相思。

题叠嶂楼

江城如画里，山晓望晴空。两水夹明镜，双桥落彩虹。人烟寒橘柚，秋色老梧桐。谁念北楼上，临风怀谢公。

寄宣城崔侍御

宛溪霜夜听猿愁，去国长为不系舟。独怜一雁飞南海，却羡双溪解北流。高人屡下陈蕃榻，过客难登谢朓楼。此处别离同落叶，朝朝分散敬亭秋。

宣城谢朓楼饯别校书叔云

弃我去者，昨日之日不可留；乱我心者，今日之日多烦忧。长风万里送秋雁，对此可以酣高楼。蓬莱文章建安骨，中间小谢又清发。俱怀逸兴壮思飞，欲上清天揽明月。抽刀断水水更流，举杯销愁愁更愁。人生在世不称意，明朝散发弄扁舟。

赠从弟宣城长史昭

淮南望江南，千里碧山对。我欲倦过之，半落青天外。宗英佐雄郡，水陆相控带。长川豁中流，千里泻吴会。君心亦如此，包纳无小大。摇笔起风霜，推诚结仁爱。讼庭垂桃李，宾馆罗轩盖。何意苍梧云，飘然忽相会。才将圣不偶，命与时俱背。独立山海间，空老圣明代。知音不易得，挂剑增感慨。当结九万期，中途莫先退。

游敬亭寄崔侍御

我家敬亭下，辄继谢公作。相去数百年，风期宛如昨。登高素秋月，下望青山郭。俯视鸳鹭群，饮啄自鸣跃。夫子虽蹭蹬，瑶台雪中鹤。独立窥浮云，其心在寥廓。时来顾我笑，一饭葵与藿。世路如秋风，相逢尽萧索。腰间玉贝①剑，意许无遗诺。壮士不可轻，相期在云阁。

九日闻崔侍御与宇文太守游敬亭，余时登响山，不同此赏，寄崔侍御

九日茱萸熟，插鬓伤早白。登高望山海，满目悲古昔。远访投沙人，因为逃名客。故交竟谁在，独有崔亭伯。重阳不相知，载酒任所适。手持一枝菊，调笑二千石。日暮岸帻归，传呼隘阡陌。彤襜双白鹿，宾从光辉赫。夫子在其间，遂成云霄隔。良辰与美景，两地方虚掷。晚从南峰归，萝月下水壁。却登郡楼望，松色寒转碧。咫尺不可亲，弃我如遗舄。

宣城见杜鹃花

蜀国曾闻子规鸟，宣城还见杜鹃花。一叫一回肠一断，三春三月忆三巴。

哭蒋征君华

敬亭埋玉树，知是蒋征君。安得相如草，空余封禅文。池台空有月，词赋旧凌云。独挂延陵剑，千秋在古坟。

---

① 贝：万历府志同，他本一作"具"，《诗渊》亦作"具"。

(乾隆)宣城县志

谢公亭
　　谢公离别处,风景每生愁。客散青天月,山空碧水流。池花春映日,窗竹夜鸣秋。今古一相接,长歌怀旧游。

过崔八丈水亭
　　高阁横秀气,清幽并在君。檐飞宛溪水,窗落敬亭云。猿啸风中断,鱼歌月里闻。闲随白鸥去,沙上自为群。

送宛句赵少府子卿　　张九龄
　　解巾行作吏,樽酒谢离居。修竹含青景,华池澹碧虚。地将幽兴惬,情与旧游疏。林下纷相送,多逢长者车。

江上呈裴宣州
　　江上与天连,风帆何森然。遥林浪出没,孤舫鸟联翩。常爱千钧重,深思万事捐。报恩非徇禄,还逐贾人船。

独孤常侍北楼　　张南史
　　背湓敞高明,凭轩见野情。拟回五马迹,更胜百花名。海树凝烟远,湖天见鹤清。云光侵素壁,水影荡闲楹。俗赖褰帷问,人欢倒屣迎。始能崇结构,独有谢宣城。

宣城雪后还望郡中寄孟侍御
　　腊后年华变,关西驿路遥。塞鸿连暮雪,江柳动寒条。山水还鄣郡,图书入汉朝。高楼非别处,故使百忧销。

旅行泊宣州界[①]　　孟浩然
　　西塞沿江岛,南陵问驿楼。潮平津渡阔,风止客帆收。去去

[①] 《孟浩然集》卷二、《文苑英华》卷二九一均作"夜泊宣城界"。

怀前浦，茫茫泛夕流。石逢罗刹碍，山泊敬亭幽。火炽梅根冶，烟迷杨叶洲。离家复水宿，相伴赖沙鸥。

送崔录事赴宣城　　高　适

大国非不理，小官皆用才。欲行宣州印，住饮洛阳杯。晚景为人别，长天无雁回。举帆风波渺，倚棹江山来。羡尔兼乘兴，芜湖千里开。

紫毫笔歌　　白居易

紫毫笔，尖如锥兮利如刀。江南石上有老兔，吃竹饮泉生紫毫。宣州之人采为笔，千万毫中拣一毫。毫虽轻，功甚重。管勒工名岁充贡，君兮臣兮勿轻用。勿轻用，将何如？愿赐东西府御史，愿颁左右台起居。搦管趋入黄金阙，抽毫立在白玉除。臣有奸邪正衙奏，君有重言直笔书。起居郎，侍御史，尔知紫毫不易致。每岁宣城进笔时，紫毫之价如金贵。慎勿空将弹失仪，慎勿空将录制词。

送宇文太守赴宣城　　王　维

寥落云山外，迢遥舟中赏。铙吹发西江，秋空多清响。地回古城芜，月明寒潮广。时赛敬亭神，复解罟师网。何处寄相思，南风摇①五两。

送宣城路录事　　韦应物

江上宣城郡，孤舟远到时。云林谢家宅，山水敬亭祠。纲纪多闲日，观游得赋诗。都门且尽醉，此别数年期。

---

① 摇：《王右丞集》作"吹"。

(乾隆)宣城县志

送处士归宣州因寄林山人　刘长卿

陵阳不可见，独往复如何。旧邑云山里，扁舟来去过。鸟声春谷静，草色太湖多。傥宿荆溪夜，相思渔者歌。

赠皇甫曾之宣州

莫恨扁舟去，川途我更遥。东西潮渺渺，离别雨萧萧。流水通春谷，青山过板桥。天涯有来客，迟尔访渔樵。

送宋校书赴宣州幕　卢　纶

南想宣城郡，江清野戍闲。艨艟高映浦，睥睨曲随山。名寄图书内，威生将吏间。行春板桥暮，应伴庾公还。

送崔琦赴宣州幕

五马临流待幕宾，羡君谈笑出风尘。身闲就养能辞远，世难移家莫厌贫。天际晓山三峡路，津头腊市九江人。何处遥知最惆怅，满湖青草雁声春。

示爽。时之宣城①　韩　愈

宣城去京国，里数逾三千。念汝欲别我，解装具盘筵。日昏不能散，起坐相引牵。冬夜岂不长，达旦灯烛然。座中悉亲故，谁肯舍汝眠。念逝将一身，西来曾几年。名科掩众俊，州考居吏前。今从府公召，府公又时贤。时辈千百人，谁不谓汝妍。汝来江南近，里闾故依然。昔日同戏儿，看汝立路边。人生但如此，其实亦可怜。吾老世味薄，因循致留连。强颜班行内，何适非罪愆。才短难自力，惧终莫洗湔。临分不汝诳，有路即归田。

---

① 宋廖莹中辑注《昌黎先生集》无"时之宣城"四字。

开元寺　杜　牧

松寺曾同一鹤栖，夜深台殿月高低。何人为倚东楼柱，正是前山雪涨溪。

开元水阁

六朝文物草连空，天淡云闲今古同。鸟去鸟来山色里，人歌人哭水声中。深秋帘幕千家雨，落日楼台一笛风。惆怅无因见范蠡，参差烟树五湖东。

题元处士高亭

水接西江天外声，小斋松影拂云平。何人叫我吹长笛，兴倚春风美月明。

自宣城赴官上京

潇洒江湖十过秋，酒杯无日不淹留。谢公城外溪惊梦，苏小门前柳拂头。千里云山何处好，几人襟韵一生休。尘冠却挂知闲事，终拟蹉跎访旧游。

宣城送裴坦判官

日暖泥融雪半消，人行芳草马声骄。九华山路云遮岫，青弋江村柳拂桥。君意如鸿高的的，我心悬旆正摇摇。同来不得同归去，故国逢春正寂寥。

陪范宣城北楼夜宴　张　祜[①]

华轩敞碧流，官妓拥诸侯。粉项高丛髻，檀妆慢裹头。亚身摧蜡烛，斜眼送香球。何处偏堪恨，千回下客筹。

[①] 祜：底本误刻作"祐"，径改。

(乾隆)宣城县志

题元处士幽居　许　浑

潺湲绕门水，未省濯缨尘。鸟散千岩曙，蜂来一径春。杉松还待客，芝术不求人。宁学磻溪叟，逢时罢隐沦。

送僧归敬亭

十年剑中客，传尽本师经。晓月下黔峡，秋风归敬亭。开门新树绿，登阁旧山青。遥想论禅处，松阴水一瓶。

寓开元寺精舍酬薛秀才

知己萧条信陆沉，茂才无病卧西林。芰荷风起客堂静，松桂月高僧院深。清露下时伤旅鬓，白云归处寄乡心。劳君诗思犹相忆，题在空斋夜夜吟。

麻姑山　刘　沧

麻姑此地炼神丹，寂寞烟霞古灶残。一自仙娥归碧落，几年春雨洗红兰。帆飞震泽秋江远，雨过陵阳晚树寒。山顶白云千万片，时闻鸾鹤下仙坛。

敬亭祠

森森古木列岩隈，迥①压寒原霁色开。云雨只从山上起，风雷多向庙中来。三江入海声长在，双鹤啼天影未回。花落空庭春昼晚，石床松殿满青苔。

送李观之宣州谒袁中丞赋得"江渡②"　张众甫

古渡大江滨，西南据要津。自当舟楫路，应济往来人。翻浪

---

① 迥：底本原刻作"回"，他本皆作"迥"，因改。
② 江渡：唐《中兴间气集》、明《唐诗品汇》等一作"三洲渡"。

惊飞鸟，回风起绿苹。君看波上客，岁晚独垂纶。

送李侍御宣州使幕 韩　翃

春草东江外，翩翩北路归。官齐魏公子，身逐谢玄晖。山色随行骑，莺声傍客衣。主人池上酌，携手暮花飞。

送张、周二秀才谒薛宣州① 权德舆

儒衣两少年，春棹谷溪船。湖月供诗兴，烟岚费酒钱。上帆投极浦，欹枕傲晴天。不用愁羁旅，宣城太守贤。

送李侍御归宣州 许　棠

吟诗早得名，戴豸又加荣。下国闲归去，他人少此情。云移寒峤出，烧夹夜江明。重引池塘思，还登谢朓城。

寄宣州窦常侍 罗　隐

往年西谒谢玄晖，樽酒留欢醉始归。曲槛柳浓莺未老，一园花暖蝶初飞。喷香瑞兽金三尺，舞雪佳人玉一围。今日乱离寻不得，满蓑风雨钓鱼矶。

晚入宣城界 钱　起

斜日片帆阴，春风孤客心。山来指樵路，岸去惜花林。海气蒸云黑，潮声隔雨深。乡愁不可道，浦宿听猿吟。

和宣城张太守南亭秋夕怀友

池馆蟋蟀声，梧桐秋露晴。月临朱戟静，河近画楼明。卷幔浮凉入，闻钟永夜清。片云悬曙斗，数雁过秋城。羽扇扬风暇，

---

① 薛宣州：《权载之文集》卷五作"薛侍郎"。

(乾隆)宣城县志

瑶琴怅别情。江山飞丽藻,谢朓让前名。

宣城逢张二南史 耿沣
　　全家宛陵客,文雅世难逢。寄食年将老,干时计未从。秋来句溪水,雨后敬亭峰。西北长安远,登临恨几重。

咏宣州笔
　　寒竹惭虚受,纤毫任几重。影端缘守直,心劲懒藏峰。落纸惊风起,摇空洒露浓。丹青与从事,舍此复何从。

宛陵馆冬青树 赵嘏
　　碧树如烟覆晚波,清秋欲尽客重过。故园亦有如烟树,鸿雁不来风雨多。

下第寄宣城幕中诸公
　　一醉曾将万事齐,暂陪欢去便如泥。黄花李白墓前路,碧浪桓彝宅后溪。九月霜中随计吏,十年江上灌春畦。莫言春尽不惆怅,自有闲眠到日西。

宛陵寓居上沈大夫
　　满耳谣歌满眼山,宛陵城郭翠微间。人情已觉春常在,溪户仍将水共闲。晓色入楼红蔼蔼,夜声寻砌碧潺潺。幽云高鸟俱无事,晚伴西风醉客还。

送元上人归稽亭[①]
　　重叠稽亭路,山僧归独行。远峰斜日影,本寺旧钟声。徒侣

[①] 此诗《全唐诗》归刘禹锡,嘉庆、光绪县志属张籍。

问新事,烟云怆别情。应夸乞食处,踏遍凤凰城。

送稽亭山僧　刘禹锡
师住稽亭高处寺,斜廊曲阁倚云开。山门十里松间入,泉涧三重洞里来。名岳寻游今已遍,家城礼谒便应回。旧房到日闲吟后,林下还登说法台。

广教寺题清越山房　张　乔
重来访惠休,已是十年游。向水千松老,空山一磬秋。石窗清吹入,河汉夜光流。久别多新咏,长吟洗俗愁。

送友人归宣州
失计复离愁,君归我旧游。乱花藏道发,春水绕乡流。暝火丛桥市,晴山叠嶂楼。无为谢公恋,吟过晚蝉秋。

经宣城元员外山居
无人袭仙隐,石室闭空山。避烧猿犹到,随云鹤不还。涧荒岩影在,桥断树阴闲。但有黄河赋,长留在此间。

开元寺阁
谁家烟径长莓苔,金碧虚栏竹上开。流水远分山色断,清猿时带角声来。六朝明月惟诗在,三楚空山有雁回。达理始应惆怅尽,僧闲因得话天台。

送人往宣城　潘　佐
江畔送行人,千山生暮氛。谢安团扇上,为画敬亭云。

(乾隆）宣城县志

宛陵送李明府归江州　李　鹏①
　　菊花村晚雁来天，共把离觞向水边。官满便寻垂钓侣，家贫已用卖琴钱。浪生滠浦千层雪，云起炉峰一缕烟。傥见吾乡旧知己，为言憔悴过年年。

赠宣州亢拾遗　项　斯
　　传骑一何催，山门昼未开。高人终避世，圣主不遗才。坐次欹临水，闲中独举杯。谁为旦夕侣，深寺数僧来。

怀宛陵旧游　陆龟蒙
　　陵阳佳胜昔年游，谢朓青山李白楼。惟有日斜江上思，酒旗风影落春流。

开元寺阁　薛　能
　　一阁见一郡，乱流仍乱山。未能终日住，尤爱暂时闲。唱棹吴门去，啼林杜宇还。高僧不可羡，西景掩柴关。

送僧游宣城　释皎然
　　楚山千里一僧行，念尔初缘道未成。莫向舒姑泉口泊，此时呜咽易伤情。

冬日梅溪送裴方舟之宣州
　　平明匹马上村桥，花发梅溪雪未消。日短天寒愁送客，楚山无限路遥遥。

---

① 此诗作者，《才调集》作"来鹏"，《全唐诗》作"来鹄"。

送周长史赴宣州 李 端

青枫树里宣城郡,独佐诸侯上板桥。江客亦能传好信,山僧多解说南朝。云阴出浦看帆小,草色连天见雁遥。别有空园落桃杏,知将丝组系兰桡。

送邓王二十弟牧宣城 南唐后主李 煜

且维轻舸更迟迟,别酒重倾惜解携。浩浪侵愁光荡漾,乱山凝恨色高低。君驰桧楫情何极,我倚阑干日向西。咫尺烟江几多地,不须怀抱重凄其。

和前题 汤 悦

千里陵阳同陕服,凿门胙土寄亲贤。曙烟已别黄金殿,晚照重登白玉筵。江上浮光宜雨后,郡中远岫列窗前。天心待报期年政,留与工师播管弦。

和前题 徐 铉

禁里秋光似水清,林烟池影共离情。暂离黄阁只三载,却望紫垣都数程。满座清风天子送,随车甘雨路人迎。彤霞阁上题诗在,从此还应有颂声。

叠嶂楼 宋梅 询邑人,有传

谢公城上谢公楼,百尺阑干挂斗牛。碧瓦万家烟树密,苍崖一槛瀑泉流。波光滟滟前溪满,刹影亭亭古寺幽。此地近除新太守,绿窗明月为君留。

泊昭亭山下 梅尧臣邑人,有传

云中峰午午,潭上树亭亭。久作大梁客,贫留小阮醒。滩愁江舸涩,祠信楚巫灵。日暮渡头立,山歌不可听。

（乾隆）宣城县志

宣州杂诗①

　　昭亭万仞山，古庙半山间。赛雨使君去，钓潭渔父闲。蕨肥岩向日，竹暗垄连关。北望高楼上，南飞鸟自还。

永庆寺松风亭

　　冉冉竹边涧，森森松荫崖。始闻清吹度，似欲绿琴谐。莫识主人意，休论高士怀。春城百花发，薜荔上阴阶。

响山②

　　每过响山下③，常思路中丞。开亭宴貔虎，制贼象冰蝇。旧刻多磨灭，今人少有称。茸茸春草长，时有牧牛登。
　　久忆门前胜，聊乘逸兴游。寒篁进溪曲，古木暗城头。鸟过空潭响，船随碧濑流。梅花三叠罢，烟火起沧洲。

东溪

　　行到东溪看水时，坐临孤屿发船迟。野凫眠岸有闲意，老树着花无丑枝。短短蒲茸齐似剪，平平沙石静于筛。情虽不厌住不得，薄暮归来车马疲。

雪中廖宣城寄酒

　　轻舟泛泛昭亭湾，春雪漫漫昭亭山。寒沙曲渚杳不辨，素鸥翔鹭空中还。宣城太守闵穷旅，双壶贮酝兵吏颁。任从六花壅船户，满酌春色生衰颜。醒时但爱云水好，醉后等与天地闲。世间

---

　　①　此诗底本原与上首同题，查《宛陵集》卷四十三作《宣州杂诗二十首》，因分题另列。嘉庆、光绪县志改题为"敬亭杂诗"。
　　②　此题下第一首亦为《宣州杂诗二十首》之一，嘉庆、光绪县志题作"过响山"。第二首见《宛陵集》卷三，题作"游响山"。
　　③　每过响山下：《宛陵集》卷四十三作"一过响山畔"。

最乐各有分，何必舞娥高髻鬟。

宛溪
　　三洲滩口急，两水渡头来。下过桓彝宅，上通严子台。潺湲泻寒月，滉漾照春梅。白鹭惊飞处，鱼多见底回。
　　宛水过城下，滔滔北去斜。远船来橘蔗，深涉上鱼虾。鹅美冒椒叶，蜜香闻稻花。岁时风俗美，笑杀异乡槎。

黄池月下共酌
　　将归谢公郡，喜见阮家儿。但对月如水，那能酒似池。衰形疑镜照，葆发怯霜吹。宿雁不堪托，乡人知未知。

开元寺假山
　　石是青苔石，山非杏霭山。诸峰生镜里，小岭傍池间。雨不因云出，门疑为客关。何须费蜡屐，暂到此中闲。

赛昭亭祠喜雨
　　未生潭上云，空望山中雨。湛湛陈桂樽，坎坎奏鼍鼓。萧萧灵风来，蹲蹲祝郎舞。莫言春作迟，但念寒滩阻。何当发泉源，绿水浸沙渚。不与农者期，自将舟人语。定作榜歌行，暮投丹湖浦①。瞻祠草树失，认岭烟霞吐。半吞东南吴，远带西北楚。川泽见坡陁，龙蛇蹙鳞鬐。人经兴寤叹，事住成前古。考碑何验今，涂马立空庑。余知骨相贫，岂敢望冥许。愿乘溪流深，滂沛随彻俎。

---

① 浦：底本此字原缺，据《宛陵集》卷三十七补。

(乾隆)宣城县志

土山寺沃洲亭
前溪夹洲后溪阔,风吹细浪龙鳞活。孤亭一入野气深,松上藤萝篱上葛。葛花葛蔓无断时,女萝莫剪连古枝。当年吾叔读书处,夜夜湿萤来复去。

游广教寺
春滩尚可涉,不惜溅衣裾。古寺入深树,野泉鸣暗渠。酒杯参茗具,山蕨间盘蔬。落日还城郭,人方带月锄。

峄山项王庙
项羽路由此,力闻能拔山。八千提楚卒,百二破秦关。陔下围歌合,江头匹马还。却思诸父老,相见亦何颜。

陪太守学士登叠嶂楼
高陵自可眺,况复更层楼。峨峨众山翠,活活寒溪流。新筐未扫箨,缘险已修修。曲道出林杪,飞宇跨城头。春余众芳歇,子结叠蔓抽。庭空野鼠窜,日暝啼禽留。谁知郡府趣,适有林壑幽。伊我去闾井,尔来三十秋。昔望白云下,今从轻轩游。

环波亭
冒暑驻轮毂,徘徊北濠上。栋宇起中央,芙蓉生四向。今吾太守乐,慰此郡人望。雨从昭亭来,水入句溪涨。蜻蜓立栏角,朱鲤吹荷浪。岸木影下布,水鸟时引吭。心静不竞物,兴适每倾酿。薄暮咏醉归,陪车知几两。

早春田行
风雪双羊路,梅花溪上村。鸟呼知水暖,云湿觉山昏。妇子来陂下,囊壶置树根。予非陶靖节,老去爱田园。

和马都官《宿县斋》

常爱陶潜远世缘，阮家仍有竹娟娟。夜深风撼萧萧响，谁忆北窗人正眠。

翠竹亭

种竹几千个，结亭三四椽。游人多寂静，啼鸟亦留连。酒有陶令爱，林希阮氏贤。我来归路远，跃马古城边。

访施八外兄巢林亭

前日秋水涨，昨日秋水落。偶来寻隐居，曾不乖宿诺。竹底除旧径，藤蔓系新杓。马留岸傍树，风扫林下箨。既能置鲁酒，又复饷楚飵。谁知此南涧，照影自清洛。平生爱幽旷，敛迹诚非错。

和金判都官《昭亭见怀》

赛雨从何事，高情苦爱山。谢公联句后，惠远过溪间。笑处岩相答，归时酒在颜。端忧守穷巷，无力共跻攀。

昭亭与浔阳舍弟别

昭亭潭上水，下与九江通。去客解轻舸，落潮乘顺风。回头迷远树，没背见飞鸿。寂寞还穷巷，桓彝宅在东。

宣州咏物杂诗

大实木瓜熟，压枝常畏风。帖花先漏日，喷露渐成红。青箬包山舍，驰心奉汉宫。谁将橐驰①载，辛苦向骄戎。

高林似吴鸭，满树蹼铺铺。结子繁黄李，炮仁莹翠珠。神农本草阙，夏禹贡书无。遂压葡萄贵，秋来遍上都。

---

① 驰：《宛陵集》、万历府志同。嘉庆、光绪县志作"驰"，当误。

(乾隆）宣城县志

北客多怀北，炮羊举玉卮。吾乡虽处远，佳味颇相宜。沙水马蹄鳖，雪天牛尾狸。寄言京国下，能有几人知。

斫漆高岩畔，千筒不一盈。野粮收橡子，山屋点松明。只见树堪种，曾无田可耕。儿孙何所乐，向此是平生。

细雨春冈滑，无因驻马蹄。裌单怀后侣，风急过前溪。近寺闻鱼鼓，穿林听竹鸡。田家春正急，炊饭待锄犁。

五月黄梅肥，终朝密雨微。绿苔侵竹阁，润气袭人衣。背陇沾牛去，衔虫湿燕归。高山发瀑水，夜涨入吾扉。

次韵侯宣城叠嶂楼双溪阁长篇　苏　辙

作官如负担，一负当且弛。不知息肩处，妄问道远迩。我乘章江流，却入宛溪水。舍身陟崔嵬，竹路极句已。名都便欲过，佳处赖公指。仰攀叠嶂高，俯阅双溪美。不悟身乘空，但觉风吹耳。云烟变遥壑，歌吹闻近市。倦游得清旷，行役有新喜。公言倾榛秒，斩伐从我始。堰水种蒲莲，开山峙梅李。拥木待成阴，养花要食子。遗风揖桓谢，父老邀黄绮。邦人鱼依蒲，食客莪在沚。春阴迫寒食，谓我姑且止。嗟余去乡国，屡把刀环视。感公鹙鹭修，怜我凫鸭俾。异邦逢故人，宁复固辞理。高谭云汉上，烂醉笙歌里。落日尽公欢，推挽未应起。

次韵侯宣城《题叠嶂楼》

小邑来时路，宣城最近怜。楼台百年旧，花竹一番新。登览春深日，凝思病后身。何时对尊酒，重为洗埃尘。

题叠嶂楼　程　昭

万里天光入茗瓯，半窗云气度帘钩。奚奴解指唐朝寺，归燕犹知谢氏楼。村市酒旗摇竹径，野川鱼艇逆溪流。读书人已成陈迹，有客重登未白头。

开元寺阁　　汪士深①

寺古陵阳第一峰，宝扉珠树碧玲珑。鹤巢霄汉浮图顶，僧舍烟霞丈室中。高阁钟声闻远近，上方灯影彻西东。一从杜牧题诗后，翰墨谁能继古风？

昭亭祠

灵祠俯江国，栋宇依层峦。千峰远岧峣，二水渺回环。昭明肃清镜，仿佛闻和銮。蔼蔼集嘉祉，芬芬奠椒兰。精神一云展，遐眺凭飞阑。昔贤有高躅，寄墨青云间。琼瑶刻苍翠，笔势回翔鸾。高峰一回首，日落天风寒。

玄妙观

海上飞来一片云，此中应有钓鳌人。洞箫吹月蓬莱晓，瑞简承恩魏阙春。千古烟霞开秀色，半空楼阁绝飞尘。何时重访仙坛鹤，玉树桃花几度新。

玄妙观　　胡　晋②

矫矫餐霞子，凝神志不分。丹书研晓露，仙服剪春云。山水鸣琴悟，松风煮茗闻。时能吐佳句，艳雪舞缤纷。

宣州后堂　　张　耒

雨后山亭暑气微，老人犹未试生衣。满园闲绿无人到，尽日南风燕子飞。

---

① 庵，汪士深为元朝人，应移后。
② 胡晋：底本原作"胡晋元"，误。胡晋为元朝人，见《宛陵群英集》。又，诗题《宛陵群英集》卷五作"和玄妙道士汪乐全韵"，嘉庆、光绪县志作"和玄妙观道士"。

（乾隆）宣城县志

赴宣城守吴兴道中
秋野连云静，三吴种熟时。风江客帆疾，晴野雁行迟。草木霜天晓，山川泽国悲。宣城不负汝，好继谢公诗。

白羊道中
日出客心喜，路平人足轻。风高不成冷，雨过有余清。水落溪鱼出，村深田鹳鸣。胜游须秀句，多愧谢宣城。

题宣州郡楼　林　希
虎丘换得敬亭山，句水松林数舍间。天下难如两州好，君恩乞与一身闲。

北楼次韵　林宗放邑人，有传
浮空紫翠扑层台，谢守吟窗一夜开。云影四垂高卷幕，溪痕浑落浅胶杯。红莲绿水嘉簪盍，白鸟孤云入句来。缓放笙歌下楼去，凉州重听彻崔嵬。

叠嶂楼　文天祥
初日照高楼，轻烟在疏树。峨峨远岫出，泯泯清江去。檐隙委残簹，屋宇连莽宿。荟蔚互低昂，熹微分散聚。城郭谅非昔，山川俨如故。童鬓已零落，姝颜慰迟莫。沉沉澹忘归，欲归重回顾。

登双溪阁
碧落神仙宅，当年庾谢来。烟云连草树，山水近楼台。万雉银缸举，千鸦铁骑回。梅花衣上月，把玩为徘徊。

梅都官墓

沧沧宛水阳，郁郁都官坟。乔松拱道周，缘茔茁芳荪。古时北邙叹，白杨邈游魂。大雅独不坠，修名照乾坤。再拜坟上土，躧履揖诸孙。握手慨以慷，而有典刑存。渥洼生骐骥，荆山产玙璠。悠悠清湄流，眷言葆其源。

题张待举曲肱亭　黄庭坚

仲蔚蓬蒿宅，宣城诗句中。人贤忘巷陋，境胜失途穷。寒菹书万卷，零乱刚直胸。偃蹇勋业外，啸歌山水重。晨鸡催不起，拥被听松风。

送舅氏野夫之宣城

试说宣州郡，停杯且细听。晚楼明宛水，春骑簇昭亭。稏䆉丰圩户，桁杨卧讼庭。谢公歌舞处，时对换鹅经。

藉甚宣州郡，风流数贡毛。霜林收鸭脚，春网荐琴高。共理须良守，今年辍省曹。平生割鸡手，聊试发硎刀。

曲肱亭　吴元用

少年曾缀集仙班，袖手归来水石间。闻道半山还旧隐，扁舟乘兴过龙湾。

送凌①侍郎还知宣州　晏　殊

日②南藩郡古宣城，碧落神仙拥使旌。津吏戒舡东下稳，县僚负弩画归荣。江山谢守高吟地，风月朱公故里情。曾预汉庭三

---

① 凌：底本原刻作"林"，嘉庆、光绪县志同，万历府志、《全宋诗》卷四四〇作"凌"，指凌策，因改。

② 日：《全宋诗》作"江"。

(乾隆)宣城县志

独坐,府中谁敢伴飞觥。

池上送况之赴宣　曾　巩

池上红深绿浅时,春风荡漾水逶迤。南州鼓舞归慈惠,东观壶觞惜别离。远岫烟云供醉眼,双溪鱼鸟付新诗。陵阳岂是迟留地,趣驾追锋自有期。

送宣州杜都官

夜闻陵阳峰上雨,晚见宛溪春水平。画船不待双橹挟,归客喜成千里行。牧之文采宜未泯,夫子风流今有声。篇什高吟凤凰下,翰墨醉酒烟云生。拨置簿书有余力,放意樽罍无俗情。志义非徒劝风俗,恺悌固可交神明。余休比户得涵泳,嚚讼累岁皆澄清。荐章交论付丞相,士行如此宜名卿。江湖一见十年旧,谈笑相逢肝胆倾。鹡鸰一枝亦自得,去矣黄鹄高飞鸣。

送思斋上人之宣城　林　逋①

林岭霭春晖,程程入翠微。泉声落坐石,花气上行衣。诗正情怀淡,禅高语论稀。萧闲水西寺,驻锡莫忘归。

咏木瓜　杨万里

天下宣城花木瓜,日华沾露绣成花。何须塿子强呈界,句有琼琚先报笝。

宣城花歌　苏　为

宣城花,叠嶂楼前簇绮霞。若非翠露陶潜宅,即是红藏小谢家。

---

① 林逋:底本原作"林和靖",据全书体例称名不称号、谥,因改。

卷之二十六　艺文三

憩高公惠连基下有感　周紫芝邑人，有传

　　高公古遗直，三载立螭头。载笔有公言，高论肃冕旒。少年取巍科，妙学通九流。晚窥青囊书，穴地生公侯。当时千载人，继出欧与刘。如何百年后，零落归山丘。墓门变荒棘，长江泣高秋。佳城定天与，政自非人谋。

开元礼塔①　释法通②

　　白社留飞锡，青云冷敝衣。莲花浮七级，贝叶散千辉。响入天机近，尘销客意微。兹来无所事，行道乃忘归。

麻姑观　元　郝　经

　　路入云关寂不哗，石田瑶草带烟霞。贮经洞古无遗迹，养药炉存失旧砂。青鸟若传金母信，紫鸾应返玉皇家。岩扉不掩春常在，开徧碧桃千树花。

陵阳歌　汪　珍邑人

　　陵阳城头落日黄，陵阳城下水茫茫。楼中少妇吹羌管，时有北人思故乡。

麻姑山③　贡　奎邑人，有传

　　斜阳众峰出，山行快追寻。④兹亭独崔嵬，超然散尘襟。瑶汉湛虚碧，灵飙荡幽阴。渑瀯连沃野，苍茫俯乔林。真游本无

---

① 塔：嘉庆、光绪县志作"答"，似误。
② 释法通为明朝嘉靖、万历间人，不当入宋。
③ 诗题《云林集》作"天游亭"，《宣城右集》卷二十六作"麻姑山天游亭"，嘉庆、光绪县志作"麻姑天游亭"。
④ 前二句，《宣城右集》作"凉秋马肥健，山行快闲心。斜阳众峰出，岂待穷追寻"。

驭，妙道悟匪深。麻姑去何年，薜萝径萧森。玄蝉解新蜕，喈喈高树吟。物理感时迁，世辙徒骎骎。怀哉学仙术，孤云度遥岑。

三天洞

树合连峰影，苔栖满壁诗。山风潜入户，泉窦暗通池。市远僧归晚，园荒鸟下迟。登临有真趣，幽事尽宽期。

郊行

双溪溪上路，重到五年迟。桑柘成阴处，莺花向老时。泊舟随岸曲，坐石看云移。政爱沙鸥狎，惊飞底见疑。

树木炊烟绿，人家住涧西。风轻莺语滑，泥重燕翎低。尘渴怜新酿，郊吟忆旧题。小庄蚕最熟，喜欲报山妻。

三天洞　王　圭邑人

胜迹三天洞，清游五字诗。悬泉垂马乳，暗谷隐龙池。坐久禽声集，吟残树影移。贤侯兴不浅，应有后来期。

宛溪济川桥成　王　璋邑人

二水玄晖郡，双溪李白诗。江山遗迹在，惠政大贤知。累石砌湍濑，飞梁跨渚涯。仙宫鳌戴员，星汉鹊参差。不碍乘槎客，翻思踏浪儿。人从衽席过，功类鬼神为。利泽通千里，欢呼共一辞。吟诗欲题柱，记取落成时。

次广教寺坚师韵

矮窗宜晓取朝阳，高槛凭虚接莽苍。咒水钵中莲是幻，坐禅床畔竹偏长。不须沽酒供彭泽，耐可吟诗伴石霜。想见六时天乐下，散花吹满衲衣裳。

三天洞　汪　鑫邑人

黄叶孤村路，沧江五字诗。橹声摇暮雨，树影落寒池。客倦岁华晚，鸟鸣林谷移。人生行且乐，白发易相期。

三天洞　陈良弼

日落僧归寺，云深鸟护巢。暗泉通殿角，清梵出林梢。晚栗初开罅，寒梨未拆①包。前山秋色近，犹隔两三坳。

舟次硖石避雨古庙　吴　镆邑人，有传

漠漠春云起岩谷，白雨飞空乱如镞。牧儿狂步过桥西，远墅微茫数家屋。浪高雪阵风忽颠，移舟小泊古庙前。坐待天回日西照，江流不尽山苍然。

北崎湖　叶道卿②

泛舟南崎行，先从北湖去。水外净浮天，云中蔼无树。

湖上纳凉　刘道夫

鲜飙吟碧树，淡月印清波。暑到重湖少，凉从薄暮多。短衣仍楚制，敝屣自商歌。坐久香浮席，露华初泫荷。

湖上纳凉　贡师泰邑人，有传

天风吹海树，瑟瑟秋气凉。河汉西北流，众星耿微光。惜我同袍友，远在水一方。相思不相见，展转清夜长。遥闻鸣笳发，揽衣月苍苍。

---

① 拆：底本及嘉庆、光绪县志均作"折"，当误，据万历府志改。
② 叶道卿即叶清臣，北宋人，不当入元。

(乾隆) 宣城县志

万松庵

秋日访招提，云深处处迷。殿门松影直，庭槛药苗齐。接竹通流水，编篱护野畦。道人偏爱客，留得树头梨。

麻姑观

麻姑山下水涓涓，十里青松引洞仙。菡萏夜开丹满室，琅玕春长玉为田。空坛雨过苔痕滑，密径风回树影偏。可是心清自无暑，更移竹榻向林泉。

题叠嶂楼参云亭寄老士安监宪

层城极高爽，杰构峙峥嵘。叠嶂散霞绮，双溪回以明。旌节一庋止，登览群彦并。明月悬委珮，华星粲长缨。凉轩四面敞，坐看香霭生。神功倏卷舒，变态周人纮。终当溥甘露，从龙游太清。

万松庵　虞　集

宣城山水窟，蔽亏东西日。敬亭最清丽，遥岑出寸碧。虽微灵运游，曾着玄晖屐。其东维麻姑，石色积铁立。雄势踞磅礴，佳气蟠葱郁。磴藓未易攀，梯飙何由及。鸡犬仙源深，蚌螺瀛海湿。斧柯石上遗，樵担云中逸。累累香土闼，仳仳仙桥出。丹灶拾赭砾，剑函浸元璧。披奇历险阻，千百才存十。铜坑窈难窥，石砦危可陟。吸泉出平池，掉石连青壁。苍木产异馨，香薷蓄灵液。翠葆既掩苒，丹蕤亦蒙密。红兰间蓬藋，丛桂杂榛棫。无复脯麟宴，空余舃凫迹。瑶草绀室生，玉树珠庭植。灵光怅莫追，秀气犹可挹。楼飞齐云翚，府耸天游翼。神秀钟造化，结构乘道力。万松乃后出，路自中峰入。仙释俱幻厖，齐楚胥得失。山中三十年，兹理究平昔。年来客南湖，佳处久未即。拟参照空禅，重诣源公席。同游得名胜，乐饮既怡怿。簇骑凌清晨，回车告将夕。

松风亭　　张师愚邑人，有传

长松荫禅宇，柯叶何萧森。清风一披拂，奏作绿绮琴。虬龙舞空洞，鸾凤相与吟。众籁起幽听，太虚本沉沉。翛然亭中人，宴坐观妙音。心闲得深悟，明月生东林。

峄山项王庙

嬴氏乱天纪，群雄各飞扬。子羽勇无敌，拔剑起戎行。熊罴八千士，飙举度长江。威名震列国，斩婴爇咸阳①。神力推万夫，虎视貌四方。雄图竟不就，楚歌有余伤。故国父老怜，遗庙苍山傍。莓苔生丹垩，萝蔓满门堂。空令千载下，吊古增慨慷。

寻西候亭遗迹

芳辰喜清暇，携筇出西郭。登高一以眺，山川如绮错。昔闻赵宣城，筑亭候宾客。嘉林荫结构，翠岭照丹臒。逢迎尽贤士，冠盖拥阡陌。况有谪仙人，奇文刻金石。我来访遗迹，但见丘与壑。断甃乱榛莽，隤址暗松柏。五马不复来，樵歌空踯躅。人生一世间，富贵不盈握。所以崇令名，没世耻寂寞。

秋日同游敬亭得"并"字　　汪泽民邑人，有传

湘中三年梦乡井，敬亭重游心目醒。双流夹镜一溪来，千仞齐云两峰并。丛祠秋报同奠桂，兰若晚酤催煮茗。晴岚暖翠约花时，往觅丹梯登绝顶。

九日陪高梅居登高，复留赏菊家园，怀仲渊三天载酒之约，去年叠嶂登高之会，感而成章

度水缘冈取次来，夕阳归影尚徘徊。白衣怅望三天路，乌帽

---

① 咸阳：底本原误刻作"威阳"，据嘉庆、光绪县志改。

(乾隆)宣城县志

风流九日杯。菊老东篱容作客,山围北郭记登台。明年载酒知何处,莫遣西风暗里催。

永庆寺　何儒行邑人
　　澄江西畔叩禅扃,暖日联镳趁踏青。茂树清泉丞相宅,闲云飞鸟谪仙亭。山中不雨花常润,林下无人兰自馨。醉后摩挲庭外碣,风霜杉桧几朝经。

游广教寺　曹瓒①
　　山前山后寺连珠,寺外青山列画图。黄蘖不来裴相远,金鸡井上草荒芜。

麻姑山　明陶安
　　松树连檐翠色多,南湖春水淡生波。贡家旧宅云林在,明月满船听棹歌。

泊昭亭山下　杨载②
　　岩磴盘盘草露微,秋阴未解澹朝晖。水舂③野碓雨鸣涧,木落山村叶拥扉。机杼隔林寻路去,云霞度陇傍人飞。往来十五年前熟,老矣伤心万事非。

宿宣城山家　汪广洋
　　委曲疑无路,幽深别有天。偶披青嶂入,得与白云眠。树密巢归鸟,溪回响暗泉。草堂终夜寂,高枕听鸣弦。

---

① 嘉庆、光绪县志作者前有一"明"字,是。
② 杨载为元朝人,不当入明。
③ 舂:底本原误作"春",径改。

敬亭吊古　芮　麟

轻云阁雨弄春阴，好鸟如歌绿树深。欲问山灵招李白，倚楼吟断碧云岑。

宛溪泛月　彭　楘

孤帆城下放，一棹宛溪深。岂为乘桴意，空怀泛斗心。晴云开野嶂，片月照寒岑。独有怀人意，林间听好音。

忆游翠云　张　纶邑人有传

翠云遥上路迢迢，诗酒相从野兴饶。会后高情犹缱绻，别来短发已萧条。尘冠几欲愁中脱，岁月频惊客里销。奔走年年余病骨，山林深处有谁招？

因张侍郎大经南行寄题叠嶂楼　李东阳

有美宣城客，曾登叠嶂楼。楼因谢公建，名自独孤留。万树龙鳞合，双溪燕尾流。朝光先见日，爽气忽横秋。斗转檐初挂，云轻栋欲浮。帘前无过鸟，天际有归舟。明月共千里，齐烟空九州。圆方看鹄举，郊薮识麟游。壮忆周南滞，奇思禹穴幽。世间无太白，千载愧赓酬。

游敬亭因寄王太守　梁柱臣

敬亭何岧峣，宛溪流未央。烟郊暧漠漠，春树郁苍苍。雅志慕林壑，值兹山水乡。招游属良晤，延眺开山堂。谢公昔为郡，兹焉寄徜徉。纤组兼幽寻，风流至今扬。遂令贤达踪，韩李蹑其芳。秀句落人间，高标郁相望。我来千载后，怀古意难量。芜祠一以眺，故迹悲徬徨。何以解中情，聊复挥壶觞。隐沦悼寂寞，灵异殊渺茫。思控琴高鲤，言从窦陵阳。恨无凌风翼，缅怀云路长。

(乾隆)宣城县志

龙溪舟中　汪　佃
　　一簇炊烟暝色昏,短篱疏竹数家村。逢年田舍浑无事,风雨离离对掩门。

怀芮守敬亭山房　高　棅
　　吾爱谢宣城,留连敬亭作。遗音落江海,兹山齐五岳。至今隐沦人,往往来栖托。夫子接风期,千龄宛如昨。逸气钟英灵,奇才凌巘崿。隐身卧薜萝,一室依岩壑。两峰控双流,芙蓉镜中落。空翠入几筵,清晖卷罗幕。有时咏松泉,回望青山郭。长啸起白云,解兰谢猿鹤。飘飘步丹霄,转盼承恩渥。双旌拥皂盖,五马缠金络。既从天台游,复憩武夷乐。碧水绕黄堂,丹山耀朱襮。檐枝挂蒲鞭,政闲闻笑谑。翻然忆故栖,烟霞空寂寞。矫首望宛陵,飞声寄寥廓。

宛溪泛月　许宗鲁
　　海月光仍满,溪声静不流。瑶华翻锦席,素影漾仙舟。酒对江湖晚,风鸣芦荻秋。吴歌远相答,牛渚兴悠悠。

黄池舟中夜坐
　　雨急欣初霁,秋光觉渐残。横江零露重,垂夜众星寒。客久愁偏剧,交深别更难。迟明一解缆,烟水思漫漫。

华阳峭壁图　吴宗英邑人
　　矗矗颠崖峭入天,洞门珠玉碎飞泉。分明忆得经行处,尚有猿声到耳边。

华阳道中　吴宗儒邑人,有传
　　独揽青丝墨鼻骒,拨云寻路入山家。穷崖三月春光到,一夜东风万树花。

翠云庵吊古　吴宗周①

翠云清胜集朋簪，历遍岩峦共醉吟。风鹡窠边青嶂合，雨龙归处碧潭深。昌黎故里成空寂，太白遗墟费讨寻。忽忆北园先祖什，野花啼鸟系人心。

硖石舟中　李先芳

长薄带芳洲，支江绕郡流。潭烟宛陵夕，山雨敬亭秋。溜急知湖口，林喧指渡头。依依沙渚上，人吏待行舟。

白云寺

落日低古寺，疏钟出翠微。我乘黄叶下，相伴白云归。萝月开山镜，松风扫石矶。空门无剪伐②，薜荔挂征衣。

高斋杂诗

高斋何所有，挺挺松与柏。严冬被霜雪，青青不改色。天性固所宜，地势亦相迫。飒然天风来，高枝多反侧。上有夜啼乌，使我心恻恻。我将射此乌，弯弓焉可得。荣名岂百年，去留轻一叶。不见泰山高，何心恋丘垤。积雨空斋寒，暮春鸣鹈鴂。玉壶注美酒，既醉不复辍。谁知饮者志，乃不在曲蘖。望中春谷云，山外敬亭月。所贵知我希，从心足怡悦。

高斋效谢朓体

平生惬山水，白首不知倦。改服倅宣州，颇乘风水便。言访谢公亭，高斋尚凌缅。懿此古风存，民淳事易办。官斋剩休暇，揽衣抚层观。高原带平楚，历历纷可见。溪藏春谷

---

① 吴宗周：底本原误刻作"吴宗元"，据府志及嘉庆、光绪县志改。
② 伐：底本原刻作"代"，当误，据嘉庆、光绪县志改。

(乾隆)宣城县志

云,山写澄江练。晴岚明复灭,幽禽聚还散。松杉荫阶除,烟霞拂颜面。钟疏人吏稀,庭花落如霰。单居苦岑寂,缄书布亲串。

正心楼

高楼独坐一凭栏,吴越东南表壮观。红树微茫秋色远,苍烟迢递夕阳残。山开图画当轩倚,江落芙蓉入镜看。却忆谢公旧游地,云中天际思漫漫。

早春文昌台

一泓春水挂城头,百叠遥山带雪浮。地是谢公曾作郡,人如王粲旧登楼。松篁隔岭娇晴色,关塞连天忆昔游。报道梅花消息好,凭栏不见使人愁。

登白云寺后山 贡 珊邑人,有传

雄观夙所闻,高眺遂兹日。极目四苍茫,尘寰嗒[1]焉失。月华空际浮,露彩林端浥。一啸天风来,云散暮山碧。

麻姑山[2] 贡 镛邑人

神女秉幽芳,采芝入箵籯。长笑一决起,空山明月中。渺哉千年后,白鹤一回首。宁知人间世,浮埃萦九有。

钓鱼矶[3]

仙人坐苍石,垂竿云外峰。朝弄碧海鲸,夜戏沧江龙。我来

---

[1] 嗒:底本原刻作"塔",误,据嘉庆、光绪县志改。
[2] 嘉庆、光绪县志题作"麻姑仙女祠"。从内容看,当是。
[3] 此题底本原无,下诗与上首同题,似不妥,因据嘉庆、光绪县志补出。

拂苔坐，引胆唏清风。兴豪试长臂，月钩悬秋空。

礼开元塔　张大谟 邑人

窣地拏云涌碧空，何年卜筑此禅宫。苍山翠滴孤坛外，古树阴林别院中。梵呗细传诸界静，佛灯遥映一枝红。欲寻小杜题诗处，故老谁怜大历风。

翠云庵题竹间　李　默

野径入云隈，千峰返照开。数竿看不厌，禅境寂无埃。

和张中丞忆游翠云　方如冈

幽亭翼翼山迢迢，幽人抚景兴自饶。梅花雨湿白云片，柳丝风动黄金条。清江碧石眼相媚，野马红尘心已销。久将一拙藏林壑，无烦猿鹤来吾招。

游万松庵　贡汝成 邑人，有传

高僧昔遗世，筑室万松间。虚阁依苍峭，幽轩映清湍。松竹夹屋生，薜萝縻檐端。架阁依流溪，接竹通潆泉。径曲门境清，峦环斋宇寒。平生有幽尚，眷言此盘桓。神襟坐照爽，悠然得真欢。回视人间世，风尘萦八埏。

乾明寺

嘉树蔼纷绿，斋宇涵清阴。境僻杂草积，林幽独鸟吟。玄默自成趣，岂为名迹侵。凤昔抱孤念，妙寄超青冥。况托兹虚门，那复梦华簪。浩然与谁期，独此淡中襟。

晓归斗山　杨　贞 邑人，有传

数点疏星在，半空残月明。人情归去好，诗思晓来清。野店

(乾隆）宣城县志

鸡初唱，山村犬不惊。到家天已曙，儿女候门迎。

过寒亭　杨　实邑人

　　行李图书一舸轻，东风留我住寒亭。雨余新水鸭头绿，云外小山螺髻清。

鳌峰潭　陆乾元邑人，别驾

　　万顷涵清映太虚，双流曲曲绕襟裾。蓼花风起沙汀出，白鹭飞来窥小鱼。

宛溪道上晚望敬亭　陈　焯

　　溪声带秋气，飒飒入斜曛。近市寒微减，到城山始分。暮烟铺作地，远树看成云。且就陵阳宿，宵钟应独闻。

翠云庵　陈　鹤

　　栖禅暂出关，行尽敬亭山。李白今何在，孤云尚往还。泉鸣青嶂外，花落翠微间。怅望层霄际，高风不可攀。

天均阁呈徐司寇　苏　潛

　　相见各依依，相将坐翠微。清风徐孺榻，繁露董生帷。竹影侵书帙，山光上客衣。故乡归未得，至此已如归。

文昌台成示诸生　朱大器

　　官阁翚飞万象开，郁葱佳气望中来。云瞻五色陵阳晓，光烛三阶叠嶂回。郡国不妨留胜迹，东南从此有高台。满城桃李千千树，莫负当年着意栽。

寄和朱使君文昌台　罗洪先

文昌高阁倚云开，九日新诗江上来。北斗纵横人未远，西风嘹唳雁初回。文章此日还三代，山水中天又一台。况是明堂方下诏，真材端为栋梁栽。

出宛陵　沈仕

凌歊台下泛潺湲，棹入澄江三月还。两岸桃花如送客，不堪回首敬亭山。

叠嶂楼　常君恩①

山水具灵秀，闻见各异领。兹楼敞陵阳，曰陟神趣永。大江横其前，渔舟立烟暝。俯瞰青濛濛，吁骇孤阁迥。苍然云鸟没，初月出高岭。追惟谢公后，诗流递相逞。澄鲜揽宛句，毫末辨鄢郢。如何千载余，寥寥迹遂屏。淫嚚互惊聒，无异噪蛙黾。大雅久衰替，怀古缅②修绠。

叠嶂读青莲诗碑　王公弼

入暮山容紫，秋云淡野空。虚窗来远岫，遗碣走长虹。有地随栽竹，无人自倚桐。披风对明月，怀谢更怀公。

题梅宛溪草堂　文征明

宛陵东下碧溪长，正绕梅公旧草堂。日落敬亭相映带，云开叠嶂浸沧浪。苔矶自足供垂钓，春水还看着野航。谁识照心清百尺，古来惟有谪仙章。

---

① 常君恩为清朝人，不当入明。光绪县志已改。
② 缅：底本原刻作"緉"，当误，据嘉庆府志、光绪县志改。

（乾隆）宣城县志

晚次宣城界　左　镒
　　兹途亘百里，日暮倦行游。岭树侵官舍，山云覆戍楼。长河归雁直，寒月断猿愁。去去风尘里，孤生不自谋。

登城望叠嶂楼　邓　庠
　　层城登石磴，凝望谪仙楼。俯槛嚣尘净，停骖半日留。拥蓝千叠嶂，飞练两溪流。铺陇黄云合，书空白雁秋。麻姑排闼见，蟏蛸接天浮。葱蒨寒林柏，微茫野渡舟。循良怀世泽，文献蔼宣州。忝窃居台宪，巡行惬胜游。霜清豺虎遁，月照里闾幽。志欲禅龙衮，惭无一线酬。

宣城道中水阻　王世贞
　　夜不闻白猿，朝不见白鹇。忘却下江水，错认恋舟山。

游南湖　殷　铭 邑人，太学
　　平湖宿水没重堤，万顷连天天更低。红槿雨来云叶乱，白苹风起浪花齐。潮回碛石奔还激，烟锁姑山辨复迷。庾信暮年诗兴倍，江南何处不堪题。

南湖晚行　贡　钦 邑人，有传
　　十里南湖路，孤舟向晚行。潮回沙有迹，浪静石无声。日落川光暝，云闲水气清。何年一竿竹，于此结鸥盟。

南山松径　葛逢旸 邑人，太学
　　满径青松人迹稀，空山寂历暮烟微。樵童更在云深处，一笛长歌带月归。

三天洞① 罗汝芳

洞绝三天胜，灵开古佛堂。神龙降钵底，万载石泉香。

柏枧寺

山径沿溪曲，幽意殊可人。借此同心侣，踏遍蓬莱春。

柏枧寺 梅继英邑人，见传

佛关阴阴紫翠间，烟霞常伴老僧闲。千崖雨霁三花净，万壑云深六月寒。

三天洞 袁鹤声邑人，有传

半岩遗洞俯高丘，曲径旁通古佛楼。去日维摩孤塔在，多年狂客有诗留。泉穿地脉林常润，窦引天风气若秋。栖息万缘都不染，飘摇疑驾白龙游。

句溪同梅禹金

日将岁月了沧波，又向楼船载酒过。入夜渐惊秋气肃，中流方觉月明多。水光潋滟开天镜，空影参差落绛河。愿得幽期常不负，与君同听濯缨歌。

寻响潭

暑雨生潮润，幽探惬远寻。竹深销日气，潭静落云阴。戏藻鱼谙乐，迎风鸟送音。始知轩盖地，清切愧中林。

对亭庵

峰北名蓝不厌游，入来身世自悠悠。信知净土缘人胜，翻使

---

① 此诗原列在后，下首《柏枧寺》又重出，今移前，删去重出之《柏枧寺》。

（乾隆）宣城县志

尘心向佛投。积翠满阑山绕户，清风拂坐竹环楼。寻常无事烦相到，每为闲师半日留。

翠云庵九日①

仙刹绝红尘，因君扣②白云。石梯缘竹上，樵径入林分。地僻人稀到，溪深鹿自群。定知玄妙理，得向静中闻。

过行廊宿慧公山　贡纪国邑人，文学

孤峰斜日逢支遁，石榻清风听白车。绝壑古藤栖水鹤，穿林曲涧走胎虾。江光带月摇清弋，暮色飞岚出九华。坐对沉烟心似洗，迂疏我亦欲辞家。

饮澄江亭　袁中道

分砂漏石爱清流，泛宅人同练上游。他日有缘来往此，未营居室且营舟。

泛宛溪　殷登瀛邑人，有传

小憩寻芳步，孤亭非世情。白净浮潭影，虚槛纳江声。树密深交翠，花繁略辨名。一尊如可办，聊此足吾生。

翠云庵　刘　铸邑人，明经

小山丛桂久徘徊，长啸穿云去复来。晴日半窗开野色，翠涛千顷接溪隈。兴狂肯落风前帽，归晚频移月下杯。却忆襄阳杜工部，当年多病强登台。

---

① 万历府志题作"翠云庵和陈山人韵"，嘉庆府志、县志作"翠云庵和陈海樵"。

② 扣：万历府志、嘉庆县志同，嘉庆府志作"叩"。

双溪 张克家邑人,有传

江天收片雨,鼓枻句溪阴。酒对遥山色,风披短葛襟。采虹浮水阔,白鸟没烟深。却意长安陌,兹游不可寻。

早春拱辰台眺望

今朝风日好,春色满山台。鸟出昭亭树,花迎柏叶杯。祥光天北迥,淑气海东来。举目高斋并,深惭谢朓才。

翠云庵

见说诸天迥,相邀半日闲。绿樽行树杪,清磬出云间。野篆支江水,烟沈绕郡山。淹留许玄度,薄暮不能还。

三天洞 贡安国邑人,有传

云壑重重隐洞门,薜萝经岁挂天阍。星河影映数峰静,日月光临三户存。虚谷寒生诸籁振,灵泉沸出百川源。山南山北总嘉胜,谁似东陵来灌园。

翠云庵

小阁虚岩畔,回蹊古桧端。朝晖开锦眺,秋色在雕阑。花鸟图书出,溪山水墨看。夕阳宾主罢,聚乐到骚坛。

麻姑山 梅守德邑人

兹山郡东表,嵚崟亘平陆。峰顶白云栖,岩际苍烟宿。朝瞻海霞红,夕眴湖波绿。复绝尘网撄,幽寻豁心目。姑仙久不返,空坛骛麋鹿。芸芸欲界中,谁能驻双毂。余已避世人,刖足羞献玉。行当歌采芝,长啸振林谷。

(乾隆)宣城县志

三天洞

乍得依清境,尘襟亦自舒。地疑探禹穴,人自见秦余。霞气栖岩暝,天光入洞虚。胜游兴未浅,回首更渠渠。

月夜宛溪舟泛

清宵乘月泛兰舟,千里寒光映素流。洲渚风烟能恋客,莼鲈盘馔正宜秋。好怀共向尊前尽,题句还应石上留。莫讶狂歌多纵浪,百年身世一浮沤。

九日集翠云,用杜牧之《齐山》韵

峰头木叶未全飞,古寺云深一径微。旷宇遥怜晨雾敛,高林乍喜暮禽归。饮酣自笑添华发,兴剧谁将挽落晖。遍插茱萸更进酒,不妨明月照人衣。

一峰庵

冬日喜初晴,篱边尚菊英。岩云沉梵影,林霭落钟声。扣竹①妨僧梦,题门记客名。几年才一到,更觉俗缘轻。

柏山寺

闲寻古上方,落日半林黄。亭额犹残墨,碑趺已断行。草深僧院榻,尘满佛龛床。往事那堪论,双松背夕阳。

九日保丰台同方使君

欣逢佳节共登台,红叶黄云望里开。秋色净怜篱外菊,溪光遥映掌中杯。尊前白发渊明兴,楼上青山谢傅怀。野客自耽忘世趣,艰危须仗济时才。

---

① 以下底本缺二页,嘉庆县志亦装帧错乱,据光绪县志卷三十二配补。

谒汪文节公祠和原韵

堪怜时事已无为,白首丹心尚自持。断舌杲卿甘奋死,结缨季路肯辞危。精诚万古留青简,英气千秋照碧池。仰止前修多感慨,几从祠下拜光仪。

玄妙观　詹　沂邑人有传

城南绀宇是仙都,为问仙踪事已徂。古殿荒凉龙去否,苍松偃蹇鹤来无。真人玉简空函箧,老子青牛只画图。未审刘郎曾几度,桃花开落自荣枯。

晚泛双溪　王廷相

返照悬层嶂,兰舟夹岸开。浓花齐露冕,曲水泛行杯。抱影双凫下,迎人孤鹤回。官闲饶乐事,何必问蓬莱。

送人之宣州　郑善夫

宣城仙胜地,山水作名州。石控琴高鲤,江深谢朓楼。白龙降已久,黄鹤唤何由。尔去乘云月,飘飘过十洲。

题梅宛溪天逸阁　许　谷

闻公习静好楼居,杰阁新成逼太虚。尘土何由沾几席,云霞常是袭衣裾。攀龙令子成新赋,骑鹤仙人送道书。漫说苍天能逸老,竟忘门外候安车。

雨中望峄山　梅守和邑人,有传

雨气层峦昼欲冥,残碑何处觅云亭。行行日断微茫里,莫测浮空远近青。

吾与轩和梅宛溪　唐汝迪邑人,有传

玲珑水面八窗开,云净天空鸟往回。静把床头《羲易》玩,

(乾隆)宣城县志

不闻花外俗车来。

何事桐江理钓丝，天然一鉴碧差差。山中甲子无人记，每到春风自鸟啼。

宣州雪梨歌　明　伦穗石

七月江南百果成，就里交梨尤有名。瑶浆仿佛金茎露，莹①色分明玉井冰。年年先享先皇殿，黄包翠筐交驰献。卢橘长沾上苑恩，樱桃早入中朝荐。雄邦太守谏垣仙，三辅风声四海贤。致恭已竭侯氏礼，余惠仍烦使者传。珍奇人比如船藕，入口沉疴更何有。张公大谷流传盛，汉主华园摇落久。万物皆缘造物功，阴阳旋转真无穷。天地变化动植遂，雷雨甲折草木同。野人食新讵知自，咀嚼泠然饫真味。经年病肺欶消除，此日枯肠转滋溉。染翰缄题寄短吟，投桃报李惭知音。分甘愿溥黄堂爱，望渴应怜赤子心。

秋夜方斋　姜　台

翛然吾亦汉东方，漫对芳时叠酒觞。摇落秋容残碧落，微茫夜色入苍茫。久沾五斗惭陶令，共笑多愁有宋郎。细剪灯花数寒漏，西风二十五声长。

翠云庵九日　张应泰

万峰摇落散氤氲，半壁危楼倚翠云。太守凭高先载酒，诸公乘兴总能文。笙歌沸座惊禅定，萝薜牵衣日欲曛。归倚江城重怅望，层冈合沓路难分。

麻姑山　梅守箕邑人，有传

亦有麻姑迹，仙坛在上头。泉分丹井液，碑似鲁公留。雨气

---

① 以上底本原为脱页，据光绪县志补出。

蒸云润，湖光借日浮。更疑天路近，鹤驾自来游。

泛舟敬亭　汤　毂邑人，孝廉
苍苍烟树敬亭秋，携客重登最上楼。夜静剡溪思独苦，一天寒月照沧洲。

开元寺浮图　汤显祖
对坐芙蓉塔，延观柏枧云。青霞城北涌，翠潋水西分。岭树疑岚湿，岩花入暝薰。风铃流梵响，玉漏自声闻。

麻姑山　沈懋学邑人，有传
仙人驭孤鹤，何处访方平。野鸟窥山寺，残花点石枰。云根丹灶湿，斗气剑池横。梦隔青霞侣，空邀五舌笙。

双溪
河朔风流会，扁舟引兴长。清歌流晚照，霜笔战秋阳。烟绕芳林湿，花飞锦缆香。人生谁暇日，且一酌溪光。

游南湖
周原迥列岫，片石涌南湖。水国云常冷，渔舟月自孤。卧龙丹壑杳，浮鹄碧天俱。坐对波光夕，悠然醉玉壶。

移疾归止翠云庵
多病凋华发，幽栖惬素心。片云归鸟疾，孤径落花深。座揽①千崖色，檐留半壁阴。浮生僧共话，山月堕珠林。

---

① 以下底本缺页，据光绪县志补。

(乾隆)宣城县志

登敬亭怀李太白　　屠　隆
青岩合沓见垂藤，两腋天风快一登。牛背似分平野阔，马蹄都入乱云层。朱花的的寒迎客，黄叶萧萧晚映僧。千载谪仙呼不起，至今彩笔尚凭陵。

泛舟东溪
萧瑟是霜天，孤城大野连。飞觥乱白日，伐鼓动晴川。雁叫落残苇，鱼游避夜船。醉归乘下濑，寒月已娟娟。

孤坟篇吊宛陵吴君仕期
城南萧萧行人断，野风吹沙白草短。狐狸茅土鬼啸霜，天阴夜夜青磷满。义士一丘托山阿，何人杀之鹰与犬。鹰耶犬耶投烟荒，君魂肃穆灵旗张。我来洒涕酹酒浆，地下同游陈少阳。

柏枧寺　　梅守默邑人，有传
径转千盘入，虹飞百丈平。岩流惊雪舞，谷迥看云生。竹里一僧见，峰头双鸟鸣。幽情殊未已，归路听松声。

翠云庵
危磴重重绝径深，攀萝振袂此登临。霞流草树明丹峤，云拥楼台出翠岑。倚竹香厨山鸟下，绕松幽涧钵龙吟。晚烟[①]十里归城路，带得钟声趁月阴。

泛舟清溪登响山　　吴伯敬邑人，有传
严霜已到地，秋声犹在空。半窗来石壁，隔岸挂梧桐。江静惟过鸟，川长不断风。一尊桥上月，双落镜前虹。

---

① 以上底本缺页，据光绪县志补。

卷之二十六　艺文三

秋暮入柏枧　梅鼎祚邑人，有传

沿溪一径斜，黄叶满贫家。断壑飞晴雨，微阳隐暮霞。逢僧穿薜荔，留客荐茶瓜。杜若山中老，吾生未有涯。

双溪春泛

负郭双开镜，凌春共放舟。古今留胜迹，觞咏属清游。白翠骄晴照，潭烟澹夕流。翛然来往意，真觉近沧洲。

春夜诸子将酒至对亭庵

白莲从有约，每饭在东林。隔竹茶烟起，闭关花雨深。诸天回夕照，孤塔下春阴。坐久鸣钟罢，悠悠静者心。

翠云庵同许国忠

谁能独命山中驾，怜尔同耽物外情。行傍高林双鸟下，坐凭孤阁片云生。年光暗识丹枫暮，笑语偏从白社清。曾是支公旧门客，未甘丘壑易簪缨。

永庆寺

寺近秋斋路不迷，晚钟频度石桥西。水清莲钵窥龙影，雨积深林散虎蹄。狎鸟穿厨分佛供，闲云留榻伴僧栖。亭亭翠柏强千尺，今古游人几杖藜。

集文昌台①

经年卧病楚江渍，此日登台强对君。槛外禽声交夏木，樽前山色换春云。浮烟万井孤城绕，落照双流匹练分。但有浊醪须共醉，敬亭回首忆离群。

---

① 《鹿裘石室集》诗集卷十五题作"集汪仲嘉谢少廉文昌台"。

（乾隆）宣城县志

保丰台登览怀李白
白也白也今在无，尔其如在归来乎？文章光焰高万古，万古精灵当与俱。忆昔老春悲纪叟，恨不夜台且沽酒。试今尔复兹地游，善酿主人一何有。岂徒善酿诎前名，那得汪伦送尔情。五马纷纷渡江客，谁为宋赵礼狂生。[①] 征君埋玉王郎死，眼中寂寂二三子。谢楼辍响临风篇，崔亭空望飞檐水。彩虹双落镜光开，十月梅花笛里催。高馆白沙留月色，青溪霜夕听猿哀。抽刀断流流不绝，明日扁舟期散发。陵阳仙者五六人，控鲤乘鲸共超忽。长歌招白白不还，安知余辈非探环。众鸟孤云宛如昨，相看不厌敬亭山。

项王庙歌
峄山遗庙何堂堂，风吹女萝鬼跳梁。扬桴拊鼓供伏腊，父老犹能说项王。镐池贻璧祖龙死，叱咤喑呜提剑起。是时楚有武信君，八千飞渡钱塘水。汉兵四面忽楚歌，骓不逝兮可奈何。东来此地曾经略，耿耿英风尚不磨。帐下千峰如列戟，断镞含腥土花碧。汉家寝庙游衣冠，牛羊夕下长安陌。

九日同焦素臣诸子泛舟响山
轻舠信水便，重九值晴难。山气碧云暮，潭阴白日寒。草敷诸客坐，菊益老人餐。薄醉犹余健，登高兴未阑。

柏枧寺　梅国祚邑人有传
小径沿山入，禅栖偏自幽。岩深苍树古，溪静白云流。梵影空坛落，珠光净室浮。行游兴不极，日夕更淹留。

[①] 此诗亦见《鹿裘石室集》诗集卷六，前半多有异文。

卷之二十六　艺文三

宿柏枧寺
来持清净戒，暂扫一斋空。榻借孤云卧，窗将片月笼。鸟惊钟响后，泉溜雪消中。习静怜真镜，玄心渐觉通。

同锡予、泰符、少虚游三天寺　梅蕃祚邑人，有传
窈窕寻松径，逶迤白石关。残春同客到，落日见僧还。坐听斋时磬，行经雨后山。前朝留片碣，磨洗尽苔斑。

翠云庵九日　崔汝恭邑人，文学
万里清霜梧叶飞，千山爽气净霏微。吟边酒送黄花醉，望里风寒白雁归。秋水晴沙衔远浦，石门疏竹隐朝晖。登高却愧无能赋，漫惜年华又授衣。

柏枧寺　梅一科邑人知县
入谷迥疑人境绝，悬崖忽引一虹飞。峰头振屐云相逐，涧底流觞鸟共依。断壑松涛空俗虑，闲庭花雨静天机。淹留未尽登临①意，带得泉声满路归。

开元阁　沈有则邑人，有传
一声秋雁欲摩空，此夕欢娱四海同。万井人烟笼竹外，千山云气入杯中。浮屠影卧三更月，清磬声传半夜风。总为明时珍革履，故令莼菜忆江东。

新林道中怀古　梅台祚邑人，有传
新林古道行行稀，岁晚萧条入帝畿。衰柳何堪犹系马，微霜无奈更沾衣。千年王气图空歇，六代豪华事已非。读罢残碑一恫

---

① 登临：万历府志卷十二作"悠然"。

怅，风流却忆谢玄晖。

发龙溪同何叔度、闵寿卿、子马兄

春江无限好，舟楫故人同。别浦花移岸，遥山月映空。客心千里外，乡梦一宵中。明发沧波路，飘飘逐断蓬。

登海螺山同金子方、季豹、孺子叔

一天秋色暮，酒向万峰呼。村远烟相望，林高日易晡。红稀全落柿，碧尽半凋梧。奈此萧森后，登临兴不孤。

同谢少白、季豹、孺子叔、禹金兄游一峰庵

缘溪引乱松，逾岭席孤峰。野客来无约，山僧到不逢。雪泉穿石溜，苔壁护云封。历历岚烟暝，江城隔暮钟。

三天洞 甘梅轩邑人

何年凿开混沌窍，兹山间留空洞腹。阳光转午影入奁，天籁出虚声传谷。飞鼠深藏乱石云，老猿倒挂悬崖木。洞门泉水碧于蓝，不洗庵中野僧俗。

东溪纳凉 徐梦麟邑人，有传

夜雨涨山城，孤舟抱岸行。石梁疑汉落，草阁入溪平。烟静鱼从跃，人闲鹤自鸣。披襟幽壑意，风日好寻盟。

游广教寺

真界开黄蘖，千年塔并存。松风生绝壑，萝月掩颓门。觅碣惊栖鹘，听经立老猿。谁能回地轴，钟磬落幢幡。

卷之二十六　艺文三

三天洞　汤宾尹邑人有传

寂历环层屋，玲珑转密岩。遥天开玉镜，绝壁度云帆。地肺风尝宿，山头日欲衔。石重烟絮絮，树立草毵毵。乳借仙丹和，崖驱鬼斧劖。径穿凭燕绕，沙沸觉龙馋。钟近清禅寺，花飞点客衫。惭余走牛马，纪述不成函。

游柏枧

崇峦万仞小城坤，置产高原置屋低。溪鼓共喧丁①字水，山更频报午衙鸡。茶枪盛长连旗放，竹子新生与母齐。一枕羲皇清到梦，风窗石榻任君栖。

稽亭仙人岩　高维岳邑人，有传

天上飞神鼎，人间作化城。众香空翠落，万象郁葱紫。眷此宝珠树，托根永不倾。灵异自仙植，超劫无亏盈。散花金地灿，照海赤霞明。共羡龙华荫，时闻缑岭笙。玉毫光里艳，尘世那能撄。

同梅季豹诸子游广教寺

向晓寻归路，茫茫翠欲迷。会心偏胜地，洗耳惬清溪。酒泛吴船小，歌残海月低。相看无限意，扶醉为君题。

游广教寺　吴伯敷邑人，有传

春暮虎溪东，云林谒远公。烟霞浮雁塔，栋宇启龙宫。落日孤峰照，寒泉旧井通。翛然一室里，趺坐得心空。

---

① 丁：此字底本原空缺，据《睡庵稿》诗集卷八补。

(乾隆)宣城县志

麻姑山 吴伯与邑人,有传

野气到山重,行行烟雨繁。灶厨新煮药,坛鹤旧应门。云益松阴傲,鸟忘佛座尊。前溪飘远磬,疑是别朝昏。

敬亭秋雨

红渐当衣落,青仍到涧微。江村千树暝,山郭片云围。寒鸟炉分影,闲钟院度稀。悠然无碍意,双屐趁僧归。

北楼夜月

高斋今夜月,辉映似南齐。白转苔前露,清分郭外溪。树遮城垒细,鸟宿钓矶迷。诗酒淋漓意,飘然忆陇西。

双溪草亭 施　誉邑人,见传

何处好风至,亭前春水波。虚檐巢翡翠,幽窟俯鼋鼍。山瀑通厨近,藤花背日多。枕书成卧隐,翻厌榜人歌。

华阳寻高峰寺

访胜寻高地,萝深径屡迷。崖交云抱木,山转石悬溪。草色侵天碧,松枝倚日低。磬声何处落,仙路想招提。

板桥道中 梅咸祚邑人,见传

枫林披驿路,雨霁荐新凉。众鹜攻余利,孤征爱薄装。田家分剥枣,野店受春粮。望入归途里,村烟断夕阳。

游柏枧 梅士劝邑人,见传

八年重一到,山色尚苍苍。胜地呼停骑,佳游夙裹粮。虹梁飞木杪,雪瀑冷岩光。昔日题诗处,藤萝几处长。

三天洞 程大志

洞门青桂合，落叶半苍黄。缘壁日来浅，衔山风入凉。小鸟下藤户，冥虫喧洞房。空听云水响，疑是钵龙降。

登叠嶂楼 周 怡 太平

夏日同登郡阁台，一尊还为故人开。纤纤微月窥虚牖，黯黯流亮度晚杯。节近绿蒲惊浪迹，坐忘清漏见高怀。百年经济归群彦，樗散徒令笑不才。

九日春归台 徐日隆 邑人，有传

秋深看欲暮，台上望春归。纵是流光迅，无令乐事违。菊枝初吐艳，枫叶未全稀。及此清游日，高歌系落晖。

过闲云庵 詹应凤 邑人，文学

久约到招提，春游共杖藜。不辞山路北，来向竹林西。远岫封残雪，疏篱带浅泥。十年曾过此，回首负幽栖。

送徐乾若还宛兼讯余使君 陈子龙

夜来梅雨涨前溪，彩鹢离樽强自持。此后相思劳梦寐，莫迷三泖过桥西。

宛陵山下谢公亭，羡尔高斋昼尚扃。退食公余人散后，一杯遥对数峰青。

宛陵夜发 王思任

宛口下孤舟，青山夜更秋。月中人不寐，天外水空流。官火分渔店，僧钟起鹭洲。平生幽隐意，只看大刀头。

499

(乾隆)宣城县志

喜邢孟贞至宣城　葛　　贞邑人,文学

　　石湖新炎昼阴阴,谢朓城边芳草深。四海兵戈仍见面,百年尊酒细论心。平芜燕子风初下,野寺桃花日共寻。莫道乱离今又甚,溪山及此可闲吟。

自广德之宣州　张佳胤

　　赤日发桐汭,东风与客西。松涛时在耳,行树自成蹊。问俗犹吴语,提封渐宛溪。看山怀谢朓,心已敬亭栖。

秋晚硖石步至庙埠　梅朗中邑人,有传

　　落日在轻舟,阴霞荡硖石。纵步入田庐,新酒泛将夕。延眺率遐畅,秋月始登魄。高坟翳荒榛,书堂自阡陌。即事横古今,散迹匿物役。曲蹊渐沉森,喔喔乱石隙。斜晖易辞岭,倾厓慎折屐。潭响识夜鱼,火杂辨估舶。混瀁川流明,窈窕墟烟白。四顾何苍苍,城郭在空碧。

玉山惠照寺

　　山围不辨寺,林午寂闻钟。随意游能数,深谈事总慵。锡飞三界雨,僧老六朝松。遮莫愁昏黑,还登竹外峰。

经陈郡守灌墓,墓西即古州学

　　孤冢嶕峣大道傍,丰碑翁仲半无行。即看荒草迷槐市,幸有桐乡识召棠。风物荆榛悲燕雀,天晴丘陇上牛羊。谁怜开国歌良牧,特祀于今竟未尝。

东门渡寻桓内史彝墓

　　维榜古渡糜,散步越平莽。断塔峙荆榛,生烟霭亭午。展寻桓史坟,樵苏杳无主。荒隧登来牧,遗烈耿废伍。中兴兆一龙,

蕃服半养虎。英图乃勤王，仗节亶守府。神爽亮在兹，历落更怀古。

永庆寺柏　万时华
老柏根如石，荒台影自摇。威仪参古佛，晴雨认前朝。顶秃难巢鹤，枝枯欲带潮。将军归战马，麟鬣夜魂招①。

敬亭寄吴汤日　刘芳显邑人，太学
岭上一片云，惜君未持去。昨夜过松梢，不识归何处。

净居寺荷花
荷事应当罢，迟吾尚有花。气幽云与淡，香重日将斜。隔岸疑歌院，逢僧是酒家。留情在秋水，归去读《南华》。

客宣城作　姜　垛邑人②，见传
杨柳依稀在，相看一老兵。百年封事意，万里瘴江情。路转双羊迥，楼高雨水明。凭将踪迹去，未解此平生。

何事缘源去，悠然路转冥。竹林黄蘖寺，风景谢公亭。湖草水全暗，江天山更清。沧洲吾意远，白发况星星。

野浦飞花接石关，百年心事北楼间。乘舟弄月歌仍笑，破帽单衫往复还。莫向此生嗟白发，好为吾骨买青山。石金戴表皆名硕，吊古临风泪欲班。

闲云庵　麻三衡邑人，见传
萧然一兰若，坐爱片云闲。风竹坐闻响，月梧时照颜。咒泉

---

① 麟鬣夜魂招：嘉庆府志同，嘉庆、光绪县志作"怜鬣夜魂昭"，似误。
② 邑人：误，姜垛为山东莱阳人，谪居宣州卫。

(乾隆)宣城县志

龙入钵,采药虎窥关。谁是忘机者,芳晨数往还。

三天洞 沈寿峣邑人,见传
百丈悬龙窟,千年卧石巢。暗泉通地脉,高鸟出云梢。栗共枇杷赋,梨同橘柚包。秋林黄叶里,僧影过山坳。

游柏枧
得路寻幽寺,云深剩几僧。瀑飞晴带雨,林窅昼明登。石壁犹悬竹,山桥半倚藤。十年曾有约,何意共君登。

登响山 吴 铵邑人,见传
策杖出郊坰,支颐坐杳冥。踞松双眼白,卧石一毡青。铠响风从入,歌清云欲停。俯看千灶暝,孤塔自亭亭。

泛舟青溪 吴 垌邑人,有传
平田通水曲,乱树切烟霄。溪月凉乘筏,山云暗覆桥。沙明悬鹭浴,波冷着萤烧。隐隐闻孤唉,一鸿天际遥。

过石佛庵 沈寿民邑人,见传
狂将矜展力,老益得山情。倚岫看云出,迟僧杖虎行。松欹凭卧石,溪语杂歌莺。便欲忘归去,暝烟天际平。

送沈眉生还宣城 黄道周
七聘何年事,三推此日心。尚方不借剑,陋巷未安琴。白地开明月,青霜结素襟。君家先太史,嘹亮有余音。
未承天子问,不愿尚书期。此事岂云足,旁人安得知。东征歌竟作,痛哭疏空持。去去宜高咏,宣城江上诗。

群猊庵 昝　质邑人，文学

泉脉细不断，蜂房喧自开。驯乌栖古塔，暖雉雏香台。樵子穿云去，山人厮药来。晚霞红片片，仿佛近天台。

游响山 孙世钦邑人，司马

野性萧疏爱胜游，况当截嶫逼城头。千寻霞駮①蒸虚壁，十亩鳞排枕断流。日澹林中微染翠，风过山顶细闻秋。不劳重唤西家酒，橘柚人烟向晚稠。

北楼暮望 颜绍庭邑人，太学

薄暮风临户，深秋竹映窗。樵苏担远壑，渔钓出寒江。度岭云千片，归巢鸟一双。醉歌怀谢李，欲倩玉为缸。

题觉愚文脊峰静室，峰左有仙人台 梅士玹邑人，有传

选地摄云岑，开林意自深。峰回呈佛观，虎去避禅吟。众壑有余秀，孤泉无住音。仙人直檐际，相望可相寻。

访智公香醉庵二首

容膝不须广，茅茨只数椽。猿啼依独宿，虎侍近深禅。晓磬空山发，雷茶活火煎。从兹清净后，林壑亦怡然。

尘俗居然隔，那须更掩关。看云凭出岫，选佛旋开山。散屐一秋满，过溪三笑间。斜阳林外去，知自上方还。

同汪君度晚入海藏，分"楼"字

不倦探奇去，东林薄暮投。云霞千嶂寂，钟磬一堂幽。水槛缘松径，山幢对竹楼。须眉容我辈，知匪为情留。

---

① 駮：嘉庆、光绪县志作"骏"。

(乾隆)宣城县志

明镜庵访方尔止、谈长益　徐　淑邑人,文学
夹水逃禅院,幽探逐径移。艰难来旧友,邂逅得新知。野树留花少,山云度浦迟。翻怜谢与李,同调不同时。

翠云庵　释果斌
碧眼头陀住翠微,四檐松竹冷相依。空堂尽日无人到,惟见闲云绕座飞。

半山庵　国朝施　誉邑人,有传
未夕千峰暝,孤僧昼掩扉。减餐留客宿,种火待人归。雪冻松逾老,烟深笋自肥。篱边常卧虎,车马到来稀。

稽亭岭吊麻祖洲
易水荆轲去,寒鸦暮不飞。空余一片石,应长首阳薇。

天逸阁春集　唐允甲邑人
东风骀岩缓衰颜,杰阁嶙峋试一攀。身近云霄通远瞩,烟凝翠霭识春山。藏书洞有丹霞在,招隐人同野鹤还。倒载芒鞋归欲暮,夕阳斜映竹松间。

游南湖　黄云鹤邑人　知县
暮林衔落景,短棹尚从容。钟接东西寺,烟浮南北峰。远汀归倦鸟,深谷暗眠龙。更与麻姑约,行攀云外松。

游柏枧　吴肃公邑人,有传
路入瞿硎室,松深古佛家。虹飞惊度壑,雀乳坐啼花。怒瀑冲云断,奔崖撼石斜。茗芽香共摘,裹露啜朝华。

卷之二十六　艺文三

湖北谒沈征君

蹑杖水云宽，麻姑接槛看。问奇他客酒，脱粟野人餐。雨过邻春寂，潮回夜语寒。草堂无长物，书卷得平安。

澄江亭　　沈　　埏邑人①

江阁高逾好，双桥恰对门。暮烟浮雉堞，疏树隐渔村。雨散东山屐，风回北海樽。醉归拼酩酊，狂任路人论。

谢公楼四十韵　　姜安节邑人，有传

牛斗分部郡，春秋纪越城。山围敬亭秀，水匝宛溪清。百里云峦亘，连滩雪浪惊。波光双镜闪，岸影两虹萦。舟楫通吴楚，桑麻重织耕。物材充贡税，文献蔼声名。灵异居然托，簪缨藉甚盈。丹梯峰合沓，碧瓦室峥嵘。井灶檐头火，闾阎月下笙。三刀尊汉尉，五马重周卿。去去乌衣燕，迁迁紫禁莺。高斋悬木榻，四野望霓旌。坐卧辞尘坌，弦歌息讼争。荒阶俄肯构，孤岫欻飞甍。风景开帘见，烟花绕座生。雨中春树渺，天际暮帆横。襟带澄江滟，周遭叠嶂迎。寒松冬谡谡，宿雾昼英英。诗卷舒遐览，琴尊惬夙盟。崇墉标迥概，杰阁散遥情。韵事千秋赏，芳踪奕代衡。独孤基渐改，太白句谁赓。橘柚垂帷幔，芙蓉傍槛楹。流霞朝结绮，零露夕腾晶。翠盖笼梧竹，黄金布稻秔。锦堪循吏制，鲜任大夫烹。啸咏乘闲暇，桑田阅变更。抚兹风土美，感彼岁时倾。败壁埋余烬，遗墟没断荆。藤萝遮魍魅，桧柏挂鼯鼪。熠耀依墙照，鸺鹠上屋鸣。人家歌哭短，官舍往来轻。何曰疮痍复，终年赋役征。残阳迷战垒，衰草长儒黉。戎马纷抢攘，尘沙半晦明。重湖仍北注，绝巘尚东撑。形势虚延伫，榱题待落成。材求良匠斫，工召庶民营。轮奂前规饰，唐皇继起荣。登临漫怀古，长笛倚空晴。

---

① 邑人：此二字底本原无，据本卷体例补。

(乾隆)宣城县志

三天洞和韵

灵窟何年现,神工洞户开。岩空斜溜雨,泉涨怒鸣雷。石乳垂天下,云旗卷地来。昨霄龙洗洞,擢损旧经台。

五百仙人迹,稽亭有岁年。风吹丹灶冷,云卧石床连。堕鹿缘虚壁,潜虬吐怪烟。有怀千古上,流水意悠然。

雨径苍苔滑,寻幽屐齿劳。云泉随地涌,岩穴逗天高。晓雾峰如笏,春山草似袍。石边堪醉卧,欹枕听松涛。

玉山寺和施愚山太史

山川我爱宣州好,处处云泉不厌游。步到上方才觉胜,坐来长日欲销愁。桥边把酒追三笑,天畔飞花散一楼。极目烟波杳无际,悄然身世寄沧洲。

玉山秋集　高　咏邑人,见传

飞盖先传到竹关,平明遣骑约跻攀。陂陀细路通金刹,晻霭深松隐玉山。千嶂晴开秋水上,乱帆齐趁夕阳还。尚书农部曾游地,发兴吾曹亦未闲。

后潭村舍

溪涨村荒后,贫交忽枉存。壶觞野艇过,鸡犬竹门喧。乌桕低霜岸,黄茅迷水痕。赏心偏永日,摇落不须论。

胜果寺

江寺去江一百步,碧瓦红墙隔烟雾。鸂鶒独夜叫深芦,水鹳空秋语高树。钟声磬声都不闻,客舟渔舟争欲渡。残僧日午未开门,门前秋草踏成路。

卷之二十六 艺文三

硖石归舟 蔡芝春邑人，知县

梦里溪山万里归，水花扑面浣征衣。峡中怪石如人立，云外轻舠似叶飞。帆带夕阳来鹤渚，岸传灯火是渔矶。清波满眼菱歌发，免向西山学采薇。

宿蜈蚣渡遇雪 邢昉

此夕离家宿，凄迷烟浦间。如拳飘白雪，到眼失青山。节换新钻火，天寒旧旅颜。更闻獭窟盗，只在落蓬湾。

秋晚硖石步至庙埠 蔡蓁春邑人，文学

书堂寺畔碧溪空，闲步观濠小径通。池底白鱼惊夕照，枝头黄鸟恋春风。数峰深霭归樵客，孤艇横流立钓翁。何日买山兼买棹，一庐吾欲卜墙东。

云山洞 孙于王邑人，有传

一石蟠山根，鬼斧刳其腹。入循百尺梯，照炬步还缩。屈曲中谽谺，载履白石屋。儵如虎豹攫，娟若芙蓉簇。幽气逼营魂，垂垂膏乳漉。考声得吼鼍，鼓翅有倒蝠。窅冥不受阳，仙灵相嬉逐。当年几烂柯，枰遗方玉幅。一笋挺擎拏，万古无倾覆。漠漠流清泉，荒荒积寒绿。窈窕安可穷，毋乃通海麓。

额珠楼

高楼凭倚处，洒洒过云凉。积雨无楼[①]客，萦人只妙香。林烟生晚壑，瀑水散山塘。眺罢还趺坐，倒看月上廊。

[①] 楼：嘉庆、光绪县志作"来"。

(乾隆）宣城县志

游柏枧　梅立宗邑人，文学
　　触处移心目，跻攀未觉劳。拂烟寻径入，划石见门高。云忽生峰乱，桥偏架壑牢。题诗临绝顶，杖底听松涛。

秋集玉山　陈　祜邑人，文学
　　幸得寒公好，诗篇茗碗供。千峰云影外，万籁磬声中。古刹从今碧，疏林剩紫红。但愁明日别，出处又西东。

同梅瞿山登敬亭　徐元文
　　谢公留赏后，山色到如今。客路寻知己，来游惜晚阴。溪幽白石暗，松静碧烟深。回磴扶筇上，微闻清梵音。

赋谢梅耦长送木瓜　王士祯
　　宣城木瓜压西洛，秋林黄处满寒烟。寄来修竹明窗底，留伴疏梅小雪前。橘柚初包难远致，楂梨虽好不须怜。相思愧乏琼琚报，重赋风人第一篇。

题徐半山《山居图》
　　先生竟学道，自制水田衣。独卧寒林静，故人相见稀。晚凉松鼠落，晓日竹鸡飞。乱叶千峰里，行歌何处归。

双塔寺　施闰章邑人，有传
　　林麓依崇岩，松雨洒衣湿。双塔如老翁，苍颜比肩立。上有玉局铭，摩挲隔层级。摧残劫火余，风雨百神集。裴守移招提，栋宇蔽原隰。至今榛莽中，遗础累百十。事往钟磬稀，夜阑龙象泣。黄蘖邈难招，白云时出入。旧井有灵泉，修绠谁当汲？

卷之二十六　艺文三

柏子庵

门阴鸭脚树，路接蟹山岑。清磬昼长寂，片云晴自深。烹茶邀过客，遗饭饲饥禽。见说南郊叟，时来倚仗吟。

入华阳

华阳高百仞，绝顶倦登临。隔岭通文脊，遥峰接武林。雨从山半落，日在谷中阴。却愧苏门啸，空闻鸾凤音。

游南湖①

带郭清溪接翠屏，雪融滩涨水泠泠。湖云送雨满帆白，沙柳禁寒一夜青。烟火空濛几村舍，藤萝缥缈谁家亭。半醒半醉浮槎好，肯信人间有客星。

半山庵

杪秋复新霁，草木剩春芳。竹里改僧径，松间添客房。园蔬一亩足，筐果四时藏。才是重阳后，东篱菊未黄。

过湖北山家

路回临石岸，树老出墙根。野水合诸涧，桃花成一村。呼鸡过篱栅，行酒尽儿孙。去矣吾将隐，前峰恰对门。

敬亭采茶

一蹋松阴路，因贪茶候闲。呼朋争手摘，选叶入云还。竹色翠连屋，林香清满山。坐看归鸟静，月出半峰间。

---

① 《学余堂诗集》卷三十七，嘉庆、光绪县志，均题作"早春放舟湖北"。

(乾隆)宣城县志

和王阮亭咏木瓜
旧贡宣州土物传,携来还带故山烟。香风似傍兰皋坐,品目元居橘颂前。幽谷华林全不改,旅人词客总应怜。同声托好频投报,肯数何郎赋一篇。何承天有《木瓜赋》。

霜降日集敬亭　史大成
画阁岧峣俯大观,不嫌丝竹到林峦。昔贤迹在山灵壮,今日秋晴客思宽。千里峰来云忽尽,万家烟动树初寒。清霜一夜添红叶,载榼重登兴未阑。

玉山寺　沈麟生邑人,文学
旧有东林约,迟来负胜游。乱流当寺午,疏竹闭泉秋。蕉叶书常满,松花饭可留。相看凭慰藉,诗伴有汤休。

麻姑观　王钦中邑人,文学
嶰崒名山一径通,麻姑仙迹仿崆峒。剑池水映南湖碧,丹灶烟笼寨岭红。天外长林云气合,涧边芳草鸟声同。游人极目停归骑,醉倚春风落照中。

玄妙观　唐　伯邑人,文学
霜路踏还湿,经过日暮时。冷泉深没井,孤塔半临池。野雀飞秋树,人烟上古祠。黄冠共清话,兴剧忘归期。

硤石　葛又超邑人,文学
岸柳拂平沙,晴烟客路赊。江帆停燕子,山径出桃花。士女临流返,乡村赛庙哗。稍闻野老喜,丰岁卜鸣蛙。

重过宛陵留别 龚 鲲
偶过桐川路，重游宛水濆。花村田舍好，竹径寺门分。吏候知风古，官闲任酒醺。旧交情不厌，还似敬亭云。

硖石 詹日怀邑人，明经
舟系临江右，人寻旧酒亭。潮归沙屿白，霜薄柳条青。老妪收乌桕，山僧卖茯苓。风烟何似昔，但醉莫言醒。

风雨敬亭道中 倪 正邑人，有传
烟凝啼鸟息，山裂怒蛟飞。转眼桑田断，横流石室稀。陵阳云满路。湖北浪沉矶。何日餐金谷，腾虚上翠微。

登开元寺塔 沈溥生邑人，文学
槛外群峰簇，檐端万绿齐。放歌飞锡杖，把酒问璇题。平楚苍烟断，江城返照低。欲骖双鹤去，瀛海乱云迷。

翠云庵试茶 汪懋麟
秋入禅房静，烹茶得翠云。烟从林外绕，泉向石边分。清味宜僧赏，幽香许客闻。坐深空万虑，疏磬落斜曛。

坐看山楼怀王吴县 王同春
石幢居士少殷勤，意气交期仅见君。星聚一帘同臭味，尊开两地各声闻。未知说法堂前月，何似看山楼上云。我欲飞凫常过问，平原一望路难分。

北楼怀古 孙 卓邑人，有传
郡楼何硉兀，直上层岩巅。谢李留题处，高斋自昔传。文章能不朽，山水若为缘。卧理神仙隐，登临俗累捐。晴空来爽气，平楚幕寒烟。面面看皆画,泠泠响出泉。春云分杳霭,方草郁芊绵。解道江如练,还携句问天。古人不可作,代起孰称贤。长笑翠微际,沉吟落日篇。悠悠千载事,矫首意茫然。

游玉山寺　　唐赓尧

尽日探奇登玉岭,溪光峰色恣遨游。霞天一抹来秋思,云树千重入暮愁。古刹不知何代寺,名山今有读书楼。相期再拨渔郎棹,红叶疏林看十洲。

登敬亭

一径山腰仄,藤萝日月深。窗风通港气,岩石带松阴。远岫金飞雪,奇云欲作岑。荷香来十里,永昼独披襟。

泛舟清溪登响山

一溪流水锁城湾,不尽沿洄宛句间。几欲寻幽抛俗驾,偶然乘兴对僧闲。谪仙屐齿台空在,谢朓楼台云独还。却喜良朋能永日,牵舟重与过前山。

游柏枧　　梅　　清邑人,见传

危栈山腰断,飞虹渡半天。路惊侵虎豹,人喜入云烟。彩瀑孤筇倚,丹壶大界悬。一声岩下啸,分与万峰传。

佛田山

浮生三十载,再过佛田山。石怪自成径,林深犹闭关。不闻天地震,但觉古今闲。省识孤云意,无心自往还。

怀新田山居

草堂绕涧倚岹峣,山色溪声不待邀。野陌花开歌一曲,春风社散酒千瓢。日斜就石安棋局，雨过凭栏数药苗。检点四时幽兴足，任人呼我是遗樵。

翠云庵落成
　　支公好营山，康乐善开径。山径非有恒，心赏在所命。我行忾遥慕，失言溯芳讯。兹山洵合沓，空翠竞流映。谢也始奇探，李也嗣孤咏。引领殊未遐，列刹一何峻。怅目此层峦，怆怀历回磴。禅栖失蔽亏，岩肩寂深靓。高人齐所愿，结构续名胜。须臾耸云关，出入伫幽兴。胜集方自今，卓锡起群应。依依石磴悬，泠泠磬声净。檐花下初雨，井藻发重晕。山灵如可呼，高歌一相赠。

宿洪林
　　麻姑山径黑，春火认洪林。乱水过桥急，孤村隐雾深。剧怜投店客，未解出门心。夜半天风骤，惊回枕上吟。

石马村
　　石马斜阳外，秋山杳霭中。树深村更远，水曲径难通。迸土姜芽白，经霜柿子红。诛茆容半亩，吾欲傲王公。

石岭鼓城桥
　　冷涧残阳近鼓城，醉归酩酊踏歌行。忽惊彩雉丛中起，飞过水田啼数声。

寻明秀轩故址　俞　绶邑人，文学
　　雨止山益空，野香媚幽独。翠微躅透迤，一放千里目。昔事厮苓叟，长镵托白木。筠篮夕阳下，突兀见此屋。岁月苦未晚，阶基肆空瞩。兴废念千年，事往不可复。

513

(乾隆) 宣城县志

柏枧寺 梅士昌邑人文学

悠然一卷对青山，山寺无人白昼闲。峰日斜穿松阁下，溪风惊打竹篱间。藤花历乱清秋色，金象苍然太古颜。独怪长吟遗俗虑，时闻枧水落潺湲。

登敬亭 陈世祥

千载昭亭在，幽人不厌寻。看山怀绝顶，待月坐疏林。渺渺晴溪远，晖晖落照沉。谪仙难再见，把酒意偏深。

岩台寺 刘汝芳邑人，见传

巉岏岩下路，缭绕镜中游。树接晴岚暮，泉飞急雨秋。寒光清佛阁，繁响乱溪流。为问松根下，残碑几字留？

试事甫竣，郡守及僚属邀同梅渊公、耦长二孝廉游敬亭 李振裕

是处烟岚看不厌，况今真到敬亭山。谢公诗句宛如昨，太白风流岂等闲。宾从数人多作手，溪云几幅一开颜。余才不逮诸君甚，敢拟前人伯仲间。

三天洞 梅枝凤邑人，见传

岩壑无今古，游人自后先。拨云深入户，拾级倒窥天。昃日穿丹穴，阴风吼沴泉。婆娑双老树，余我惜残年。

送万九野先生游劳山洞

八十有三不言老，杖藜到处恣探讨。日日看花东渚间，掉舟还欲寻劳山。劳山岿峞真奇绝，壁立长河入绣铁。临流古洞敞崔嵬，空灵不用五丁开。中有老僧长趺坐，时时钵底吼风雷。巨澜斗石翻地轴，客帆过眼如飞鹜。石根深窅汇众流，蛟虬百怪相征逐。危岩悬石徧嶙峋，仰面惊看虎豹蹲。磨厓题字属何人，玉函

丹篆谁问津。饱餐上方青精饭,归来月色满松筠。

秋日登敬亭 汪如龙邑人,知县

突兀昭亭古,秋空雾气清。疏林群鸟集,红叶数峰明。李谢风期在,江城景色横。登临穷胜迹,不问白云程。

阳坡咏竹

我住阳坡里,修篁曲径饶。叶疏含雨露,节劲拂云霄。搦管龙方竞,吹箫凤欲翘。行行幽兴适,晨夕若相邀。

茅庵避雨 刘尧熙邑人,有传

谷雨偏多雨,看山未见山。落花何处径,野水不分湾。客已篱边入,僧方树里还。东风来更急,幪被此禅关。

登半山 唐 益邑人,有传

半山秋老叶纷纷,直上层巅揽白云。地势北来千嶂合,滩声西走两湖分。平原烧灭麇麚迹,极浦帆冲雁鹜群。徙倚无端追往事,扪萝披薜辨①荒坟。

麻姑山 胡 溶邑人,孝廉②

麻姑已炼金丹去,仙灶还留此地看。绝顶云松笼石壁,满湖烟雨带春寒。野禽啼倦山间寺,霁色飞来天外峦。一自乘槎归碧落,孤踪渺渺白云端。

---

① 辨:底本原作"辩",此从嘉庆、光绪县志改。
② 底本作者后原无小注,按本卷体例从嘉庆、光绪县志补。

(乾隆)宣城县志

敬亭山同孝廉梅渊公耦长　郑载飏

十里春山望似遥,到来亭阁敞层霄。楼前雉堞当窗见,野外人家近水饶。僧老时能供雪茗,官闲宜此听江潮。招携喜有渊云侣,一曲清歌破寂寥。

九日培风阁同梅渊公耦长雨集

新成杰构快登楼,况是名贤共胜游。凌眺恰逢山雨过,放歌遥送夕阳秋。自知高阁宜良夜,无奈黄花愧白头。几载天涯虚令节,相将今日竟忘忧。

玄妙观　徐肇伊邑人,见传

层峰城堞上,巍阁白云中。烟雾生寒壁,松杉拥绀宫。深宵笙鹤绕,古观药炉空。为问仙都迹,桃花几树红。

泊黄池饮梅昆白斋中①

信宿欢良夜,池边老友家。稻塘花下藕,柏枧雨前茶。剪烛谈生事,衔杯惜鬓华。来朝挥手去,百里水云赊。

城南野望　刘尧枝邑人,见传

薄暮城南望,平畴半插禾。青披新燕少,红向晚云多。饮犊过山涧,归樵唱野歌。生平怀十亩,于此意如何。

敬亭山同孝廉梅渊公耦长　袁朝选

红叶萧萧入暮天,群来山阁敞高筵。万家隐见层霄外,双塔苍茫落照边。胜地淹留惟说剑,香台清寂拟安禅。孤云天际闲舒卷,篇咏从容忆谪仙。

---

① 此首原在后,今依嘉庆、光绪县志提前,放入同一作者下。

游响山

公余揽胜出尘寰,独拥孤筇步响山。半曲沧浪春望远,一江鸥鸟暮飞还。浮槎小住依丹壁,断碣难扪俯碧湾。莫向子陵求出处,五湖风月在人间。

云齐阁远眺

振衣云阁上,幽绝景偏多。石几堆黄叶,禅床近碧萝。凭虚宜远眺,适兴自高歌。极目秋容澹,悠然一鸟过。

盛夏登陵阳峰望日出　顾景星

我登陵阳山,节候当朱明。空中上海日,五色抟金轮。骑鲤问前哲,钓龙疑后身。虚闻李供奉,不见谢宣城。叠嶂自纡郁,市朝今几更。独下旅人泪,空悲瑶草春。

盛夏登陵阳峰望日出[①]　徐化民

空斋极目似郊游,木叶初黄处处秋。作吏世情憎野鹿,传经心事任沙鸥。日斜叠嶂人烟静,风过双溪雁影流。岑寂不知身在客,宣州自是古扬州。

鳌峰　徐　哲

鳌峰几度醉霜华,东望蓬莱不见家。何日相将涉清浅,玉楼春水咏梅花。

鳌峰　刘芳蕤邑人,孝廉

秀色凭虚望,居然海上山。小桥通曲径,古木透玄关。夜静双龙跃,晴空独鸟还。引人频入胜,自喜杖藜闲。

[①] 此题嘉庆府志作"陵阳秋望",嘉庆、光绪县志作"登陵阳秋望"。

(乾隆)宣城县志

送冯天贞还宛 张　梧

小邑荒残瘵未收,送君归思逐扁舟。敝裘漫作他乡客,漉酒应消去国愁。分手依依南海月,伤心历历敬亭秋。鹧鸪声里肠堪断,寂寞千山独倚楼。

集兄季升硖石山庄 梅　磊邑人,见传

玃山山下路,客到正春天。村漫桃花水,溪围杨柳烟。捕鱼旋借网,归犊罢耕田。秉烛开家酿,狂歌未忍眠。

鳌峰 徐懋懿邑人,文学

秋光何处回,赤壁敞千峰。径僻城阴静,霜酣野色浓。松风穿古院,潭响乱疏钟。谭笑淹归屐,斜阳已下舂。

三天洞 刘　熙邑人文学

洞壑穿云入,仙灵若可寻。巉岩惊豹阙,位置想天心。长啸空山答,闲眠古树阴。此中堪永日,幽赏豁尘襟。

鳌峰[①] 梅　直邑人,文学

向夕秋光好,鳌峰选翠微。一灯天际辨,众鸟日边归。暮霭迷苔径,新寒侮客衣。频年求寄迹,丛桂小山违。

一峰庵 张金度邑人,有传

迢递寻山路,秋高第一峰。断云生落木,返景响寒淙。危想[②]临斜石,披怀当老松。扳幽何限意,筇竹独相从。

[①] 嘉庆府志、县志,光绪县志,均题作"鳌峰晚眺"。
[②] 以下底本缺页,据嘉庆、光绪县志配补。

明镜庵访融默上人　唐　言邑人，文学

秋郊微雨歇，岸帻过溪南。一水澄江渡。双流明镜庵。断碑依草砌，疏磬出花龛。顿令尘嚣息，知因物外谈。

送沈治先还宛　方　文

秋江同作客，春水又同归。何事栖迟久，仍嗟生计微。对床听夜雨，把酒问渔矶。坐惜沙边鸟，乘风忽背飞。

宛津庵　梅超中邑人，文学

傍水茅庵静，行吟逐短篱。城高衔月小，溪暝度云迟。鱼动开萍叶，鸦争堕柳枝。乍闻钟磬发，幽响淡人思。

雨次板桥　梅丰中邑人，文学

倚杖衡门外，松楸入望中。一溪寒食雨，十里板桥风。檐雀还将子，林花自作丛。百年行有役，衰白自成翁。

稽亭仙人岩　马文开邑人，有传

稽亭山傍路，河曲水环流。谷鸟还啼午，林虫早报秋。绿云农父宅，白浪估人舟。坐久重回首，临溪看浴鸥。

柏山寺

青山意所投，白社此来游。初地空声相，孤云澹去留。寒归梧①叶晚，香蔓豆花秋。坐久成清契，流泉无尽流。

水东漫兴

水东林霭接长堤，屋宇鳞鳞比户栖。谷口茇儿群斧入，溪头

---

① 以上底本原缺页，据嘉庆、光绪县志配补。

(乾隆)宣城县志

钓子一竿携。千家村井春啼鸟，半里人烟午唱鸡。翘望前途惊突兀，通灵绝巘与云齐。

登柏枧山　梅　靓邑人，有传

疏钟隐隐出空林，过岭层峦鸟道深。客喜天晴堪眺望，僧惊头白始登临。翠流珠阁峰霞湿，响答溪泉午呗沉。偏是老僧能解事，为言怪石自生音。

春日发蒲上

依然耽客兴，命驾及三春。去路宁堪计，生涯久自嗔。柳新牵别绪，雨细慰留人。今夜拼沈醉，迟回酒更倾。

猛虎词

华阳山中有夏姓者，饶于资，世居山之溪坑，别号牛头。一日，猛虎攫牛头，并其子食之，随登楼毙其老父，盖一时三世罹祸焉。跑蹄奔突，尽夏氏室中物毁击殆尽，终日不去。猎师数人至，张网毙之。其夕，群猎者皆梦虎作人言："吾报仇者耳，惜早毙，尚有二仇人未报。"事在康熙己巳秋九月。

造物胡不仁，猛虎生山冈。造物岂不仁，猛虎出山冈。吁嗟猛虎猛，莫之与比方。狰狞厉吻爪，驰突某氏乡。攫人食牛头，父子遭残伤。一跃逾危楼，老叟莫能当。俄顷歼三世，莫敢呼仪康。摩剥馨一室，大嚼恣披猖。闻者咸嚘喑，见者徒踉跄。间与妇女值，弃若狃柔羊。不知奚冤愆，负嵎吼中堂。猎师环相向，终夕破斧戕。稍焉报虎毙，喷血洒重墙。造物胡不仁，斯人罹①奇殃。岂意猎师梦，惊觉同彷徨。号呼虎亦人，跪泣语浪浪："凤仇不共戴，乃一饱饥肠。垂头惜早殒，尚逋两仇伧。"

---

① 罹：底本原误刻作"罗"，据嘉庆、光绪县志改。

吁嗟猛虎猛，余威犹怒张。天道有报复，至理固寻常。盎错仇十世，人痛附面疮。造物岂不仁，人类多豺狼。愿毋咎猛虎，慎作牛头郎。

柏枧山顶望仙人台同观湖先生　梅文鼎邑人有传

峨峨方石台，千户凌晨烟。昔闻山中叟，曾此逢飞仙。棋局观未终，倏忽更岁年。樵斤置丛条，木皮合且坚。崖树既摧朽，无人能攀缘。我来陟岭半，俛视兹台巅。再寻蛟路登，所见惟青天。琼宫在何许，便欲乘风旋。下界溺埃尘，安能久迁延。何当封马鬣，非敢冀牛眠。庶同五岳游，免此情内牵。云车策风马，愿言长执鞭。

白云寺

古寺依道周，岩壑巧位置。径偏门不扃，游人若相避。千仞俯回溪，波光林外至。道人空小楼，萧然绝尘累。学佛不自①名，何况文与字。杖藜时独歌，千山落空翠。

题宛津庵

小刹对山城，溪桥一水横。披帷来野色，傍郭有经声。高树虚窗入，遥峰隔岸明。此中逢惠远，真觉道心生。

游南湖

错水田间路，依山湖上村。林岚风过静，鸡犬客来喧。秋涨遥连汉，春船曲到门。武陵何处觅，今信有桃源。

---

① 以下底本原缺页，据嘉庆、光绪县志配补。

(乾隆）宣城县志

柏枧山

谷险纡成径，云开近见山。岩花秋后好，石藓雨余殷。响答樵人斧，烟凝释子关。终南纷马迹，谁胜此中间。

岩犬吠深树，藤桥客过稀。木皮蒙竹屋，涧户启绳扉。生事无营足，山蔬不摘肥。相逢问城郭，只似昔年非。

早秋集云齐阁　潘　耒

名山长在梦游中，着屐攀登迥不同。湿翠沾衣半亭雨，新凉生簟一楼风。骑鲸人去溪还碧，放鹤僧归刹已空。旋汲清泉烹绿雪，年年分饷忆诗翁。愚山施侍读每以绿雪茶见饷。①

瞿硎石室　梅　芬邑人

几经兴废代，石壁古容竦。荒室啸野狐，棋磴犹种种。烂木樵无声，斧痕岁月冗。俯之才一穴，仰面已千陇。

宛溪　毛奇龄

宛溪八九月，秋水绕溪生。吾寻宛溪路，还爱谢宣城。楼日褰②帘皎，溪花近岸明。行游垂尽处，犹听棹歌声。

开元水阁有感　袁启旭邑人，有传

仄径逢蒿刺眼长，半陂衰草旧斜阳。孤城钟动寒潮合，百战人归老树荒。戍卒冲烟朝汲井，山魈避日夜登墙。年时游伴今何处，赢得将军牧马场。

---

① 以上底本原缺页，据嘉庆、光绪县志配补。
② 褰：底本原误刻作"寨"，据嘉庆府志、县志改。

次青弋江访友人不值

青弋江头一叶舟，山光云影共沉浮。门前多是桃花水，未到春深不肯流。

留题开元水阁

先朝中叶盛，文物尽春容。图画陵阳郭，嵯峨甲第重。园林开六代，楼阁拱诸峰。最是尚书宅，风光别更浓。

雉堞层层见，高窗枕簟凉。片云行木杪，一鸟破山光。洗石苔纹乱，投竿水气香。幽栖如傍此，不羡午桥庄。

买山何必隐，随地即吾庐。况有千竿竹，堪停上客车。泉声飞送酒，梅子落惊鱼。何日容高枕，招携只荷锄。

霭霭邻钟动，悠悠池馆清。宵难禁杜宇，春欲送流莺。细雨蘼芜长，微风荇藻生。开元遗老尽，留恨此山城。

焦村驿古松　张羽皇

古驿对苍松，荒亭积翠重。不蒙天子顾，敢望大夫封。白日长疑雨，阴风忽作龙。莫随凡木看，孤异是三冬。

双溪　沈　泌邑人，有传

负郭一桥通，舟行似镜中。桑麻纷左右，村市霭空濛。渔唱三更月，樵归一笛风。诗人有高阁，正在石栏东。

采茶谣

桐花吹残楝花飘，家家挈筥升山椒。三五村氓自作队，竞摘柔条如刈①萧。共说今年茶事少，估人赍镪悔不早。且摘且焙须趁晴，不归筶篓盛瓷罂。

---

① 刈：嘉庆府志同，嘉庆、光绪县志作"采"。

（乾隆）宣城县志

种姜谣
畏寒闷置惊蛰卖，是名火姜不易坏。腴田种之燥湿匀，松叶敷阴藉遮盖。趵芽偷母枝柯繁，芃芃其埒纷邱园。霜降掘发利无算，艇薄络绎津亭畔。

割蜜谣
岩扉涧户群栖托，谁云小物无知觉。义有君臣午必朝，人不如物敏兴作。出分藩翰处区房，酿花成蜜胥芬芳。长至天寒例割蜜，留取一半资蜂食。

割漆谣
周官漆林谭王政，宣州睦州产殊胜。吾乡风土颇茂淳，漆栗笔蜜物称盛。戕皮取汁翻蔚然，割不宜数全其天。唐魏俭啬见篇什，至今利用宁弃捐。

厮笋谣
秋掘黄精冬厮笋，负镵深陟苍筤岭。循根迸土竹无伤，攫取一围青玉影。山厨烧啖味绝伦，佐以茗碗尤鲜新。此外何物可方驾，周颙晚菘张翰莼。

捕狸谣
吾宣贡品夸二绝，上者玉面次竹节。颒啖果食体腻肥，土人张置在秋月。鲜餐熏啖剧甘美，利用殽蒸靡①脂毁。糁以粤饧佐以豉，不羡江瑶柱为旨。

---

① 靡：嘉庆府志同，嘉庆、光绪县志作"勿"。

卷之二十六　艺文三

雪梨谣

花开春月霏琼雪，实结秋深类萍实。畴曩曾同橘柚包，绣衣抗言北供绝。裹以桐箬承以筐，阑宵襆被干揪防。幸匪炎方荔枝比，飞递不扰红尘忙。

木瓜谣

承天作赋风人咏，投报相于吾所敬。瀹汤澡躬疢痏除，岂惟瓜德见瓜性。瓜梨并产东南乡，吾家塌里瓜最良。因类而及办方物，例取草木稽①含详。

登敬亭云齐阁　张时英邑人，有传

云树迢遥已②十年，昭亭丘壑尚依然。犹留古塔长松外，不断银河碧落连。幽径千回罗紫翠，层楼百仞御风烟。近人猿鹤如相待，惆怅重游问谪仙。

澄江亭别宴　詹　宇邑人，有传

扁舟冒雪舣江隈，朋好追寻共把杯。敢拟杏花春后看，却惊梅蕊腊前开。长途孤剑寒光动，隔院疏钟暝色催。分手河桥还有约，北风归雁寄书来。

清音庵　唐大恩邑人，文学

谈空吾有癖，随意到经堂。乳雀行香案，群蜂响蜜房。晴檐僧补衲，午渡客移船。一榻如堪借，频来叩法王。

北楼春望　施闰毓邑人

谢守风流旧擅名，高楼登眺趁初晴。临溪杨柳青浮郭，倚槛

---

① 稽：嘉庆、光绪县志作"稬"，似误。
② 已：嘉庆、光绪县志作"隔"。

(乾隆)宣城县志

桃花红入城。帘卷差池归乳燕,窗含寥阔见春耕。凭空不尽沧洲兴,日暮笙歌何处声。

麻姑观 蔡　瑶邑人,有传

一榻晚山前,留人雨后天。花须零堕露,蛛网冒炊烟。匝树飞泉碎,半峰僧磬悬。鹤群归欲尽,诗客未吟旋。

秋游敬亭 王田年邑人

霜气连苔径,空山萝薜秋。疏钟黄叶寺,鸣雁白云楼。竹色寒逾净,松涛午更幽。凭高清啸发,落日尚迟留。

归自云山道中

振策青峦下,纡徐路几重。云深不见寺,山静忽闻钟。野菜平田碧,秋花小树浓。那能捐世事,卜宅向高峰。

金牌坑地中得古窑器 梅文鼐邑人,有传

崒嵂金牌山,郁郁生云气。巨木盘幽崖,村落聊位置。将欲就山麓,稍辟为平地。开基深寻丈,忽得古藏器。盆盂及瓶缶,尊罍式各异。玉质陶坚土,朴拙非近制。沉薶历岁时,完好色逾粹。不知千年前,此物谁所瘗。古云桑田更,其说亦良是。高下理相领,数极且自至。何为复区区,蜗角争名利。辛苦衔西山,填海学精卫。

九日洞庵赏白菊次韵 屠　毅邑人,文学

莫谓秋花晚,临霜且自芳。淡容舒莞①笑,纯佩舞清香。老圃诗情壮,东篱酒兴狂。落霞犹未散,遮莫共倾觞。

---

① 莞:底本原刻作"筦",据嘉庆、光绪县志改。

柏枧山庄同子筠侄　梅　玠邑人，有传

年年寻故址，携手过山庄。到处梧桐落，满园丹桂香。金风吹夙暖，细雨助新凉。爱步云生处，宁忧白露瀼。

泛舟清溪登响山　陈允衡

探山只数里，倚棹变阴晴。草树依城转，凫鸥傍水轻。松风生夜壑，人语杂溪声。隐者不可见，空余钓石情。

泛舟清溪登响山　庄冏①生

秋意客中深，城南惬晚寻。仙舟移赤壁，僧舍间青林。乱竹生凉吹，千松落翠阴。狂来呼李白，犹或出东岑。

敬亭杂诗　梅以俊邑人，有传

我行爱投寺，到即命匡床。隔户茶烟起，孤亭客梦长。磬清山寂寂，风落竹苍苍。莫报扶筇约，余怀澹已忘。

石幢何代立，未许劫灰焦。夜雨双珠炳，秋林独虎朝。聚沙因不寐，涌地望偏遥。尔但披荆棘，天花坐可招。

柏枧山寺

荒草仍前径，重来觉地宽。兵声听乍远，虎迹客相安。僧偈星前磬，畦蔬雨后盘。乱离游不数，莫问夜钟残。

重过广教寺

相寻疑异地，缔构见幽心。改径全迷客，遮门忽有林。雁归双塔静，灯掩一龛深。应复来神水，飘浮动海音。

---

① 冏：底本原作"回"，嘉庆、光绪县志亦均作"回"，皆误，今据嘉庆府志卷二十五改正。

(乾隆）宣城县志

过半山庵留赠
　　乱来肥遁者，得似远公稀。白发真烟客，青山老布衣。圃新聊治产，笔废久忘机。翻怪檐前树，犹然作雨飞。

泛舟清溪登响山　　张　淑
　　高秋爽气满溪湾，斗酒扁舟一水间。胜集同人乘野兴，他乡孤客共①云闲。垂纶自昔骑龙去，豪饮犹传带月还。莫问明朝城市路，且寻李白旧登山。

泛舟清溪登响山　　梅　锏邑人，有传
　　清溪连赤壁，临水更登山。竹树空明里，鱼龙杳霭间。才推供奉敏，钓忆子明闲。共是忘机客，沙鸥任往还。

秋日同梅雪坪、沈元珮游敬亭　　刘　楷
　　名山几遍踏苔岑，秋晚重游尽素心。两水帆樯高树外，层城楼阁碧云深。栖禅黄蘗随天壤，妙句青莲自古今。归去烟云携满袖，清宵对烛弄瑶琴。

饮龙潭山家　　梅以日邑人，文学
　　停杯间步屧，落日见归樵。村暗家家竹，溪回处处桥。残霞明谷口，余雪照山腰。相顾犹淳俗，桃源未觉遥。

暮雨宿新河庄　　张延世邑人有传
　　岸草覆春波，烟帆此地过。水村迷欲合，野色暝无多。旅梦难凭枕，渔归甫脱蓑。叩蓬觅归处，津吏不须诃。

---
　　①　共：底本原误刻作"其"，据嘉庆、光绪县志改。

528

卷之二十六　艺文三

北楼怀古
　　陵阳迅起春谷泻，排空结构寒烟下。绿窗丹楹卷朝霞，坐啸犹传及休暇①。漏稀吏散铃阁静，烛酣话狎开春鼐。名流纤组等幽栖，驰荡翠岚眇野马。江山韵事不泯灭，余景留俟诗豪写。抚时触物感叹多，吟情孤寄和者寡。遂令流传诧奇绝，千年遥望两风雅。齐唐父老尽销沉，今古悠悠几冬夏。物代变换已陈迹，章台莫觅草间瓦。徒遗编册待后贤，凭吊临风足潇洒。

新河舟中　葛　迁邑人②
　　一水绕山出，山从水面横。片帆随曲岸，千嶂隔孤城。云岭人看小，烟波鸟渡轻。路傍旧酒舍，北马系柴荆。

峡石夜泊　刘日易邑人
　　江迥波光白，天空岚气青。寒禽啼细浦，饥獭窜长汀。杖屦穷犹在，风霜乱自经。旅怀须一醉，云树正冥冥。

峄山途中作　梅日文邑人
　　野色有如此，经秋更自嘉。稻黄千亩合，山翠一林斜。绕涧翻莲叶，穿篱杂豆花。峄峰樵路晚，尤喜足烟霞。

姑山阻雨　詹淇澳邑人，文学
　　客程原不远，石磴郁欹斜。辜负看山屐，遥连泣路花。白云千嶂雨，红叶几人家。寻梦曾游处，仙坛去路赊。

---

① 暇：底本及嘉庆、光绪县志均作"假"，据《二楼小志》北楼卷上改。
② 以下底本原为缺页，据嘉庆、光绪县志配补。

529

(乾隆)宣城县志

饮澄江亭　丁　_{宣邑人，进士}

　　水际孤亭迥，秋来好共登。天高遥岫见，木落碧波澄。风雅人同调，笙歌酒一灯。聚星逸兴足，霄汉欲凭陵。

九日正学书院落成宴集　丁　_{森邑人，孝廉}

　　城南书院标新构，胜地招游拟曲江。旌旆辉煌浮画栋，林峦景色映纱窗。芙蓉照水花相对，鸿雁穿云影自双。此日登临无限兴，茱萸遍插酒盈缸。①

云齐阁九日　梅　_{庚邑人，有传}

　　枫林红浅未经霜，暖着单衣到上方。自是名山贪我辈，无风无雨过重阳。

翠云庵落成

　　群峰合沓护诸天，路转丹梯结构偏。双塔忽悬秋树外，孤云常宿寺门前。闲修白社穷清境，醉插黄花忆旧年。更置危亭凌绝巘，凭高佳赏逐时传。

咏绿雪茶报愚山

　　持将绿雪比灵芽，手制还从座客夸。更着敬亭茶德颂，色澄秋水味兰花。

敬亭山绝顶遇当湖陆亦樵，偕儿辈先在

　　当年寺阁俯丹梯，今日峰头更杖藜。南纪山川烟霭外，诸天云树夕阳西。登高节后还萸菊，极目秋深尚鼓鼙。佳赏偶同如有约，林中童冠许相携。

―――――

① 以上底本原缺页，据嘉庆、光绪县志配补。

阮于岳侍御、家桐崖兄招同曹实庵郡丞、朱立山州守敬亭宴集

四山新绿乍啼鹃,忽漫飞觞又一年。行处暗逢抽笋路,坐来香识焙茶天。胜情已逐群公醉,佳赏谁留片石传。剩喜安丘题字好,望中平楚果苍然。

冬仲初晴城南舟泛因登响山

四山红树正霜酣,粉堞丹楼一镜涵。何意晴冬开短景,犹余积水涨澄潭。白龙不省投竿得,绀壁偏宜倚棹探。指点神州谈往迹,六朝兴废总江南。

题响山屋壁

心识躬耕乐,田园未可期。地偏农务早,花较闰年迟。落日收棋局,春风命酒卮。林中无俗物,幽事任人为。

次硖石寄呈五叔父

戄山松叶薄,倚棹见柴门。地近书堂寺,人同栗里村。麦畦藏雉雏,薜壁落潮痕。不及前年别,犹能共酒樽。

同诸公泛舟青溪登响山分得"归"字

一曲清溪好,仙台尚钓矶。潭烟闻鲤跃,人语触鸥飞。命酒绿丹壁,寻僧入翠微。回船歌吹发,风月暮忘归。

愚山先生携檝游三天洞分韵

入谷侧身寒,旋惊户牖宽。山根通日月,地底自波澜。鹿或行空堕,龙疑选胜蟠。梯岩题姓字,留与列仙看。

同诸公饮劳山石壁下,就钓叟买得江鲈

叠翠障江天,飞楼洞口悬。凿云初得路,看壁数移船。仰面

(乾隆)宣城县志

藤花落,衔杯锦石边。鲈鱼方起钓,就买不论钱。

登凤凰桥望敬亭积雪歌时桥棚初撤
　　鳌峰之北北楼东,澄潭如镜垂双虹。李侯去后明镜改,五城十里烟雾中。我今积雪过其上,双虹变作双白龙。直枕陵阳郭,倒衔昭亭峰。峰峰相照耀,殿阁余微红。少城以南纯浸空,中分一线缭崇墉。百里秋毫了可见,琉璃端不隔屏风。忆昔千回日过此,颇怪李侯徒虚美。仰视不见巑岏之碧嶂,俯瞰不见淳泓之绿水。但见板屋障空如堵墙,游人日行阛阓里。岂知山川合开辟,太守填桥自鞭石。海市蜃楼顷刻移,放出江城万顷白。呜呼!自有此桥即有雪,千年尘雾今始揭。岂独吾曹双眼明,转叹因循昔人拙。吾家正对澄江湾,沙鸥渚鹭贪往还。从此双桥明镜出,不须更上敬亭山。

永庆寺古柏闻为雷所碎①
　　寒铁挺苍柯,童时数抚摩。阅人行有尽,吊古迹无多。月黑疑藏魅,龙归竟化梭。不应空色相,亦被六丁诃。

南楼宴集分得"七虞"
　　危楼高出云,列岫若环堵。新霜昨夜生,秋林粲可数。初疑火珠明,俄讶朱霞吐。渲染俨画图,丹黄分一缕。映水复连山,转胜春葩妩。因思雪月晨,空明谁揽取。时清官守闲,选胜具宾主。既畅居者怀,更挽离人聚。远信来蜀冈,家山指天柱。酒罢各扬帆,兹楼即南浦。遥知江路永,霜叶犹恋树。骊歌且勿催,逝景在仰俯。佳赏肯言疲,老蹇兴还鼓。

---

① 自此首以下底本原为缺页,据嘉庆、光绪县志补。

宛溪水为佟使君赋

宛溪水,来自华阳、柏枧诸山之坎坳。淫霖昼晦风拔木,山中人畏山发蛟。其发常在春三五六夏秋交,嘘云喷沫泉骤涌。势若具区、石臼①连湖瀿,高原下隰靡不包。决堤破冢漂夏屋,何况单楹堵壁之衡茅。室庐荡析随流去,男啼女哭攀林梢。郡楼高出见城外,我公心恻民吾胞。若非下令急涝取,性命顷刻同哀呼。城头指挥趣人吏,飞帆打桨相接钞。夺诸鱼腹登裀席,欢声动地纷喧呶。宛溪水,今才平牛背,旧几及鸟巢。吾家水湄罹水患,一塵屡世畴能抛。翻阶红药被浸死,藏书墨拓愁黏胶。有如老蛟鼓巨浪,大地倾折将焉跑。客乃绘卷轴,贻书谂菰茭。谓我富篇咏,能无陈语谫。为赋宛溪水,用代宛民谣。歌以宣民隐,或可佐笙匏。毋以兹图悦耳目,后贤式则前贤教。已溺已饥苟同患,讵少扶危一叶舠。

北楼即事　　刘佩珩邑人,文学

春雨两水满,春水双桥平。北楼信崔嵬,凭眺多幽情。入春春已残,绵绵雨未绝。朝看敬亭云,云与山一色。澄江冷侵燕,宛水寒落梅。青青麦秀迟,倚槛一徘徊。

初秋雨后宴三鉴堂,复移尊北楼纪兴　　张士铉邑人,文学

得尾群公后,趋承樽酒同。高酬多别韵,虚籁只清风。雨歇蝉声乱,阶闲草色空。风流归太守,玉署思无穷。

过雨暑全收,移尊复北楼。六朝双柏古,千载一诗留。兴远闲征令,人清恰对秋。难辞投辖意,月已挂城头。

---

① 石臼:嘉庆、光绪县志原均作"白",当误,径改。

(乾隆)宣城县志

访梅都官墓、景梅亭遗址　佟赋伟

稻秧新插碧连天,细水平桥野寺前。系马携僧寻往迹,孤亭遗冢见荒烟。都官诗句因穷好,欧老文章为友传。杯酒欲浇无处得,松林归路意茫然。

辛卯夏旱,仿董江都繁露法祈雨,斋宿南华庵,有作

靡神不祷为祈年,云密西郊雨尚愆。郡守名亭虽未果,太常斋宿已成缘。年来屡旱,屡斋宿于此。登坛击鼓声盈野,缚竹为龙见在田。最有赤衣人善舞,凭将玄酒祝南天。

竹丝冈劝农

竹丝冈上布谷啼,竹丝冈下竞扶犁。何当三日坡公雨,笑看秧针刺水齐。

北楼古柏行　鲁一贞

少陵昔有古柏行,情深笔老才纵横。中言蜀人祠祀久且遍,末言古来才大多无成。我今所赋宣州北楼之古柏,与楼终始参天碧。楼前二株森作门,两树后撑覆楼脊。不知所植无其传,螺纹柯干如雕镌。风雨发声撼罴虎,阴晴百变招云烟。忆我十三历滇粤,二十中原炼筋骨。铜驼卧棘香作泥,此楼此柏巍然经日月。道是神明默护持,神明于此讵独私。谢李诗篇泄天秘,后来剪伐谁能施。旷观名迹有名笔,纵使圮焉亦终出。假而金谷华林得邀记序歌到今,自有僇工庀材之人焕丹漆。乃知言功与德并称三,一无立者空鬒鬖。孔明庙柏非杜甫,亦①与成都八百之桑同沉澌。吾师吾师继朓守,功德铭心诗炙口。吾为此柏庆遭逢,自今益获传无朽。呜呼!尝闻树木之计在十年,树此且能千岁久,

---

① 亦:此字嘉庆、光绪县志原无,据《二楼小志》北楼卷上补。

晚翠轩纳凉

火云何地避炎蒸,官阁凉生绿几层。鸟语似嘲贪睡客,荷香偏惹好诗僧。楸枰隔竹时闻响,墨浪翻蛟各奏能。便是谢公称韵绝,风流或恐后来增。

登北楼赋呈青士佟郡守　胡会恩

一川云树古宣州,此日登临豁远眸。画里江城宜眺晚,吟边山阁耐寻秋。窗中风细图书列,槛外烟疑紫翠浮。漫说惊人诗句好,何如身共谢公游。

过宛陵赋赠佟青士太守　蔡升元

典郡鸳湖日,曾分邻壁光。新声颂五马,旧路记双羊。叠嶂操同峻,澄江泽共长。春风停报最,循吏首龚黄。

陪太守佟公祈晴遂霁,喜携诸子登云齐阁,限柏梁体二十四韵分得"六鱼"　杜濒

清和丰注落河鱼,俯视太息仰欷歔。太守叱汝休随车,吾力能制扫泥淤。朱旗屈盖瞻望虚,虎符犀印临八闾。沉璧北溟碎方诸,南瞩祝融呈璠玙。大风一起吹爱居,阴霾散刮天无余。商贾负贩农荷锄,铜钲照耀行于徐。瓦翻墙圮非吾庐,致此清霁其谁与?敬亭山逼路崎岖,云齐阁迥影扶疏。朱竿遥指开隼旟,从官大快整巾裾。四美既具锦席舒,欢娱醉只神蘧蘧。邹枚赋就钵及予,坡公喜雨今何如?和风拂拭进农书,手摩隃麋心踟蹰。

重阳后一日登一峰　汤燕生

平生野兴耽游骋,况遇清秋佳日多。白眼看云行处醉,青袍藉草动成歌。疏林红紫归枫柏,古寺烟霞老薜萝。合与黄花相伴住,重阳宁但两来过。

(乾隆)宣城县志

江楼写望 詹天挺 邑人

江楼容膝不容尘,秋色初浓眼界新。远树欲无烟衬好,夕阳如客雁声频。潮回沙有垂钓篆,石露山为劈斧皴。此景自来谁拾得?谢公吟后更无人。

燕集南楼看红叶,兼送鲁亮侪、程偕柳,即席分赋得"四纸"
　蒋　典 邑人,明经

小春故明媚,层楼恣徙倚。使君敞高宴,群才迈伦拟。江树插珊瑚,官厨盛尊篚。搜句各无声,洒墨忽盈纸。晴霞散笔端,山山失红紫。中有青城客,归心逐流水。复有广陵游,孤舟亦已舣。对酒不狂歌,聚散空复尔。驿路叶如花,遥天暮成绮。酒罢重凭阑,悠然残照里。①

三天洞禅寺 葛维蕃 邑人

三天浮碧影,洞迥黜尘氛。高阁佛无语,空山鸟不闻。窗含千岫雪,幔卷一溪云。何处兰花放,清泉滴滴芬。

双塔寺 梅琢成 邑人,有传

双塔留何代,峥嵘劫火余。深松藏寺暗,群岫入窗虚。灵迹窥仙井,闲情对佛书。传灯忆裴相,凭眺意何如。

斗鸡山 施彦恪 邑人,有传

虚境穿幽过,苍岩复共攀。刺空双石起,传是斗鸡山。芥羽纷苔迹,花冠带血斑。世人争竞苦,为尔动悲颜。

---

① 以上底本原缺页,据嘉庆、光绪县志配补。

卷之二十六　艺文三

三天洞

　　暗入仙岩路，重门鬼斧穿。行看云出户，坐骇石分天。猿穴通斜日，龙潭吼㶁泉。盱江题字在，苔藓自年年。

硖石　詹　代邑人，文学

　　穿石荡轻舟，崖平洞壑幽。霞光不待照，树色忽惊秋。山合昭亭控，溪回宛句收。几家烟火客，只是习渔讴。

新河庄石壁　刘锡麟邑人，有传

　　新河庄口沿山有石，数十年前疏疏落落，大止车轮耳。今裹回二三里，块然成壁矣。予舟行经过，憩息其下，叹赏称奇，知石固随时而长者与？夫物之奇者，委弃穷岩邃谷之中，其生其长人不得而见也，抑或生在耳目之前，可以曳而动，可以力而取者，不能久供人玩也。斯石如云屯霞布，周遭罗列，又为宛北水陆孔道，人皆得而见之，人不得而取之也，但知其妙者少耳，作石壁诗纪之。

　　忆我韶年初入郭，舟向新河庄口泊。河上迤逦十里山，山上有石初落落。四百八十甲子过，忽看石壁长嵯峨。高者仰望如云布，低者面壁以手摩。居人习贯浑不识，行路悠悠那记忆。只道山石原如斯，谁知年年自生息。我今停舟一问之，兹山突兀自何时？登山更问山上石，何因岁岁长魁奇？噫嘻石老人亦老，山中黄石曾得道。噫嘻人老石不老，青山一片年年好。

过柏枧寺　梅曰斌邑人

　　径杳白云留，幽深独自求。阴岩时作雨，古木早知秋。梵语闻林外，泉声响石头。呼来僧共坐，茗碗引香浮。

（乾隆）宣城县志

夜泊陈村　孙洪范邑人

秋风明月夜，野岸独维舟。云际寒飞雁，汀边冷宿鸥。人烟迷古树，渔火映村楼。咫尺江乡路，归心逐水流。

宿景德寺

春来偶自过禅林，趺坐残更皓月侵。静听钟鱼禅课罢，悠然天地息烦心。

初冬同人游敬亭　施　琛邑人，文学

出郭松风拂面来，昭亭今古共追陪。桥横曲涧浮红叶，径转阴崖剩碧苔。塔影半从林外耸，溪声时向寺门回。可知谢李吟诗处，野客山僧两不猜。

观音岩　王可第邑人，有传

十笏剖山骨，一龛缀星房。香台空鸟迹，梵呗亦微茫。借问严公道，无乃疲津梁。僧自严苦行，不下山已二十年。

滴水洞

披榛得寒泉，爱此清光发。一勺写云根，半规隐月窟。安得三伏时，还来晞予发。

杯渡岩

杯渡何年去，安禅旧此间。钟鱼一已寂，岩畔清风还。愿假频伽翼，游戏五松山。

法云寺

白下雨花台，青山法云寺。废兴不可寻，想见南朝事。日暮归去来，林烟幂空翠。

白云池
季疵不到处，茶经未尔传。云光烂石鼎，绿雪相澄鲜。惟应叩玉局，何似参寥泉。

竹院
暮色横烟江，明霞散积水。山僧候柴扉，憩坐饶名理。长笑戛篱笳，素月岩端起。

独坐敬亭山
探奇真不厌，一榻拥昭亭。坐爱双溪碧，遥连叠嶂青。开樽邀月色，觅句叩山灵。望古谁同调，相看意独铭。幽宁栖五岳，峻可摘繁星。好拍洪崖袖，瑶琴许共听。

翠云亭　刘　焘
亭虚空翠落，到此净余氛。乍歇峰头雨，平封涧户云。竹光迷窅霭，花气剩氤氲。已觉名蓝近，钟鱼几度闻。

云齐阁
层轩凌北极，胜事想南齐。境许仙灵托，诗留内史题。千林成邃壑，一镜写清溪。不尽招邀兴，遥峰夕照低。

额珠楼
元珠谁解觅，选暇更登楼。日月壶中别，烟霞槛外收。清谈参玉麈，乘兴倒金瓯。不减南皮会，轩车且暂留。

稽亭仙人岩　程元愈
几曲巑岏路，行行倚石矶。风帆疏树见，霜叶夹溪飞。寺近传清磬，天低落翠微。危亭残烧后，遗址认依稀。

(乾隆）宣城县志

云山道中　王兆嵩邑人

崚嶒千仞耸寒峰，嬴蹇逶迤过几重。磴际霞流红叶烂，洞门藓冷白云封。泉从石出皆成液，山自秋来尽改容。回首梵宫临绝巘，微微烟送夕阳钟。

额珠楼晚眺　王际时邑人，太学

危楼孤立碧云巅，明月当空淡远天。群鸟千家喧已寂，晚风吹散树头烟。

宛溪归舟　孙朝甲邑人，孝廉

维舟敬亭下，晓起趁风樯。宿雁抟沙溆，游鱼出石梁。帆沾芦絮白，岸剩野花黄。沽酒寻江店，人家午饭香。

城南赏荷观鱼　施　璟邑人，有传

雨过江城暑气清，南楼风景爱新晴。使君政简饶幽兴，自引宾僚载酒行。

岸柳丝丝绾绿烟，荷花荷叶斗鲜妍。移樽贪就池边酌，阵阵香风香可怜。

筋政从严礼数宽，解衣磅礴罄清欢。荡将艇子花中去，摘取莲房绿满盘。

城下澄潭城上楼，潭光楼影镜中浮。此间大好观鱼乐，不数庄生濠濮游。

打网欢呼趁夕阳，行厨随地具壶觞。鲜鳞出水饶风味，旋脍银丝唤客尝。

居然沂水春风意，大似兰亭上巳时。合付清谣传盛事，风流千载系人思。

卷之二十六 艺文三

春日同友人登敬亭 孙锡彤邑人，见传

为有寻春约，徐行到上方。酒人回白眼，山鬼笑清狂。叠嶂笼烟迥，双溪练影长。醉酣归路晚，灯火入城忙。

谢李今何在，空山余好音。凭栏多胜赏，怀古有同心。旷野行人小，归途返照阴。侍儿须及早，栖鸟乱烟林。

开元水亭秋眺限韵

芒鞋晓踏敬亭云，揽翠归来日未曛。小阁晴开荒草合，残山秋老碧梧分。风回独树鸦翻阵，水绕圆沙雁引群。三复樊川诗律细，森严不让羽林军。

秋日同友人登春归台 王凤翔邑人文学

傍郭高台迥，秋风结队寻。市城归野望，钟磬出寒林。淼淼流波细，层层叠嶂深。山川灵秀处，畅好豁幽襟。

云山洞 沈廷璐邑人，有传

常思探胜迹，今日始跻攀。林静意俱远，岩空身亦闲。人烟连洞壑，仙窟自云山。细路从兹识，长歌数往还。

榆皮诗

维岁在亥子，东南告屡饥。老羸转沟壑，少壮纷流离。或鬻室中妇，或弃怀中儿。井屋少爨烟，所啖惟糠糜。糠糜莫可得，口腹仰榆皮。远迩荷筐筥，霜刃白差差。挥刃奋割取，枵腹愁力疲。十百动为群，万树无完枝。曝日细研杵，煮水成粥糜。亦或作粔籹，仿佛同蕨萁。厥味不亲尝，甘苦谁当知。凶荒谋苟存，讵敢长嗟咨。我本空仓雀，叩门何所之。环顾同苦辛，藉尔续朝炊。散步偶林薮，攀条泪暗垂。是物诚何辜，刀痕创若斯。于人苟有济，剥肤亦奚辞。以兹草木惠，益念皇天慈。不然此黎民，

(乾隆）宣城县志

宁复有孑遗。榆皮有尽日，风雨无休时。疮痍森满目，终恐命如丝。谁绘《监门图》，愿陈榆皮诗。

后榆皮诗
　　卷葹之心拔不死，榆树之皮亦尔尔。去年割尽今又生，今年重割去年痕。榆兮榆兮皮几许，岁岁年年竞割取。竞割取，吁苍穹，雨旸时若愿岁丰。不独道殣重活欢鼓腹，亦使长养敷荣到草木。

南楼宴集分得"十二侵"　　梅瑑成邑人，有传
　　百尺层楼俯碧岑，一湾流水出前林。因高就下劳疏筑，谁与他年嗣好音。
　　新荷分绿上衣襟，阑入花丛听抚琴。不是使君能爱客，何由臭味托苔岑。
　　食鱼不作临渊羡，饮酒何妨听自斟。漫道夕阳留不住，醉余乘目发长吟。
　　讲堂坐久爱清阴，古迹昭亭共讨寻。为政心闲多逸兴，诘朝策杖入云深。

春日宛溪泛舟
　　春风吹花花竞好，春鸟鸣春作管弦。载得琴樽从客醉，任人呼作酒中仙。酒船摇处柳青青，柳外千山叠画屏。十里烟横夕阳落，溪明渔火乱疏星。疏星隐隐照江郭，对景高歌良不恶。试看逐逐车马尘，何如游泳闲中乐。

登北楼　　梅瑴成邑人，有传
　　飞阁凌霄起，川原一望收。野云开列岫，远水见行舟。花与诗篇丽，松将琴韵幽。晋唐遗迹在，千载续风流。

访谢公亭 姜本俊邑人,文学

谁折南枝柳,烟波邈范云。使君真爱士,宠饯惜离群。沙白江帆曳,枫丹渔火熏。放歌停去鸟,把酒送斜曛。楚水粘天合,巫山倚树分。问幽临野渡,怀古荐芳芹。址废汀莎乱,台荒岸草芬。欲寻留别处,太白岂空闻。

游玉山寺 用壁间韵 施 琮邑人,文学

丹枫斜抱碧溪湾,岸转冈回古刹间。横笛风高空月迥,读书人往剩云闲。霜飞竹碎衣沾绿,日冷松孤鸟倦还。把臂联吟知兴剧,暮烟清磬又前山。唐李侍郎含章吹笛此山,宋梅尚书询、梅都官尧臣并读书是寺,见郡邑志。

同客登鳌峰亭子限赋

新霁江天阔,孤亭万象收。溪回平野断,山拥夕阳留。远树欲无影,疏云时不流。添人幽兴得,浩荡正轻鸥。

三天洞 梅兆颐邑人,文学

合沓山千转,刳空石一拳。危梯高入洞,绝壁险开天。翠滴晴疑雨,春阴草似烟。怒涛看不见,声响自年年。

南楼秋望分韵

何处看秋色,层楼势欲飞。丹黄千树出,远近一天围。原马明霜草,城鸡乱午扉。朱栏蛮槛到,留我坐忘归。

春暮游敬亭山步谢玄晖韵

春色忽云暮,阴浓万木齐。命驾越市尘,扶杖寻岩栖。白云停阴岭,清流贯长溪。碑碣抚残剩,台谢凭高低。好花磴傍出,时鸟林间啼。眺望凝尚想,风雨应凄凄。古人不可作,胜地无荒

(乾隆）宣城县志

蹊。那如桃花源，再至渔舟迷。开颜来素侣，接踵凌丹梯。因知同心者，踪迹宁乖睽。

游三天洞

春风不惜杖藜遥，绣岭烟溪好共招。地肺幻开仙子宅，龙涎惊沸海门潮。尊移十笏僧同醉，句限双声字未调。归去那须愁薄暮，月华灯火彻星桥。

和游敬亭

收尽千峰翠，凌虚寄一楼。松阴常失昼，竹籁乍疑秋。城郭青烟聚，江河白练流。旷怀应自得，诗思怪来幽。

鳌峰响潭歌

潭为近郭胜地，居人以其近而忽之，游屐罕至，而冠盖牵迫吏事，自唐路中丞后绝无问津者。今少府朗亭郎公负才傲倪，莅任未久，庶政毕举，选暇寻幽，有康乐、青莲之癖，泛舟湖游，觞咏竟日，出诗示予属和，因赋。　沈廷瑞邑人

山郭势蜿蜒，东南环溪流。层林涨蓊荟，苍然接平畴。绝壁凌千仞，撑突古今浮。澄潭嵌其底，淳泓见鱼鲦。峰际翠欲滴，爽籁鸣高秋。使君饶清兴，选暇事探搜。沿洄泛轻舠，中流闻棹讴。最好挟宾从，杯杓互赓酬。天趣适鱼鸟，高咏匹曹刘。何如渼陂行，不减濠梁游。宁烦案牍扰，时廑民隐忧。中丞张宴处，陈迹遥在不？遥遥千载下，俯仰缅前修。出示大雅作，贱子启谬悠。清才与旷怀，曰唯仕学优。

止宿双塘

时灾疫相仍，行旅断绝，感而有作

岁原灾祲累，人为稻粱谋。病骨先知雨，愁心易感秋。荒村迟晚爨，蔓草积平畴。迨路断行旅，征人莫浪投。

南楼夜月　葛其祥邑人，孝廉
月出缟江城，玉宇凉于水。窗中见远巘，目欲穷千里。高树影扶疏，碧沼波沧漪。澄澄葭露白，田田莲叶紫。宿鸟自移枝，磔磔惊飞起。旷望隔嚣尘，清辉谁此拟？

登北楼　曾启元邑人，明经
杰阁通城见，晴空此一登。江流春浩淼，云树晓崚嶒。远目忽愁绪，高天独抚膺。临风未能去，松翠满苍藤。

柏枧山　梅文矩邑人，文学
翠峦重复重，石涧曲还曲。一径入云深，山僧响春臼。

引虹
对峙两峰齐，飞虹虚壑跨。青青石罅松，千尺桥亭下。

谷口
谷口篁珊珊，涧中石齿齿。旁穴一龙湫，枯禾常利此。

临流
逐溪红紫丛，开谢无人见。鱼乐濠梁情，衔花戏水面。

云生处
大好云生处，南溪有墓田。清流缘峭壁，晨夕鸣潺湲。

流笔
彩笔有去留，文名无今古。千秋石上字，风云自吞吐。

(乾隆）宣城县志

奇甚
渴马欲奔泉，云堆忽陡崿。俨经仙斧削，仙吏叹观止。

敬亭山和韵　吴　瑞
凌高怀旷代，谢李共兹山。阁敞江城迥，云深古佛闲。孤村疏翠下，双塔夕林间。得句悬萝壁，风流未许攀。

登北楼和韵
李白题诗写胜游，临风怀古坐层楼。窗云影抱寒山翠，衙鼓声沉暮雨秋。渔带积烟迷夹溆，鸟随落叶下平畴。欲知高处人争望，尽是萧萧芦荻洲。

访谢公亭
不惜褰裳远，言寻古渡头。孤亭在何处，过客感深秋。橘柚烟中落，鵞[①]鹅云外浮。夕阳探旧迹，枉渚荡虚舟。盛事标南史，诗人忆北楼。何时重结构，千古识风流。

玄晖不可作，遗泽在江城。梧雨高斋寂，松风五马清。闲吟太白句，忆送彦龙情。古庙征陈址，平桥问凤盟。当年致缱绻，是处定将迎。向晚闻征雁，离愁触数声。

陵阳山[②]　田　榕
朝发泾阳乡，望见陵阳山。三峰莽回互，秀色超人寰。修堂暖长松，汪渚明白鹇。石埭一似眺，旅倦散襟颜。丹台云飞甍，紫府霞梯关。草木扬蕤华，严壑纷斓斑。灵域物罕观，胜境人绝攀。仙翁昔出世，缥缈层霄间。世远无遗蜕，丹灶颓榛菅。吾生此怀

---
① 鵞：底本原误刻作"驾"，据嘉庆、光绪县志改。鵞鹅，即鸿雁。
② 此陵阳山与宣城县无涉，故嘉庆、光绪县志乙去之。

古，踯躅道里艰。林峦穿窈窕，洲渚穷回环，惜哉无所见，物外无人闲。三门绕六刺，日夕空琤潺。寄言栖霞客，采药当来还。

宛溪郊行
宛句交流处，人家面翠微。地寻宛溪馆，诗忆谢玄晖。众筱清相映，孤禽静独飞。江城如画里，游子亦忘归。

玉面狸
大白浮来醉不辞，宣州风物久相思。鹊巢雉雏岁将晏，雪色初蒸玉面狸。

游柏枧　梅班成邑人，文学
天际云开敞碧峰，晴光潋滟斗春容。绿沾游屐新苔径，响度疏林远寺钟。百丈悬崖横蟛蛛，半空仙掌散芙蓉。无边景物忘归去，高枕禅房独听松。

北楼怀古　刘　谷邑人，孝廉
高俯陵阳入望平，楼边画里旧江城。敬亭山色春如沐，宛句溪声晓更清。红药千秋传韵事，青莲五字寄深情。凭栏此日临风客，又见桃花隔浦生。

游柏枧　梅玕成邑人，文学
涧曲峰回石磴斜，跻攀不厌谷谽谺。穿云深入桃源路，采药疑来仙子家。岩际好花飞媚蝶，林间幽鸟噪晴霞。登高更觅瞿硎室，拟共披裘理钓车。

一峰晚眺　詹　彬邑人，别驾
倦起寻幽远，花边得草亭。树深藏鸟翠，云散吐峰青。极目

(乾隆)宣城县志

千村火,关心万点萤。何时觅春酿,重为酹山灵。

鳌峰纳凉
　　暑气销何处,鳌峰取径幽。夏云生赤壁,沙鸟恋孤舟。洞古寻丹灶,林声弄早秋。此中仙在否,相对或忘忧。

下帷天宁寺,梅琼川过访,和来韵
　　一榻悬初地,高贤不厌过。山窗云叆叇,石径草婆娑。磬响村烟寂,茶香客话多。依依忍言别,新月上藤萝。

柏枧寺　梅予抟邑人,知县
　　日未沉西鸟语稀,深林遥见一僧归。担头芝术无多子,欲乞灵根度翠微。

飞桥
　　桥亭架壑俨雄关,一线丹梯未易攀。千尺清泉万仞壁,飞云岩似此溪山。飞云岩,黔南第一名胜。

流笔　罗溪近先生游柏枧,留题几遍,最后笔忽落水,因题二字于壁
　　仙吏银钩留绝壁,别开生面辟荒丛。欲知流笔归何处,拟向前溪问钓翁。

仙人岩　施相如邑人
　　胜地披蓁入,孤峰破碧云。仙灵何处是,鸟语半山闻。石绕藤萝径,人行虎豹群。天风来万里,枫叶远纷纷。

　　千尺巉岩路,追攀度石溪。阴崖探地轴,绝壁倚天梯。帆转河流细,峰回雁阵低。重游知几载,姓字扫苔题。

春日登敬亭山绝顶　刘方蔼邑人，御史

一快登临意，盘回踏数峰。露尖都石骨，辟径但樵踪。万灶屯烟海，双溪走玉龙。山腰藏古寺，春老翠云松。

游翠云

叠翠浓春嶂，晴岚霭四垂。松杉巡古刹，风雨蚀残碑。百折泉声隐，双悬塔影危。亘今穷胜览，云鸟迭追随。

宿景德寺

旅迹从初地，江城塔院深。树巅斜照冷，山外暮烟沉。静鸟分僧梦，秋云入梵音。人天钟磬晓，幽意足禅林。

秋杪偕同年梅问则、弟于平登鳌峰

鳌峰孤耸秀城南，好景同来恣远探。红叶漫山酣树树，清风拂水漾潭潭。林间宫观云今古，画里亭台友二三。胜赏迟回相笑语，夕阳西处涨烟岚。

庙埠舟中　王一槐邑人，进士

双溪淼淼漾春流，检点归装趁小舟。芳草远侵天际路，垂杨低映水边楼。村姑结队争挑荠，野老忘机自狎鸥。咫尺敬亭山色好，画图云鸟望中收。

鳌峰秋晚

万壑风声急，苍然暮色来。心缘秋水澹，筵面远岑开。落叶纷千蝶，归航邀一杯。倚栏思不尽，谁是钓鳌才。

郡城杂感　四首存一　杨廷柱邑人，孝廉

放眼春城外，凭高感慨存。估帆芳草渡，酒旆夕阳村。山势

(乾隆)宣城县志

含云动,溪光过雨昏。六朝兴废地,一寺记开元。

鲁溪别业

满地苍苔白昼闲,一秋云鸟款柴关。幽居不种陶潜柳,看尽东西南北山。

南楼燕别张雨三　孙　纶邑人,太学

离亭玉笛酒初酣,又整征衫送远骖。杨柳微风芳草外,杏花疏雨板桥南。凌云志气君偏壮,似水交情我益甘。无限别怀倾吐未,木兰舟里纵清谈。

偕曹震亭宿敬亭山房,索题《小窗香雪夜论心图》断句

玉蕊深宵映碧空,罗浮香梦入帘笼。座中名士风流甚,共爱婆娑烛影红。

商略平生高据梧,金貂频典酒频沽。相期应有千秋业,赢得风流在画图。

隔帘风韵逗孤山,疏影横斜积素闲。相对神传千古上,襟怀容易许追攀。

鱼肠夜夜两相看,绛蜡烧残泪未干。霜上草檐人睡稳,一尊温语五更寒。

登南楼　曹学诗

满楼清景绕崇冈,古木昏鸦带夕阳。旷野云消天淡碧,寒塘风静水空苍。身闲最爱寻幽境,岁暮都忘在异乡。指点北楼相望处,人烟橘柚两微茫。

复游南楼、鳌峰诸胜

画意诗情出郭多,绿杨风里听弦歌。野塘饮水驱黄犊,渔艇

依沙网白螺。酒熟鸟从深树唤，衣香人踏落花过。老农已课春耕罢，静向松根晒钓蓑。

游敬亭翠云寺

　　香阁云中静，山容雨后清。野花香趁蝶，新柳绿藏莺。客饱青精饭，僧餐白石羹。凭高长啸处，直欲御风行。
　　孤榻寒云构①，危楼独木支。猿窥花外路，鹿饮竹边池。暮色江帆远，禅心野鹤知。楞伽携一卷，静倚树根披。
　　群峰天际合，双塔望中开。渡尽湔裙水，吹残玉笛梅。人从深竹出，鸟带夕阳来。醉叱猿磨墨，题诗拂石苔。

重游敬亭

　　看云曾倚北楼巅，指点群峰苍翠悬。缓步忽经斜照地，置身如在落霞天。秋林猿鸟浑无恙，客路溪山独有缘。愿向藤萝人境外，一瓢一笠学飞仙。
　　蔓草荒寒拥翠亭，东连碛石远波青。曾听落叶声俱冷，却笑孤云梦未醒。蟹舍暗藏深树合，渔歌低唱晚烟冥。归舟一路回头望，山色依稀落酒瓶。

题云齐阁

　　犹记春游路，琅玕手自书。重吟黄叶寺，更访白云庐。树密喧归雀，松声响梵鱼。山城如瓮小，环抱万峰居。
　　载酒偕游地，看云独立时。乾坤千嶂画，烟水六朝诗。别梦飞花雨，离愁挂柳丝。孤鸿长散后，欲聚已无期。

友人还宣城过别赋赠　杨廷栋邑人，编修

　　知君家在华阳住，为我缘途过鲁溪。屋倚半岩松幛合，门通

---

① 构：嘉庆县志同。光绪县志作"借"，当误。

(乾隆) 宣城县志

双涧石桥低。风帘月牖生遥想,苔壁藤墙有旧题。到日从容凭寄讯,高堂闻客是扶藜。

归鲁溪

肯恋车尘负薜萝,傍云重整钓鱼蓑。人生能着几纳屐,世事有如东逝波。堕砌榴房含宿火,战风荇带护新荷。故乡景物贫终好,却话金台感喟多。

山居杂咏

我家鲁溪上,门对麻姑山。碧水流不断,白云相与闲。人烟深树里,鸟语夕阳间。太息归与晚,长歌且闭关。

宣州竹枝词 二十首存七

两水东西燕尾分,彩虹摇影镜波清。千年会向河头合,不似深闺空月明。

鸣鸠处处雨声催,绿树人家门对开。不到三眠蚕上箔,陵阳坡上采茶来。

硖石巉岏水拍天,儿家十辈九操船。学得竹篙长在手,一年强半住河边。

红尘十丈出门休,家在深山足卧游。东向麻姑看晚①日,四时烟雨最宜秋。

南楼楼下白莲香,才到秋来欲断肠。荷叶荷花官采去,鸡头菱角满横塘。

红姜白芋紫花梨,青满平田绿满堤。侬在深闺不停织,木棉重与制郎衣。

打鼓岭前云欲低,溪头梅花香满枝。个侬新有瓶花样,不唱

---

① 晚:嘉庆、光绪县志作"晓"。

江南白苎词。

同友人登响山　骆大俊邑人，进士

傍郭嵬巍俯千尺，一望块圠何岩岩。君迁古度立其上，皮皴篆籀疑镌劙。天光不到气黲黯，烟肩雾镥云为缄。下有深穴破山骨，神蛟舞鬣饥且馋。谁为钓者严与窦，枫根坐列无仙凡。鸟巢在山食在水，枯鱼半向山头衔。菊花倒挂金屏影，风起过船香满帆。阴崖九月晓寒重，秋声落地鸣衣衫。历遍盘坳脚力尽，婆娑藉草少长咸。我来欲问东西亭，题字漫灭谁剪芟。人生着屐得几两，伸手请探石室函。绿绮载弹遍山水，夜看月色穿空岩。

访谢公亭

有客歌骊古渡头，为凭亭子驻离愁。乱花幕地村前酒，羁思撩人天际舟。缥缈水云高阁晚，苍茫风雨半江秋。只今芳草新林路，五马双旌忆旧游。

登北楼　蔡诚邑人，孝廉

层楼岌嶪倚山巅，小槛周遭几树偏。万户绮分成画谱，一帘香拥坐书船。平铺素练溪光净，淡点晴霞秋景妍。为忆玄晖池上酌，玉琴风动响朱弦。

北楼即事　梅自魁邑人[①]

结构何迢递，直瞰澄江浔。入牖拥晴旭，旷望极高深。远山翠百重，回流映千寻。花枝明近远，烟火散平林。流莺声上下，雉堞俨森森。临风更倚徙，悠然动素襟。遥遥谢宣城，风流自古今。

---

① 梅自魁：嘉庆、光绪县志作"梅子魁，合肥人"，是。

(乾隆）宣城县志

寓柏山寺
绕郭双羊路，禅堂喜再过。山遥秋色晚，林瘦月华多。清梵听如此，孤尊兴若何。丰碑瞻祖泽，千载独嵯峨。寺前为先都官公墓。

题文杏庵
孤刹衔山椒，古佛坐傲兀。山鸟窗间啼，山云梁上歇。山果荐霜苞，山僧垂白发。对此意悠悠，天边上芳月。

游敬亭至一峰
童年何所爱，所爱偏林泉。厌溷尘市中，乃欲游山巅。此路多崎岖，行行逼岩前。须臾入丹壑，振衣风翩翩。指点前贤迹，谢李声烂然。登楼一以眺，千村生暮烟。更上一高峰，明月来天边。茅庵暂栖息，烦襟何有焉。

北楼
高斋启北牖，烟霭何空濛。翠屏开四际，旭日朝曈昽。鸟道出天半，仙灵自为通。达酒倏以醉，徒倚双梧桐。

登北楼望敬亭诸山　　钟颖源邑人，进士
登楼顿觉豁尘氛，清旷溪山带夕曛。醉后何妨吟霁雪，身闲直欲化孤云。峰横女几烟中出，水落双桥树里分。内史风流今再见，愿将余韵继诸君。

登鳌峰　　施企曾邑人，文学
溪山明秀碧芙蓉，暮霭朝烟淡复浓。风动白苹归钓艇，寺藏黄叶出疏钟。谁移北极天中柱，曾带东瀛海上峰。笑语从游二三子，舞雩归咏且从容。

卷之二十六 艺文三

望北楼 杨廷楷书平，邑人，孝廉

卧阁重檐里，层楼咫步间。雪消形更逼，帘卷目空闲。高压云中树，平临郭外山。从来怀古处，吾此欲追攀。

登城山

村北村南山数重，青鞋直上最高峰。斜撑半壁石孤立，突起一拳云乱封。穿树河流横匹练，傍岩松影挂蟠龙。更寻古洞树泉眼，坐洗平生垒块胸。

偕诸同人登敬亭口号

秋风吹老黄菊颜，秋晴携登敬亭山。秋霜冒枫叶尽赤，秋霞红点青天斑。野酌参差坐无次，醉眼摩挲认碑字。李白夜郎初放归，已向青山卜葬地。一棹江南汗漫游，谢朓楼边独徙倚。左持汪伦酒，右把诸葛笔。往来长啸无人知，洒墨淋漓上苔壁。我生后李千余年，孤云野鸟相周旋。海内知己复英俊，挥毫尽夺云锦鲜。人生适意古难得，我欲散发呼青莲。

登南楼 施念曾邑人，知县

霜寒木脱远山多，童冠登临共踏歌。爽气西来随野鹤，虚窗北望挹晴螺。诗从落叶声中得，人在云林画里过。好待杏花春雨后，凭栏绿野看烟蓑。

游敬亭山翠云寺

曲径初幽僻，攀藤渡石桥。松风寒古寺，樵路出重霄。废偈寻僧访，山禽向客招。空濛青不尽，春树万家遥。

鳌峰秋晚和韵 梅 理邑人，进士

危峰拔地起，曲水傍城来。槛外暮云净，秋空尘抱开。看枫

555

(乾隆）宣城县志

红满径，映竹绿浮杯。不浅登高兴，深惭作赋才。

春日登螺山
一试寻山屐，凭高眼界清。矗空云变灭，穿树鸟纵横。浩荡人间世，幽闲物外情。蓬莱殊不远，真欲御风行。

叠嶂楼看云　张汝霖邑人，同知
杰构凌层巘，春云送远眸。密扶红日起，高贴碧天流。练影空江合，虹光并水浮。欲飞投鸟背，如画罩城头。游目穷千里，晴辉动一楼。风前依栋宿，曙后向窗收。绮共余霞散，青笼远树稠。步虚知有路，作赋已无俦。伴鹤翔寥廓，从龙卜胜游。高风希谢李，今古思悠悠。

北楼
翠屏丹阁一城围，斜日凭栏落絮飞。远岫晴云封鸟道，平江春水上渔矶。苔栖碑版蝌文古，松老山门鹤迹微。极目青山相晚暮，六朝烟月识玄晖。

长发岭道中
重山开小径，杖底白云随。茶灶香风引，梨包密树垂。短桥横独木，余圃界疏篱。为问仙岩胜，智公旧采芝。

鳌峰悠然亭夜坐　王一楷邑人，孝廉
落叶响空山，秋风上高树。独步夜深凉，默坐听钟数。

南楼
鳞鳞云片晚天秋，乘兴寻登王粲楼。梧叶落随双鸟下，藕花香散一人留。竹深林径初行屐，柳卧渔湾此系舟。记得吹箫曾听去，月明前夕正如钩。

卷之二十六　艺文三

岘西山村
　　江乡晴日焙茶天，已及黄秧插水田。赚我过桥莺树树，问僧来路寺年年。渐肥梅子风初掷，小绽榴花火欲然。半里村墟人不见，云根趺坐听山泉。

谒梁公祠　　孙　谋邑人，文学
　　坛坫萧然半倚空，年年禋祀及春融。云移山影蓁苓外，风逐水声苹藻中。万井讴吟传吏迹，一时版筑见神功。分明岘首峰前过，数尺残碑堕泪同。雍正丁未，予率众祷于祠，移筑圩堤，土中获石碑一座。

泛舟响山　　蔡　瑸邑人
　　木末平分水，城根不断山。放船飞燕过，倾酒浴鸥闲。松翠晴犹滴，溪云薄未还。双桥村树好，促棹下前湾。

三天洞　　王　宾邑人，文学
　　鬼斧何年劈，玲珑三洞开。岩撑天罅小，石裂海湍回。洗窟知龙睡，攀藤引鹤来。残碑扪可读，风雨护苍苔。
　　披榛寻曲径，迤逦过清泉。石坠虚无室，山开小有天。群峰藏古刹，修竹出疏烟。双树犹蟠结，苍苍不记年。

夏日次和刘明府登敬亭之作　　李希稷邑人，文学
　　农郊劳劝课，倦不废登山。日午蝉声急，林深鸟道闲。怀人千古外，得句半楼间。内史才名重，刘桢此再攀。

落星山　　蔡承元邑人
　　峭壁巉岩月渐阑，追凉犹自倚栏干。怪他夜定门如曙，知有灵光射斗寒。

（乾隆）宣城县志

敬亭作　释普智
　　李谢曾题壁，苔深几字留。庭空依古木，山半倚层楼。花落听莺啭，钟鸣散客愁。虎溪闲步月，偕我远公游。

宛津桥观月
　　明月漾新涨，金波满钓舟。钟声两岸接，塔影一溪流。涤石云根动，连桥野色收。谁同跨鲸客，掬取玉京游？

北楼晚眺澄江
　　二月澄江里，孤航茸短篷。平沙春草绿，落日晚霞红。迢递城阴转，参差水曲通。相看无限意，只在敬亭东。

登高峰亭
　　天阔孤云净，峰高巨壑冥。崖奔千丈白，杖拄万重青。世外从喧寂，寰中得秀灵。登临壮逸兴，俯仰倚檐楹。

附录

旧志《文苑》有王圭等七十余人，各于姓名下摘载一二语，以为吉光片羽，不忍弃遗，然附入《文苑》，究于义未安，且其中多有重出者。今移附于此，以存先辈表章苦心。其姓字已见志中者概不录。

荀原道《城晚即事》：僧归黄叶寺，鸟尽敬亭山。《题梅菊》：但供五柳先生醉，不为孤山处士开。

王儒珍《读韩信传》：百战通侯爵，千金漂母恩。

王儒珪《送李知事》：青云三釜养，白发两亲年。

汪　铁鑫之弟《夜坐》：四壁虫声夜，千山木叶秋。《送巫上人》：江云浮别酒，溪雪洒禅衣。

卷之二十六　艺文三

李震午《秋日闲述》：月随云影没，风挟雁声来。

胡　宽《登济州太白楼》：海风吹月上，岳翠入杯浮。《送贡广文》：春归天北飞鸿雁，地近湖南叫鹧鸪。

高德寿《忆山中友》：山深云守屋，林缺月当楼。

胡　晋《嘉秀亭》：茶灶沾晴露，书床趁午阴。

高文彪《何家堡》：十里烟横杨柳岸，千家门对荻花洲。

陶应雷《长门怨》：风度荷花小殿香，浅沙依旧浴鸳鸯。御书翠扇恩犹在，偏忆金舆夜纳凉。

潘复之《送高教授》：寒宵浊酒南陵别，白发青山博士官。

胡　槊《挽莫与伦》：马卿早已羞逢掖，狗监谁能荐子虚。

张浚明《上张侯》：玉鉴冰壶悬夜月，碧幢画戟动秋风。

董天吉《次胡则大》：陶潜旧菊荒三径，范蠡孤蓬尚五湖。

许晞颜《赘某郡》：晓雨桑麻吴地暖，西风穄稌楚乡秋。

侯天祐字伯纯《客中寒食》：官里思传烛，天涯尚转蓬。《雪后访陈华伯》：听雨隔窗消夜雪，分泉入砚带春水。

何致中字鹤林，号华阳《秋日》：苦吟生白发，归梦绕青山。《山居春暮》：苦楝吹香柳絮飞，杜鹃声里夕阳微。惜花谁唱留春曲，花雨满帘春自归。

陈万钧字衡甫《过采石》：欲问然犀是何处，渔父鸣榔隔烟雾。羡渠鸥鹭独忘机，占尽沧浪自来去。

王时中字伯庸《送吴学正》：红树城西晚，黄柑海上秋。

施　坦字季平《刘氏园》：乱声秋树叶，寒色晚花村。

胡元举字子仁《送欧阳生》：江雨催行棹，秋风吹客衣。

施　淇字永叔《次丁宪使迎诏》：芝泥恩重春风暖，柏府云开晓日晴。

赵次钰字仲相《送人归钱塘》：故宫春草千年恨，近海潮声八月秋。

王虎臣字子山，敬叔子，于潜教谕《题古砚》：洛波沉鼎周姬

（乾隆）宣城县志

衰，秦嬴义勇歌无衣。戎车虎帅雄西陲，咸阳宫殿云崔嵬。孟明骨化蹇叔死，三良殉穆秦民悲。西风一夜飘宫瓦，鸳鸯飞坠秦台下。千年鸟迹今愈分，故园遗踪恨难写。何人磨作古陶泓，遂使名声齐玉琈。君不见，悬黎结绿①人不识，刖足君门下和泣。古来义士苦不遭，埋骨泥沙同瓦砾。

  吴复兴《与族人饮》：雁带秋云落，人分社酒来。

  汪鼎亨《舟过大通》：连娟初上疏桐月，萧瑟时闻落叶风。

  王翊龙《和李治中》：春暮流光嗟逝水，山深幽梦付回潮。

  倪应渊《扬州》：山河旧影藏金阙，关塞新声起暮笳。

  朱得先《上杨明府》：戴星问俗千山曙，耕雨关心百里春。

  陈巨源《晚节》：篱边心事三秋暮，镜里年华两鬓霜。

  潘如瑗《病中》：愁里常中酒贤圣，病来多辨药君臣。

  李至善《月中桂》：玉兔杵摇金粟碎，素娥环湿露枝稠。

  奚继学《挽赵阳山》：半世虚名秋鬓白，一编实录夜灯青。

  施震仲《寄朱理甫》：青山招隐留佳士，白发催人惜壮图。

  赵由瞰《钱孔常轩木塔寺》：葛藤已许参狮窟，竹简何妨挟兔园。

  刘有庆字元善②《平江山长龙虎台即事》：山舞鸾凰来大漠，气腾龙虎护高台。

  钱震孙字公茂《张忠敏焚黄③》：麟经载笔埋黄壤，骥子成家秀碧梧。

  胡 祺字寿卿，繁昌教谕《送李宪使》：碧树渚宫秋色老，甘棠南纪昼阴连。

  潘 铉字仲金，圣舆长子，浏阳教授《挽刘竹所》：黄壤蒙新

---

① 绿：底本似刻作"缘"，考悬黎为美玉，自当作"绿"为是，因从万历府志、嘉庆县志改正。
② 元善：光绪县志卷十四又作"元长"。
③ 焚黄：底本误刻作"焚广"，从万历府志、光绪县志改。

棘，青编冷旧芸。

汪士明字公亮《云松楼》：峰前宿雨收苍狗，涧底清风起翠蛟。

刘　锡字禹畴，损斋季子，以荫授江夏尉，调弋阳簿《上刘左丞》：赐衣新被乾坤宠，卫驾新承日月光。

侯宾于字廷美，广东宪使《送张汉英之金陵》：平生不愿为佣书，亦不愿作章句儒。酒酣诗成吐素霓，意气凛凛合千夫。去年排云叫阊阖，出门一夜车四角。今年逾峤席未温，一舸乘潮又催发。大江之西日本东，庐陵人物常称雄。决科岁占十八九，君当努力扬词锋。才高不用长叹息，四海弥天岂无识。壮年怀居亦何有，着眼带砺开胸臆。霜台屹屹凌高寒，豪士倾盖宜交欢。我知屠龙不屠猪，食马政欲食马肝。吴姬压酒吹香絮，谪仙神游歌白苎。敬亭惟有孤云闲，欲语人间亦飞去。

汪洊雷字叔震《次潘季通迁居》：桥分野色春还好，门对岚光晚更宜。

阮　谦字受益，浙东帅府照磨《秋怀》：王侯郁冠盖，欢宴何其多。日月丽中天，立马怀山河。

陈　观字可大《题水碓》：龙飞急雨天机巧，鲸吼沧溟地轴摧。

许国忠字彦贞，处州府知府《落日江行》：落日照江明，秋江水正平。鹭缘沙浦宿，船候晚潮行。雾气千山静，松风两岸清。一尊还待月，不复问宵征。

贡自诚字可久，翰林国史编修《即景》：腊酒留香梅子小，野堂飘雪杏花开。渔溪白白芦芽出，杨柳青青燕子来。[1]

---

[1] 此条底本缺页，据嘉庆、光绪县志配补。

(乾隆）宣城县志

宣城县志卷之二十七 载籍

自诸子百家竞兴，作者夥矣，其传不传，盖若有数存焉于其间。要其覃心精思，以期表见于后世，亦各有志之士哉！宣城衣冠文物地，撰著者代不乏人，其上足备石室之藏，次则途谣巷咏，亦一国之风也。录其目而存之，俾后之博采者得览观焉。志《载籍》。

《谢宣城集》，谢朓著。
《太真集》，唐刘太真著。
《庐岳集》，邵拙著。
《披沙集》，李咸用著。
《宾朋宴语》，邱旭著。
《宛陵集》四十卷，谢景初著。
《山阴诗话》《雪岩集》《宣城总集》《李孟达集》，并李兼著。
《许昌集》，梅询著。
《仙都集》，李含章著。
《宛陵先生集》《孙子注》《续金针诗格》《池州后诗》，并梅尧臣著。

卷之二十七　载籍

《外集》，宋绩臣辑。①

《柯山集》，李孝先著。

《诗集》二十卷，王知微著。

《溪堂集》，王相如著。

《读易手编三传》《㔻宁居士集》《前汉古字韵编》《左氏两汉南北史缀节》，并陈天麟著。

《池录》，孙自修著。

《韵补》，吴栻著。

《竹坡老人诗话》《太仓稊米集》《楚辞赘说》，并周紫芝著。

《易解》《退庵文集》《睡庵视草》《庄敏奏议》，并吴渊著。

《履斋诗余》《论语士说》《鸦涂集》《许国公奏稿》，并吴潜著。

《玩斋集》《诗经补注》《友迁集》《东轩集》，并贡师泰著。

《梅宛陵年谱》，张师鲁②著。

《春秋正义》，贡士濬著。

《春秋纂疏》，汪泽民著。

《听雪斋记》《青山纪吟》《倦游集》《云林集》《上元新录豫章稿》，并贡奎著。

《理官集》，贡性之著。

《太湖十义刻象》《春秋类编》，并梅致和著。

《竹西集》，王士谦著。

《孙子芳集》，孙茂著。

《敬亭集》《出巡录》《三使录》《宪台奏稿》《棘台驳稿》，并张纶著。

---

① 此条原在《宛陵先生集》之前，考其为《宛陵集》外集，故今移之于后，于义方妥。

② 张师鲁：底本作"张师会"，嘉庆县志作"张师曾"，此据《宛陵群英集》改。

563

（乾隆）宣城县志

《周元公书》《广崇正辨》《原泉集》《吴许公年谱》，并吴宗周著。

《唐山集》《周易发钥》《正蒙皇极解》《史学断义》，并贡珊著。

《湖亭集》，贡钦著。

《斗山诗集》，杨贞著。

《三峰遗稿》，张干著。

《西园集》，贡镛著。

《西园遗训》《石溪奏草》《石溪闲笔》《谏垣奏书》，并王盖著。

《沧洲摘稿》《无文漫臬》《资省名言》《理学诠粹》《景行录》《宣风集》《宁国府志》《宛陵人物传》《徐州志》《古今家诫》，并梅守德著。

《濂洛格言》《易学正传》，并徐元气著。

《喻林》《易编》《抚蜀奏议》《史鉴吟》，并徐元太著。

《竹坡集》，戚衮著。

《玉峰全集》，刘铸著。

《东晋文纪》《宋文纪》《梁文纪》《陈文纪》《后魏[①]文纪》《隋文纪》《南齐文纪》《北齐后周文纪》《释文纪》《八代诗乘》《古乐苑》《唐乐苑》《鹿裘石室集》《书记洞诠》《青泥莲花记》《才鬼记》《女士集》《宣乘翼》《宛雅》《李杜诗钞》《予宁草》《庚辛草》，以上并梅鼎祚著。

《字汇》，梅膺祚著。

《增订字汇》，梅士倩著。

《中明语录》《同仁语录》，并施弘猷著。

《易学图解》，沈寿昌著。

---

① "魏"字底本原缺，据嘉庆、光绪县志补。

卷之二十七　载籍

《古今玄屑》，王佐辑。
《鸿书》，刘仲达著。
《四书征》，冯梦简辑。
《管子成书》，梅士享著。
《续宛雅》，蔡蓁春辑。
《书带园集》《赋纪》，并梅朗中著。
《历代宦官传》，梅超中著。
《响山集》，梅磊著。
《古逸诗载》《墨志》，并麻三衡著。
《周易麟解》，梅士昌著。
《谏垣奏议》，孙襄著。
《十七史删补》，梅士丰著。
《识大录》《纬书》《庙算》，以上并刘振著。[1]
《修身格言》，李繁春著。
《七土辨》，董杰著。
《阿麟语录》，孙经著。
《庐中言》，孙纬著。
《证学语录》，张五权著。
《世道忠言》，汪念显著。
《郁离子注》《忠经注》，并梅士生著。
《九十四家年月考》《算数三式》，并王猷著。
《西曹奏议》，徐鸿起著。
《东田诗集》，徐淑著。
《陵阳集》，钟世美著。
《龙城署草》，梅绵祚著。
《远霁集》《保洮八议》《翠云亭集》，并高维岳著。

---

[1] 此条底本重出，且分列两处，今合并为一。

(乾隆）宣城县志

《匡庐遗集》，刘汝芳著。
《偶居集》，钟震阳著。
《巢林集》，施瞽著。
《静庵集》，赵瑞著。
《漫游草》，王之禾著。
《姑山文集》《闲道录》，并沈寿民著。
《季野文集》《续集》，吴坰著。
《蒲草》《黄池稿》《重裘》《宴语》《瞿硎文草》《暇楼四六移居诗》《嗣音》，并梅士玹著。①
《史鉴大事录》《左传发明》，并梅巨儒著。
《敬亭集》，姜埰著。
《北游草》《芳远亭稿》，并施誉著。
《承②露全集》《弱冠草》，并梅以俊著。
《梅氏诗略》，梅以俊原辑，梅清刻。
《遗山诗集》《若岩堂集》，并高咏著。
《学余集》《家风述略》《愚山诗文集》，并施闰章著。
《野樵集》，阮士鹏著。
《西湖蹩啸》，孙竹著。
《梅溪文集》《燕游草》，并茆荐馨著。
《氅社斋诗稿》，孙卓著。
《天延阁集》《瞿山诗略》，并梅清著。
《画溪草堂诗稿》，王田年著。
《街南文集》《诗集》《明诚录》《正王录》《大学述》《五行问》《易问》《读礼问》《读书论世》《葬惑辨》《明语林》，以上

---

① 此条多有缺讹，据嘉庆、光绪县志校改。
② 承：底本原作"丞"，据嘉庆、光绪县志改。

卷之二十七　载籍

俱吴肃公著。①

《古大学释》《中庸衍义》《仰幸录》《孝经正义》《白云集》，以上俱姜安节著。

《清寂遗居文集》，詹希颢著。

《四书铎》《五经铎》《廿一史拨》《竹隐清言》②《文粹》，以上并陈于宾著。

《钓谱》，倪元琅著。

《历学骈枝》《元史历经补注》《古今历法通考》《春秋以来冬至考》《宁国府志分野稿》《宣城县志分野稿》《历志赘言》《江南通志分野拟稿》《明史历志拟稿》《郭太史历草补注》《庚午元历考》《大统历立成注》《写算步历式》《授时步交食式》《步五星式》《问历答》《回回历补注》《西域天文书补注》《三十杂星考》《四省表景立成》《周髀算经补注》《天象答问》《分天度里》《七政细草补注》《历学疑问》《交食蒙求订补》《交食蒙求附说》《交食作图法订误》《求赤道宿度法》《交食管见》《日差原理》《火纬本法图说》《七政前均简法》《三星绕日圆象》《黄赤距纬图辨》③《太阴表影辨》《浑盖通宪图说订补》《西国月日考》④《七十二候太阳纬度》《陆海针经》《帝星句陈经纬考异》《星晷真度》《测器考》《自鸣钟说》《壶漏考》《日晷备考》《赤道提晷说》《思问编》《勿庵揆日器》《诸方节气表》《揆日浅说》《测景捷法》《璇玑尺解》《测星定时简法》

---

① 此条多有讹缺，"五行问"作"立行问"，"读书论世"缺"读"字，"明语林"作"剪语林阐义"，均据嘉庆、光绪县志改补。
② 《竹隐清言》：竹，底本原作"西"，据嘉庆府志卷二十四、光绪县志卷十九改。
③ 辨：底本原作"辩"，考他本皆作"辨"，因改。
④ 月日考：嘉庆府志同，嘉庆、光绪县志作"日月考"。

（乾隆）宣城县志

《勿庵侧望仪式》《勿庵仰观[①]仪式》《勿庵浑盖新式》《勿庵月道仪式》《天步真原订注》《天学会通订注》《王寅旭书补注》《平立定三差详说》《写天新语钞存》《古历列星距度考》《中西算学通》《勿庵筹算》《勿庵笔算》《勿庵度算》《比例数解》《三角法举要》《方程论》《几何摘要》《句股测量》《九数存古》《少广拾遗》《方田通法》《几何补编》《西镜录订注》《权度通几》《奇器补诠》《正弦简法补》《弧三角举要》《环中黍尺》《堑堵测量》《几何原本解（增解附）》《仰规覆矩》《方圆幂积》《丽泽珠玑》《古算器考》《数学星槎》《勿庵文集》《勿庵诗集》，以上并梅文鼎著。[②]

《雪坪诗钞》《南雅集》《漫与集》《梅听山诗义集》，并梅庚著。

《越游草（毛大可序）》《家风述略续编》《见闻录》，并施彦恪著。

《耕余诗文略》，沈廷璐著。

《十三经会解》，夏骏扬著。

《左传汇编》，管松龄辑。

《南云集》，姜本俊著。

《彤史汇编》，刘庆观注。

《四书集注大全增正》《周易义传大全》《礼记经传通解续编集注》《性理正蒙集注》，以上并吴士品著。

《槐庭酬笔》《香尉据梧人物品》《学圃律陶》《柳亭[③]诗余》《左传地名证今》《钱谱》《聋志》《雏经疏》《鲤腹卮言》《拜石轩填词》，以上并张延世著。

[①] 仰观：底本原作"侧观"，据嘉庆府志、光绪县志改。

[②] 此条底本多有讹缺，据历修府、县志改补，不一一出校记。

[③] 柳亭：底本原作"柳庭"，据嘉庆、光绪县志改。嘉庆府志未录是书。

卷之二十七　载籍

《春秋留传》,张一鼐著。
《寂寥草》《周易指微》,并梅骥著。
《永涯诗文集》,刘文友著。
《晓原诗留》,蔡瑶著。
《琴学集成》,刘南英著。
《青囊精选》,王之冕著。
《默轩集》,梅琢成著。
《桐引楼集》《清华录》《松引轩诗集》,王可第著①。
《樗②岩诗集》,沈廷瑞著。
《留云草堂诗集》,孙锡彤著。
《南纪堂诗集》《问庚楼集》,并阮尔询著。
《性解》《仁说注》《易准》《离骚经贯》,并汤伟著。
《石轩集》《东游草》《东渚诗文集》《慎墨堂诗品》,并梅枝凤著。
《浮筠轩集》,吴铵③著。
《萍庵集》,孙于王④著。
《自怡集》,唐益著。
《中江纪年稿》,袁启旭著。
《石汀集》,王佐著。
《学统辨》《淑艾集》《愿贤录》,并沈廷谟著。
《声风集》,梅靓著。
《尺牍琼圃》,王大醇辑。
《闲道续编》,万士襄著。

---

① 底本原无此四字,据嘉庆、光绪县志补。且《桐引楼集》与《清华录》《松引轩诗集》分列两处,今合并为一处。
② 樗:底本原作"搏",据沈廷瑞号改。
③ 吴铵:底本误刻作"吴铙",据嘉庆、光绪县志改。
④ 孙于王:嘉庆府志、县志同。光绪县志误刻作"孙于玉"。

（乾隆）宣城县志

《涧影诗文集》，俞绥著。
《罗溪①诗稿》，王兆晸著。
《蓬人诗集》，陈祜著。
《青林集》，梅玚成著。

---

① 罗溪：底本原误刻作"维浮"，据嘉庆、光绪县志改。

宣城县志卷之二十八 祥异

王者克谨天戒，启闭则书云物，其于吉凶休咎，盖兢兢焉。一邑虽小，然以本工之云气，验于本方，其事为切，其理尤易明。人在气中，精诚感召，一山之阻而雨旸迥别，一水之限而稔歉攸分，不可谓无与人事也。志《祥异》。

吴
赤乌七年秋，嘉禾生。
十三年八月，丹阳句容及故鄣、宁国诸山崩。

晋
太宁元年五月，大水。
咸和四年七月，大水。

刘宋
元嘉十六年，野蚕成茧，大如鸡卵，弥漫林谷，次年转盛。
大明三年春，甘露降，白龟见。五月，石亭山野蚕生三百余里。石亭，今未详所在。

(乾隆）宣城县志

齐
永明中，白鹿见。

唐
永徽元年六月，宣、歙等州大雨水，溺死者数百人。

贞元四年，大雨震电，有物堕地如猪，手足各两指，执赤班蛇食之，顷复云合不见。近豕祸也。

元和九年秋，大水害稼。

长庆三年三月，宣、歙等处旱。遣使宣抚，理囚系，察官吏。

宝历元年秋，旱。

太和四年夏，大水害稼。七年亦如之。

咸通八年，吴越有异鸟极大，四目三足，鸣山林间，其声曰："罗平"，占曰："有兵人相食。"未几，黄巢寇宣州等处。

十年，宣、歙、两浙疫。

景福元年六月，孙儒攻杨行密于宣州，有黑云如山，渐下坠于儒营上，状如破屋。占曰："营头星也。"儒败死。

石晋①
天福三年，有鸟如雉，大尾，火光如散星，集于戟门。明日大火，曹局皆烬，惟兵械存。

南唐
昇元六年六月，大水涨溢。

宋
太平兴国七年三月，霜雪害桑稼。

---

① 按，此言"石晋"，误。时宣城县在杨吴治下。

咸平二年，竹生米如稻。

治平元年，大水。遣使疏治，赈恤蠲租赋。

大观元年，芝草生。

徽宗政和五年六月，水。

南宋

建炎二十三年①，大水，城几没。知州事张果抱民藉赴水死之。

绍兴二年正月，开元寺铁佛像坐高丈余，自动迭前迭却，若伛而就人者数日。占曰："火气盛，金失其性而为变怪也。"未几，火燔民居几半。是年，天雨钱。

三年五月己亥至六月辛丑，雨甚，大水败圩堤，圮官民庐舍。是年，民某妻一产四男子。

二十三年，大水，其流泛溢至太平州。十月，遣户部郎官钟世明修筑宣州、太平州圩田。

隆兴元年七月，宁国蝗蔽天日。按，乾道二年②宣州始升为宁国府，史于是年遽称宁国，未详。

二年七月，大水，浸城郭，坏庐舍、圩田、军垒，操舟行市者累日，人溺死甚众。越月积阴苦雨，水患益甚。

六年五月，大水漂民舍，溃圩堤，害稼，民多流徙。

八年，大疫，死者甚众。

乾道六年四月，大水，城市有深丈余者。冬饥。

淳熙二年秋，旱甚，民饥，赈之粟。

六年秋，水坏圩田，溺人。

八年冬，饥。

十年，旱。

---

① 建炎二十三年：此记有误，"建炎"年号仅四年，无二十三年。

② 二年，底本原误作"三年"，据《宋史》及本志卷二改。

绍熙四年，淫雨自四月至于五月，大水坏圩田，害蚕禾蔬稑。

五年八月，水。是年大饥，人食草木，冬无麦苗。

嘉定八年，春、秋大旱，至八月乃雨。以江东提举李道传督赈，明年摄知府，行社仓法。

元

至元十三年十一月，宁国路地震。

十五年四月，敬亭、麻姑、华阳诸山崩。

二十七年十月，尚书省上言，宁国等路大水，民流徙甚众共四十五万八千四百七十八户，命出粟赈之凡五十八万二千八百八十九石。

二十九年六月丁亥，宁国等七路大水，免田租凡百三十五万七千八百八十三石。闰六月，民艰食，发粟赈之。

大德元年二月，以粮两百石赈宁国、太平。三月，饥。八月，复水。

二年正月己酉，宁国等处水，发临江路粮两万石以赈，仍弛泽梁之禁，听民渔采。

四年①，宁国路旱，以粮一万石赈之。

六年六月，赈宁国等路饥凡粮二十五万一千余石。

至治元年三月庚子，赈宁国路饥。

泰定二年四月，赈宁国等路饥凡粮五万余石。

三年九月，宁国路诸县水，民饥，赈之。

天历二年四月，江浙行省上言，宁国诸路饥民六十余万户，命赈之粮十四万三千余石。

至顺元年二月，宁国路饥，先后赈粮三万五千石。闰七月，宁国等路大水，没民田逾万计②，诏江浙行省以入粟补官钞，及

---

① 四年：底本原作"乙未"，据本卷体例从嘉庆、光绪县志改。
② 没民田逾万计：《元史》卷三十四作"没田三万六千六百余顷"。

劝富人出粟赈之。

至正十二年三月丙午，宁国路无云而雷。

十五年，宁国路大旱，米升银二钱。

明

洪武二年四月，产瑞麦。是年正月，诏免宁国等府州税粮。

五年十月，诏免宁国等五府秋粮。

十一年八月，诏免宁国等府州秋粮。

十三年五月，诏免宁国等府州秋夏税粮。

十六年五月，免宁国等五府税粮，命户部宣谕，敢有侵渔者置于法。

成化六年三月，免池州、宁国二府去年秋粮一万八千七百余石，宣州卫屯粮二百八十余石。

弘治六年冬，连雨雪。十二月，大水漂没民舍。

八年，大饥。

十四年，大水，漂没圩岸。

正德三年，大旱，道殣相望。

五年，大水，圩岸破荡殆尽，人畜溺死不可胜计。

嘉靖八年，诸山蛟发，漂民舍，溃圩岸，水泛溢入城，军储仓浸数尺，人畜多溺死。

十年，飞蝗食禾稼。

三十九年冬，树冰，竹木压折甚众。

四十年，大水漂没圩岸，大饥。知府方逢时发廪赈民，修筑诸圩，复其故。

隆庆五年，大螟，稻初实即槁，延害数岁。

万历二年秋八月，淫雨，诸山蛟发，洪水泛溢，漂田舍，人畜溺死甚众。

八年，大水。

十四年，大水，圩岸尽没。

十六年，大旱。

三十六年，大水漂没圩岸、田庐，人畜溺死甚众。

天启七年，大水。

崇祯九年，华阳及沙湾民家地血涌出，近赤祥也。

十三年，大旱，蝗大起，寻又大疫。知县梁应奇竭诚泣祷，自率民捕蝗，广设医药以起病者。

十四年四月辛酉，句溪乌盆沿出血涌起，其后遂为兵兆。

皇清

顺治八年，旱。明年诏改折秋粮三之一。

九年正月，有野豕入城。

十年十月，府堂灾。

十四年，大水。

康熙七年四月，蝗蝻大发，遍田野。知县李文敏募民以死蝗易官米，民争捕。寻遇雨，蝗死稼无损。夏六月甲申，初昏后地震有声，河水涌立，激射于岸。

八年夏五月辛酉晦，六月壬戌朔，连日大雨，诸山蛟发，平地水丈余，漂民居，坏桥岸，人畜溺死无算。

九年夏，大雨霖潦，围田浸没。冬，大雨雪，深数尺，越月不止，积阴冱寒，道罕行迹，民多冻死。

十年夏，大旱，连月不雨，毒热如焚，民有喝死者。

十一年春，大饥，民食草木。知府庄泰弘、知县李文敏等各捐俸，发廪为糜粥以济。

十三年，旱。

十六年，大旱。

十七年，旱。七月十七日申时，有流星自西北至东南，声隐隐如雷，陨而为三，皆如石，质轻而黑，初软后坚。一在东井社

卷之二十八　祥异

冈头田，长二尺许，围如长者四之三，形如碓觜而撅，重八斤；一在店门前潘家坦，重六斤；一在陆杨村竹园，已碎。是时日尚高，正在祈雨，人皆见之。

十八年，旱，有虫。

十九年八月十五日，大雨水，圩田浸没。

二十一年六月初七日，山中大水。十月，佑圣阁灾。

二十三年，大水，硖①石山蛟发二十余处，汪家圩蛟自平畴起，破圩而出。

三十二年夏，旱。

四十六年，旱。

四十七年夏，大水，诸圩尽溃，庐舍无存，舟行市中，居民离散。秋，复大旱，山田尽槁，人食草木，或掘地取白土食之，俗名观音粉是也。道殣相望，圩中人俱露栖，疫病大作，死者无算。延至次年，疫不止，亲旧不能相顾，或载妇女、小儿鬻于他境。是为从来希有之灾。

四十八年四月，诏免上年秋灾税粮，敕发常平仓谷赈济饥民二万八千九百余口。

五十年，水阳芥菜结子如龙凤形，或如花鸟，种种逼肖。

五十二年，诏以罚赎谷石支给孤贫。

五十三年秋，旱，诏免灾田税，发仓谷赈饥，仍截漕备赈。

五十五年夏，水。秋，旱，虫伤禾稼。诏免本年粮税，发粟及截漕赈之。

五十七年六月，诸山蛟发，决圩堤，城垣崩塌。诏蠲税，发赈有差。

雍正元年，云山团等处飞蝗入境，知县刘亲率吏民扑灭之。

二年十月，天雨豆。

---

① 硖：底本原作"碐"。从嘉庆、光绪县志改。

(乾隆)宣城县志

四年夏，大水，圩田尽没。九月，诏免地丁银八千二百三十余两，米豆六百八十余石，并支常平等仓及安庆截留漕米设厂煮赈，应征新旧额赋暂停催追。

八年夏四月，金宝圩民家李实如王瓜。六月，大水决堤，淹禾稼。诏支帑银赈济。九月六日，诏以上年被灾田蠲免税粮有差。

十二年，大水。

乾隆二年五月，西莲湖与高淳、当涂接壤处有蝻，三县文武各官率众搜捕，按蝗数捐给钱文。次年复萌，如前法扑灭之。

三年，旱。诏缓灾田税粮，发帑金赈恤有差。

宣城县志卷之二十九 古迹邱墓附

有其地则有其迹，而迹有废兴，过其地者唏嘘凭吊，往复徘徊，如之何不详志也？第历世久远，讹误相承，摭拾传闻，好语鬼怪，识者病之。旧志山川人物分见附出，记载纷烦，兹订其确者，志《古迹》。

古北楼 即叠嶂楼，古高斋地。李白诗："谁念北楼上，临风怀谢公。"后人亦称谢公楼。咸通间刺史独孤霖改建，更名叠嶂楼，自为记。方逢时记云：独孤氏改建叠嶂楼，而北楼之名废矣。

高斋 在府治内，谢朓守宣城建，以其丽陵阳之麓，故谓之高斋。万历志称以廉惠亭改建，误。

宛陵堂 在府治内便厅西。宋吕居仁诗："叠嶂楼前纳凉处，宛陵堂下探梅时。"

曲水堂 郡守赵师垂建，初名叙情堂，尝引东池水挹注堂下，流觞饮客，因改今名。

陵峰堂 皇祐初守邵饬建，即重梅亭故址，梅尧臣命曰"重梅"。

露香阁 临东池，旧名凌虚。叶清臣、孙锡并有诗。绍兴中郡守朱翌更名露香，赋诗刻柱间。又有翠寒楼，亦在东池上，嘉定己卯守洪汲建，疑即此阁易名。

(乾隆)宣城县志

谶松阁 在城东旧府学中。初,有相地者云:百年后松梢过阁,当有魁天下者。宋嘉定间,吴潜果大魁,因以名阁。

绮霞阁 在通判厅后。嘉祐中石尧夫修,守章岷记。后通判朱正辞①重修,汪白记。

双溪阁 在郡治后,与叠嶂楼并。宋治平中刁约建,即唐初北望、迎春阁故址,取宛、句二水为名。熙宁初守余良肱有《双溪》诗,苏文定辙亦有诗云:"仰攀叠嶂高,俯阅双溪美。"自宛溪堂以下今并废。

海榴堂 唐时建,许浑有《陪崔尚书宴海榴堂》诗。

南亭 钱起有《和张太守南亭秋夕》诗。

迎春阁 在北楼西,即条风故址。

坐啸堂 旧名清凉。

时雨堂 刁约建。

原籀堂 在叠嶂西。

参云堂② 在叠嶂东偏,贡奎有诗。久废。

索笑堂 在郡圃东北,以"梅"取义。

鉴沚 即东池支流,环植翠木,时可游憩。淳熙中守陈骙建。

更鼓楼 在府治前东首。

敕书楼 在府治西二十步。宋建隆壬戌奉诏建,从宗卿赵矩之请也。③

中园 南齐有纪功曹中园,谢朓有与何从事、吴郎联句。

西园 宋时邑人林宗放陪郡守游此,时从者汪珍、倪应渊等十九人,以"飞盖游西园"为韵,并有诗。

---

① 辞:底本此字缺,据嘉庆、光绪县志补。
② 堂:历修府志,嘉庆、光绪县志均作"亭"。下"索笑堂"同。
③ 此条底本多有缺字,据嘉庆、光绪县志补。

卷之二十九　古迹邱墓附

琴清堂　宋嘉熙令黄元直建。
式敬轩　正德中知县周廷用建，贡汝成曾读书其中，有诗。
敕书楼　在县治前。
绿阴亭　在丞厅西，靖康初丞罗靖建。以上并久废。
九曲池　郡城北三里，唐刺史裴休种莲为游观所。池尚存。
丧临镇　相传汉楚王①英徙泾，舆梓临此，故名。
坡仙塔碣　在城北广教寺双塔中。塔高数仞，苏文忠轼所书镌石于内。后寺毁，塔级皆废，石亦不可摹矣。里人施侍读闰章题塔诗："双塔如老翁，颓然比肩立。"
金鸡井　城北广教寺右。唐黄檗禅师建寺千间，其树皆萝松，传闻黄檗禅师托迹海外安南国，募化萝松万株，限日其树自还。至山是日，金鸡斗入井中，而萝松随泉涌出。架屋九百九十九间，后灾毁。至今尚有一木横塞井口。
虎窥泉　城外敬亭山闲云庵左，游人吟咏颇多。
梦珠泉　在一峰庵后。喷泉如珠，四时不断，庵僧以竹笕接水入厨。郡守罗汝芳题曰梦珠。
片云石　敬亭山麓旧有片云石，为游人驻屐之处。里人尤皜复摹"片云"二字以志其旧。
云根石　一峰之巅有怪石如枯橛，李白题"云根"二字，至今可摹而识之。
拥翠亭　即李白独坐题诗处。石碣尚存，与今之云齐阁、额珠楼相去里许，总一山也。
云齐阁　敬亭翠云庵前，取谢诗"合沓与云齐"之句。游人每宴集于此，把酒凭栏，江城在掌，诗赋不可胜载。顺治间灾，知府龚鲲重建。乾隆戊午，知府程侯本、知县吴飞九、邑人詹上彩倡募修。

---

① 汉楚王：底本原作"楚汉王"，误，据嘉庆、光绪县志改。

(乾隆) 宣城县志

最高亭 在敬亭山腰。天启间知县谢玄珧建。
穿云亭 在敬亭山腰。乾隆戊午,知府程侯本、邑人詹上彩建。
额珠楼 在敬亭山最高亭之上。明崇祯间知县陈泰来建,自为诗记镌壁。丹楼冠山,烂若霞举。国朝康熙募商贡生汪成龙建亭故址,仍原名。
裴公井 在敬亭山南。相公裴休所凿,色白味甘,独异他井。又一井在山南松亭侧,梅圣俞所谓"石盎"旧基是也。
开元寺水阁 在景德寺后,历朝名人题咏甚富。
天柱阁 鳌峰东麓,郡学左侧。明万历间推官张嘉言建,里人、铨部胡国鉴诗:"遥惊天际跨东南,文脊霏微送远岚。桃李溪溪春色满,每从去后忆张堪。"今废。
培风阁 鳌峰关帝庙前,国朝郡丞郑载飏建。
忠勤楼 在南门宕吴氏村口。宋景定间,吴潜①置楼于丞相第中,御书"忠勤楼"三字额赐之。明万历初改建于此,祀吴柔胜、吴渊、吴潜三木主于上,又名"三公台"。
宛溪馆 在宛溪上。李白诗:"吾怜宛溪好,百尺照心明。……却笑严湍上,于今独擅名。"旧志未载。
春归台 西门城内高阜,为郡人春游之所。里人、明经刘仲光诗:"秋尽行春逸兴同,春归台上醉秋风。怪来满座桃花色,霜叶千林入酒红。"② 台下有方丈名曰小指庵,宁镇副将③张鹏程同僧宗乐建。

---

① 吴潜:底本原作"吴渊",误,据嘉庆、光绪县志改。
② 后二句:嘉庆府志同,嘉庆、光绪县志作"怪他满座桃花色,却是霜林入酒红"。
③ 副将:嘉庆府志同,嘉庆、光绪县志作"参将",当误。

卷之二十九　古迹邱墓附

铁牛门[①]　在府治东北。双牛铁铸，五代林仁肇更筑罗城，旧门改置，惟存铁牛，一在大东门内晏公庙[②]中，今称铁牛庙；一在小东门罗城内，今移桥筑上[③]。

铁佛　在开元寺大殿后。绍兴二年铁佛自动迭前迭后，若伛而就人者数日。未几，火燔郡城民居。

开元古井　在开元寺后，凿以饮僧，与寺同时浚置，故名。又寺前一井亦名"开元"，水可疗疾，岁久湮没，康熙间僧圆瑞募众开浚，邑贡生唐益惟之记。

阴塔井　在太和门内。井大角，上窄下广，其形如塔。

环波亭　在城北濠上。宋郡守邵饬命名，梅尧臣有诗。

茶峡荡　在阳坡山下。旧产佳茶名"瑞草魁"，一名"横纹"，今为民居，不复可得。城内有三荡，此其一也。

铜井　在阳坡山下，井源数丈，汲之声响如钟。

惠泉　城东南。宋建炎州守李光因寇围城，凿池潴水。录事沈肇记，周紫芝铭。

谢公亭　在府治北，即谢朓送范云之零陵处。李白诗："谢公离别处，风景一[④]生愁。"

澄江亭　在城北里许。杰阁临流，收宛、句二溪之胜，以谢朓"澄江净如练"之句得名。一名放生池亭，唐乾元中建，宋乾道中改城南祝家塘，后改济川桥西。旧志云，宋天禧丁巳，诏江淮等处有放生池者浚之，即此。

[①] 此条《永乐大典》卷三五二七引《宣城志》作："铁牛门，在府治东北城内。前志，双牛冶铁为之。俗传郡无丑山，故象大武以为厌镇。谚云丑上无山置铁牛。自五代林仁肇更筑罗城，旧门关皆改革。今惟一牛存。里人即其地为司土神庙，号铁牛坊云。"

[②] 晏公庙：嘉庆府志与嘉庆、光绪县志均作"木禾神殿"。

[③] 桥筑上：嘉庆、光绪县志作"济川桥跗上"。

[④] 一：他本皆作"每"。

583

(乾隆)宣城县志

新城 在城北馆驿前,三汊河宛、句合流之所。

逡遒城 城北四十里。晋末立县,隋省入宣城。

符里镇 城北五十里,即今东门渡。相传许旌阳游山,而于窑旁置铁符,断自符以东可陶。今窑皆出铁符之东。有许真君祠,宋建中靖国元年监宣州酒税、左殿直、洛阳柴巽创建真符观镇之。东为东门渡,旧为焦村市,有屯师濠堑。

龙溪古塔 城北八十里水阳东岸,吴赤乌二年建。

楚王城 城北百十里,切近玉溪。古斥堠在焉,地接姑溪,兵兴时尝扼隘于此。旧云吴楚相距,因山创城,形势逶迤,门阙俨然。又云楚王英筑。又云旧有碑云,晋司马攸之尝筑垒以备桓灵宝。《十道志》云:宣州楚王城,即在伍子胥鞭平王尸处。其说不一,并存之以备稽考。

薛公堰 城北百二十里。唐观察使薛邕①置。

九女墩 城北百一十里楚王城侧。昔有九女遭水难,其尸抱结逆流而上,至此不动,里人瘗之。

巢林亭 宋施元长父涣隐居石子涧,有巢林亭,梅尧臣数为赋诗。

西候亭 西门外五里。唐天宝十四载宣州刺史赵悦建以舍使客,李白作颂,有"煌煌将将,如文翁堂"等语,见《宣城事函》。

响山亭 城东南二里。唐刺史路应跨潭为梁,建两亭于东西岩,营州兵,权德舆为记镌岩石。久剥落,今考其记于《文苑英华》,见《艺文志》。古志云:西有览翠亭,亭中有碑,朱郡守桑补阙塌沉之水中,莫测其旨。宋梅尧臣诗:"每过响山下,尝思路中丞。"又响潭上有钓台,相传严子陵钓此,一云窦子明钓白龙处,二说并恐傅会,窦说似稍近。

景梅亭 城南柏山寺,都官梅尧臣墓祠之左。知府范吉建,

---

① 薛邕:底本原误刻作"薛巢",据嘉庆、光绪县志改。

游人题咏颇多，里人梅清诗："南郭双羊路，寒梅覆古亭。亭空谁更倚，溪外一峰青。"

梅溪 城南三里双羊山下。梅都官诗："风雪双羊路，梅花溪上村。"故名梅溪。

双羊 梅溪上。有唐将军许褚墓，山以双石羊名之。

张路斯田 城南五里。俗传其田不利耕者，多水灾，乃张公为令时垦之。张右史诗云："张公乃人龙，为令尝在兹。至今城北田，相传为路斯。"尝阅《集古录》乃有"龙公碑"，东坡集有《昭灵侯庙碑》云：南阳张公讳路斯，隋初家颖上县百社村，唐景龙中为宣城令，以才能称。自宣城罢令归，尝钓于焦氏台之阴，顾见钓处宫室楼台，遂入居。夫人石氏生九子，至是，公语夫人曰："我乃龙也，蓼人郑祥远亦龙也，与我争此居，明日当战，使九子助我。领有白绡者我也，青绡者郑也。"明日九子射中青绡者，公逐之去，所过皆为溪谷，而达于淮，九子皆化为龙以去。事见唐布衣赵耕之文，淮阴人立庙祀之。欧阳公《集古录》亦载其事。

岩台石 城南岩台山，山有石洞、瀑布，古松大十围。郡守罗汝芳同大参梅守德游，罗书"岩台"二大字，镌诗石上，"台端松抱石，岩底塔栖云"二句尚存，余剥蚀不辨矣。

德政陂 城东南五十六里，即今筀岳坝。唐观察使陈少游筑，引水灌民田，民食其利，故称之。

鲁显水 城东南九十里，出华阳，过鲁山。晋宋间兵乱，宣城人鲁显领部曲成守其境，里人遂号"鲁显水"。

金钱湖 古五湖之一，与南湖东西相望。孙权时，中原避乱来归者众，始筑为围田，初名化成，后易名金宝圩。

笔架石 在华阳山施姓村前，下有珠泉环绕。

古西溪 即溪口。唐西平王李晟后裔宗庄由团山迁此，时人艳称古西溪。万山环聚，族甲华阳。溪傍有洞高数仞，广数丈，

585

(乾隆)宣城县志

楼台丹灶，石钟土鼓，仙迹在焉，人多题咏。李氏子孙遂世其家于此。

待仙洞 在坐吉山南数里，石埂之阴，高阔深敞，可列坐数十人。古有僧诵经于此，秀水张雍敬、里人孝廉梅以燕有诗。

柏枧飞桥 一名引虹桥。飞泉界道，跨岫为梁，高数百尺，构险凌空，最为深秀。晋瞿硎先生隐此。宋淳熙中，梅文明鸠族人建。明洪武中梅清四修，万历中梅振祚改建高广，构亭其上，凡七楹。郡守罗汝芳题岩桥侧曰引虹。由此而入，曰谷口，曰临流，曰流华，曰云生处，曰奇甚，题石殆遍。更进为仙人岩，为伞骨庵，皆奇迹也。山外为古山口，梅氏村落在焉。

钟鼓潭 在柏枧山中。由谷口桥进二里许，深溪石潭，飞流冲激，响如钟鼓。日丽风清，声逾宏亮。

大圣古洞 在葛家冲。怪石嶒岈，洞中高敞深邃，东西南列三门，上为七当山，柏枧绝顶也。

古州学 小① 东门外古青郊地，旧州学建此，屡为山涨泛溢，改建城内。今圮废。

沃州亭 城东十里玉山寺后。今废。

温城 相传在东溪南五里孙家埠下，唐刺史温璋筑。戊寅璋被命来诛康惟泰之乱，事见本传，意其始至营此，而后入郡城也。②

鼓城 城南十五里，山形似鼓。下有桥，俗呼"古城桥"，误。

仙溪 在折山。相传昔有奚氏女，浣纱不返，家人索之，但见溪流清泚异常，疑女仙去，故名。③

---

① 小：嘉庆府志及嘉庆、光绪县志均作"大"。
② 此条字多缺讹，据嘉庆、光绪县志改补，不一一出校。
③ 同上。下同。

卷之二十九　古迹邱墓附

仙坛　麻姑山最高峰。相传为麻姑炼丹处，有仙坛、丹灶、剑池、石棋枰、钓鱼矶、天游亭诸迹，多名人题咏。

仙人岩　稽亭山东，古仙人尝居此。

三天洞　仙人岩下。洞内宽平高敞，可容千余人。上三窍，通明见天。中有扶风禅师智琰石龛。流水从洞出，可灌田数顷。旁有风穴暗洞，皆深窅奇绝，莫可名状。宋元来多名人题咏。

金牛洞　在湖北，即云山洞。有仙人迹仰印石上，四壁石乳下悬，击之有钟鼓声，幻石肖形，天造之巧，极游观之胜。魏良臣有洞记，卢维屏于洞口题"云窝"二字。洞中石刻联云："翠谷阴中神变化，碧天深处吼风雷。"

南湖书墅　在城北四十里南碕湖上。元广陵侯贡士浚置，牟南之记，张养浩诸公多题咏，载《贡氏萃美集》。

啸泉　城东十字路。山人鼓掌而啸，则泉涌出。

天逸阁　小东门外，为贡士梅鼎祚读书处。地俯青郊，多名人题咏。

附

晋
桓简公墓　即桓彝，葬于城北五十里符里镇，今东门渡是。

南宋
郡守杨运长墓　城南六十里象鼻山。

唐
蒋征君华墓　敬亭山下。李白吊墓诗云："敬亭山下墓，知是蒋征君。"

白府君墓　城西。白居易兄也，侨寓没，葬于此。

将军许褚墓　城南双羊山。原有碑题，后碑沉水中。旧志载褚将军墓，误，今仍从碑。

(乾隆) 宣城县志

南唐

魏王徐知证墓 城西①二十里丁山。今大徐、后村、华谷、土山、长冈、东直街，皆其裔也。旧有碑亭，裔孙、尚书徐元太撰记，后毁。康熙戊申，徐氏子孙重立。旧志又载丁山有五代时参军孙汉墓，今无考。

宣掾梅远墓 在古州学址上。东南松儿岭塘塬界，西北望水冈月塍界，丈计二百一十六弓零二步。墓前有横碑，周显德五年立，覆土中，即墓志遗意。

宋

宣城王赵师祁墓 城东南三十里千堆山。附太守赵瑞墓，提学御史章衮志铭。

太常李含章墓 敬亭山西麓。又有查宣公墓，因名查山，疑即南唐查文辉。

尚书梅询墓 城东二十五里峄山。欧阳文忠公志铭。

郡守张果墓 夏家渡叉路口。先在铁冶冲，后徙此，国朝主簿宗泰立碑墓前。

太尉高琼墓 湖北昆山乡，今罗荡犹存坊隅，高氏祀为始祖。

赠光禄卿高元矩三代墓 城北峡石山之北。万历志载山北废冢碑仆地，字迹蚀灭，惟额有"宋诰封高氏三代之碑"数字，或即高惠连之父元矩墓，今无后矣。后里人、吏部郎高登明考其家谱，谓峡石高氏三代之墓者，葬高元矩，附子尚书惠连、孙知南安军器之也。元矩工诗不仕，以子贵封光禄卿。登明为志立碑载其详。万历志称无后，误。

修撰吴柔胜墓 城南四十里小劳山。其裔孙明知府吴宗周、副使吴大本附葬。

丞相吴潜墓 隆演山南柿木铺。又有行太仆蒋宾兴墓。

待制贡师道墓 城东北华盖山。附近灵马山有宋进士方点墓。

都官梅尧臣墓 城南柏山。欧阳文忠志铭。

尚书尤袤墓 城东十五里官塘山。嘉泰间郡守赵善坚志铭。其裔孙

---

① 西：底本与嘉庆、光绪县志皆作"南"，误，今据嘉靖、万历府志改。

卷之二十九　古迹邱墓附

明逸士尤皖附葬。

朱胜非墓　馒头山上，一名龙头山。徽猷阁直学士撰神道碑。

参政魏良臣墓　湖北道山。子叔介葬滚山前。又存车驾郎魏景星墓，在冲山右。

参政陶炽墓　宋理宗朝敕葬湾沚石羊山。

唐太岳墓　在小昆山北。德祐间官于宣，元兵至死焉，遂葬此。明郡丞曾化龙撰墓碑。

元

学士贡奎墓　城东北石马山。中丞马祖常奉敕撰神道碑。

赠君梅卓墓　城南柏枧山。又户部员外郎梅守极墓，亦葬柏枧山飞桥左。

尚书汪泽民墓　城南峄山。学士宋濂撰神道碑。山北又有郭御史滂墓。

明

博士吴原颐墓　城东南响山。预修《永乐大典》，卒葬于此。

郡守黄荣祖墓　城北敬亭之麓，广教寺左。本浙江人，明洪武初守宁国，建今郡学。卒于官，子孙因家焉。崇祀名宦，里人、尚书徐元太碑记，其赞曰："维公国初名贤，古浙儒硕。帝藉勋劳，社蒙福泽。甫靖武功，爰开文籍。闾阎泰安，黉宫鼎辟。芹藻重光，凤麟接迹。功到于今，颂之无斁。既荐蒸尝，永妥灵魄。兰桂蔚起，源本永饬。"

尚书陈忠烈迪墓　石塘冲。《逊国忠纪》载：家人侯来保拾其遗骸归宣，葬计家桥。逾年土人惧累①，发而投之。成化间通判陈纪具衣冠葬于此。

尚书秦逵墓　方山，接南陵境。

太守陈灌墓　城东南古州学。灌以守郡守家于宣，今称子将旧里，子将，灌字也。

知县王文质墓　城西郊张家坝右

---

① 系：嘉庆、光绪县志作"累"。

（乾隆）宣城县志

　　谕葬右通政使徐说墓　　在城东十里土山渡玉山桥。
　　谕葬赠光禄忠烈万琛墓　　在城东五十里①四望山。
　　谕葬赠太子太保都御史张纶墓　　在城北豹山。
　　御史徐祚墓　　界溪西洋山。祚，长冈前村人，北直籍，嘉靖任南京畿道，卒葬于此。
　　封副都御史徐衢墓　　黄池镇南二十里斗山桥。大学士申时行墓铭。
　　通政使徐元气墓　　附徐衢墓后，吏部尚书徐石麟撰神道碑。
　　知州张纬②墓　　新丰镇后。通政使徐元气志铭。
　　赠中宪大夫梅继先墓　　城南六十里独山。大学士严讷铭。
　　寺丞陆槐墓　　城西三十里③团山。
　　布政王遵墓　　城东十里夏家渡山。
　　赠知县沈璞墓　　四望山北十里泉冈山。
　　谕葬中丞詹沂墓　　北关外二里赵子冈。万历末赐全葬。
　　尚书徐元太墓　　城东十里华谷村东官园。
　　谕葬赠尚书工部侍郎张守道墓　　城北十里庙埠。
　　奉政大夫徐楠墓　　水东内二十里禅峰山。礼部尚书黄汝良撰墓碑表④。
　　陈履祥墓　　湖北历山冲。门人刘希向、施弘猷立石为记。
　　修撰沈懋学墓　　附知县沈璞墓右⑤。
　　行人沈有则墓　　侯头圩。
　　淮王典膳梅枨墓　　方家冲山。
　　诰赠礼部郎中梅继善墓　　在山嘴大塘冲山。
　　给谏姜埰墓　　在敬亭山赵子冈。
　　诰封明威将军叶遇时墓　　城西南二里霍村冲北。

---

① 五十里：底本原作"十里"，当脱一"五"字，据嘉庆、光绪县志改。
② 张纬：底本原误作"张绵"，从历修府县志改。
③ 三十里：嘉庆府志作"十里"，康熙府志及嘉庆、光绪县志作"二十里"。
④ 该墓表，不存黄汝良《河干集》。
⑤ 右：嘉庆、光绪县志作"左"。

宣城县志卷之三十 附载

附载者何？载卫事也。卫于前明别为军籍，故旧志不详，然其公署、祠祀、人物、选举、封赠、列女，亦往往散见各类中，而户税、官师独为阙如。恐积久无稽，爰购卫侧，撮其数端，都为一卷，其已见者不录。志《附载》。

建置沿革

明洪武十八年始置有卫，卫辖五所，兵五千人。宣州卫不能五所，惟领中、前二所。

卫署旧在府治西，有经历司、镇抚司，仪门外列中、前二千户所。后堂北为旗纛庙，大门外为军器局。

其置官，卫指挥使三人，指挥同知三人，指挥佥事五人，镇抚司镇抚一人，经历司经历一人，前、中所千户正、副十二人，属百户十八人。凡指挥、镇抚、千百户皆世袭，轮掌卫所事。经历则铨授流品，以文法吏事纲纪卫政。

原额兵二千名，除调补北边外，现兵九百七十三名。岁漕五百六十四名，南京班操九十八名，成造军器一百名，监守五门、城铺一百二十名，屯田三百名。

国朝顺治二年，宁国既定，改卫为营，始用客将镇守。而别

(乾隆）宣城县志

以中察院为卫署①，设掌印守备一人，中、前二所领运千户各一人，专司屯漕。其指挥、镇抚、经历等缺并裁。

户口

顺治戊午按船编里五百户，原额屯丁三百丁。康熙丁巳审增中则百一十有七丁，癸巳增滋生七十有二丁。按，原额屯丁三百例不征银，后照丁巳编审之数，每丁征银三钱，计共三十五两一钱，滋生人丁恩诏永不加增。雍正戊申，遵丁随田办例，自雍正六年，始于本卫田亩内每亩摊征银四毫九丝三忽三微四纤九沙六埃四渺九漠，如额解藩库充饷。

田赋岁役

重则屯田一百二十顷，轻则科田五百九十一顷四十六亩三分八厘。屯田每亩并丁征银九分四毫九丝三忽三微四纤九沙六埃四渺九漠，科田每亩并丁征银七分一毫五丝七忽六微一纤零。雍正九年题准每亩津贴银三分，现奉官征官给。

明初额设漕船五十五艘，今存四十五。额运宁国府属宣、南、泾、宁、旌、太②及建平七县秋粮。领运千户二员更番轮运，随帮百户一员。顺治戊子定例，以前明指挥千百户后裔挈签顶补。三运完公，兵部给千户札付；五运，赴部以千户用。雍正甲辰，改用兵部拣发武举。

旗丁四十五名，历运二十年、完粮无欠者，给九品冠服以荣其身。

---

① 署：此字底本原无，据嘉庆、光绪县志补，语意遂完。
② 以上五字底本原空缺，今据嘉庆、光绪县志补。

岁费

编额征五千二百三十五两四钱八分八厘八毫四丝九忽八微一纤九沙二尘。起运项下应解藩库屯折地丁银一千一百四十两九钱五毫九丝八微一纤九沙二尘，及修赠银三百三十三两三分六厘四毫九丝四忽。存留项下应解督粮道库三料价银三百二十两一钱九分，及行月不敷银十七两三钱五分，并奉裁。

守备、千户员下书识工食银四十八两。本卫守备俸薪银六十六两七钱六厘如有加衔，按衔支给。守备员下各役工食共银七十八两，领运随帮千百户俸薪廪工共银二百三十四两，给旗丁岁修银一千七十六两三钱五分五厘八毫四丝六忽，赠运一千九百二十两九钱五分。

官师

明

指挥使

朱忠爵

朱　刚

施泽豹

李遇文仕至湖广副总兵，以平苗功荫二弟一婿世袭本卫百户，转左军都督镇守贵州，未任卒。见传。

秦守仁

宋大忠

华经纶

彰　云

王家臣

耿　介

(乾隆）宣城县志

奇　德
汤廷佐
李希圣
镇抚司镇抚
葛　棠
刘朝宗
唐　伦
前所千户
李　钢
杨　东
魏春芳
杭居敬
刘文章
张　照
张文举
田　稠
中所千户
黄　道
贾一龙
吴凤翔
汪　栋
前所百户
刘继宗
钱奇爵
杨　重
张世重
高　棠
叶丞芳

张　辉

常　灿

方继宗

中所百户

陈　涝

吴　臬

林凤翔

李文元

李一元

刘汝淮

闵天赐

王守德

张仲义

国朝

掌印守备

张大复顺治四年任。

傅　禹绍兴人，康熙七年任。

张士昌山西大同人，康熙二十八年任。升山西掌印都司。

赵最元淮安大河卫人，武进士，康熙三十二年任。升广东都司。

赵　烺常州武进人，康熙四十一年任。

邱志拣江西兴安人，武进士，雍正二年任。升蔚州都司。

李　宙江西奉新人，四川华阳籍。武举人，军功加都司佥书，乾隆二年任。

中、前二所领运千户

张元凯江西新建人，武举。

洪宪斌浙江义乌人，武举。

林佳瑶福建仙游人，武举。

（乾隆）宣城县志

丁化龙江西高安人，武举。

刘　枢直隶清苑人，武举。

牛　禄陕西镇番卫人，武举。

刘光机镶黄旗人，监生。

郑大超山东鱼台人，武举。

张　薰山西榆次人，武举。升江西袁州都司。

马　铎河南通许人，武举。

马世勋正白旗人，监生，现任。

本卫随帮

耿　昱升天城卫守备。

刘民望

丁天爵升江淮帮千户。

施绍绪

刘秉正升绍兴后帮千户。

杨文昌

施　湘

林必清升镇江卫后帮千户。

耿　豫升湖广武昌卫千户。

部发随帮武举

胡亮揆

戈开基

黄世凤

黄恒忠

李淑清

王廷俊

宣城县志卷之三十一 附纪

编年纪事法始《春秋》，志虽一邑之书，而自有疆域以来，亦时有其事为正史所未备与例所不载者。有关本邑，志皆得而书之，要与类无所隶，故谨以时代、岁月编次如左。志《附纪》。

汉

世祖建武六年，以李忠为丹阳太守。时南方多拥兵据土，忠招怀降附，旬月皆平。

冲帝永嘉元年夏四月，丹阳贼陆宫等围城，烧亭寺，太守江汉讨平之。

献帝建安中阙年，孙策平定宣城以东，遂攻太史慈于泾县，执而释之。

孙权住宣城，山贼数千人卒至，别部司马周泰击却之。泰初随孙策数战有功，策入会稽，署别部司马，权请以自给。策讨六县山贼，权住宣城，自卫不能千人，意尚忽略，而山贼卒至，权始得上马，锋刃已交，左右或斩中马鞍，众莫自定。泰奋身卫权，胆气倍人，左右由泰并能就战。贼散，身被十二创，良久乃苏。是日无泰，权几殆，策深德之，补春谷长。

九年，丹阳太守孙翊为左右所害，以从兄瑜代。

二十年，孙权遣陆逊讨丹阳山越，平之。丹阳贼帅费栈受曹公印绶，扇动山越为作内应。权遣逊讨栈，栈支党多而往兵少，逊乃益施牙幢，分布鼓角，夜潜山谷间，鼓噪而前，应时披散。遂部伍东三郡，强者为

（乾隆）宣城县志

兵，赢者补户，得精卒数万人，宿恶荡除，所过肃清，还屯芜湖。

吴

大帝嘉禾三年，以诸葛恪为丹阳太守讨山越。事平，拜威北将军，封都乡侯。详传

三年，丹阳都尉严密筑丹阳湖田。密建议，群臣皆以为难，唯将军濮阳兴力主之，功费不胜数，士卒多死，民大愁怨。

晋

愍帝建兴二年，进司马睿位丞相、大都督中外诸军事，遣诸将分定江东，斩叛者孙弼于宣城。

明帝太宁元年，广德人周玘为钱凤起兵，攻宣城内史钟雅。雅据泾县，收士庶，讨玘，斩之。

二年，诏以桓彝为宣城内史，彝筑城防戍。是年，苏峻反。十二月，彝起兵赴难，战于芜湖，败绩。三年五月，峻将韩晃攻泾县，裨将俞纵战死，城陷，内史桓彝死之。详传

四年春三月，以护军将军庾亮为平西将军，都督扬州之宣城、江西诸军事，假节领豫州刺史，镇芜湖。

安帝元兴三年，桓歆聚众向历阳，宣城内史诸葛长民击破之。

梁

武帝天监九年，宣城郡吏吴承伯作乱，杀太守朱僧勇，转略吴兴，太守蔡樽破斩之。

太守何远增筑郡城。阙年。

元帝承圣二年，荀朗率部曲万余家①济江入宣城郡界立顿。

---

① 家：底本原误刻作"滨"，据《陈书》卷十三《荀朗传》改。

庐江王祎有罪①，上命出镇宣城，遣腹心杨运长为太守，领兵防卫。明年逼令自杀，即葬宣城。

宣城劫帅纪机、郝仲等各聚众千余人，侵暴邻境，吴兴太守陈蒨讨平之。②

陈

文帝天嘉元年，高州刺史纪机自军叛还，据宣城以应王琳，泾令贺当迁讨平之。

二年，宣城太守钱肃镇东兴，以城叛，降周迪。

隋

文帝开皇九年，宣州刺史王选增拓西北冈阜为城。

炀帝大业末阙年，宁国人梅知岩据宣城，泾人左难当据泾县。

唐

高祖武德六年春三月，梅知岩、左难当归附。是年，丹阳寇辅公祏陷宣州。

武德七年，赵郡王孝恭、岭南大使李靖讨辅公祏，遣卢祖尚进击贼帅冯惠亮、陈正通，破之，下宣州。

武后中，宣州贼钟大眼乱，百姓震溃。

玄宗开元中，天下盗铸起，宣州尤甚。

二十六年，宣、润等州初置钱监。

---

① 此是宋泰始五年事，志为误置于梁，嘉庆、光绪县志已改正。可参见《宋书》卷七十九《庐江王祎传》。

② 据《陈书》卷三《世祖本纪》，此为承圣元年事，当移前。嘉庆、光绪县志已改正。

（乾隆）宣城县志

肃宗上元二年，江淮都统刘展反，其诸将陷宣、湖等州。初，展反，节度使李峘奉密敕御之，军溃，奔宣州。展入广陵，诸将遂陷宣、芜、苏、庐等州。后敕遣平卢节度使田神功讨展，斩之。

代宗大历二年，宣州观察使陈少游筑德政陂，溉田二百顷。在城东五十六里①，疑即今筻岳坝。

宪宗元和二年，宣州观察使路应建新亭、新营于响山。

宣宗大中九年，罢宣歙冬至、元日常贡，代下户租。

十二年秋八月，宣州押衙诸军乱，逐其观察使郑薰。冬十月，以崔铉为观察使，调兵讨平之。薰在镇颇以清力自持，押衙李惟贞素骄横，子杀人系狱中，薰操之急，遂与小将康全泰等为乱。薰走维扬，诏淮南节度崔铉兼观察、招讨等使，复表温璋为州刺史兼团练，诛惟贞、全泰及其党四百余人。

僖宗乾符元年七月，黄巢党寇宣州，观察使王凝拒却之。详传。

六年十二月，黄巢陷宣州。

乾符中阙年，李君旺以宣州叛，诏周宝充东面招讨使，击败之。

广明元年六月，黄巢复陷宣州。

中和二年，和州刺史秦彦袭宣州，刺史窦潏出奔，遂授彦宣州观察使。

光启三年五月，宣州观察使秦彦入扬州，庐州刺史杨行密引兵攻走之。先是，三月，毕师铎围吕用之扬州，秦彦遣牙将秦稠率三千人助之。城陷，稠阅守府库，密召彦于宣州。五月，彦至，自为观察使，署师铎行军司马。行密引军攻彦，彦及师铎败走，引蔡贼孙儒兵复围扬州，会朱全忠以李璠屯淮口，为行密援，儒遂斩彦等。

---

① 五十六里：底本原作"十六里"，万历府志卷一、乾隆《江南通志》卷六十二、光绪《安徽通志》卷六十五又作"十里"，均误。本志及嘉庆县志卷七、卷二十九均作"五十六里"，当得其实，则底本乃脱一"五"字，因改正。

卷之三十一　附纪

文德元年八月，杨行密围宣州。行密入扬州，未阅月，孙儒奄至，锐甚。行密欲遁保海陵，客袁袭劝还庐州治兵。行密乃还，既又谋趋洪州，袭不可，曰："钟传新兴，未易图也。孙端据和州，赵晖屯上元，结此二人以图宣州，绰绰有余力矣。"行密从之，自糁潭济。袭劝行密速趋曷山，坚壁以须。宣将苏塘兵三万对屯，行密不战，分兵伐木，开道四出，塘惊北，遂围宣州。

昭宗龙纪元年六月，宣州城陷，杀刺史赵锽，诏杨行密检校司徒、宣歙池观察使。行密围宣州，刺史赵锽粮尽，亲将多出降。曲溪将刘金策锽必遁，绐之曰："将军若出，愿自吾垒而偕。"锽喜，遗之金，许妻以女。明日，金噪城上曰："刘郎不为尔婿矣。"指挥使周进思据城逐锽，锽宵遁，将奔广陵，田頵追获之。锽，全忠故人也，发使求焉，袭劝行密斩首送之，诏加行密前官。锽败，左右皆散，惟李德诚不去，行密以宗女妻德诚。

大顺元年八月，免宣州等处逋负。

二年正月，孙儒攻宣州。儒济江转战而南，行密城戍望风奔溃，田頵等合兵三万邀儒黄池，儒遣马殷击败之。其将李从立奄至州之东溪，行密夜使台濛将五百人屯溪西。士卒传呼往返数四。从立以为大众继至，遽引去。儒屯溧水，行密遣李神福屯广德，夜袭走之。以神福为宣池都游奕使。十二月，儒复攻宣州。行密引军逆战，儒军围之数重，黑云将李简以骑驰之，行密乃免。儒遂围宣州，行密乞师于钱镠，会溪潦暴涌，广德、黄池诸壁皆没，儒分兵取和、滁二州，传檄远近，号五十万，旌旗相属数百里。行密惧，将遁去，戴友规曰："若吾遣降者间至扬州，抚慰衣食，使儒军闻其家尚免，人人思归，不战可擒也。"行密乃令亲将入扬州，取儒营粮数十万斛以赒饥民。儒屯广德，陶雅以骑军破儒前锋，屯严公台。十二月，田頵、刘威与战，大败，儒连屯稍西。行密使陶雅屯润州，扼其归路，围凡五月不解。台濛作鲁阳五堰，轻舠馈粮，故得不困，卒破儒。

景福元年，孙儒复围宣州，屯陵阳，杨行密击斩之。行密数战不利，谋出奔。时刘威方系狱，行密召问计，对曰："儒焚仓溃里以来，粮尽，将为我擒。若劲兵背城，坐制其困。"李神福亦请据险邀儒粮。行密乃分兵攻广德，壁而绝饷道。军适大疫，儒病痁，行密率安仁义、田頵背城

（乾隆）宣城县志

决战。会暴澍且暝，儒军大败，颢擒儒献行密，诸将皆降。儒刑于市，传首阙下。行密表颢守宣州，充观察使。

天复二年五月，昇州刺史冯弘铎袭宣州，败走。弘铎介居宣、扬，强①恃楼船，不事两道，遂帅众袭宣城。颢以舟师逆击，破之。

三年八月，宣州观察使田颢叛，杨行密遣兵击之。初，田颢诣广陵求池、歙为属，行密不许，颢怒归宣州，阴有叛志。李神福言于行密，宜早图之。行密以颢有大功，反状未露，不可。颢有将康儒，与颢不合，行密擢为庐州刺史，以间之。颢族其家，遂与润州团练安仁义举兵。行密使李神福讨颢，破之葛山，又破颢将王坛于皖口。颢自将来战，神福请行密以兵塞颢走道，颢陈舟芜湖，行密遣台濛将兵应之。十一月，杨行密克宣州，斩田颢。初，颢闻台濛将至，自将步骑逆战。以杨行密书遍赐颢将，皆下马拜受，濛因其挫伏，纵兵击之。颢兵遂败，奔还城守。濛引兵围之，颢帅敢死士数百出战，濛斩之，遂克宣州。初，行密与颢同里相善，约为兄弟。及颢首至，视之泣下，礼事其母。以李神福镇宣州，神福以杜洪未平，固让不拜。宣州长史骆知祥善治金谷，牙推沈文昌善属文，尝为颢草檄骂行密，行密皆擢用之。

天祐九年五月，吴昇州刺史徐温攻宣州，克之，杀其观察使李遇。吴镇南节度使刘威、歙州观察使陶雅、宣州观察使李遇、常州刺史李简，皆行密旧将，有大功，以徐温秉政，内不能平，李遇尤甚。馆驿使徐玠使于吴越，温使说遇入见新王，曰："公不尔，人谓公反。"遇怒曰："君言遇反，杀侍中者非反耶？"温怒，以王檀为宣州制置使，数遇不入朝之罪，遣柴再用、徐知诰副之。遇不受代，再用攻之，逾月不克。遇少子为淮南牙将，温执至城下，遇乃请降，温斩之。按，《五代史》云：八年，温怒遇，遣柴再用以兵送王檀代且召之，遇疑不受，再用围州城。杨隆演使客将何荛谕遇使归，荛因说曰："公欲反，可杀荛，不则当随荛以出。"遇自以无反心，乃随荛出，温讽再用杀之，并族其家。与《唐书》稍异。

---

① 强：底本原作"彊"，当因形近而讹。查《资治通鉴》卷二六三作"自恃楼船之强"，本志当本之，因改。

南唐

先主昇元四年六月，罢宣州岁贡木瓜、杂果。

中宗保大十四年，周师南伐吴越，乘间攻宣州。

宋[1]

太宗至道二年，诏除宣州逋籍。秘书丞高绅上言，受诏诣江南诸州，首至宣州，检责部内逋官物千二百四十八万，即日诏太常丞黄梦锡乘传案其事。皆李煜旧吏掌邮驿、盐铁、酒酤、供军蒭秸等费，以铁钱计其数，逮四十年州郡不为削去其籍。梦锡检勘合理者才三四万，民贫无以偿，乃诏悉除逋籍。

高宗建炎元年，盗张遇寇江上，进逼黄池，知宣州吕好问檄诸邑兵御之，解去。

三年，诏赐宣州中都钱五万缗，缮拓郡城。周紫芝有赋。

建康溃将钞宣州，执州人王相如，不屈死之。

知州李光立保伍义社。并见传。

四年四月，叛将戚方陷宁国，邑人方致尧战死。进围州城，知州李光及统制巨师古、刘晏帅师御之，晏战死，贼败引去。

建炎二十三年，宣州大水，城几没。知州事张果抱民籍入水死之。详传。

绍兴元年二月癸巳，邵青寇宣州。六月甲戌，张琪犯宣州。九月甲午朔，张琪党李捧犯宣州，守臣李彦卿及韩世清击却之。庚子，张琪复犯宣州，寻遁去。

二十三年十月，遣户部郎官钟世明修筑宣州、太平州圩田。

孝宗乾道三年，知宁国府汪澈言：郡童圩水为民患，请决之。诏可。

九年，诏户部侍郎叶衡按实宁国府、太平州圩岸。五月，衡

---

[1] 宋：底本原无此字，据本卷体例补。

(乾隆)宣城县志

言宁国府惠民、化成旧圩四十余里,新增筑九里余。
宁宗庆元五年,臣僚奏乞蠲宁国府包认废圩米,从之。
恭帝德祐元年二月,元丞相伯颜徇宁国,知府事赵与可弃城走。

元

世祖至元十六年七月戊申,宁国路新附军百户詹福谋叛,福论死,赏告者何士青把总银符,仍赐钞十锭。
时宁国诸郡群盗起,行省檄建康管军万户张珪讨之。珪号令严明,悉平诸盗。
二十七年三月辛未,太平县贼叶大五寇宁国,众百余人,并擒斩之。
江阴行省平章不怜吉带上言:浙东一道贼所巢穴,当复还三万户府。宁国、徽土兵实与贼通,请易以高邮、泰两万户汉军。从之。
二十九年十二月癸巳,中书省上言:宁国路民六百户凿山冶银,岁额二千四百两,皆市以输官,未尝采于山,乞罢之。制可。
顺帝至正十五年,江东廉访使道童重甃郡城。蕲黄贼攻宁国,道童计御之。
至正十六年,长枪贼锁南班等陷宁国路,廉访使周伯琦走杭州,推官刘耕孙、百户王禽,郡人、故礼部尚书汪泽民并死之。
十七年,明太祖下宁国路,执朱亮祖,百户张文贵死之。

明

太祖洪武十二年十二月,诏征宁国府训导陈迪为翰林院编修。
武宗正德十六年,巡按监察御史王完奏免宣城县贡雪梨,从之。详志。

世宗嘉靖四年，高淳民以孳生马援宣、泾五邑代养，抚臣议从之。知府及宦力争不得，宣民大哄，其首何隆当大辟，编成者九人戚景璋、王权、徐礼十、郑爵六、施元、赵必贵、杨珊、朱沧、柴贵，宦移怀庆。事寝，仍代输高淳驿传银。详志。

神宗万历二十八年，遣中官邢隆至宣城、宁国采矿，所至纷扰，供亿骚然。寻以所获不偿所费，乃撤还。

皇清

顺治二年五月，大兵定南京，明叛将方国安率兵数万薄郡城。会闻大兵檄至，即解去。由宁国县之千秋岭入浙，所过杀伤俘掠，焚庐舍甚众。六月，豫王遣原任工部郎中、邑人徐之庆招抚，宁国府知府朱元锡以城归附。

(乾隆) 宣城县志

宣城县志卷之三十二 杂纪

志犹史也，体有详略耳。危言野记，史不废收，况邑乘乎？稗官之琐语或资法戒，艺林之佳话亦广听闻。第事不可类分，谨择其雅者汇而录之，系诸篇末。志《杂纪》。

汉

孝武时，宣城人秦精入山采茗，逢一毛人，长丈余，引客指茗生处，赠怀中橘而去。

吴

宝鼎元年，丹阳宣骞母因浴化为鼋，骞闭户卫之，掘坎实水，鼋入忻游累日。忽延颈外望，伺户少开，跃赴远①潭，遂不复见。

诸葛恪为丹阳守，出猎两山之间，有物如小儿，伸手欲引人。恪令伸之，引去故地，即死。参佐问其故，恪曰："此事在《白泽图》，曰：'两山之间精如小儿，见人则伸手欲引人，名曰傒囊，引去故地则死。'"

---

① 跃赴远：此三字底本原空缺，从《晋书》卷二十九及嘉庆、光绪县志补。

606

卷之三十二　杂纪

晋

殷祐为宣城守，尝有疾，韩友筮之曰："七月晦日将有大鹳来集厅上，宜勤获之为善。"至期，果有大鹳垂尾九尺集厅上，捕得之。迁吴郡守。

郭璞为殷祐参军时，城下有物大如牛，灰色，卑脚，形类象，胸、尾皆白，大力而迟钝。众咸异焉。祐使人覆而取之，令璞筮，遇《遁》之《蛊》，其繇曰："艮体连干，其物壮巨。山潜之畜，非咒非虎。身与鬼并，精见二午。法当为禽，两灵不许。遂被一创，还其本野。"按卦名之是为驴鼠。仗者乃戟刺之，深尺许，遂不复见。郡纲纪上祀，请杀之，巫曰："庙神不悦。此邦亭驴山君鼠，使诣荆山，暂来过我，不须触之。"一如卜言。按，李时珍《食物本草》："隐鼠，味甘平，无毒，食之补脾膏，治一切痔瘘、恶疮、癉毒。"《晋书》："宣城郡出隐鼠，大如牛，形似鼠，卑脚，类象而驴蹄，毛灰赤色，胸前尾上白色，有力而迟钝。"陶弘景曰："诸山林中有兽大如水牛，形类猪，灰赤色，下脚似象，名曰隐鼠。人取食之，肉亦似牛，多以作脯。乃云是鼠王，其精溺一滴落地，辄成一鼠。灾年则多出也。"《异物志》："隐鼠，头、脚似鼠，口锐，苍色，大如水牛而畏狗。见则主水灾。"《金楼子》曰："晋宁县出大鼠，状如牛，土人谓之偃牛。时出山游，毛落田间，悉成小鼠，苗稼尽耗。"由是言之，璞之所见盖隐鼠也。

梁

天监元年，萧琛为宣城太守，有北僧南度，惟赍一葫芦，中有《汉书序传》。僧曰："三辅旧老相传为班固真本。"琛因求得之，其书名异今者，纸墨亦古，文字如龙举之例，非隶非篆。琛甚秘之。

唐

开元末，宣州司户卒，引见城隍神，殿宇崇峻，侍卫严肃。神问生平行事，司户自陈无罪，神曰："然当令君去，君颇识否？

(乾隆)宣城县志

吾即晋宣城内史桓彝,为此土神主郡耳。"司户既苏,言之。

开元,太原武胜之为宣州司士,知静江事,见雷公践微云逐小黄蛇,盘绕滩上,以石投之,锵然作金声。雷公飞去,往视,得一铜剑,有文曰"许旌阳斩蛟第三剑"。

宣城郡民刘成、李晖鬻鱼蟹吴越间,天宝十三年,自新安江往丹阳郡,至下查浦,去宣城四十里。天暮泊舟,时晖往浦岸村舍,独成在江上。忽闻舫中有声,见一大鱼振须摇首呼"阿弥陀佛"。成惧,匿身芦中。俄闻群鱼俱跃呼佛声动地,登舫投鱼江中。有顷,晖至,成具以告,晖怒:"竖子安得妖妄乎?"成用衣赀酬其值,余百钱易荻草十余束于岸。明日迁入舫中,重不可举,视之得缗十五千,题曰:"偿汝鱼直。"

天宝末,宣州有小儿居近山,见一鬼引虎逐己,谓父母云:"鬼引虎来,我必死。闻人虎食,其鬼为伥,若虎使来,则引来村中,设阱可得也。"数日死于虎,谓父云:"身已为伥,明日引虎来西偏,宜速修阱。"父乃与村中人作阱,阱成,果得此虎焉。

韦温为宣州,病疮于首,托后事于婿曰:"予二十九为校书郎,梦渡淮水中流,二吏赍牒相召,吏言'须万日,令来'。今正万日,予岂免乎?"累日而卒。

宣城盐铁院官彭颙①病数月,恍忽不乐。每出外厅,辄见俳优乐工数十人,身长数寸,金石并奏,朱紫炫目。颙视之,或时忻笑,或时愤懑,然无如之何。病愈,不复见。

会昌中,石旻游宛陵雷氏,时其家网一巨鱼,以雷卧未起。明日鱼败,将弃去,旻曰:"有药,可令活。"投药一粒鱼口中,俄而鳞尾皆动,鲜润如故。

---

① 彭颙:嘉庆、光绪县志作"彭隅",误。此从《太平广记》卷三六七、万历府志卷二十。

卷之三十二　杂纪

李遇节度宣州，军政委大将朱从本。本家厩中畜一猴，圉人夜起秣马，见有物如驴，墨而毛，手足皆人，据地食猴。明年族诛。宣城故老云，郡中常产此怪，每有变即出，满城皆臭。

宋①

秦禄知宣州，州何村有民家酿酒，遣巡检围其家。民，富族也，迎击之。巡检初无他备，并其徒皆见执，民以获盗言诸县。县以事委尉，尉轻骑往曰："闻汝家获盗，幸与共之。"民大喜，以付尉，而与其子及孙三人遂趋郡。禄释巡检以下，执三人，麻绁缠体，各杖之百，并死。禄兄据相位，无敢言者。通判李季惧，丐致仕去。明年禄卒于郡。又明年杨愿②为守，白日见数人驱一囚，纽械至阶下，曰："要何村公案照用。"杨初不知事由，欲审，倏不见。吏曰："此必秦待制富民酒狱也。"抱成案来，杨阅实，大骇，趣书吏抄竟，置冥钱十万同焚之。

建炎四年四月，贼戚方自广德入境，城中震恐。知州李光得卫士三百人，授之方略，守御屡捷。然围辄未解，有来告曰："日来兵杖间神物出现，变化无常。"公率僚属往视，皆龙形，爪鬣毕具，光彩夺目，尾角则或见或隐。忽有一巨者跃上光衣，升至肩肘，若以意语。贼兵寻是衄遁去。时大将巨师古来援，光宴次语及，巨手加额曰："此三圣也，长贺息，次游奕，三金甲，并为真君庙食。边陲现则我胜，其形见者是已。"乃劝公立祠祀之。祠在天庆观左。

宋泾樵人于古井中得铜量，识者谓汉时所铸，纳之府库，夜有光如火。移置宣城玄妙观，光乃息。又有铜钟溯流而上，道流

---

① 宋：此字底本原无，据本卷体例，从嘉庆、光绪县志补。下同。
② 杨愿：愿，底本原作"原"，嘉庆、光绪县志同。查府志《职官表》，有"杨愿"，无"杨原"，因改正。

609

(乾隆) 宣城县志

得之, 钟上有铭, 乃唐天宝溧水香林观物也, 其音特异, 后雷击坏。

歙县李生, 淳熙乙巳浪游至宁国, 行倦, 值一笄女于茅冈桑林, 含笑相迎, 自言蔡承务家五十三姐, 遭嫡母逼逐, 得金银数十两随身, 苟逃性命, 不谓邂逅秀才。李慕其财色, 握手登途, 西留汉川, 开米铺七年, 生一男一女, 积数千缗。忽有道人自称何法师, 望见此女, 探袖中幅纸, 磨朱砂, 濡笔书符, 以水精珠照太阳取火, 焚抛门内, 女大叫即灭。李携儿归, 经宁国境, 访所谓蔡氏, 无有也。

嘉定丁丑, 吴潜举第一。先是, 王瞿轩诣举到省, 道建阳, 谒梦盖竹庙。梦至王者居, 有五百人列坐, 而虚其四。瞿轩至, 有呼者曰: "官人位在此。"王就坐, 举首见席端乃一僧, 王负气怒其左右曰: "此陈恔如尊者。"遂寤。及廷唱大魁, 乃潜云。

淳祐七年, 文公天祥守宣城, 日夜坐静室, 神出泥丸, 玩弄久之, 从元处入。后青山赵文祭之曰: "公在延平, 常为我云: '昔守宣城, 独坐夜分。瞻孤灯之相对, 忽隐几而欲冥。觉神出于顶间, 恍悠扬乎后前。吾瞑目而待之, 以戏观其周旋。'信异人之异禀, 又何羡乎飞仙。"见《夷坚续志》。

建炎中, 昆山乡民王雷女名淑阴者, 幼耽书, 雅好仙术。父为择婿, 辞曰: "女非尘劫中人也。"寻结茅村前之鼍船山下, 键户炼丹, 嘱兄为凿井以资引汲。丹成, 蜕去, 即瘗结茅处, 里人呼仙姑墓。时年甫十三。至今井泉可疗腹痛疾。傍井池水一泓, 值雷雨, 辄似有龙隐跃, 虽大旱不竭。

唐咸通末, 推官李咸用著有《披沙集》, 家郡西以终, 敬亭有推官冢。入宋, 而太常少卿含章迁族玉山, 少卿以下有虞部孝先以逮台州公兼, 咸玉山产也。陆游序: "推官诗清新警迈, 虞部诗规致宏远, 台州盖渊源二祖, 能不愧者。"又言: "李氏自推官八、九世, 诗人不绝以时, 有少卿者振起之。"推官属陇西,

卷之三十二　杂纪

为台州公兼之八代祖，传其先世之遗集，则台州大有造于陇西，而前后交相重者也。见《宣城事函》。

宋宣州覃童子，方六岁，能诵《御注混元五千言》《圣济经》《诗》《书》《语》《孟》，滔滔无滞。康某有《赠宣州覃童子序》。

塞口山有人家被雷火围击，秤尺斗斛焚灭尽。逾时天霁，一物贮于浴盆，状如龟壳，周傍有须。

李济，善毁人，且教有力者生讼，忽卧病十余日，云为张琰所苦，妻问张琰何人，曰："旧巡检也。每三日一讯我，答必二十，今身无完肤矣。"未几，嚼食其舌死。

宣城东乡仙女桥，相传谷麻村有麻氏，女及笄未聘，父母并丧，遗二幼弟，叹曰："我去，二孤将安托？"遂不嫁，抚之长，与纳妇，相与若姑妇，澹然终身。里人异之，称仙女。尝捐赀珥构桥溪上，以便行者，亦称仙女桥。

赵子固到海盐县，县令梅斅宣城人，到船谒赵。赵飞棹去，梅伫立岸上叹曰："昔人所谓名可闻而身不可见者欤？"梅笃缁衣之好乃尔，当是贤令也。《乐郊私语》《海盐志》

符里镇符助教治外科，操心亡状，虽疮痍小毒，先以药发之。尝入郡疗疾，将归，买果实坐肆中。忽一黄衣卒至，瞠目曰："汝符助教邪？"示手内片纸，两字或三字，疑所追人姓名。符曰："容到家否？"曰："即取汝，急归，七日为期。"遂不见。及还镇登岸，黄衣人已立津步，举藤棒点其背，即大呼痛。黄衣曰："汝亦知痛？"点处随手成疽，号呼七昼夜死。

明

万历九年，蛟发于县南门外颜家桥，岸崩。有闵氏者，宣州卫人也，举家漂没，屋宇无存，唯一子外出得免。后为百户。

万历季年，吏部郎高登明朝退，屠家一牛跪其前，高倍金买之，畜寺中，俄生犊。及秋，梦牛奔入怀，惊觉，则子日晋生。遣人视牛，死矣。生之日女也，三日后变为男。

柏枧山，梅氏祖茔在焉，山口建石坊于墓道，坊内水田数区。每立春三日后，大虾蟆相聚而至，不可数记。其色黄白红黑，光彩可爱。曳肠如索，各田缠遍，蝌蚪出即散去。土人辨其色以卜岁事，色红者多，其年旱；白与黑者多，为风为涝；惟黄者多则丰稔有年，屡应不爽。

梅继勋山居，屋中有怪，能飞砖石自空中下击，坏器物。每广筵，白昼自人耳目间掠过，虽不伤人，令人惊怛。是年继勋举于乡，计偕时遇张真人入觐，问焉，曰："有古庙乎？"曰："有之。"问何庙，则五显灵官也，曰："正神不为此。有古树乎？"曰："有之。"曰："此其是矣。其命从者投牒，当为治之。"遂如教投牒以诉，张准行焉。乃以铁牌数寸，朱书符篆，戒曰："以此钉中柱，用斧三击之，彼当不至。过此半年，或再至，仍以斧三击之，不复至矣。"皆如其言，怪遂绝。

贡生梅瑞祚童时，族有长者，亦明经而宦归者也，方造屋上梁，忽梦堂上扁额是瑞祚名，心识之，遍询族属，无是人也。阅十余年，瑞祚更是名入泮，乃言是梦曰："此人必当为明经如余也。"无何，长者卒，诸子产落，屋归瑞祚。事固前定而名亦先兆，奇矣。

鲁溪杨梓四生十子，子各生十子，子孙共一百十人。梓四不能遍识也，辄问其孙曰："汝父阿谁？"

孙给谏襄父应旟，与空相寺僧永川为方外交极欢。永川故苦行，尝燃指募修龙溪石路，左食指半缺。一日，应旟坐中逢见永川至，起揖之，不答，入户忽不见，而襄适生。遣视，永川坐化矣。人谓襄为永川后身，视其指良验。

崇祯初，水东居民夏夜见数里外黑气腾藉，声息涌沸。少年负胆气者趋视之，不能近。及晓而散，则各田中凿深三四尺，其

卷之三十二　杂纪

平如砥，俗以为鬼盗田云。

皇清[①]

顺治初，高淳民不靖，大兵致讨。淳与水阳接壤，前驱突至，有朱巡检者迎启军帅于境上，指示分疆处，民得安堵。无何，淳遣顽戎杀巡检，取其元以去。巡检，浙人，轶其名。

高检讨咏少时，尝梦于市上行，见大幅字蹈藉盈街，不敢践。寻侧路行，身不觉轻举入云中。至一所，楼阁壮丽，逾桥入门，有黑而髯若玄坛神者，从一卒拥皂纛自内而出，相遇甬道，神两目焰焰，出火光数尺。高左避，神睇而顾问，拥纛卒有所言者再，乃去。高遂入，行长道数百步，至内阙，门尚未启钥，门左冕而执笏山立者甚众，心知其为天庭也。方惶惧仓皇，则有导以行者，至右侧旁殿，颜曰三官堂，有公座三，黄裀画皋比。高私念何可据三官座，遂出。最后引至文昌宫，以第三座命之，曰："可坐此。"惊而寤，作《飞龙引》纪之。康熙壬子，廷试至五凤楼金水河，仿佛梦中，以为兆应。寻以荐举受史职，修《明史》。数年复梦前境，意颇恶之，以疾请假归宣城，起居如常。每与人言："当以二十八日别公等。"次年二月卒，果二十八日也。

顺治丁亥间，寇乱小定，守兵横恣。有斯卒放牧泮宫，夏日裸体卧殿阶石上，无所忌。突狂叫曰："颀而黑者蹴杀我。"同伴惊讶，亟呼其子至，已喘绝矣。

郡司马白宝珩，河南尉氏人，由选贡顺治八年任。有女卒，葬署中后园。凡新任者至，即祭其墓，颇著灵验。

顺治壬辰大旱，赤地千里。时郡守管升任去，县令王同春抱疾，同知白宝珩请命多方。闻豫客刘国华有秘术，嘱镇将飞马迎

[①] 皇清：此二字底本原无，据本卷体例，从上卷补。

之。国华至，登坛用观想法，甫毕而雨如注，五鼓弥甚。其昼夜趋事不倦者，则经历茹珍也。又镇兵李文俊斋宿赴坛左，着白刃双颊，滴水不纳者数日，雨方卸，略无病色。随披剃，愿永泽众生。次年癸巳又旱，郡守秦宗尧率各官虔诚步祷，复请国华至，法如故，刻期而雨亦如故。

壬辰、癸巳，郡城西南之交陷数十丈，掘筑其下，得瓦瓮七，俱西北向，上横一剑，朽如泥。殆前人厌胜之法。

顺治甲午元日，贡生张延世宅后积雪丈许，中有绛雪约三尺，赤光照人。檐溜冰柱倒悬二三尺，俨然丹烛。

康熙己未，施侍读以荐候御试在京邸，其所居寄云楼下有老梅，忽于四月开花四枝，甚鲜艳。两枝面向城内，一枝向南，邻一枝向本宅。俄而邸报至，施以少参为侍讲，而同荐者高检讨则南邻，孙、茆两编修则城内也。是科殿试在五月，一岁四词林，果符四花之兆。

芜湖有扶乩者，与宣城徐肇伊馆相邻，乩仙降笔书"请徐君"。比至，复书曰："君家西北去七十里，有节妇并词一章，知之乎？实苦行，不可泯。君归，问吴肃公，当得之。"词甚长，今录其略曰："睹芳华于菱镜兮，顾只影之凄凄。盼云鸿于天外兮，终无路以达幽冥。矢永怀于不二兮，抱弱女而伤魂。瘗舅姑之白骨，泣良人而泪穿我襟。俟幼女之方适，始绝粒而从归，以如我之初心。"徐以书问吴，适其弟谋公至，乃恍然曰："得毋谓亡妹乎？妹适王，苦节十余年，绩纺累资以葬舅姑，两女及笄且字人，成疾卒。其词盖乩仙代为写悲耳。"

康熙丁卯三月中，寒亭雨雹，大如杵，屋瓦半碎。所经横十余里，纵六十里。南陵青弋江尤甚，击死者三人。明日，泾县亦然。

明万历间，螟虫为灾，食禾稼。邑民刘思桥率众吁真人殄灭之。国朝康熙中，虫复起，县令翟蒙孔亲蹑其踪于麻姑山下之三

卷之三十二　杂纪

步两桥处，乃为文具祭，制牌瘗之，患以息。后十余年，误为浚亩者所发，行人数数于桥畔遇白衣妇人，虫势寖盛，延害数百里，邑民仍往例奔吁。又十年，有刘生名观者白于官，移牒就龙虎山立坛法治，真人为给文二通，诣城隍神焚之，并给桃牌二、铁牌二，如法瘗旧所，稍得宁谧。

鲁溪民家畜一牸牛，力甚大。夜有虎曳豕经其旁，牛跃起逐之，虎不敌，乃弃之去。明旦，觅牛所在，则立山前泥淖中，昂首瞋目作怒状。时宿雨新霁，视其地，虎迹纵横，凡小大有五。

杨孝廉廷柱儿时，侍其母夜绩，闻户外簌簌有声，视之，则飞稻满地，积数寸许。颗粒或三五相结，累累如珠，色视常稻微赤。盖康熙戊子秋八月事也。辛卯秋又然。

僧恒证开讲天宁寺，机辩敏给，酬答如响。忽一妓从众中口诵一联，请属对曰："心不正，言不正，一旦登堂说法。"盖拆"恒证"二字也。恒证色赧，无以应，遂罢讲。

(乾隆)宣城县志

后　记

　　宣州虽然建置甚早,且为历代望县名邑,却又因作为郡、州、路、府治所,限于清朝以前的县志编修一直"统于府志,详于他邑",而不得单独另修。至清顺治十年(1653),才有《宁国府宣城县志》的修纂面世。嗣后,相继有康熙二十六年(1687)《宣城县志》、乾隆四年(1739)《宣城县志》、嘉庆十三年(1808)《宣城县志》和光绪十四年(1888)《宣城县志》纂成付梓。中华民国时期先后有《宣城风土志》(1933)、《宣城县志略》(油印稿,1936)和《安徽省第九区风土志略》(1937)刊印,但皆内容单薄,信息量较少。中华人民共和国成立后的首部《宣城县志》于1996年正式出版,其编修工作则始于1982年,历时15年。第二部志《宣州市志》(1987—2000)于1996年启动编修,2014年底正式出版,历时19年。

　　2000年以来,旧志整理和出版工作得到各级党委和政府的高度重视。2000年11月,原安徽省地方志办公室成立省旧志整理出版委员会,委员会编审室制定了出版规划、体例版式、点校通则等规范性文件,指导《安徽历代方志丛书》的规划、出版工作。2003年,全省旧志整理工作正式开展。2003年4月宣州区启动旧志点校整理和出版工作,选择光绪《宣城县志》为整理底本,并纳入省地方志办公室《安徽历代方志丛书》出版规划。2008年光绪《宣城县志》点校版由黄山书社正式出版。

　　中共宣州区委党史和地方志研究室于2023年决定继续开展

后记

旧志整理，点校、出版乾隆《宣城县志》，以实际行动贯彻落实习近平文化思想和习近平总书记于 2023 年 6 月 2 日在文化传承发展座谈会上的重要讲话精神，贯彻落实安徽省委"文化强省"的战略决策，满足社会各界研究宣州历史文化、地情文化的需要。其一是该志书的体例、纲目已基本定型，其二是该志书较有鲜明的特色，其三是该志书可供参考的版本和关联信息资源略为充裕。

我们委托宣城历史文化研究会常务副会长兼秘书长童达清负责点校。该同志研究宣城地方历史文化 30 余年，对县志极为熟悉，他利用多种县志版本和相关文献相互校勘，大大减少了点校过程中易忽视的错误，对有些模糊问题也利用注释阐述了自己的观点，有效提升了点校本的内在质量。河海大学出版社委托吴劭文总编及团队对全志审稿。为保持连续性和规范性，点校本沿用《安徽历代方志丛书》编审室制定的体例版式和点校通则。因此，乾隆《宣城县志》点校本当属是历年来旧志点校成果中不可多得的善本、精品。

整理旧志是一项学术性强、意义深远的工作。点校、编审人员限于能力和水平，错谬难免，欢迎社会各界批评指正。

乾隆《宣城县志》整理出版委员会
2025 年 2 月